宁化年鉴

YEARBOOK OF NINGHUA

2017

宁化县地方志编纂委员会办公室 编

国家图书馆出版社

图书在版编目（CIP）数据

宁化年鉴.2017/宁化县地方志编纂委员会办公室
编.--北京:国家图书馆出版社,2018.3
ISBN 978-7-5013-6292-9

Ⅰ.①宁… Ⅱ.①宁… Ⅲ.①宁化县－2017－年鉴
Ⅳ.①Z525.74

中国版本图书馆CIP数据核字（2017）第286283号

国家图书馆出版社官方微信

书　　名	宁化年鉴（2017）
著　　者	宁化县地方志编纂委员会办公室　编
责任编辑	于春媚
特邀编审	夏红兵
出　　版	国家图书馆出版社（100034　北京市西城区文津街7号）
	（原书目文献出版社　北京图书馆出版社）
发　　行	010-66114536　66126153　66151313　66175620
	66121706（传真）　66126156（门市部）
E-mail	nlcpress@nlc.cn（邮购）
Website	www.nlcpress.com →投稿中心
经　　销	新华书店
印　　装	三明市华博印刷有限公司
版　　次	2018年3月第1版　2018年3月第1次印刷
开　　本	889×1194（毫米）　1/16
印　　张	28.25
字　　数	865千字
书　　号	ISBN 978-7-5013-6292-9
定　　价	200.00元

宁化县地方志工作领导小组

组　长：余建地　县委书记

副组长：姚文辉　县委副书记、县政府县长
　　　　周　颖　县政府副县长

成　员：

张运华	县委办公室主任	巫盛根	县公务员局局长
黄荣明	县政府办公室主任	潘良珍	县国土资源局局长
廖香文	县人大常委会办公室主任	马小明	县环境保护局局长
陈华文	县政协办公室主任	马宗平	县住房和城乡规划建设局局长
伊贤明	县纪委副书记、监察局局长	林贵昌	县交通运输局局长
张仁凤	县委组织部副部长	张少敏	县农业局局长
孙永前	县委宣传部副部长	周登华	县林业局局长
徐通旺	县委统战部副部长	张发禄	县水利局局长
林春谷	县委政法委副书记	刘振仁	县商务局局长
罗东斌	县检察院副检察长	谢启莹	县文体广电出版局局长
陈　健	县法院副院长	陈友发	县卫生和计划生育局局长
刘晓光	县人民武装部政工科科长	雷学富	县审计局局长
张运华	县发展和改革局局长	吴学惠	县安全生产监督管理局局长
吴革伟	县教育局局长	巫燕平	县统计局局长
张秀华	县科学技术局局长	叶　斌	县市场监督管理局局长
李纪鹏	县经济和信息化局局长	张龙华	县旅游局局长
张远福	县民族和宗教局局长	张发金	县委党史研究室主任
刘　红	县公安局党委副书记	黄道能	县档案局局长
吴仕桦	县民政局局长	王思宁	县人民银行行长
夏礼谋	县司法局局长	李金斌	县国家税务局局长
郑洪钦	县财政局局长	魏建祥	县地方税务局局长
曾玉光	县人力资源和社会保障局局长	范忠华	县地方志编纂委员会办公室主任

［领导小组办公室设在县地方志编纂委员会办公室，范忠华任办公室主任（兼）］

宁化县地方志编纂委员会
《宁化年鉴》编辑部

主　　编：范忠华　张远福
副 主 编：张秋琴
编　　辑：刘　俊　罗昌鑫　刘建军　雷继亮　赖慧珍
助理编务：李兴平

编辑说明

一、《宁化年鉴》是根据国务院《地方志工作条例》"以县级以上行政区域名称冠名的地方志书、地方综合年鉴，分别由本级人民政府负责地方志工作的机构按照规划组织编纂，其他组织和个人不得编纂"的规定，由中国共产党福建省宁化县委领导、宁化县人民政府主持，宁化县地方志编纂委员会办公室依法承编的以县级行政区域名称冠名的地方综合年鉴。是全面系统地记述宁化县自然、政治、经济、文化、社会等方面情况的年度资料性文献，意在存史、资政、教化。

二、本年鉴资料收入以2016年1月1日至12月31日宁化县行政区域为界。为反映事物全貌，彩页、个别重大事项条目、附录有所突破。书中"县情总貌"类目部分内容时间起自事物发端。书中图片凡图释中未标注时间说明的，摄制时间为2016年，"特载"中的时间为2016年。

三、本年鉴依照国家现行法律法规、党和国家政策规定、国家标准、学科规律，结合地情谋篇布局。其中，政治部类中党政机关、人民团体和群众团体分类，分别按照《中国人民政治协商会议章程》《国务院关于机构设置的通知》（国发〔2013〕14号）及2006年8月26日中共中央组织部、人事部联合下发的《关于印发〈工会、共青团、妇联等人民团体和群众团体机关参照《中华人民共和国公务员法》管理的意见〉的通知》文件的规定分类和排序。经济部类分类及经济门类名称、排序，参照《国民经济行业分类》（GB/T 4754–2011）的规定。其他部类按照学科规律，结合历史与现实状况分类。宁化县森林覆盖面积占全县总面积的74.46%，本年鉴将林业从农业门类中析出，做升格处理，与农业门类并列。

四、本年鉴分卷首、主体部分、卷末三大板块，卷首设政务图片、特载、县情总貌，主体部分为各类事业条目和各乡（镇）、场概况，卷末设名录、附录、机构名称简称与全称对照表和索引。全书共设类目32个，分目295个，条目1289个，表格25个，正文中插图33幅，文前图片89幅及地图1幅。为便于检索，目录集于书首，书后设主题词索引，条目标题统一用黑体加【】表示。

五、本年鉴以记述为主，说明为辅，两者结合。

六、本年鉴中未冠有行政区划专名的"省""市""县"称谓，分别指代"福建省""三明市""宁化县"，其他各级行政区划则冠以行政区划专名。为了方便读者阅读，本年鉴在附录中设《机构名称简称与全称对照表》，以便读者检索。

七、本书长度单位用"米""公里"，重量单位用"克""千克""吨"。"特载"部分收录的资料中使用的计量单位，尊重原文，未做改动。考虑到历史原因及习惯，在我国广大农村"亩"仍是最主要的土地面积计量单位，本书在记述时仍使用"亩"作为土地面积的计量单位，1亩=666.67平方米。本书机构的计量单位一般用"个"；记述银行开户单位或个人、纳税单位、工商户注册登记事项时，按照行业及政府行政管理部门通行用法，用"户"作为计量单位。

九、本年鉴数据以县统计局《宁化统计年鉴》为准，统计部门没有的，采用县直有关部门提供的数据。"特载"中所述的2016年宁化县基础数据，为预期数据。

宁化县地图

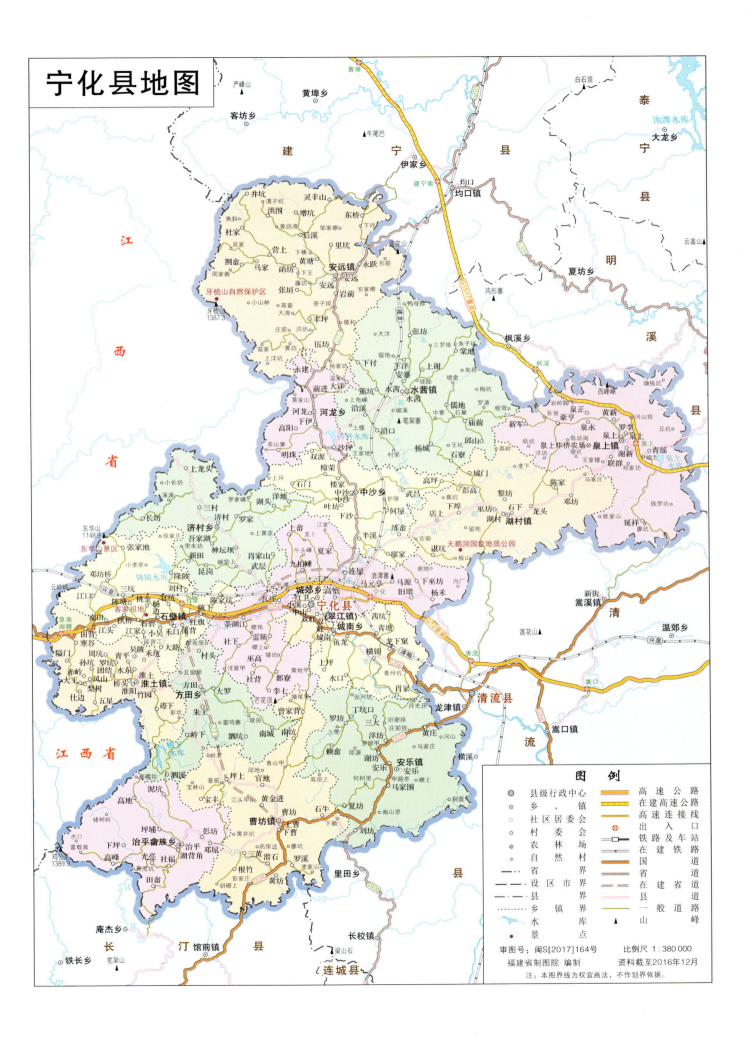

图　例

◎ 县级行政中心	高　速　公　路
⊙ 乡、镇	在建高速公路
○ 社区居委会	高速连接线
○ 村委会	出　入　口
⊘ 农林场村	铁路及车站
○ 自然村	在建铁路
省　　界	国　　道
设区市界	省　　道
县　　界	在建省道
乡镇界	一般道路
水　库	山　峰
● 景　点	

审图号：闽S[2017]164号　　　　比例尺 1：380 000
福建省制图院 编制　　　　资料截至2016年12月
注：本图界线为权宜画法，不作划界依据。

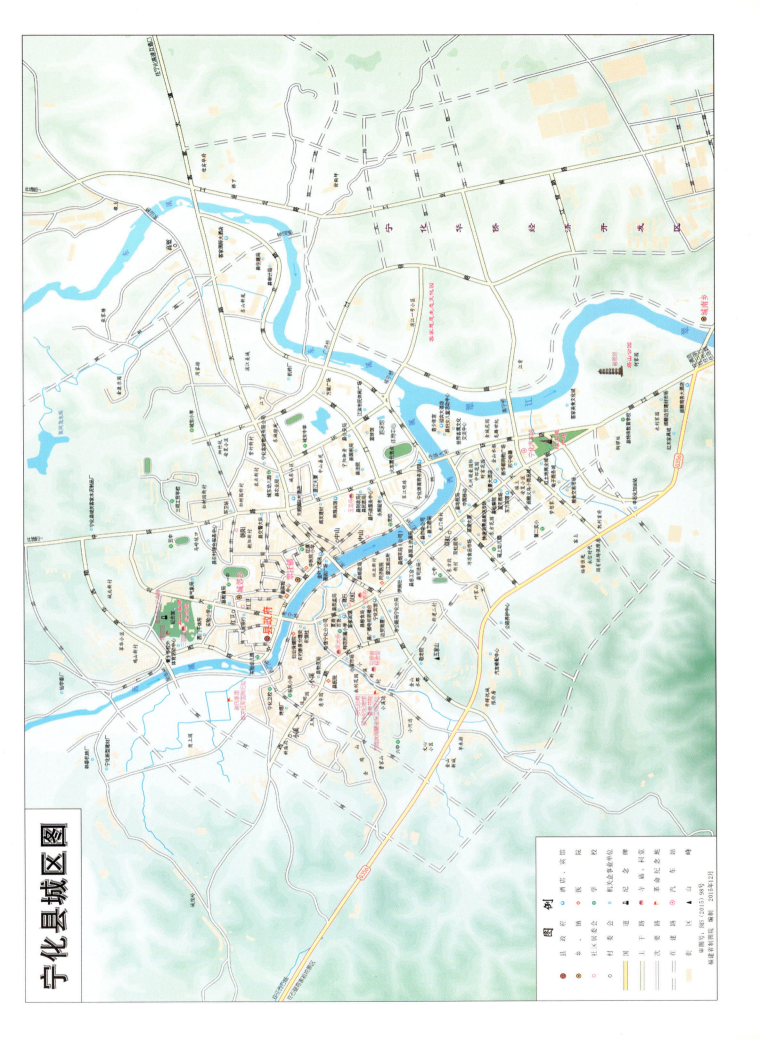

宁化县城区图

俞祥波 摄

9月11日，省委副书记、省长于伟国（前排左二）到宁化开展工作检查

罗 鸣摄

　　10月24日，省委常委、常务副省长张志南（右一）在县电子商务产业园调研扶贫开发工作

罗 鸣摄

　　9月18日—19日，省委常委、政法委书记陈冬（前排右三）到宁化调研政法工作。图为陈冬在县华侨经济开发区三明福特科光电公司调研

3月31日，省民族宗教厅厅长黄进发（中）到宁化调研民族宗教工作

罗 鸣 摄

8月9日，省档案局局长丁志隆（左三）到宁化调研指导档案工作

张梦川 摄

6月16日，省国土资源厅党组书记董建洲（左三）到宁化调研美丽乡村、土地整治等工作

刘才恒 摄

刘才恒 摄

8月11日，省林业厅厅长陈则生（前排左四）到宁化调研森林资源培育保护等工作

罗 鸣 摄

8月18日，省移民局局长蔡伟（前排左二）到宁化调研库区移民工作

雷露微 摄

1月22日，省工商联主席王光远（右一）到宁化慰问省工商联原执委马恩福遗孀林清嫂

罗 鸣 摄

1月23日，省侨办主任杨辉（前排中）到宁化华侨农场慰问困难归侨侨眷

▶　9月10日，三明市委书记杜源生（前排左三），市委副书记、代市长余红胜（右五）到宁化实地检查指导省拉练迎检准备工作

雷露微　摄

雷继亮　摄

◀　5月25日，省方志委副主任林浩（后排右三）到宁化调研年鉴编纂工作

▶　11月3日，农发行福建省分行行长王铁民（前排左二）到宁化调研革命老区扶贫项目工作

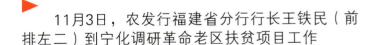

赖金平　摄

◀　7月13日，省粮食局局长林锡能（前排右三）到宁化调研粮食生产工作

县粮食局　供

7月27日—28日，中国共产党宁化县第十三次代表大会在宁化世界客属文化交流中心召开

罗 鸣 摄

8月22日，中共宁化县委十三届二次全体会议在宁化世界客属文化交流中心召开

雷露微 摄

12月26日，中共宁化县委十三届三次全体会议在宁化世界客属文化交流中心召开

赖全平 摄

12月21日—24日县十七届人大一次会议在宁化世界客属文化交流中心客家会堂召开

赖全平 摄

12月20日—22日，县政协十届一次会议在宁化世界客属文化交流中心召开

罗 鸣 摄

2月3日，县纪委十二届六次全会在宁化世界客属文化交流中心召开

罗 鸣 摄

（县委办 供）

2016年7月28日，中共宁化县第十三届委员会常委合影

（左起：黄树荣、钱锋、江向荣、陈健、刘小彦、余建地、姚文辉、林移发、郑丽萍、陈恩、刘小帆）

2016年12月24日，县人大第十七届常委会主任、副主任合影
（左起：周文庆、张金炎、潘闽生、张如梅、李恭清）

2016年12月24日，第十七届县人民政府县长、副县长合影
（左起：王兴国、兰其锋、谢忠、张清祥、姚文辉、陈健、黄光成、周颖、邵东珂）

宁化县政协第十届委员会第一次会议

（县政协办 供）

2016年12月22日，县政协第十届委员会副处级以上领导合影
（左起：江正根、张运华、吴金珠、李平生、王盛通、伍秉曲、马安平）

热烈庆祝中国共产党宁化县第十三次代表大会隆重召开！

县纪委 供

2016年7月28日，第十三届县纪委常委合影
（左起：张永能、江伟健、邱智辉、江向荣、伊贤明、邱北苓、张海军）

8月1日，县委书记余建地（前排右三）、代县长姚文辉（前排左三）、县人大常委会主任潘闽生（前排左二）、县政协主席李平生（前排左一）调研天鹅洞景区建设项目

刘才恒 摄

11月18日，宁化县"两学一做知行合一"演讲比赛决赛在宁化世界客属文化交流中心举行

张凌波 摄

8月12日，全县禁毒工作会议在宁化世界客属文化交流中心召开

罗 鸣 摄

1月18日，宁化县阿里巴巴农村淘宝项目启动仪式在县电商产业园举行

5月25日—27日，宁化县首批农村淘宝合伙人启航培训班在县电商产业园开班

1月15日，宁化县阿里巴巴第一批32家"村淘"服务站同时开业

4月27日—8月3日，宁化县第二期电子商务孵化班在三明工贸学校开班

8月23日—12月2日，宁化县举办首期残疾人电子商务培训班

4月5日—7日，省扶贫开发重点县内外架桥暨精准扶贫对接会在宁化举行

赖全平 摄

罗 鸣 摄

4月6日，宁化县精准扶贫客家小吃培训中心建成并投入使用

2月，海西（宁化）客家美食文化城被省餐饮烹饪协会授予"福建省美食街（城）"称号

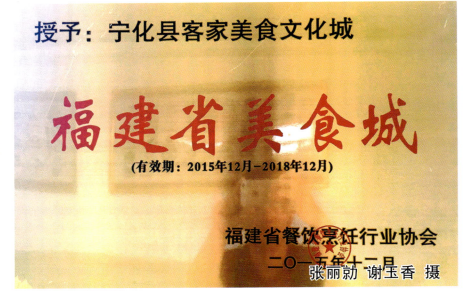

张丽勍 谢玉香 摄

5月7日，宁化县公安技术业务综合办公大楼投入使用

罗 鸣 摄

1月22日，宁化县消防综合应急救援训练指挥中心投入使用

罗 鸣 摄

新建成的三明工贸学校培训楼

王洪流 供

陈幼辉 摄

宁化月兔科技有限公司

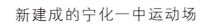

月兔空调生产车间

新建成的宁化一中运动场

吴立银 摄

城南小学 供

新建成的城南小学

8月22日，宁化县"大干150天，加快推进'五个一批'项目建设活动"动员大会召开

11月9日，浦梅、兴泉铁路（宁化段）征迁动员大会召开

刘才恒 摄

10月19日，三明市纪念中国工农红军长征胜利80周年大会在宁化县北山革命纪念园举行

罗 鸣 摄

4月2日，2016年《中国好声音》全国城市海选福建三明赛区第七、第八场海选赛在宁化县举行

张丽勋 摄

6月28日，电影《绝战》首映发布会在北京金鸡百花影城举行

赖全平 摄

9月24日，福建省暨三明市"学长征精神做红色传人"主题教育实践活动在宁化举行

雷露微 摄

8月18日，宁化县纪念中国共产党建党95周年暨中国工农红军长征胜利80周年红军歌曲赛在宁化红土地广场举行

雷露微 摄

6月30日，宁化县纪念红军长征胜利80周年暨省级文明创建单位"唱红色经典　为文明点赞"歌咏比赛在宁化六中举行

张丽勋 摄

5月3日，宁化县纪念红军长征胜利80周年暨"五四"运动97周年红色文艺汇演在北山革命纪念园举行

8月7日，福建省第十七届"红土地 蓝海洋"笔会省
内采风活动在宁化举行

5月1日，淮土镇淮阳村村民自发举办"五一"
晚会

12月22日—23日，宁化县第六届中小学生综合
素质展示大赛在宁化六中举行

10月22日，《中国工农红军长征胜利80周年》纪念邮
票首发式在北山革命纪念园举行

雷露微 摄

10月16日，2016宁化客家国际美食（小吃）节客家小吃单项
技能大赛在海西（宁化）客家美食文化城举行

罗 鸣 摄

12月18日，闽赣两地"久溢杯·钓梦奇缘"
垂钓比赛在宁化举办

雷露微 摄

10月11日—16日，2016宁化客家国际美食
（小吃）节在海西（宁化）客家美食文化城举行

王振阶 摄

10月23日，"骑聚红土地 重走长征路"中国·宁化山地自行车
骑游文化节客家千人宴暨文艺晚会在江滨市民休闲广场举行

10月14日，宁化县"客家祖地 映象宁化"摄影作品颁奖仪式

赖全平 摄

1月8日，宁化县文化科技卫生"三下乡"活动启动仪式在湖村镇举行

张丽勋 摄

9月29日，宁化县第二届金牌县情志愿者宣讲员比赛决赛颁奖仪式在县文化馆举行

黄丽婷 摄

张丽勋 摄

12月24日，CCTV-7《乡约》栏目组到宁化录制相亲交友类户外访谈节目

赖全平 摄

11月28日，中央电视台音乐频道春节特别节目《美丽中国唱起来》大型演出活动在淮土镇淮阳农民休闲公园举行

10月23日，"骑聚红土地　重走长征路"中国·宁化山地自行车骑
游文化节在宁化举行

5月22日，"相约健康"宁化县首届闽赣山地车赛在宁化县举行

陈建林 摄

9月30日，宁化县公祭革命烈士活动在北山革命纪念园举行

赖全平 摄

10月15日，第22届世界客属石壁祖地祭祖大典在石壁镇举行

刘才恒 摄

10月14日，第四届石壁客家论坛在宁化世界客属文化交流中心举办

赖全平 摄

10月14日，第22届世界客属石壁祖地祭祖
大典暨第四届石壁客家论坛客家风情文艺晚
会在宁化世界客属文化交流中心举行

张丽勋 摄

10月15日，海内外张氏宗亲"张氏之夜"
文艺演出在宁化客家国际大酒店举行

张家彪 摄

11月23日，福建省参加全国少数民族文艺会演部分节目赴民族地区巡回演出在治平畲族乡举行

县新闻中心 供

9月30日，首届宁化、清流两县激情广场大家唱青年歌手赛总决赛在宁化世界客属文化交流中心举办

雷露微 摄

12月1日，首届"全闽共舞"激情广场舞大赛（宁化）赛区比赛在江滨市民休闲广场举行

2月22日，宁化县首届"东方明珠"杯全民K歌总决赛在宁化世界客属文化交流中心举行

县文化馆 供

6月5日，"宁化梦金园"杯宁化在线第二届端午节现场包粽子比赛在翠园广场举行

雷露微 摄

5月27日，三明市2016年"践行社会主义核心价值观 唱响中国梦"童心向党歌咏展演在宁化六中举行

雷露微 摄

严文晖 摄

晨曦中的宁化县城

吴立银 摄

海西（宁化）客家美食文化城

陈建林 摄

夜景中的城区市民休闲广场

肖方敏 摄

鸟瞰石壁镇杨边村

王倩摄

远观安乐镇安乐村

杨长新 摄

客家乡戏

吴立银 摄

湖村镇龙头村广场一角

水茜镇镇政府 供

水茜镇下付村

方田乡乡政府 供

方田乡朱王村

张丽勍 摄

12月3日，宁化县获"中国候鸟旅居县"称号

总 目

目 录

中国共产党宁化县委员会

宁化县人民代表大会

宁化县人民政府

中国人民政治协商会议宁化县委员会

纪检·监察

国防建设事业

政 法

农业·水利

林　业

工　业

建筑业·房地产业

经济协作·非公经济·工业园区

交通运输业·邮政业·信息传输和信息技术服务业

商贸业·旅游业

财政·税务

金融业

城乡建设

国土资源管理·环境保护

教育·科技

卫　生

客家文化

劳动·人事·编制

民政·民族·宗教

乡镇场概况

名　　录

附　录

索　引

封面图片：骑聚红土地、重走长征路——中国·宁化
　　山地自行车骑游文化节

封底图片：第 22 届世界客属石壁祖地祭祖大典

特　　载

◆编辑：范忠华

凝心聚力　攻坚克难　实干担当
为加快"一城四区"建设全面建成小康社会而努力奋斗

（在中国共产党宁化县第十三次代表大会上）

2016 年 7 月 27 日

中共宁化县委书记　余建地

各位代表、同志们：

现在，我代表中国共产党宁化县第十二届委员会向大会作报告。

一、过去五年的工作回顾

县第十二次党代会以来的五年，是宁化奋发有为、开拓进取的五年。五年来，在市委、市政府的正确领导下，县委全面贯彻党的十八大和十八届三中、四中、五中全会精神，深入学习贯彻习总书记系列重要讲话精神，按照省、市委的各项决策部署，紧紧围绕建设闽赣边界中部工贸文化旅游强县目标，团结带领全县广大党员和干部群众，先行先试、激情创业、进位赶超，扎实推进"三区"开发、"四地"建设，胜利完成了县第十二次党代会确定的各项目标任务，谱写了新时期宁化发展的新篇章。

这五年，是综合实力快速提升的五年。"十二五"期间，地区生产总值、规模以上工业总产值、金融机构存款、全社会固定资产投资等四项指标均突破百亿，地区生产总值年均增长11.8%，地方公共财政收入年均增长20.0%；地方公共财政收入、全社会固定资产投资、社会消费品零售总额、外贸出口总额、规模以上工业总产值、金融机构存贷款余额等六项指标均实现翻番。对照省级扶贫开发重点县工作目标要求，地方公共财政收入提前两年超4亿元，农民人均纯收入提前一年超1万元。市委对我县近几年发展充分肯定，把我县从长期以来的第三方阵提升到第二方阵，作为全市发展中坚之一。

这五年，是产业加快转型升级的五年。工业经济增量提质，月兔空调、长宁纺织、福特科光电、奔鹿纺织等一批重点企业竣工投产，行洛坑钨矿改造提升工程扎实推进，规上工业企业增加28家，初步形成白色家电、矿产加工、特色食品、纺织服装和新兴产业"4+1"重点产业。商贸物流繁荣发展，开通宁化至清流县际公交，夏商百货、义乌小商品城等知名商贸企业相继入驻，新增限额以上企业35家。电子商务快速发展，齐家网等40余家企业入驻电子商务城，阿里村淘在全县布点40余个。文化旅游融合发展，客家祖地获批国家4A级旅游景区，天鹅洞景区经营权顺利收回。特色农业加快发展，烤烟种植及收购稳居全省第一，"两米两茶一稻种"朝产业化、规模化发展。

这五年，是基础设施不断夯实的五年。交通区位不断改善，实现高速公路、国道从无到有的改变，新建省道60公里，新建改建农村公路182公里，兴泉、浦梅铁路将于今年9月开工建设。电力供应瓶颈有效缓解，110千伏青塘输变电站投入运营，引进鸡公寨风能发电项目。园区开发加快推进，"一区多园"新增开发土地4790亩，建成10万平方米微小企业孵化基地，五年累计入驻项目24个。农田水利和防灾减灾设施得到加强，新建东坑水库、黄山寮水库，建成防洪工程城区段27公里、乡镇35公里。

这五年，是改革创新深入推进的五年。首创"348"精准扶贫工作机制，得到国务院扶贫办和省、市主要领导充分肯定，在全省、全国推广。48字水土流失治理措施在全省推广，工作成效更加突出。行政审批制度改革、财税金融改革、工商登记制度改革等重点领域改革扎实推进，公立医院改革、水利制度改革、林权制度改革等专项改革稳步推进。"农村四项体制机制改革"取得阶段性成效，改革红利持续释放。

这五年，是城乡面貌显著改变的五年。加快城市"东扩南伸"，实施客家慈恩文化园、城市东扩新区组团开发，拉大城市框架。建成东大路、工业路、江滨北路、新桥路，新建城区路网32公里，跨河大桥6座，新增建成区面积4平方公里。新建江滨沿河绿化景观、市民休闲广场、县体育中心，完成南大街商业步行街改造，建成一批绿化亮化美化工程，城市功能、城市品位不断提升。房地产市场健康发展，销售商品房97.6万平方米。城镇化进程加快，城区常住人口达到10.2万人，常住人口城镇化率40.7%，5个乡实现"撤乡设镇"。按照"五个一"要求推进乡（镇）集镇建设，集镇面貌有较大改观。深入开展"客家风情·美丽乡村"行动，培育了45个美丽乡村示范点。

这五年，是人民生活持续改善的五年。拓宽就业再就业渠道，促进群众收入水平提高，城镇居民人均可支配收入、农民人均纯收入分别年均增长11.1%、13.0%。举全县之力推进扶贫开发，对贫困户采取"一对一""多对一"帮扶，全县脱贫11291人，减贫幅度达49.6%。坚持每年办好一批为民办实事项目，建成一批惠民工程。加强社会保障，城镇居民医疗保险、新农合、新农保覆盖面不断扩大，建成各类保障性住房3985套，1.2万人受益。战胜2015年"5·19"洪涝等自然灾害，有力维护了群众的生命和财产安全。

这五年，是社会事业协调发展的五年。科技实力逐步增强，承担国家和省级重大科技项目实现零的突破。全县中小学办学条件全面改善，"义务教育发展基本均衡县"通过国家验收；教育质量明显提升，高考上线录取率持续保持全市前列。文体事业蓬勃发展，世界客属文化交流中心、客家祖地祭祀主轴建成投入使用，老干活动中心、老体协活动中心年内可竣工，拍摄《葛藤凹》《大南迁》《绝战》等电影电视剧，成功承办第25届世界客属恳亲大会宁化活动，举办第七届海峡两岸客家高峰论坛，客家祖地确定为海峡两岸交流基地、中国华侨国际文化交流基地。卫计事业加快推进，改造提升9个乡（镇）卫生院，实现村级卫生所全覆盖。深化"平安宁化"建设，加强安全生产监管，维护社会安定稳定。加强生态环境建设，持之以恒推进水土流失治理和植树造林，森林覆盖率达74.4%。统筹抓好武装、统战、群团、精神文明创建等各方面工作。先后荣获全国粮食生产先进单位、科普示范县、国土资源节约集约模范县、省级双拥模范县"三连冠"、省级生态县、省级园林县城、省级森林县城等荣誉称号。

这五年，是党的建设全面加强的五年。深入贯彻落实习总书记系列重要讲话精神，扎实开展党的群众路线教育实践活动、"三严三实"专题教育和"两学一做"学习教育，贯彻落实中央八项规定，各级干部理想信念、宗旨意识明显增强，干部作风向好转变。全面推行"3+1"公示验实绩，加强干部队伍建设。拓展农村"168"和机关"1263"基层党建工作机制，深入实施"党建富民强村"工程，基层基础得到夯实。完善党内关怀制度，对上世纪五六十年代入党的农村老党员发放生活补贴，慰问生活困难党员，不断提高离任村主干生活补助标准，农村基层干部队伍建设得到加强。全面推进从严治党，落实党风廉政建设党委主体责任和纪委监督责任，细化"五抓五看"要求，推行"三谈两述一公示"和"一单一函一报告"制度。

各位代表，过去的五年，我县经济实力更强、人民生活更好，这些成绩的取得，是在省委、市委的正确领导下，在历届县委工作的基础上，全县各级党组织、全体共产党员和广大干部群众共同努力的结果，也是中央、省、市各部门及其驻宁机构、驻宁部队、武警官兵大力支持，工商联、人民团体、无党派人士、离退休老同志和社会各界人士积极参与，在外宁化同乡、在宁外地同志热心帮助的结果。在此，我代表中国共产党宁化县第十二届委员会，向所有为宁化发展作出贡献的同志们、朋友们，表示衷心的感谢和崇高的敬意！

回顾五年来的探索实践和发展历程，我们深深体会到，做好宁化的工作：**必须坚持解放思想，以大局的观念谋划发展**。五年来，我们紧紧围绕中央和省、市大局，融入海峡西岸经济区建设，结合宁化实际理思路、谋发展，先后召开11次县委全会，推动中央和省、市各项决策部署落地生根。**必须坚持求真务实，以精准的措施推动工作**。五年来，我们坚持项目带动战略，实施重点项目"四百"工程，实行项目组运作机制，每季度开展现场办公督查，做到项目不断档、建设不止步，引进了一批大项目、好项目，为加快发展注入新的动力。**必须坚持开拓进取，以创新的办法破解难题**。五年来，我们积极应对风险和挑战，出台了一系列扶持工业企业、特色农业、市场商圈、旅游业、电子商务以及引进大项目、好项目的政策措施，扎实开展"三比一看"和"敢担当、解难题、立新业"活动，促进各个行业各个领域蓬勃发展；研究制定了稳定住房消费、防范金融风险等具体措施，促进社会和谐发展。**必须坚持以人为本，以惠民的导向凝聚人心**。

五年来，我们坚持把保障和改善民生作为一切工作的出发点和落脚点，尽心尽力抓好精准扶贫、社会保障、美丽乡村建设、农业转移人口市民化等惠民利民工作，着力办实事、解民忧、促民富，切实让群众共享更多改革发展成果，让群众有更多"获得感"。**必须坚持从严治党，以清廉的作风赢得支持**。五年来，我们着力从严治党，加强党风廉政建设，认真落实"两个责任"，自觉践行"三严三实"要求，开展"增激情、鼓干劲、正风气"活动，机关效能建设得到加强，干部队伍作风得到改进，基层党组织的凝聚力、战斗力不断增强，赢得了广大群众真诚的拥护和支持。

五年来取得的成就令人鼓舞。同时，我们清醒地看到，发展中还存在不少问题和薄弱环节。一是仍属于省级扶贫开发工作重点县，人均GDP、城镇居民人均可支配收入、农村居民人均可支配收入位列全市最后，目前全县还有4832户、12862个贫困人口。二是产业结构不优、层次偏低，企业竞争力不强，创新能力不足，在经济发展新常态下，面临做大规模与转型升级的双重压力。三是基础设施仍然薄弱，在交通、能源、水利等方面投入不足，教育、文化、卫生等社会事业难以满足群众需求。四是干部思想解放程度，尤其是持之以恒、狠抓落实的作风、成效，与群众的期盼、发展的要求相比，还有不小的差距。对这些问题，我们要高度重视，采取切实有效措施加以解决。

二、今后五年的总体要求和目标任务

今后五年，是全面建成小康社会的决胜阶段。我们站在新的更高的起点蓄势待发，新的形势孕育新的希望，新的理念引领新的发展。

纵观大势，"十三五"时期，我国发展仍处于可以大有作为的重要战略机遇期，经济发展进入新常态，保持中高速增长，更加注重增长的质量和效益，更加注重供给侧结构性改革。中央支持福建加快发展，大力支持苏区振兴发展，加大扶贫开发力度，将给我们带来更多的机遇、更大的支持。把握当前，我县经济总量突破百亿关口，产业已呈一定规模，园区接纳能力持续增强，城市对人口的吸引力、集聚力不断增强，各项改革深入推进，助推发展的活力动力更加充足。我县作为全市第二方阵发展中坚之一，在全市大局中有着重要的位置，将迎来更多的基础设施和产业发展项目布局。展望未来，一横一纵的兴泉铁路和浦梅铁路在我县交汇，将形成两条铁路、三条高速的交通路网，随着交通条件的改善，我县与沿海、内陆的时空距离将大大缩短，对周边区域的辐射带动作用将会增强，成为福建拓展中西部腹地的前沿、福建与"一带一路"相互融入的前沿。我们要利用这些好的机遇、好的基础、好的氛围，顺势而为，乘势而上。

当然，我们也要清醒地认识到，发展如逆水行舟，不进则退，慢进也是退。面对周边县（市）竞相发展、争先进位的态势，我们再不主动出击、加快崛起，就会被边缘化。我们必须以人一我十、滴水穿石的韧劲，一步一个脚印，不畏艰难，毫不松懈，跟上时代发展大趋势，谱写经济社会发展新篇章。

今后五年工作的总体要求是：高举中国特色社会主义伟大旗帜，以马克思列宁主义、毛泽东思想、邓小平理论、"三个代表"重要思想、科学发展观为指导，深入贯彻习近平总书记系列重要讲话精神，按照"五位一体"总体布局和"四个全面"战略布局，牢固树立创新、协调、绿色、开放、共享发展理念，按照建设"机制活、产业优、百姓富、生态美"新福建的要求，围绕"念好发展经、画好山水画"工作主题，凝心聚力，攻坚克难，实干担当，加快"一城四区"建设，着力打造发展升级版、建设富美新宁化，确保全面建成小康社会。

今后五年的发展定位是：加快"一城四区"建设，推动经济社会发展再上新台阶。

打造闽赣边界区域中心城市。把城市作为最大的发展平台，充分发挥宁化县城远离大中城市、地势开阔平坦、位于县域中心位置、城区体量较大、人口数量较多的特点和优势，推进城市新区、工业新区、旅游新区建设，促进产业集中、商贸集散、人口集聚，奠定宁化在闽赣边界周边区域的城镇中心地位。

打造福建沿海与中西部对接的前沿区。主动融入海上丝绸之路核心区、福建自贸区、海峡西岸经济区建设，立足宁化即将形成的"两铁三高"交通网络，东接沿海福建自贸区、海上丝绸之路核心区，西连内陆江西、长江经济带，拓宽吸引项目资金渠道，促进边界贸易繁荣，提升对外开放程度。

打造国家扶贫改革试验先行区。充分发挥苏区县域扶贫开发的潜力与政策优势，在三明国家扶贫改革试验区建设中努力先行先试，深化"348"工作机制，着力科学扶贫、精准扶贫，增强贫困乡村和贫困人口的内生发展动力，坚决打赢脱贫攻坚战。

打造文化旅游新兴区。立足客家祖地、中央红军长征出发地、地质地貌奇观等独特资源优势，大力发展文化事业，积极发展文化旅游产业，坚持不懈打响千年古县、客家祖地、中央苏区、天鹅洞国家地质公园等旅游品牌，把红色文化推向全国，把祖地文化、朝觐文化推出国门。

打造生态产业发展重点示范区。加强"三江源头"生态环境保护，大力造林绿化，持之以恒推进水土流失治理，创建国家级生态县。牢固树立绿色发展理念，促进资源节约集约利用，大力发展生态环保工业、现代生态农业、生态休闲旅游业，确保经济社会发展走可持续路子。

今后五年的奋斗目标是：经济平稳较快增长，国内生产总值年均增长9.5%左右，地方财政收入保持与经济同步增长，在"十三五"时期确保提前实现地区生产总值和城乡居民人均收入比2010年翻番。城镇化快速推进，到2020年常住人口城镇化率达到60%左右，城市建成区面积18平方公里、人口15万人。扶贫开发全面推进，确保2018年实现国家贫困线标准以下贫困人口全部脱贫，到2020年省定贫困线标准以下的贫困人口全部脱贫。在此基础上，实现综合实力明显提升，城乡区域更加协调，生态环境更加优美，社会更加和谐稳定，人民生活更加幸福，改革开放全面推进，党的建设取得新进展。

各位代表、同志们，实现今后五年的目标任务，是时代赋予我们的光荣使命，是全县人民的共同愿望。只要我们励精图治，发奋图强，在竞相发展的格局中，在全面小康的大道上，一定能够越走越宽、越走越快、越走越好！

三、立足更高起点，推进经济社会发展再上新台阶

面对新形势新任务新要求，我们要紧密结合宁化实际，抓住关键环节，突出工作重点，努力在更高起点上推动经济社会更好更快发展。重点要做好六个方面的工作。

（一）优化产业结构，提升竞争实力。坚持把调结构促转型作为产业发展的立足点，促进一产做优做特、二产做大做强、三产做活做旺，推动三次产业融合发展，提高经济发展的质量和效益。

做大做强新型工业。突出抓好产业项目建设，承接沿海产业转移，实施一批关联度高、带动力强的龙头型、基地型项目及配套项目，围绕白色家电、矿产加工、特色食品、纺织服装和新兴产业"4+1"重点产业，延伸产业链条，做大产业集群。要跟进"中国制造2025"，构建产学研合作创新体系，开展"机器换工"行动计划，推动传统产业技改。要加大企业扶持力度，降低企业运营成本。要加快"双创"基地建设，扶持培育一批各具特色的众创空间，重点引进一批以新兴产业为主导的科技型小微企业入驻。要实施"筑巢引凤"工程，推进"一区多园"建设，到2020年，力争园区面积达10平方公里、入园企业100家，全县规模以上工业总产值250亿元以上。

做活做旺第三产业。抓好旅游业繁荣发展，注重客家、红色、地质、生态等资源保护与开发，推进休闲观光、参与体验、乡村旅游等项目建设，天鹅洞景区争创国家4A级旅游景区。注重宣传造势，策划一批特色主题活动，抓好宁化"文三宝""物三宝"产品开发，提升宁化旅游的知名度。加强与周边地区合作，推动旅游业区域联动发展。抓好电子商务加快发展，发挥齐家网、阿里巴巴农村淘宝的带动作用，加大电子商务产业园招商，争取引进一批电商龙头企业。积极发展农村电商，促进"工业品下乡"和"农产品进城"双向流通。抓好商贸物流转型发展，培育特色专业市场，打造闽赣边贸市场商圈，加快传统商贸与电子商务融合发展，实现线上线下服务一体化。积极促进金融、信息、文化创意、健康养生等产业繁荣发展，促进房地产业健康发展，大力发展互联网惠民服务新业态，促进服务业发展提速、水平提升。到2020年，力争第三产业增加值占地区生产总值比重达36%以上。

做优做特现代农业。大力发展特色农业，在稳粮优烟的基础上，发展壮大"两米两茶一稻种"特色产业基地，到2020年种植河龙贡米10万亩、薏米5万亩、油茶20万亩、茶叶6万亩、杂交水稻制种5万亩。大力发展设施农业，培育一批休闲观光农业，做精做细食用菌、林竹、蔬菜等园艺产业，推进生态畜牧、渔业及特种养殖业发展。大力培育新型经营主体，做大做强农业龙头企业，发展农副产品深加工业，促进农业生产朝规模化、集约化、标准化方向发展，提高现代农业发展水平。扎实推进农产品品牌建设，加大农产品包装营销工作力度，提高农业效益和农产品附加值。到2020年，实现现代农业总产值120亿元以上。

（二）着力扶贫开发，实现精准脱贫。贫困人口脱贫是全面建成小康社会最艰巨的任务，要按照"四个切实""五个一批""六个精准"的要求，深化"348"工作机制，推进精准扶贫、精准脱贫，坚决打赢脱贫攻坚战。

突出在册人口扶贫。要把在册贫困人口作为工作的主攻点，完善脱贫退出和返贫进入机制，全面掌握贫困人员的贫困程度、致贫原因、致富打算等情况，做到精准识别、瞄准"靶心"，不让一个贫困人口在全面建成小康社会中掉队。区分贫困户情况，因人因户施策，精准发力、精准脱贫：对离乡离土的贫困户，实施劳务输出、免费培训后鼓励外出开办客家小吃店、支持创业等方式脱贫。对留乡留土的贫困户，引导到工业园区就业、家门口就业，发展新型经营主体带动就业，实行量化折股、乡村旅游、电商扶贫等模式促进就业。对"一方水土养不起一方人"的，实施易地搬迁脱贫。对没有劳动能力的贫困户，全部纳入低保、五保，实施政策兜底脱贫。

突出易地搬迁扶贫。要把易地搬迁作为脱贫攻坚的"头号工程"，落实易地搬迁扶持政策，帮助搬迁户发展生产、实现就业，享有公共服务，做到搬得出、稳得住、能致富，力争每年实施异地搬迁1000人以上，到2020年符合搬迁条件和有意愿搬迁的贫困户实现应搬尽搬。要加快集中安置区建设，推行统一规划、统一设计、统一建设。要鼓励进城安置，结合引导"六类人员"进城的政策措施，将易地搬迁户纳入其中优先考虑、统筹安排。

突出整村推进扶贫。要把整村推进作为脱贫攻坚的重要抓手，对现有的贫困村、空壳村，因村施策、分类推进。要实施空壳村村财增收行动，争取到2020年，全县所有行政村村级集体经济收入达10万元以上。要充分利用三明国家扶贫改革试验区、省级扶贫开发工作重点县等政策，整合美丽乡村、土地增减挂钩、农田水利、信贷、烟草等项目资金，实施一批扶贫项目，着力改善贫困村基础设施和生产生活环境，带动贫困户脱贫。

突出完善机制扶贫。深化"348"精准扶贫工作机制，重点拓展八种帮扶模式，向量化折股型、家门口就业型、农村电商型等新型模式延伸。强化领导挂钩、部门帮扶、资金捆绑、干部驻村机制，促进县、乡、村协调联动扶贫。完善激励机制，加快形成专项扶贫、行业扶贫、社会扶贫等多方力量支撑的大扶贫格局。建立健全扶贫工作责任制，逐级签订责任书，层层落实脱贫攻坚责任。注重脱贫典型的培育，打造一批整村推进精准扶贫示范村和扶贫模式典型，发挥好典型示范的带动作用。

（三）推进改革创新，增强发展动力。要解放思想、注重运作，全面深化改革，提升运作水平，扩大对外开放，着力打造更具活力、更具竞争力的发展格局。

以改革提升动力。加强供给侧结构性改革，提高供给侧体系质量和效率。稳步推进政府职能转变、财税、土地、金融、医药卫生、林业等重点领域改革。积极探索实践，深化高标准农田建设、农村养老保障、农村公路养护、城乡客运一体化等农村四项体制机制改革，推进"双创"孵化基地建设、农村电商运营机制创新研究，争取形成可看、可学、可复制的改革创新示范点。要积极复制推广外地成功、成熟的改革经验，少走改革弯路，减少探索成本。

以项目增强后劲。项目是载体、是投资、是财源、是后劲，必须持续抓牢抓实项目建设，加快形成"谋划一批、签约一批、开工一批、投产一批、增资一批"的滚动发展态势，为经济社会发展注入"源头活水"。要坚持上争、外引、内聚并重，特别是争取一批国家专项基金建设项目，对接一批"三维"项目，促进一批项目列入省、市重点项目盘子。调整优化项目组运作机制，分工负责，协同推进，让更多的人了解项目、让更多的人参与项目、让更多的人共同推动项目。加强项目组考核奖惩，项目征迁实行乡镇"属地负责"。加大项目推进力度，项目组每月一调度、一纪要，县委县政府每季度现场办公督查，跟踪掌握项目动态，及时解决项目难题，以目标倒逼责任，以督查倒逼落实。

以开放增添活力。完善招商引资工作机制，强化"一把手"招商，突出点对点招商、以商引商、产业链招商，继续实行招商引资、项目对接考核。大力实施"回归工程"，鼓励在外人士回乡投资创业。落实好稳出口各项政策措施，引导企业开展自营出口。要发挥客家祖地优势，打响客家祖地海峡两岸交流基地、中国华侨国际文化交流基地品牌，办好每年石壁祖地祭祖大典、石壁客家论坛等活动，加强与世界各地客属社团、台湾"三中一青"交流交往。

（四）突出城镇引领，统筹城乡发展。牢牢把握协调发展的内在要求，立足于科学规划、精致建设、精细管理，加快以人为核心的新型城镇化，推进城乡一体化发展。

推进中心城市建设。重点抓好规划、建设、管理三大环节。规划要注重前瞻性、整体性、协调性。要综合考虑城市定位、功能布局、文化特色、建筑风格，推进"多规合一"，按"五留"要求完成新一轮城市总规修编，做好各类专项规划衔接；结合火车站建设，实施一批公建项目，引导城郊乡、城南乡人口向新区集聚；融入客家元素，对城市中心、重要节点开展城市设计，集中体现建筑的功能与美观，赋予城市鲜明客家文化个性。建设要注重路网先行、组团开发、绿色生态。要完善"四纵四横"主干路网，实施火车站连接线工程，建成城市外环路，大力发展城市公共交通基础设施，打造"畅通城市"；推进组团开发，加快城市"东扩南伸"，合理布局商业、休闲、公共服务、住宅小区等项目，打造城市综合体；充分保护生态资源，实施一批绿化景观工程、主题公园，打造"绿色城市"；实施旧城更新，逐步推进主街道客家风情立面改造，逐年完善老城区路网、排水、排污等基础设施条件，提升城市整体功能。管理要注重综合性、网格化、数字化。综合性管理，就是要凝聚部门单位、执法队伍、市民群众等多方面合力，推进城市综合整治；网格化管理，就是要将触角向社区延伸、将力量向一线传导，实现市容保洁、市容整治网格化，提高城市管理精细化水平；数字化管理，就是要加强"数字城管"建设，打造智慧城市。要有序推进农业转移人口市民化，促进农村人口到城区就业生活，着重抓好"六类人员"搬迁，大力促进城市产业集中、人口集聚、商贸集散。

推进小城镇建设。按照"一轴两翼"县域空间布局，打造城区和东西片乡镇工贸文化旅游产业主轴，南片乡镇打造优势农产品与林竹特色区，北片乡镇打造特色农产品与养生度假休闲区。突出中心镇建设，推进石壁、湖村与中心城区一体化，促进资源共享、功能互补。加快提升曹坊、安远次中心镇，增强对周边乡镇的辐射带动作用。着力抓好集镇建设，实施"六个一"工程，增强城镇功能。大力培育乡镇特色产业，引导产业、人口、基础设施向重点城镇集聚。

推进美丽乡村建设。总的要求是突出"洁净、简单、实用、美观"。洁净，就是要深入开展农村环境综合整治，健全农村垃圾处理长效机制，彻底解决农村环境差的现象。简单，就是要崇尚简单、围绕简单来推进美丽乡村建设，在项目规划上进一步优化设计，在项目安排上进一步节约资金，防止做成"高大上"，防止把农村建成城市。实用，就

是要坚持以人为本，围绕群众需求，在人口更加集中的村组布局项目，让建设的项目有人用、有人管、有更大的受益面。美观，就是要充分衔接各乡村特色山水风光、人文传承等元素，注重特色村落的保护和开发，努力打造"一村一韵""一村一品"，让人记得住乡愁。

（五）坚持改善民生，增进百姓福祉。始终把民生需求作为根本导向，落实民生政策、加大民生投入，促进公共服务更加完善、群众生活更加殷实、社会环境更加和谐，努力让人民群众更多地、更好地共享改革发展成果。

扎实做好就业保障，让人民群众生活更加富足。把促进就业放在优先位置，落实"大众创业、万众创新"各项政策，以创业带动就业。拓宽农民增收渠道，着力构建农民增收长效机制。加快保障性安居工程建设，有效解决中低收入家庭的住房困难。完善覆盖城乡居民的社会保障体系，不断提高养老、医疗、就业等社会保障水平，让人民群众得到更多实惠。

创建宜居宜业环境，让人民群众生活更加舒适。抓好基础设施建设，实施一批交通、水利、能源资源、防灾减灾等建设项目，完成莆炎高速宁化段和省道纵八线，建成浦梅、兴泉铁路宁化段及水茜、城区火车站，圆全县人民的铁路梦；实施隆陂水库引调水工程及城区第二水厂项目，新建管线27公里，解决沿途乡村居民生活用水问题，为城区居民新增一个可靠水源。加强生态建设和环境保护，打好"水、大气、土壤"污染防治攻坚战，全面落实"河长制"，加大偷排漏排污染企业、畜禽养殖面源污染、道路扬尘等整治力度，新建项目必须同时做好水土保持工作，持续加强水土流失综合治理，加强森林管护，探索"赎买林木"做法，力争森林覆盖率达75%，加快万里安全生态水系建设，推进牙梳山创建国家级自然保护区，保护好宁化的青山绿水、清新空气。

大力发展社会事业，让人民群众生活更加惬意。发展教育事业，优化教育资源，促进学前教育、义务教育、高中教育和职业教育协调发展；调

整城区中小学布局，投入3亿元，新建占地161亩、办学规模60个班、校园面积全县最大、配套设施最齐全的滨江实验中学；扩大学前教育资源，抓紧新扩建一批公立幼儿园。发展现代文化事业，深化国家公共文化服务体系示范区创建活动，引导文化资源向基层倾斜，促进基本公共文化服务标准化、均等化。完善医疗卫生服务体系，实现各主要健康指标达到全面小康标准。实施中医院搬迁，建成卫校综合实训中心，采取PPP合作模式投入8亿元，新建占地面积130亩、全市规模最大的县级综合性医院。抓好计生工作，全面实施二孩政策，促进人口均衡发展。抓好养老设施建设，为"老有所养"提供优质的设施。

推动社会管理创新，让人民群众生活更加安宁。深化"法治宁化""平安宁化"建设，以落实综治责任为龙头，推进社会治安防控立体化、矛盾纠纷化解多元化、城乡社区服务管理网格化，健全完善重大事项社会稳定风险评估机制，构建全民共建共享的社会治理格局。坚持县处级领导接访制度，落实信访流程"路线图"，依法处理信访事项。加强网络舆情管控与引导，把握舆论引导主动权。开展"七五"普法，推进公共法律服务体系建设。落实安全生产"党政同责、一岗双责、失职追责"制度，加大重点行业、重点领域隐患排查整治力度，坚决防范各类重特大安全事故发生。要总结2015年"5·19"洪灾的经验教训，完善防灾减灾体系，提高防御自然灾害能力。

（六）健全民主法治，广泛凝聚力量。坚持党的领导、人民当家做主与依法治国有机统一，更加注重以法治思维和法治方式化解矛盾，提高科学执政、民主执政、依法执政水平，维护社会和谐稳定。

推进民主政治建设。坚持和完善人民代表大会制度，支持县人大及其常委会依法履行职能，保障人大代表依法行使职权，保证人民依法实行民主选举、民主决策、民主管理、民主监督。坚持和完善中国共产党领导的多党合作和政治协商制度，支持人民政协围绕团结和民主两大主题履行政治协商、民主监督、参政议政职能。充分发挥工商联和无党派人士的作用，贯彻落实民族、宗教、侨务和对台政策，巩固和壮大最广泛的爱国统一战线。加强对工会、共青团、妇联等群众团体的领导，充分发挥其联系群众的桥梁纽带作用。重视加强党管武装工作，广泛开展双拥共建、军民融合活动，巩固发展军政军民团结的良好局面。

全面推进依法治县。深入推进依法行政，健全依法决策机制，深化行政审批制度改革，推进公正文明执法，加快建设法治政府，推行政府法律顾问制度。要坚持以公开为常态、不公开为例外的原则，推进政务公开、审判公开、检务公开，让权力在阳光下运行，主动接受群众和社会的监督。要积极稳妥推进司法体制改革，落实领导干部干预司法活动责任追究制度，确保审判机关、检察机关、侦查机关依法独立公正行使权力。要加强司法监督，下大力气解决司法突出问题，努力让人民群众在每一个司法案件中都能感受到公平正义。

提升社会文明程度。加强精神文明建设，完善创建"省级文明县城"的长效机制，夯实农村精神文明创建基础，扎实推进群众性精神文明创建活动。加强宣传思想工作，大力倡导社会主义核心价值观，营造有利于发展的舆论氛围。要加强诚信社会建设，努力提高全社会诚信意识。要优化投资创业环境，积极营造亲商、安商、富商的良好氛围。要营造和谐人文环境，让开明开放、宽松包容成为宁化共识，让勇于创新、敢于先行成为宁化风尚。

四、坚持从严治党，提高党的建设科学化水平

实现今后五年奋斗目标，关键在党。要全面加强党的思想、组织、作风、制度和反腐倡廉建设，着力提高党的建设科学化水平，为实现全面小康提供坚强组织保证。

（一）加强思想政治建设，以坚定信念提升引领力。要强化理论武装，引导党员干部学习党章党规、学习习总书记系列讲话，运用党的理论武装头脑、指导工作、推动发展。要不忘初心、继续前进，引导党员干部不断增强中国特色社会主义道路自信、理论自信、制度自信、文化自信，切实增强政治意识、大局意识、核心意识、看齐意识，做到对党忠诚、为党分忧、为党担责、为党尽责。要与时俱进、解放思想，建立党员干部改革创新容错免责机制，支持鼓励党员干部大胆试、大胆闯、大胆干，敢为人先、闯出新路。

（二）加强干部队伍建设，以敢于担当提升战斗力。事业成败，发展兴衰，关键在于干部。我们要培育打造一支凝心聚力、攻坚克难、实干担当的干部队伍。凝心聚力，就是要增强"四种意识"，增强团结协作。要凝聚党员干部、广大群众、各行各业、县内县外、上上下下、方方面面的智慧和力量，形成和衷共济、共谋发展的强大合力。攻坚克难，就是要勇于拼搏，能征善战。各级党员干部要在矛盾和困难面前敢抓敢管、较真碰硬，在急难险重任务面前站得出来，顶得上去。面对深化改革、脱贫攻坚、项目推进等重任务、新难题，要鼓足干劲、迎难而上、逐个突破。实干担当，就是要以实干立身，以担当立业。各级党员干部要大力弘扬谷文昌、张仁和精神，牢记"空谈误国、实干兴邦"，崇尚实干，一步一个脚印，积小胜为大胜；要敢于担当，给了舞台就要唱好戏，有了职位就要尽到责，凭尽责担当、做成事业去赢得组织和群众的认可。

（三）加强基层组织建设，以为民服务提升凝聚力。要推进基层党建创新，积极培育"党建富民强村"、"精准扶贫整村推进"等党建示范点；加强软弱涣散党组织整顿转化，统筹推进机关、企业、社区、新经济组织等领域党建工作，扩大党的工作覆盖面和社会影响力。要加强党员管理，注重发展党员质量，继续推行"一账双责三审四公示"工作法；充分发挥"党员e家""168"党建平台、农村远程教育终端站点等作用，抓好党员经常性教育；深化畅通党员队伍"出口"试点，积极稳妥处置不合格党员。深入实施"葛藤人才行动"计划，着力引进人才、留住人才、用好人才。加强对基层党组织的支持，建立人向基层走、钱向基层投、政策向基层倾斜的机制，切实把基层党组织建设成为"推动发展、服务群众、凝聚人心、促进和谐"的坚强战斗堡垒。

（四）加强党的作风建设，以勤政务实提升执行力。要践行"三严三实"要求，扎实推进"两学一做"学习教育，深入整治"四风"，坚持抓常、抓细、抓长，使党的作风全面好起来。要推行一线工作法，密切党群干群关系，深入基层，深入群众，问计于民，确保各项工作合民情、得民心、顺民意。要加大庸懒散软治理，坚决克服工作漂浮、不在状态的不良倾向，切实提高行政效率和服务质量。要大力弘扬苏区老区精神、客家精神，大兴求真务实、艰苦奋斗之风，把更多的心思、更多的精力、更多的工夫用在谋发展、促转型、抓落实上，以"踏石留印、抓铁有痕"实干作风开创工作新局面。

（五）加强反腐倡廉建设，以清正廉洁提升公信力。要更加科学有效地防治腐败，坚定不移地推进党风廉政建设和反腐败斗争。要贯彻落实中国共产党《廉洁自律准则》《纪律处分条例》和《问责条例》，严格执行党风廉政建设责任制和责任追究制，按照"五抓五看"要求，落实领导干部个性化责任清单和"一单一函一报告"制度。要深入开展廉洁从政教育，增强党员干部抵御风险和拒腐防变能力。要健全权力运行监督制约机制，坚持党内监督和党外监督、专门机关监督与群众监督相结合，发挥好舆论监督的作用，促进领导干部树立正确的权力观，做到敬畏人民、敬畏组织、敬畏法纪。要保持惩治腐败高压态势，构建不敢腐、不能腐、不想腐的机制。要正风肃纪，推进全面从严治党向基层延伸，切实以党风廉政建设的实际成效聚民心、保发展。

各位代表、同志们！美好蓝图已经绘就，进军号角已经吹响。让我们更加紧密地团结在以习近平同志为总书记的党中央周围，在省委省政府、市委市政府的正确领导下，凝心聚力、攻坚克难、实干担当，为加快"一城四区"建设，打造发展升级版、建设富美新宁化，确保全面建成小康社会而努力奋斗！

政府工作报告

（2016年12月21日在宁化县第十七届人民代表大会第一次会议上）

宁化县人民政府代县长 姚文辉

各位代表：

现在，我代表宁化县人民政府，向大会作工作报告，请予审议，并请县政协委员和其他列席人员提出意见。

一、五年工作回顾

五年来，我们认真贯彻落实党的十八大以来的系列重大决策部署，在省委省政府、市委市政府和县委的正确领导下，团结带领全县人民，先行先试、激情创业、进位赶超，主动适应经济发展新常态，有效应对经济下行压力，扎实推进"三区"开发、"四地"建设，经济社会实现了健康稳步发展：

（一）综合实力明显提升。预计2016年全县生产总值118.4亿元，年均增长10.9%；地方公共财政预算收入5.63亿元，年均增长9.6%；固定资产投资186亿元，年均增长24.1%；城镇居民人均可支配收入23970元，年均增长10.1%；农村居民人均可支配收入12730元，年均增长10.9%。县第十六届人大五次会议确定的主要预期目标基本完成，标志着第十六届政府各项目标任务圆满收官。主要表现在：总量扩张，全社会固定资产投资、地区生产总值、规模以上工业总产值、金融机构存款等4项指标突破百亿。增幅居前，地区生产总值、地方公共财政预算收入、贷款余额、存款余额、社会消费品零售总额、验资口径实际利用外资等6项指标连续五年增幅居全市前6位。位次提升，市委市政府对我县近几年发展充分肯定，把我县从长期以来的第三方阵提升到第二方阵，列入全市发展中坚之一。

（二）结构调整明显突破。深入实施创新驱动发展战略和转型升级计划，加快推进供给侧结构性改革，不断优化产业结构，预计三次产业比重由2011年28.3∶40.6∶31.1调整为2016年22.5∶44.3∶33.2。一产提质，有效应对自然灾害，特别是战胜2015年"5·19"两百年一遇特大洪灾，农业生产保持持续增长，预计全县农林牧渔业总产值45.97亿元，年均增长4.2%。全国商品粮基地、全国油茶产业发展重点县地位巩固提升，烟叶收购量连年居全省第一，"两米两茶一稻种"朝产业化、规模化发展；实施品牌发展战略，全县现有"三品一标"43个。二产增量，出台推动工业创新转型、稳定增长十项措施等政策，促进工业企业稳步发展，预计全县规模以上工业增加值37亿元，年均增长13.6%。月兔空调、长宁纺织、福特科光电、奔鹿纺织等一批重点企业竣工投产，行洛坑钨矿改造提升工程扎实推进，白色家电、矿产加工、特色食品、纺织服装和新兴产业"4+1"重点产业体系初步形成。三产融合，推进文化、旅游、电商、商贸融合发展，开通宁化至清流县际公交，夏商百货、义乌小商品城等知名商贸企业入驻，新增各类市场主体近8000户、市级以上知名商标19件；齐家网等40余家企业入驻电子商务城，阿里村淘全县布点41个；天鹅洞景区经营权顺利收回，客家祖地获批国家4A级旅游景区、宁化列入全国红军长征精品旅游线路；成功村镇银行入驻宁化，中国银行在宁化设立分支机构；客家小吃产业现有从业人员9000余人，县外开店3000多家，15个品种评为"中华名小吃"。预计全县社会消费品零售总额38.39亿元，年均增长15.7%。

（三）城乡面貌明显改善。按照"多规合一"原则，启动新一轮城市总体规划修编，推进县域中心城市建设，新增建成区面积4平方公里，城区面积达到12平方公里。架构拉伸，加快城市"东扩南伸"，实施客家慈恩文化园、城市东扩新区组团开发，东大路、工业路、江滨北路、新桥路、翠华西路等一批城市主干道路网和6座大桥竣工投入使用，新增城区路网32公里。品位提升，新建江滨沿河绿化景观、市民休闲广场、县体育馆，完成中山路、北大街、新桥一路等道路改造，实施横街、南大街立面景观改造，完成翠园广场、北山公园等城市园林改造，建成一批绿化亮化美化工程。人气聚集，加强房地产风险楼盘防控，实施进城购房补助政策，房地产市场健康发展，5年销售商品房110万平方米。城镇化进程加快，城区常住人口超过10万人，城镇化率达43%，5个乡"撤乡设镇"。按照"五个一"要求推进乡镇集镇建设，集镇面貌有较大改观。深入开展"客家风情·美丽乡村"行动，结合旧村复垦，培育68个美丽乡村示范点。

（四）生态环境明显优化。 持续加强生态环境建设，完成造林绿化29.4万亩，森林覆盖率达74.6%，比2011年提高4.3个百分点，保持全省前列。推进国家级生态县创建，围绕生态文明试验区建设，推进大气、水、土壤污染防治，完成省级生态县创建，4个乡（镇）获国家级生态乡镇命名，9个乡（镇）通过国家级生态乡（镇）考评验收。推进水土流失综合治理，围绕"领导机制、治理机制、扶持机制"持之以恒，治理水土流失面积53.3万亩，"48"字治理措施在全省推广。推进流域水环境整治，开展农村环境连片整治，建设污水处理管网30公里，建成防洪工程城区段22.99公里、乡（镇）49.5公里；开展流域水环境综合治理，全面落实"河长制"，实施饮用水源保护和工业污染、生活污染、畜禽养殖污染治理等，水环境质量保持良好。

（五）发展活力明显增强。 加快推进基础设施、重点项目建设和重点领域改革，不断增强发展后劲。基础更实，实现高速公路、国道从无到有，新(改)建省道18.15公里、农村公路182公里，改造危桥30座，完成农村公路安保工程920公里，兴泉铁路获批、浦梅铁路全线动工；110千伏青塘输变电站投入运营，鸡公岽风能发电项目开工建设；"一区多园"加快推进，新增开发用地4520亩，建成10万平方米"双创"孵化基地，园区五年累计入驻项目25个；完成高标准基本农田建设10万亩，新建东坑水库、黄山寮水库等烟基水源工程。机制更活，

探索建立"348"精准扶贫工作机制，得到国务院扶贫办和省委省政府充分肯定。财税金融、商事制度等重点领域改革扎实推进，公立医院、水利体制、文化体制、林权制度、教育制度、公车制度、国库集中支付等专项改革稳步推进，农村土地承包经营权和农村宅基地使用权确权登记颁证有序推进，"农村四项体制机制"改革取得阶段性成效。加强科技创新，承担国家创新基金、星火计划项目实现零的突破，通过国家科技进步县考核。项目更优，先后实施"五大战役""四百工程""五个一批"重点项目，建设县级以上重点项目525个，其中省级67个、市级124个，完成投资334亿元。争取国家专项建设基金项目26项，获批贷款7.3亿元。

（六）民生保障明显进步。 持续完善公共供给，出台医疗救助、临时救助、高龄补贴等系列惠民政策，不断增进民生福祉。社会保障加强，城镇居民医疗保险、新农合、新农保覆盖面不断扩大，城乡居民低保供养标准逐年提高。建成各类保障性住房5789套，受益1.7万余人。实施校安工程、城区学校扩容、"全面改薄"等项目42个，荣获"全国书法教育示范区"称号，"义务教育发展基本均衡县"通过国家验收。卫生资源总量快速增长，公共卫生服务中心、卫校实训中心扎实推进，县医院新建PPP项目列入财政部第三批示范项目。深入实施农村饮水安全工程，解决13.6万人安全饮水问题。扶贫开发精准，举全县之力推进扶贫开发，出台小吃、教育、金融、医疗、搬迁、大病救助、家门口就业等扶贫政策，对贫困户采取"一对一""多对一"结对帮扶，全县脱贫1.7万人，减贫幅度达69.2%，"空壳村"全面消除。民生事业协调，世界客属文化交流中心、客家祖地祭祀主轴建成使用，拍摄《葛藤凹》《大南迁》《绝战》等影视作品，成功承办第25届世界客属恳亲大会宁化活动，举办一年一届石壁客家祖地祭祖大典和4届石壁客家论坛、第七届海峡两岸客家高峰论坛、首届"骑聚红土地·重走长征路"骑游文化节活动等，客家祖地确定为海峡两岸交流基地、中国华侨国际文化交流基地。卫计服务水平稳步提升，两孩政策全面实施，完成13个乡（镇）卫

生院改造提升，村级卫生所实现全覆盖。优先发展公交便民服务，村村通客车工程实现重大突破。办好为民实事，5年共实施为民办实事项目50件，其中2016年10件实事有5件基本完成，4件按计划推进（1件暂缓）。深化"平安宁化"建设，基本建成覆盖城乡的治安防控体系，社会保持和谐安定。加强安全生产监管，抓实群众关注的食品安全，未发生重大及以上安全事故。

此外，老龄、工会、青少年、妇女儿童、残疾人、红十字会工作扎实开展，司法行政、审计、统计、科普、老区、外侨、对台、机关事务、民族宗教、档案、地方志、水文、气象、防震减灾、库区移民工作取得新进展。人民防空、民兵预备役、国防后备力量建设得到加强。深入开展党的群众路线教育实践活动、"三严三实"专题教育、"两学一做"学习教育，严格贯彻落实中央"八项规定"精神，持续深化简政放权，政府自身建设不断加强、作风明显转变、形象持续提升。先后荣获全国粮食生产先进单位、全国科普示范县、全国国土资源节约集约模范县，省级双拥模范县"三连冠"、省级生态县、省级园林县城、省级森林县城、省级法治县创建活动先进县等荣誉称号。

各位代表，历经五年艰苦奋斗，全县发展形势令人鼓舞，发展成就催人奋进！发展的前提是团结实干，成绩的背后是和衷共济。这些成绩的取得，是县委统揽全局、坚强领导的结果，是县人大、县政协有力监督、倾力支持的结果，是历届县政府领导班子奋力攻坚、夯实基础的结果，更是各级各部门和全县人民团结奋进、埋头苦干的结果！在此，我代表宁化县人民政府，向全县人民，向中央、省、市属驻宁单位、驻宁部队、武警官兵，向关心支持宁化发展的老领导、老同志，向所有为宁化老区苏区发展作出贡献的各界人士，表示衷心的感谢，并致以崇高的敬意！

在肯定成绩的同时，我们也清醒地认识到，发展中还存在不少困难和问题。主要表现为：经济下行压力依然很大，部分行业、企业面临的市场环境严峻复杂，土地、资金等要素供应偏紧，经济运行质量和效益亟待提高；产业结构转型升级步伐不快，一些新兴产业、新兴业态体量偏小，对经济增长支撑力度偏弱；城市建设管理水平和农村环境整治，与省、市发展战略要求和群众期盼相比，差距仍然较大，美丽乡村建设急需加力；农业现代化程度偏低，产业链条短，龙头企业示范带动能力不强，农民持续增收难度较大，脱贫攻坚任务仍然艰巨；财政增长后劲不足，税源紧缺、增收要素少，民生刚性支出增多，收支矛盾还很突出；作风建设仍需加强。针对这些事关改革、发展、稳定的困难和问题，我们将采取更加有效的措施认真加以解决。

二、新一届政府总体要求和目标任务

今后五年是全面建成小康社会的决胜期，是全面深化改革的攻坚期，是全面依法治国和全面从严治党的关键期。今后五年，政府工作总体要求是：高举中国特色社会主义伟大旗帜，以马克思列宁主义、毛泽东思想、邓小平理论、"三个代表"重要思想、科学发展观为指导，深入贯彻落实习近平总书记系列重要讲话精神和对福建工作的重要指示，围绕"五位一体"总体布局和"四个全面"战略布局，践行创新、协调、绿色、开放、共享发展理念，融入全省"再上新台阶、建设新福建"发展大局，突出"念好发展经、画好山水画"工作主题，凝心聚力、攻坚克难、实干担当，加快"一城四区"建设，推动各项事业再上新台阶，努力打造发展升级版、建设富美新宁化。

我们的主要目标是：到2021年，经济社会发展再上新台阶，在提前实现地区生产总值和城乡居民收入比2011年翻一番基础上，力争全县地区生产总值、财政总收入分别突破180亿元和11亿元，确保国定贫困标准人口在2017年全部脱贫，省定贫困标准人口在2019年全部脱贫，加快构建经济更繁荣、社会更和谐、生态更靓丽、百姓更幸福的新宁化。具体抓好六项重点任务：

（一）围绕打造闽赣边界区域中心城市，建设宜居新宁化。推进城市新区、工业新区、旅游新区建设，促进产业集中、商贸集散、人口集聚。中心城区，抓好规划、建设、管理重点环节，加快推进东扩南伸和老城区更新提升，实现县城建成区达到18平方公里、县城区人口15万人、城镇化率60%以上。大力推进"数字城市""海绵城市""智慧城市"建设，创建省级文明县城，着力打造"文明之城"。小城镇，按照"一轴两翼"县域空间布局，打造城区和东西片乡（镇）工贸文化旅游产业主轴，南片乡（镇）优势农产品与林竹特色区，北片乡（镇）特色农产品与养生度假休闲区。突出石壁、湖村中心镇和曹坊、安远次中心镇建设，着力打造"特色之镇"。美丽乡村，突出"洁净、简单、实用、美观"，结合旧村复垦，加强农村环境整治提升，注重传统古村落等特色村落的保护和开发，着力打造"一村一韵""一村一品"。

（二）围绕打造福建沿海与中西部对接前沿区，建设实力新宁化。 抓住福建"六区叠加"的历史机遇，打造"两铁三高"交通网络，扩大对外开放程度，促进工业转型、农业增效、三产搞活。工业转型发展，围绕白色家电、矿产加工、特色食品、纺织服装和新兴产业"4+1"重点产业，延伸产业链条，做大产业规模。跟进"中国制造2025"，构建产学研合作创新体系，开展"机器换工"行动计划。实施"筑巢引凤"工程，加快"双创"基地招商。推进"一区多园"建设，力争园区面积达10平方公里、入园企业100家。农业稳步发展，稳定粮食种植面积58万亩、烟叶10万亩，发展壮大"两米两茶一稻种"特色产业基地，创建国家级杂交水稻制种基地。围绕规模化、集约化、标准化发展，做精做细食用菌、林竹、蔬菜等园艺产业，力争全县设施农业突破1万亩。三产繁荣发展，发挥齐家网、阿里巴巴农村淘宝等著名电商企业带动作用，加大电子商务产业园建设力度，做大做强一批电商龙头企业，力争形成2—3个电商产业村，促进"工业品下乡"和"农产品上行"均衡流通，电子商务交易额年均增长35%以上。培育特色专业市场，打造闽赣边贸市场商圈，大力发展互联网惠民服务新业态，力争第三产业增加值占地区生产总值比重达36%以上。

（三）围绕打造国家扶贫改革试验先行区，建设共享新宁化。认真贯彻共享发展理念，按照"四个切实""五个一批""六个精准"要求，充分发挥苏区县域扶贫开发的潜力与政策优势，着力打赢脱贫攻坚战。落实增收计划，深入实施"空壳村"村财增收行动，到2021年全县所有建制村集体经济自有收入达10万元以上。突出产业扶贫，建设一批贫困户参与度高的特色农业基地，引导帮助有条件的贫困农户参与发展乡村旅游，继续在有条件的贫困村、贫困户中开展光伏扶贫，推进扶贫资金量化折股试点、贫困乡村资源资产收益扶贫改革试点。实施易地搬迁，对"一方水土养不起一方人"的，实施易地搬迁扶贫，帮助搬迁户发展生产、实现就业、享有公共服务，做到搬得出、稳得住、能致富，到2020年符合搬迁条件和有意愿搬迁的贫困户应搬尽搬。完善工作机制，持续深化"348"工作机制，深入推进"五项工程""三大行动""十个一批"。强化领导挂钩、部门帮扶、资金捆绑、干部驻村机制，加快形成专项扶贫、行业扶贫、社会扶贫等多方力量支撑的扶贫大格局。

（四）围绕打造文化旅游新兴区，建设魅力新宁化。 遵循"整合资源、集聚要素、联动发展、辐射周边"的布局原则，拓展提升"神秘的客家祖地、神奇的天鹅洞群、神圣的长征起点"品牌，开展黄慎、伊秉绶等名人文化系列活动，打响名人文化品牌，到2021年，力争实现全年游客接待量400万人次、旅游总收入40亿元以上。提升景区，加快推进客家祖地二期、天鹅洞国家地质公园基础设施、革命纪念园及东华山生态旅游区、南山近郊旅游景区等项目建设，天鹅洞地质公园争创国家4A级旅游景区。加强红色遗址遗迹保护、修缮、开发，重点打造"一地一院一旧居"宁化苏区名片，打响全国爱国主义教育基地品牌。抓好休闲观光、参与体验、乡村旅游等项目建设，力争创建5个以上星级乡村旅游示范点。集聚要素，规划建设旅游集散服务和旅游产品展示展销中心，打造慈恩湖步道公园和慈恩湖休闲娱乐长廊。抓好宁化"文三宝""物三宝"产品开发，推动宁化旅游伴手礼产业发展。大力发展客家小吃，努力将宁化客家小吃打造成全国知名品牌。扩大宣传，深入实施"互联网+旅游""旅游+"战略，策划一批特色主题活动，坚持不懈打响千年古县、客家祖地、中央苏区、天鹅洞国家地质公园等旅游品牌，把红色文化推向全国，把祖地文化、朝觐文化推出国门。

（五）围绕打造生态产业发展重点示范区，建设绿色新宁化。坚持"绿水青山就是金山银山"，完成造林绿化6万亩，森林覆盖率达到75%、城区绿化率42%以上，打造山清水秀、宜居宜业的清新宁化。推进国家生态文明示范县创建，严格控制能源和水资源消耗、建设用地总量和强度，有效防治大气、水、土壤污染。继续开展国家级生态县创建，扎实推进国家生态文明示范县创建，力争到2019年完成13个生态文明示范乡（镇）创建，到2020年完成国家级生态文明示范县创建。推进森林资源保护，探索"赎买林木"和"伐种平衡"做法，落实林地占补平衡，开展矿山"青山挂白"治理。加强"三江"源头生态环境保护，严守林地、森林、自然保护区、湿地、生态公益林5条生态红线，完善天然林保护制度，加强重要区位生态修复，推进牙梳山升格为国家级自然保护区，确保生态质量保持全市前列。推进水环境综合治理，围绕"水清、河畅、岸绿、生态"目标，全面落实"河长制"，实施流域水岸共治，切实提升流域水环境。到2018年辖区内河道实现"三无一达标"目标，县域5条干流水质达Ⅱ类标准，城乡集中式饮用水水质达Ⅱ类以上标准。

（六）围绕打造高效服务型政务环境，建设和谐新宁化。坚持以更大力度深化改革攻坚、更高标准推进社会建设、更实举措深化政务服务。深化改革再上新台阶。全面落实国家深化改革战略布局，切实增强改革自觉性与行动力，以改革破解发展难题，激发发展活力。以经济体制改革为重点，推进农村综合改革、社会事业改革创新、医药卫生体制改革、金融普惠制改革等重要领域和关键环节取得实质性成效。社会建设再上新台阶。围绕"民生脉动、百姓诉求、群众福祉"，补齐民生事业短板，让人民群众有更多获得感。加强民生保障，以养老、就业、扶贫、低保为主的民生保障体系建设取得新突破；推进基本公共服务均等化，以教育、文化、卫生为主的社会事业实现新发展；全面实施"七五"普法，以民主法治、社会稳定为主的"平安宁化"建设再获新成绩。自身建设再上新台阶。坚持"务实、高效、创新、廉洁"的工作作风，加快政府职能转变，推动服务标准化、政策透明化、社会诚信化。加强电子政务建设，完善网上办事大厅，推进行政审批服务网络化；继续推进简政放权、放管结合、优化服务，抓好行政权力清单、市场准入负面清单、责任清单落实；注重廉洁建设，始终把纪律和规矩挺在前面，深入推进政务公开，实现决策、执行、结果公开透明。

各位代表，困难和挑战考验着我们，机遇和期待召唤着我们，责任和使命激励着我们。让我们更加紧密团结在以习近平同志为核心的党中央周围，在县委的坚强领导下，把握新机遇，瞄准新目标，开启新征程，凝心聚力、攻坚克难、实干担当，为"再上新台阶、建设新宁化"，确保全面建成小康社会而努力奋斗！

2016年政府工作报告名词解释

"三区"：城市新区、工业新区、旅游新区。

"四地"：海峡西岸经济区有影响的白色家电制造业基地、有特色的现代农业示范基地、拓展腹地的重要物流集散地、知名文化旅游目的地。

"两米两茶一稻种"：河龙贡米、薏米，油茶、茶叶，杂交水稻制种。

"三品一标"：无公害农产品、绿色食品、有机农产品和国家地理标志保护产品。

"多规合一"：以国民经济和社会发展规划为依据，强化城乡建设、土地利用、环境保护、文物保护、林地保护、综合交通、水资源、文化旅游、社会事业等各类规划的衔接。

"五个一"（六个一）：集镇建设有一个标志性建筑、有一条客家风格景观主街道、有一个居民休闲文化广场、有一个农贸市场、有一个垃圾填埋场。（有一个污水处理设施）。

"48"字水土流失治理措施：政府主导、群众主体，公司运作、大户承包，土地流转、农户入股，单位包干、社会参与，全面封禁、分类治理，长效管护、惠及民生。

"一区多园"：华侨经济开发区，城南工业园、食品加工园、化工园等。

"双创"：大众创业、万众创新。

"348"精准扶贫工作机制："3"指采取"一申请、两比选、三公示"的"三步工作法"，精准识别贫困对象。"4"指采取"四因四缺分类法"（因病、因残、因学、因灾和缺技术、缺资金、缺劳力、缺动力），精准分析致贫原因。"8"指采取"八种帮扶模式"，分类施策精准帮扶。

"农村四项体制机制"：高标准农田建设、农村养老保障、农村公路养护、城乡客运一体化体制机制。

"五大战役"重点项目：重点项目建设、新增长区域发展、城市建设、新农村建设、民生工程项目。

"四百工程"重点项目：从2014年起，全县每年竣工重点项目100个以上，开工重点项目100个以上，储备重点项目100个以上，完成重点项目固定资产投资100亿元以上。

"五个一批"重点项目：谋划一批、签约一批、开工一批、投产一批、增资一批等"五个一批"重点项目。

"全面改薄"：全面改善贫困地区义务教育薄弱学校基本办学条件。

"空壳村"：村集体经济自有收入（经营收入、发包及上交收入、投资收益）为零的村。

为民办实事1件暂缓：中环路立面改造工程实施将会损毁夜景工程，经研究暂缓实施。

"五位一体"总体布局：经济建设、政治建设、文化建设、社会建设、生态文明建设。

"四个全面"战略布局：全面建成小康社会、全面深化改革、全面推进依法治国、全面从严治党。

"一城四区"：闽赣边界区域中心城市、福建沿海与中西部对接的前沿区、国家扶贫改革试验先行区、文化旅游新兴区、生态产业发展重点示范区。

"数字城市"：以计算机技术、多媒体技术和大规模存储技术为基础，以宽带网络为纽带，运用遥感、全球定位系统、地理信息系统、遥测、仿真-虚拟等技术，对城市进行多分辨率、多尺度、多时空和多种类的三维描述。

"海绵城市"：城市能够像海绵一样，在适应环境变化和应对自然灾害等方面具有良好的"弹性"，下雨时吸水、蓄水、渗水、净水，需要时将蓄存的水释放并加以利用。

"智慧城市"：运用信息和通信技术手段感测、分析、整合城市运行核心系统的各项关键信息，从而对民生、环保、公共安全、城市服务等各种需求做出智能响应。

"一轴两翼"："一轴"指打造城区和东西片乡（镇）工贸文化旅游产业主轴，"两翼"指南片乡（镇）打造优势农产品与林竹特色区、北片乡（镇）打造特色农产品与养生度假休闲区。

"六区叠加"：福建处在自贸区、福州新区、海丝核心区、平潭综合实验区、生态文明试验区、自主创新示范区"六区叠加"的战略机遇期。

"两铁三高"：兴泉铁路、浦梅铁路，永宁高速、莆炎高速、建宁至连城（或建宁至长汀）高速。

"四个切实"：切实落实领导责任、切实做到精准扶贫、切实强化社会合力、切实加强基层组织。

精准扶贫"五个一批"：发展生产脱贫一批、易地扶贫搬迁脱贫一批、生态补偿脱贫一批、发展教育脱贫一批、社会保障兜底一批。

"六个精准"：扶持对象精准、项目安排精准、资金使用精准、措施到户精准、因村派人精准、脱贫成效精准。

"量化折股"：将上级拨付的扶贫资金折化成一

定股份，入股到企业，扶贫资金按股份份额享受收益分红，获取的分红再按一定的比例分配给村集体和贫困人口。

"五项工程"：扶贫担保、家门口就业、整村推进、社会帮带、技能培训工程。

"三大行动"：部门帮扶贫困村行动、干部结对帮扶行动、空壳村村财增收行动。

"十个一批"：产业发展一批、生态补偿一批、医疗救助一批、扶残助残一批、教育资助一批、灾后救助一批、技能培训一批、金融扶持一批、电商带动一批、易地搬迁一批。

"一地一院一旧居"：长征出发地，陈塘红军医院，革命领导人旧居。

"文三宝""物三宝"：文三宝指三种具有宁化文化特色的工艺品；物三宝指三种宁化土特产品。

"赎买林木"：由政府出资，采用股份合作及一次性补偿方式，从村集体和村民手中购买生态公益林、天然阔叶林的林木使用权和所有权。

"三无一达标"：水面无漂浮物、河岸无垃圾乱倒、河道无淤泥堆积、沿河排污口达标排放。

"两化"融合：信息化和工业化高层次的深度结合。

"三边三节点"：山边、水边、路边，城市中心节点、市民活动节点、交通枢纽节点。

"数字城管"：用信息化手段和移动通信技术手段来处理、分析和管理整个城市的所有城管部件和城管事件信息，促进城市管理现代化的信息化措施。

"放管服"：简政放权、放管结合、优化服务。

台湾"三中一青"：台湾中小企业、中下阶层、中南部民众及青年。

网上定制　宁化木活字为国家图书馆添彩

赖全平

"春节前我就上网进行定制，想给相恋多年的女友送一款独一无二的礼物，我怕节后快递不准时，今天专程前往取货，发现店里的木活字款式真多，工艺精美，作为礼品都拿得出手，很有收藏价值！"2月14日是情人节，当天上午，在宁化青年创业园内，家住清流城关的小伙子张名望径直走进"润化堂"中国木活字文化馆，接过两片刻有"一生一世"字样的活字木牍，爱不释手，惊喜不已。

"润化堂"中国木活字文化馆负责人邱恒伙是名80后。2008年以来，他采用网上定制木活字的方法，将木活字销往世界各地，让木活字"活"起来。

80后转行木活字

邱恒伙的父亲是名传统的工匠，平时爱帮人雕刻花鸟。受父亲影响，邱恒伙从小喜爱雕刻，经常用橡皮、木块、石块帮同学雕刻文字和图章。2002年，从福建广播电视大学应用电子专业毕业后，他在福州与人合伙经营一家文化艺术培训学校，开设雕刻、书画、音乐、舞蹈等课程，并负责管理和雕刻教学。

活字印刷术是中国古代四大发明之一，2010年被列入联合国非物质文化遗产名录。如今用凸印活字印刷的厂家几近绝迹，木活字印刷早已退出历史舞台。"如何让木活字文化更好地传承和发扬光大？"邱恒伙经常思考这个问题。在查阅了大量木活字文化资料后，他认为失去经济效益，木活字将逐渐失传，只有走市场之路，与互联网结合，才能进一步传承与发展。

2008年8月，邱恒伙在淘宝网注册"木活字雕刻店"，通过网上定制木活字接单赚钱，这也是互联网上的首家木活字店。他经常在微博上贴出有关木活字的图文介绍，并附上相关网址，方便需要定制木活字的客人网络下单。

打开邱恒伙的木活字网店，上面有各种木活字产品：木活字成品、印章、活字印刷、活字工艺品、活字文房用品、木牌木匾、木广告字等，林林总总40多种。其中，木活字定制服务，是最主要最受欢迎的业务。

网上定制木活字

2008年10月，福州一家茶叶店老板在网上定制10个印章，感觉不错后，又先后三次定制100多个印章，以用于印刷包装盒，总价值5000多元。这也算是邱恒伙网上定制木活字赚取的第一桶金。

"当时网购尚处于起步阶段，将传统文化与主流电商相结合，发展前景更好。"2009年7月，邱恒伙正式退出文化艺术培训学校，全心打理木活字网店，通过个性化定制，进一步开拓木活字的网上市场。

邱恒伙选用上好棠梨木，经雨淋日晒自然干燥后制作字模，刻老宋体字，制成一个个木活字，用于排版。每完成一套成品，邱恒伙都要先拓印一番，拍照发给客户，不断修正，直到对方满意为止，并发在微博上与网友分享。邱恒伙的木活字网店开张以来，月均成交30多单。每个客人拿到木活字后都爱不释手，不仅成为回头客，还互相介绍新客户。

"除了木活字，也常要刻些简单图案，有时要按客人给的样板进行刻画，最快的当天发货，最长的也不超过一星期。"邱恒伙介绍说，常有网店店主定制木活字印刷产品包装盒，也有大学生定制木活字工艺品馈赠亲朋好友，尽管花时多，赚不了多少钱，但他从不马虎，对木活字的网络前景充满信心与期待。

木刻字的形体风韵依赖于木材、刀工以及字形，刀工和字形是相当个人的东西，邱恒伙刻出来的字饱满、隽永，不仅价廉物美，发货速度也快，赢得了大量回头客。2010年6月，一名客商在网上向邱恒伙定制拍摄祭祖用品、一套木活字道具，总价值超万元。

"通过沟通，下单，人家要什么，我刻什么，刻正字还是反字，用什么字体，完全根据顾客的需求制作，实现网上个性化定制。"邱恒伙介绍说，刻字最能体现出强烈的个性需求，刻诗词和刻书的虽不多，但业务量和难度都很大。

2015年2月，邱恒伙将淘宝网店易名为"中国木活字"，并以公司名义正式向商标局申请"活字印刷术"商标"润化堂"，届时将创造一项全新的世界记录——在800多年的活字印刷术历史进程中，正式诞生第一枚活字印刷术商标。

木活字印刷术因有着特殊的文化价值和商业价值，现在也成为不少人的创业和投资项目。2015年8月，北京女大学生陈小丽毕业后苦于找不到合适工作时，在邱恒伙的建议和指导下，很快办起一家木活字儿童体验馆，个性化定制木活字100多套，打造一站式服务体系，让孩子们真正体验到传统文化的魅力。2015年11月，马来西亚一家教育机构考察中国文化市场时，向邱恒伙一次性定制6000多元的木活字，要求全部刻写象形文字。双"十二"当天，国家图书馆及中科院一家下属机构向邱恒伙网上定制万元木活字，一家儿童体验城则定制了大量古诗词木活字。

2015年11月，邱恒伙正式入驻宁化青年创业园，木活字远销港澳台和世界各地。他与清华大学、北京大学、国家博物馆、国家图书馆等单位积极合作，为他们的艺术文化节定制木活字。在邱恒伙的筹划和指导下，武汉一家儿童体验馆专门设立活字印刷馆，不断定制和更新木活字，受到孩子和家长们的欢迎。

木活字网上走俏

木活字雕刻是纯手工活，需要花费大量的时间，忙不过来时，邱恒伙的家人也会积极帮忙。在邱恒伙的木活字架旁，还存放着龙纹木雕版和一些古代人物的木刻画像，这是当年用来印刷家谱人物和装饰花边的，可惜已多年派不上用场了。

"木活字印刷时间成本高、人才青黄不接，但它的商业价值非常广泛，是一项优秀的传统文化，有必要推广和传承下去。"邱恒伙坦言，他已注册了宁化县润化电子商务有限公司和宁化县润化堂木活字文化馆，将从线上到线下不断推广木活字文化，让更多的人认识木活字及从事木活字，让它真正"活"过来。

（摘自《三明日报》2016年2月18日B3版）

宁化木活字印刷表演亮相尼泊尔

雷露微

4月，宁化木活字传承人邹建宁应国际木文化学会邀请，到尼泊尔首都加德满都参加国际性木文化展览。从美国到土耳其再到尼泊尔，这是他连续3年作为中国木文化代表在世界性舞台上展示宁化木活字印刷。

活字印刷术是中国古代四大发明之一，木活字印刷从元代开始，已有700多年的历史，2010年中国木活字印刷术被列入联合国非物质文化遗产名录。目前已发现的木活字印刷术仅存于两地，其中一处就在宁化县。族谱、经本、玉扣纸以及由山梨木等雕成的40万个木活字……是数代宁化人的文化记忆、"美丽乡愁"。邹建宁是宁化木活字雕刻印刷技艺传承人，1980年开始学习活字印刷，至今招收过16个徒弟，家里收藏的木活字有68000多个，其中部分是清朝末年留下来的。

此次到尼泊尔参展，邹建宁和弟弟两人一起前往，带上了2000多个木活字。参展时间共6天，第一天是准备，第二天是按照组委会给出的命题现场表演雕刻，用两天时间将"木材真好""世界木材日""2016年世界木材日""尼泊尔加德满都""国际木文化学会"雕刻成英文、尼泊尔文、中文3

种版本。"中英文有雕刻过，容易些，难的是尼泊尔文，之前没有接触过，而且它的字体结构复杂，雕刻非常考验技术水平。"邹建宁介绍，后3天就是将雕刻成品印刷成纪念品送给前来观展的游客。

铺纸、刷墨……邹建宁有条不紊的木活字印刷表演吸引了大批游客驻足观看，他们目睹了整个木活字印刷过程后纷纷竖起大拇指赞叹，不到一会儿整个展览前就聚满了游客。"咨询的、拍照的、合影留念的，没想到这么受欢迎，因为带去的纸张有限，有好多游客只能空手而归。"邹建宁说。

近些年，宁化县政府也有组织邹建宁等木活字传承人到深圳、厦门、北京等地参加展览会，希望这个渐行渐远的非物质文化遗产能够引起更多的关注。"每次出门参展都挺累人的，但宁化木活字只有走出去才有更大的发展空间。"邹建宁介绍，木活字要有更远的发展，还是需要新的出路，自己目前正将木活字与根雕、竹雕、刺绣等传统技艺相结合制成工艺品。他希望将木活字做成老百姓喜闻乐见、生活中用得着的工艺品，借此打开木活字的新出路。

（摘自《三明日报》2016年4月11日A1版）

游傩祈福——夏坊村的狂欢节

赖全平

"咚咚铿……""噼呖啪啦……""轰、轰、轰……"2月20日，农历正月十三，宁化县安乐镇夏坊村一反往日的宁静，整天锣鼓喧天、鞭炮轰鸣，呈现出一派热闹景象。

装傩，两小时的秘密

夏坊村地处大山深处，距城32公里，现有2000

多人口。每年正月十三为夏坊村"漾期"，是"七圣庙"所供"七圣"的生日，村民要举行盛大的游傩祈福活动。当天"七圣"三次出巡，算是全村的狂欢节。夏坊古游傩从明清时期流传至今，是人们驱邪祈福求平安的一种民俗活动，现已成为"省级非物质文化遗产"，属研究古代傩文化的"活化石",是一份很珍贵的文化遗产。

正月十三半夜过后,装扮"七圣"的七个人要到"七圣庙"迎奉傩面,从红脸的"一圣"开始,逐一将面具从神龛上取下,小心翼翼地用手捧着列队前往"吴家公祠"内装扮。8时许,傩师在"吴家公祠"内认真整理摆在簸箕上的七具傩面后,便闩紧大门,开始用防法器为装扮者化妆。装扮有固定模式,"七圣"中的"一圣"要由姓吴的人来扮饰,游神时也要走在最前面。为防止有人趴在门缝隙偷窥装傩过程,天井后面挂着几块写满"酬谢鸿恩"之类的大红布,将里面遮得严严实实,主事的长者会不时驱赶一些试图靠近大门的人,气氛十分诡异。

"吴家公祠"外早已人山人海,大家翘首以待。10时许,随着冲天土铳震天响后,鞭炮大作,"牌子锣鼓"敲起来了。"吴家公祠"大门洞开,七名头戴恐怖面具、上身赤膊的"七圣",手执缠绕红布条的竹帚子,从硝烟迷雾里陆续跳将出来,他们头插砍刀利锯,有的肚子上还插着杀猪刀,令人望而生畏。"七圣"依次从门口一位主事长者手中接过一面老式梳妆镜和一本黄历通书,当空一照,口中念念有词。他们全手执长竹帚,一路左右挥舞。后面还跟着一群手举彩旗的孩子,欢天喜地地簇拥着往前走去。

"自古以来都是秘密装神,这两个小时很神秘,绝对不能外传。"古稀老人夏光美坦言,"文革"后他就开始装傩,如今还培养了二名年轻人接任,全村真正知晓装傩过程的不过十多人。

游傩,一天的狂欢

"七圣"全村巡游,所过之处,家家户户摆设供品、燃香点烛,并燃放烟花爆竹隆重迎接,全村老老少少都出来了,纷纷双手合十祭拜。"七圣"手上各持一根赶鬼的法器——长竹帚,左右挥动,沿途村民纷纷弯腰作揖,凑上前主动让竹帚抽打自己和怀抱里的孩子,以求驱邪保平安。一路上不时有人向"七圣"索要和交换竹帚,拿回家供奉,他们认为"七圣"用过的法器能驱邪除魔,保佑全家幸福安康。

游神队伍从"吴家公祠"出发,共三次出巡,线路不一,游遍全村,每次约需一个小时。"七圣"的傩面分别代表猿猴、猪、羊、狗、牛、长蛇、蜈蚣七种动物精怪。"七圣"头上、身上插上锋利的刀锯,用"V"形法器固定,鲜血淋淋。"一圣"红脸,怒目、咧嘴、獠牙,头扎绿巾,下身着黄裙,头上插上一把红色锯子。"二圣""三圣"分别为黑脸,怒目、咧嘴、獠牙,头扎红巾,下着黄裙,头上插上一把砍肉刀。"四圣""五圣"分别都是黑脸,怒目、舌头吐出,头扎红巾,下着蓝裙,腹部穿过一把尖刀。"六圣""七圣"分别都是黑脸,怒目、横斜咧嘴,头扎红巾,下着蓝裙,左手腕穿过一把尖刀。

在3个多小时的游行中,爆竹声、锣鼓声、欢笑声交织一起,营造出一种热烈狂欢的气氛。"七圣"走村串户,手执竹帚左右挥舞,为人们祈祥纳福。家中有不顺或者建造新屋的,都会请"七圣"进屋巡游一圈,挥舞竹帚,把隐匿在角落里的邪煞鬼魅驱赶。路过各姓祖祠、祖堂,"七圣"也要进去正厅环绕几圈。在巡游过程中,有专人手持凉伞紧跟在"七圣"之后,如果"七圣"装饰的法器出了问题,他马上用凉伞罩住,在里面秘密整理后才继续前行。

当天,远近十里八乡的信徒、民众纷纷赶到夏坊,有的是为了探亲观看庙会,并讨要一根竹帚回家;有的是为了许愿、还愿。夏坊村沿路车水马龙,小摊商贩林立,有卖鞭炮香烛的,有卖吃的玩的,盛况空前,胜似乡下赶集。

当地人称庙会为"过漾",当天为"漾期",家家户户大摆酒席,设酒宴款待亲朋好友,尽显好客之情。不论远亲近邻还是陌生人,凡进屋的人都会被热情邀请喝茶饮酒、吃饭吃菜。从头一天下午开始,夏坊村礼堂里就持续演戏,当天上演的传统采茶戏,吸引大量村民前往观赏。

"夏坊古游傩与福建其他地方的傩舞、傩戏有着明显的不同,古朴、原始、粗犷,保留着不少原生态元素,具有较高的学术价值和观赏价值。"中央民族大学影视人类学中心主任朱靖江也来到游傩现场跟踪拍摄，他坦言，夏坊古游傩已列入文化部民族民间文艺发展中心"中国节日影像志"的研究范畴。

祭傩，四季的信仰

夏坊"七圣"的面具供奉在"七圣庙"里，一年四季接受村民祭拜。"七圣庙"只有一个神殿，庙宇正中的神龛内供奉着七具傩面，中间一个为红色，其余按先左后右的顺序依次排列。在神龛上方悬挂一块牌匾，上书"梦熊显赫"四字。

夏坊村书记周登富介绍说，夏坊村的游傩受《封神演义》的影响，属于"梅山七圣"崇拜，是当地人到湖南经商后传入的。相传200年前，夏坊吴姓的祖先到湖南经商，突遇洪水暴涨，河里13艘船翻了9艘，此时河面漂来两只箱子，但没人敢去捡，随即又有两艘船沉没。箱子又漂来了，吴姓商人许以重金叫艄公捞起箱子。此时又一艘船沉没了，只剩下吴姓商人这艘船安然无恙。回到客店后，吴姓商人想打开箱子却无法打开，用香烛祭拜后才打开，发现一只箱子里有9副面具，另一只箱子里装着法器。吴姓商人把箱子带回老家，每年正月十三把面具摆在簸箕上供人祭拜。后烧掉两副过于恐怖的面具，只剩下7副面具，并逐渐演变成今天的傩神。

"七圣"祭祀原来只属吴姓所有，后来扩大到吴姓、夏姓、赖姓三姓，至清末已发展成全村人共同参与的庙会。"七圣庙"据说许愿甚灵，村里人时常会携带供品到庙里上香祭祀，不少外地人还会选择正月十三这天到庙里许愿和还愿，庙里香火一直很旺。

"在村民心中，傩成为意识化的凝聚物，是神的象征和载体，是一种超自然的信仰，祭傩是一年四季的信仰展示，游傩在偏远农村地区还具有一定的生命力。"中央民族大学影视人类学中心主任朱靖江表示，夏坊游傩是古傩文化的一种遗留，而它承载的社会功能，也在不断变化和更新，可以说传统的崇拜活动已被赋予新的象征意义。

（摘自《三明日报》2016年3月2日B1版）

县 情 总 貌

◆编辑：范忠华

基 本 情 况

【位置面积】 宁化县位于北纬25°58′—26°40′、东经116°22′—117°02′之间，地处福建省西部，武夷山东麓，东邻明溪、清流县，西毗江西省石城、广昌县，南接长汀县，北界建宁县，是福建通往江西省的一大要冲。境内南北长78.29公里，东西宽68.08公里，总面积2407.19平方公里。主要河道东溪、西溪会合于县城东郊，称翠江，县城所在地称翠江镇，距三明（高速经永安）137公里、福州（高速经永安、三明）354公里、厦门（经漳永高速）315公里、泉州（经永宁高速）302公里、江西南昌（高速经石城、南城）380公里、江西赣州（高速经石城、瑞金）226公里。

【地质地貌】 全境属于闽赣台地大面积抬升区的相对下陷地带，整体地势由西向东递降，并形成由北到南五条地带性地貌，峰峦重叠、溪流密布，以丘陵和山间盆地为主，丘陵和盆地占全县总面积的52.7%，低山占43.6%，最高处为治平畲族乡境内的鸡公崬，海拔1389.9米，最低处为城南乡肖家河道口，海拔290米。县城海拔317米。境内溪河纵横分注四方，流入闽、赣、韩三江。

【气 候】 宁化属中亚热带季风气候，年平均气温15—18℃，夏无酷暑，冬无严寒，春季长达4个月，年均无霜期214—218天，年均降水量1700—1800毫米，年均日照时数1600小时。全年降水量充沛，季风气候显著，四季分明。

【建置沿革】 宁化古称黄连峒，唐乾封二年（667年）设镇，开元十三年（725年）升为黄连县，天宝元年（742年）取"宁靖归化"之意更名为宁化县。1949年10月21日宁化县和平解放，1950年3月宁化县人民政府成立，1959年2月宁化、清流合并为清宁县，1961年又分为清流、宁化两个县原建制，1968年11月成立宁化县革命委员会，1980年12月恢复宁化县人民政府，现属三明市管辖。建县至今1292年。

【自然资源】 矿产资源 宁化县矿产资源较为丰富，被誉为"有色金属聚宝盆"，是福建省17个重点矿产县之一。全县发现矿产33种，其中，金属矿有16种：钨、锡、铜、铅、锌、银、钼、铋、钴、铁、锰、金、铌、钽、铍、稀土等。非金属矿有17种：煤、萤石、石灰岩、大理石、滑石、重晶石、高岭土、硅石、花岗岩、辉绿岩、硫铁矿、钾长石、白云母、磷、建筑用砂、粘土（页岩）矿等。主要矿产分布情况：钨、锡矿主要分布在济村、湖村、石壁、河龙等乡（镇），钨金属WO_3（钨金属三氧化钨）保有储量近30万吨，锡保有金属量近9000吨；锌矿主要分布在济村，锌保有金属量3.24万吨；稀土矿分布广泛，含矿面积约占全县土地面积的60%，全县储量20万吨以上；萤石矿主要分布在中沙乡和安远镇，保有储量约200万吨；石灰岩矿主要分布在湖村、泉上、安乐、曹坊等乡（镇），储量3.2亿吨以上；氧化钙（CaO）含量48%以上。

农业资源 宁化是农业大县，自古以来盛产粮食、茶叶、茶油、辣椒、薏米、魔芋等，宁化牛角椒名扬海内外，其中辣椒干为闽西"八大干"之一，河龙米、延祥茶曾是进献给朝廷的贡品。宁化边贸历史悠久，是全省5个边界贸易开发试验区之一。

截至2016年年底，全县拥有耕地42万亩，是国家和省商品粮基地县，年产稻谷2.2亿公斤以上。莲子、辣椒、薏米、茶叶、食用菌、水果、猕猴桃、魔芋等农副土特产品，产量高、品质优良。2000年以来，宁化县"河龙贡米""淮土茶油""宁化薏米"先后成为国家地理标志保护产品，品牌效应不断显现。

宁化是全省最大的烤烟生产基地、是全国八大烤烟生产基地之一，种植面积、产量等居全省首位。烟叶质量好，已进入多种名牌卷烟的配方。《烟苗剪叶机》地方标准（编号DB35/ T 1440–2014）是宁化县制定的首个工业类福建省地方标准，填补了国内空白。

森林资源　宁化是全国南方56个重点林区县之一。截至2016年年底，全县279万亩山地中有林地260万亩（其中毛竹32万亩），森林覆盖率74.64%，先后获省级园林县城、省级生态县、省森林县城称号。每年可提供商品材10万立方米以上。境内山地土质松软肥沃，适宜培育种植竹木、茶果、药材等多种经济作物。大宗林产品有松香、松节油、杉木、毛竹、笋干、山苍子、玉扣纸、黑木耳、中药材等。拥有野生药用植物1005种，贵为闽西"草药王国"。

【旅游资源】　宁化地势开阔、山水灵秀、气候宜人。为闽江、赣江、汀江三江源头，素有"宁化只饮自家水"之谚。宁化主要旅游资源包括以天鹅洞群国家地质公园、牙梳山省级森林公园、朝天寨等为代表的生态旅游资源；以石壁客家祖地、东华山、宁化世界客属文化交流中心等为代表的人文旅游资源；以北山革命纪念园、红军长征出发地纪念广场为代表的红色旅游资源。其中特色资源是客家祖地，优势资源是山水溶洞。天鹅洞群国家地质公园是福建规模最大的溶洞群，是世界罕见的地下河水中石林。宁化县被文化部授予"中国民间文化艺术之乡"称号，宁化县石壁镇被住房城乡建设部和国家文物局公布为中国历史文化名镇。"石壁客家祭祖习俗"入选国家级非物质文化遗产名录扩展项目名录。2015年7月，宁化县被列入"中国印刷博物馆福建基地"，2015年10月，石壁客家祖地成为"中国华侨国际交流基地"。毛泽东诗词《如梦令·元旦》和石壁客家祖地被列为三明市十大名片。宁化的长征集结出发地、北山革命纪念园、红军医院旧址被列为全国百家红色旅游经典景区之一。在2009年6月省财政厅、省旅游局（56号）文件组织规划的2009年至2020年的旅游精品线路中，客家祖地、长征出发地作为红色旅游目的地，天鹅洞也列入生态旅游精品线路。2014年4月，宁化客家祖地被全国旅游景区质量等级评定委员会评定为国家AAAA级旅游景区。

省级风景名胜区、国家地质公园天鹅洞群位于宁化东部的湖村镇，属喀斯特地貌。景区上百个风貌各异的溶洞雄居福建洞群之冠，被称为中国东南地区罕见的"洞群世界"。该景区已开发3个溶洞供游览。其中，天鹅洞纵深5公里，分上中下3层，前后7个大厅49个大景，小厅小景数不胜数；"神风龙宫"是全省唯一的地下河景观，长达数公里，被誉作"地下岩溶博物馆"。

宁化还有许多待开发的景区、景点，如全国最深的岩溶湖——蛟湖，亩蓄积量居亚洲之冠的古杉木王群，东华山省级森林公园（海拔1148米的东华古庙），安远牙梳山省级自然保护区，延祥明代古建筑群，历史名人故居遗址（巫罗俊、罗令纪、黄慎、伊秉绶）、红军医院旧址（城关红军医院、石壁陈塘红军医院、湖村石下红军医院旧址）、方田田螺髻、济村龙头沟生态风光等都是旅游、科考的好去处。

【人文资源】　宁化是"扬州八怪"之一黄慎，方志学家李世熊，书法大家郑文宝、伊秉绶等历史文化名人的故乡，是郭沫若的祖籍地。宁化是著名的革命老区，第二次国内革命战争时期，宁化是中央苏区的重要组成部分，也是中央主力红军长征的4个出发地之一，毛泽东、朱德、彭德怀等老一辈无产阶级革命家都曾在宁化进行过革命实践活动。1930年1月，著名的古田会议后，毛泽东率部途经宁化时，曾写下光辉的诗词《如梦令·元旦》。当时全县13万人口，参加红军的就有13700多人，占总人数的十分之一；为革命牺牲6600多人，其中民政部在册烈士3300多人。宁化人民为中国革命的胜利作出巨大的贡献和牺牲，被誉为"扩红模范区""中央苏区乌克兰"。中华人民共和国成立后被授予少将军衔的宁化籍将军有张新华、张雍耿、孔俊彪3人。宁化文化积淀深厚，是举世闻名的客家祖地。客家民系在漫长的迁徙过程中，经过大约从东晋到南宋900年左右时间孕育成熟。位于宁化西部的石壁是客家民系形成的重要地域。自东汉开始，已有中原汉人入境定居。唐朝末年，当时由中原迁居到鄱阳湖附近等地的客家先民，为避战乱，又向赣、闽、粤3个省的结合部迁移，并大多数进入宁化，且主要聚居在石壁。后来先民们又以宁化为据点，向外拓殖。客家先民进入宁化定居繁衍的最盛时期，正是客家民系形成时期，自宁化迁播到各地的客家被称为正宗客家。因此，石壁被称为"客家摇篮""客家祖地"。多年来，一批批客家乡贤怀着对故土的深深眷恋之情，回到这块神秘的土地上寻根祭祖。为联谊世界客属，弘扬客家精神，由海内外著名客家社团首领共同发起，经省、市、县人民政府及有关部门批准，从1995年起，将每年的10月定为世界客属石壁祖地祭祖月，截至2016年，世界客属石壁祖地祭祖大典共举办22届。每年一度的世界客属石壁祖地祭祖大典，吸引了大批海内外客家后裔前来晋谒，客家公祠成为全球客属的总家庙。2014年10月，第七届海峡两岸客家高峰论坛暨第二届石壁客家论坛在宁化召开，这是海峡两岸高峰论坛首次在县级城市举办。来自海峡两岸的政界、商界、文化界800多名代表参加论坛活动。2013—2016年，石壁客家论坛已连续举办4届，石壁客家祖地越来越得到海内外客家人的推崇和认知。

【风土人情】　宁化历来是产粮县，住民多以米饭为主食，将大米洗净，投入滚水锅中，煮半熟，再捞到饭甑中蒸成干饭，美味可口。米制品以粉干为主，豆制品以豆腐最多，乡间作坊比比皆是。另外，农家喜欢做糍粑、米粿（包括糕、粿、糊、

丸），原料以糯米为主，粳米、大禾米搭配，有的碾粉和搓，有的蒸饭捶打，做成各种形状后，或蒸或煮，或煎或炸，因其用米不同，做法有异，制成的品种名目繁多，风味各异。宁化客家小吃历史悠久，形式多样，风味独特，深受客家人的喜爱。2012年，宁化县委、县政府作出发展宁化客家小吃产业决定，宁化客家小吃产业不断扩大，知名度不断提高。有15个宁化客家小吃品种被中国烹饪协会评定为"中华名小吃"。2016年2月，海西（宁化）客家美食文化城被福建省餐饮烹饪协会授予"福建省美食城"称号。10月，2016宁化客家国际美食（小吃）节在海西（宁化）客家美食文化城举行，60个展位进行小吃展销。

饮料中以"擂茶"最为普遍。将茶叶、油、盐同置于擂钵中，有时也加些青草药，擂成酱状茶泥，再以开水冲泡而成。馔料可多可少，几乎农家所有的瓜菜香料、米粉肉类、豆米花生均可加入，不但清香可口，还有开胃健脾、清凉解毒的功效。宁化烧卖与韭菜包子的制作有其地方特色，前者捣熟芋成泥拌薯粉，后者熬米浆和成粉团，然后搓捏成皮，包馅蒸熟。鱼生是取生草鱼主骨两侧鲜肉，切成薄片，蘸麻油、芥辣、酱油等调料生吃。

宁化劳动群众历来爱唱山歌。青年男女对起歌来，流连忘返。另外，畲民特别好猎，男女皆精。每逢城乡庙会、春秋清明，各地多请戏班、曲篷唱戏。如遇元宵等较大节日，舞龙、舞狮、船灯、马灯、高跷、花灯、铁杆故事、游傩、牌子锣鼓、舞"鬼子"、放火箭都很盛行。尤其城关和淮土镇的高棚灯，高达数丈，外围纸扎飞禽走兽，栩栩如生。水茜镇的踩地故事，游动表演戏曲片段，改舞台艺术为游艺。湖村镇的回回子舞，演员各执锣鼓道具，节奏强烈。治平畲族乡的关刀灯舞，模仿古代作战的各种阵式，是池氏的祭祀舞蹈。这些文化娱乐地方特色鲜明，往往通宵达旦，热闹非凡。

【行政区划和人口】　2016年，全县设9个镇、7个乡（其中1个民族乡）、210个建制村、18个社区居民委员会。据卫生和计划生育局年报显示，2016年，宁化县人口保持较快增长，至2016年年末，全

县人口382128人，比2015年年末增加2814人，出生男女性别比111.01：100。2016年申报出生人口5864人，出生率15.40‰；死亡人口2250人，死亡率5.90‰，人口自然增长率9.5‰。据公安部门统计，2016年全县总户数89875户，共计379828人，其中城镇人口91914人，乡村人口287914人。

表1　　　　　　　　　　　　　　2016年宁化县行政区划表

乡（镇）名称	基本情况	村居个数	村居名称
翠江镇	面积：24.65平方公里 邮编：365400 地址：翠江镇中山路21号	8个社区居委会	中山　双虹　南街　小溪　城西　红卫　北山　朝阳
		4个村委会	双虹　小溪　中山　红卫
泉上镇	面积：202.41平方公里 邮编：365402 地址：泉上镇东街10号	1个社区居委会	泉上
		11个村委会	泉上　罗李　联群　谢新　青瑶　延祥　黄新　泉正　泉永　豪亨　新军
湖村镇	面积：168.76平方公里 邮编：365401 地址：湖村镇商业街3号	1个社区居委会	湖村
		12个村委会	湖村　邓坊　陈家　龙头　石下　黎坊　巫坊　城门　彭高　下埠　店上　谌坑
石壁镇	面积：138.26平方公里 邮编：365413 地址：石壁镇新市大街98号	1个社区居委会	石壁
		22个村委会	红旗　禾口　杨边　小吴　大路　溪背　陂下　刘村　隆陂　官坑　石碧　江家　桃金　陈塘　三坑　江口　南田　拱桥　江头　陈家坑　邓坊桥　张家地
曹坊镇	面积：201.10平方公里 邮编：365411 地址：曹坊镇圳沿口2号	1个社区居委会	曹坊
		14个村委会	上曹　下曹　石牛　罗溪　黄坊　滑石　三黄　根竹　坪上　宝丰　官地　南坑　曾家背　黄金进
安远镇	面积：280.51平方公里 邮编：365404 地址：安远镇横街21号	1个社区委员会	安远
		19个村委会	安远　岩前　伍坊　永跃　黄塘　张垣　丰坪　硝坊　营上　马家　割畬　里坑　杜家　井坑　洪围　后溪　增坑　东桥　灵丰山
淮土镇	面积：108.37平方公里 邮编：365416 地址：淮土镇五一北路3号	1个社区居委会	淮土
		21个村委会	淮阳　桥头　水东　禾坑　吴陂　青平　周坑　团结　竹园　礤下　孙坑　凤山　五星　大王　赤岭　梨树　隘门　仕边　田背　寒谷　罗坑
安乐镇	面积：186.06平方公里 邮编：365409 地址：安乐乡安乐街1号	1个社区居委会	安乐
		11个村委会	刘坊　夏坊　安乐　谢坊　洋坊　三大　黄庄　罗坊　赖畬　马家围　丁坑口

续表

乡（镇）名称	基本情况	村居个数	村居名称
水茜镇	面积：238.86平方公里 邮编：365406 地址：水茜乡新街1号	1个社区居委会	水茜
		15个村委会	水茜 安寨 上谢 棠地 张坊 下洋 下付 蕉坑 沿溪 沿口 杨城 石寮 邱山 庙前 儒地
城郊乡	面积：204.21平方公里 邮编：365400 地址：翠江镇红色巷118号	18个村委会	高垤 连屋 马源 旧墩 杨禾 上畲 夏家 瓦庄 雷陑 社下 巫高 社背 李七 都寮 马元亭 下巫坊 九柏嵊 茶湖江
济村乡	面积：150.07平方公里 邮编：365414 地址：济村乡街上1号	13个村委会	济村 武层 洋地 湖头 罗家 三村 长坊 新田 昆岗 上龙头 神坛坝 肖家山 吾家湖
方田乡	面积：103.35平方公里 邮编：365415 地址：方田乡街上1号	8个村委会	方田 朱王 岭下 泗溪 大罗 泗坑 南城 村头
城南乡	面积：83.44平方公里 邮编：365400 地址：城南乡曲段1号	1个社区居委会	城南
		9个村委会	城南 横锁 鱼龙 青塘 茜坑 上坪 水口 肖家 龙下窠
治平畲族乡	面积：136.70平方公里 邮编：365412 地址：治平乡街上1号	12个村委会	邓屋 彭坊 治平 社福 坪埔 泥坑 高地 下坪 高峰 田畲 光亮 湖背角
中沙乡	面积：116.52平方公里 邮编：365403 地址：中沙乡彭下1号	1个社区居委会	中沙
		13个村委会	中沙 下沙 半溪 廖家 练畲 何屋 武昌 高坪 叶坊 楼家 樟荣 石门 双源
河龙乡	面积：64.26平方公里 邮编：365405 地址：河龙乡街上48号	8个村委会	河龙 前进 大洋 永建 下伊 高阳 明珠 沙坪

注：2016年12月9日，宁化县人民政府批准城南乡设立城南社区居委会（宁政文〔2016〕245号）

【水文】 2016年，宁化县雨水情特点：1.雨水偏多，全县总体降水属偏多年份，1—12月全县平均降雨量2579.2毫米。降水在时间上分布不均，3—7月降雨占全年降水的59.4%，其中4—6月份降水量占全年降水的40.5%。2.洪水场次少且量级小，全年最高洪水在警戒之下。

降水量 2016年，全县年平均降水量2579.2毫米，折合水量61.41亿立方米，比2015年多1.74%，比多年平均值多44.03%。全年有5场暴雨，出现在4个不同月份。其中，6月12日水茜降雨量137毫米为全县最大。6月12日8时至6月13日8时，宁化县城区、中沙乡渔潭村、沙坪村、湖村镇、安乐镇、泉上镇、水茜镇等地雨量超过100毫米。

地表水资源量 地表水资源量是指地表水体的动态水量，即河川径流量。2016年，全县地表水资源量为44.52亿立方米，比2015年年平均值多29.41亿立方米，比多年平均多83.83%。

水库蓄水 2016年，宁化县有中型水库4座，各中型水库蓄水情况不均衡（见附表2）。

表2　　宁化各中型水库蓄水情况表

序号	流域	库名	正常		2017年1月1日8时		占正常蓄量百分比
			水位	蓄水量	水位	蓄水量	
			m	万m³	m	万m³	%
1	沙溪	隆陂	419.00	1350	409.96	433	32.07
2		桥下	434.50	786	420.19	250	31.80
3		沙坪	472.13	918	467.94	670	72.98
4		泉上	464.50	1158	448.50	164	14.16

（供稿：张元林）

气候状况

【气候特征】 气候概况 2016年，宁化县气候属偏差年景。年平均气温异常偏高；年降水量异常偏多，且分布均匀，高峰期不明显；年日照时数显著偏少。主要表现为：冬季降水多日照少，春季温度高雨量多日照正常，雨季温度高雨量和日照正常，夏季降水多日照少，秋季温度高雨量多日照少。

年内主要的气象灾害有：暴雨、台风、寒潮、倒春寒、强对流等，以暴雨、台风造成的气象灾害较重。

气温 2016年，宁化县年平均气温18.9℃，较常年偏高1.0℃，为1959年以来宁化站历史最高值，属异常偏高。其中，4月、5月显著偏高，6月、10月、12月为异常偏高，其余月份为正常。年极端最低气温-6.6℃，出现在1月25日；年极端最高气温37.3℃，出现在7月25日。冬季气温正常，冷暖变化幅度较大；春播期年景稍好，气温显著偏高。3—4月日平均气温≤12.0℃的不利春播时段有：3月9日—16日和24—29日。夏季极端最高气温≥35℃的高温天气18天，属正常。秋季"23型"秋寒出现于10月8日，"20型"秋寒出现于10月10日，均属偏迟。12月16日出现初霜，较常年偏迟。

降水 2016年，宁化县降水量为2607.3毫米，较常年偏多822.4毫米，为1959年以来历史最多，属异常偏多，降水量各季节分布较平均，且均较常年偏多，其中秋季和冬季均为异常偏多。从各月份看，除2月、12月雨量偏少外，5月、10月正常，其余各月降水为偏多—异常偏多，其中1月、11月雨量均多于常年250%以上。全年有12天日雨量≥50毫米，分别出现在7个不同月份，以7月18日的日雨量83.3毫米为最大。

冬季（2015年12月—2016年2月）：降水量541.9毫米，较常年偏多301.2毫米，属异常偏多。

早春季(3—4月)：降水量626.3毫米，较常年偏多182.4毫米，属偏多。

雨季（5—6月）：降水量717.9毫米，较常年偏多126.6毫米，较常年偏多21%，属正常。

夏季（7—9月）：降水量为663.6毫米，较常年偏多275.8毫米，较常年偏多71%，属显著偏多。

秋季（10—11月）：降水量为258.4毫米，较常

年偏多137.2毫米，偏多113%，属异常偏多。

日照　2016年，年日照时数1347.3小时，为1959年以来历史第二少，较常年偏少331.1小时，属显著偏少。其中2月偏多，1月、4月、9—11月为偏少—异常偏少，其他各月正常。

表3 2016年各月气候要素评价

时间	气温（℃）	异常度	评价	降水（毫米）	距平百分率%	评价	日照（小时）	异常度	评价
1月	8.1	0.50	正常	242.6	279	异常偏多	49.0	-1.22	偏少
2月	8.6	-0.43	正常	84.3	-32	偏少	120.8	1.04	偏多
3月	12.8	-0.07	正常	287.8	32	偏多	102.4	0.57	正常
4月	20.5	1.57	显著偏高	338.5	50	显著偏多	44.2	-1.73	显著偏少
5月	23.4	1.56	显著偏高	310.9	9	正常	101.6	-0.87	正常
6月	26.4	2.14	异常偏高	407.0	33	偏多	144.7	0.24	正常
7月	27.6	0.63	正常	230.1	71	显著偏多	206.6	-0.55	正常
8月	26.7	0.29	正常	173.4	10	正常	172.0	-0.97	正常
9月	24.5	0.60	正常	260.1	174	异常偏多	118.7	-1.43	偏少
10月	22.1	2.25	异常偏高	78.9	12	正常	57.2	-2.53	异常偏少
11月	15.1	1.00	正常	179.5	254	异常偏多	79.8	-1.62	显著偏少
12月	11.5	2.0	异常偏高	14.2	-69	显著偏少	150.3	0.11	正常
全年	18.9	2.63	异常偏高	2607.3	46	异常偏多	1347.3	-1.81	显著偏少

季节	温度（℃）	距平（%）	雨量（毫米）	距平（%）	日照（小时）	距平（%）
冬季（12—2月）	9	0.5	541.9	301.2	217.8	-104.0
春季（3—4月）	16.7	1.1	626.3	182.4	146.6	-29.4
雨季（5—6月）	24.9	1.4	717.9	126.6	246.3	-17.9
夏季（7—9月）	26.3	0.5	663.6	275.8	497.3	-109.4
秋季（10—11月）	18.6	1.9	258.4	137.2	137.0	-172.7

注：降水量、平均气温、日照时数的常年值为1981—2010年30年气候标准值。

【重大及异常天气气候事件】　2016年，主要的灾害天气事件有暴雨、台风、寒潮、倒春寒、强对流等，以暴雨、台风造成的气象灾害较重。

低温雨雪天气　2016年，宁化县共出现6次寒潮过程，分别为1月22日—26日、2月13日—16日、3月8日—12日、11月23日—25日、12月13日—17日和12月25日—28日过程。其中1月22日—26日寒潮过程低温最低；2月13日—16日寒潮过程降幅最大；11月下旬至12月出现3次寒潮过程为历史少见。

（1）1月22日—26日寒潮过程

受强冷空气影响，1月22日起宁化县气温明显

下降，22—23日全县出现雨雪冰冻天气，伴有道路结冰；24—26日转为晴冷天气，全县出现霜冻和结冰，其中25日全县各乡（镇）最低气温均低于-6℃，有12个区域站最低气温≤-8℃，以华侨农场-9.2℃为最低，气象局本站最低气温-6.6℃。全县16个乡（镇）普遍受灾，受灾人口13376人，其中农作物受灾面积16052亩，成灾面积5916亩，绝收面积1350亩；直接经济损失1830万元，其中，农业损失1312万元，基础设施损失518万元。

（2）2月13日—16日寒潮过程

受强冷空气影响，2月13日—16日，宁化县出

现大幅降温，城区最低气温降幅19.5℃；过程最低气温−1.6℃，出现于16日。

倒春寒 受冷空气影响，3月24日—29日，宁化县出现日平均气温≤12℃的倒春寒天气过程，不利于春播。

强对流天气 受高空槽和低层切变东移影响，4月16日13时左右，宁化县石壁镇刘村村、淘金村出现短时强降水、7—9级或以上雷雨大风、局地有小冰雹等强对流天气，致少数烟叶叶片折断，烟叶受灾面积约500亩。4月26日13时40分左右，石壁镇隆陂村、济村乡昆岗村出现短时雷雨大风、局地零星小冰雹等强对流天气。

暴雨 2016年，宁化县先后遭遇12场暴雨过程影响，以6月12日—18日大暴雨过程为最强。9月28日—29日过程（台风"鲇鱼"影响，见台风）次之。

（1）6月12日—18日，受低层切变和西南急流影响，宁化县出现暴雨天气过程，其中18日局部乡（镇）出现大暴雨，以安远镇113.9毫米为最大，气象站本站雨量56.4毫米。受暴雨影响，全县5个工矿企业停产，134条（次）道路中断，8条（次）供电线路中断，5条（次）通讯线路中断。全县受灾人口67355人，倒塌房屋107间，紧急转移安置人口2509人，其中农作物受灾23372亩，农作物成灾7753亩，绝收面积659亩，因灾死亡大牲畜30头；全县直接经济损失10814.1万元，其中，农林牧渔业经济损失2607.4万元、工业交通运输业经济损失2728.5万元、水利设施经济损失2783.95万元、其他经济损失2694.25万元。

（2）7月18日，受冷暖平流影响，宁化县降暴雨到大暴雨，以淮土镇116.7毫米为最大，气象站本站雨量83.3毫米。

台风 2016年，共有4个台风影响宁化县，分别为：1号台风"尼伯特"（超强台风级）、14号台风"莫兰蒂"（超强台风级）、17号台风"鲇鱼"（超强台风级）和22号台风"海马"（强台风级）。其中3个登陆三明市的台风均对宁化县造成较大影响，以"尼伯特"和"鲇鱼"灾害较重。

（1）7月9日—11日，受台风"尼伯特"影响，宁化县出现暴雨，7个乡（镇）过程雨量超过100毫米，其中以淮土镇136.3毫米为最大。

（2）9月28日，受17号台风"鲇鱼"影响，宁化县出现暴雨，部分大暴雨天气，以淮土镇桥下水库119.0毫米为最大，气象站本站雨量78.1毫米。宁化县16个乡（镇）普遍受灾，受灾人口7353人，转移人口912人，农作物受灾面积6090亩，成灾面积915亩，因灾减产粮食502吨，公路中断3条，损坏护岸1处，损坏灌溉设施9处。全县直接经济损失422万元，其中，农业经济损失150.74万元，工业交通运输业经济损失20万元，水利设施经济损失73万元。

（供稿：曾满根）

人口和计划生育

【概况】 2016年计生年度（2015年10月至2016年9月），全县申报出生人口5864人，出生率15.38‰，政策符合率91.41%，政策外多孩率5.05%，出生性别比111.01（女性为100）。"两非"（非医学需要的胎儿性别鉴定和非医学需要的人工终止妊娠行为）案件完成9例（目标任务8例），其中重大案件3件。

【多渠道做好计生宣传教育】 1月，三明市卫生计生宣传工作会议在宁化召开，全市200余人到宁化县石壁镇观摩人口文化大院和健康文化大院等阵地宣传工作。县卫生和计划生育局（简称县卫计局）继续与市、县4家新闻单位联办《人口与计生》《幸福计生》《计生天地》等栏目，进一步完善并更新"卫计新风"微信平台、卫生计生网站，新开辟"宁化卫计新风"电视专栏，制作"卫计新风"电视专栏宣传节目7期。建立县、乡、村、组"人人健康、家家幸福"四级微信群，通过卫计新风微信平台发送信息100条。2016年，在省、市、县各媒体刊登卫生计生信息400余篇；邀请省、市专家76人次到县、乡授课或义诊，送医送药下乡义诊服务83场次，共免费义诊8000余人次；举办健康讲座52场次，学术交流12场次，10000余人次受益。在

225个村（居）设置规范计生宣传公开栏，在交通要道设立宣传牌18块，设立大型宣传广告牌49面、公益广告宣传719幅、设置LED广告牌42面，建设人口健康文化园25个，人口家庭公共服务中心3个，人口健康文化大院28个，人口文化长廊18个。5月，举办"2016年相约健康，宁化县首届闽赣山地车赛"；7月开展世界人口日宣传活动；10月开展"健康中国行——相约在宁化"主题宣传周活动。

【推进计生依法行政】 2016年，县卫计局依托微信公众号"生育服务"和三明市卫生和计划生育服务平台，推广网上生育服务登记和办证业务，自7月28日开通以来，共处理网上生育服务登记和办证258例。加强网上信息交流，及时向流动人口国家平台提交和反馈信息，提交信息反馈率93.5%，接收信息反馈率100%。开展流动人口健康教育和健康促进工作，大力开展流动人口健康知识宣传，提高全县流动人口健康素养和生活品质。创建以福科特光电有限公司为主的健康促进示范企业、以宁化三中为特色的留守儿童健康示范校园和以曾金水为代表的流动人口健康示范家庭。

【扶助计生特殊家庭】 2016年，县卫计局县、乡、村干部对49户计生特殊家庭建立三级联系人帮扶制度。对49周岁以上的计生特殊家庭共28人发放扶助金31.2万元，对45—48周岁的计生特殊家庭共30人发放扶助金11.64万元；对4户计生家庭发放一次性补助金6.2万元；对12人发放居家养老护理费8.54万元；组织37位计生特殊家庭成员进行健康体检（每人850元计3.145万元）；元旦、春节两节期间，对49户计生特殊家庭进行慰问，慰问金2.55万元。

【落实计生帮扶政策】 2016年，县卫计局为154名考上大学的二女户和独女户发放奖励金35.7万元；为669名二女户和独女户学生发放生活补助20.07万元、减免学费21.83万元，248名二女户和独女户学生享受中考加3分政策。为农村二女户采取计划生育措施6245人发放奖励费224.82万元。

【突出全面两孩宣传】 针对2016年1月1日起全面实施一对夫妇可生育两个孩子政策以及新修订的《中华人民共和国人口与计划生育法》和《福建省人口与计划生育条例》，县卫计局制作1期《在线访谈》，对两孩政策进行全面解读；10月，在县电视台《卫计新风》电视栏目中对实施全面两孩以来的运行情况作了详细介绍，对高龄产妇生产情况进行分析总结，并对高龄产妇备孕和优生优育知识进行宣传；全年，全县开展大型文艺汇演宣传两孩政策3场次，各乡（镇）举办专题培训班18场次，入村入户开展全面两孩宣传服务活动50余次。

（供稿：邱祖强）

国民经济和社会发展

【概况】 2016年，宁化县国民经济持续增长，全县生产总值完成118.70亿元，按2015年可比价格计算，增长8.4%。其中，包括：第一产业实现增加值27.68亿元，增长4.1%；第二产业实现增加值51.25亿元，增长8.07%；第三产业实现增加值39.76亿元，增长11.9%。产业结构继续优化，在地区生产总值中，三次产业比重由2015年的23.5∶44.3∶32.2调整为23.3∶43.2∶33.5。从三次产业对GDP增长贡献率来看，第一产业对GDP增长贡献率为11.6%，拉动GDP增长1.0个百分点；第二产业对GDP增长贡献率为42.7%，拉动GDP增长3.6个百分点（其中工业对GDP增长贡献率达28.3%，拉动GDP增长2.4个百分点；建筑业对GDP增长贡献率14.3%，拉动GDP增长1.2个百分点）；第三产业对GDP增长贡献率为45.7%，拉动GDP增长3.8个百分点。全年，宁化县价格平稳，居民消费价格总指数同比上涨1.30%，八大类消费品价格呈六升二降态势，其中医疗保健、其他用品和服务均同比上涨3.7%。

表4　　2016年居民消费价格比上年涨跌幅度

指　标	全县(%)
居民消费价格总水平	1.3
食品烟酒	2.9
衣着	0.7
居住	−0.7
生活用品及服务	1.0
交通和通讯	−0.4
教育文化和娱乐	0.9
医疗保健	3.7
其他用品和服务	3.7

注：居民消费价格总指数以上年为100。

【农业】　2016年，宁化县农业保持平稳增长，农林牧渔业总产值47.79亿元，可比增长4.20%。其中包括：农业产值27.95亿元，增长4.50%；林业产值8.89亿元，下降0.60%；畜牧业产值7.90亿元，增长9.0%；渔业产值1.88亿元，增长6.10%；农林牧渔服务业产值1.17亿元，增长6.30%。全年实现农林牧渔业增加值28.46亿元，增长4.10%。粮食作物播种面积60.58万亩，比2015年增长0.30%，粮食总产量20.96万吨，比2015年增长0.30%。林业产值继续下滑，商品木材生产量2.6万立方米，比2015年下降49.3%。畜牧业生产稳定，猪肉产量12219吨，增长12.4%；牛肉产量1182吨，增长11.1%；兔肉产量605吨，增长3.1%；禽肉产量1452吨，增长4.6%；禽蛋产量1737吨，下降4.8%。

表5　　　2012—2016年粮食及肉类总产量

指标	2012	2013	2014	2015	2016
粮食总产量(万吨)	19.58	19.99	20.55	20.90	20.96
肉类总产量(万吨)	1.68	1.58	1.55	1.41	1.57

【工业及建筑业】　2016年，宁化县工业提质增效，全部工业增加值34.68亿元，比2015年增长7.80%。全县规模以上工业企业156家，实现增加值33.87亿元，比2015年增长8.1%，位居全市第2位；产销率98.09%，比2015年下降0.31%；工业用电量2.15亿千瓦时。规模以上工业主要产品产量中，纱2.80万吨，

下降0.30%；大米生产13.63万吨，增长15.90%；人造板生产26.01万立方米，增长6.10%；稀有稀土金属矿3239吨，增长8.40%；饮料酒11153千升，增长21.2%；钢化玻璃137.05万平方米，增长3.40%；房间空气调节器16.53万台，增长351.20%。规模以上工业产品销售121.41亿元，比2015年增长7.40%；实现利润总额2.62亿元，比2015年下降10.10%；规模以上工业效益综合指数388%，比2015年上升20.60%。全年，宁化县建筑业保持较快增长，建筑业实现增加值16.58亿元，比2015年增长8.50%。全县资质等级以上的总承包和专业承包建筑业企业完成建筑业总产值46.18亿元，增长15.33%，增幅居全市第三位；房屋施工面积175.71万平方米，比2015年增长8.60%；房屋建筑竣工面积8.37万平方米，比2015年下降51.2%。

【固定资产投资】　2016年，宁化县固定资产投资放缓，全社会固定资产投资（不含农户）完成175.37亿元，增长14.10%，其中房地产开发完成投资11.78亿元，比2015年下降23.40%。按国民经济行业分：农、林、牧、渔业投资9.12亿元，增长30.10%；工业投资93.09亿元，增长2.60%；其他行业投资73.17亿元，增长30.80%。全年，商品房销售面积22.63万平方米，比2015年下降4.80%，实现商品房销售额10.86亿元，比2015年下降11.80%。

【国内贸易】　2016年，宁化县消费品市场继续活跃，社会消费品零售总额35.21亿元，增长12.10%，增幅居全市第3位。其中，限额以上法人企业、大个体和产业活动单位18.64亿元，增长14.10%；限额以下企业零售额16.57亿元，增长9.90%。限额以上批发业销售额完成11.39亿元，增长21.20%。

【对外经济】　2016年，宁化县对外贸易平稳增长，据海关统计，全年进出口总额8.42亿元，比2015年增长16.9%，实际利用外资（验资口径）1132万美元，比2015年14.2%。

【交通、邮电、旅游】 2016年，宁化县交通运输平稳增长，全县交通运输、仓储和邮政业实现增加值5.26亿元，比2015年增长4.60%。至2016年年底，全县公路累计通车里程2189.67公里，其中高速公路42公里。210个建制村开通客运班车，占全部建制村的100%。农村公路改造、硬化926.19公里，硬化路面通村率100%。

全县邮政业业务总量2426.59万元，邮政业务收入3211.30万元，增长9.70%。固定电话用户3.60万户，移动电话用户24.42万户，互联网用户4.06万户。203个建制村开通有线电视，覆盖率96.7%，有线电视用户55120户，其中数字电视开通16个乡（镇）、47334户。

2016年，宁化县旅游基础继续夯实，品牌不断提升。旅游筹资渠道拓宽，旅游项目建设增多，客家祖地景区和天鹅洞景区分别获国家开发银行旅游项目建设资金贷款2.4亿元、1.6亿元；先后策划或协办"敬祖睦宗·祁福子孙"客家民俗文化体验系列活动、"七夕缘 游祖地"文化旅游节、"骑聚红土地 重走长征路"中国·宁化山地自行车骑游文化节、"风情客家行 丰收民俗游"等节庆活动。全年接待海内外游客210.68万人次、旅游总收入19.63亿元，分别比2015年增长16.50%和17.10%。其中，天鹅洞景区接待16.03万人次、旅游门票收入870.56万元，比2015年增长1.13%、0.84%，客家祖地景区接待4.42万人次、旅游门票收入132.60万元，比2015年增长6.83%、24.74%。

表6　　2016年全社会客货运周转量情况

指 标	单 位	绝对数	比2015年增长(%)
全社会客货运周转量	万吨公里	40648	7.0
# 全社会客运周转量	万人公里	23948	0.8
全社会货运周转量	万吨公里	38253	7.4

【财政、金融】 2016年，宁化县财政收支增长，实现财政总收入7.47亿元，比2015年增长11.20%。其中地方公共财政预算收入5.81亿元，比2015年增长6.20%。地方公共财政预算支出24.64亿元，比

2015年增长15.70%。其中，一般公共服务支出1.79亿元，比2015年增长8.10%。

全县金融市场存贷增量，年末各项存款余额本外币合计122.92亿元，比年初增加22.24亿元，比2015年增长22.2%；金融机构各项贷款余额合计67.46亿元，比年初增加3.38亿元，比2015年增长5.30%，各项存款与各项贷款比例54.90%。

表7　　2016年全部金融机构存贷款情况

指标名称	年末数（亿元）	比2015年年末增长(%)
金融机构本外币存款余额	122.92	22.2
# 人民币存款	122.92	22.2
1.单位存款	53.71	33.2
2.个人存款	68.95	14.4
金融机构本外币贷款余额	67.46	5.3
# 人民币贷款	67.46	5.3
1.短期贷款	13.53	-13.2
2.中长期贷款	53.92	11.2
# 个人贷款	39.70	12.8
单位贷款	14.23	7.0

【教育、科技、质监】 2016年，宁化县教育事业长足发展，全年财政投入教育事业资金4.67亿元，教育基础设施进一步完善。三明工贸学校职业教育中心培训综合楼、新食堂等竣工投入使用；城南小学新校区9月开学招生，城区小学入学压力缓解；滨江实验学校征地工作进展顺利。宁化县通过"国家书法教育示范区"验收。年内，宁化县普通高中招生1951人，高中在校生5941人，毕业生1995人。全县初中招生2853人，在校生8279人，毕业2831生。普通小学招生4196人，在校生20610人，毕业生2763人。全县6至14周岁三类残疾儿童少年在读336人。幼儿园在园幼儿12194人。初中毕业生高中阶段升学率94.95%。初中阶段适龄人口入学率99.94%。小学学龄人口入学率100%。特殊教育入学率98.2%。幼儿入园率96.53%。全县高考文史、理工类报名人数1664人，本科一批上线人数448人，上线率26.92%，比2015年提高2.34%。本科批以上上线人数1355人（含艺体），本科上线率81.43%，

比2105年提高3.11%；600分以上人数32人。

科技创新能力提升，县政府落实《宁化县专利申请奖励资金管理办法（试行）》，兑现专利奖励资金17.6万元；抓好"五新"重点项目培育，策划、筛选出5个项目推荐为市"五新"科技重点项目，其中2个项目被列入省重大创新项目库；扶持技术创新，对13项工业、农业企业自主研究开发或产学研合作开发项目给予立项扶持，安排资金34.84万元。2016年，宁化县申报专利189件，其中发明专利41件、实用新型专利69件、外观设计专利79件；授权专利109件，其中发明专利8件、实用新型专利36件、外观设计专利65件。

品牌建设持续增强，截至2016年年底，全县有省级名牌产品4个，国家地理标志保护产品3个；有效商标注册量1160件，其中地理标志证明商标1件、省著名商标15件、市知名商标21件、马德里国际注册商标2件、单一国际注册商标3件。

【居民生活和社会保障】　2016年，全县城乡居民收入增长较快，据抽样调查，全体居民人均可支配收入16058元，比2015年增长9.90%。其中，全县城镇居民人均可支配收入23975元，增长9.0%，扣除价格因素，实际增长7.60%；城镇居民人均消费支出17386元，增长7.0%，扣除价格因素，实际增长5.60%。农村居民人可支配收入12538元，增长10.3%，扣除价格因素，实际增长8.90%；农村居民人均消费支出9753元，增长9.10%，扣除价格因素，实际增长7.7%。社会保障体系全面落实，发放农业支持保护补贴3105.44万元。全县农村低保2189户5530人受益，发放补助资金1284.81万元；五保供养652户688人受益，发放补助资金307.85万元；城市低保370户694人受益，发放资金345.02万元；实施城乡医疗救助11704人次、153.21万元，实施临时救助373户次、46.65万元，资助参加新农合8177人、98.12万元；为3459名重度残疾人发放护理补贴

279.59万元，为2854名困难残疾人发放生活补贴169.85万元；完成5所农村幸福院改扩建，全县农村敬老院总床位数1032张，城乡困难居民基本生活有了保障。失业、医疗、工伤和生育保险稳步扩面，城乡居民养老保险实现全覆盖，年末，新农合、城乡居民养老保险参保率分别为100.30%、99.10%。2016年，宁化县围绕平安宁化目标，推进"三化一龙头"和"六个专项治理"等综治工作，坚持问题导向，强化治安防范，健全综治工作机制，着力解决影响社会稳定的源头性、根本性、基础性问题，全县社会安定稳定，经济社会发展环境良好。

【安全生产】　2016年，宁化县安全事故指标全面下降，农业机械、渔业生产和水上交通、特种设备、烟花爆竹、危险化学品和民爆物品均未发生安全性事故；道路交通生产安全事故起数5起，死亡3人，受伤3人。

【环境保护】　2016年，宁化县围绕"生态宁化"建设目标，以创建国家级生态县为抓手，环境保护工作扎实推进，全县水源质量稳定，县级饮用水源稳定在二类水质，达标率100%；第二水源隆陂水库引水工程初步设计图已送审，第二水厂完成前期投资530万元。流域内水质优良，河长制工作认真落实，每个村配备1名环境监察网格化管理员兼任河段协管员；国控肖家断面、县控水茜张坊断面和西溪茶湖岗断面水水质稳定在Ⅱ类，流域水质优良比例达到100%。抓好工业废气、城市面源污染、移动源污染治理，城区空气质量优良天数达00%，空气质量居全省县级城市前列。

注：地区生产总值（GDP）、各产业增加值、农林牧渔业总产值、工业总产值按现价计算，增长速度按可比价格计算。城镇居民人均可支配收入为新口径数据。

（供稿：县统计局）

大 事 记

◆编辑：范忠华

1 月

7日，国家义务教育发展基本均衡县督导检查组到宁化督导评估宁化县创建"全国义务教育发展基本均衡县"情况。在1月8日福州召开的国家义务教育发展基本均衡县（市、区）督导检查反馈会上，宁化县通过国家"义务教育发展基本均衡县"评估认定。

8日，由县委宣传部等13家单位主办、县委党史研究室等34家单位联办的宁化县文化科技卫生"三下乡"活动启动仪式在湖村镇举行。活动现场举行了文艺表演、专家义诊、法律法规咨询、书写春联、微信推广、通讯服务、气象知识有奖问答等活动，活动组委会共募集总价值28.55万元资金、物品现场捐赠给湖村镇。

8日，水茜镇举行撤乡设镇揭牌仪式。

8日，县纪委在宁化七中举行学习宣传贯彻《中国共产党廉洁自律准则》《中国共产党纪律处分条例》知识竞赛初赛，全县35个党委、140名选手参加比赛。

9日，县游泳协会迎春年会在县游泳基地召开，会议选举产生新一届协会领导班子，廖海洪当选会长。

9日，由三明市茶叶学会主办的"碧叶馨杯"民间斗茶赛在三明市农业局举行。宁化县春辉茶业有限公司选送的闽南乌龙茶（清香型铁观音）获斗茶赛3个茶王之一。

11日，县委在宁化世界客属文化交流中心召开宁化县经济工作会议，贯彻落实中央和省、市经济工作、扶贫开发工作、城市工作、生态环境保护工作会议精神，总结分析2015年宁化县经济工作，安排部署2016年经济、扶贫开发、城市和生态环保工作。

12日，县委常委领导班子召开"三严三实"专题民主生活会。会议围绕"严以修身、严以用权、严以律己，谋事要实、创业要实、做人要实"主题，查摆存在问题，进行党性分析，开展批评和自我批评，巩固扩大专题教育成果。市委常委、组织部部长陈炎标主持会议并作讲话。

12日，安乐镇金鑫笋竹专业合作社被国家林业局公布为全国林业专业合作社示范社。

13日，宁化县乡（镇）工作座谈会在宁化世界客属文化交流中心召开。会议听取各乡（镇）和有关部门工作汇报，研究探讨做好乡（镇）工作思路和措施，部署2016年乡（镇）工作。

15日，宁化县阿里巴巴第一批32家村淘服务站同时开业，宁化县电商进农村工作进入实质性运营阶段。

15日，全市党校、行政学院（校）常务副校（院）长会议在宁化世界客属文化交流中心召开。会议传达全国、全省党校工作会议精神和习近平总书记有关讲话精神，回顾全市党校、行政学院（校）2015年工作，安排部署2016年工作。

18日，宁化县阿里巴巴"农村淘宝"项目启动仪式在县电子商务产业园举行，县长余建地、阿里巴巴"农村淘宝"福建大区总经理兰彦晖出席启动仪式，启动仪式为宁化县首批32家"农村淘宝"合伙人进行了授牌。

22日，省工商联主席王光远到宁化慰问。

22日，宁化县消防综合应急救援训练指挥中心投入使用。中心位于城南工业园区内，用地面积

16022平方米（约24亩），建筑面积9400平方米，建有执勤楼、消防宣传培训中心、辅助楼、训练区等，工程总投资2500万余元，于2013年11月开工建设。

23日，省侨办主任杨辉到县华侨农场慰问困难归侨侨眷，县长余建地、副县长张敬丰等有关领导陪同慰问。

24日，北京宁化客家联谊会换届大会暨北京宁化客家商会三届二次会员大会在北京举行。邱晓华当选为新一届北京宁化客家联谊会会长。

25日，县委、县政府在宁化世界客属文化交流中心召开扶贫开发工作会议，贯彻落实中央、省、市扶贫开发工作会议和全县经济工作会议精神，总结2014年以来扶贫开发工作取得的成效，研究部署全县扶贫开发工作。

26日，由市水利局、市发改局、市移民开发局，宁化县政府、县水利局、县发改局、县烟草专卖局等有关单位代表及3名特邀水利专家组成的验收委员会，对宁化县东坑水库下闸蓄水进行验收。东坑水库项目是宁化县申报的第一批烟草水源工程项目之一，项目总投资7860.88万元，工程位于泉上镇青瑶村，水库总库容290.57万立方米，大坝最大坝高40.27米，引水隧洞长2.86公里，干渠长5.4公里，是一座以灌溉为主兼生活供水综合利用的小（一）型工程。项目于2012年9月底开工。

31日，全国连锁素食餐厅雨花斋在海西（宁化）客家美食文化城开张，餐厅每天中午11时到12时为市民提供100份四菜一汤免费素食午餐。

是月，宁化县鹫峰寨家庭农场被省海洋与渔业厅和省旅游局联合公布为福建省第九批"水乡渔村"。

是月，在国家旅游局组织开展的"2015中国好游客、中国好导游"推选征集活动中，宁化县黄晨琳入选"2015中国好导游"，连允东入选"2015中国好游客"。

是月，在首届中华优秀传统文化教育评选活动中，宁化县第二实验小学被评为"中华优秀传统文化教育百佳实验学校"，该活动由教育部（国家语委）语言文字报社、《语文建设》杂志社主办。

2 月

1日，宁化县至清流县县际公交车开通，全程23公里，班线运营时间为每天7时至18时，每小时发1班次。

3日，中共宁化县第十二届纪律检查委员会第六次全体会议在宁化世界客属文化交流中心举行。会议深入学习贯彻中共十八届三中、四中、五中全会精神，回顾总结2015年党风廉政建设和反腐败工作，研究部署2016年工作任务。

15日，由县人社局、县开发区管委会、县总工会、县妇联、县残联等单位联合举办的2016年"就业援助及春风行动"企业用工专场招聘会在翠江明珠广场举行，42家规模以上企业进场招聘。2600多人次参加招聘咨询，465人达成就业意向，187人现场签订就业协议。

16日，县委在宁化世界客属文化交流中心召开全县项目工作会议，回顾总结2015年项目工作，安排部署2016年项目工作。2016年，宁化县安排县级重点项目184个，总投资354.17亿元，年度投资计划123.48亿元。

22日，由县委宣传部、县文体广电出版局主办，县文化馆、县音乐舞蹈家协会、蓝典极岸演艺有限公司承办的宁化县首届"东方明珠杯"全民K歌总决赛在宁化世界客属文化交流中心举行，罗春夺得头魁。

26日，三明市农村水电工作会议在宁化县召开，会议总结2015年农村水电工作情况，并对2016年农村水电工作进行安排部署。

是月，县政府出台《关于扶持电子商务发展的实施意见》（宁政〔2015〕7号），意见从培育经营主体、鼓励创新创业、支持平台建设、人才培养、行业集聚等方面，对加快电子商务发展作出规定。从2015年开始，县级财政每年安排第三产业专项资金1000万元，用于加快推进电子商务与支撑体系的同步协调发展。

是月，福建省春辉茶业有限公司的春辉牌茶叶（乌龙茶），福建省翠云茶业有限公司的翠云山牌茶叶（乌龙茶）被省名牌产品评定工作委员会授予"2015年福建名牌产品"称号。

是月，宁化县被中国科协命名为首批2016—2020年度"全国科普示范县"，示范期为5年。

是月，宁化县烹饪协会技能大师工作室、艾迪科糕点烘焙技能大师工作室被市人力资源和社会保障局、市财政局设立为"三明市技能大师工作室"。

是月，在国务院第二次全国地名普查领导小组办公室主办，中国地名文化遗产保护促进会承办的"地名情·中国梦"全国地名普查微视频（微电影）征集活动中，由县民政局选送的《宁化石壁》（又名《客家人的"麦加"——石壁"》）微视频作品获地名故事类微电影优秀奖，这是福建省报送作品中唯一获奖作品。

是月，在福建省"十百千万"优质家庭服务活动表彰暨"美食街（城）"授牌大会上，宁化县客家美食文化城被省餐饮烹饪协会授予"福建省美食街（城）"称号。

3 月

8日，安徽省安庆市政协主席张金锐带领考察团到宁化考察精准扶贫工作。

11日，由县商务局主办的宁化县首期电子商务孵化班结业典礼在三明工贸学校举行，48名学员结业。该班学时3个月，每月集中学习5天，通过理论、沙龙、拓展、实操等形式，实行点对点，一对一培训孵化。

16日，在国家水利部召开的2016年全国水土保持工作视频会议上，县政府副县长陈朝利代表宁化县政府在会上作典型发言，介绍积极引导民间资本参与，大力推进水保项目建设的经验做法。

19日，600多名来自广东省、江西省和宁化县周边地区的刘氏宗亲，相聚宁化县石壁镇南田村，祭祀宁化县刘氏开基始祖刘祥。

21—23日，县政府组织环保、农业、水利、住建等相关部门对全县主要流域、乡（镇）集中式饮用水源地等开展环保专项检查，并对检查情况进行通报，对存在的问题督促乡（镇）限期整改。

24日，宁化县黄圣华盲人按摩店被三明市残联批准为宁化县首家盲人按摩示范店。

24日，县人民法院宣判罗某某犯非法集资罪，被判处有期徒刑8年6个月，并处罚金10万元。这是宁化县判决的首起非法集资罪案。

25日，宁化县客家谱牒协会成立暨首届会员大会在城郊乡政府会议室召开。各姓氏宗亲代表80余人参加会议，会议讨论通过《宁化县客家谱牒协会章程》，选举产生第一届理事会理事、会长、副会长、秘书长，王立华当选会长。

25日，山东省菏泽市政协副主席陶体华率考察组到宁化考察精准扶贫工作，考察组先后到县客家小吃培训基地、淮土镇禾坑村、石壁镇杨边村等处实地考察，并就如何确定贫困户、推进扶贫攻坚精准到位进行座谈探讨。

28日，受国家发改委委托，兴泉铁路专家组到宁化县城南乡茜坑村路头组，就兴泉铁路宁化至泉州段进行可行性报告评估现场调研。

28—29日，水利部在宁化县组织召开宁化县国家水土保持生态文明工程专家评审会。专家组通过实地考察现场、召开评审会，同意宁化县国家水土保持生态文明综合治理工程通过评审。

29日，宁化县学习宣传贯彻《中国共产党廉洁自律准则》《中国共产党纪律处分条例》知识竞赛决赛在县客家国际大酒店举行。10支代表队参加决赛，决赛以必答题、团体共答题、抢答题、风险题四轮竞赛决定胜负，县公安局代表队获第一名。

30日，三明市市长杜源生、市委副书记余红胜带领调研组到宁化开展重点项目建设调研。调研组先后到三明福特科光电有限公司、宁化月兔科技有限公司、石壁镇杨边村等地调研，并现场指导工作。

31日，省民族宗教厅厅长黄进发带领调研组到宁化调研民族宗教工作。调研组先后到石壁客家祖地、治平畲族乡等地调研，并通过听取汇报、座谈交流、走村入户等形式，详细了解宁化县民族工作发展详情。

31日，由县妇联举办的宁化县第二届"最美家庭"表彰会在县妇女儿童活动中心会议室召开，来自各乡（镇）、各行业的20户家庭获得"最美家庭"表彰。

是月，在三明市委农村工作领导小组表彰的2015年度千亿现代农业产业跨越发展行动计划竞赛活动先进单位和获奖项目中，宁化县获竞赛活动先进县三等奖，宁化县南方牧业肉羊养殖、春辉有机乌龙茶加工获项目三等奖。

4 月

2日，2016年《中国好声音》全国城市海选福建三明赛区第七、第八场海选赛在宁化县举行，来自云南省、厦门市及宁化周边县（市）近200名音乐爱好者齐聚宁化并激情献唱。《中国好声音》全国海选三明赛区的海选由三明日报社、三明团市委、三明广播电视台主办，三明网、紫微传媒、沐亿投资承办。

5日，县委召开全县领导干部大会，宣布省委、市委关于宁化县党政主要领导调整的重要决定。市委常委、组织部部长陈炎标到会并作重要讲话。根据省委、市委决定，余建地任中共宁化县委书记，不再担任宁化县人民政府县长职务，提名吕国健为宁化县人民政府县长候选人，肖长根不再担任中共宁化县委书记、常委、委员职务。

5—7日，由省侨办、三明市政府共同主办的2016年三明市省级扶贫开发重点县内外架桥暨精准扶贫对接会在宁化举行。来自国内外53位侨商应邀参加会议，与会人员深入宁化、清流、明溪、建宁、泰宁等县进行精准扶贫项目实地考察对接。

6日，宁化县精准扶贫客家小吃培训中心建成并投入使用，培训中心位于海西（宁化）客家美食文化城7号楼，建筑面积2334平方米，总投资2000万元。于2015年9月开始装修设计，主要设置学员理论培训室、食材清洗区、实践操作间、餐厅、宿舍、教职工办公室、展览室、学员创业实践体验店等，每期可培训学员130人。

7日，由县教育局、县文体广电出版局联办的宁化县首届中小学生校园足球联赛在宁化六中举行，来自全县10所学校的100名运动员参加比赛。

7日，来自广东省、湖南省、江西省及福建省部分地区的罗氏宗亲1000多人到宁化祭祀宁化县开县始祖罗令纪。

7日，县政府在宁化客属文化交流中心召开打击治理电信网络新型违法犯罪和禁毒工作会议，贯彻落实国务院、省政府、市政府打击治理电信网络新型违法犯罪工作联席会议暨专项行动推进会精神，总结2015年全县禁毒工作，部署推进全县禁毒工作。

8日，县委在宁化世界客属文化交流中心举办换届选举专题教育党课，县委书记余建地就如何选好用好干部、严肃换届纪律等问题给党员领导干部上党课。

9—10日，2016年普通话水平测试在三明工贸学校测试点举行，454人参加测试。

11日，宁化县首批公开招聘的16名乡（镇）养老救助协理员上岗履职。首批协理员是县民政局根据《福建省民政厅印发〈关于"十三五"期间购买乡镇（街道）养老救助协理员岗位方案〉的通知》要求招聘的，主要职责是协助乡（镇）做好养老服务管理、低保、五保、"救急难"等社会救助工作，以及其它民政领域相关工作。

11日，县十六届人大常委会第三十五次会议召开，会议决定吕国健代理宁化县人民政府县长职务。

13日，根据省委、市委决定，刘小彦担任中共宁化县委副书记，钱锋担任宁化县委常委、组织部部长。

16—21日，受香港福建社团联会邀请，县客家小吃办组团到香港维多利亚公园参加由香港六大社团主办的"赏心乐食Together"活动，宁化客家小吃受到香港市民热捧。

18日，县级领导班子换届考察全县领导干部大会召开。

20日，重庆市秀山土家族苗族自治县政协到宁化县调研水流域保护典型经验。调研组实地考察宁化县水土保持科技示范园，详细了解水土保持科技示范园的建设和运营经验。

22日，由省教育厅主办、福建师范大学课程中心承办的福建省名师"送培下乡"英语活动在县第二实验小学举行，全县50余名小学英语教师到场观摩与培训。活动形式有听课、评课、专题讲座、培训、交流互动等。

22日，宁化县"两学一做"学习教育工作座谈会在宁化世界客属文化交流中心召开。会议深入学习贯彻中共中央总书记习近平系列重要讲话精神，中央和省、市"两学一做"学习教育工作座谈会以及县委常委会议精神，动员部署全县"两学一做"学习教育工作。

24—25日，宁化县第十六届人民代表大会第六次会议在宁化世界客属文化交流中心召开，会议选举吕国健为宁化县人民政府县长。

25—26日，省委原副书记、省老年大学校长黄瑞霖到宁化调研老年教育工作。

29日，中共宁化县委十二届十次会议在宁化世界客属文化交流中心召开，会议讨论通过《关于召开中国共产党宁化县第十三次代表大会的决议》。

是月，宁化木活字传承人邹建宁应国际木文化学会邀请到尼泊尔首都加德满都参加国际性木文化展览。

是月，三明福特科光电有限公司、福建省春辉茶业有限公司、宁化月兔科技有限公司、福建大自然林业股份有限公司被省发改委确定为2016年省重点上市后备企业。

是月，宁化县旺农农业机械专业合作社被省农业厅确定为全省10家水稻生产全程机械化示范点合作社。

是月，福建省春辉茶业有限公司、福建省翠云茶业有限公司、福建一笔峰茶业有限公司、三明市鹤翔春生态农业有限公司被省政府公布为福建省第八轮农业产业化省级重点龙头企业。

是月，宁化县完成在建制村设立191家村卫生所任务，并与384名乡村医生签订聘用合同。

是月，宁化县红十字志愿者张银珠获中国红十字志愿服务四星奖章。这是宁化县第二位获得该奖章的红十字志愿者。2013年，县红十字会理事会秘书长夏世威系宁化县第一位四星奖章获得者。

5 月

1日零时1分20秒，宁化县开出全面推开营业税改征增值税改革试点后的第一张增值税专用发票，发票由福建省华实建设工程有限公司开出。

3日，县委宣传部、县委文明办、县教育局、团县委在北山革命纪念园联合举行"重走长征路"环城健步行活动启动仪式。

3日，由共青团福建省委、共青团三明市委主办，县委宣传部、县委文明办、团县委承办的宁化县纪念红军长征胜利80周年暨"五四"运动97周年红色文艺汇演在北山革命纪念园举行。

7日，宁化县公安技术业务综合办公大楼投入使用。大楼集公安指挥调度、公安远程防控、信息交流、刑侦业务技术、对外服务等功能为一体，位于城区龙门路，总投资5000余万元，占地10600平方米，总建筑面积12434平方米，项目于2011年8月动工建设。

9—10日，三明市扶贫开发协会挂钩帮扶工作座谈会在宁化县召开，三明各县（市、区）扶贫开发协会参加会议。会议讨论交流贫困村贫困户帮扶情况和挂钩帮扶工作，与会人员到精准扶贫基地进行参观考察。

10—28日，由县计生协会、县总工会、县女性生殖健康工程志愿者协会联合举办的"孕育二胎"女性生殖健康知识培训会先后在全县16个乡（镇）举办。首场培训会在水茜镇举行，邀请中国女性生殖健康服务工程志愿者黄伙珠就女性生殖健康知识及相关疾病的预防治疗知识进行讲授。

18日，县博物馆和三明市博物馆利用第40个世界博物馆日时机，在翠园广场联合举办"三明民俗图片展"，展出正月十五闹元宵、闹春、擂擂茶、大腔戏、梅林戏等各种民俗和文化图片。

19日，"孔坑茶"农产品地理标志产品通过福建省绿色食品发展中心组织的省级专家组审定。经专家认证，一致审定"孔坑茶"符合农产品地理标志申报的条件要求。

21日，由县体育总会、县卫生局主办的"相约健康"宁化县首届闽赣山地车赛宿营晚会在江滨市民休闲广场举行，300余名参赛选手和市民到场观看。

22日，由县体育总会、县自行车协会主办，宁化县卫计局、县文广局、县旅游局、城郊乡、团县委、县客家小吃办、南山水厂协办的"相约健康"宁化县首届闽赣山地车赛在宁化举行。来自广东省、江西省及宁化县等周边地区310名自行车运动爱好者参加比赛。来自福建省永安市的陈寅正、陈倩和广东省的王家东分获男子青年组、女子组、男子壮年组第一名。比赛起点为县南山水厂门口，终点设在巫高村，赛程全长约12公里。

24日，宁化县纪检监察网站（www.nhcdi.gov.cn）上线运行。网站由县纪委、县监察局主办，开设信息公开、时政要闻、工作动态、纪律审查、通报曝光、廉政教育、政策法规等7个栏目。

24—25日，由省妇联组织的福建省"家庭教育公益大讲堂"先后在县第二实验小学、县师范附属小学、宁化七中、宁化五中开展专题讲座及送教活动，帮助广大中小学生家长树立正确观念，掌握科学的家庭教育方法。

25日，省方志委副主任林浩到宁化县调研志鉴编纂工作并召开座谈会。

25日，泉上中心学校、济村中心学校通过省级"书法教育实验校"验收。

25—27日，由县商务局、阿里巴巴、县启航电子商务有限公司联合主办的首批农村淘宝合伙人启航培训班在县电子商务产业园举行，全县16个乡（镇）40名农村淘宝合伙人参加培训。

26—27日，中国教育学会书法教育专业委员会组织验收组对宁化县创建国家"书法教育示范区"工作进行考察验收。验收组通过对宁化中小学书法教育领导工作、课程课时、书法活动、校园书法文化建设、写字教学研究、师资队伍等方面工作检查，一致同意宁化县通过国家"书法教育示范区"验收。与此同时验收组还通过了县实验小学、安远中心学校、县第二实验小学等3所学校国家"书法教育示范校"的验收。

27日，三明市书法教育现场观摩活动在宁化县举行，与会教师现场观摩县实验小学国家"书法教育示范校"及宁化县国家"书法教育示范区"验收过程。

27日，应三明工贸学校邀请，台湾师范大学两岸产学教育中心秘书长黄议正博士到该校作《(闽台)现代化职业教育师资队伍建设暨国际专业认证介绍》专题讲座。

27日，由市委文明办、市教育局联合主办，县委文明办、县教育局共同承办的三明市2016年"践行社会主义核心价值观唱响中国梦"童心向党歌咏展演在宁化六中举行，来自全县12所中小（幼儿园）学校代表队参赛。宁化六中代表队获展赛一等奖。

31日，由县妇联、县司法局、县社会工作协会联合主办的《中华人民共和国反家庭暴力法》宣传暨宁化县巾帼志愿者招募活动在翠园广场举行。

是月，淮土镇禾坑村被省民政厅确定为福建省第一批农村社区建设省级示范单位。

是月，宁化县乡（镇）党委换届工作启动。

6 月

5日，由县新闻中心、宁化梦金园店联合主办的"宁化梦金园"杯宁化在线第二届端午节现场包粽子比赛在翠园广场举行。所包粽子全部送给县光荣院孤寡老人、城郊乡敬老院老人和五保户、低保户及困难群众。

5日，泉州宁化商会一周年庆典暨泉州宁化商城启动仪式在泉州大华酒店举行。县委常委、统战部部长黄芳应邀出席大会。在泉州的宁化籍商界人士、商会会员共200多人参加大会。

8日，公安部"公安文化基层行"文艺小分队到宁化县慰问演出。

12日，宁化县"两学一做"学习教育第一专题学习会在宁化世界客属文化交流中心召开，会议对"两学一做"学习教育进行再动员、再部署。县委党校副校长赖美华作"坚定理想信念，增强'四种意识'"专题讲座。

12日，国家发改委以发改基础〔2016〕1265号批复新建江西省兴国至福建省泉州铁路宁化至泉州段可行性研究报告。

14—15日，宁化县民办教育幼儿园教师技能大赛在县实验幼儿园举行，全县19所民办幼儿园教师代表参赛。竞赛分幼儿教育活动设计和现场教学两部分，有10名幼儿教师获等级奖。

16日，省国土资源厅党组书记董建洲到宁化调研美丽乡村、土地整治等工作，并看望慰问挂职干部。

16日，中国铁路总公司、南昌铁路局及中铁二院、三院、四院专家组到宁化，对浦梅铁路建宁至连城冠豸山段宁化线路和站点进行现场踏勘和施工图纸审查。

17日，由县委宣传部、县委党史研究室、县教育局、团县委联合主办的宁化县"红色基因，我们传承——宁化人与长征"主题演讲活动在县邮政局举行。城南小学伍玉鑫和宁化一中付晓红分获少儿组和青年组一等奖。

22日，宁化县民兵应急工程机械救援大队成立，这是全省首家县级民兵应急工程机械救援队。大队下设机械分队、运输分队、维修分队、保障分队，各分队分设若干民兵班，全部由退伍专业军人担任分队长和班长。主要承担宁化县应急救援、工程排险、道路清障等工作。

28日，电影《绝战》首映发布会在北京金鸡百花影城举行。该片由中共三明市委、三明市人民政府、中共宁化县委、宁化县人民政府，厦门蓝火焰影视，厦门乐众文化联合出品；是纪念中国共产党成立95周年、红军长征胜利80周年，缅怀红34师宁化烈士的献礼电影，是中国首部反映红34师悲壮史诗的革命题材电影。影片由导演卓建荣担任总制片人和监制。

28日，宁化县第一个村级光伏发电站在安远镇伍坊村开工建设，电站由省物价局扶持建设。

29日，根据省、市委关于宁化县政府主要领导调整变动决定，吕国健任中共泰宁县委书记，不再担任宁化县人民政府县长、中共宁化县委副书记、常委、委员职务；姚文辉任中共宁化县委委员、常委、副书记，并提名为宁化县人民政府县长候选人。

30日，由县委宣传部、县委文明办共同举办的

宁化县纪念红军长征胜利80周年暨省级文明创建单位"唱红色经典 为文明点赞"歌咏比赛在宁化六中举行，全县16支代表队参赛，县教育局代表队获一等奖。

30日，宁化县不动产登记局、不动产登记中心揭牌，宁化县土地、房产、林地等不动产分散登记历史结束。

是月，翠江镇北山社区入选福建省2016—2018年社区老年人日间照料中心项目，全省有103个社区列入该项目中。

是月，宁化六中入选教育部2016年全国青少年校园足球特色学校，成为宁化县首所入选学校。

7 月

1日，县委在宁化世界客属文化交流中心召开庆祝中国共产党成立95周年大会，县委书记余建地出席会议并讲话。大会对优秀共产党员、优秀党务工作者、先进基层党组织代表进行了表彰。

1日，电影《绝战》在宁化县首映。

5日，宁化县十六届人大常委会第三十八次会议召开，会议接受吕国健辞去宁化县人民政府县长职务的请求，审议通过姚文辉为宁化县人民政府副县长，代理宁化县人民政府县长职务。

7日，福建大自然林业股份有限公司、福建省石壁现代农业有限公司、福建省春辉茶业有限公司、三明市扬晨食品有限公司、福建鑫鑫獭兔有限公司、福建省翠云茶业有限公司、宁化县宁花科技食品有限公司、三明市鹤翔春生态农业有限公司、福建一笔峰茶业有限公司等9家企业被省农业厅、省林业厅、省海洋与渔业厅、省粮食局、省供销合作社联合社、省财政厅列入福建省第八轮农业产业化省级重点龙头企业。

13日，省粮食局局长林锡能到宁化调研粮食交易市场。

15日，三明学院大学生艺术团"追忆长征精神、传承红色基因"专题巡演活动在宁化世界客属文化交流中心举行。

16—26日，15位宁化籍本土画家回宁化县开展采风写生活动，活动以"客家流韵·美丽乡村"为主题，由"老朋·山会"主办，县文体广电出版局、县书法美术工作者协会协办。画家们用画笔寄托乡思、赞美故乡、讴歌时代，纪念中国工农红军长征胜利80周年。

20日，中共宁化县委十二届十一次全体会议在县委会议室召开。会议听取中共宁化县委第十三次代表大会筹备情况报告；审议通过中国共产党宁化县第十二届委员会在中国共产党宁化县第十三次代表大会上的工作报告（草案）；审议通过中共宁化县纪律检查委员会工作报告（草案）；表决通过中国共产党宁化县第十三届委员会委员、候补委员和中国共产党宁化县纪律检查委员会委员候选人预备人选建议名单；表决通过市第九次党代会代表候选人预备人选。

25—31日，宁化县儿童心理护理种子师资培训在第二实验小学举行，全县各中小学120名教师参加培训。培训由深圳市志愿服务基金会、幸福家庭公益基金和县教育局联合举办，培训活动以体验式学习为主，培训课程包括教师的心理资本、团体心理辅导、个人心理护理、校园危机干预等内容。

26—28日，中国共产党宁化县第十三次代表大会在宁化世界客属文化交流中心举行。大会代表共269名。余建地代表中国共产党宁化县第十二届委员会作工作报告；江向荣代表中国共产党宁化县纪律检查委员会作工作报告；会议选举产生中国共产党宁化县第十三届委员会常务委员会委员、书记、副书记，余建地、姚文辉、刘小彦、林移发、陈健、郑丽萍、江向荣、陈恩、钱锋、刘小帆、黄树荣当选为中国共产党宁化县第十三届委员会常务委员会委员，余建地当选为中国共产党宁化县第十三届委员会书记，姚文辉、刘小彦当选为中国共产党宁化县第十三届委员会副书记；会议选举产生中国共产党宁化县第十三届委员会委员、候补委员，中国共产党宁化县纪律检查委员会委员及宁化县出席中国共产党三明市第九次代表大会代表；通过《关于中国共产党宁化县第十二届委员会工作报告的决议》及《关于中国共产党宁化县纪律检查委员会工

作报告的决议》。

29日，县总工会第十九届委员会第六次全体会议在县总工会召开。会议选举县委常委、组织部部长钱锋为县总工会第十九届委员会主席，曹益明为县总工会常务副主席。

是月，宁化县首批20名定向大专临床医学专业和第二批8名本科临床医学专业定向委培生分赴各乡（镇）卫生院就职。

是月，宁化二中被教育部认定为全国学校体育工作示范校。

是月，县公安局打掉1个特大吸贩毒团伙，专案组民警先后辗转福建、浙江、广东等3省6市县抓获10名贩毒犯罪嫌疑人，缴获毒品"K粉"1040克。

8 月

2日4时，记录在册的宁化县最后一位参加过长征的老红军谢和根在深圳逝世，享年100岁。

3日，由县商务局、县总工会、县妇联联合举办的宁化县第二期电子商务孵化班结业式在县电商产业园举行。孵化班学制3个月，于4月27日开班。通过理论、沙龙、拓展、实操等形式，实行点对点、一对一培训孵化，74名学员结业。

5日，县委召开2016年上半年经济形势分析会，总结分析全县经济运行情况，安排部署经济工作。

6日，由县委宣传部、县文广局、县旅游局、县总工会、县妇联、团县委、客家祖地管理处、宁化成功村镇银行等单位主办的宁化县"七夕缘 游祖地"系列活动在客家祖地举行。30余名宁化各行各业单身男女走进客家祖地，通过互动游戏寻觅佳缘。

7日，由省作协、厦门市文联、龙岩市文联和三明市文联主办，厦门文学院、闽西文学院、三明文学艺术院承办的第十七届"红土地·蓝海洋"笔会暨纪念红军长征胜利80周年省内采风在宁化举行。50名来自浙江金华及厦门、长汀、龙岩、三明等地的文联领导、文学院负责人、作家代表参加笔会。

8日，县博物馆馆长陈端在省医科大学附属协和医院完成造血干细胞捐献行动。成为宁化县第3

例、三明市第9例、福建省第153例、全国第5856例非亲缘关系造血干细胞捐献者。此前两位捐献者是宁化志愿者邱德健、罗新文。

8日,在市委宣传部、市体育局、市文化广电新闻出版局联合主办的2016年三明市"全民健身日"活动暨"红土地"乡村广场舞总交流展示活动中,宁化县代表队获二等奖。

9日,由市非物质文化遗产保护中心、县文体广电出版局主办,县文化馆承办的三明市非遗项目"传统戏剧"巡回展演在宁化世界客属文化交流中心举行,泰宁梅林戏《背子赶会》、尤溪南芹小腔戏《穆杨会》、永安大腔戏《白兔记》等戏剧先后进行展演。

9日,省档案局局长丁志隆到宁化县调研指导档案工作。

11日,省林业厅厅长陈则生到宁化调研森林资源培育保护、林权制度改革、林业绿色产业等工作,并召开座谈会。

12日,县红十字会和泉上派出所副所长邹志峰被市委宣传部、市委文明办联合表彰为2016年度学雷锋活动示范点和岗位学雷锋标兵。

12日,宁化县禁毒工作会议在宁化世界客属文化交流中心召开。会议传达中央、省、市禁毒工作会议精神,安排部署全县禁毒工作。会议向禁毒委员会成员单位颁发责任书,并与乡(镇)、公安派出所签订禁毒工作责任书。

15日,在宁化红十字会协助下,厦门眼科中心眼库和厦门大学医学院在三明市第三医院完成逝者张某良生前向县红十字会申请的自愿无偿捐献自己遗体和眼角膜工作。逝者张某良是宁化县首位由本人主动登记并完成遗体、角膜捐献的志愿者。

16日,中华两岸事务交流协会海西办事处主任谢声欣带领台湾民间谱牒专家,到宁化县电子商务产业园客家谱牒协会调研闽台民间谱牒文化的形成和传承工作情况。

16—18日,福建省劳模休养读书班在宁化县举行,来自全省各行各业62名全国劳模、省劳模、省五一劳动奖章获得者参加读书班。

17日,由团县委、县老区办、安远镇联合举办的2016年"脱贫攻坚 电商助力"培训活动在安远镇举行。安远镇有意从事电商行业的贫困户50余人参加培训,培训内容为电子商务理论知识和实践操作技能。

18日,由县委宣传部、县直机关工委、县委文明办、县文广局主办,县文化馆承办的宁化县纪念中国共产党建党95周年暨中国工农红军长征胜利80周年红军歌曲歌手赛在县红土地广场举行。全县18个党委(党总支)的18名选手参加比赛,县林业局党委选手罗春备和县住房和城乡规划建设局党委选手张秀萍夺得比赛一等奖。

18日,省移民局局长蔡伟到宁化调研库区移民安稳致富工作,对宁化县库区移民安置、移民创业基地建设等工作情况进行了解,并提出指导性意见与建议。

20日,纪念先贤李世熊逝世330周年笔会在泉上镇举行,20多位省、市作协会员或诗歌爱好者以及李氏宗亲参加笔会。

22日,中共宁化县委十三届二次全体会议在宁化世界客属文化交流中心召开,会议深入学习贯彻省委九届十六次全会、市委八届十三次全会精神,研究部署实施创新驱动发展战略、进一步推进供给侧结构性改革问题,为加快"一城四区"建设、全面建成小康社会提供强有力支撑和持久动力。全会讨论通过《宁化县关于实施创新驱动发展战略建设创新型县份的实施意见》和《宁化县关于推进供给侧结构性改革的总体方案(2016—2018年)》以及《中共宁化县委十三届二次全会决议》。

22日,县委在宁化世界客属文化交流中心召开宁化县"大干150天,加快推进'五个一批'项目建设活动"动员大会。贯彻落实市委部署要求,动员全县各级各部门、各项目业主单位,抓紧冲刺、抓牢项目、抓好落实,完成年初既定目标。

22日,宁化县党委(党组)意识形态工作责任制暨宣传思想工作座谈会在宁化世界客属交流中心召开。会议深入学习贯彻中共中央总书记习近平系列重要讲话精神,中央和省、市委召开的党委(党组)意识形态工作责任制座谈会精神和中央、省、市宣传部部长会议精神,统一思想认识,强化责任落实，扎实推进新形势下意识形态工作和全县宣传思想工作。

24日，县委、县政府举行宁化县建档立卡贫困大学生精准助学启动仪式，现场为21名贫困学生发放助学款18.2万元，帮助建档立卡贫困大学生解决上学难问题。

26日，县十六届人大常委会第四十次会议任命邵东珂担任宁化县人民政府副县长职务。

26日，县十六届人大常委会第四十次会议批准县人民政府新建滨江实验学校议案。

26—27日，"长征路上奔小康"福建网络媒体"走转改"大型主题采访活动组织新华网、人民网、中国日报网等21家市级以上网络媒体到宁化县采写、报道红色文化、客家文化和宁化县经济社会发展的新变化和新成就。

29日，县商务局、阿里巴巴农村淘宝、宁化翠城网、启航电子商务有限公司在县电商产业园联合举办宁化县首届当地电商转型招商大会，来自全县各行业20多家实体店业主到场参会。该次招商大会是农村淘宝在全国首次结合当地资讯平台做的互联网转型活动，招商项目包括服装饰品、家电、百货粮油、家装家具、农资农具、汽摩类等。

29日，由县妇联、县委文明办、县新闻中心联合举办的"感恩父母，传承孝道——献给父母最美祝福语"征集活动评选揭晓，张予恬、曾婷、黄星悦作品分别获一、二、三等奖，许兆河作品荣选"人气奖"。

30日，县委2016上半年党风廉政建设形势分析会在宁化世界客属文化交流中心召开，会议贯彻落实市委党风廉政建设形势分析视频会议精神，总结分析全县党风廉政建设和反腐败情况，安排部署下阶段工作。

是月，宁化县第1个乡级扶贫担保基金会——方田乡扶贫担保基金会成立，基金会主要为方田乡建档立卡贫困户以及带动贫困户发展生产的企业提供担保贷款。

是月，位于县华侨经济开发区的三明福特科光电有限公司超低照度星光摄像镜头生产线项目开始批量生产，这是福建省超低照度星光摄像镜头首条生产线。

是月，由县委宣传部、县委文明办、县社会科学界联合会（简称社科联）联合举办的"为文明点赞　为三明点赞"主题征文比赛揭晓，6篇参赛作品分获一、二、三等奖，县委文明办李玉琴的《引领文明　滋养心灵》获一等奖。

是月，县华侨经济开发区城南工业园被省经信委和省财政厅确定为2016年福建省省级小微企业创业基地。

是月，由县委宣传部主办的宁化县2016年度基层最美人物系列评选活动结果揭晓，杨婉君、陈菊秀、曾冬生、张光明、柯火元、陈群英、黄绪明、邱德健、廖云霞、王建和等10人分获最美职工、最美农民、最美教师、最美医生、最美警察、最美村官、最美环保人、最美志愿者、最美社区工作者、最美文化工作者荣誉。

9 月

2日，县委召开县委常委"两学一做"学习教育第二专题学习研讨会，围绕"坚守纪律底线、培养高尚情操"主题进行学习讨论。姚文辉、潘闽生、罗启发、李平生、刘小彦等县领导出席会议。

5日，县委在宁化世界客属文化交流中心召开全县"两学一做"学习教育推进会，贯彻落实中央和省、市委"两学一做"学习教育指示精神，并对全县"两学一做"学习教育进行再安排、再部署、再推动。

5日，武夷山市烹饪协会20余名餐饮业主到宁化与宁化名厨大师就餐饮与美食行业技艺进行互动交流，取长补短，共促发展。

5日，中国疾病预防控制中心预防接种规范管理专项活动考核评估组到宁化县考核评估预防接种规范管理专项活动成效。评估组对宁化县预防接种规范管理专项活动工作给予肯定。

7日，山西省吕梁市委党校常务副校长郭长风到宁化考察"精准扶贫"工作情况。

9—10日，由省委宣传部和厦门大学、福建师范大学联合主办的"青年新闻人重走长征路"大型联合采访活动到宁化，重温革命历史，寻访先烈足迹，感受新时代革命老区在经济社会等各方面取得的新变化和新成就。

10日，市委书记杜源生，市委副书记、代市长余红胜到宁化检查指导省委、省政府工作检查迎检工作情况。

10—11日，由中宣部组织开展的中央媒体"重走长征路"主题采访活动走进宁化县，通过视频、人物专访等多种形式体会新时期的"长征路"，报道革命老区的"致富路"。采访团先后到红军医院纪念园、石壁镇杨边村、石壁现代农业园、北山革命纪念馆、三明福特科光电有限公司、宁化县红军长征出发地广场、曹坊镇三黄村等地采访。

11日，省委副书记、省长于伟国带领有关设区市和省直有关部门负责人到宁化县开展工作检查。检查组先后实地察看月兔高效节能空调生产、石壁镇杨边村精准扶贫整村推进等项目进展情况，对宁化县经济社会发展取得的成绩给予肯定。

11日，国立台湾师范大学全球客家文化研究中心主任、台湾客家研究学会理事长、文学博士邱荣裕到宁化县电子商务产业园客家谱牒协会，就闽台民间谱牒文化的形成和传承进行考察。

12日，由县旅游局、县总工会、县妇联等单位联合主办的"中国梦·劳动美"2016年宁化县旅游从业人员风采大赛导游组比赛在县文化馆举办。经过自我介绍、导游讲解、知识问答、才艺展示等环节比赛，张沛琳、邱彦、刘翠梅等6位选手获一、二、三等奖。

18—19日，省委常委、省委政法委书记陈冬到宁化调研宁化县经济社会、工业发展、客家文化、美丽乡村、政法综治等方面建设情况。

20日，三明市库区移民客家小吃培训基地在海西（宁化）客家美食文化城宁化县客家小吃培训中心揭牌。

22日，福建新闻频道《周末就出发》栏目组到宁化录制节目，为宁化县旅游做宣传推广。栏目组采取真人秀旅游PK形式，通过两队主持人旅游真实体验，领略宁化县域旖旎风光，品味宁化客家文化、红色文化和生态旅游文化。

22日，三明市2016年突发重大动物疫情应急演练在县体育中心举行。各县（市、区）农业局分管兽医工作领导、动物疫病预防控制中心和动物卫生监督所负责人100余人参加现场演练观摩。演练内容包括疫情报告与现场诊断、应急响应与应急处置、终止响应与善后处理3个科目。

24日，由省委文明办、福建日报社、市文明委主办，福建日报社（集团）新媒体中心、省未成年人思想道德建设中心协办，县委文明办承办的福建省暨三明市"学长征精神、做红色传人"主题教育实践启动仪式在宁化世界客属文化交流中心举行。三明市12县（市、区）文明办主任，宁化县2015—2017年度省级文明创建单位职工代表，2015—2017年度城区市、县级文明创建单位及翠江镇、城郊乡、城南乡分管领导，城区学生代表，部分红军后人代表共800余人参加。

29日，由县委宣传部、团县委、县委文明办和县旅游局联合主办的宁化县第二届金牌县情志愿宣讲员比赛决赛在县文化馆举行。通过自选讲解、现场问答和才艺展示三个环节比拼，马行东获一等奖，巩小琪、吴郁佳获二等奖，王雅慧、石丽琴、陈根华获三等奖。

30日，县扶贫工作业务培训会议召开。会议深入贯彻落实省、市扶贫开发工作会议和县第十三次党代会会议精神，并就扶贫资金管理使用、光伏产业扶贫介绍、造福工程易地搬迁、建档立卡及扶贫日常工作、扶贫政策等相关业务知识进行了培训。

30日，由宁化、清流、明溪三县共同主办的"宁清归"首届书画联展在宁化县客家祖地书法创作基地举行，来自宁化、清流、明溪的120幅入选作品参加展出。

30日，宁化县在北山革命纪念园举行公祭革命烈士活动，深切缅怀先烈丰功伟绩，传承和弘扬革命精神。县副处以上领导干部，烈属代表、老战士代表，少先队员代表，县直机关代表等近500人参加公祭活动。

是月，国家发改委批复江西省兴国县至福建省泉州市铁路兴国至宁化段可行性研究报告。

10 月

5日，由县委宣传部、三明市摄影家协会联合主办的"客家祖地·映象宁化"摄影大赛评审会在宁化一中举行，大赛分"风景名胜、城乡风貌、红色记忆"三个组别，每组设一等奖1幅。摄影赛于6月12日启动，至9月30日截稿。经过投票评选，三明叶嘉勇的《客家祖地祭祖大典》、严文晖的《江山如此多娇——宁化》以及宁化县罗鸣的《红色传承》分别获得风景名胜组、城乡风貌组及红色记忆组一等奖。

7日，由县文广局主办，县老体协和县气排球协会承办的宁化县2016年三级气排球裁判员培训班开班，来自全县各单位的学员70余人参加培训。

8日，县委在宁化世界客属文化交流中心召开精准扶贫暨美丽乡村建设、旧村复垦工作推进会，进一步安排部署精准扶贫和美丽乡村建设、旧村复垦工作。

8日，县委召开巡察工作启动暨培训会。县委巡察工作领导小组成员、巡察组全体成员及县纪委室主任以上人员出席会议。为做好巡察工作，县委从纪检、组织、财政、审计等职能部门抽调业务骨干人员组成巡察组，从10月9日起对中沙乡党委开展为期20天的首次巡察工作。

9—11日，由省教育厅主办，省教育学会书法教育委员会承办的"翰墨韵，海峡情——海峡两岸书法教育交流暨全省书法教育校长论坛"在平潭城中小学举行。县实验小学校长李泽华、县教育局副局长王进良受邀担任论坛发言嘉宾。大会期间还播放了宁化县实验小学开展书法教育教学、创建全国书法教育示范校历程的视频资料以及展览了学校选送的部分学生书法作品。

11日，县、乡两级人大换届选举工作会议在宁化世界客属文化交流中心召开，会议贯彻落实中央有关文件精神和全省市、县、乡三级人大换届选举工作会议精神，研究部署宁化县县、乡两级人大换届选举工作。

11—16日，2016宁化客家国际美食（小吃）节在海西（宁化）客家美食文化城举行。活动由县小吃办、立泓（福建）置业有限公司、县烹饪协会、厦门堃智文化传播有限公司承办。共设置60个展位进行小吃展销。

12日，宁化县城区横跨翠江西溪两岸的翠华西路建成通车。该道路于2015年3月开工，全长1.8公里，路宽36米，项目总投资8500万元。

14日，由县客家研究中心、三明学院、华南理工大学客家文化研究所主办的第四届石壁客家论坛在宁化世界客属文化交流中心举办。来自海内外200多位嘉宾参会并交流研讨。该届论坛主题为"传承弘扬客家祖训，建设发展祖地文化"，来自福建、广东、江西等地的五位客家学者分别作主旨演讲。

14日，宁化"客家祖地·映象宁化"摄影展在县体育中心书画创作基地举办，现场展出100幅获奖作品，分为"风景名胜、城乡风貌、红色记忆"三个组别。

14日，第22届世界客属石壁祖地祭祖大典暨第四届"石壁客家论坛"客家风情文艺晚会在宁化世界客属文化交流中心举行。来自海内外的客家社团及媒体记者等观看了晚会节目。晚会以客家民俗风情为主题，充分体现客家元素，展现了客家先民的光辉历程和风土人情，弘扬客家人吃苦耐劳、坚韧不拔的精神。晚会演出前，举行了"客家祖地·映象宁化"摄影奖作品颁奖仪式。

15日，由市客联会、县石壁客家宗亲会、马来西亚居銮客家公会、宁化张氏宗亲会等社团共同主办的第22届世界客属石壁祖地祭祖大典在宁化举行。来自海内外111个客属社团及宁化当地姓氏宗亲共3200多人齐聚石壁参加祭祖大典。

15日，参加第22届世界客属石壁祖地祭祖大典暨海峡两岸张氏宗亲联谊活动的海内外张氏宗亲900多人在宁化客家国际大酒店宴会厅举行"张氏之夜"文艺演出。

16日，2016宁化客家国家美食（小吃）文化节客家特色小吃单项技能大赛在海西（宁化）客家美食文化城举行。18位选手制作的客家小吃获比武大赛特金奖，16位选手制作的小吃获金奖。

19日，全省党校、行政学院系统纪念红军长征胜利80周年暨中共党史学科建设学术研讨会在宁化世界客属文化交流中心召开。

19日，三明市纪念中国工农红长征胜利80周年大会在北山革命纪念园举行。市四套班子有关领导，市直有关部门负责人，县四套班子领导，宁化老红军后代代表和社会各界人士代表近千人出席纪念仪式。市委书记杜源生在仪式上讲话。

20日，县委召开县委常委（扩大）会议，传达贯彻三明市第九次党代会精神，研究部署宁化县贯彻落实工作。

22日，《纪念中国工农红军长征胜利八十周年》邮票首发式暨"弘扬长征魂、同筑中国梦"集邮巡展在北山革命纪念园举行。市委常委、秘书长王刚，中国邮政集团公司邮票设计家马立航，中国邮政集团公司福建省分公司副总经理黄志斌，市人民政府党组成员张文珍，省邮政管理局副局长揭光武，县领导余建地、姚文辉等到场参加。宁化县部分机关党员干部、群众和学生代表共400多人参加邮票首发仪式。该次巡展为全国性综合性展览，以邮票为载体，传承红色文化，将长征精神与集邮文化融为一体，共展出邮集作品39部51框。

23日，"骑聚红土地·重走长征路"中国·宁化山地自行车骑游文化节在宁化县举行，来自全国各地的49支车队800多名骑游爱好者齐聚红土地广场，重温革命情，重走长征路。省委党史研究室副主任汪一朝，市政府党组成员张文珍出席发车仪式。该次骑游的发车仪式和起点选址在红土地纪念广场，终点设在石壁红军医院纪念园广场，全程53.78公里，从红土地广场出发，途经城郊乡上畲村驿站、济村乡湖头村驿站、济村乡济村村驿站、济村乡新田村驿站及石壁镇隆陂水库驿站等，沿途通过主题展板再现红军长征途中著名的湘江战役、遵义会议、四渡赤水、强渡大渡河、突破腊子口、会宁大会师等重大历史事件，让骑行者进一步了解长征文化。骑游文化节由省体育局、省旅游局、省委党史研究室、市政府主办，市体育局、市旅游局、市委党史研究室、县政府承办，是宁化县有史以来最大规模的山地自行车活动。

23日，"骑聚红土地·重走长征路"山地自行车骑游文化节客家千人宴暨文艺晚会在江滨市民休闲广场举行。晚会以长征为主题，以歌舞为主，旨在纪念中国工农红军长征胜利80周年，大力传承与弘扬长征精神。

24—25日，省委常委、常务副省长张志南，省政协副主席陈向先到宁化县调研扶贫开发工作。

25—26日，国家扶贫办行政人事司到宁化县调研扶贫开发工作。调研组对宁化县扶贫办工作人员的政策水平、业务能力进行了测试，还分别到淮土镇禾坑村、石壁镇杨边村、安远镇伍坊村、曹坊镇石牛村实地了解产业扶贫开展情况。

27日，以"精准扶贫和现代农业"为主题的第16届福建省科协年会农学会分会暨福建省农学会2016年学术年会在宁化召开。

28日，由市委老干部局、县委老干部局、市老年书画协会、县老年书画协会、市艺术馆、县文化馆等6家单位联合举办的"忆长征、颂党恩、赞三明"老干部书画展在翠园广场举行。书画展为期半个月，共展出书画作品120余幅。

29日，县委在宁化世界客属文化交流中心召开常委（扩大）会议，学习贯彻中共十八届六中全会和省委、市委常委（扩大）会议精神，研究全县学习宣传贯彻意见。

是月，《第四届石壁客家论坛论文集》由福建教育出版社出版发行。75篇关于客家祖训与客家文化传承、客家祖训与客家杰出人物、客家祖训与当代传统道德教育、客家文化的传承与创新、客家文化产业发展等方面内容的论文入选论文集。

是月，三明工贸学校获第八届全国规范汉字书写大赛团体一等奖，这是福建省在大赛中唯一一个获团体一等奖单位。

是月，兴泉铁路兴国至宁化段先期开工段开工建设。开工段全长7.02公里，主要包括于都一号隧道、荷树二号隧道等工程，投资概算3.13亿元。

11 月

2日，在三明天元国际大酒店举行的2016年

"悠然三明"特色美食烹饪大赛中，宁化客家宾馆选送的《客家海蜇鸡》《祖地献瑞》《翠江松鼠鱼》被评为二等奖，宁化客家宾馆大厨罗光森获热菜银奖。该次烹饪大赛由市旅游局、市旅游协会主办，市烹饪协会、各县（市、区）旅游局承办。

2—3日，由市教育局、市人社局、市农业局、市卫计局、市旅游局、市交通运输局主办的三明市中等职业学校学生技能大赛在三明工贸学校举行。来自三明市14所中等职业学校的248名选手参加电工电子、书法、美发与形象设计、演讲、服装表演等五个项目比赛。

3日，农发行福建省分行行长王铁民到北山革命纪念馆、城南工业园易地扶贫搬迁项目基地、新桥路拆迁安置小区等地调研革命老区扶贫项目情况。

4日，县委、县政府在宁化世界客属文化交流中心召开推进红色文化保护传承和弘扬工程联席会议，学习贯彻中共中央总书记习近平关于保护好红色资源、发扬好红色传统、传承好红色基因的重要指示精神，贯彻落实省委宣传部部长高翔批示精神和市委红色文化保护传承和弘扬工程联席会议精神，推动红色文化保护、传承和弘扬工作。

4日，县委在宁化世界客属文化交流中心召开全县党校工作会议，学习贯彻全国、省、市党校工作会议精神，全面落实《中共中央关于加强和改进新形势下党校工作的意见》和省委《实施意见》，分析党校工作面临的新形势新任务，研究部署党校工作。

6日，在市教育局、市文化广电新闻出版局、三明日报社联合主办的"红旗下成长——三明市第六届中小学生艺术节"现场展演活动舞蹈比赛中，宁化师范附属小学舞蹈社团表演的舞蹈《快乐的布谷》获小学组一等奖。

6—8日，福建省淡水水产研究所在宁化客家国际大酒店举办全省泥鳅生态繁养技术培训班，76人参加培训。

6—9日，第12届海峡两岸林业博览会暨投资贸易洽谈会（简称林博会）在三明举行，宁化县有31家企业产品在林博会亮相；林博会期间，宁化县落实签约项目9个，总投资15.73亿元，超额完成市下达任务，现场销售269.8万元，产品订货交易额7210万元。

8日，水茜镇儒地村村委会主任谌章彪获公安部第三届全国119消防奖先进个人。第三届全国119奖获奖者共75名，其中先进集体37名、先进个人38名。全国"119消防奖"于2012年经中央批准设立，每两年评选表彰一次，专门表彰长期热心消防公益事业的集体和个人。

9日，县政府召开浦梅、兴泉铁路（宁化段）征迁动员大会。会议就浦梅、兴泉铁路项目进展情况、征迁目标任务、征迁工作要求等进行分析与布置。

10—19日，县商务局和宁化县鼎德网络有限公司在县电商产业园联合举办宁化县首期电子商务创业实训提高班，37名学员参加培训，为期10天，学员大多来自电商创业人才孵化班的优秀学员及返乡创业的电商经营者。重点培训"双12"策划、美工制作、网店开设流程、网络营销技巧和跨境电子商务知识等5大版块内容，提升学员电商创业能力。

11—15日，在中国科协青少年科技中心、中国青少年科技辅导员协会和辽宁省科学技术协会联合主办的第七届全国青少年科学影像节展映展评活动中，宁化县红旗小学学生马承卓、巫锡强合作的科普动漫《低碳生活，快乐你我》获二等奖，泉上中心学校学生上官劭奇制作的科普动漫《竹蜻蜓为什么会飞》及宁化一中学生李圣、龚浩澜合作的科学探究纪录片《蚕的前世今生》获三等奖。

17日，县委在宁化世界客属文化交流中心召开《中国共产党问责条例》《福建省委关于贯彻〈中国共产党问责条例〉的实施办法》专题宣讲会，市纪委常委李道聪做专题宣讲。

17—18日，中国非遗保护中心常务副主任罗微带领文化部专家组到宁化考察客家文化（闽西）生态保护区工作。专家家组先后到石壁客家祖地、宁化世界客属文化交流中心等地察看民俗表演、木活字印刷展示、客家擂茶制作工艺及客家山歌演唱等非遗展示。

18日，县委在宁化世界客属文化交流中心召开宁化县2016年创建省级文明县城工作动员会。县委书记余建地就做好创建省级文明县城，全力打好翻身仗提出四点要求。

18日，由县委"两学一做"学习教育领导协调小组主办，县委组织部、县委宣传部及县委县直机关工作委员会联合承办的宁化县"两学一做，知行合一"演讲比赛决赛在宁化客属文化交流中心举行。比赛分普通党员组、党支部书记组和科级党员领导干部组等3个组进行，29名选手围绕"学党章党规、学系列讲话，做合格党员"主题展开比赛。县公安局党委单玮婷、教育局党委洪丽琳和王宁榕分别获普通党员组、党支部书记组、科级党员领导干部组的一等奖，县教育局党委和安乐镇党委获演讲比赛优秀组织奖。

23日，福建省参加全国少数民族文艺会演部分节目赴民族地区巡回演出在治平畲族乡举行。演出由省民族与宗教事务厅主办，市民族与宗教事务局协办，县民族与宗教事务局和治平畲族乡党委政府承办，宁德市畲族歌舞团演出。

23日，在市教育局、团市委、少先队三明市工作委员会联合举办的"先锋少年说·红领巾演讲家"竞选活动决赛中，宁化师范附属小学学生阴姝宇获一等奖，并被授予"三明市少先队红领巾演讲家"称号。该次比赛以"红色基因，我们传承"为主题，以"红领巾讲坛"为载体，有20名优秀选手参加全市决赛。

23日，兴泉铁路宁化至泉州段初步设计获中国铁路总公司、省人民政府批复。该项目建设工期为4.5年，铁路等级为国家I级，单线，设计行车速度160公里/小时。

24日，中铁17局项目部及4个工区管理人员进驻宁化，浦梅铁路宁化段正式开工建设。浦梅铁路宁化段由中铁17局中标承建，全长36.50公里，按铁路等级Ⅰ级标准建设，单线，速度目标值160公里/小时，计划2020年年底建成通车。

26日，在广东省雷州市龙门镇足荣村举行的足荣村方言电影节颁奖典礼上，宁化县鬼叔中导演的作品《春社谣》获爱故乡特殊贡献奖。本届足荣村方言电影的主题是"爱电影，爱方言，爱家乡"，共颁出9个奖项。足荣村方言电影节（Zurong Dialect Film Festival）系中国第一个方言电影节，是首个由民间发起、民间筹办的电影节。

28日，由中央电视台音乐频道策划的春节特别节目《美丽中国唱起来》大型演出活动在淮土镇淮阳村农民休闲公园演出。伊泓远、易秒英、草帽姐、熊天平等20多名歌手到场演唱，央视主持人孙小梅、于胜春担任演出主持。

29日，县工商业联合会（总商会）第十一次会员代表大会在宁化世界客属文化交流中心召开，大会听取并审议张贤权代表县工商联（总商会）第十届执行委员会（理事会）所作的题为"《围绕中心凝心聚力　服务发展　为推动我县工商联事业再上新台阶而努力奋斗》"工作报告；选举产生县工商联（总商会）新一届领导班子，高红华当选为新一届工商联（总商会）兼职主席（会长），张贤权当选为专职常务副主席（副会长）。

29—30日，国家文物局专家组到宁化县考察革命文物保护利用情况，并对宁化县革命文物保护项目和经费需求进行实地调研。

30日，县委在宁化世界客属文化交流中心召开常委（扩大）会，传达贯彻中国共产党福建省第十次代表大会精神和省委十届一次全会精神，并提出贯彻要求。县委书记余建地传达贯彻中国共产党福建省第十次代表大会精神和省委十届一次全会精神，以及尤权书记等省领导在三明代表团讨论时的讲话精神。

是月，由县残联、县福乐双创电子商务有限公司联合举办的宁化县首届残疾人电子商务培训班结业，18名学员参加为期3个月培训，培训内容主要为授淘宝网开店技巧、平台的使用功能、网店客服等。

是月，在人民日报社新媒体中心和全国红色旅游工作协调小组办公室、中央党史研究室宣传教育局共同主办的"我心中的长征纪念地"评选活动中，宁化县中央红军长征凤凰山出发地名列"我心中的长征纪念地"提名奖榜首（按网友投票数多少为序）。该次活动确定的"我心中的长征纪念地"提名奖共10个。

是月，泉上镇延祥村入选住建部、文化部等部委公布的第四批传统村落名单。

是月，宁化县阿里巴巴农村淘宝项目首战"双

11"交易额255万元。

是月,在中国职业技术教育学会教学工作委员会主办,高等教育出版社承办的全国中等职业学校"创新杯"教师信息化教学说课比赛中,三明工贸学校教师张建生的《电磁感应》说课和官家辉的《利润表的编制》说课获全国二等奖。

是月,宁化县"闽菜大师"孙福安获中国厨师最高技术级别——中国烹饪大师称号,成为宁化县首位获此殊荣的厨师。"中国烹饪大师"是国内厨师行业的最高荣誉,代表着烹饪技艺的顶尖水平。三明仅有5名"中国烹饪大师"。

12 月

1日,由县文广局、福建广电网络集团宁化分公司联合主办的为文明点赞、为宁化点赞"普文明曲、唱文明歌、跳文明舞"首届"全闽共舞"激情广场舞大赛(宁化赛区)在江滨市民休闲广场举行。共有9支队伍参赛,长安燃气队获比赛第一名,并代表宁化县参加三明赛区复赛。

2日,为期3个月的宁化县首期残疾人电子商务培训班结束,16名学员完成学习与培训。培训班由县残联主办、宁化县福乐双创电子商务有限公司承办,8月23日开班,主要采用集中培训和实践学习相结合方式,授课内容包括电脑基本操作、阿里旺旺使用、淘宝创店、店铺装修、店铺美工、图片上传、产品优化、客服管理等。

3日,在深圳举行的第三届中国(深圳)国际旅游博览会国际候鸟健康旅居产业论坛上,三明市10个县(市)获得"中国候鸟旅居县"称号,其中宁化县入选"惬意踏春十佳"。【"候鸟旅居县",是气候生态环境宜游宜居目的地的代名词,主要以气候、物候资源对旅居活动的不同影响为导向,将不同特色的代表性候鸟旅居县域(包括县级市、区)细分为"温暖猫冬、凉爽消夏、清新御霾、激情滑雪、温泉康养、惬意踏春、山花烂漫"等24个特色类型,择优向中外旅游者出行热忱推荐,提供参考。论坛由中国(深圳)国际旅游博览会组委会、中国生物多样性保护与绿色发展基金会、诺贝尔奖得主国际科学交流协会、国际候鸟旅居组织IMLO中国委员会和深圳市候鸟旅居研究院(筹)共同主办。】

4日,县检察院举行首批(21名)入额检察官宪法宣誓仪式。

4日,县法院举行首批(28名)入额法官宪法宣誓仪式。

5日,县公务用车改革领导小组在宁化世界客属文化交流中心召开公务用车制度改革工作动员会,全面启动全县公务用车制度改革工作。按照统一部署,参加此次车改的单位为全县各级党政机关(包括党委、人大、政府、政协、法院、检察院,各民主党派和工商联,参照公务员法管理的人民团体、群众团体、事业单位),车改人员为各级各部门在编在岗的处级及以下工作人员。

5日,根据县人大常委员会公告,宁化县选举产生县第十七届人民代表大会代表200名。

5日,政协第九届宁化县委员会常务委员会第十六次会议通过县政协第十届宁化县委员会委员名单,新一届政协委员共176人。

6日,安远中心小学书法教研组、县第二实验幼儿园大班年段被省总工会、省教育厅联合授予"五一先锋号"称号。

7—8日,宁化县首届中小学汉字听写大赛在宁化六中举行,全县有14所中小学校代表队70名学生参加团体决赛,宁化师范附属小学获小学组第一名,宁化五中获中学组第一名。

9日,县委宣传部邀请省革命历史纪念馆馆长杨卫东到宁化作红色文化传承与弘扬专题讲座。

16日,中国共产党宁化县第十三届委员会第三次全体会议在宁化世界客属文化交流中心召开,会议学习贯彻中共十八届六中全会、省第十次党代会及省委十届一次全会以及市委九届二次全会精神,动员全县上下更加紧密地团结在以习近平同志为核心的党中央周围,推进全面从严治党,为"再上新台阶、建设新宁化"提供坚强有力的保证,以优异成绩迎接中共十九大胜利召开。全会审议通过《中国共产党宁化县第十三届委员会第三次全体会议决议》。

16日，宁化县卫校综合实训中心项目开工建设。项目位于客源路与紫竹路交叉口西南侧，城东小学对面。总投资1.5亿元，占地21.4亩，总建筑面积1.6万平方米。

17日，宁化县垂钓训练比赛基地揭牌。基地座落于城郊乡七里圳，距离城区2公里，占地21亩，总投资60余万元，建设有高密度比赛训练池和混合鱼高密度比赛训练池，可供200名垂钓爱好者同场竞技。

18日，由县体育总会、县钓鱼协会主办的闽赣两地"久溢杯·钓梦奇缘"垂钓比赛在宁化开钓。来自闽赣两地200名垂钓爱好者切磋钓技。经7小时比拼，漳州林元斌夺得第一名。

19日，县政府公布第五批县级文物保护单位名单，共有8处，分别是：湖村盆地史前遗址群、巫坊彭湃县委县苏维埃政府旧址、泉上人贤公祠、闽赣省革命旧址群、凤凰山红军长征出发地旧址群、陈塘红军第四医院后勤部旧址、大王上片王氏宗祠、东华山三仙祠。

20日，宁化县造福工程扶贫搬迁进城集中安置项目二期工程全面启动，项目位于边贸东路与工业南路（205线）东南侧，毗邻县医院新建PPP项目。二期工程包括2号楼、4号楼、6号楼工程，总建筑面积19713.28平方米。

20—22日，县政协十届一次会议在宁化世界客属文化交流中心召开。大会应出席政协委员176名，实到政协委员169名。会议审议通过李平生作的《中国人民政治协商会议第九届宁化县委员会常务委员会工作报告》、王盛通作的《中国人民政治协商会议第九届宁化县委员会提案工作情况报告》和《中国人民政治协商会议第十届宁化县委员会提案委员会关于十届一次会议提案审查情况报告》以及《政协第十届宁化县委员会第一次会议决议》；选举产生政协宁化县第十届委员会主席、副主席和常务委员，李平生当选为主席，王盛通、吴金珠、伍秉曲、张运华当选为副主席，35人当选为常务委员。

21—24日，宁化县第十七届人民代表大会第一次会议在宁化世界客属文化交流中心召开。大会应到代表200名，实到代表197名。会议审议通过《关于宁化县人民政府工作报告的决议》《关于宁化县2016年国民经济和社会发展计划执行情况与2017年国民经济和社会发展计划的决议》《关于宁化县2016年预算执行情况和2017年预算的决议》《关于宁化县人民代表大会常务委员会工作报告的决议》《关于宁化县人民法院工作报告的决议》《关于宁化县人民检察院工作报告的决议》等决议草案。依法选举产生新一届人大、政府领导班子及法院院长、人民检察院检察长，潘闽生当选为宁化县第十七届人民代表大会常务委员会主任，张如梅、张金炎、李恭清、周文庆当选为宁化县第十七届人民代表大会常务委员会副主任，姚文辉当选为宁化县人民政府县长，陈健、张清祥、黄光成、谢忠、周颖、兰其锋、邵东珂、王兴国当选为宁化县人民政府副县长，黄伟当选为宁化县人民法院院长，郭建武当选为宁化县人民检察院检察长，22人当选为宁化县第十七届人民代表大会常务委员会委员，36人当选为三明市第十三届人大代表。

22—23日，宁化县第六届中小学生综合素质展示大赛在宁化六中举行，城东中学、宁化师范附属小学、水茜中心学校分别获初中组、城区小学组、乡（镇）中心小学组一等奖。

24日，CCTV-7《乡约》栏目组到石壁客家祖地祭祀广场录制相亲交友类大型户外访谈节目，2000多名市民参加节目录制。

24—25日，由县旅游局、石壁镇政府共同承办的宁化县"风情客家行 丰收民俗游"活动在石壁客家祖地举行首秀。活动主要围绕秋冬季"丰收"主题，推广宁化客家民俗游，探索乡村旅游新模式。近400名来自厦门、潮汕游客参加活动。

26—27日，全省党校行政学院系统教学工作会议暨福建省党校教育研究会年会在宁化召开。会议总结分析2016年度党校教学工作，交流探讨2017年度教学工作思路和工作重点。

27日，四届三次宁化张氏联谊会和四届二次张公君政总祠理事会暨二届三次张显宗文化研究会会员代表大会在县总工会四楼会议室举行，100多名张氏宗亲代表参加会议。

28日，宁化县台胞台属联谊会第五次代表大会在客家宾馆召开。会议听取和审议第四届理事会工作报告，选举产生第五届理事会领导班子，雷斌当选为会长。

28日，三明市政府代市长余红胜到治平畲族乡调研，现场帮助协调解决发展中的困难和问题。

29日，省侨办主任、党组书记冯志农到泉上华侨农场走访慰问困难归侨侨眷，并召开座谈会。

是月，宁化三中、第二实验小学、湖村中心学校等3所学校入选省教育厅第二批省青少年校园足球特色学校。

是月，宁化县"孔坑茶"通过农业部农产品质量安全中心2016年第四次农产品地理标志登记专家评审会评审。宁化县"孔坑茶"符合《农产品地理标志管理办法》规定的登记保护条件，农业部准予登记，依法实施保护。

是月，经省农业厅、省财政厅等部门评审认定，淮土镇金糯薏米专业合作社、农兴旺水稻农民专业合作社、利农蔬菜专业合作社等3家农民专业合作社入选省级农民合作社示范社，宁化县农丰家庭农场、治平畲族乡曲英家庭农场、石壁镇绿兴家庭农场、中沙乡下沙畲寨家庭农场等4家农场入选省级家庭农场示范场。至此，宁化县有国家级农民专业合作社示范社4家、省级示范社18家、市级示范社22家，省级家庭农场示范场7家、市级示范场9家。

是月，淮土中心学校、红旗小学、东风小学、城东小学等4所学校被福建省教育学会书法教育委员会授予"省级书法教育实验学校"称号。

是月，宁化县鹭峰寨生态农庄被省旅游局评为福建省三星级乡村旅游经营单位，此前，宁化县有石壁现代农业观光园1家为三星级乡村旅游经营单位。

是月，石壁镇杨边村被福建省农业厅列为福建省最美休闲乡村，全省共公布20个最美休闲乡村。

是月，宁化县被省委党校列为党史党性现场教学基地。

是月，CCTV-4中央电视台中文国际频道《传承》第二季专题栏目组到宁化取景拍摄宁化县木活字印刷术。

是月，在市委文明办、市文联、市检察院联合举办的"为文明点赞、为三明点赞"书画作品征稿与展示活动中，水茜中心学校教师王永洪作品《小窗幽记节选》获书法类一等奖，宁化二中教师黄洪云作品《玉骨冰姿民族魂》获美术类优秀奖。

是月，由爱驾传媒携手36家自驾游产业精英联合主办的2016年度中国自驾游路线评选出的36条国内极致路线、12条海外自驾路线中，宁化客家寻源—探石壁、访苏区自驾游线路入选其中，该线路包含客家祖地参观石壁客家公祠—品味客家小吃—北山公园参观革命纪念馆—探寻天鹅洞风景区—探访水茜镇提线木偶。

2016年，宁化县贫困人口先后脱贫2434户6238人，其中国定对象1622户3657人，省定对象812户2581人。

中国共产党宁化县委员会

◆编辑：罗昌鑫

综　　述

2016年，中国共产党宁化县委员会（简称县委）认真贯彻落实中共十八大和十八届三中、四中、五中、六中全会精神，深入学习领会中共中央总书记习近平系列重要讲话和到闽考察重要讲话精神，以中央"五位一体"总体布局和"四个全面"战略布局为指导，按照建设"机制活、产业优、百姓富、生态美"新福建要求，围绕"践行新理念、开启新征程、再上新台阶"总体要求，加快推进"一城四区"建设，各项工作取得明显成效，实现"十三五"良好开局。

2016年，宁化县经济保持平稳健康发展态势，全县地区生产总值完成118.70亿元、地方公共财政收入完成5.81亿元，城镇和农村居民人均可支配收入分别为23975元、12538元。在三明市通报的18项经济指标中，15项指标增幅居全市前6位，其中13项指标增幅居全市前3位。增幅居全市前3位的指标分别是：规模以上工业增加值增长8.10%，增幅全市第二；全社会工业用电量增长7.60%，增幅全市第二；社会消费品零售总额增长12.10%，增幅全市第三；出口总额增长16.90%，增幅全市第三；实际利用外资增长14.20%，增幅全市第二；公共财政总收入增长11.20%，增幅全市第一；地方公共财政收入增长6.20%，增幅全市第一；金融机构本外币存款余额增长22.2%，增幅全市第一；金融机构本外币贷款余额增长5.30%，增幅全市第二；全体居民人均可支配收入增长9.90%，增幅全市第二；城镇

居民人均可支配收入增长9%，增幅全市第三；农村居民人均可支配收入增长10.30%，增幅全市第一；居民消费价格指数涨幅倒数第二（逆向指标）。

全年，宁化县县、乡两级换届工作顺利完成，在全市2016年度省级文明县城测评中名列第二；获评首批2016—2020年度全国科普示范县和国家级水土保持科技示范园称号，创建国家水土保持生态文明县通过国家评审；全省唯一一部以纪念红军长征胜利80周年为主题的电影《绝战》在全国上映，全省"三下乡"集中示范活动在宁化启动；被列入"重走长征路"国家红色旅游精品线路，对外知名度明显提升。

一、坚定政治立场，矢志不渝促进决策落地。牢固树立"四种意识"（政治意识、核心意识、大局意识、看齐意识），结合宁化实际，推动中央和省、市各项决策部署落地生根。**一是学习贯彻中共十八届六中全会精神。**按照省、市部署，迅速组织召开县委常委（扩大）会议、中心组学习会、专题讲座等进行深入学习，并将其作为"两学一做"学习教育的重要内容，精准领会《中国共产党廉洁自律准则》（简称《准则》）和《中国共产党纪律处分条例》(简称《条例》)要求，牢固树立"四种意识"，自觉在思想上政治上行动上同以习近平同志为核心的党中央保持高度一致。**二是贯彻落实省、市党代会精神。**围绕省党代会提出的"再上新台阶、建设新福建"，以及市党代会提出的建设"更具活力更具实力更有竞争力"的新三明要求，把学习贯彻省、市党代会精神与抓好各项工作紧密结合起来，深入开展"大干150天、加快推进'五个一

批'项目建设活动"，继续深化"348"精准扶贫工作机制，落实全面从严治党。切实用党代会精神武装头脑、指导实践、推动工作。**三是贯彻部署省、市委全会精神。**省、市委作出实施创新驱动发展战略、坚定不移推进供给侧结构性改革的部署后，县委召开县委十三届二次全会贯彻落实省委九届十六次、市委八届十三次全会精神，出台《关于实施创新驱动发展战略建设创新型县份的实施意见》《关于推进供给侧结构性改革的总体方案（2016—2018年)》，提出以实现创新驱动发展为目标任务，去产能、去库存、去杠杆、降成本、补短板为工作重点和主攻方向，着力优化产业布局、服务企业发展。

二、紧扣富民强县，不遗余力推进第一要务。县委始终把发展作为第一要务，克服经济下行压力持续加大的影响，弘扬"马上就办、真抓实干"精神，主动适应经济发展新常态，统筹做好产业发展、深化改革、改善民生等工作，促进全县经济社会稳步发展。**一是全力抓好产业转型。**实施创新驱动发展战略，着力培育经济发展新动能。推动农业培育特色。在稳粮优烟基础上，突出抓好河龙贡米、薏米、油茶、茶叶和水稻制种"两米两茶一稻种"特色农业发展。全县种植粮食60.58万亩，种植烟叶10.92万亩、收购烟叶21.02万担（1051万公斤），种植河龙贡米3万亩、薏米5万亩、水稻制种1.5万亩，新植和改造油茶2.3万亩。推动工业升级改造。实施10个省级重点技改项目、4个智能制造项目，在纺织、电子等企业推广应用机械手和机器人，实施"机器换工"计划。推动白色家电、矿产加工、纺织服装、特色食品和新兴产业"4+1"产业转型发展。月兔空调企业多方筹集流动资金、开拓市场、组织生产，福特科企业年产500万只光学镜头生产线、奔鹿纺织企业年产8万锭纺纱生产线投产。推动三产创新发展。加快培育电商经济，齐家网入驻海西电子商务城，37家电商企业入驻电商产业园，16个项目入驻青年创业园，初步形成电商集聚区。繁荣文化旅游业，开展旅游营销，提升旅游知名度和游客量；注重客家、红色、历史名人文化的传承、保护和开发，宁化红色旅游列入"重走

长征路"国家红色旅游精品线路，多项文化保护开发项目启动实施。**二是全力抓实项目建设。**全年安排县级重点项目186个，总投资369亿元，年度计划投资123亿元，完成投资108.8亿元，28个项目竣工投产，53个项目开工建设。全县列入省级亿元以上"五个一批"项目81个，总投资270亿元，年度计划投资49.5亿元，完成投资54.1亿元，其中7个项目实现开工转化，3个项目竣工投入使用。列入市级重点推进"五个一批"项目20个，总投资60.14亿元，年度计划投资8.15亿元，完成投资8.73亿元，8个计划开工项目全部实现开工转化，10个在建项目按序时进度推进，2个竣工或部分竣工。年内，宁化县得到福建省国家开发银行的大力支持，全县共获批国家专项建设基金项目24个，争取国家专项基金7.46亿元，有18个国家基金项目开工建设，争取银行贷款6亿元。对接省上补短板投资工程包9个共23个项目，总投资21.6亿元，年度计划投资8.65亿元，有18个项目开工建设，全年完成投资8.85亿元，占年度投资的102.3%。全年新批办外资项目1个，对接民企合同项目14项，总投资34.6亿元。央企华电集团风力发电项目完成进场道路路基5.5公里，升压站、风机基础施工。**三是全力抓活改革动力。**坚持问题导向，突出薄弱环节，深化各领域改革。深化农村改革，有序开展农村土地承包经营权确权登记颁证工作。继续推进林改，培育500亩以上家庭林场47家，发展家庭林场做法在全市作为典型经验交流。推进医药卫生改革。县医院、中医院在实行院长、医生年薪制基础上，将护理、行政后勤人员全部纳入年薪绩效管理。推进财税金融改革。完成营改增扩围工作，全县1581户纳税人全部纳入营改增范围；开展扶贫小额信贷担保贷款。转变政府职能，深化行政审批制度改革，公布"行政审批事项目录清单""行政权力清单""责任清单""公共服务事项清单"，完成清理现有行政审批事项180项。同时，抓好农田水利基本建设、城乡客运一体化、农村公路养护、农村养老保障、农村电商发展等体制机制改革创新，增强发展动力。

三、统筹城乡发展，锲而不舍增进百姓福祉。

一是致力改变城乡面貌。启动新一轮城市总体规划和各类控制性详细规划修编工作，实施70个城建项目，推进江背片区、东扩新区、工业新区组团开发，完善"四纵四横"主干路网，翠华西路、龙门路延伸段、金刚亭路建成通车。完成东环路、翠华西路、叶家路、拓宽西环路及综合管廊的路网建设，新增污水管网8公里、供水管网11公里、燃气管网12公里，完成3座停车场建设，新增城市公共停车位280个。实施福宁桥至客迎桥、客宁桥至客迎桥、边贸东路至东环路、西环路等4条绿道网建设，提升城市品位。按照"洁净、简单、实用、美观"要求，推进农村危房改造和客家风情立面改造提升工程，开展集镇和村庄主要公路、水体沿岸以及庭院的绿化、净化、美化，全年完成20个美丽乡村示范点建设。**二是打好脱贫攻坚战。**深化拓展"348"工作机制，2016年，全县实现脱贫6226人，其中国定对象3645人，省定对象2581人，两项指数均超额完成市里下达目标。创新扶贫模式，精准施策，建立扶贫担保、扶贫助学等基金，全年发放助学资金167.9万元。实施易地搬迁工程和空壳村村财增收行动，在城南工业园区旁规划建设210亩易地扶贫安置点，项目一期拟安置318户1280人，带动贫困户进城就业。强化兜底保障，减少因病返贫现象，全年发放大病救助资金889万元。**三是统筹抓好民生事业。**支持大众创业、万众创新，全年申请专利189件，1个项目获市科技进步奖二等奖。滨江实验学校开始前期征地工作；城南小学、三明工贸学校职教中心投入使用；第二实验幼儿园改扩建工程顺利推进。推进医药卫生综合改革，落实计生"一岗双责"，抓好计生政策落地，促进优生优育，提高公共医疗卫生计生服务水平；全市规模最大的县级综合性医院开工建设；城南等5个乡（镇）卫生院改造工程基本完成；公共卫生服务中心建设顺利推进。完成北山公园改造，央视《美丽中国唱起来》《乡约》《传承》等知名节目走进宁化。大力发展宁化客家小吃产业，全年培训宁化客家小吃从业人员898人，县外开业670户。**四是深化社会综合治理。**以深化"平安宁化"建设为载体，健全综治

工作机制，认真落实好综治维稳"党政同责""一岗双责"，有效防控各类风险。开展涉毒涉枪涉爆专项整治活动，消除社会治安安全隐患，特别是8月以来，开展制吸贩毒专项整治行动，全县禁毒形势明显好转。继续实行县处级领导下访接访等工作机制，坚持县委、县政府主要领导每月15日定期接访制度。健全安全生产"党政同责、一岗双责、失职追责"责任体系，深化安全生产领域专项治理，全年未发生有重大影响的公共安全事故。**五是加强生态文明建设。**持续加强生态环境建设，落实环保"一岗双责"，实施好"水净、河清、天蓝、地绿、居怡"五大治理工程，完成造林绿化1.3万亩，森林覆盖率达74.6%，保持全省前列，移动污染源黄标车淘汰超额完成市下达任务，空气质量排名位居全省前列。推进流域水环境整治，全面推行"河长制"，重点抓好畜禽养殖污染和垃圾污染治理，水环境质量保持良好。推进水土流失综合治理，获评国家级水土保持科技示范园，创建国家水土保持生态文明县通过国家评审。全年未发生森林火灾，大力开展打击盗砍滥伐专项执法行动，全年查处林业行政案件184起，立森林刑事案件23起、破案16起。

四、全面从严治党，从严从实净化政治生态。**一是加强党风廉政建设。**将全面从严治党引向深入，切实把党风廉政建设主体责任抓在手上、扛在肩上，坚定不移地推进党风廉政建设和反腐败斗争。按照"五抓五看"要求，落实个性化责任清单，严格执行领导干部廉洁从政各项规定，切实履行"一岗双责"，抓好党风廉政建设。2016年，全县各级纪检监察机关新立党政纪案件124件，科级干部案件9件，给予党纪处分121人，开展谈话函询205人次，给予适当处理72人，移送司法机关处理8人。查处违反中央八项规定精神案件12起，党政纪处分13人。突出抓好群众反映问题强烈、扶贫专项资金、水利建设专项资金等三个重点领域执纪审查工作，党纪处分5人，诫勉谈话12人。**二是开展"两学一做"学习教育。**突出示范带头，采取党员领导干部讲党课、老党员带头讲党史等方式进行专题培训，发挥引领示范作用。创新活动载体，开展

"两学一做，知行合一"演讲比赛、"全民阅读"等活动。强化问题整改，成立3个督导组对各党（工）委进行分片巡回督导，确保学习教育扎实开展。通过学习教育严肃党内政治生活，严格督促各级党组织和党员落实"三会一课"、组织生活会、谈心谈话等制度，争做合格党员。**三是做好县、乡换届工作。**选好配强党政正职，通盘考虑乡（镇）党委与人大、政府三套领导班子配备。实行干部选任全程记实制度，落实"五提五必"要求，审核干部档案990卷。推进拟任科级职务干部个人有关事项公开试点，涉及公示对象140余名，因报告不实暂缓使用8人。开展换届纪律教育"四个一"活动，通过学习教育资料、横幅海报、纪律短信、知识测试等形式营造良好政治生态。**四是推进基层组织建设。**调整188名乡（镇）领导干部，培养635名村级后备干部，新发展党员232名，寻找失联党员41名，处理违纪违法未给予相应处理的党代表和党员76名。举办党委专职副书记、非公企业支部书记和村主干培训班，选派32名村党支部书记参加全省专题培训班和70名贫困村党组织书记异地挂职锻炼。抓好驻村第一书记、在岗大学生村官、驻村蹲点干部的培训、管理和使用。完成11个软弱涣散基层党组织整顿工作，新培育5个党建示范点。在机关事业单位建立11个"创建群众满意的服务品牌"。整合、盘活、转化村级涉农资金、资产、资源，消除"空壳村"25个。**五是加强意识形态建设。**认真落实党委（党组）意识形态工作责任制和网络意识形态工作责任制，巩固壮大主流思想舆论阵地。加强社会主义核心价值观教育，全年开展"客家百姓宣讲团"宣讲活动31场；用好用活宁化丰厚的客家、红色、历史名人资源，成功举办纪念红军长征胜利80周年系列活动，电影《绝战》在宁化举行首映式，并在全国上映，全省"三下乡"集中示范活动在宁化启动。全省党校行政学院系统教学工作会议暨福建省党校教育研究会年会在宁化举办，并在宁化建立现场教学基地。加强网络媒体等舆论阵地建设和管理，牢牢把控意识形态领导权、管理权、话语权。**六是加强民主法治建设。**加快"法治宁化"建设，以"七五"普法为契机，创建法制宣传教育基地，推动全民特别是公职人员自觉尊法学法守法用法。规范执法司法行为，加强执法司法公开，切实解决群众反映强烈、影响公平公正的突出问题。支持县人大常委会、县政协依法履职，充分发挥人大代表、政协代表广泛联系群众的作用，支持并重视人大代表、政协代表提出的建议意见。抓好统一战线工作，注重发挥工会、共青团、妇联等人民团体联系群众的桥梁纽带作用，组织动员各界群众参与宁化经济社会各项事业。

五、突出自身建设，驰而不息提高履职能力。2016年，县委高度重视自身建设，不断提高总揽全局、协调各方的水平、不断增强谋划发展、处理问题的能力。**一是抓好理论学习。**始终把建设学习型班子作为重要政治任务，以县委理论中心组学习为载体，认真落实中心组学习制度，全年开展县委中心组集中学习35次。在学习中坚持理论联系实际、学以致用，深入研究谋划宁化发展稳定、改善民生、党的建设等各项工作。**二是坚持团结协作。**发挥班子成员的积极性、主动性和创造性，既各司其职、独挡一面，又积极沟通、团结协作，做到大事讲原则、小事讲风格，在合作共事中加深了解，在相互支持中增进团结。落实民主集中制，坚持"三重一大"事项经县委常委会集体研究，认真组织讨论研究，吸纳各方建议。**三是带头廉洁自律。**自觉树起道德"高线"，坚守纪律"底线"，认真落实中央八项规定精神，严格遵守领导干部廉洁从政各项规定，严格遵守重大事项报告制度，从严管好亲属及身边工作人员。自觉维护好党规党纪的权威性和严肃性，严格依纪依法办事，在营造宁化良好政治生态上作出表率。

（供稿：刘伯勇）

县委全会 常委会会议 专题会

【县委全委会】　4月29日，中国共产党宁化县第十二届委员会第十次全体会议在宁化世界客属文化交流中心召开，会议审议关于召开中国共产党宁化县第十三次代表大会有关事项。余建地、吕国健、刘小彦、李平生、林移发、陈健、陈恩、钱锋等出席。

7月20日，中国共产党宁化县第十二届委员会第十一次全体会议在县委六楼会议室召开，会议审议通过中共宁化县第十二届委员会在中共宁化县第十三次代表大会上的工作报告（草案）；审议通过中共宁化县纪律检查委员会工作报告（草案）；酝酿中共宁化县第十三届委员会委员、候补委员和中共宁化县纪律检查委员会委员候选人预备人选建议名单；表决通过市第九次党代会代表候选人预备人选。余建地、姚文辉、潘闽生、罗启发、李平生、刘小彦、林移发、陈健、郑丽萍、江向荣、陈恩、钱锋、刘小帆、黄树荣等出席。

7月26日—28日，中国共产党宁化县第十三次代表大会在宁化世界客属文化交流中心召开，大会代表共269名。余建地代表中国共产党宁化县第十二届委员会作工作报告；江向荣代表中国共产党宁化县纪律检查委员会作工作报告；会议选举产生中国共产党宁化县第十三届委员会常务委员会委员、书记、副书记，余建地、姚文辉、刘小彦、林移发、陈健、郑丽萍、江向荣、陈恩、钱锋、刘小帆、黄树荣当选为常务委员会委员，余建地当选为书记，姚文辉、刘小彦当选为副书记；会议选举产生中国共产党宁化县第十三届委员会委员、候补委员，中国共产党宁化县纪律检查委员会委员及宁化县出席中国共产党三明市第九次代表大会代表（宁化县出席三明市第九次大会代表人数共29人）；通过《关于中国共产党宁化县第十二届委员会工作报告的决议》及《关于中国共产党宁化县纪律检查委员会工作报告的决议》。

8月22日，中国共产党宁化县第十三届委员会第二次全体会议在宁化世界客属文化交流中心召开，会议深入学习贯彻中共中央总书记习近平系列重要讲话精神和对福建工作的重要指示，全面落实全国科技创新大会精神和中央关于实施创新驱动发展战略、推进供给侧结构性改革的要求以及省委九届十六次全会、市委八届十三次全会部署。听取和讨论县委书记余建地所作的报告，听取县委副书记、代县长姚文辉就提交会议讨论文件所作的说明，审议通过县委、县政府《关于实施创新驱动发展战略建设创新型县份的实施意见》《关于推进供给侧结构性改革的总体方案（2016—2018年）》《关于降低企业成本减轻企业负担的实施意见》《宁化县化解部分行业低效产能的实施意见》《宁化县有序降低杠杆率水平防范化解金融风险的实施意见》和《宁化县补齐发展短板扩大有效供给的实施意见》等。余建地、姚文辉、潘闽生、罗启发、李平生、刘小彦、陈健、郑丽萍、江向荣、陈恩、钱锋、刘小帆、黄树荣等县副处以上领导干部出席。

12月16日，中国共产党宁化县第十三届委员会第三次全体会议在宁化世界客属文化交流中心召开，会议深入学习贯彻中共十八届六中全会精神、省第十次党代会、省委十届一次全会精神和市委九届二次全会精神，听取和讨论县委书记余建地代表县委常委会所作的报告，会议动员全县上下更加紧密地团结在以习近平为核心的党中央周围，坚定不移推进全面从严治党，努力为"再上新台阶、建设新宁化"提供坚强有力的保证。余建地、姚文辉、刘小彦、林移发、陈健、郑丽萍、陈恩、钱锋、黄树荣等县副处以上领导干部出席。

【第十三届县委委员】 7月26日—28日，中国共产党宁化县第十三次代表大会在宁化世界客属文化交流中心召开，会议选举产生中国共产党宁化县第十三届委员会委员、候补委员，其中县委委员31人（女4人），候补委员6人。

表8　　　　第十三届县委委员、候补委员名单

序号	姓名	职　务
县　委　委　员		
1	余建地	县委书记
2	姚文辉	县委副书记、县长
3	潘闽生	县人大常委会主任

序号	姓名	职　　务
4	李平生	县政协主席
5	刘小彦	县委副书记
6	林移发	县委常委
7	陈　健	县委常委、副县长
8	郑丽萍	县委常委、宣传部部长
9	江向荣	县委常委、纪委书记
10	陈　恩	县委常委、人武部部长
11	钱　锋	县委常委、组织部部长
12	刘小帆	县委常委、统战部部长
13	黄树荣	县委常委、政法委书记
14	张清祥	县政府副县长
15	黄光成	县政府副县长
16	谢　忠	县政府副县长、公安局局长
17	周　颖	县政府副县长
18	黄　伟	县人民法院院长
19	郭建武	县人民检察院检察长
20	马宗平	县住建局局长
21	伍一卿	县妇联主席
22	刘小明	县翠江镇党委书记
23	邱建蓉	县安乐镇党委书记
24	张发禄	县水利局局长
25	张翠雄	县石壁镇党委书记
26	陈友发	县卫计局局长
27	周子发	县城郊乡党委书记
28	郑洪钦	县财政局局长
29	曹益明	县总工会常务副主席
30	曾念溪	县中沙乡党委书记
31	谢　方	县湖村镇党委书记

候补委员

序号	姓名	职　　务
1	吴革伟	县教育局局长
2	吴景茂	县供电公司党委书记
3	张清山	团县委书记
4	张凌鸿	县党工委常务副书记
5	朱建华	县委党校常务副校长
6	曾庆河	泉上镇谢新村支部书记

【县委常委（扩大）会会议】 1月8日县委常委（扩大）会会议[简称（扩大）会议]。县委书记肖长根主持（下同），传达贯彻省、市经济、生态环境保护、城市、扶贫开发、党的群团、统战等工作会议精神，研究全县经济工作会议有关材料、各专项改革小组重点改革任务实施方案、宁化县派驻服务企业管理办法和拟提任科级职务干部有关事项公开试点县工作方案等问题。

2月2日（扩大）会议。传达贯彻省、市纪委全会精神，研究2015年度综治和平安建设工作考评，2015年乡（镇）和县直单位综合考评及项目工作考评，2016年县级重点项目安排及目标任务分解，2016年省、市工作检查备选项目，县以下机关公务员职务与职级并行工作，2015年年终发放工资项目建议方案和人员调入等问题。

2月16日（扩大）会议。传达贯彻省委尤权书记主题党课和省、市委组织部部长会议及省老干部工作会议精神，研究干部调动和人事问题。

3月10日（扩大）会议。传达贯彻中央和省、市政法工作，省、市机关党的工作，全国宣传部部长等会议精神；研究县委常委会2016年工作要点；关于加快发展现代农业实现全面小康目标的实施意见；中央电视台"纪念红军长征胜利80周年"走进宁化苏区慰问演出实施方案；推荐2011—2015年全省法治宣传教育先进集体和先进个人建议名单；宁化火车站站房建设；成立国家专项建设基金项目管理工作领导小组以及人员调动等问题。

3月18日（扩大）会议。听取关于省委巡视组反馈意见整改"回头看"和党风廉政建设"问题清单"整改落实情况的汇报；研究2016年县委常委党风廉政建设"五抓五看"主体责任个性化清单，县纪委、监察局机关内设机构调整，推荐市劳动模范和省五一劳动奖状奖章等先进表彰建议名单，2015年度科级干部年度考核等问题。

4月5日（扩大）会议。传达省委、市委关于宁化县党政主要领导调整的决定，决定任命余建地为中共宁化县委书记，提名吕国健为宁化县人民政府县长候选人，市委常委、组织部部长陈炎标到会指导，市人大常委会副主任、县委书记肖长根主持会议。

4月8日（扩大）会议。县委书记余建地主持召开（下同），讨论研究县委班子该届任期以来述职报告。

4月11日（扩大）会议。学习传达中央和省、市委严肃换届纪律有关规定；传达贯彻全省、全市农村工作，文明办主任，民族宗教局局长会议以及全市宣传部部长会议精神；研究推荐全国先进基层党组织、优秀共产党员、优秀党务工作者建议表彰名单和人事问题。

4月13日（扩大）会议。传达省委、市委关于宁化县委部分领导调整的决定，决定任命刘小彦为中共宁化县委副书记、钱锋为县委常委、组织部部长，市委常委、组织部部长陈炎标到会指导。

4月15日（扩大）会议。研究召开宁化县第十六届人民代表大会第六次会议有关问题。

4月21日（扩大）会议。传达贯彻省、市"两学一做"学习教育工作座谈会精神，研究县第十三次党代会召开前有关准备工作。

4月22日（扩大）会议。研究推荐省、市"两优一先"表彰建议名单。

4月29日（扩大）会议。组织开展"一片一书"学习教育并通报外地部分党员领导干部违纪典型案件，传达贯彻省委常委、纪委书记倪岳峰到三明调研讲话精神，分析宁化县一季度经济运行情况，研究召开县第十三次党代会和宁化城关、水茜火车站连接线建设规划方案等问题。

5月9日（扩大）会议。传达贯彻省、市防汛工作会议精神，研究开展"学党章党规、学系列讲话，做合格党员"学习教育实施方案、推荐2011—2015年全市法治宣传教育先进集体和先进个人表彰建议名单等问题。

5月23日（扩大）会议。研究乡（镇）领导班子调配问题。

5月27日（扩大）会议。研究换届待安排的原任乡（镇）党政正职参与专项工作、加强县直机关科级非领导职务干部管理和相关人事问题。

5月30日（扩大）会议。传达学习贯彻中共中央总书记习近平关于对一些地方统计造假、弄虚作假的重要批示精神。

6月14日（扩大）会议。重温学习毛泽东同志《党委会的工作方法》及学习贯彻《中国共产党地方委员会工作条例》，研究《关于进一步加强环境保护工作的意见》（讨论稿）、建立县委巡察制度、第22届世界客属石壁祖地祭祖大典筹备有关工作、纪念建党95周年系列活动方案、2016年全县"一先两优"表彰、推荐三明市第四次民族团结进步表彰大会模范单位及模范个人建议表彰名单、推荐全省人防系统先进工作者建议表彰人选、提高在职村主干和离任村主干生活补贴标准、确定2016年单位公务接待费用总额控制数等问题。

6月29日（扩大）会议。传达省委、市委关于宁化县政府主要领导调整变动的决定，提名姚文辉为宁化县人民政府县长候选人，吕国健不再担任宁化县人民政府县长职务，市委常委、组织部部长陈炎标到会指导。

6月30日（扩大）会议。传达贯彻市卫生计生工作会议精神，研究《县委常委带头参加"两学一做"学习教育工作方案（讨论稿）》《县委2011—2016年工作总结（讨论稿）》和人事问题。

7月8日（扩大）会议。宣布宁化县新一届四套班子领导到位并履新，市委常委、组织部部长陈炎标到会指导。

7月14日（扩大）会议。讨论研究县委、县纪委工作报告（讨论稿），传达贯彻市、县换届工作座谈会精神。

7月20日（扩大）会议。学习贯彻中共中央总书记习近平"七一"重要讲话精神，讨论县第十三次党代会县委、县纪委工作报告（审议稿），研究县第十三次党代会若干具体工作。

8月5日（扩大）会议。传达贯彻中共中央总书记习近平关于做好当前防汛抗洪抢险救灾工作重要讲话和全省视频会议精神以及省、市党委意识形态工作责任制座谈会精神，研究成立"五个一批"项目工作领导小组和2016年县级重点项目调整安排及重新下达项目组工作责任目标、纪念红军长征胜利

80周年系列活动方案、学习宣传贯彻县第十三次党代会精神、分析宁化县2016年上半年经济运行情况等问题。

8月19日（扩大）会议。传达贯彻全市"大干150天，加快推进'五个一批'项目建设活动"动员大会、省委九届十六次全体会议、市委八届十三次全体会议、市"两学一做"学习教育推进会暨社会组织党的建设工作座谈会和全市部署省第十次党代会代表推荐工作会议等精神，研究解决原民办代课教师、第32个教师节表彰慰问活动、解除城区中心农贸市场国有建设用地使用权出让合同、成立县离退休干部党工委、推荐全省民族宗教系统先进工作者建议表彰人选和人员调入等问题。

8月24日（扩大）会议。推荐三明市出席省第十次党代会代表候选人建议名单，传达贯彻全省党校工作会议、全市维稳信访工作会议和省委巡视组巡视三明市有关县（区）反馈部分问题通报精神，研究精准帮扶在册贫困大学生、加强对开发区企业用地及不动产抵押监管工作、宁化客家祖地气象全媒体投播、与福建日报社合作建设移动新闻客户端"新福建宁化频道"等有关问题。

9月2日（扩大）会议。传达贯彻全市"两学一做"学习教育推进会精神，研究国有出让土地和土地一级市场开发权及收储解除合同前期投入补偿处置问题。

9月22日（扩大）会议。传达贯彻省委、省政府工作检查总结会议，全省市、县、乡三级人大换届选举工作会议，全省深化基层医药卫生体制综合改革现场推进工作会议等精神；研究2016年度乡（镇）和县直单位工作考评以及2016年"五个一批"项目工作竞赛考评办法、第22届世界客属石壁祖地祭祖大典、优化整合妇幼保健和计划生育技术服务资源、县委落实党风廉政建设主体责任清单和县纪委落实党风廉政建设监督责任清单、干部处理等问题。

9月29日（扩大）会议。研究干部结对帮扶贫困户和农村因病致贫返贫精准医疗帮扶实施方案、2016年美丽乡村建设项目资金补助标准和进一步完善旧村复垦工作实施方案、深化供销合作社综合改

革实施意见、电子商务产业园和县域电商品牌"客家祖地"运营、2016年市工作检查、县属国有林场林业生产基地申请贷款和土地出让遗留以及人事等问题。

10月20日（扩大）会议。传达贯彻市第九次党代会，全市党校工作会议，全市县、乡人大换届选举工作会议以及全市红色文化保护、传承和弘扬工程联席会议等精神；研究加强信贷风险防控工作和《宁化县高标准农田建设规划（2016—2020年）》问题；研究新一届县人大、政协领导班子成员和法院院长、检察院检察长候选人建议人选。

10月29日（扩大）会议。学习贯彻中共十八届六中全会和省、市委常委（扩大）会议精神。

11月8日（扩大）会议。传达学习中共十八届六中全会精神、省委《关于贯彻＜中国共产党问责条例＞的实施办法》，研究县控编减编工作、组建县委巡察工作机构、成立滨江实验学校项目建设工作领导小组、县政协换届工作实施方案（讨论稿）、第十一届县工商联换届工作、出席市妇女第十一次代表大会代表、推荐全省纪检监察系统先进集体和先进工作者建议表彰名单、人员调动、县选派驻村蹲点干部和人事等问题。

11月17日（扩大）会议。传达贯彻全国和省、市安全生产电视电话会议及全省宗教工作会议精神，研究加强城市管理推进创城工作、中央电视台音乐频道《美丽中国唱起来》走进宁化慰问演出活动、成立宁化县非公企业与社会组织党工委及宁化县法学学会等有关问题。

11月30日（扩大）会议。传达贯彻中国共产党福建省第十次代表大会精神和省委十届一次全会精神，研究县公务用车制度改革、园区企业资产按揭贷款和市县政协委员人选等有关问题。

12月5日（扩大）会议。传达贯彻市委九届二次全体会议、全市社会治安综合治理创新工作推进会议等精神，研究确定2017年县国民经济社会发展主要预期目标、2016年造福工程扶贫搬迁考评办法及县级相关配套政策、2017年财政预算安排、县"两会"召开、客家国际大酒店信贷风险化解、牙

梳山升格为国家级自然保护区和人员调入等问题。

12月14日（扩大）会议。传达贯彻市委、市政府工作检查总结会议精神；讨论2016年县政府工作报告（讨论稿），研究县委、县政府2017年为民办实事项目，2017年乡（镇）烟叶税分成及考核办法、县台胞台属代表大会换届、第二批"千名干部服务千家企业"活动人员选派和人事等有关问题。

12月29日（扩大）会议。传达学习全省市县巡察工作推进会精神，研究县公务用车制度改革具体事项、《宁化河龙贡米产业园建设项目战略合作框架协议》、2016年转业士官安置、推荐全省造林绿化工作先进个人建议人选等问题。

【县委专题会议】 1月20日会议，县委书记肖长根主持召开，研究解除新桥片区土地一级开发权合同、迎宾华府地块已建工程资产评估、林业采育场危旧房改造项目建设、BT项目投资款返还资金安排、客家祖地博物馆左右翼外墙壁画设计方案等有关问题。

5月5日，县委书记余建地主持召开（下同）浦梅、兴泉铁路宁化段征地拆迁安置补偿标准专题会议，吕国健、刘日太、刘小彦、钱锋、张金炎、张清祥等县副处以上领导干部参加。

6月8日会议，研究宁化县"两学一做"学习教育下步工作计划。

7月20日会议，研究出席市第九次党代会代表候选人预备人选建议名单、新一届县委委员、候补委员、纪委委员候选人预备人选建议名单及县纪委领导班子调配等问题。

8月11日会议，通报宁化县"8·10"事故情况，研究事故善后处置工作。

8月24日会议，研究海裕御景湾、城区各片区农贸市场布设、客家祖地博物馆配电房、新建党校项目、城区部分村留地安置等问题。

9月20日会议，研究县公共卫生服务中心项目建设问题。

12月13日会议，研究城东中路小区地块、边贸路快递物流地块、东大路A地块、城区中心农贸市场地块、汽车修配中心二期地块、朝阳市场地块等6宗政府收回地块补偿问题。

（供稿：钟 敏）

常委活动纪要

【基层调研】 3月9日，县委书记肖长根深入治平畬族乡调研灾后重建工作。

3月22日，县领导肖长根、伍秉曲到海西（宁化）客家美食文化城客家小吃培训中心调研项目建设进展情况。

3月29日，县领导肖长根、张清祥到省道纵八线连屋至下曹路段调研。

4月26日，县领导余建地、吕国健、刘小彦、钱锋等到7+3项目组开展工作调研。

5月4日，县委书记余建地、副县长陈朝利深入淮土镇赤岭村、梨树村调研精准扶贫工作。

5月10日，县委书记余建地、县长吕国健率相关部门负责人，对2016年省、市工作检查迎检项目建设情况进行调研，协调解决项目建设中遇到的困难和问题，刘小彦、林移发、刘小帆、伍秉曲等县领导参加。

5月26日，县委书记余建地、副县长刘小帆到工业园区调研省、市工作检查迎检项目建设情况。

6月21日，县委书记余建地、县长吕国健带领相关部门负责人，对石壁镇杨边村省、市工作检查迎检项目建设情况进行调研，刘小彦、林移发等县领导参加。

7月18日，县委书记余建地、代县长姚文辉带队调研农业与扶贫开发项目组和工业与园区开发项目组工作，潘闽生、罗启发、李平生、刘小彦、林移发、陈健、郑丽萍、江向荣、陈恩、钱锋、刘小帆、黄树荣等县领导参加。

7月20日，县委书记余建地、代县长姚文辉带队调研民生与社会事业项目组工作，并召开交通与铁路建设项目组调研座谈会，潘闽生、罗启发、李平生、刘小彦、林移发、陈健、郑丽萍、江向荣、钱锋、刘小帆黄树荣等县领导参加。

7月21日，县委书记余建地、代县长姚文辉带队调研城乡建设与生态环保项目组工作，潘闽生、刘小彦、黄树荣、黄光成、张运华等县领导参加。

8月1日，县委书记余建地、代县长姚文辉带队调研三产（电商）与旅游开发项目组工作，潘闽生、罗启发、李平生、林移发、陈健、郑丽萍、江向荣、钱锋、刘小帆、黄树荣等县领导参加。

8月20日，县委书记余建地带队深入治平畲族乡开展精准扶贫挂钩帮扶工作调研，林移发、黄树荣、何正彬、张如梅、兰其锋、王盛通、伍秉曲、张运华等县领导陪同。

8月25日，县委书记余建地带队调研三产（电商）与旅游开发项目组工作，潘闽生、刘小彦、刘小帆、邵东珂、江正根等县领导参加。

9月8日，县委书记余建地、代县长姚文辉带队调研省委、省政府工作检查迎检项目筹备情况，刘小彦、林移发、陈健、郑丽萍、钱锋、黄树荣等县领导分别参加。

9月13日，县领导余建地、姚文辉、谢忠等深入泉上镇调研学校建设工作。

10月12日，县领导余建地、姚文辉、郑丽萍、江向荣、张运华等深入翠江、石壁、淮土等乡（镇）开展红色革命遗迹遗址的保护与开发调研。

10月31日，县委书记余建地带队调研城区学校布点情况，李平生、刘小彦、张金炎、黄光成、张运华等县领导参加。

11月30日，县委书记余建地深入治平畲族乡调研畲乡建设工作。

【要事活动】 1月6日，全市经济工作会议在三明召开，县委书记肖长根、县长余建地参加；市委统战工作会议在三明召开，县委书记肖长根、县委常委、统战部部长黄芳参加。

1月7日，县（市、区）委书记抓基层党建工作述职评议会议在三明召开，县委书记肖长根，县委常委、组织部部长陈章明参加；市委党的群团工作会议在三明召开，县委书记肖长根、县委常委、宣传部部长林移发参加。

1月16日，省纪委九届七次全会在福州召开，县委书记肖长根、县委常委、纪委书记刘小彦参加。

1月22日，市纪委八届七次全会在三明召开，县领导肖长根、余建地、刘小彦参加。

1月24日，2016年三明市县（市、区）党政领导综治（平安建设）、环保目标责任书签订仪式在三明举行，县领导肖长根、余建地、李平生参加。

1月25日—29日，三明市第十二届人大六次会议和市政协九届五次会议在三明召开，县领导肖长根、余建地、罗启发、刘日太、黄芳、刘远隆和宁化县市人大代表、市政协委员等参加。

1月29日，三明市第十二届人大六次会议在三明举行第三次全体会议，肖长根当选市十二届人大常委会副主任。

3月1日，省委检查组在三明召开集体约谈会议，开展2015年度落实党风廉政建设责任制情况检查，县委书记肖长根参加；市委在三明召开会议，布置当前工作，县委书记肖长根参加。

3月4日—7日，县委书记肖长根前往上海齐家网信息科技有限公司、高裕（家居）科技有限公司等企业考察洽谈项目。

3月21日，市委常委（扩大）会议在三明召开，传达贯彻全国"两会"和省委常委（扩大）会议精神，县委书记肖长根、县长余建地参加；三明市委干部选拔任用工作"一报告两评议"会议在三明召开，县委书记肖长根、县长余建地参加。

5月5日，全市领导干部大会在三明召开，县委书记余建地、县长吕国健参加。

5月13日，市委常委（扩大）会议在三明召开，县委书记余建地参加。

5月20日，全市党委（党组）意识形态工作责任制座谈会在三明召开，县委书记余建地参加。

5月25日，市委全委（扩大）会议在三明召开，县委书记余建地参加。

6月13日，中共三明市第八届委员会第十二次全体会议在三明召开，县委书记余建地参加。

7月6日，"深化我市精准扶贫工作"专题协商会议在三明召开，县委书记余建地、县政协副主席伍秉曲参加。

7月12日，市县换届工作座谈会在三明召开，县委书记余建地、县委常委、组织部部长钱锋参加。

7月19日，市委上半年经济形势分析会在三明召开，县委书记余建地、代县长姚文辉参加。

7月22日，市委常委（扩大）会议在三明召开，县委书记余建地参加。

7月25日，省委九届十六次全体会议在福州召开，县委书记余建地、代县长姚文辉参加。

8月1日，市委全委（扩大）会议召开，县委书记余建地、代县长姚文辉参加。

8月4日，全省县委书记防汛培训班在福州举行，县委书记余建地参加。

8月8日—10日，县领导余建地、姚文辉、林移发、张运华等前往省直挂钩帮扶部门及泉港区联系对接工作。

8月16日，市委八届十三次全体会议在三明召开，县委书记余建地、代县长姚文辉参加；全市"大干150天，加快推进'五个一批'项目建设活动"动员大会在三明召开，县委书记余建地、代县长姚文辉、副县长张清祥参加。

8月26日—27日，县委书记余建地带队赴建宁、泰宁考察旅游资源开发和产业发展工作，潘闽生、刘小彦、钱锋、周文庆、兰其锋、邵东珂、张运华等县领导参加。

8月29日，全市推动现代服务业加快发展座谈会在三明召开，县委书记余建地、代县长姚文辉、副县长张清祥参加。

9月9日，三明军分区党委第一书记任职大会在三明召开，县委书记余建地、县人武部政委张利有参加。

9月25日—27日，中国共产党三明市第九次代表大会召开，余建地、姚文辉、刘小彦、江向荣等县领导参加。

10月9日，省第十次党代会报告征求意见座谈会在三明召开，县委书记余建地参加。

10月10日，全市企业资产按揭贷款工作现场会

在沙县召开，县委书记余建地，代县长姚文辉，县委常委、副县长陈健参加。

10月18日，《中国共产党问责条例》和省委《实施办法》专题宣讲会在三明召开，县委书记余建地参加。

10月19日，市委全委（扩大）会议在三明召开，县委书记余建地，代县长姚文辉，县委常委、纪委书记江向荣参加。

10月25日，市委三季度经济形势分析会在三明召开，县委书记余建地，代县长姚文辉参加。

10月28日，市委常委（扩大）会议在三明召开，县委书记余建地，代县长姚文辉参加。

11月2日，市委九届二次全体会议在三明召开，县委书记余建地，代县长姚文辉，县委常委、纪委书记江向荣参加。

同日，抗洪抢险应急救援演练在三明举行，县领导余建地、兰其锋参加。

11月3日—4日，全省精准扶贫工作现场会在长汀召开，县委书记余建地参加。

11月16日，全国扶贫工作现场会协调会在三明召开，县委书记余建地参加。

11月22日—27日，中国共产党福建省第十次代表大会在福州召开，县委书记余建地，宁化县省第十次党代会党代表巫才香参加。

11月27日—28日，省委十届一次全体会议在福州召开，县委书记余建地参加。

11月28日，市委常委（扩大）会议在三明召开，县委书记余建地，代县长姚文辉，县委常委、纪委书记江向荣参加。

12月7日，市委常委会议在三明召开，县委书记余建地、代县长姚文辉参加。

12月12日，市委市政府工作检查总结会议在三明召开，县委书记余建地，县委副书记、代县长姚文辉参加。

12月16日，市委经济工作务虚会议在三明召开，县委书记余建地、代县长姚文辉参加。

12月23日，全省经济工作会议在福州召开，县委书记余建地、县长姚文辉参加。

12月27日，市委常委（扩大）会议在三明召开，县委书记余建地参加。

12月29日，县（市、区）委书记抓基层党建工作述职评议会议在三明召开，县委书记余建地，县委常委、组织部部长钱锋参加。

12月30日，全市经济工作会议在三明召开，县委书记余建地，县长姚文辉参加。

【慰问】　1月19日，县委书记肖长根深入淮土镇，检查指导党风廉政建设责任制工作，并走访慰问部分困难群众。

1月26日—29日，罗启发、刘日太、吕国健、刘小彦、李平生、黄芳、林移发、陈健、陈章明、刘强、陈恩等县副处以上领导干部到所挂乡（镇）走访慰问困难党员、特困户、受灾户、"五老"人员、优抚对象、计生困难户、困难残疾人员等。

1月27日，县领导肖长根、余建地、陈恩等赴三明军分区开展慰问活动。

2月3日，肖长根、余建地、罗启发、刘日太、吕国健、李平生、刘强、罗远昌、张金炎、陈朝利、马安平等分组深入驻宁化部队和部分特困群众家庭，开展春节走访慰问活动。

2月5日，县领导肖长根、张金炎、刘小帆、伍秉曲慰问春节期间坚守岗位的部分干部职工。

6月1日，县领导余建地、吕国健、林移发、林翠玲等分组深入城区部分学校及幼儿园，开展"六一"儿童节慰问活动。

6月8日，县领导余建地、陈恩、林翠玲、张清祥等率队到治平畲族乡慰问武警交通第八支队。

6月25日，县委书记余建地走访慰问老党员。

7月29日，县领导余建地、姚文辉、刘小彦等分组到县人武部、武警中队、消防大队等，看望慰问部队官兵、军转干部代表、烈属代表，与他们共庆建军89周年。

9月5日，余建地、姚文辉、潘闽生、罗启发、李平生、郑丽萍、张金炎、周颖、邵东珂、马安平等县领导分组到城乡中小学校，开展教师节慰问活动。

10月9日，重阳节，县领导姚文辉、潘闽生、罗启发、李平生、刘小彦等分别看望慰问部分离退休老干部，社区退休老干部和高龄困难老人。

11月8日，记者节，县领导余建地、姚文辉、周颖等看望慰问宁化县新闻工作者。

（供稿：钟　敏）

组织工作

【概况】　至2016年年底，全县有基层党组织654个，其中党（工）委38个、党总支11个、党支部605个。全县建制村210个，社区居民委员会18个，有党员15745名。2016年，中共宁化县委组织部（简称县委组织部）围绕中心，服务大局，坚持以落实全面从严治党要求为主线，进一步加强基层组织建设、干部队伍建设、人才队伍建设和干部监督工作，认真开展"两学一做"学习教育，完成县、乡换届选举工作，组织工作成效明显。

【干部教育培训】　2016年，县委组织部联合县委党校举办中青班、科级干部进修班、专题研讨班等班次开展干部培训教育。把"两学一做"学习教育作为首要政治任务抓好抓实，领导干部坚持以上率下，县委常委带头参加学习教育，建立联系点、上党课、过双重组织生活会，示范推动学习教育扎实有序开展。注重用好老区苏区精神，谷文昌、张仁和先进事迹等资源，特别是把中共中央总书记习近平在石壁镇石碧村、曹坊镇石牛村调研时的重要指示精神纳入学习教育重要内容，组织全县党员干部认真学习。组织编印《宁化革命史概览》《宁化客家文化简明读本》《宁化族谱家训选编》，为党员干部提供学习材料。组织开展"两学一做，知行合一"演讲比赛，印发《城郊乡"两学一做"简明读本》至各党支部学习交流，组织党员干部与贫困户结对帮扶等活动。宁化县被省委党校列为党史党性现场教学基地。

【干部队伍建设】　2016年，县委组织部注重把加强党的领导贯穿换届选举工作全过程，以落实"十三五"规划和服务精准扶贫为导向，进一步优化班子结构，强化班子整体功能。以增强班子战斗力为核心，选好配强党政正职，坚持事业为上，突出精准科学选人，通盘考虑乡（镇）党委与人大、政府领导班子配备，坚持老中青相结合，注重优秀年轻干部培养，统筹使用女干部、党外干部、少数民族干部。全面实行干部选任全程记实制度，落实"五提五必"要求，扩大民意调查范围，对科级干部"三龄两历一身份"信息进行专项核查，审核干部档案990卷。开展超职数配备专项整治，解决县直机关党政分设问题。完成市第九次党代会代表、县第十六届人大代表、县政协第十届委员会委员的推荐考察和县第十三次党代会代表选举、第十三届县委委员、候补委员和县纪委委员人事安排等工作。

【干部监督管理】 2016年，县委组织部认真贯彻《中国共产党党内政治生活若干准则》《中国共产党党内监督条例》，从严加强干部日常管理监督。推进拟任科级职务干部个人有关事项公开试点工作，全年涉及公示对象140余名。全县1000余名领导干部及时填报个人有关事项报告表。对232名乡（镇）继续提名、新提名人选，286名"两代表一委员"建议人选，168名科级以上县、乡人大代表建议人选的个人有关事项报告进行查核，因报告不实暂缓使用8人。开展换届纪律教育，印发学习教育资料1万余份，悬挂横幅海报近500幅，编发换届纪律短信1万余条，130余人参加《中国共产党廉洁自律准则》及换届纪律知识测试。与县纪委、检察、公安等部门建立联合查核制度。代管出国（境）证件510本，清理整治9名在编不在岗人员，继续实施领导干部经济责任审计结果分级评定机制，完成审计17人次。

【人才队伍建设】 2016年，县委组织部继续实施"葛藤人才行动"方案，助力推动产业发展。依托河龙贡米院士工作站，加强与中科院谢华安院士联系，引进林新坚、郑家团、占志雄等院士专家3人，

服务河龙贡米产业。依托定向委培机制，培养宁化县紧缺专业技术人才。2016年委托福建医科大学、福建中医药大学和莆田学院为县医院培养5名临床医学专业的全日制本科生，委托福建卫生职业技术学院为乡镇卫生院培养4名医学检验技术专业和5名临床医学专业大专定向生；为乡镇农技站定向委培专业人才1名。引进清华大学博士及6名省科技服务团成员到宁化县工作。对接全市"千名干部服务千家企业"活动，确定16名干部服务15家企业。新成立8个名师工作室，2016年宁化县获市科技进步奖1项，省知识产权优势企业奖1家。

【基层组织建设】 2016年，县委组织部认真落实基层党建七项重点任务，建立健全村干部日常管理制度，实行"能上能下"量化考评常态机制，年内，推动村干部践诺履职。开展乡（镇）党委书记抓基层党建述职评议，并向机关、学校、非公企业、农村等领域延伸。落实"三会一课"制度，开好民主生活会和组织生活会，发展党员232名，妥善处置不合格党员8名。实施"党建富民强村"工程，发挥选派驻村任职和蹲点干部作用，制定党员干部结对帮扶制度，壮大村集体经济，全面消除自有收入为零的"空壳村"。加强村（社区）干部培训，选派32名村书记参加省级专题培训，选派70名村书记异地挂职。提高村主干生活补贴标准，全年增加补助在职村主干和离任村主干28.2万元。全面完成11个软弱涣散基层党组织整顿工作，非公企业和社会组织党建工作完成省市目标。

【完成县乡换届】 2016年，县委组织部根据全县县、乡换届工作要求，坚持"通盘考虑、一次考察、统筹安排、分步到位"的原则，对乡（镇）班子换届，实行一次安排部署、一次推荐方案、一次公示、一次考察、一并酝酿研究换届人事安排。换届前，组织深入开展调研，全面掌握乡（镇）领导班子运行情况和现任班子成员思想动态、履职成效、作风表现等情况，全面综合分析研判。制定县、乡换届工作方案，成立县、乡换届工作领导小

组，抽调干部成立换届工作考察组，加强培训，对符合继续提名年龄条件人选提前征求县纪委、综治办、卫计局、检察院、法院等部门意见建议，并对个人有关事项报告进行核查。建立县领导联系点，加强业务指导，确保县、乡换届工作依法依规，有序推进。坚持党组织主导人选推荐提名原则，会同相关部门，广泛酝酿协商，做好人大代表、政协委员推荐提名考察。换届中，严格执行中央提出的"九个严禁、九个一律"和三明市"四个方面八条禁令"换届纪律，建立一套跟踪换届全过程、全方面监督长效监督机制，着力营造风清气正的换届环境。3月下旬，对16个乡（镇）领导班子和186名科级干部进行换届考察；4月初确定168名科级干部作为乡（镇）新一届党委、人大、政府继续提名人选；5月底，16个乡（镇）选举产生116名党委委员；7月中旬，选举产生新一届县委委员31名、候补委员6名，县纪委委员21名；12月底，选举产生宁化县第十七届人大代表200名，政协宁化县第十届委员176名;选举产生新一届县人大、县政府、县政协领导班子和法院院长及检察院检察长；2017年1月，选举产生新一届乡（镇）人大、政府组成人员，县乡换届完成。

【开展"两学一做"学习教育】　2016年,根据宁委办〔2016〕55号文件要求，县委紧扣学做结合，在全县党员中开展"学党章党规、学系列讲话，做合格党员"（简称"两学一做"）学习教育，通过开展专题学习讨论、创新方式讲党课等形式，稳步推进"两学一做"学习教育。全县建立"两学一做"学习教育示范点73个，其中农村、社区48个，学校、机关、事业单位23个，企业、"两新"组织2个。注重先进典型引领，发挥农村远程教育网络作用，全县210个农村远教站点和16个乡（镇）站点组织观看《村支书张仁和》《不朽的丰碑——谷文昌》等教育影片，丰富了党员学习内容。深入学习中共中央总书记习近平在石壁镇石碧村、曹坊镇石牛村调研时的重要指示和讲话精神。结合工作实际或从身边人、身边事获得心得体会，开展"两学一

做，知行合一"主题演讲比赛。严格落实党委（党组）主体责任，县委成立三个督导组对各党（工）委"两学一做"学习教育情况进行分片巡回督导。各乡（镇）党委、县直各党（工）委成立指导组，实行一对一指导督查，确保学习教育扎实开展。

（供稿：姜文开、黄佳敏）

宣 传 工 作

【概况】　2016年，宁化县宣传思想文化战线认真学习贯彻中共中央总书记习近平系列重要讲话精神，建立并落实意识形态工作责任制。发挥县委中心组学习的示范带头作用，结合"两学一做"学习教育，学习型党组织建设进一步加强；加强新闻阵地建设，抓住红军长征胜利80周年契机，借助中央和省级媒体，广泛开展媒体宣传活动，新闻报道和网上舆论的引导工作进一步加强；推进"客家百姓宣讲团"宣讲活动，加强精神文明建设，开展社区共建，推进文明县城创建，社会主义核心价值观教育实践活动进一步深化；开展纪念红军长征胜利80周年系列活动，电影《绝战》在全国院线公开放映，创作出版长篇小说《血师》，举办宁清归书画展和摄影展；协调中央电视台音乐频道春节特别文艺节目《美丽中国唱起来》、农业频道《乡约》走进宁化演出录制节目。

【加强理论武装】　2016年，中共宁化县委宣传部(简称县委宣传部)抓好理论武装，发挥县委中心组带头引领作用，全年组织县委中心组学习16次，并在宁化在线"理论学习之窗"刊登每次学习内容，促进基层理论学习深入开展。开展社会主义核心价值观宣传教育，创新宣传宣讲方式，深化"客家百姓宣讲团"宣讲活动，组织宣传宣讲30余场次，成为宁化县社会宣传教育和精神文明创建工作的"轻骑兵""土特产"，市委宣传部把宁化"客家百姓宣讲团"的做法和经验作为社会宣传创新案例，并推荐为省"理论宣讲先进集体"。学好用好重点党

报党刊和理论书籍，全面完成2016年重点党报党刊征订任务，征订并发放《习近平总书记系列重要讲话精神读本》《胡锦涛文选》《理论热点面对面》等理论读物16000多册。把《习近平总书记系列重要讲话读本（2016年版）》、中共十八届六中全会文件辅导读物作为必读书目，组织广大党员干部深入学习宣传贯彻习近平总书记重要讲话精神和治国理政新理念新思想新战略。

【落实意识形态责任】 2016年，县委宣传部深入贯彻中央意识形态工作责任制《实施办法》和福建省《实施细则》，在县委中心组学习基础上，结合宁化县工作实际，制定全县《实施细则》，细化考核方案，推动意识形态工作责任制落到实处。做好网络舆情处置工作，制定相应处置办法，对重大舆情分析研判，及时组织舆情专题会议，采取主动设置议题、正面舆论引导、及时发布新闻通稿等措施，妥善处置了"泉上延祥村干部侵占低保款""教师路边摊点买菜被通报"等几起重大网络舆情事件。全年编发网络舆情专报24期，人民网地方领导留言板回复网友31条。2016年，民意直通车栏目共收集有效主题帖700余个，回复条数600多条，回复率80%以上。

【扩大新闻宣传渠道】 2016年，县委宣传部建立意识形态工作责任制，完善突发事件信息新闻发布机制、互联网舆情管理处置机制，落实新闻联席会议工作制度等新闻宣传工作机制，主流舆论持续壮大，舆论环境不断优化。2016年完成宁化在线、宁化政府网、客家祖地网三网合一，添置电视台采编播数字设备，推进宁化电视台、宁化在线与微博、微信、新闻APP客户端的建设与运行，促进传统媒体和新兴媒体融合。围绕县委、县政府中心工作，在宁化电视台和宁化在线网站开设宣传专题专栏20多个，及时宣传解读中央和省、市、县政策，报道全县工作动态。邀请新华社、《人民日报》、新华网等中央媒体到宁化县开展"重走长征路"系列报道活动，30余条新闻报道在中央媒体集中刊登，县

委宣传部及时将报道汇编成册。全年在《福建日报》上稿210多篇，省电视台以上频道播出消息230多条。微信公众号粉丝4.5万人，月最高阅读量120万，最高排名全省媒体号第11名。县委报道组被福建日报社评为"十佳报道组"。

【传承保护红色文化】 2016年，县委宣传部全面开展红色文化遗迹遗址保护工作，按照"分类保护、重点修缮、核心开发"工作思路，重点打造"一地一院一旧居"红色文化革命遗址群，完成淮土镇凤凰山红军长征出发地概念规划，对红军街周边环境进行整治，对旧民居进行修缮，设置展厅一个，铺设红军街路面140余米。投资近1000万元，完成石壁镇"长征出发地"公园建设。红色题材电影《绝战》，并在全国电影院线播出。由本土作家创作的红色题材长篇小说《血师》出版发行。宁化被纳入文化部新批准设立的"客家文化（闽西）生态保护实验区"。

【中央媒体重走长征路】 9月10日—11日，由中宣部组织开展的中央媒体"重走长征路"主题采访活动走进宁化县，中宣部新闻协调小组组长汤华，新华社、《人民日报》、人民网福建频道、《光明日报》《经济日报》《中国青年报》、中央人民广播电台福建站、央广网、央视网、《新京报》《中华工商时报》《中国经营报》《南方都市报》《第一财经日报》、澎湃新闻网等多家媒体记者参加活动。采访团先后到石壁红军医院纪念园、石壁镇杨边村、石壁现代农业园、北山革命纪念馆、三明福特科光电有限公司、宁化红军长征出发地广场、曹坊镇三黄村等地采访。9月11日起，《人民日报》新华社、《光明日报》等中央媒体陆续发表报道宁化的稿件19篇，并被国内外媒体大量转载。《人民日报》9月17日01版报道《宁化："红色粮仓"脱贫记》，新华社发表《福建宁化："红色粮仓"再出发》《福建宁化：长征出发地之"苏区乌克兰"》《福建宁化：发挥特色产业优势实施精准扶贫》《一本特殊的红军军

号谱》，《光明日报》发表《重走长征路——福建宁化》《红土地上新号角——福建宁化实施精准扶贫奔向全面小康》，《经济日报》发表《十年两重走，一路感悟信仰的力量《福建宁化：政府引导产业兴》《福建宁化：中央苏区重点县》。

【央视《美丽中国唱起来》走进宁化】　2016年，中央电视台响应中宣部关于"新春走基层"号召，贯彻中共中央总书记习近平在文艺工作座谈会上的讲话精神，音乐频道在全国选出10个城市开展《美丽中国唱起来》春节"走基层慰问演出"活动。宁化县作为全国10个承办地之一，11月28日，《美丽中国唱起来》"走基层慰问演出"在宁化县淮土镇淮阳农民休闲公园进行宁化专场节目录制，该场演出共有18个节目，由中央电视台著名节目主持人孙小梅、于胜春担任节目主持，熊天平、林萍、伊泓远、易秒英、草帽姐等艺术家和明星参加演出。演出其间节目组带领嘉宾近距离体验古老的木活字印刷术，向观众展现中国传统非物质文化遗产独特魅力。《美丽中国唱起来》（福建宁化专场）2017年农历正月初九19：30分在央视音乐频道播出。

【央视《乡约》走进宁化】　中央电视台农业频道（CCTV-7）《乡约》栏目是中央电视台唯一一档大型户外婚恋交友节目，以男女青年代表在舞台上交友、互动为载体，展示当地特色产业、风俗文化、旅游资源和群众风貌。《乡约·福建宁化》是2016年最后一场录制活动，经过近一年精心准备，12月24日在客家祖地现场录制，并进行网络媒体同步直播和系列媒体推广活动，宁化历史文化、旅游资源、本土特产得到全面展示。

（供稿：王煊禧）

统 战 工 作

【概　况】　2016年，中共宁化县委统一战线工作部（简称县委统战部）围绕学习和贯彻落实中共十八届三中、四中、五中、六中全会以及中共中央总书记习近平系列重要讲话以及中央、省委、市委统战工作会议精神，以县委、县政府中心工作为核心，做好党外人大代表、政协委员提名推荐考察工作，主动加强同海外客属社团、宗亲和各界人士的联系，做好民族宗教及非公有制经济引导等工作。

【做好党外人士工作】　2016年，县委统战部按照中央和省、市委政策要求，做好政协宁化县第十届委员会委员提名推荐、考察评价工作和党外人大代表、党外人大常委会委员推荐考察工作，年内，提名推荐、考察县政协委员210人，推荐考察党外人大代表和党外人大常委会委员6人。选派1名党外人士参加省委统战部第14期无党派人士理论研讨班、2名党外科级干部参加市行政学院党外科级干部培训班、6名基层统战干部参加市委党校基层统战干部培训班、5名党外副乡（镇）长参加全市党外副乡（镇）长街道副主任培训班、1名非公企业家参加省非公有制经济人士自贸区建设培训班、3名非公企业家参加市优秀企业家产业发展创新高级研修班。开展新的社会阶层人士、新媒体从业人员、网络意见人士、社会组织和自由职业人员的走访调研，建立数据库并实行动态管理。推荐新的社会阶层党外代表人士担任县政协委员10人，加入"三明市服务经济发展组织联合会"5人，引导和支持开展联谊、专题研讨、参政议政、社会服务等活动。

【引导非公经济发展】　2016年，县委统战部继续实行县处级领导和部门联系挂包重点非公企业制度，实行重点、规模企业"一帮一"活动。县工商联、县非公办与县有关职能部门联合举办"县就业援助及春风行动"企业用工专场招聘会，组织42家规模企业现场招聘，提供就业岗位数1600多个，招聘工种230多个，达成就业意向465人，现场签订就业合同187人；利用乡（镇）墟天有利时机，组织有关人员巡回下乡，为重点缺工企业举办专场招聘会；协助政府组织召开政银企交流座谈会1场次，金融机构累计发放中小企业贷款6.97亿元，发放工业贷款2.91亿元；组织引导非公企业参加第十四届中国海峡项目成果交易会（简称"6·18"交易会）、中国（福州）餐饮美食博览会、第十九届中国国际投资贸易洽谈会（简称"9·8"洽谈会）、海峡两岸林业博览会暨投资贸易洽谈会（简称林博会）等各类经贸交流活动，对接项目74项，总投资15亿元。组织引导担任各级人大代表、政协委员的非公有制经济人士积极参政议政、建言献策、反映民意，提交提案、议案48份，其中集体提案1件。

【加强港澳台与海外统战工作】 2016年，县委统战部以第22届世界客属石壁祭祖大典活动和泉上华侨农场50周年发展恳谈会为契机，深化同海外客属社团、宗亲和各界人士的联系；推动和完善"海峡两岸交流基地"和"中国华侨文化交流基地"两个基地建设工作，积极争取"世界客属石壁祭祖大典活动"新增列入省级历史文化类节庆目录库；引进台商投资努比亚山羊养殖基地及成立福建需泉生态农业有限公司；由厦门市侨联、厦门中澳城房地产开发有限公司、厦门市中奥游艇俱乐部有限公司出资40万元建设的泉上华侨农场"侨胞之家"竣工并投入使用；省侨联青委会捐赠泉上卫生院救护车1辆，价值20万元人民币，7月在泉上镇举行"情暖八闽"医疗救护车接收仪式。

【做好民族与宗教工作】 2016年，县委统战部开展挂钩帮扶民族村工作，对全县19个民族村各安排1名县领导和1个县直部门进行挂钩帮扶，指导实施发展规划，帮助协调发展中遇到的困难；筛选和跟踪38个拟建民族村经济社会事业发展项目向上级民宗部门申报，通村公路、农田基础设施、产业培育等项目获得补助；9月，联合县委宣传部开展第九个民族团结进步宣传月活动；重视畲族文化保护，开辟专门训练场，先后组建富有畲族特色的"高脚""板鞋""蹴球"等运动队；组织开展第五个"宗教慈善周"活动，引导宗教界开展慈善活动并将重点放在扶贫济困和养老服务上，组织宗教界人士参与帮扶民族村加快发展活动。

【捐资助学】 2016年，县委统战部开展"光彩行动"，引导非公有制经济人士积极参与公益建设、捐资助学、救助病患等活动，共捐资100多万元；争取香港南九龙狮子会为宁化特校捐助奖教金7万元；继续对接好宁化籍台胞程功钦资助全县贫困学生，资助16人计1.2万美元；通过发挥侨界力量投入25万元建成的"三明市宁化县泉上郑克群教学楼"和10万元建成的湖村中心小学"互联网+"侨爱心教室2016年正式启用。

【信息调研】 5月，县委统战部配合市委统战部做好在宁化召开的第二季度全市统战信息工作推进会会务工作；10月，配合省委统战部做好在宁化举办为期3天的省直统战系统党务干部培训、考察班。全年，向省、市统战宣传网站报刊和县级宣传媒体等投送稿件200余篇，其中省委办公厅《八闽快讯》采纳1条、《三明统战动态》采纳20余条。组织统战系统各单位及乡（镇）统战委员关注"福建统战""三明统战"微信公众号，统一战线社会知晓度和社会影响力提升。

（供稿：黄敏麒）

对台工作

【概况】 2016年，在宁化的台胞（台湾籍）26人，宁化台属3087户15423人。全年宁化县赴台探亲访友、经贸洽谈、文化交流、旅游观光人员339人次，台湾客家乡贤来宁化县寻根祭祖、旅游观光、经贸洽谈、探亲访友、学术研讨、录影采访等人员711人次。截至年末，全县台资（合资）台籍台属企业7家，总投资2030万美元，台商投资1085万美元。

【宁台经贸合作】 2016年，中共宁化县委台湾工作办公室（简称县委台办）利用"5·18""9·18"以及海峡两岸（三明）林业博览会等各种招商引资平台，联络邀请台湾客商到宁化观光考察、投资兴业，年内邀请140余位台商到宁化考察。

【宁台交流交往】 5月，三明工贸学校邀请台湾师范大学两岸产学教育中心秘书长黄议正博士到到宁化作《(闽台)现代化职业教育师资队伍建设暨国际专业认证介绍》专题讲座。8月，应台湾方面邀请，宁化县组织人员赴台湾桃园、台北等县、市开展宁化和台湾农业、生态、文化等项目对接交流考察活动。9月，国立台湾师范大学全球客家文化研究中心主任、台湾客家研究学会理事长、文学博士邱荣裕带领台湾民间谱牒专家到宁化电子商务产业园客家谱牒协会调研闽台民间谱牒文化的形成和传承。10月11日—16日，台湾12名厨师到宁化参加2016宁化客家国际美食(小吃)节，并展出20多道台湾美食。10月13日，来自台湾地区的客家专家、学者等75人作为第四届"石壁客家论坛"论文入编作者到宁化县参加石壁客家论坛。10月13日—15日，来自台湾地区310名客家人到宁化参加第22届世界客属石壁祖地祭祖大典。

【对台宣传工作】 2016年，县委台办继续开展涉台教育进社区活动，加强赴台交流团组和因私赴台人员行前教育，尤其对公职人员赴台，做到行前教育全面覆盖，全年开展行前教育286人。做好"中国宁化在线"、客家祖地网与台湾客家电子报、客家邮报、中时报、客家电视台、环球电视台等新闻媒体合作，开展网上宣传。加强在台胞接待中面对面的宣传工作，把党的对台方针、政策寓于服务接待之中。

【台情调研和涉台防范工作】 2016年，县委台办加强台情调研，针对宁化县对台工作情况，对台湾经济、政局、社情以及在宁化的台商投资动态和两岸投资政策对比等方面进行调研，从维护对台工作大局稳定出发，把抓防范管理贯穿于各项对台工作全过程，确保宁化和台湾关系健康有序发展。落实《福建省处置涉台突发事件的应急预案》和《宁化县政府突发公共事件总体应急预案》，会同公安、综治等部门，加强对全县台资企业及周边治安管理工作，预防各类涉台事件的发生，保护台商的合法权益。增强安全防范意识，及时与相关部门保持密切联系，严防谍报活动。

（供稿：钟叶鑫）

机 关 党 建

【概况】 2016年，全县隶属中共宁化县委县直机关工作委员会(简称县直机关党工委)领导和指导的党组织有18个党委、4个直属党总支、辖239个党(总)支部、4334名党员【从2017年起，教育部门包括16个乡(镇)所在地学校党组织和党员划归教育局党委统一管理，取消属地管理办法】。县直机关党的工作围绕"服务中心、建设队伍"两大核心任务，以落实从严管党治党为主线，以实施党建绩效管理为抓手，不断加强机关党的思想、组织、作风、党风廉洁、制度建设，发挥机关党组织和广大党员的先进作用，在建设富美新宁化的进程中展示新作为。2016年，县直机关党工委获"全省工委系统先进集体"称号。

【思想建设】 2016年，县直机关党工委扎实抓好"两学一做"学习教育，制定下发《关于在县直机关党员中开展"两学一做"学习教育的指导意见》，根据不同时间节点强化督导，分批次组织开展"两学一做，知行合一"演讲预赛和决赛，有力有序地推进学习教育的开展。不断丰富学习教育形式，以纪念建党95周年和红军长征胜利80周年为契机，组织开展形式多样革命传统教育，受教育党员干部7000余人次；组织"客家百姓宣讲团"到乡(镇)、机关、社区、学校等开展巡回宣讲近30场次；组织机关领导干部参加县委中心组学习会和专题报告会17场次。开展党建调研活动，征集党建论文43篇，表彰优秀调研论文7篇，其中《关于加强思想教育的调查研究》论文获2016年三明市机关党建重点课题调研三等奖。

【组织建设】 2016年，县直机关党工委强化班子建设，11月，调整配备直属党委（总支）书记15名、副书记12名，实现行政"一把手"兼任党委（总支）书记，班子1名副职兼任副书记工作格局。注重业务水平提升，落实工委班子成员联系点和月度党建业务指导工作制度，年内班子成员下基层指导党建业务180余次，印发《月度党建业务工作指导意见》12期；11月，邀请市直机关工委宣传部部长对宁化县党务干部进行业务培训，60余人参加培训。抓实常规工作，开展党员组织关系集中排查，抓好基层党组织换届、党费收缴、发展党员、党务公开、组织关系接转、党员统计等常规性工作，年内举办入党积极分子培训班1期63人，发展党员48人，机关党组织补缴党费90余万元。

【作风建设】 2016年，县直机关党工委围绕中心抓服务，开展"千名干部服务千家企业"活动，选派14名机关干部到企业挂职服务；在服务城市管理中，制定下发《关于机关党员干部在城市管理中严格遵守"三带头八不准"行为规范的通知》，引领党员干部带头遵守城市管理规定。围绕群众抓服务，抓好机关联系基层、干部联系群众的"双联系"工作，下发《关于做好在职党员到社区报到为群众服务工作的通知》，机关3700余名在职党员参与社区服务。围绕社会抓服务，着力抓好县行政服务中心党的建设，推行"党员先锋岗"创建，展示窗口单位服务社会的良好形象。以纪念建党95周年活动为契机，组织1000余名党员开展形式多样的"党员义务奉献日"活动。

【党风廉政建设】 2016年，县直机关党工委严格落实"两个责任"，将党风廉政建设纳入党建绩效管理，贯穿党建工作始终，制定党工委班子成员《党风廉政建设主体责任个性化清单》，着力抓好主体责任落实，严格落实机关党委委员任前及各类评先评优工作的协审制度及个人有关事项报告制度。开展"学思践悟"和"以案说纪"活动，组织县直机关纪检干部参与县纪委举办的2016年度纪检监察基本业务知识测试。严格执行中共八项规定，重新

修订《县直机关党工委工作制度》，形成"靠制度管人、按程序办事"运行机制。严控经费开支，对本单位预结算及"三公"经费情况进行公示，对基层党建经费管理使用情况进行跟踪督查。

【制度建设】 2016年，县直机关党工委制定基层党组织及负责人抓机关党建工作责任清单，强化党建责任落实；贯彻落实《中国共产党党和国家机关基层组织工作条例》和省、市、县委的实施意见，维护《条例》严肃性；持续推进"1263"机制建设，尝试运用绩效管理的理论和方法，探索实行党建绩效管理，构建与机关党建相适应的绩效管理模式；完善党员"亮岗履职"和"一定三评三落实"工作机制，推进县直机关党的工作科学化、民主化、制度化。围绕"服务中心、建设队伍"两大任务，大胆尝试，积极探索，创新思路、内容、机制，逐步形成"一系统一品牌，一支部一特色"党建工作格局。

（供稿：张河平）

老干部工作

【概况】 2016年，县委老干部局（简称县老干局），服务管理的离休干部19人，"5·12"退休干部（1949年10月1日—1950年5月12日参加工作的干部）24人，原任处级退休干部25人。其中，处级（含享受待遇）36人、科级9人、一般人员23人。分布为行政机关41人、事业单位8人、企业19人。年内离休干部去世7人、"5·12"退休干部去世6人。

【落实老干部政治待遇】 2016年，县老干局继续坚持老干部参观学习、定期通报、走访慰问、参加重要会议和重大活动制度。举办各类专题辅导讲座、报告会、学习会20余场次，参加老干部600余人次。召开征求意见会3场次，情况通报会2场次。组织离退休干部县内参观考察2次，感受宁化新发展、新变化。老年节、春节走访慰问老干部及无工作遗孀193

人次，发放慰问金7.72万元。"七一"前夕，县四套班子主要领导慰问了中华人民共和国成立前入党的离退休老党员。

【落实老干部生活待遇】 2016年，县老干局落实7月起执行的调整离退休费规定，增发19万元，有17位老干部节约使用医药费，获健康奖励金4.55万元。年内发放老干部过节费44万元。为2位生活不能自理的离休干部办理享受护理费，发放护理费1.21万元。

【为老干部送温暖、办实事】 2016年，县老干局探望慰问生病住院老干部7人次，协助单位和家属办理老干部丧事13起，补助困难离休干部5人、无工作遗属4人。为4位90岁高龄老干部举办集体祝寿会，给寿星送上生日蛋糕和生日礼金。根据老干部"双高"期特点，继续在翠江镇双虹社区开展"四就近"服务工作，为老干部提供有偿低偿服务30余次。

【老年大学工作】 2016年，县老干局坚持"教、学、乐"相结合的教学方针，开设课程48学时，聘请兼职教师6人，在册学员379人。全年开设时政、保健、法律知识、舞蹈、民乐、拳剑操、书画、声乐等8门课程，设专业艺术学会6个。选送的舞蹈节目"芦花"参演市老年大学建校30周年庆汇演获一等奖。

【发挥老干部作用】 2016年，县老干局在离退休干部中开展"展阳光心态，看宁化变化"增添正能量活动，引领老干部发挥正能量作用，在推进宁化县经济社会发展方面积极建言献策，老干部就精准扶贫、旧城改造、公路建设、房产开发、水资源净化、稳定和吸引人才等方面提出意见建议20余条，得到县委、县政府主要领导充分肯定和高度重视。部分原任处级退休老干部，担任了县重大项目顾问，继续发挥重要作用。刘善群、黄瑞海、杨家林3位退休干部，被三明市委老干部局评选为"最美老干部"。

【成立离退休干部党工委机构】 8月22日，县委下发《关于成立中共宁化县委离退休干部工作委员会的通知》（宁委〔2016〕99号）文件，成立中共宁化县委离退休干部工作委员会（简称离退休干部党工委）。离退休干部党工委作为县委常设派出机构，挂靠在县老干局，配备副科级专职副书记职数1名，内设组织科，统筹谋划，指导协调和督促检查全县离退休干部党建工作。

（供稿：李文桥）

关心下一代工作

【概况】 2016年，宁化县关心下一代工作委员会（简称县关工委）有基层关工委299个，其中乡（镇）16个、村（居）226个、机关11个、学校39个、民营企业7个。报告团18个127人，其中县级1个（德育报告团4人，法制报告团4人），教育局1个，乡（镇）16个119人。关爱工作团26个536人，其中县级1个29人，县机关和县直有关单位9个，乡（镇）16个507人。

【青少年思想道德法制教育】 2016年，根据全国、省、市关工委关于"扎实推进青少年思想道德建设，引导青少年树立和践行社会主义核心价值观"主题教育系列活动意见，县关工委继续开展"三爱、两史"（"爱学习、爱劳动、爱祖国""党史、国史"）教育。结合建党95周年、红军长征胜利80周年宣传活动，利用宁化县红色资源，重点开展"两史""颂党恩、跟党走"教育。10月，县关工委德育报告团到39所中、小学校对29800多名少年儿童进行思想品德教育，报告专题有《听党话、跟党走》《听党话跟党走，幸福中国有奔头》《发扬红军长征精神、立志刻苦学习成才》《热爱学习，祖国的明天更灿烂》《吃苦与成长》等。县关工委法制报告团围绕"依法治国"主题送法进校园，继续开展"关爱明天，普法先行"法制教育，全年举办30场次法制讲座，受教育21500人，讲座专题有

《与法同行，法助成长》《珍爱生命，远离毒品》《学法守法，为成长护航》等。年内，协同教育局组织6批次560人前往"青少年法制教育基地"接受法制教育；利用节假日组织城关中小学生前往"法制教育长廊""法制文化社区"开展活动，参观学习。参与未成年人"零犯罪学校、村(居)"创建活动，实现创建未成年人"零犯罪学校、村(居)"活动常态化、制度化突破，配合县政法委、文明办等部门在法律层面和社会层面共同建立关爱帮教青少年"政法一条龙"和"社会一条龙""二龙合一"工作机制，并纳入县综合治理（平安建设）考评内容。经市社会管理综合治理委员会、市关心下一代工作委员会检查验收，宁化一中、县师范附小、治平乡民族学校、县实验小学、县特殊教育学校获宁化县创建"未成年人零犯罪"先进学校称号；水茜镇水茜村、曹坊镇坪上村、淮土镇团结村、泉上镇联群村、中沙乡下沙畲族村、湖村镇石下村、安乐镇安乐村、石壁镇陂下村、城郊乡茶湖江村获"未成年人零犯罪"先进村称号；翠江镇双虹社区、安远镇安远社区获"未成年零犯罪"先进社区称号。

【扶贫助学，关爱青少年健康成长】 2016年，县关工委深入调查了解贫困生真实情况，做到精准扶贫助学。全年，县政府下拨扶贫助学基金30万元，县关工委收到各项助学捐款13.2万元，资助贫困生142人计33.36万元。发动社会爱心人士捐款5.50万元，为宁化五中初一年段一残疾重病贫困生解决第一期手术费。

【加强队伍建设】 2016年，县关工委继续开展创"五好"活动，举办2期基层关工委骨干培训班，着力帮助基层关工委扩大工作覆盖面。在基层工作深化年活动中，落实市关工委将乐会议精神，学先进、树典型，把安乐镇杨坊村、泉上镇谢新村作为"夕阳红·红花朵"试点村，把村"夕阳红"理事会与村关工委班子整合，村关工委主任由村党支部书记担任，常务副主任由"夕阳红·红花朵"理事会理事长担任，村两委其他成员及理事会"五老"人员担任村关工委成员，在村党支部统一领导下，把老少工作与党的中心工作同谋划、同部署、同检查、同到位，较好地解决了村关工委有人谋事、有人干事、有钱办事问题。

【市关工委领导到宁化调研】 11月3日，市关工委常务副主任吴根发、副主任常秀文等6人到宁化了解调研县关工委"两史"教育及关爱团工作开展情况；11月7日，市关工委副主任江琳、陆伙生等6人到安乐镇杨坊村、泉上镇谢新村了解调研基层关工委开展"夕阳红·红花朵"活动开展情况。

（供稿：廖善珍）

精神文明建设

【概况】 2016年，中共宁化县委精神文明建设办公室(宁化县精神文明建设指导委员会办公室)(简称县委文明办)以培育和践行社会主义核心价值观为主线，以创建省级文明县城为抓手，持续深化群众性精神文明创建活动，加强公民思想道德建设，深入开展学雷锋志愿服务活动，大力提升市民文明素质和社会文明程度，为建设富美新宁化提供精神动力和道德支撑。

【创新文明县城创建】 2016年，宁化县委、县政府高度重视文明县城创建工作，党委、政府换届后，及时调整充实"创城"指挥部成员，县四套班子39名副处以上领导干部全员参与"创城"。在2015年"创城"测评成绩靠后压力下，县委、县政府动真格、出实招，在城市主次干道、主街区、公园广场、商场超市、沿街店面、主要路口、社区等多地全方位开展创建宣传，因地制宜制作1000多幅公益广告，大力营造"创城"氛围。广泛动员广大干部职工开展占道经营、交通秩序、居民小区等十项重点整治行动，各级文明单位率先落实"门前三包"责任制、挂包"网格"、遵守全省"八不"行为规范等三项制度，党员干部在城市管理中带头遵守"三带头八不准"行为规范。"创城"推进中注重督查、整改、落实，下力气补齐短板，城区面貌焕然一新。在2016年度创城测评中，总成绩位居全市7个同类县第2位。

【多渠道开展公益广告宣传】　2016年，县委文明办在县广播电视台、宁化在线网等县域媒体广泛刊播、宣传"讲文明树新风""图说我们的价值观""为文明点赞、为三明点赞"等公益广告。各级文明单位、村镇和社区宣传栏定期刊登"讲文明树新风"宣传内容，单位LED电子显示屏滚动播出24字社会主义核心价值观。在车站、主要交通路口、公园、商店、酒家、宾馆、旅游区、建筑围挡等公共场所悬挂"遵德守礼"提示牌和"讲文明树新风"公益宣传广告。联合电信、移动等部门利用短信平台发送公益广告短信，对手机用户进行社会主义核心价值观宣传教育。在省级文明县城2016年度届中测评迎检期间，投入10万元用于城区公益广告宣传。积极参与三明市"为文明点赞·为三明点赞"主题公益广告征集评选活动，收集平面类、视频类、广播类、网络类作品24件，择优报送10件作品参与全市评选。

【开展道德模范评选】　5—12月，县委文明办组织开展宁化县第三届道德模范评选表彰活动。评选活动收到全县各党委（总支、工委）推荐对象45名，经组织（群众）推荐、资格审核、投票评选、综合评定、媒体公示等程序，评选出候选对象13名；再经一般群众、公众代表和评委投票，李贤思、张云娥、巫瑞钟、张银珠、黄晓文、李生石、沈元妹、张金连 等8人被评为"宁化县第三届道德模范"，王飞凤、徐丽琼、张海银、王晓华、张跃行等5人获"宁化县第三届道德模范提名奖"。

【承办主题教育实践活动】　9月24日，由省委文明办、福建日报社、市文明委联合主办的福建省暨三明市"学长征精神，做红色传人"主题教育实践活动在宁化世界客属文化交流中心举行。市委常委、宣传部部长林斌，省委文明办副主任陈福星，省未成年人思想道德建设中心主任、省委文明办志愿服务工作负责人谢纳新，省委文明办综合处副调研员陈靖，福建日报社新媒体中心主任、福建报业集团新媒体发展有限公司总经理张朝辉，市文明委秘书长张建林等领导，宁化县领导姚文辉、刘小彦、郑丽萍以及部分红军后人、十二县（市、区）文明办主任、宁化县部分文明单位和学生代表共800余人参加活动。张建林代表市文明委致辞，省委文明办副主任陈福星讲话，宁化县八所中小学和幼儿园师生进行诗朗诵、合唱、情景剧等表演。红色经典诵读展演后，各级文明单位职工和学生代表参加了全程2.5公里"新福建、新长征、重走红色路"千人健步走以及红色知识有奖竞答、"福建十大人气红色旅游县""我为红色家乡代言"等宣传活动。

【组织开展"为文明点赞"歌曲传唱活动】　6月30日，由县委宣传部、县委文明办共同举办，宁化六中协办的纪念红军长征胜利80周年暨省级文明创建单位"唱红色经典 为文明点赞"歌咏比赛在宁化六中礼堂举行。全县16支参赛代表队300余名干部职工参加。市委文明办主任张建林、副主任陈里平，县政府副县长林翠玲及相关部门干部职工500余人到场观看。参赛队演唱《为文明点赞》《映山红》《唱支山歌给党听》《祖国不会忘记》等10多首经典歌曲，经评比，县教育局代表队获一等奖，县烟草专卖局、县人民法院代表队获二等奖，国有林场、县教师进修学校、农业银行宁化支行代表队获三等奖。

【深化"我们的节日"活动】　2016年，县委文明办在春节、元宵期间，开展文化、科技、卫生"三下乡"活动和客家民俗活动。石壁镇陈塘村抬"五谷神"、安乐镇夏坊村古"游傩"、泉上镇延祥村花灯及泉永村"走古事"、中沙乡楼家村板凳龙和安远镇营上村稻草龙、水茜镇沿口村木偶戏、河龙上伊村祁剧等各具特色客家民俗活动精彩纷呈。清明节期间，各单位、学校以齐唱革命老歌、观看抗战纪录片、讲述宁化抗战历史、诵读歌颂英烈文章等多种形式举办"缅怀革命先烈，继承传统文化"主题道德讲堂活动。端午节期间，在翠园广场举办宁化县第二届端午节现场包粽子比赛，城区8个社区和结对共建单位携手共庆端午。中秋期间，移动公司宁化分公司围绕"为三明点赞、为文明点赞"主题，向每位员工发放手绢，倡导职工"少用纸巾，重拾手绢"，提高员工环保意识；县检察院开展中秋读书沙龙，组织年轻干警诵读经典，交流学习传统文化；县旅游局开展从业人员职业风采大赛，用比赛展示旅游从业人员良好精神风貌，助推文明旅游；宁化师范附属小学开展"展中秋民俗 摄家乡建筑"摄影征集活动，动员家长和学生以中秋为主题拍摄各类摄影作品，以不同角度不同方式接受传统文化教育等形式多样的节日活动。重阳期间，倡导文明过寿、节俭过寿，城郊乡、泉上镇、湖村镇等乡（镇）联合老人协会坚持每年重阳节前后举行逢十寿星集体祝寿活动，截至年末，城郊乡已举办21次，参加人数3951人次，结合活动评选孝亲敬老典范153人次。

【开展"志愿云"推广工作】 2016年，县委文明办开展"志愿云"推广工作，培育社会志愿服务团队，把县红十字会、团县委的青年志愿者以及热心公益事业的民间志愿服务组织纳入志愿服务体系当中。至年末，实名注册志愿服务队127支、志愿者4233名。

【推进"三关爱"志愿服务常态化】 2016年，县委文明办组织志愿者1000余人次深入乡、村和老人院、学校等慰问关爱留守老人、特困对象、孤寡老人、残疾人及贫困学子500余名，发放慰问金和物资7万余元。组织志愿者3000余人次，开展文明交通、法律咨询、义诊义治、便民利民等活动。落实在职党员到社区报到工作，1700余名机关事业单位在职党员点对点承包法律援助、医疗保健、环境整治等服务项目800余个，全面推进"三关爱"志愿服务常态化。

【开展志愿服务活动】 2016年，县委文明办组织280余名志愿者参与第22届世界客属石壁祖地祭祖大典、"骑聚红土地，重走长征路"中国·宁化山地自行车骑游文化节、福建省暨三明市学长征精神做红色传人主题教育实践、童心向党歌咏展演、三明市道德模范巡讲等活动，为活动提供引导、讲解、秩序维护、应急救援等志愿服务。开展"日行一善，为文明点赞"主题志愿服务活动，进行慰问帮扶、公共文明、保护环境。全县54个省、市级文明创建单位开展社区结对系列志愿服务活动，全年帮扶社区困难户206户、帮扶资金6万余元。

【学习宣传美德少年】 2016年，县委文明办利用县广播电视台、宁化在线网、三明文明网等媒体，开设专题专栏或宣传网页，对选树的"美德少年"先进事迹进行集中展示。曾逐月、廖善坚、赖隆炎等宁化县美德少年先进事迹在三明文明网广为宣传。建立美德少年档案，开展寻访慰问礼遇美德少年活动，春节期间，县委文明办领导慰问困难美德少年廖善坚，了解其学习、生活情况。在全社会倡导"存好心做好事、当好人有好报"价值导向。结合3月"学雷锋"志愿服务集中行动月、"12·5"国际志愿者日志愿服务实践周以及"我们的节日"主题活动，组织开展关爱美德少年志愿服务活动。

【推进乡村学校少年宫及心理健康辅导站建设】 2016年，县委文明办推进乡村学校少年宫建设，中沙中心学校乡村学校少年宫建设获中央专项彩票公益金扶持15万元。淮土中心学校、泉上中心学校、民族学校分别组织乡村学校少年宫成果展演，并选送少年宫书法类、绘画类、手工类、科技类实物作品共28件参加全市乡村学校少年宫优秀实物作品展，14件实物作品获全市表彰。加强心理健康辅导站建设，重视心理健康教育师资培训。全年有12人参加省、市心理健康骨干培训，聘请深圳幸福家庭公益基金会专家到宁化开展为期10天的儿童心理护理种子师资培训，309名中小学专兼职心理健康教师参加培训。开展中小学心理辅导优秀案例评选活动，收到案例38篇，择优向市推荐5篇，其中2篇获全市三等奖。

（供稿：翁国雄）

党 校 教 育

【概况】 2016年，中共宁化县委党校（简称县委党校）坚持党校姓党，聚焦主业主课。深入贯彻中共十八大和十八届三中、四中、五中、六中全会精神，全面落实全国、全省、全市和全县党校工作会议精神，扎实做好干部培训、教学科研、队伍建设等各项工作。年内获县"平安先进单位"。

【干部教育培训工作】 2016年，县委党校聚焦主业主课，重点做好两方面工作。一方面抓实对外培训工作。做好对外宣传工作，编制党校宣传册1600册，寄送至各省、市、县党校；用好谷文昌纪念园、北山革命纪念园、客家祖地等5个现场教学基地，全年接待市直部门、市委党校和周边县培训班800余人次。12月27日，省委党校、行政学院在宁化建立现场教学基地，进一步提升宁化对外知名度。另一方面抓好对内培训工作。全年举办培训班7期，培训党员干部365人，选派教师4人到全县乡（镇）、机关企事业单位、社区等宣讲"两学一做"学习教育、县第十三次党代会精神和中共十八届六中全会精神累计40余次，3200余人次接受教育。为提高教学实效性，年内邀请3名县领导，7名县直部门主要负责人，16名高等院校教授，6名省、市委党校优秀教授、教师到校授课，实现讲坛资源最大利用率。

【科研工作】 2016年，县委党校科研工作紧紧围绕党的路线、方针、政策以及省、市、县委中心工作开展，当好理论研究和宣传先行者，全年撰写论文11篇（其中CN级刊物3篇，市级刊物6篇），有5项教学专题成果在不同班次作为专题教学内容。注重与其他党校和社科界的交流，组织4名教研人员参加市委党校教育研究会年会，4篇论文参与交流，1篇被评为优秀论文，1个课题获得市委党校结项。

【教师队伍建设】 2016年，县委党校加大教师培训进修和实践锻炼力度。派出6名教师分别到复旦大学、浙江的温州开发区青年电商产业园、丽水特色产业园和丽水学院电商创新创意实践基地等地学习培训；2名教师到省、市委党校参加中共十八届六中全会精神辅导培训；5名教师到省委党校观摩省校院系统党性教育精品课评选活动，由县委党校选送的"学习谷文昌精神，做合格共产党员"课题获体验式教学二等奖；1名教师参加市校院系统片际教学交流活动；选送2名教师分别到县委部门和城市建设项目组挂职锻炼半年。2016年年初，公开招聘教师1名，教师专业结构得到优化。坚持专兼职教师队伍建设，注重从有丰富实践经验的党政干部、专家学者和上级党校优秀教师中选聘兼职教师，形成合理人才梯队。

【县委重视党校工作】 8月23日，县委书记余建地到党校和新建党校项目现场调研，实地了解党校急需解决的难题。组织部部长、党校校长钱锋多次到校就党校发展过程中遇到的困难，提出解决方案。8月24日，县委召开常委（扩大）会议，研究关于新建党校项目建设问题。10月20日，县委召开专题会议研究贯彻全省、全市党校工作会议精神，县委余建地书记就贯彻落实会议精神做出具体安排部署。11月4日，县委召开全县党校工作会议，县委余书记建地和组织部部长钱锋到会讲话，对党校更好发展提出要求，县委常委、各乡（镇）党委书记、县直有关单位负责人参加会议。

【全市党校工作会议在宁化召开】 1月15日，三明市党校、行政学院（校）工作会议在宁化世界客属文化交流中心召开。三明市委党校、行政学院常务副校长汪震国、副校（院）长魏春早、林美金，市委党校、行政学院各处室主任，12个县级党校、行政学校常务副校长和办公室主任参加会议。宁化县委常委、组织部部长陈章明出席会议并致辞，12个县级党校、行政学校常务副校长就2015年工作、本校特色做法、2016年工作作了交流发言。

【党校系统学术研讨会在宁化召开】 10月19日，全省党校、行政学院系统纪念红军长征胜利80周年暨中共党史学科建设学术研讨会在宁化世界客属文化交流中心召开。来自全省党校、行政学院党史学科领域的教授、讲师代表参加研讨会。福建省委党校党史教研部主任、教授曹敏华，宁化县委常委、组织部部长、县委党校校长钱锋出席研讨会。该次研讨会有11篇论文汇编入册，内容涵盖红军长征各个方面，形成了一批有见地、有价值的学术研究成果。

【全县党校工作会议召开】 11月4日，全县党校工作会议在宁化世界客属文化交流中心召开。会议深入学习贯彻全国、全省、全市党校工作会议精神，分析党校工作面临的新形势新任务，研究部署党校工作。县委书记余建地出席会议并讲话，县委副书记刘小彦主持会议。县领导潘闽生、罗启发、李平生、郑丽萍、江向荣、陈恩、钱锋、黄树荣等出席会议；县委党校、城郊乡、县发改局、县财政局等单位有关负责人在会上作交流发言。

【全省党校行政学院系统教学工作会在宁化召开】 12月26日—27日，全省党校行政学院系统教学工作会议暨福建省党校教育研究会年会在宁化客家宾馆召开。会议由福建省委党校、行政学院教务处处长陈耀主持。会议总结分析2016年度教学工作交流情况，探讨2017年教学工作思路和工作重点。省委党校、行政学院副校院长徐小佶，宁化县委书记余建地，县委常委、组织部部长、党校校长、行政学校校长钱锋出席会议。会议期间，与会人员围绕"树立精品意识、提升培训质量"主题，就教学工作中所收获的经验和遇到的问题、难点进行深入交流。

【宁化县被省委党校省行政学院列为现场教学基地】 12月27日，宁化县被福建省委党校列为党史党性现场教学基地，揭牌仪式在北山革命纪念馆举行。福建省委党校、行政学院副校院长徐小佶，县委常委、组织部部长钱锋共同为基地揭牌。

（供稿：黄发培）

党 史 编 研

【概况】 2016年，中共宁化县委党史研究室（简称县委党史室）以纪念中央红军长征胜利80周年为契机，着力深化党史课题研究，深入挖掘宁化红色文化资源，扩大红色文化宣传力度，突出红色文化遗址的保护利用工作。

【深化党史课题研究】 2016年，县委党史室组织各方力量围绕红军长征主题，群策群力，撰写党史题材理论研究、纪事本末体裁、综合通讯等文稿近30篇，分别在国家、省、市、县级刊物和媒体发表，其中县委党史室干部撰写的《毛泽东率红4军2纵队进军宁化》《宁化县对中央红军的作用、贡献与若干问题讨论》《宁化"雄狮"与长征"钢铁之师"》等党史重点课题研究文章有18篇。

【深入开展纪念活动】 2016年，县委党史室积极参与和配合省、市、县开展纪念红军长征胜利80周年系列活动。配合做好三明市在宁化举办纪念红军长征胜利80周年大会相关事项；配合做好省级"三下乡"项目建设（石壁·红军长征文化公园），撰写红军长征节点介绍；协助做好宁化县举办的"骑聚红土地·重走长征路"中国·宁化山地自行车骑游文化节活动，编辑、制作骑游路线各节点展板资料；配合县委宣传部、团县委等部门开展纪念红军长征胜利80周年的演讲、文艺汇演等活动。

【党史特色宣传教育】 2016年，县委党史室在中央、省、市、县各级刊物、网络平台发表党史题材作品，加强党史宣传教育工作，编纂出版宁化革命史简明读本《红色记忆》1500册；以"纪念红军长征胜利80周年"为主题,配合三明市委党史研究室编辑出版《三明党史宁化专刊》;收集、整理、编纂《红色三明》(宁化部分)文献资料近30万字、图片近300张;从党史角度,接受中央、省、市、县各级媒体记者关于红色宁化专访10余批次,宁化影响力进一步扩大。

【考察增补革命遗址】 2016年,县委党史室继续对全县革命遗址遗迹进行普查考证,新增革命遗址遗迹9处(其中红军标语6处),至年末,全县现存革命遗址遗迹增至73处。根据有关人员提供的信息,年内到翠江镇、城郊乡、湖村镇、安乐镇、曹坊镇、淮土镇等地进行实地考察、走访,收集详实的相关史料加以佐证,先后将"范祥云故居""上畲村红军标语遗迹""巫坊村红军标语墙遗迹""朱德在安乐宿营遗址""红一军团、红九军团军需仓库旧址""红一军团后勤部旧址""张新华将军故居""红12军34师师部驻地旧址""滑石村红军标语遗迹"等9处遗址遗迹纳入宁化革命遗址库。

【助推遗址保护开发】 2016年,县委党史室根据现存革命遗址的重要程度及其保存状况,多次向县委、县政府提出对全县革命遗址遗迹分批分类进行保护利用与开发的建议,要求核心开发"一地(长征出发地)、一院(陈塘红军医院)、一旧居(毛、朱旧居)"。配合文广部门,对全县红军标语和革命遗址进行分类整理、提供史料、提出保护利用意见,并向有关乡(镇)进行宣传、协调。配合旅游部门整理、上报长征出发地史料,以利申报国家和省级红色旅游项目。

(供稿:谢丽梅)

保 密 工 作

【概况】 2016年,中共宁化县委保密工作委员会办公室、宁化县国家保密局(简称县保密局)贯彻落实中央和省、市、县关于进一步加强新形势下保密工作的具体部署和要求,加强涉密网络安全保密防护和管理,执行保密法律法规和国家保密标准,建立完善加强涉密网络保密防护和管理的具体措施,严格涉密网络保密管理要求和涉密信息系统集成资质管理要求,加强日常保密监管,确保涉密网络和国家秘密信息安全。

【开展互联网门户网站保密检查】 2016年,县保密局根据市保密局转发的《关于组织开展机关、单位互联网门户网站等保密检查的通知》精神,制定检查方案,要求各单位应用保密专用工具,对网站进行自查工作。5月16日—20日,组织检查组到"宁化在线""宁化县人民政府"及有问题门户网站管理单位,进行现场检查,根据上级文件中的"检查清单",做好检查记录,事后做好检查总结。

【市检查组到宁化开展保密检查】 6月30日,根据省国家保密局对保密工作检查要求,市国家保密局局长黄茂升率检查组到宁化县开展专项保密检查,检查内容包括保密工作制度管理、计算机网络保密管理、涉密纸介质管理等。市检查组听取受检单位自查情况简要汇报,了解受检单位保密管理情况,向受检单位口头反馈检查情况,并提出整改建议。

【参加保密技术交流大会暨产品博览会】 10月13日—15日,县政府副县长张清祥,县委办副主任、机要局局长徐志祥赴青岛参加2016年保密技术交流大会暨产品博览会,会展全面展示信息安全保密技术和产品,推动产业与用户、企业与企业、国际与国内技术合作交流,探索政策引领作用、市场资源配置作用、企业创新主体作用。

(供稿:钟敏)

宁化县人民代表大会

◆编辑：罗昌鑫

综　　述

2016年，宁化县人民代表常务委员会（以下简称县人大常委会）以中共十八大和十八届三中、四中、五中、六中全会精神为指导，深入贯彻落实中共中央总书记习近平系列重要讲话精神和对福建工作的重要指示，紧扣全县工作大局，依法履职，较好地完成县十六届人大五次会议上确定的各项任务。全年召集人民代表大会会议2次、召开人大常委会会议13次、主任会议24次，作出决议决定47项，听取和审议专项工作报告15项，开展执法检查2项，组织开展视察、调研、检查20次，依法任免国家工作人员80人次，接受国家工作人员辞去职务15人，补选市人大代表1人。

（供稿：邱加长）

重要会议

【人民代表大会】　4月25日，宁化县第十六届人民代表大会第六次会议在宁化世界客属文化交流中心召开，县十六届人大代表出席会议，不是县十六届人大代表的县委、县政府、县政协副处以上领导干部和乡（镇）党委书记、人大主席，县人大历任县副处以上离退休老干部列席会议。会议选举吕国健为宁化县人民政府县长。

12月21日—23日，宁化县第十七届人民代表大会第一次会议在宁化世界客属文化交流中心召开。大会应到代表200名，实到代表197名，不是县十七届人大代表的县副处以上领导干部，县直有关单位和中央、省、市属驻宁有关单位负责人，县十六届人大常委会委员，县人大常委会机关副科以上领导干部，各乡（镇）乡（镇）长，宁化县行政区域内的第十二届省、市人大代表，县委、县人大、县政府历任县副处以上离退休老干部，出席县政协十届一次会议人员列席会议。会议听取和审议县政府、预算、计划和县人大常委会、法院、检察院工作报告，选举潘闽生为县人大常委会主任，张如梅、张金炎、李恭清、周文庆为县人大常委会副主任，姚文辉为县人民政府县长，陈健、张清祥、黄光成、谢忠、周颖、兰其锋、邵东珂、王兴国为县人民政府副县长，黄伟为县人民法院院长，郭建武为县人民检察院检察长（报经三明市人民检察院检察长提请三明市人民代表大会常务委员会批准通过），王盛炎、王斌、伍一卿、江珊珊、巫锡鹤、杨美华、邱智辉、张平、张艳珍、张清山、张嫦珠、陈庭游、徐绍敏、曹益明、彭强、曾茹芳、赖贤斌、赖锦森、雷晓谊、管伙才、廖伙木、廖香文等22人当选为宁化县第十七届人民代表大会常务委员会委员，36人当选为三明市第十三届人大代表。会议表决通过了关于设立宁化县第十七届人民代表大会财政经济委员会的决定及组成人员名单。

【县人大常委会会议】　县十六届人大常委会第33次会议　1月5日召开，罗启发等22位组成人员出席会议，会期半天。会议补选市十二届人大代表。

县十六届人大常委会第34次会议　3月18日召

开，罗启发等19位组成人员出席会议，会期半天。会议审议人事任免事项；听取和审议2015年村委会换届选举工作情况报告；听取和审议《中华人民共和国档案法》执法检查报告；审议变更安乐镇和水茜镇人大主席团、人民政府组成人员职务称谓的议案。

县十六届人大常委会第35次会议 4月11日召开，罗启发等21位组成人员出席会议，会期半天。会议审议人事事项。

县十六届人大常委会第36次会议 4月15日召开，罗启发等21位组成人员出席会议，会期半天。会议审议召开县十六届人大六次会议有关事项；听取和审议宁化县第十六届人大常委会代表资格审查委员会关于代表变动情况的报告。

县十六届人大常委会第37次会议 5月27日召开，罗启发等21位组成人员出席会议，会期半天。会议听取和审议县政府关于县"河长制"目标责任落实情况的报告；听取和审议县政府关于禁毒工作情况报告；听取和审议《城市市容和环境卫生管理条例》执法检查报告。

县十六届人大常委会第38次会议 7月5日召开，罗启发等20位组成人员出席会议，会期半天。会议审议人事事项。

县十六届人大常委会第39次会议 7月22日召开，罗启发等21位组成人员出席会议，会期半天。会议审议人事任免事项；听取和审议2015年度预算执行情况和其他财政收支的审计工作报告；审查批准2015年县级财政决算（草案）；听取和审议2016年上半年预算执行情况的报告；听取和审议县政府关于2016年新增地方政府债券预算调整的议案；听取和审议县政府关于县十六届人大五次会议代表建议办理情况的报告；审议《宁化县人民代表大会代表履职管理暂行办法（草案）》；审议《宁化县人民代表大会常务委员会关于开展满意度测评工作的办法（草案）》；对县政府组成部门履职情况进行满意度测评。

县十六届人大常委会第40次会议 8月26日召开，罗启发等19位组成人员出席会议，会期半天。

会议审议人事任免事项；听取和审议县政府《关于提请审议新建滨江实验学校方案的议案》。

县十六届人大常委会第41次会议 9月30日召开，罗启发等19位组成人员出席会议，会期半天。会议听取和审议县政府2016年国民经济和社会发展计划1—8月执行情况的报告；听取和审议县政府关于"精准扶贫"开发工作情况报告；听取和审议县法院执行工作情况报告；听取和审议关于提请确定宁化县县、乡两级人民代表大会代表换届选举时间的议案；审议宁化县县、乡两级人民代表大会换届选举工作方案（草案）；审议关于提请设立宁化县乡（镇）选举委员会的议案；审议关于提请设立宁化县人大代表换届选举办事处的议案。

县十六届人大常委会第42次会议 10月10日召开，罗启发等17位组成人员出席会议，会期半天。会议审议人事任免事项；审议关于提请设立宁化县选举委员会的议案；听取和审议关于提请对县公安消防大队开展争创"人民满意消防大队"活动进行评议的议案；听取和审议关于对县公安消防大队开展争创"人民满意消防大队"活动进行评议的工作方案(草案)。

县十六届人大常委会第43次会议 11月25日召开，罗启发等15位组成人员出席会议，会期半天。会议听取县政府关于环境保护工作情况报告；听取县政府关于农村饮用水安全治理工作情况报告；听取县政府关于"两溪一江"水环境治理议案办理情况的报告；对代表建议意见办理情况进行满意度测评；听取和审议县人大常委会视察组关于为民办实事项目建设情况的视察报告；听取城郊乡和城南乡"三农"服务中心规划建设情况的报告；审议县政府关于提请审议2016年县级预算调整方案（草案）的议案；听取和审议县人大常委会关于召开宁化县第十七届人民代表大会第一次会议的决定（草案）；听取和审议关于接受罗启发等人辞去县选举委员会职务的议案；听取和审议关于接受刘小明等人辞去乡（镇）选举委员会职务的议案。

县十六届人大常委会第44次会议 12月5日召开，罗启发等16位组成人员出席会议，会期半天。

会议听取和审议宁化县第十六届人大常委会代表资格审查委员会关于宁化县第十七届人民代表大会代表的代表资格的审查报告；听取和审议县第十七届人大一次会议筹备情况的报告；听取和审议2017年预算草案初步方案编制情况及上一年预算执行情况的报告。

县十六届人大常委会第45次会议 12月16日召开，罗启发等16位组成人员出席会议，会期半天。会议听取和审议县公安消防大队关于开展争创"人民满意消防大队"工作情况的报告；听取和审议县政府关于"六五"普法工作情况的报告；听取县人大常委会关于代表建议意见办理情况满意度测评结果的通报。

【县人大常委会主任会议】 全年召开主任会议24次，研究县人大常委会会议建议议题、县人大常委会领导分工、县十六届人大六次会议筹备有关事项、会议室装修有关事项、县政府关于滨江实验学校建设资金筹集的方案、县公安消防大队争创"人民满意消防大队"有关事项、县人大机关后勤有关事项、县人大办公室科级干部工作分工、县第十七届人大一次会议筹备情况等；听取各调研组汇报县政府组成部门履职情况，听取和审议2016年新增地方政府债券的议案，开展"两学一做"专题学习，传达贯彻全省市县乡三级人大换届选举工作暨业务培训会精神；同时会议研究讨论了其他工作事项。

（供稿：邱加长）

重大事项审议决定

【变更安乐镇和水茜镇有关称谓决定】 3月18日，县人大常委会第三十四次会议审议县人大常委会主任会议《关于变更安乐镇和水茜镇人大主席团、人民政府组成人员职务称谓的议案》，经过审议，会议决定批准该议案，并作出相关决定。

【批准2015年县级财政决算决议】 7月22日，县人大常委会第三十九次会议听取和审议2015年度预算执行情况、2015年县级财政决算和2016年上半年预算执行情况，并根据审计报告，通过《关于批准2015年县级财政决算的决议》，针对财政工作和预算执行中存在一些问题，提出要加强和改进预算编制工作；要切实提高预算支出的执行率；要进一步强化政府性债务管理；要抓好审计发现问题的整改等意见建议。

【批准地方政府债券预算调整决议】 7月22日，县人大常委会第三十九次会议听取县政府提出的《关于2016年新增地方政府债券预算调整的议案》及有关情况说明，经过审议，会议决定批准县人民政府提出的关于2016年新增地方政府债券预算调整的议案，并作出相关决议。

【批准新建滨江实验学校决议】 8月26日，县人大常委会第四十次会议听取县政府《关于提请审议新建滨江实验学校方案的议案》及有关情况说明，经过审议，会议通过县政府关于新建滨江实验学校的议案，并作出相关决议。

【审查批准2016年县级预算调整决议】 11月25日，县人大常委会第四十三次会议听取县政府提出的《关于提请审议2016年县级预算调整方案（草案）的议案》及有关情况说明，经过审议，会议决定批准县人民政府提出的关于2016年县级预算调整方案，并作出相关决议。

【授予县公安消防大队"人民满意消防大队"荣誉】 12月16日，县人大常委会第四十五次会议听取县公安消防大队关于开展争创"人民满意消防大队"工作情况及县人大常委会评议消防工作领导小组评议工作情况，经过审议，会议决定授予县公安消防大队"人民满意消防大队"荣誉称号并颁发荣誉牌匾。

（供稿：邱加长）

人 事 任 免

【概况】 2016年，县人大常委会坚持党管干部和人大常委会依法任免干部相统一的原则，共任免"一府两院"国家机关工作人员80人次，其中任免政府工作人员38人，任免审判、检察人员18人，任免县人大常委会机关工作人员24人次；决定接受辞职15人，补选市人大代表1人。

表9   2016 年县人大常委会任免国家机关工作人员

时间	会议	任免名单
3月18日	县十六届人大常委会第三十四次会议	免去张嫦珠县人大常委会信访室主任职务
		罗雪桢任县人大常委会信访室主任职务
4月11日	县十六届人大常委会第三十五次会议	吕国健任县人民政府副县长职务
		吕国健代理宁化县人民政府县长职务
7月5日	县十六届人大常委会第三十八次会议	姚文辉任县人民政府副县长职务
		姚文辉代理宁化县人民政府县长职务
7月22日	县十六届人大常委会第三十九次会议	黄光成任宁化县人民政府副县长职务
		黄伟任宁化县人民法院副院长、审判委员会委员、审判员职务
		郭建武任宁化县人民检察院检察员、检察委员会委员、副检察长职务
		免去刘小明县人民政府办公室主任职务
		免去钟必涵县公安局局长职务
		免去郑翠春县监察局局长职务
		免去张茂银县司法局局长职务
		免去江陈林县住房和城乡规划建设局局长职务
		免去陈建刚县农业局局长职务
		免去赖锡升县林业局局长职务
		免去熊建云县水利局局长职务
		免去俞福福县审计局局长职务
		谢忠任县公安局局长职务
		伊贤明任县监察局局长职务
		夏礼谋任县司法局局长职务
		马宗平任县住房和城乡规划建设局局长职务

续表

时间	会议	任免名单
7月22日	县十六届人大常委会第三十九次会议	张少敏任县农业局局长职务
		周登华任县林业局局长职务
		雷学富任县审计局局长职务
		黄伟代理宁化县人民法院院长职务
		郭建武代理宁化县人民检察院检察长职务
8月26日	县十六届人大常委会第四十次会议	邵东珂任宁化县人民政府副县长职务
		免去俞和勇宁化县人民法院审判员、审判委员会委员职务
		免去陆毓微宁化县人民法院审判员职务
		赖征源任宁化县人民法院审判员职务
		吴美慧任宁化县人民法院审判员职务
		赖丽华任宁化县人民法院审判员职务
		黄丽珠任宁化县人民法院审判员职务
		刘文庭任宁化县人民法院审判员职务
		免去张天庆宁化县人大常委会内务司法委员会主任职务
		免去黄小斌宁化县人民检察院检察员、检察委员会委员职务
		张天庆任宁化县人民检察院检察员职务
10月10日	县十六届人大常委会第四十二次会议	免去巫燕华县人大常委会办公室主任职务
		免去黄 宁县人大常委会人事代表工作室主任职务
		免去吴良才县人大常委会农村经济委员会主任职务
		免去巫升桓县人大常委会财政经济委员会主任职务
		免去王 斌县人大常委会教育科学文化卫生委员会主任职务
		免去周辅安县人大常委会环境与城乡建设委员会主任职务
		免去张嫦珠县人大常委会人事代表工作室副主任职务
		免去邱夕连县人大常委会财政经济委员会副主任职务
		免去伍国林县人大常委会环境与城乡建设委员会副主任职务
		廖香文任县人大常委会办公室主任职务
		王斌任县人大常委会人事代表工作室主任职务

续表

时间	会议	任免名单
10月10日	县十六届人大常委会第四十二次会议	巫锡鹤任县人大常委会内务司法委员会主任职务
		张平任县人大常委会财政经济委员会主任职务
		江珊珊任县人大常委会教育科学文化卫生委员会主任职务
		赖锦森同志任县人大常委会环境与城乡建设委员会主任职务
		杨辉任县人大常委会办公室副主任职务
		张小华任县人大常委会办公室副主任职务
		邱夕连任县人大常委会人事代表工作室副主任职务
10月10日	县十六届人大常委会第四十二次会议	陈庭游任县人大常委会农村经济委员会副主任职务
		伍国林任县人大常委会财政经济委员会副主任职务
		陈文利任县人大常委会环境与城乡建设委员会副主任职务
		免去马小明县发展和改革局局长职务
		免去张发禄县经济和信息化局局长职务
		免去谢启莹县统计局局长职务
		免去刘文胜县民族与宗教事务局局长职务
		免去雷建平县科学技术局局长职务
		免去谢荣好县环境保护局局长职务
		免去唐又群县文体广电出版局局长职务
		黄荣明任县人民政府办公室主任职务
		张运华任县发展和改革局局长职务
		张秀华任县科学技术局局长职务
		李纪鹏任县经济和信息化局局长职务
		张远福任县民族与宗教事务局局长职务
		马小明任县环境保护局局长职务
		张发禄任县水利局局长职务
		谢启莹任县文体广电出版局局长职务
		巫燕平任县统计局局长职务
		免去罗爱群县人民法院副院长职务

续表

时间	会议	任免名单
10月10日	县十六届人大常委会第四十二次会议	免去邓章隆县人民法院副院长职务
		陈健任县人民法院副院长职务
		巫朝鸿任县人民法院副院长职务
		免去邱祖良同志宁化县人民检察院副检察长职务

（供稿：邱加长）

监 督 工 作

【概况】 2016年，县人大常委会立足于促进县域经济和社会各项事业全面发展中心，以维护广大群众根本利益为出发点，强化经济运行监督，突出民生问题监督，加强法律法规监督。

【强化经济运行监督】 2016年，县人大常委会依法定期审查和批准宁化县财政决算、预算调整，听取和审议国民经济和社会发展计划、县财政预算执行情况报告以及财政审计工作报告，针对计划、预算执行及经济社会发展中存在的突出问题提出审议意见，督促政府及其有关部门改进工作。

【突出民生问题监督】 2016年，县人大常委会先后听取和审议县政府关于村委会换届选举、"河长制"目标责任落实、禁毒、法院执行、"精准扶贫"开发、水环境治理议案办理、环境保护、农村饮用水安全治理、为民办实事项目建设等工作情况报告；组织人大代表对政府组成部门服务县域经济发展情况、城区小学及幼儿园布局规划、城郊乡和城南乡便民服务中心规划建设、南大街（步行街）管理暨车辆恢复通行问题进行专题调研，针对存在问题，提出意见建议，督促相关部门认真落实。

【加强法律法规监督】 2016年，县人大常委会先后组织开展《中华人民共和国档案法》《城市市容和环境卫生管理条例》执法检查，全力推动"一府两院"依法行政。配合省、市人大开展《中华人民共和国农民专业合作社法》《福建省农民专业合作社条例》《福建省少数民族权益保障条例》《中华人民共和国兵役法》《福建省征兵工作条例》等法律法规贯彻实施情况调研；对加强县、乡人大工作，市、县、乡人大换届选举工作及《三明市市容和环境卫生管理条例（草案）》立法、华侨权益保护立法、精准扶贫、基本公共卫生服务、"六五"普法工作暨"七五"普法规划、法院生态审判、信访、财经、重点建议办理等工作情况进行调研，并提出意见建议。

（供稿：邱加长）

代 表 工 作

【概况】 2016年，县人大常委会采取有效措施，改进代表工作方式，完善代表服务机制，搭建代表履职平台，保障代表依法行使职权。采取专题培训、以会代训、寄送资料以及组织部分代表参加全国、省、市人大组织的人大代表培训班等多种形式，就如何履行岗位职责、服务经济发展、回应群众诉求等方面，多层次、多渠道组织代表学习、交流，增强代表责任意识，提升代表履职能力；制定完善《宁化县人民代表大会代表履职管理办法（暂行）》，进一步加强对代表履职监督管理；优先确保代表活动经费，注重协助解决代表履职活动中的困难和问题，为代表联系群众、开展活动、履行职责提供条件和保障；坚持常委会组成人员联系县代表小组及代表，乡（镇）人大主席团成员联系乡（镇）代表小组及代表，代表联系选区选民制度，进一步拓宽常委会与代表、代表与选民的联系渠道，密切与代表的联系，听取基层代表和群众的意见建议；定时向代表寄送人大刊物和信息，重大事项、重要工作以及常委会会议召开情况及时向代表通报，让代表充分了解常委会工作动态和全县的重大事项，切实保障代表知情知政权；邀请代表列席常委会会议，组织代表参加调研、视察、执法检查、评议等活动，进一步扩大代表对常委会工作的参与面，为代表履职搭建平台。全年组织人大代表开展调研、视察和执法检查活动22次；受市人大常委会委托，协助做好市人大代表小组活动的协调联系工作，配合省、市人大常委会开展视察调研16次。

【督办代表议案、建议和意见】　2016年，县人大常委会组织代表对议案建议办理情况进行专项视察，听取和审议县政府关于议案建议办理情况报告。开展代表建议"督办月"、办理结果"回头看"等活动，不断改进督办方式，提高办理实效，跟踪议案建议答复后落实情况，推动办理工作由"答复型"向"落实型"转变，由重视"满意率"向重视"解决率"转变。县十六届人大五次会议以来代表提出的78件建议全部答复，县人大常委会确定的5件重点建议均得到解决或正在解决。从代表反馈情况看，代表表示满意的72件，占92.3%；表示基本满意的6件，占7.7%。

【完成县、乡人大换届选举】　2016年，县人大常委会按照县委统一部署，依法成立县、乡选举委员会和选举办公室，及时制定换届选举工作方案和实施意见，召开动员会，举办培训班，加强与县委组织部门沟通联系，协助做好代表候选人提名推荐工作，建立健全代表候选人提名、审查和考核机制，严把换届选举程序关和代表质量关、结构关；吸取湖南衡阳破坏选举案、四川南充拉票贿选案以及辽宁人大贿选案深刻教训，严肃换届纪律，确保县、乡人大换届选举工作依法有序进行。全县实选县级人大代表200名，其中政党、人民团体推荐的候选人当选161名，占80.5%；选民10人以上联名推荐的候选人当选39名，占19.5%；妇女代表61名，占30.5%；非中共党员72名，占36.0%；少数民族10名，占5.0%；公务员62名，占31%；企业单位负责人7名，占3.5%；工人11名，占5.5%；农民104名，占52.0%；专业技术人员15名，占7.5%；解放军和武警1名，占0.5%。全县实选乡级人大代表897名，其中政党、人民团体推荐的候选人当选621名，占69.23%；选民10人以上联名推荐的候选人当选276名，占30.77%；妇女代表242名，占26.98%；非中共党员370名，占41.25%；少数民族38名，占4.24%；公务员117名，占13.04%；企业单位负责人1名，占0.11%；事业单位负责人12名，占1.34%；工人46名，占5.13%；农民694名，占77.37%；专业技术人员18名，占2.01%；其他9名，占1.0%。县、乡两级人大代表在年龄、结构上进一步优化，整体文化素质明显提高。换届后，县人大常委会指导各乡（镇）依法召开新一届人民代表大会第一次会议，选举产生新一届乡（镇）人大主席团和政府班子。年内乡镇人大换届选举工作任务完成。

（供稿：邱加长）

信 访 工 作

【概况】　2016年，县人大常委会把做好人大信访工作作为构建和谐社会基础性工作，与人大依法履职有机结合起来，进一步畅通信访渠道，注意倾听收集民愿，重视解决突出问题，有效化解社会矛盾，探索新时期信访工作的新思路、新办法，较好地维护了法律的尊严和人民群众的合法权益。全年县人大常委会受理人民群众来信来访89件（人）次。其中受理群众来信39件（含省市人大交办4件、转办12件，重信7件）；接待群众来访35批50人。

（供稿：邱加长）

视察调研

【概况】 2016年，县人大常委会先后组织市、县人大代表对村委会换届选举工作情况，"河长制"目标责任落实情况，禁毒工作情况，政府组成部门服务县域经济发展情况、代表议案、建议办理情况，2015年财政预算执行和其他财政收支的审计情况，2015年财政决算和2016年预算上半年执行情况，县法院执行工作情况，"精准扶贫"开发工作情况，国民经济和社会发展计划1—8月份执行情况，水环境治理议案办理情况，环境保护工作情况，农村饮用水安全治理工作情况，为民办实事项目建设情况，城区小学及幼儿园布局规划，城郊乡和城南乡便民服务中心规划建设情况，南大街（步行街）管理暨车辆恢复通行问题，《中华人民共和国档案法》《城市市容和环境卫生管理条例》贯彻实施情况等进行视察、检查、调研，对调研中发现的问题认真研究，提出解决建议。加强与上级人大常委会的联系交流，配合省、市人大常委会开展各项工作调研、视察、执法检查。

（供稿：邱加长）

宁化县人民政府

◆编辑：罗昌鑫

综　述

2016年，宁化县人民政府(简称县政府) 面对经济下行压力加大的严峻形势，全县上下认真贯彻落实中共中央总书记习近平到福建考察重要讲话精神，深入开展"敢担当、解难题、立新业""大干150天，加快推进'五个一批'项目建设"活动，全力推进"一城四区"建设，全县经济运行实现缓中趋稳、稳中向好的发展态势，较好地完成县第十六届人大五次会议审议通过的各项目标任务，实现"十三五"良好开局。全年，全县实现地区生产总值118.70亿元，增长8.40%；地方公共财政收入5.81亿元，增长6.20%；实际利用外资1132万美元，增长14.20%；全县银行机构各项贷款余额67.46亿元，增长5.30%。在全市通报的18项主要经济指标中，有15项指标增幅居全市前6位，其中地方公共财政收入、金融机构本外币存款余额等4项指标增幅居全市第1位。

产业结构更优。一产提质增效，全县农林牧渔业总产值47.79亿元，增长4.20%。生产粮食20.96万吨，收购烟叶21.02万担（1051万公斤）；河龙贡米、薏米、油茶、茶叶、水稻制种等种植基地规模扩大；新增农民专业合作社72家、家庭农场51家、新型林业经营组织18家、"三品一标"认证农产品5个。**二产转型升级**，全县规模以上工业增加值33.87亿元，增长8.10%。全年完成工业固定资产投资93.09亿元，增长2.60%。其中，工业技改完成投资91.90亿元，占工业固定资产投资98.72%。有116家企业实施技术改造，其中奔鹿牛仔布配套纺纱生产项目、精密光学元件扩产项目等10项省级重点技改项目完成投资4.93亿元。**三产创新突破**，全年社会消费品零售总额35.21亿元，增长12.10%，新增限额以上商贸企业14家，实现第三产业增加值39.76亿元，增长11.90%。电子商务城、小商品城、粮食批发市场建成招商，电子商务营业额实现8.76亿元，增长41.3%，新增电商从业人员2675人、网店56家。游客接待量、旅游总收入分别增长16.50%和17.10%，宁化县被列入"重走长征路"国家红色旅游精品线路，1家企业获省三星级乡村旅游经营单位。金融、房地产风险有效防范和化解，不良贷款率降低，房地产市场回暖，销售商品房22.63万平方米。宁化客家小吃商标被评为省"著名商标"，培训从业人员898人，新增县外店670家；宁化（海西）客家美食文化城获评"福建省美食城"。

发展后劲更强。加快推进基础设施、重点项目建设和重点领域改革，不断增强发展后劲。**基础更实**，浦梅铁路宁化段全线开工，兴泉铁路获批，莆炎高速公路宁化段前期工作扎实推进，纵八线连屋至下曹公路超额完成年度计划，新建改建农村公路33.5公里；鸡公崠风能发电项目开工建设；"一区多园"加快推进，新增开发用地180亩，10万平方米"双创"孵化基地建成投入使用；完成高标准基本农田建设1.5万亩；万里安全生态水系、宁化县流域综合整治项目等8个重大水利项目顺利推进。**机制更活**，"348"精准扶贫工作机制进一步深化。财税金融、商事制度等重点领域改革扎实推进，公立医院、水利体制、文化体制、林权制度、教育制度、公车制度、国库集中支付等专项改革稳步推进，农村土地承包经营权和农村宅基地使用权确权登记颁证有序推进，"农村四项体制机制"改革取得阶段性成效。**项目更优**，开展"大干150天，加快推进'五个一批'项目建设"活动，建设县级以上重点项目186个，其中省级16个、市级42个，完成投资108.8亿元。获批国家专项建设基金项目15项、获批贷款4.85亿元，签约国家专项建设基金项目13项、签约贷款3.31亿元。

城乡面貌更美。城区变美，启动宁化县城乡总体规划修编工作，翠华西路（二期）、金刚亭路、龙门路延伸段等项目竣工投入使用，南门路、慈恩路（福宁桥至高堑桥）、污水处理厂二期及污水管网延伸工程、城区地下综合管廊建设等项目开工建设，新增城市路网6.7公里，市政燃气主管网4.5公里，城区污水管网12.3公里。实施城区绿化亮化工程，完成江滨南路景观提升工程、塔山公园400亩绿地公园和江滨北路、边贸路、江滨南路、北山公园等景观提升项目，城区主干道平均亮灯率98%、绿化覆盖率39.8%。**乡村变靓**，建设"千村整治、百村示范"省级示范村1个、省级重点整治村13个、县级重点整治村6个，完成整治裸房326栋，硬化村道16.8公里，新增绿化面积1.05万平方米，启动城镇污水处理设施建设，石壁镇、泉上镇、曹坊镇污水处理项目完成选址工作，建成垃圾中转站15座，垃圾填埋场37座，完成千人以上村庄保洁员队伍组建工作，配备村级保洁员297名。**环境变优**，加强生态环境保护，推进节能减排，落实"河长制"，打好水土保持攻坚战，治理水土流失7.65万亩，完成造林绿化1.34万亩，空气质量排名位居全省前列，宁化县获评国家水土保持生态文明综合治理工程县，宁化县水土保持科技示范园获评国家级水土保持科技示范园。

群众生活更好。**脱贫攻坚成效显著**，深化"348"精准扶贫工作机制，争取扶贫资金9769万元，农村居民人均可支配收入12538元，城镇居民人均可支配收入23975元，分别增长10.30%和9.0%，实现6226名困难群众稳定脱贫。**民生投入不断加**大，教育、医疗、社保等民生领域支出17.99亿元，占公共财政预算支出的72.99%，发放农业支持保护补贴3105.44万元，受益农户6.1万户。**为民办实事有效落实**，年初确定的10件为民办实事项目6件全面完成，3件完成年度投资计划，1件结转2017年继续实施。**社会保障更加健全**，新增城镇就业1709人、农村劳动力转移就业3219人。实施棚户区改造1004套，新建改造农村危房843户，落实补助资金1260万元。

社会事业更赞。**科技工作稳步发展**，全年有109件专利被授权，认定为高新技术企业、福建省创新型企业和入选省科技小巨人领军企业培育发展库各1家；1个项目获市科技进步奖二等奖，1家企业获第五届中国创新创业大赛（福建赛区）暨第四届福建创新创业大赛优胜奖；美龄众创星空被列为市级科技企业众创空间，宁化县获"全国科普示范县"，宁化华侨经济开发区"双创"孵化基地被列为市级科技企业孵化器。**教育事业加快发展**，继续巩固"义务教育发展基本均衡县"创建成果，高考上线录取率继续保持全市领先，2人被北京大学录取，成功通过"国家书法教育示范区"验收，成为全省第1个、全国第5个"国家书法教育示范区"。学校办学条件改善，完成学校运动场塑化建设3个，实施学校直饮水工程35所，新建城南小学、安乐中心学校、湖村中心学校等教学楼完工投入使用。**卫计工作持续发展**，县级公立医院改革、第二轮基层医疗卫生机构综合改革持续推进，群众看病负担明显减轻。县公共卫生服务中心即将建成投入使用，县医院新建项目开工建设。计划生育工作稳步推进，各项指标全面完成。**文体事业繁荣发展**，成功举办第22届世界客属石壁祖地祭祖大典、第4届石壁客家论坛。全面完成创建国家公共文化服务体系示范区迎检验收工作。电影《绝战》在全国上映，央视《美丽中国唱起来》《乡约》《传承》等知名栏目走近宁化，举行首届"骑聚红土地·重走长征路"骑游文化节。开展第一次全国可移动文物普查，完成馆藏2500余件（套）文物的录入登记。启动红色文化的开发保护工作，完成宁化县革命遗址遗迹的摸底调查，编制凤凰山红军长征出发地旧址群保护规划。**各项事业齐步发展，深化"平安宁化"建设，社会保持安定稳定。**落实安全生产责任，安全生产形势稳定好转。推进群众性精神文明创建活动，2016年度省级文明县城测评排名全市第二。加强国防后备力量建设，开展"双拥"共建活动，军政军民团结进一步加强。大力推行红十字志愿服务。发展残疾人事业，为残疾人发放辅具1000余件。

（供稿：杨晋勋）

县政府常务会议

【第一次常务会议】 3月22日召开，县长余建地主持，就城南卫生院提升改造项目房屋产权置换、淮土镇淮土社区用房建设用地、省道纵八线莲塘食品工业园段公路建设变更、淮土镇淮阳村自坑垅地块国有建设用地使用权出让、东扩新区B地块国有建设用地使用权出让、农村宅基地和集体建设用地使用权确权登记发证工作经费、自收自支事业单位工作人员享受同等医疗补助、调整县直机关差旅住宿费标准、县国有产权商业店面（含商务办公房产）租金调整、城镇基准地价修编等10个问题进行研究。

【第二次常务会议】 4月8日召开，县委副书记、县政府党组书记吕国健主持，就县政府班子述职报告问题进行研究。

【第三次常务会议】 5月13日召开，县长吕国健主持(下同)，就福建鸿丰纳米科技有限公司碳酸钙生产线项目二期国有建设用地使用权出让、县医院新建PPP项目土地作价入股、《宁化县进一步加强环境保护工作的意见（送审稿）》《公布县级行政审批事项目录（送审稿）》等4个问题进行研究。

【第四次常务会议】 6月7日召开，就《浦梅、兴泉铁路（宁化段）征地拆迁补偿安置方案（送审稿）》《宁化县城乡医疗救助暂行办法（送审稿）》《宁化县临时救助暂行办法（送审稿）》《宁化县推进企业利用资本市场加快发展的扶持办法（送审稿）》等4个问题进行研究。

【第五次常务会议】 8月18日召开，代县长姚文辉主持（下同），就御景湾项目无偿提供给县政府房产交付城南村、县医院新建PPP项目土地作价入股、翠华山小区B地块（名门世家商住小区）商住比例调整、边贸东路客宁桥头路段路线优化调整、城区经济适用房上市交易操作、2016年省市跟踪督查的宜居环境项目开工建设、消除弃土场安全隐患、《宁化县黄标车淘汰工作实施方案（送审稿）》、成立华侨经济开发区资产收储有限公司、全县乡（镇）司法所机构规格等10个问题进行研究。

【第六次常务会议】 9月5日召开，就城中组团南部片区C-08地块国有建设用地使用权出让、城中组团南部片区C-09地块国有建设用地使用权出让、城中组团南部片区B-16地块国有建设用地使用权出让、慈恩文化园C地块国有建设用地使用权出让、东扩新区B地块国有建设用地使用权出让、县政府公务会议接待用车采购、人事等7个问题进行研究。

【第七次常务会议】 9月20日召开，就《宁化县群众举报毒品违法犯罪奖励办法（送审稿）》、宁化县总规修编编制单位确定方式、滨江实验学校项目建设、三明市烟草公司宁化分公司闲置资产收储、石壁电力仓储抢修中心建设用地调整、《关于深化供销合作社综合改革的实施意见（送审稿）》及《宁化县供销合作社综合改革试点方案（送审稿）》《宁化县生猪养殖场标准化升级改造实施方案（送审稿）》《宁化县全民参保登记计划实施方案（送审稿）》《2016年宁化县机关事业单位退休人员调整养老金实施方案（送审稿)》、石壁镇长征文化公园项目建设、福特科公司原规划生活区用地转为配套商住用地及精密机械件氧化生产线污水接入等11个问题进行研究。

【第八次常务会议】 10月18日召开，就易地扶贫搬迁进园区安置地块（A区）国有建设用地使用权出让、县城市经营公司财务人员招聘、调整城区污水处理收费标准、调整禾坑尾限价房准入资格、人事等5个问题进行研究。

【第九次常务会议】 11月25日召开，就县城区粮油批发中心市场地块国有建设用地使用权出让、成立城南乡城南社区居民委员会、石壁镇杨屯安置小区一期项目、《宁化县"十三五"安全生产专项规划（送审稿）》、成立宁化红土地旅游发展有限公司等5个问题进行研究。

【第十次常务会议】 11月28日召开，就宁化客家国际大酒店信贷风险化解问题进行研究。

【第十一次常务会议】 12月12日召开，就《2016年县政府工作报告（征求意见稿）》《2017年县委县政府为民办实事项目（征求意见稿）》、2016年造福工程扶贫搬迁县级相关配套政策、双虹生鲜及水果批发市场项目、冷冻食品加工及配送中心项目、闽赣小商品城项目、客家宾馆片区改造项目、永信SOHO时代项目、金山水郡项目、翠江豪园项目、废止《宁化县双拥安置工作方案》等11个问题进行研究。

【第十二次常务会议】 12月19日召开，就新桥路拆迁安置小区等6个项目贷款、客家慈恩文化园C地块土地出让收益奖励金分配、县城区中小学、学前教育布局优化方案，宁化县城镇土地使用税征税范围、土地等级调整方案等4个问题进行研究。

（供稿：张清松）

政 务 活 动

【联内引外】 2月17日，副县长刘小帆赴永安参加省属企业项目合作对接会。

4月6日，副县长张敬丰在宁化参加2016年三明市省级扶贫开发重点县内外架桥暨精准扶贫对接会。

6月13日，副县长刘小帆赴三明参加全市机械装备制造行业"手拉手"对接会。

6月18日，副县长刘小帆、张清祥赴福州参加第十四届中国·海峡项目成果交易会。

9月6日—10日，副县长邵东珂赴厦门参加第19届中国国际投资贸易洽谈会。

10月27日，县领导王兴国赴三明参加全市首届农业科技成果推介对接会。

11月4日—5日，县政府党组成员周颖带领有关部门赴厦门参加第九届海峡两岸文博会。

【调研活动】 2月15日，县长余建地到县城市建设公司、城市经营公司进行调研。

2月25日，县长余建地到翠江镇居委会、社区进行调研。

3月4日，县长余建地带领县住建局、教育局等单位负责人，深入城区中小学及幼儿园，就学校布点规划进行现场调研，县领导刘日太、林移发、张金炎、林翠玲等参加。

4月6日，副县长林翠玲到湖村镇中心幼儿园进行调研。

5月6日，副县长林翠玲带领有关部门调研社区医养结合卫生服务站和乡（镇）卫生院在建制村设立卫生所工作。

5月8日，副县长张清祥走访检查西南片8个乡（镇）防灾减灾工作。

7月12日，县政府党组成员黄光成到安远镇调研精准扶贫工作。

10月13日，县领导兰其锋到方田乡开展结对帮扶入户走访。

10月17日，副县长邵东珂到中沙乡开展结对帮扶入户走访。

11月11日，县委书记余建地、代县长姚文辉带领调研组深入翠江、城南、安乐、曹坊、治平等乡（镇），就四季度县委、县政府项目工作进行调研与督查，县领导潘闽生、罗启发、李平生、刘小彦等参加调研。

【参观考察】 1月19日—22日，副县长刘远隆赴龙岩、泉州参加由省政府发展研究中心组织的农村电子商务考察。

11月13日—15日，县领导兰其锋带领有关部门到浙江省丽水市缙云县考察"五水共治"工作。

11月14日—19日，副县长邵东珂随省政府发展研究中心赴浙江考察学习电商经验。

【现场办公】 5月11日，县委书记余建地，县长吕国健率有关部门负责人深入城区，开展一季度县委、县政府项目工作现场办公，实地调研各重点项目推进情况，现场协调解决项目推进过程中存在的困难和问题，县领导刘小彦、陈健、钱锋、张清祥参加调研。

6月15日，县长吕国健带领县水利局、国土局负责人到水茜镇、县防汛抗旱指挥部检查指导防汛工作。

6月17日—18日，副县长张敬丰到翠江、水茜、河龙、安远等四个乡（镇），就"两违"综合治理专项行动调查摸底及信息录入工作进行督促指导。

9月22日，宁化第三季度重点项目建设调度会召开，就1—8月186个县级重点项目建设进展情况进行分析，协调解决存在困难与问题，县领导姚文辉、李平生、刘小彦、林移发、周文庆、张清祥、黄光成、兰其锋、江正根等参加。

（供稿：吴燕萍）

政务信息化工作

【概况】 2016年，宁化县数字宁化建设办公室（简称县数字办）围绕县委、县政府中心工作，按照年度工作要点目标要求，围绕"理顺关系、发挥作用；拓展应用、确保安全；健全队伍、有效服务"工作宗旨，立足服务机关电子化办公和政府信息公开，开展保障网络畅通安全，丰富完善政府网站内容，服务党政机关电子办公，积极推进网上审批等工作，在政府网站建设，服务机关网上办公等方面取得新成绩。全县政府信息公开主体51个，主动公开信息2636条，受理政府信息公开申请5条。县政府门户网站领导信箱受理有效信件25条，答复率100%。

【完善电子政务基础】 2016年，县数字办与县行政服务中心在建设电子政务基础性工作中，主要是完善福建省网上办事大厅服务平台，全年入驻网上办事大厅的行政审批和公共服务事项数量增加为205项；截至年末，宁化县网上办事大厅梳理上传41个部门行政审批及公共服务事项575项，网上办事开通比例100%，通过网上办结行政审批和公共服务事项4516件，满意度100%。

【做好网络与应用系统管理】 2016年，县数字办对县政府门户网站内容保障及运行维护等工作任务进行分解，责任到人，尽力做好保障工作。建立值班制度，加强机房防盗、防火、防雷和电源、信源巡视，确保内、外网络畅通和各类应用系统良好运行。加强服务器系统日常清理、杀毒、升级维护工作，排查安全隐患和安全死角，确保党政机关网络办公、文件通知收发正常进行。加强政务网视频会议系统以及应急会商视频会议系统调试设备故障报修排除工作，全年召开视频会议90余次，未出现故障。

【提升县政府网站建设绩效】 2016年，县数字办进一步加强信息发布准确性，推动网上办事服务，抓好网站安全管理，落实制度建设，落实县长信箱办理制度、县行政审批审核网上审核制度和政府信息公开制度。网站建设以简化审批程序，缩短办理时限为要求，进行流程优化再造后，重新纳入系统，并按要求进行运行使用，为广大群众提供方便、快捷、高效的网上行政许可服务，年内，宁化县政府门户网站公众满意度列全省县（市、区）第一，全年网上审批系统完成337项行政许可事项。

（供稿：连卿民）

法 制 工 作

【概况】　2016年，宁化县人民政府法制办公室（简称县政府法制办）围绕县委、县政府中心工作，认真审查规范性文件，确保政府抽象行政行为合法性。全年审查并报送县人大常委会、市人民政府备案规范性文件10件。贯彻落实《中华人民共和国行政复议法实施条例》，建立健全行政复议工作制度，畅通行政复议渠道，有效保障行政机关依法行使职权和人民群众的合法权益。全年行政复议机关收到行政复议申请6件，决定受理6件，已审结5件，其中作出维持决定3件，申请人主动撤回1件，驳回1件。县人民法院与建宁县人民法院审理行政诉讼案件8件，已结案5件。其中，一审判决驳回诉讼请求3件，裁定驳回起诉2件。继续在全县各行政机关推行法律顾问制度，进一步规范行政机关的行政行为，提高行政决策水平。做好行政决策审查，主动参与县政府重大决策及涉法事务处理，积极参加县政府历次常务会议，为县政府决策提供政策法律咨询意见，确保政府决策合法合规；及时审查、修改县委、县政府重大项目有关合同、协议等法律文书，为县委、县政府行政决策和行政管理提供政策法律咨询意见39次。

（供稿：吴燕萍）

外事侨务工作

【概况】　2016年，宁化县人民政府外事侨务办公室（简称县外侨办）依托宁化石壁客家祖地，全力打好"客家牌"。以海峡两岸客家高峰论坛、世界客属石壁祖地祭祖大典活动为媒，积极与47个海内外客属社团6000余名海外侨胞加强联系；密切联系刘树德等知名侨胞回乡寻根谒祖，做好重要侨情信息的收集整理，引进侨资侨智，围绕建设新宁化和对接"一带一路"推进对外经贸合作；加强宁化和台湾的经贸合作交流，围绕服务中国特色大国外交

和"再上新台阶，建设新宁化"作出贡献。

【强化招商引资】　4月，由福建省侨办、三明市人民政府主办的三明市省级扶贫开发重点县内外架桥暨精准扶贫活动在宁化举办，活动针对三明市5个省级扶贫开发重点县，邀请来自15个国家和地区的53位海外侨商参加，达成初步投资意向26项；省侨办积极发动海外社团和侨商捐资扶贫助学，对宁化县在册精准扶贫的10名大学生，每人每年捐资1万元，连续资助4年。11月，厦门市侨联组织澳门厦门联谊总会、汇景集团、三广福集团、中澳金控投资有限公司等爱心侨商到宁化，参加侨商郑克群捐资25万元捐建的宁化县泉上中心小学教学楼项目揭牌仪式，省侨联副主席、厦门市侨联主席王德贤，三明市侨联主席关文良，宁化县领导兰其锋出席揭牌仪式。

【保障华侨权益】　2016年，县外侨办继续落实归侨离退休职工生活补贴发放工作，根据闽财行〔2012〕55号文件精神，落实泉上华侨农场老归侨192位退休人员每人每月增发100元生活补贴，为县城区12名散居归侨退休职工（原单位无力落实补贴资金）落实增发生活补贴12000元（100元/人·月），补贴资金纳入县财政预算并及时足额发放。春节期间，慰问社会散居归侨侨眷26户，发放慰问款7200元。年内办理"三侨子女"加分6项。

【严肃涉外纪律】　2016年，县外侨办严格外事纪律，规范出访活动，认真落实县"两办"《贯彻落实〈关于改进工作作风密切联系群众八项规定〉的实施细则》，提升因公出国（境）、APEC商务旅行卡申办等工作质量，认真做好"1+X"专项督查工作。全年办理因公出国（境）3个批次。

（供稿：龚　韬）

机关效能建设

【概况】 2016年，宁化县机关效能建设办公室（简称县效能办）深入开展"比服务"活动，在服务群众、服务项目、服务业主过程中，着力打通联系服务群众"最后一公里"。推行"433"工作机制，畅通效能投诉平台，采取电话询访、实地走访、受理效能投诉等方式加强明察暗访，严肃问责追究，对未落实"马上就办"要求的直接责任人视情给予效能问责，全县党政机关事业单位效能制度得到有效落实，办事效率得到切实提高。

【开展重点工作督查】 2016年，县效能办安排部署相关部门做好省、市、县重要决策部署、重点工作督查，会同县委督查室、县政府督查室、县重点办开展"大干150天，加快推进'五个一批'项目建设活动"督查，宁化县在该活动中取得三明市第六名，获二等奖。开展专项督查"比服务"活动情况，制定督查方案，每季度一督查一通报，进一步强化责任落实。

【开展"慵懒散拖"专项整治】 2016年，县效能办对行政审批"慵懒散拖"开展专项整治，对各窗口单位开展行政审批服务事项办件情况进行检查，检查内容包括各审批件是否依法审批、是否超过审批时限，是否严格按照审批程序，审批要件是否齐全等，对不重视行政审批件和执法件办理，存在不规范问题且整改不到位的9名工作人员，根据《福建省机关效能建设工作条例》进行问责处理。

【开展作风建设督查】 2016年，县效能办安排部署由县效能办、效能监督员等单位和人员组成督查组，从严抓工作落实、严明工作纪律、严把服务质量、严肃生活纪律等方面入手，定期不定期对各乡（镇）、县直机关工作人员遵守工作纪律、窗口服务和会风会纪等情况进行明察暗访，对违反规定的工作人员严肃问责，对所在单位给予全县通报。全年开展机关作风督查6次，对5名违规工作人员进行效能问责，其中效能告诫4人、诫勉教育1人，对2名违规工作人员进行效能约谈。

【加强绩效管理】 2016年，县效能办按三明市绩效办要求，对2015年度政府绩效指标完成情况进行仔细核对、分析，对市通报的后进指标进行全县通报，要求有关单位分析原因、采取措施提高指标完成值。开展2016年度政府绩效管理工作，制定下发《2016年度宁化县政府绩效管理工作实施方案》，对县政府绩效管理评估内容分解落实到有关责任单位，对结果运用和奖惩办法作出具体规定，确定目标值、指定数据采集责任单位和数据采集配合单位。2016年度宁化县在三明市委、市政府绩效考评中列全市第四名，考评等次评定为优秀。

【受理效能投诉】 2016年，县效能办规范效能投诉受理工作，按照"有诉必理，有理必果"原则，耐心倾听，细心记录、尽心跟踪、热心反馈，狠心问责，认真办理社会各界对机关效能问题的投诉。全年，县效能投诉中心受理群众投诉件15件，已办结15件，办结率100%。

（供稿：龚 韬）

信 访 工 作

【概况】 2016年，中共宁化县委、宁化县人民政府信访局（简称县信访局）继续开展信访体制改革，坚持问题导向、树立法治思维，推动分类处理信访诉求工作，打响3场攻坚战，开展"三无"创建活动，进一步规范信访事项办理，夯实信访工作基础。全县信访态势平稳，较好地完成信访工作各项任务，获得省、市信访部门肯定。县信访局被省人社厅、省信访局评为全省信访系统先进集体。全年受理群众来信来访1713人次（件批）。其中，受理群众来访426批1317人次，批次、人次比2015年分别上升20%、6.98%；办理来信来邮106件，比2015年上升

47.22%；办理人民网地方领导留言版3件，"12345"政务服务平台投诉287件，全部按时办结反馈。实现群众"0"进京越级上访，群众到省越级上访8批8人次；群众到市越级上访18批76人次。群众信访反映的主要问题有农业生产、林业纠纷、城乡规划建设、重点项目建设的征地拆迁补偿安置、企业改制安置、涉法涉诉及民事、社保医保和生活困难等问题。

【领导接访】　2016年，县信访局继续抓实领导干部定期接访制度。县党政主要领导坚持每月15日在县综治信访维稳"1+N"联动中心（信访局）接访大厅公开接待群众来访，其他工作日保证1名县处级领导干部轮流参与接访。在全国"两会"、林博会、省党代会、中共十八届六中全会等重大会议、活动期间，在原有接访安排基础上，加大领导接访密度，确保每天都有1名处级领导接访，信访工作人员坚持全员在岗，接待群众来访。以开展"两学一做"学习教育为契机，认真开展带案下访、重点约访工作。全年，县领导共接待群众来访426批1317人，办结化解率100%。

【开展信访攻坚战】　2016年，县信访局开展信访积案化解、非正常上访整治和"三跨三分离"难题破解等3场攻坚战。**信访积案化解攻坚战。**对近年来未化解信访问题开展大排查，梳理75件，建立积案清单，以县"两办"文件形式交有关单位办理，落实化解责任，注重化解实效，做到案结事了，信访积案实现"清仓见底"。对久拖不决、复杂疑难或影响较大积案，采取专案评审或公开听证评议办法解决，改"一家说"为"大家说"，改"背对背"处理为"面对面"谈。年内，县信访局开展专家案评审2件，开展公开听证评议2件，取得较好效果。5件市级积案全部化解。**非正常上访整治攻坚战。**在全国"两会"、中共十八届六中全会和省党代会等重大会议、活动期间，全方位组织集中排查，对可能进京赴省到市非正常上访的苗头性、倾向性问题以及曾经进京赴省非正常上访重点人员、特殊群体等，逐一做好登记建档工作，按照"六定五包"要求，将

化解稳控责任落实到单位、落实到人头，切实把矛盾纠纷解决在基层，把隐患消除在萌芽状态，把人员管控在当地。全年，宁化县实现无群众进京非正常上访，到省、市非正常上访目标。**"三跨三分离"难题破解攻坚战。**为推动宁化县"三跨三分离"（跨地区、跨部门、跨行业，人事分离、人户分离、人事户分离。）信访事项化解工作，确保信访人不发生越级上访和进京非正常上访，县信访局采取专项排查，核查到原5101厂工人王长胜信访事项，其人、事、户均不属宁化县管辖，县信访工作联席办、县信访局多次向省、市信访部门沟通协调，经省、市核实后，终将该信访问题从宁化县剥离。

【开展"三无"创建活动】　2016年，县信访局强化基层信访工作责任，持续提升基层化解社会矛盾纠纷工作能力，完善县、乡、村三级信访工作网络和责任体系，发挥县、乡两级党委政府和村级组织的领导和主导作用，在全县开展"三无"（无进京越级上访、无大规模集体上访、无因信访问题引发极端恶性事件和舆论负面炒作）县、乡、村创建活动，把全县227个村（居）纳入创建主体。采取源头预防、定期排查、积案化解、依法处置等举措，结合非正常上访整治活动，将各类矛盾纠纷化解在萌芽状态，把问题解决在乡、村，把人员吸附在当地。全县实现"0"进京越级上访，没有发生大规模到省集体上访、没有发生因信访问题引发极端恶性事件和舆论负面炒作，形成"畅通、有序、务实、高效"信访工作新秩序。

【强化信访基础业务】　2016年，县信访局继续巩固"百日会战"成果，强化信访事项网上录入、登记、告知、办理、答复等业务办理，举办信访事项网上办理培训5期200多人次。进一步做好福建省信访信息系统接入应用工作，新增6个注册单位，全县有67个单位接入应用省信访信息系统，登录应用率100%。

【量化考评与督查督办】　2016年，县信访局完善

乡镇信访事项办理考评机制，实行量化考评。对来访群众按属地管理原则每月一考评一通报，倒逼乡（镇）重视引导群众依法逐级走访，重视解决信访问题特别是初信初访问题，把问题解决在乡村。完善督查督办制度，采用电话、短信、通报、实地督办等形式，全程跟踪本局转送交办和中央、省、市交办信访事项，对乡（镇）、部门存在问题及时通报，督促及时整改，推动乡（镇）及职能部门认真履行职责，依法依规处理信访问题。

【信息报送】 2016年，县信访局编发和向县委、县政府报送《每日信访动态》253期。对涉及面较广、影响较大的信访突出问题，以《呈阅件》形式报送县有关领导，全年报送7期。在重要活动、重大会议、重要节点等期间，坚持落实每日零报告制度。及时向省、市信访局报送信访维稳信息。全年《福建信访》刊登信访信息5篇（条），《三明信访》刊登信访信息11篇（条），《宁化在线》刊登信访信息2篇（条）。

（供稿：阴存贵）

行政服务工作

【概况】 2016年，宁化县人民政府行政服务中心管理委员会（简称县行政服务中心管委会）坚持"马上就办""群众满意是我们工作第一标准"服务理念和"便民、规范、高效、廉洁"服务宗旨，深化行政审批制度和公共资源市场化配置改革，完善行政审批和便民服务工作体系，改善和提高政府服务水平，促进宁化经济又快又好发展。全年累计办理各类审批服务事项27981件，日均办理89件，按时办结率100%。

【完善窗口服务功能】 2016年，县行政服务中心管委会完善服务功能，6月，县不动产登记中心在中心大厅设立服务窗口，进驻工作人员20余名，集体土地所有权登记、抵押登记变更等38个事项进驻大厅。新增设综合服务窗口，投资项目监管服务窗口，中心"一站式办公、一条龙服务"的功能得到完善和优化。

【加强窗口规范管理】 2016年，县行政服务中心管委会加强内部管理，出台《宁化县行政服务中心窗口单位考评工作实施方案》，严格窗口人员选派工作，完善落实中心各项规章制度，建立规范管理长效机制。实行日巡查办法，每天至少两次不定时到窗口巡查，及时纠正窗口工作人员不规范行为，解决大厅运行中突发事件。开展窗口评先树优工作，对评选出的"党员先锋岗""红旗窗口""服务标兵"进行表彰奖励。

【提升项目服务水平】 2016年，县行政服务中心管委会严格落实《宁化县行政服务中心代办服务实施办法》，为多家企业免费办理审批申报及相关工作，节约企业时间精力，特别是在农村专业合作社注册登记项目中，针对农村居民文化程度偏低，办理流程不熟悉等现实问题，中心加大领办、代办力度，指派专人引领办理，指导填表或者代替识字书写有困难的群众填制表格，及时办结相关手续。全年代办各类证照22项，受到群众称赞和好评。推广预约服务、延时服务等一系列创新服务方式，方便企业群众办事提高效率，优化投资环境。

【提升基层便民服务水平】 2016年，县行政服务中心管委会以利民便民为标准，统一规定乡（镇）便民服务中心集中办理的服务事项，把基层站所面向企业、群众生产、生活关联度大的各类便民服务事项集中办理。探索制定基层所站直接入驻乡（镇）便民服务中心管理模式，学习借鉴、推广完善"乡（镇）办公窗口化"工作机制。统一印制制度汇编、告知单、登记台账和上墙材料。全县16个乡（镇）所辖村（居）225个便民服务代办点标准化建设全部完成。全年各乡（镇）便民服务中心累计办理各类事项15108件，提供致富信息1754条，调解纠纷184次。

【推进网上办事大厅平台建设】　2016年，县行政服务中心管委会初步完成县网上办事大厅与福建省网上办事大厅的对接工作，全面开通宁化县网上办事大厅的试运行工作，5月，完成第三次培训。年内宁化县网上办事大厅梳理上传41个部门行政审批及公共服务事项575项，网上办事开通比例100%；收件4628件，办结4516件，满意度100%。

【公共资源交易绩效明显】　2016年，县行政服务中心管委会完善招投标交易和监督硬件（录音录像）设施，加强进场交易项目管理，提高招投标透明度，降低政府行政运作成本。全年有41家招标代理机构在交易中心登记备案，以公开及邀请招投标方式进场交易346项，总交易额6.63亿元。其中，建设工程交易方面，进场交易155宗，预算价（最高控制价）6.94亿元，中标价6.31亿元，节约资金6278万元，节约率9.04%；综合招拍挂方面，以拍卖公司拍卖行政事业单位店面招租、物品拍卖为主，交易129宗，起拍价823.46万元，成交价891.37万元，溢价67.91万元，溢价率8.25%；政府采购方面，交易62宗，实际支付2291万元，节约资金299万元，节约率11.54%。

【推进政务信息公开】　2016年，县行政服务中心管委会围绕深化改革、促进经济发展、民生改善推进公开，助力政府建设、扩大政务参与加强解读回应、增强公开实效加强能力建设。定期开展对各乡（镇）、各部门政府信息公开工作情况的检查督查，不断规范公开内容，扩大公开范围。全年，全县主动公开政府信息1926条，其中本级政府信息94条，乡（镇）政府信息602条，部门政府信息1230条。受理依申请公开信息5条。

（供稿：徐绍敏）

机关事务管理

【概况】　2016年，县机关事务管理局结合"两学一做"学习教育，围绕建设"法制政府、绩效政府、服务型政府、节约型政府"目标，强化科学管理，完善制度标准，加大资源统筹，推进依法保障，努力降低机关运行成本，以做好公务用车改革、资产管理、政府采购、公共机构节能管理、安全保卫等工作为抓手，进一步提升机关事务管理工作水平。

【实施公务用车改革】　2016年，县机关事务管理局牵头组织实施全县党政机关公务用车制度改革工作。根据省、市车改方案要求，制定宁化县公务用车改革方案并以"两办"名义下发实施。全县公务用车改革车辆329辆。经上级批准，县直单位保留机要通信应急、调研接待用车26辆，执法执勤用车87辆，特种专业技术用车13辆；乡（镇）保留机要通信应急、调研接待用车32辆；服务平台集中管理64辆，12月31日封存85辆各类公务用车。

【资产管理】　2016年，县机关事务管理局执行机关资产配置标准，按规定程序维护资产，确保资产安全完整。对县委楼、政府楼部分办公用房进行补修补漏和粉刷，全年检修、更换灯具、插座近390余次（盏），更换检修水龙头、闸阀440余次，维修门窗、更换锁扣30余次，维护国有资产的使用价值。统一管理县政府机关办公用房，对县政府机关大院原办公单位空余办公用房进行重新调配。严格办公用房建设和维修改造审批程序，对县委八楼会议室进行装修改造。

【政府采购】　2016年，县机关事务管理局落实政府采购制度，以公开招标、询价采购、邀请谈判等多种形式，为行政事业单位履行政府采购业务66宗，涉及市场总金额2873.99万元，实际支付2555.23万元，节约资金318.77万元，节约率11.1%。

【公共机构节能管理】　2016年，县机关事务管理局推荐的宁化县医院被评为第二批省级节约型公共机构示范单位并获得补助资金5万元。开展节能宣传周活动，张贴节能宣传海报，组织学习节能法律法规知识等活动。加强公共机构节能管理队伍能力建设，继续在全县机关事业单位中确定3名从事节能工作人员参加公共机构节能管理远程培训（第四期）。由专人负责按时上报全县各级公共机构能耗统计数据，督促全县公共机构加强节能管理。全年全县上报公共机构生态文明宣传作品18件。

【安全保卫】　2016年，县机关事务管理局召开消防安全会议12场次，组织消防安全检查4次，购置各类防爆器材1860元，投入1400元新增通行牌、警示牌，更换消防灭火器13个，确保消防安全无事故。全年，协助配合信访、公安等有关部门劝导和处置群众到县政府非正常上访30多起。对上访人员众多，不听劝阻的及时向县委办、政府办报告，并向信访局、政法委通报有关信访情况或向"110"报警。做好每月15日县委书记、县长接访日的机关大院安全保卫，确保县领导接访工作正常有序。

（供稿：王　菁）

发展和改革

【概况】　2016年宁化县发展和改革局（简称县发改局）围绕"一城四区"建设，打造发展升级版，建设富美新宁化，全力抓好稳增长、调结构、强动力、惠民生、防风险各项工作，实现"十三五"顺利开局，在经济下行压力加大情况下，仍呈现增速较快、质量提高、后劲增强良好态势。全县实现地区生产总值118.70亿元，增长8.40%；全社会固定资产投资178.92亿元，增长14.10%；社会消费品零售总额35.21亿元，增长12.10%；城镇居民人均可支配收入23975元，增长9%；农村居民人均可支配收入12538元，增长10.3%。

【重点项目工作】　2016年，全县186个重点项目累计完成投资108.80亿元，占年度投资计划92.30%。其中，101个在建重点项目完成年度投资计划100.77%，南方牧业肉羊养殖等81个项目完成或超额完成投资序时进度，城南小学等18个项目竣工或部分竣工；85个预备重点项目完成年度投资计划的78.75%，闽盛园农业休闲旅游观光园等47个项目开工建设。"五个一批"项目方面，列入省级亿元以上项目81个，完成投资54.10亿元，占年度计划109.30%。其中，客家国际大酒店、中山嘉苑小区等2个项目竣工并投入使用；20个市级重点推进"五个一批"项目按序时推进，完成投资8.73亿元。

【争取项目资金】　2016年，县发改局争取到中央、省预算内补助项目32项，补助资金12784.50万元，其中：中央预算内补助项目14项，补助资金9945万元；省预算内补助项目18项，补助资金2839.5万元。争取国家专项基金项目10个，总投资54.62亿元，核批专项建设基金4.85亿元。

【招商引资】　2016年，新批办外资项目1个；报备内资项目39个，项目总投资13.12亿元，客方实际到资8.67亿元；对接民企合同项目14项，总投资34.6亿元。

【产业结构调整】　2016年，宁化县特色农业加快形成。"两米两茶一稻种"基地规模逐步扩大，种植河龙贡米3万亩、薏米4.80万亩；新植油茶6000亩，改造低产油茶1万亩；"孔坑茶"农产品地理标志登记通过专家评审待颁证；培育水稻制种基地1.50万亩，新增种子企业8家。完成烟叶收购21万担（1050万公斤），烟农售烟收入3.49亿元。发展规模蔬菜基地12个，新增淡水养殖面积660亩。落实设施农业面积1100亩，黄精、太子参、家禽等林下种养正在兴起。通过无公害农产品认证5个，申报省级示范家庭农场4个、省级示范合作社3个。工业转型加快推进。全县新增规模工业企业21家，精密光学元件生产线投产，月兔空调10条生产线、奔鹿纺织4.50万锭纺纱生产线、泡沫制品、艾迪科食品等进入试产；工业园区小微企业孵化基地基本建成。加快推进10项省级重点技改项目及月兔科技等5个智能制造项目，在纺织、电子等劳动密集型企业推广应用机械手和机器人，节约人力资源，降低生产成本。第三产业加快发展。商贸服务业稳步增长，新增限额以上企业17家。旅游业增长较快，全年接待游客210.68万人次、旅游总收入19.63亿元，分别增长16.50%和17.10%；金融运行平稳，全县银行机构各项存款余额122.92亿元，增长22.24%；各项贷款余额67.46亿元，增长5.30%。商品房销售全年销售商品房22.6万平方米。电商蓬勃发展，全年电子商务交易额完成8.82亿元，增长41.30%，网络零售额完成4.68亿元，增长29%，电商企业123家，开通农村淘宝数42家。

【项目投资带动有效】　2016年，县发改局围绕补短板、惠民生、扩投资，落实省、市扩大有效投资部署，扎实推进项目建设，促进固定资产投资较快增长。共策划9个投资工程包23个项目，完成投资7.76亿元，占年度计划投资89.70%。

【城乡建设推进】　2016年，宁化县坚持规划引领，项目带动，积极对接兴泉铁路和浦建龙梅铁路建设，启动城市总体规划修编工作，加快推进新型城镇化。城区市政设施建设有序推进，翠华西路、龙门路延伸段、东溪沿河景观工程等项目完工，城区地下综合管廊、城区排水设施等项目开工建设。城区市容整治力度加大，强化"两违"综合治理，拆除"两违"916户，拆除违法建筑面积30万平方米。交通、电力设施建设加快，浦建龙梅铁路、鸡公岽风能发电等项目开工，兴泉铁路完成初设批复，石壁至淮阳公路改建工程、横锁移民大桥完工，硬化农村公路16.60公里，拓宽路面16.90公里，改造危桥20座，建设生态示范路28.54公里，建成生命防护工程15公里，新开通宁化至清流县际公交线路1条。农业基础设施逐步完善，黄山寮水库、农业综合开发土地治理、新增粮食产能等项目完工，闽江防洪工程三明段一期（宁化段）、小型农田水利重点县建设等一批项目加快实施。美丽乡村建设加快推进，村容村貌明显改善。至11月底，20个美丽乡

村示范村完成投资1.65亿元，完成年度计划91.70%。推进环境保护，加快生态文明建设，落实节能减排措施，加强畜禽养殖污染治理，淘汰黄标车342辆。实施万里安全生态水系建设项目，完成造林绿化1.34万亩、水土流失治理7.50万亩，水土保持科技示范园获评"国家水土保持科技示范园区"，宁化县被评为国家水土保持生态文明工程县。

【重点改革持续深化】　2016年，宁化县推进行政审批制度改革，调整取消前置审批事项13项、中介服务事项17项，精简率分别为12%、25%。加快网上审批平台建设，网上办事开通比例100%。创新现代农业发展机制，培育新型农业经营主体，新增农民专业合作社12家、林业专业合作社8家、家庭农（林）场21家、个私股份林场或林业经营公司5家，林权流转58起、3.55万亩，林权抵押贷款6655万元。创新和完善小微企业贷款服务，深化政银企对接，推动企业资产按揭贷款。创新金融扶贫，打造"基金担保""资产入市"等精准扶贫信贷产品。商事登记改革方面，实行三证合一"（工商营业执照、组织机构代码证、税务登记证统一合并为工商营业执照）、"一照一码"（一本营业执照对应一个统一社会信用代码），推行电子营业执照改革，全年新增各类市场主体2271户，注册资本25亿元。深化医药卫生体制改革，医药费用增幅逐年减少，医院收入结构进一步优化，群众看病负担明显减轻。推进企业信用信息的归集与公示，弘扬守信，曝光失信，打造诚信环境。

【发展民生事业】　2016年，宁化县推进创业就业，城镇登记失业率控制在年度目标内，新增农村劳动力转移就业3211人。基本保障水平持续提高，社会救助机制不断完善，各项社会保险覆盖率全面提高，保障性住房建设有序开展。残疾人事业稳步发展，残疾人康复中心建成投入使用。精准扶贫、精准脱贫步伐加快，开展"回头看"精准识别，进一步厘清贫困底子。抓好易地扶贫搬迁集中安置点建设，落实造福工程扶贫搬迁对象4513人，建立扶贫

小额信贷担保基金1676万元。抓好知识产权保护，获授权专利97件。坚持创新驱动，推进科技创新，鸿丰纳米钙业申报高新技术企业已公示待批，美龄众创星空列入市科技企业众创空间，园区"双创"孵化基地列入市科技企业孵化器，鸿丰纳米科技有限公司入选省科技小巨人领军企业培育发展库，"翠薏1号"选育及示范推广项目获市科技进步二等奖。教育设施进一步改善，济村中心校综合楼、安乐中心校初中学生宿舍楼等项目完工，新建三所幼儿园、学生直饮水工程等项目扎实推进；教育水平不断提升，宁化被确认为"国家义务教育发展基本均衡县""国家书法教育示范区"，高考本科批以上上线率提高3.28个百分点。医疗卫生服务体系建设持续推进，县医院新建、卫校综合实训中心等项目开工，城南卫生院门诊楼改造、湖村卫生院垃圾污水处理系统等项目竣工。有效衔接全面两孩政策，着力提升服务能力，人口自然增长率控制在目标内。国家公共文化服务体系示范区创建通过文化部验收，举办"骑聚红土地·重走长征路"、宁化国际美食（小吃）节等系列文化旅游活动，全民健身和体育、广播电视事业加快发展，其他各项事业有序推进。

（供稿：曾繁敏）

统 计 工 作

【概况】　2016年，宁化县统计局（简称县统计局）践行"以服务换数据，以服务促发展"理念，充发挥统计职能，为县域经济社会发展当好参谋作用。统计业务综合考评连续三年蝉联全市第一名。

【地区生产总值】　2016年，全县地区生产总值完成118.70亿元，比2015年增长8.4%，居12个县（市、区）第4位，其中，第一产业实现增加值27.68亿元，增长4.1%；第二产业实现增加值51.25亿元，增长8.07%；第三产业实现增加值39.76亿元，增长11.9%。三次产业比重由2015年的23.5∶44.3∶32.2调整为23.3∶43.2∶33.5。第一产业对GDP增长贡献率为11.6%，拉动GDP增长1.0个百分点。第二产业对GDP增长贡献率为42.7%，拉动GDP增长3.6个百分点（其中工业对GDP增长贡献率28.3%，拉动GDP增长2.4个百分点；建筑业对GDP增长贡献率14.3%，拉动GDP增长1.2个百分点）。第三产业对GDP增长贡献率为45.7%，拉动GDP增长3.8个百分点。

【发挥统计参谋作用】　2016年，县统计局围绕经济转型升级，进一步加强统计监测、预警和分析。撰写信息136条、分析23篇。其中，信息被省级网站采用26条，福建统计工作采用2条，市级网站采用45条，县两办及新闻媒体采用6条；分析被省、市统计局各采用1篇，县两办采用3篇。年内，县统计局寻找"三新"（新产业、新业态、新模式）统计调查对象，探索大数据、云计算、物联网等统计方法，为宁化县统计注入新元素。

【开展第三次全国农业普查】　2016年，县统计局全力推进第三次全国农业普查工作。普查的标准时点为2016年12月31日，时期资料为2016年度资料。普查对象包括农村住户、城镇农业生产经营户、农业生产经营单位、村民委员会、乡（镇）人民政府。普查行业范围包括农作物种植业、林业、畜牧业、渔业和农林牧渔服务业。普查首次启用卫星遥感、手持智能终端（PDA）和互联网直报等现代信息技术采集和处理农业普查数据。通过普查，全面摸清农业从业者、土地利用和流转、农业新型经营主体、农业现代化进展、农业生产能力和结构、粮食生产安全、农产品销售与农村市场建设、村级集体经济与资产、乡村治理、乡（镇）社会经济发展、农民生活、建档立卡贫困村与贫困户、主要农作物种植空间分布等情况。该次普查县财政分3年投入预算资金196万元，选调指导员、普查员1331人，其中普查指导员244人，普查员1087人。

（供稿：罗学优）

统计调查

【概况】　2016年，国家统计局宁化调查队完成居民收支调查、流通和消费价格调查等16项常规调查任务。1个专业在总队业务工作考评中获得优秀，4个专业在三明调查队业务工作考评中获得优秀。

【主要指标数据】　2016年，宁化县全体居民人均可支配收入16058元，比2015年增长9.9%，人均生活消费支出12137元，增长8.4%。其中，城镇居民人均可支配收入23975元，增长9%；人均生活消费支出17386元，增长7%。农村居民人均可支配收入12538元，增长10.3%；人均生活消费支出9753元，增长9.1%。居民消费价格指数101.3%，其中食品消费价格指数102%。

【统计服务】　2016年，国家统计局宁化调查队配合县统计局定期编发《宁化统计月报》和《主要调查指标完成情况简报》提供给县委、县政府和有关部门参考。针对县各阶段社会经济发展出现的热点、难点问题进行调研，全年撰写专题调研分析6篇，1篇获总队评比三等奖；撰写专报信息20条，累计被国家、省、市采用52条次，其中3条专题信息被省领导批示，1条被国家领导批示。

（供稿：曾尾连）

审计工作

【概况】　2016年，宁化县审计局（简称县审计局）完成审计及审计调查项目78个，其中预算执行情况项目10个、政府投资项目57个、经济责任审计项目11个。抽调审计人员配合市审计局完成保障房安居工程、医保基金、扶贫资金、"最后一公里"专项、政策跟踪审计等5个署定、省定、市定项目审计。查出违规资金1951.12万元，管理不规范资金9259.91万元，向县纪委移送案件2个。提交审计信息61篇，被审计署、省审计厅采纳40篇次。

【本级预算执行审计】　2016年，县审计局审计了县财政局具体执行预算情况，地税局税收征管情况，对县委党校、县机关事务管理局、宁化一中、县实验幼儿园、县客家祖地管理处、桥下水库管理处、泉上水库管理处、卫生监督所等10个单位2015年度预算执行情况进行审计，同时结合审计实施了对县委党校、县客家祖地管理处、桥下水库管理处、泉上水库管理处主要领导任期经济责任审计。对加强县财政预算及财政资金管理工作提出严格预算约束，严肃财经法纪；加快支出进度，提高资金使用效益；强化监督管理职能等三项审计建议。

【政府投资项目审计监督】　2016年，县审计局完成政府投资项目审计57个，其中，竣工决算项目审计13个、竣工结算项目审计44个。送审工程造价49474.11万元，核减工程造价5374.36万元，平均核减率10.86%。

【经济责任审计】　2016年，县审计局把经济责任审计与经济责任交接有机结合，规范经济责任审计行为，强化成果运用，提升审计实效。全年审计党政领导干部17名（乡镇党委书记6名、乡镇长6名、县直行政事业单位负责人5名），其中离任审计16个、任中审计1个、乡（镇）党委书记和乡（镇）长同步审计6个。查处违规金额1481万元，管理不规范金额7178万元，移送县纪委案件线索2个，提出审计建议20条，收缴财政资金12万元。

【署、省、市、县定项目审计】　2016年，县审计局开展稳增长促改革调结构惠民生政策落实情况跟踪审计，抽调审计人员配合市审计局对宁化县开展医保基金审计，对永安市、清流县开展扶贫资金审计和保障性安居工程审计，提出审计建议8条。

（供稿：张启森）

价格管理

【概况】 2016年，宁化县物价局（简称县物价局）推进价格改革，努力保持价格总水平基本稳定，坚持服务发展和改善民生，切实强化价格调控、监管和服务，居民消费价格指数控制在101.3%。

【做好价格监测】 2016年，县物价局对粮食、肉、禽、蛋、菜等主副食品价格实行每日采价。每月按时、保质、保量完成省、市布置的常规价格监测任务，全年上报各类报表313份，其中旬报表63份、日报表252份、价格分析18份，编写《宁化价格监测》10份，向政府报送信息12份。同时，建立并保存1—12月份的价格监测原始台账。在"掌上价格通"微信平台上编写发布价格政策652篇及经济形势分析、"价比三家"等信息文章。通过建立监测数据库，时时监控市场价格动态，为价格监测预警工作提供准确情况。年内，县居民消费价格指数涨幅1.3%，明显低于年度3.0%的价格调控目标。

【征管价格调节基金】 2016年，县物价局征收价格调节基金574万元，拨付价格调节基金300多万元。春节期间（1月26日—2月26日），为稳定市场物价，实现农副产品产销对接，减轻群众菜篮子负担，县委、县政府从价格调节基金中拨付专款43万元投放市场，在永辉、新华都、万福隆（农贸市场店、东方花园店）、夏商百货、家多福等6家超市设立政府指定农副产品平价销售区，供应群众节日需求量较大的米、油、鱼、猪肉、蔬菜等16个品种。完善县社会救助和保障标准与物价上涨挂钩联动机制，明确标准原则，规范工作流程。每月价格临时补贴最低标准提高到每人20元，价格临时补贴发放方式为每三个月发放一次。

【优化价费环境】 2016年，县物价局落实省委、省政府扶持福建农民创业园发展的有关用电优惠政策，落实鲜烟叶烘烤用户电价按农业生产用电价7折执行，各项规费与农业生产用电一致，全年减轻烟农负担100多万元。梳理公布宁化县涉企行政事业性收费目录清单和涉企经营服务收费目录清单及县定服务价格目录清单，全面完成对全县9个涉企收费部门和单位的收费政策落实情况督查。落实《关于房屋转让收费有关问题的通知》和《关于降低计量检定收费标准的通知》，年内减轻企业和社会负担35.71万元。对群众反映瓶装液化气价格偏高问题，经县物价局与瓶装液化气经营企业沟通协调，瓶装液化气销售价降低10元/瓶。

【规范收费管理】 2016年，县物价局规范价费管理，取消行政事业性收费许可证制度，加强收费事中事后监管。在宁化县政府网站、中国宁化在线、宁化微物价等媒体公布县本级具有收费资质的52个行政事业性收费单位名单及项目，对未进入网上公布的收费单位或收费项目，被收费对象可以拒绝缴费。规范收费行为，调整殡葬服务价格。根据要求"差别化停车收费"规定，完成对城区4个停车场以及路边临时停车收费标准调研工作，并报县政府研究。落实关于管道燃气工程建设费和新建住宅小区自来水工程建设费相关规定，将居民和非居民用管道天然气销售价格每立方米分别降低0.20元和0.24元。完成污水处理收费调整，根据县政府第八次常务会议精神，12月1日起，将污水处理费调整为居民0.85元/吨、非居民1.20元/吨。

【价格监督检查】 2016年，县物价局开展卫生医疗、旅游、涉企等多项价费专项检查。在医疗服务价格和药品价格检查中，重点检查城区药店32家和乡（镇）卫生院14家的医疗机构服务项目和标准收费情况、医疗机构一次性耗材收费和医疗机构阳光价费、药品市场价格等，未发现价格欺诈、串通涨价等违法行为。现场纠正个别药店标价不规范问题，并责令限期整改。年内立案查处价格违法案件14件，累计没收未退还的违法所得11.9万元，罚款2.1万元。联合县住建局，运用"双随机"（随机抽取检查人员、检查对象）抽查机制，对全县9家在售楼盘开展商品房销售明码标价检查。发放《关于规范商品房销售明码标价行为的提醒告诫函》，对房地产开发、销售企业和房地产中介机构进行价格政策提醒告诫，重申有关价格法律法规及政策，提醒告诫各商品房经营者加强价格自律行为，严格执行价格政策规定。与各房地产开发商签订责任状，要求开发商规范价格行为，严格执行商品房销售价格"一套一标"，并在售楼处醒目位置公示，不得使用虚假或不规范价格标示误导购房者。对在售楼盘的明码标价等执行情况进行重点巡查，对未按规定实行"一套一标"、价目表公示格式和内容不规范的8家问题楼盘提出立即整改要求。对城区8家液化气经销门店和乡（镇）门店进行价格监督检查，未发现价格欺诈、串通涨价等违法行为。对个别经销门店未明码标价问题，现场纠正，并责令限期整改。发挥价费监管平台"12358"全国统一价格举报电话、"12345"三明市政务服务平台和中国宁化在线民意直通车的作用，年内适时受理价格举报、投诉和咨询123件次。

【多渠道宣传价格信息】　2016年，县物价局采用传统与新媒体同时并进方式多渠道做好价格宣传。每日在宁化有线电视台、中国宁化在线、城区3个主要LED媒体显示屏和"掌上价格通"手机客户端上发布粮油、蔬菜、肉蛋等25种群众生活必需品和30种常用药品价格信息，各乡（镇）发布墟天民生价格信息，供群众参考选择。

【价格认定】　2016年，县物价局接受涉案财物价格认定35件，标的价格135.1万元。

（供稿：邓光临）

市场监督管理

【概况】　2016年，宁化县市场监督管理部门继续推进市场监管体制改革，开展各项领域综合整治行动，加强对企业与市场的监管，加强"三品一械"（药品、化妆品、保健食品、医疗器械）与特种设备安全监管，强化商标品牌建设，推动标准化工作。全年受理各类行政审批服务事项6537件，按时办结率100%。新增各类市场主体2594户，注册资本28.65亿元。有效商标注册量1160件。立案查处各类违法违章案件222起，罚没入库140.2万元。

【深化商事登记改革】　2016年，县市场监督管理局深化商事登记改革，继续实行"一照一码"（一本营业执照对应一个统一社会信用代码），推行电子营业执照改革。新办理"一照一码"营业执照663户，企业换发新版"一照一码"营业执照2719户，发放电子营业执照2896份。全年新增各类市场主体2594户，注册资本28.65亿元。其中，新登记内资企业23户，注册资本4.77亿元；私营企业437户，注册资本19.38亿元；农民专业合作社72户，注册资本1.15亿元；外资企业6户，注册资本0.67亿元；个体工商户2056户，资金数额2.85亿元。截至年底，全县有经济户口14215户，比2015年增长22.34%；注册资本157.87亿元，增长22.36%。有内资企业1571户（年报率85.61%）、外资企业33户（年报率84.62%）、农民专业合作社299户（年报率83.99%）、个体工商户8490户（年报率90.24%）。

【加强企业监管】　2016年，县市场监督管理局为各类市场主体移出经营异常名录357户次，其中个体取消异常标注207户次，企业移出经营异常名录150户次。被列入经营异常企业315户次，被标注经营异常个体工商户977户次。开展企业年报"双随机"抽查，查出列入经营异常企业12户。开展查处、取缔各类无证无照经营行为，查处无证无照经营案件44件，罚没7.21万元，其中查处无证经营烟草制品案件30件，罚没0.34万元。查处违法公司登记法律法规案件4件，罚没2.70万元。

【产品质量监管】　2016年，宁化县有2家企业申报省名牌产品。县市场监督管理局配合省级监督抽查，抽取样品10批次，至年底未收到不合格检验报告。开展定配眼镜产品质量专项整治工作，检查辖区内验配眼镜店8家，并对其中1家新开定配眼镜企业的验光、配镜设备未经计量检定下达整改要求。开展钢筋混凝土输水管专项整治活动，对辖区内3家生产列入工业产品生产许可目录的输水管企业下达书面告知书，督促其向福建省质量技术监督局提出生产许可证申办。开展检验检测机构资质认定专项监督检查工作，督促宁化6家检验检测机构按要求开展自查，并上报国家认证认可监督管理委员会官网。

【简化药品零售企业经营许可办理】　2016年起，为方便申办者办理相关业务以及统一规范药品经营许可的申办材料，县市场监督管理局特别制作《宁化县药品零售经营许可程序一次性告知单及材料申报模板》。截至12月30日，共许可8家新办药品零售药店，21家换证，26家变更《药品经营许可证》；对14家二类医疗器械经营企业进行备案。有12家零售药店通过市局评选，入选三明市2015—2016年度"百家示范店"名单。

【完成新版农村药店GSP认证工作】　截至3月，县市场监督管理局完成对20家农村药店GSP现场检查，宁化县新版GSP认证工作全部完成。除第一批2家药店通过整改再次认证外，其他药店均为一次性通过现场检查，一次性通过率96.2%。

【开展疫苗质量专项检查】　2016年，县市场监督管理局开展为期二个月的疫苗质量专项整治工作，共出动281人次，对县疾控中心、县医院、县中医院、县妇幼院以及各乡（镇）卫生院等接种单位开展检查。8月，集中开展新修订《疫苗流通和预防接种管理条例》过渡期监管检查，出动33人次，对辖区内20家接种单位开展现场检查，对新修订《条例》提出建议4条。

【协助召回问题药品】　2016年，县市场监督管理局协助有关部门召回问题复方肝浸膏片，胸腺肽，注射用促肝细胞生长素，杰榆胃舒合剂，安徽艾柯尔制药有限公司生产的三种问题滴眼剂、空心胶囊，以及广西荣仁药业有限公司等企业生产的不合格药品。

【开展"三品一械"专项检查】　2016年，县市场监督管理局出动执法人员1521人次，开展药品、保健食品、化妆品、医疗器械专项检查，检查覆盖率98.50%。查处"三品一械"各类违法案件13起，案值5.23万元，罚没款13.22万元。有效打击"三品一械"各类违法行为，宁化县"三品一械"市场得到净化。

【特种设备安全监管】　2016年，县市场监督管理局受理特种设备安装告知40单，新安装特种设备126台，办理使用登记证143本；内检锅炉12台、外检锅炉31台，压力容器全面检验2台、年度检查6台，电梯检验295台，场（厂）内机动车辆检验6台。检查特种设备生产使用单位108家次，开展专项检查53家次，隐患排查38次，下达指令书24份，隐患整改率100%，对特种设备安全立案11起，罚没入库14.1万元。其中液化石油气瓶安全检查和气瓶充装站监管中，查处经营使用报废瓶、过期未检瓶案件6起，查扣过期、报废气瓶18个，查处充装站未严格实施充装前后检查记录制度案件1起。专项监督检查危险化学品相关特种设备使用单位3家，发出特种设备安全监察指令书1份，并整改。监督检查长安燃气有限公司进行公用燃气管道5.73公里，经监检合格。燃煤锅炉节能减排，改造燃煤工业锅炉8台，含10吨/时及以下燃煤工业锅炉2台。

【落实电梯维保质量安全】　2016年，县市场监督管理局与全县9家维保单位签订《电梯维保单位质量与安全管理责任承诺书》，配合市质量技术监督局对电梯施工单位及维保单位进行等级评定，其中7家维保单位为B级，2家维保单位为C级。实行信用管理，推行失信受约束和惩戒制度，推行电梯维保情况公示制度。指导2家医院、3家超市开展电梯事故应急救援演练。

【强化商标品牌建设】 至2016年年底，宁化县有效商标注册量1160件，其中地理标志证明商标1件、省著名商标15件、市知名商标21件、马德里国际注册商标2件、单一国际注册商标3件。指导企业商标注册申请103件，发放商标"三书"240份，指导县农学会申报"宁化米仁""宁化辣椒干""宁化白扁豆"地理标志证明商标3件。指导3家企业（福建长宁纺织有限公司的"龙梭及图"、福建省时尚广告传媒有限公司的图形商标、宁化客家小吃协会的"宁化客家小吃协会及图形商标"）申报省知名商标并被认定。指导宁花科技食品有限公司"宁花及图"延续认定省著名商标。指导福建省时尚广告传媒有限公司第12668130号图形、福建长宁纺织有限公司"龙梭及图"、福建鸿丰纳米科技有限公司海猫及图等3家企业申报市知名商标并被认定。开展商标行政指导，发现纠正不规范商标使用行为7起。开展打击侵犯知识产权和制售假冒伪劣商品行动，查处产品质量违法案件11件，案值5.73万元，罚没7.47万元；开展迪士尼注册商标、地理标志商标专用权专项行动等各类专项整治行动，查处商标侵权违法案件1件，案值0.65万元，罚没1.20万元。

【减免计量检定费用】 2016年，县市场监督管理局质计所对集贸市场的电子秤、台案秤，乡（镇）卫生院、村级卫生所、社区卫生服务站（服务中心）在用血压计实行免费检定。对全县工业制造企业的水表、煤气表、压力表、电子秤的检定费用，按照现行标准的70%征收。全年减免计量检定费用超6万元。

【加强计量监督管理】 2016年，县市场监督管理局配合做好国家和福建省定量包装商品净含量监督抽检，抽检企业4家6批次，抽检结果均合格。9月，对全县较大的粮油批发店集中抽检，立案查处计量不合格商店1家，罚款0.58万元。

【推进地方标准修订工作】 2016年，县市场监督

管理局指导制订《地理标志产品——宁化薏米（宁化糯薏米）》福建省地方标准草案，向省、市相关部门、检验机构及高等院校相关专家发函征求意见，并按征求意见修改完善草案。跟踪指导县内1家企业参与起草《糕点预拌粉（料）》《冷冻面团》2项国内贸易行业标准。

【加强地理标志产品管理】 2016年，县市场监督管理局完成国家质检总局地理标志产品保护网宁化县地理标志产品（河龙贡米、淮土茶油、宁化薏米）材料及图片收集、整理与上传。指导2家河龙贡米生产企业报请国家质检总局审批使用地理标志产品专用标志，年内获批1家。

（供稿：曾　婷）

【个体私营企业协会工作】 2016年，全县个体私营企业经济总户数13236户。其中，个体工商户11383户，注册资金101753.6万元，从业人员19553人；私营企业1853户，注册资金998618.5万元，从业人员20425人。年内，宁化县个体私营企业协会（简称县个私协会）下设6个基层分会，为会员企业开展较大规模的维权活动7项，为10余家个私营企业开展维权活动，挽回经济损失9万余元。协会走访个私企业156家，接受会员企业商标、企业登记、法律法规等咨询50余人次。创建"会员之家"，为会员在企业登记、变更、纳税、商品质量、计量、企业小额贷款、招工等方面提供无偿服务。推荐的12家会员企业获市、县政府"守合同重信用"企业称号。配合县人才招聘中心、县总工会、县司法局，举办各种知识和技能培训班2期，培训会员360人次。

（供稿：何建明）

【消费者权益保护】 2016年，宁化县消费者权益保护委员会调解消费投诉案件86件，为消费者挽回损失12万元。组织相关人员对家用电器售后服务有待提高、纺织类商品质量有待提升、物流快递行业问题有待改进等难点问题进行分析改进。开展对永

辉、新华都、万福隆等大型商场、超市诚信体系和公开评价测评，测评结果均为满意。年内发布"网民需慎防钓鱼网站欺诈"等消费警示15条。

（供稿：伊东明）

食品安全管理

【概况】 2016年，县市场监督管理局围绕治理"餐桌污染"、建设食品放心工程目标任务，强化食品安全综合协调机制和监管网络建设，加大食品安全日常监管和专项整治力度，立案查处食品违法违规案件56起，办结56件，罚没金额64.7万元。全县未发生Ⅳ级以上食品安全事故。

【种植养殖环节监管】 2016年，全县完成蔬菜农药残留检测6068个，合格率99.52%；水果速测324个，合格率99.69%；食用菌样品检测7个，合格率100%；茶叶样品检测40个，合格率100%。农药品种抽检10个，合格率100%；兽药抽检7个，饲料2个，合格率100%。产地检疫生猪8.76万头、牛羊0.27万头、禽24.84万羽，产品检疫猪肉品7.40万头、牛羊肉品0.27万头、禽肉产品2.25万羽；抽检检测盐酸克伦特罗、莱克多巴胺、沙丁胺醇三联快速检测5312份，未发现阳性样品；水产品抽检样品55份，合格率100%。认证无公害产品5个，1个产品（孔坑茶）获国家农产品地理标志登记保护。建立养殖场病死猪无害化监管信息290个。37家农业企业完成可追溯平台注册和基础信息填写。继续完善农资监管平台建设，建成31家农资监管终端，其中农药经营单位23家、兽药经营单位3家、种子经营单位5家。

【食品生产安全监管】 2016年，全县取得食品生产许可证企业44家，其中粮食加工品26家、茶叶及相关制品6家、饮料4家、酒类2家、肉制品2家、淀粉及其制品1家、速冻食品1家、食品添加剂1家、其他食品1家（焙烤食品预拌粉）。全年，县市场监督管理局巡查食品加工企业、食品生产加工小作坊142家次。对16家食品生产企业进行抽检，共抽检18个批次产品，其中茶叶2个批次、饮料2个批次、桶装饮用水2个批次、粮食加工品12个批次，检验结果全部合格。督促《食品生产许可证》到期企业及时提出申请和做好换证工作，全年送达到期换证通知书19份，成功换证11家、未通过1家、申请换证4家。督促小作坊完善自身生产条件和管理措施，规范原料进货查验、添加剂使用管理等关键环节控制。全县获证食品生产加工小作坊8家（豆腐皮6家、豆腐1家、米粉1家）。

【食品小作坊示范点创建】 2016年，县市场监管局选取生产条件基础较好、质量安全管控到位、市场信誉良好的3家小作坊开展食品小作坊示范点创建。在原先"示范+带动"模式创建基础上，引导4家自制豆腐皮农户与豆腐皮小作坊联合成立合作社，实现"合作社+农户"创建模式。

【食品流通环节监管】 2016年，县市场监督管理局通过招标采购食品安全快速检测设备6台，办理《食品流通许可证》150户，办理销售环节《食品经营许可证》295户。统一印制《食品销售日常监督检查要点表》，要求各市场监督所按照属地管理原则，从大型经营单位到小型经营单位，逐步实现日常监管全面覆盖。年内，开展食品经营许可、日常监督检查、食品用农产品监管及快速检测等3期培训班，培训80人次。出动执法人员4660人次，检查食品经营单位2200户次；抽检食品流通环节食品138个批次，不合格2个批次；抽检食用农产品240个批次，不合格1个批次；查处无证照经营、制售假冒伪劣食品、销售不合格食品等各类违法行为并发出责令改正通知书46份，约谈食品生产经营者24户次，法案件39件，罚没51万元。在打击经营含"瘦肉精"牛羊肉违法行为专项行动中，检查肉制品生产企业2家、餐饮服务单位36家、集贸市场2个、大型商场超市4家。肉制品生产企业、大型餐馆等在进货查验、索证索票制度上落实较好，但集贸市场摊点和小型餐饮单位落实不到位。执法人员针对落实不到位单位下达意见书整改。以进口奶粉、食用植物油、酒类、肉类等四类进口食品为重点，对食品批发企业、商场超市、进口食品专营店、母婴用品店、冷冻库等重点单位开展进口食品市场销售专项整治工作，共检查经营主体36家，立案查处进口酒类标签不符合规定案件3起，结案3起，罚没金额1.80万元。

【食品安全"扫雷"专项行动】 2016年，县市场监督管理局公布食品违法行为12331投诉举报电话，以中小食品生产企业、食品生产加工小作坊、乡（镇）食品批发市场、集贸市场、学校食堂、校园周边餐饮服务单位和"小餐饮"为监督检查重点。共检查食品生产单位92户次（其中食品生产小作坊38户次）、食品销售者1456户次（其中校园周边食品经营户420户次）、餐饮服务单位605户次（其中学校食堂124户次）、批发市场、集贸市场、商场超市等各类市场32个次，监督抽检食品95个批次，其中不合格2个批次，发出责令改正通知书46份，约谈食品生产经营者24户次，查处假冒伪劣食品案件9件罚没9.93万元。取缔无证小餐饮8家，立案查处6家，罚款7.77万元。在食品生产加工小作坊、小餐饮店、小摊贩食品安全专项整治中，检查小作坊26家、小餐饮42家、小摊贩23家，取缔无证经营户4家，下达责令整改通知书62份。

【"农村食品安全示范店"创建】 为进一步巩固农村食品市场整治工作成果，充分发挥先进典型示范引领作用，建立健全农村食品安全长效管理机制，提升农村地区食品安全水平。2016年，县市场监督管理局制定《宁化县市场监督管理局关于开展农村食品安全示范店创建活动的通知》（宁市监〔2016〕42号），明确农村食品安全示范店创建分两个阶段进行：2016年年底前完成乡（镇）所在地建制村创建1户，2017年年底前完成农村乡（镇）所在地周边较大建制村各创建1户示范店。各市场监督所结合实际情况，按照创建标准指导并开展示范创建活动。截至2016年年底，全县共创建农村食品安全示范店15户。

【加强农村集体聚餐食品安全管理】 2016年，由县市场监督管理局牵头起草，县食品安全委员会下发《宁化县食品安全委员会关于印发宁化县农村集体聚餐食品安全管理办法（试行）的通知》（宁食安委〔2016〕1号），对农村集体聚餐的食品安全管理、备案登记、现场指导、食品安全要求、应急处置等方面作出具体规定，要求各乡（镇）明确村级食品安全协管员，以保障农村集体聚餐有关工作的落实。

【食品安全可追溯体系示范建设】 2016年，县市场监督管理局督促和指导辖区3家食品生产企业（宁花科技食品有限公司、温氏食品有限公司、利丰化工有限公司）开展食品安全追溯管理体系建设工作，及时对接省级食品安全追溯信息平台。选定辖区条件较好的2家中型超市作为省级食品安全追溯信息示范创建对象，1家小型超市作为市级食品安全追溯信息创建对象。指定专人负责，指导超市进入省局试运行的"食品安全追溯管理系统"进行注册和测试，数据录入和上传等示范点建设工作。

【严格餐饮许可准入管理】 2016年，县市场监督管理局实行"窗口受理—辖区所现场核查—领导审批"三级审批制度，开展餐饮服务许可证换证、发证及现场核查工作，同时做好食品经营许可"两证合一"相关工作。统一印制食品经营许可相关文书，统一食品经营许可办证流程，规范许可文书书写。全年办理许可证192户（《餐饮服务许可证》105户、《食品经营许可证》87户）。年内全县有餐饮服务单位686户（城区466户、乡镇220户）其中量化等级A级1家、B级60家、C级585家、新开未定级40家。

【推进餐饮服务示范街（单位）创建】 2016年，县市场监督管理局为进一步调动餐饮企业创建示范单位热情，明确将取得"餐饮服务示范单位"称号列为限额以上餐饮企业的必备条件之一。同时制定《宁化县餐饮服务单位食品采购验收台账》和《宁化县餐饮服务单位餐饮具消毒记录表》样版，指导各餐饮单位规范做好相关登记，完善食品安全管理相关制度。通过创建，全县新增示范街1条和示范单位18家，截至年底，全县共有示范街2条、餐饮示范单位30家。

【开展"明厨亮灶"示范创建】　2016年，县市场监督管理局结合餐饮服务示范单位创建活动，按照《创建餐饮服务"明厨亮灶"示范单位工作方案》要求，以量化等级为B级以上的餐饮服务单位、重大活动餐饮服务接待单位、300人以上学校食堂为重点，推进"明厨亮灶"建设工作。全年，完成"明厨亮灶"建设280家，其中网络厨房2家、视频厨房30家、透明厨房248家。通过省级"明厨亮灶"示范创建验收1家。

（供稿：杨利）

国有资产管理

【概况】　2016年，宁化县国有资产运营管理中心组织全县各行政事业单位财务主管和资产管理人员对资产清查内容和资产清查操作系统进行培训，开展全县行政事业单位国有资产清查工作。经清查汇总，截至2016年12月，全县行政事业单位资产总计154848.09万元，负债总计36339.10万元，净资产总计106394.88万元。

【规范国有资产管理】　2016年，县国有资产运营管理做好县直行政事业单位国有资产管理和营运工作，对资产受托管理单位提出的已经到期的49处国有商业店面招租方案进行审核，并委托三明市鑫诚拍卖有限公司对店面租赁使用权进行公开拍卖，拍卖成交9家单位43处房产租赁使用权，总成交价414.45万元。加强和规范国有资产管理工作，对申请报废的固定资产，按照"单位申请、主管部门审

核、财政业务对口股室审核、资产营运中心复核、财政局（国资办）审核或审批"程序办理，并按规定权限进行审批。

（供稿：罗世永）

安全生产监督管理

【概况】　2016年，宁化县发生各类安全生产事故5起，死亡3人，受伤3人，事故指标全面下降，其中生产安全事故死亡人数比"十二五"期间平均数下降54.50%。农业机械、渔业生产、水上交通、特种设备、烟花爆竹、危险化学品和民爆物品均未发生安全生产事故，全县安全生产形势总体保持稳定。

【落实安全生产责任】　2016年，县委、县政府出台《安全生产"党政同责、一岗双责"工作机制》，全县16个乡（镇）、210个建制村均出台安全生产"党政同责、一岗双责"规定，实现安全生产责任体系县、乡（镇）、村三级全覆盖。健全完善部门监管责任：县政府与16个乡（镇）及31个县直相关部门主要领导签订《2016年安全生产工作目标责任书》，落实"管行业必须管安全、管业务必须管安全、管生产经营必须管安全""谁审批，谁负责"以及"属地监管与分级管理相结合，以属地管理为主"的要求，形成"安全监管部门综合监管，行业主管部门直接监管，地方政府属地监管"的管理格局。健全完善企业主体责任，持续推进并圆满完成安全生产标准化建设提升工程三年行动任务。年内，全县完成标准化评定企事业单位238家，其中企业172家（二级达标18家、三级126家、不分等级达标28家），事业单位66家（二级14家、三级52家），全县企事业单位标准化达标率100%。

【深化"打非治违"专项整治】　2016年，县政府成立四个专项检查组，分别由副县长牵头，组织县安监局、县公安局、县住建局、县市场监督管理局、县公安消防大队等部门对全县253家餐饮店进

行拉网式、全覆盖检查，发现违法使用甲醇燃料165家，捣毁私储易燃易爆甲醇窝点2个，现场查扣甲醇8.3吨，依法刑事拘留4人。

【强化重点行业专项整治】 2016年，宁化县安全生产监督管理局（简称县安监局）突出对非煤矿山、危险化学品、道路交通、建筑施工、公众密集场所消防安全等重点行业领域开展安全生产专项整治。非煤矿山安全：排查隐患168条，现场整改102条，下发整改指令5份，整改率98%。危险化学品安全：排查隐患55条，下发《责令限期整改指令》15份，取缔加油站1家。道路交通安全：查纠交通违法1.40万余起，其中酒驾396起、涉牌3335起、涉证3438起、超员1213起、超速行驶5717起。建筑施工安全：检查企业28家，排查隐患1588条，下达整改意见书191份，整改率100%。消防安全：排查隐患2710处，督促整改2695处，下发《责令整改通知书》826份、《行政处罚决定书》43份、《临时查封书》4份、《行政强制决定书》1份，责令"三停"（停产、停业、停止施工）单位7家，罚款34.31万元。电梯安全：检查使用单位108家次，发现安全隐患38条，隐患整改率100%，罚没款14.10万元。烟花爆竹安全：排查隐患117条，下发《责令限期整改通知书》5份、《行政处罚决定书》4份，吊销烟花爆竹经营零售许可100余家。校园安全：检查37所学校，排查隐患572条，投入隐患整治资金84.9万元，隐患整改率100%。

【强化职业卫生建设】 2016年，县安监局完成35家用人单位职业卫生建设摸底调查工作，其中新增申报职业危害因素企业16家，参加职业卫生基础建设活动并完成网上自评企业10家，完成职业危害因素年度检测工作企业8家，完成职业病危害现状评价企业1家。组织436名接触职业危害因素工人参加职业健康体检。

【开展"安全生产月"活动】 6月，县安监局组织开展全国第15个"安全生产月"活动，发放安全生产"三字经"、家庭用电、防火小常识等宣传册800余份，接待群众咨询120余人次。

（供稿：雷震宇）

中国人民政治协商会议宁化县委员会

◆编辑：罗昌鑫

综　述

2016年，中国人民政治协商会议宁化县委员会（简称县政协）把握团结和民主两大主题，团结带领全体政协委员，围绕县第十三次党代会确定的目标任务和县政协常委会制定的工作要点，履行政治协商、民主监督、参政议政职能，发挥政协协调关系、汇聚力量、建言献策、服务大局的作用，为推进宁化县经济发展、民生改善、社会和谐，推进民主政治建设、扩大公民有序政治参与作出积极努力。

（供稿：邱汝兰）

重要会议

【县政协十届一次会议】　12月19日—22日，县政协十届一次会议在宁化世界客属文化交流中心召开，大会应出席政协委员176名，实到会政协委员169名。会议审议和通过李平生代表政协第九届宁化县委员会所作的《中国人民政治协商会议第九届宁化县委员会常务委员会工作报告》、王盛通所作《关于九届一次会议以来提案工作情况的报告》和《县政协十届一次会议提案审查情况的报告》；与会人员列席县人大十七届一次会议，听取并协商讨论县政府工作报告和县法院、县检察院工作报告以及计划、财政预算报告；会议选举李平生为政协第十届宁化县委员会主席，王盛通、吴金珠、伍秉曲、张运华为副主席，35人当选为常务委员；会议审议并通过《政协第十届宁化县委员会第一次会议决议》。

【常委会会议】　县政协九届十四次常委会议　3月7日召开，政协主席刘日太主持。会议协商讨论2016年县政协工作要点（讨论稿）；表决通过张晓英任经济和港澳台侨委副主任、李月香任文史学习和民族宗教委副主任的任职通知。

县政协九届十五次常委会议　8月19日召开，县政协党组书记李平生主持。会议邀请县政府通报2016年上半年全县经济运行情况，邀请县法院、检察院通报工作情况，学习传达县十三次党代会精神；协商通过刘日太因退休不再担任宁化县政协主席职务，并报县政协十届一次会议备案。

县政协九届十六次常委会议　12月5日召开，县政协党组书记李平生主持。会议协商讨论《县政府工作报告（征求意见稿）》，协商讨论县政协十届一次会议《常委会工作报告（征求意见稿）》《提案工作报告（征求意见稿）》，协商通过县政协第十届委员会委员名单、县政协十届一次会议主席团成员、主席团常务主席及主席团会议主持人建议名单、县政协第十届提案委成员建议名单、县政协十届一次会议时间及日程安排、会议议程、秘书长及副秘书长、上主席台就座人员名单、执行主席日程安排、选举办法（草案）；表决通过陈华文任县政协办公室主任、马凤珠任社会事业委主任、巫才金任经济和港澳台侨委主任、赖群钊任提案和法制委副主任、张瑜不再担任县政协办公室主任职务、张森金不再担任经济和港澳台侨委主任职务、刘先民不再担任社会事业委主任的任职通知。

【主席会议】 3月1日会议。政协主席刘日太主持（下同），协商讨论2016年县政协工作要点，部署安排县政协九届十四次常委会召开时间、议题，协商推荐张晓英任经济和港澳台侨委副主任、李月香任文史学习和民族宗教委副主任干部人选。

4月7日会议。讨论2016年县政协党风廉政建设"五抓五看"主体责任个性化清单；学习换届工作纪律和要求包括《关于加强换届风气监督的通知》（中组发〔2016〕1号），《市纪委、市委组织部关于严明"四个方面、八条禁令"换届纪律要求的通知》，"九个严禁、九个一律"。

8月3日，县政协党组书记李平生主持（下同）。协商讨论县政协领导分工问题，协商讨论新一届委员、常委人选推荐工作，研究讨论县政协机关财务运转问题。

8月17日会议。研究确定县政协九届十五次常委会议召开时间及议程，研究讨论县政协机关财务补充规定，讨论农产品质量安全监管专题调研活动开展的时间、地点有关事宜。

9月2日会议。传达市政协读书班精神，确定张运华协助马安平副主席挂中共科技小组，李平生、张运华挂工商联1组。

11月15日会议。协商讨论县政协十届一次会议筹备工作分工，协商讨论十届一次会议有关程序性文件，协商推荐陈华文任县政协办公室主任、马凤珠任社会事业委主任、巫才金任经济和港澳台侨委主任、赖群钊任提案和法制委副主任等干部人选，研究讨论委员和机关干部生病探望和去世吊唁问题。

12月30日会议。总结县政协十届一次会议召开情况；安排元旦前后相关工作；确定县政协领导分工；确定刘先民编制转入县政协机关；讨论部署县政协第一届工会委员会替补组成人员选举工作；讨论安排2017年春节慰问机关退休干部问题；部署安排2017年委员小组活动，指定赖群钊兼任县政协委员工作室主任；研究公车改革后车辆使用管理问题。

（供稿：邱汝兰）

协商议政

【概况】 2016年，县政协贯彻落实中共中央《关于加强社会主义协商民主建设的意见》和中共中央办公厅、福建省委《关于加强人民政协协商民主建设的实施意见》等文件精神，全面落实全体会议协商、常委会议政协商、专题协商、提案办理协商、对口协商、界别协商等协商制度，加强与党委、政府及有关部门联动，推进协商民主建设。主动适应经济新常态，把握宁化县"十三五"发展新目标、新理念、新任务、新要求，围绕建设"一城四区"发展定位，紧扣深化改革发展、推动稳增快转、统筹城乡发展、脱贫攻坚、持续改善民生等目标任务和群众关注的热点难点问题，开展专题调研视察。

【开展协商活动】 2016年，县政协常委会按照"议题共同确立、计划共同制定、人员共同参与、实施共同推进"的协商工作机制要求，与县委、县政府共同制定好2016年度协商工作计划，认真抓好落实。年内开展"培育客家小吃产业链""完善县城区公交营运网点与管理""加强农产品质量安全监管"专题协商活动，形成专题协商报告3篇；开展常委会议政协商3次，协商2016年上半年经济运行情况、法院、检察院工作情况和政府工作报告；开展重点提案专题协商2次；开展对口协商4次；县政协十届一次全体会议期间，组织委员与参加小组讨论的县党政领导和列席会议的单位部门负责人进行充分协商，委员们通过提案、小组讨论发言等形式提出意见建议240多条。

【开展专题调研活动】 2016年，县政协开展"深化精准扶贫工作""推进农村电子商务发展""加强宁化县小流域水质监测与治理""完善县城区公交营运网点与管理""县城区学校布局""城郊乡和城南乡新区规划建设""推进县委、县政府为民办实事项目"等专题调研视察，形成调研报告6篇，提出一些建设性意见建议。

（供稿：邱汝兰）

民主监督

【概况】 2016年，县政协注重监督实效，拓展监督渠道，继续推行选派委员担任民主监督员制度，选派52位委员分别担任全县多个重要部门监督员。民主监督员在各受派部门重视下，规范程序、认真履职，采取参加有关工作会议和专题座谈、民主评议、执法检查、明察暗访、专题调研和征询民意等活动，对受派驻单位执行法律法规政策、开展依法行政、加强廉洁建设和作风建设、健全完善工作制度等方面情况开展监督，及时提出意见建议，推进有关部门的工作作风转变和工作绩效提升。

（供稿：邱汝兰）

提案工作

【概况】 2016年，县政协推进提案办理，提升提案办理水平和质量。县政协九届五次会议期间，收到提案103件，经审查立案98件，5件作为社情民意反映或委员来信，转交有关部门处理。提案内容丰富，包括：有关经济建设方面提案28件，占立案数的28.6%；有关科教文卫体方面提案14件，占立案数的14.3%；有关城市建设和管理方面提案49件，占立案数的50%；有关民主法制、劳动人事、社会保障方面提案7件，占立案数的7.1%。立案的98件提案全部得到县委、县政府各职能部门如期办理答复，办复率100%，委员满意率、基本满意率98%，社情民意得到充分反映和有效落实。

（供稿：邱汝兰）

宣传文史工作

【概况】 2016年，县政协抓住纪念红军长征胜利80周年和第22届世界客属石壁祖地祭祖大典等有利时机，组织有关委员和文史工作爱好者，搜集、查找有关资料，撰写突出客家人文史、革命斗争史（红军、苏区），兼顾地方风物、人物及当今发展精萃，征编《宁化文史资料》25辑，分客家纵横、红色印记、文史博览、风物揽胜、时代精萃、人物园地等6个栏目，并定稿待印出版。12月，收集《客家祠堂文化概况》《岸北哦馀》文稿。配合市政协做好《三明文史——纪念红军长征胜利80周年专辑》《三明政协志》有关宁化史料的供稿。

（供稿：邱汝兰）

换届工作

【概况】 2016年，县政协根据省、市、县委工作部署，于8月开始筹备换届工作，明确分工、落实责任，有序推进委员考核、委员提名推荐、委员培训、大会筹备等各项工作。严格执行中央和省、市、县委关于换届工作纪律要求，落实中央提出的"九个严禁、九个一律"规定，严格按照政协章程办事，会同县委组织部、县委统战部做好政协委员提名推荐协商，确定第十届政协委员176名，其中中共委员66名，占委员总数的37.5%；非中共委员110人，占委员总数的62.5%；县政协第九届委员会留任委员49人，占27.8%；新进委员127人，占72.2%。针对新进委员多的情况，为提高委员履职能力，在会前专门举办委员履职培训班。12月19日—22日县政协十届一次会议召开，选举产生新一届县政协领导班子和政协常委会委员，换届选举各项工作任务序时完成。

【开展专题辅导】 12月8日，县政协针对换届新进政协委员比例较高情况，为帮助全体政协委员较快进入角色，了解自己享有的权利、应尽的义务和肩负的责任，提升参政意识和履职水平，在宁化世界客属文化交流中心举办第十届县政协委员履职培训班。培训班组织委员们学习政协提案撰写相关业务知识，邀请县委党校副校长伊建春作中共十八届六中全会精神专题辅导。

（供稿：邱汝兰）

其 他 活 动

【概况】 2016年，县政协按要求开展"两学一做"学习教育，组织学习《中国共产党章程》《中国共产党廉洁自律准则》《中国共产党纪律处分条例》《关于新形势下党内政治生活的若干准则》《中国共产党党内监督条例》及中共十八届五中、六中全会精神、习近平总书记系列重要讲话精神等内容，增强政协委员和机关干部的政治意识、大局意识、核心意识、看齐意识，激发机关活力，提高机关干部服务意识和服务水平，为委员履行职能、发挥主体作用提供优质高效服务。全年，省、市政协领导到宁化开展调研视察活动7次。

【省政协领导到宁化调研】 11月1日—2日，省政协常委、民族和宗教委员会主任杨志英到宁化开展"少数民族贫困村挂钩帮扶政策贯彻落实情况"专题调研，市政协副主席李茂胜、县政协党组书记李平生、副调研员江正根陪同调研。

【市政协领导到宁化调研】 4月20日，市政协副主席朱一勤到宁化开展深化精准扶贫工作——"保障扶贫"专题调研，县政协副主席伍秉曲陪同；5月4日，市政协副主席李茂胜带领调研组到宁化开展农业供给侧改革专题调研，县政协主席刘日太、副调研员江正根陪同；5月19日，市政协副主席李茂胜带领调研组到三明工贸学校开展"职业教育供给侧改革"专题调研并召开座谈会，县政协副主席马安平陪同；6月1日，市政协副主席蔡光信到宁化开展"边界联防联治联调"调研，县政协副主席王盛通陪同；8月18日，市政协副主席蔡光信到宁化开展"推进三明市社区养老服务业发展"专题协商调研并召开座谈会，县政协党组书记李平生、副主席王盛通陪同；11月22日，市政协副主席阎伟强到宁化召开市政协十届一次会议《常委会工作报告》和《提案工作情况报告》征求修改意见座谈会。

【外地政协到宁化调研交流】 3月8日，安徽省安庆市政协主席张金锐到宁化考察精准扶贫、精准脱贫工作，市政协副主席朱一勤、县政协副主席伍秉曲陪同；3月25日，山东省菏泽市政协副主席陶体华到宁化考察"精准扶贫"工作；5月18日，清流县政协副主席雷根旺到宁化考察"精准扶贫"工作；6月23日，三元区政协主席陈澄到宁化结合"两学一做"学习教育开展学习考察活动；8月23日，明溪县政协主席吴焰生及明溪县委宣传部部长朱昶凯等9人到宁化学习考察城区中小学校布局、建设和管理等经验做法，县政协副主席吴金珠陪同；11月25日，漳州市龙文区政协主席许鹃君到宁化结合"两学一做"学习教育开展学习考察活动；11月29日，市政协副主席朱一勤陪同漳州市政协副主席杨银玉到宁化考察宗祠文化传承与保护经验做法。

【信息工作】 2016年，县政协报送各类文章及信息80篇（条），其中被《省政协信息》采用1条、省《政协天地》3篇、《三明政协》5篇、《三明市政协信息》19条、《三明日报》1篇、《决策参考》1篇、《宁化新闻》50条。

（供稿：邱汝兰）

纪检·监察

◆编辑：罗昌鑫

综　　述

2016年，中共宁化县纪律检查委员会和宁化县监察局（简称县纪检监察机关）以"两学一做"学习教育为契机，贯彻落实上级决策部署，聚焦主责主业，强化监督执纪问责，把握运用监督执纪"四种形态"（党内关系要正常化，批评和自我批评要经常开展，让咬耳扯袖、红脸出汗成为常态；党纪轻处分和组织处理要成为大多数；对严重违纪的重处分、作出重大职务调整应当是少数；严重违纪涉嫌违法立案审查的只能是极少数），坚持挺纪在前、抓早抓小，推动落实"两个责任"，落实中央八项规定精神，坚定不移改进作风和惩治腐败，推进党风廉政建设和反腐败工作，各项工作取得较好成绩。全年，宁化县党风廉政建设、纪律审查、执纪审理、信访举报"零暂存"、信息撰写、宣传报道等工作均走在全市前列。

（供稿：谢伟华）

重 要 会 议

【县纪委全会】　2月3日，中共宁化县第十二届纪律检查委员会第六次全体会议在宁化世界客属文化交流中心召开。县委书记肖长根就如何做好反腐倡廉工作提出要求，强调要清醒认识反腐败斗争形势，统一思想认识；要持续纠正"四风"，注重严查快处，强化工作督查，抓好制度建设，着力作风转变；要保持高压态势，坚持"零容忍"态度，坚持"抓早抓小"，着力惩治腐败；要切实把落实全面从严治党作为必须担负的政治责任，落实主体责任、严明政治纪律、坚持示范带动、支持监督执纪，确保党风廉政建设责任制履行到位。县委常委、县纪委书记刘小彦总结回顾2015年反腐倡廉工作，对2016年反腐倡廉工作进行部署，并提出进一步强化监督执纪，严明党的纪律；进一步强化压力传导，推动主体责任落实；进一步强化正风肃纪，落实中央八项规定精神；进一步强化纪律审查，保持惩治腐败高压态势；进一步强化基层基础，落实全面从严治党向基层延伸；进一步强化自身建设，打造忠诚干净担当的干部队伍等要求。会议审议通过《坚持挺纪在前 坚守责任担当 坚定不移推进全面从严治党》工作报告。会上，肖长根向乡（镇）党委书记颁发落实党风廉政建设主体责任责任书。

【党风廉政建设形势分析会】　8月30日，县委2016年上半年党风廉政建设形势分析会在宁化世界客属文化交流中心召开。县委书记余建地作重要讲话，强调要紧抓学习基础，坚定政治立场；要紧握纪律戒尺，坚持从严执纪；要紧盯"四风"顽疾，坚决改进作风；要紧扣主责主业，坚守责任担当。县委常委、县纪委书记江向荣通报分析2016年上半年全县党风廉政建设和反腐败情况，并围绕严明党的纪律、坚决纠治"四风"、强化纪律审查、切实维护群众利益、严格落实"两个责任"等5个方面作出安排部署。

（供稿：谢伟华）

落实"两个责任"

【概况】 2016年，县纪检监察机关按照市纪委和县委部署，协助县委落实党风廉政建设主体责任，履行党风廉政建设监督责任，通过推行"两个清单"、落实"一单一函一报告"制度等举措，进一步明确责任、传递责任、追究责任，推进"两个责任"落地生根。

【推行"两个清单"做法】 2016年，县纪检监察机关推行"两个清单"（党员领导干部个性化清单，党委、纪委责任清单）做法，传导压力，督促主体责任落实。根据不同岗位特点、不同任务分工、不同业务工作，组织全县450名处级、科级党员领导干部量身定制党风廉政建设主体责任个性化清单，做到指标数量化、体现个性化；根据市委印发的各级党委（党组）、纪委（纪检组）落实"两个责任"清单的通知精神，及时组织县委、县纪委以及78个乡（镇）、县直单位制定"两个责任"清单。

【落实"一单一函一报告"制度】 2016年，县纪检监察机关加大落实"一单一函一报告"制度（一单，即根据信访举报、案件查处、明察暗访中发现的问题，不定期向乡（镇）党委、县直部门下发"问题清单"，明确整改时限，提出整改要求，抓好整改落实；一函，即针对单位党风廉政建设存在突出问题，向县委、县政府分管领导发送《县处级领导班子成员落实主体责任提醒函》；一报告，即围绕反腐倡廉中心任务和经济社会发展大局，认真研究党风廉政建设和反腐败工作的新特点、新思路、新方式，强化对监督执纪中发现的带有普遍性、苗头性问题的分析研判，不定期向县委递交《党风廉政建设问题专题报告》），向乡（镇）和县直单位党委（党组）发出"问题清单"7份，向分管和联系的县处级领导发送"提醒函"5份，向县委递交"专题报告"2份，提出意见建议10条，督促问题整改26个。

【严格"一案双查"】 2016年，县纪检监察机关对"四风"问题突出，发生顶风违纪问题，区域性、系统性腐败案件问题，严格"一案双查"，开展责任倒查，严肃追究有关单位和相关领导责任。年内先后对16名责任人进行责任追究。

（供稿：谢伟华）

查办违纪违法案件

【概况】 2016年，县纪检监察机关新立党政纪案件124件，比2015年增长22.8%。其中，经济大案8件，科级干部案件9件，给予党纪处分121人，开展谈话函询205人次，给予适当处理72人，移送司法机关处理7人。

【落实巡察制度】 2016年，县纪检监察机关成立县委巡察工作领导小组，组建"一办二组"巡察机构（县委巡察办，县委巡察一组、二组），核定巡察办（含巡察组）专项行政编制7名，其中科级职数6名。巡察工作经费参照县纪委机关人员工作经费标准，由县财政局予以核拨。10月，县委巡察办对中沙乡开展为期20天首轮巡察，发放民主测评表56份，谈话和约谈干部51人次，发现问题线索11件、转立案3件。

【推进信访举报"零暂存"】 3月，县纪检监察机关出台《关于进一步做好基层纪检监察信访举报工作的实施意见》，对信访件受理、研判、处置、了结、归档等5个环节提出14个规范要求。5月，县纪检监察机关印发《纪检监察信访举报件办理"零暂存"质效督办暂行办法》，明确"电话督办、发函督办、领导督办、专项督办、会诊督办、回访督办"等六种质效督办方式。6月，县纪检监察机关印发《纪检监察信访举报件办理"零暂存"质效"5率±N"考评办法（试行）》，推行以受理登记合格率、线索研判准确率、问题线索查实率、信访审结办结率、材料归档规范率等"5率"为总体框架和对"有转立案件、有好经验做法、办信量大"等方面进行加分，对"重复访越级访件、质效督办结果应用"等方面视情扣分的考评方法，增强信访举报绩效考评操作性和实效性。

【专项巡查扶贫资金】 2016年，县纪检监察机关下发《查处扶贫领域违规违纪问题工作方案》和《扶贫专项资金使用管理责任追究办法》，组织财政、审计、农业等单位对全县16个乡（镇）和9个县直单位扶贫资金进行专项巡查，共查处违规使用、骗取扶贫专项资金问题3起，党纪处分5人，诫勉谈话12人。

【专项巡查水利建设项目资金】 2016年，县纪检监察机关下发监督检查工作方案，对全县防洪工程、中小河流治理、水库除险加固、烟基水源工程等10大项110个水利具体项目开展监督检查，发现问题7个，涉及资金200余万元，诫勉谈话6人。

（供稿：谢伟华）

纠治"四风"

【概况】 2016年，县纪检监察机关坚持问题导向，深入纠治"四风"，按照节点整治、重点整治、难点整治"三条路线图"，着力在公车私用、公款吃喝、公款送礼、违规发放津补贴等方面开展监督检查。畅通群众信访举报渠道，抓好来信、来访、电话、宁化在线举报信箱、"宁化清风"微信举报平台、专用QQ举报号码、手机短信等7个举报平台建设，引导群众监督"四风"问题。全年，开展明察暗访14次，发现问题线索32个，查处问题12起16人，党政纪处分13人，制发通报4期7起14人次。

【开展"1+X"专项督查】 2016年，县纪检监察机关制发"1+X"专项督查工作方案，厘清县财政局、审计局等11个县直职能部门在落实中央八项规定精神中的职责，开展"1+X"（"1"指县纪委对县直各职能部门履行落实中央八项规定精神职责情况的督查，"X"指县直各职能部门根据职能作用和管理权限，在职责范围内对各级各部门落实中央八项规定精神情况进行督查）专项督查。强化制度的"立、改、废"工作，提升制度实用性和可操作性，形成党委加强领导、纪委监督协调、部门主动履职齐抓共管机制。

（供稿：谢伟华）

源头预防腐败

【概况】 2016年，县纪检监察机关坚持把反腐倡廉宣传工作摆上重要位置，认真开展党风廉政建设宣传报道，发挥身边先贤、红色苏区等独特资源优势开展廉政教育活动，强化警示教育，先后组织326名党员干部旁听法院庭审，采写案件剖析稿件9篇，为深入推进党风廉政建设、服务宁化改革发展稳定营造良好的思想舆论环境。

【开展廉政教育活动】 2016年，县纪检监察机关依托谷文昌纪念园，结合"两学一做"学习教育，组织党员领导干部观看历史图片、聆听现场讲解等，学习谷文昌先进事迹，促进党员领导干部争当"四讲四有"合格党员和"忠诚、干净、担当"的好干部。依托张仁和纪念馆，组织换届后新任村两委干部，开展身边先进勤廉教育，引导村两委干部在与先进典型对照中、在勤廉事迹熏陶中，时刻牢记遵规守纪、廉洁从政。全年，组织900余名党员领导干部到谷文昌纪念园接受教育，400余名村两委干部参观张仁和纪念馆。

【组织编制廉政图书】 2016年，县纪检监察机关挖掘提炼客家人宗规祖训中倡导的敦亲睦邻、戒淫戒盗、忠孝廉洁等宗祠文化内涵，突出廉文化、德思想内容，编印《宁化家训族规》。从广大党员领导干部在日常工作生活中易触犯的党规党纪及热点关注问题中，精心挑选20个典型问题，采取以案释纪、明纪寓教的形式，对违纪行为进行深度剖析，印成《析案学纪》。收集整理近3年来县纪检监察机关在加强队伍建设、开展宣传教育、落实信访举报、拓展党风政风和深化纪律审查等方面探索深化的一系列新思路、新举措、新办法，编印《纪检监察抓创新创特色工作选编（二）》，促进纪检监察干部在工作中不断总结提炼、创新升华，不断推动反腐倡廉工作深入开展。

（供稿：谢伟华）

人民团体·群众团体

◆编辑：张秋琴

宁化县总工会

【概况】 2016年，全县基层工会591个，职工数1.81万人，工会会员数1.75万人。宁化县总工会获省总工会经审规范化建设A级单位、全市工会新闻宣传竞赛一等奖、全市工会第十五届地方工会运动会总成绩第一名、全市"一县一主题，一年解决一问题"活动总评比三等奖。

【职工劳动竞赛活动】 2016年，县总工会组织5个在建重点项目、重点工程的300多名职工开展"创先增速"立功竞赛活动，组织3个重点产业的400多名职工开展"创新升级"劳动竞赛活动，有9名竞赛活动一等奖获得者被授予宁化县"五一劳动能手"称号。开展"6·18"海峡两岸职工科技创新工作，向省总工会选送国家电网福建宁化供电有限公司"小型活动线盘"、扬晨食品有限公司"薏仁乳酸饮料产业化关键技术的研究应用"、利丰化工有限公司"环保型油墨植物油基连结料"3项科技创新成果。

【职工技能培训】 2016年，县总工会与相关单位联合组织小吃、电商等6个行业1210多名职工开展职业技能、创业技能培训。组织开展就业招聘会、创业援助会等服务活动，"春送岗位"800多个，帮助465名下岗、转岗、待岗人员创业就业。

【劳动模范管理】 2016年，县总工会规范提升曾庆河农民工劳模工作室；推荐评选国网福建宁化县供电有限公司温一黄、福祥家具有限公司赖根发、宁化县人民法院王飞凤、宁化县行洛坑钨矿有限公司邓春福、宁化一中赖国强、三明福特科光电有限公司杨婉君、淮土镇团结村党支部书记张运勤、宁化县隆陂水库管理处刘佑光等8人为三明市劳动模范，福建长宁纺织有限公司刘义忠为福建省五一劳动奖章获得者，宁化一中获福建省五一劳动奖状。开展劳模事迹宣讲活动，发挥先模人物、先进单位引领示范作用。

（供稿：宁志强）

【全省劳模修养读书班在宁化开班】 8月16日—18日，福建省劳模休养读书班在宁化举行，来自全省各行各业的全国劳模、省劳模、省五一劳动奖章获得者共62人参加读书班。福建省总工会经济技术部调研员朱毅敏、三明市总工会副主席李伸安及宁化县委常委、组织部部长、县总工会主席钱锋出席开班仪式。开班仪式结束后，中国管理科学研究院特约研究员刘根发讲授了"发扬长征精神和海纳百川精神，共圆中国梦——介绍著名中央苏区和世界客家祖地宁化"的专题课。

（供稿：雷露微、王美丽）

【司法维权活动】 2016年，县总工会开展法律维权宣传活动，推进"1+8"（1指县总工会，8指公安、法院、司法、教育、民政、人力资源和社会保障、卫生和计划生育、残联等8个部门）职工维权活动。在县职工服务中心、法院和开发区法律服务工作站分别设立视频调解中心。全年，协助审结涉及职工权益案件6件，兑付工人工资20余万元。

【推进精准帮扶】 2016年，县总工会组织开展困难职工解困脱困工作，针对帮扶对象致困情况，逐户制订帮扶计划，落实帮扶措施，结合"春送岗位、金秋助学、冬送温暖"等活动，着重在"业、医、学、保"等方面进行帮扶，年内解困脱困132户。宁化县精准帮扶困难职工工作获省、市总工会肯定，并在全省工会困难职工解困脱困工作推进会上作典型发言。

8月25日，宁化县总工会举办2016年"金秋助学"启动仪式
（宁志强 摄）

【实施职工医疗互助】 2016年，县总工会着力实施医疗互助全覆盖，完成三明市总工会下达入网职工任务数的104%。第七期职工医疗互助活动参加职工1.20万人，筹集互助金74.19万元。第六期职工医疗互助活动发放医疗互助金64.45万元，受益职工530人。推行职工大病补助制度，大病补助制度实施以来，共为88名大病职工发放大病补助金16.16万元。

【建设"女工憩园"】 2016年，县总工会在城南工业园区职工服务中心建立一个"妈妈小屋"，配备哺乳、孕婴等有关用品。斯韦特公司采取弹性工作、灵活就业方式招收妈妈职工，着力解决"妈妈职工"就业难题。与县计生协会联合举办"孕育二胎"女性生殖健康知识培训，普及女性生殖健康知识。

【深化普惠工作】 2016年，县总工会扎实推进"一县一主题，一年解决一问题"活动，获三明市总工会评比三等奖。经调研了解和多方协调，并征得县委、县政府支持和相关部门认同，促成林业、农业、住建等10多个部门下属自收自支事业单位342名职工同等享受医疗补助。

【职工文体活动】 2016年，县总工会与县文化广电出版局、县工人俱乐部等联合开展庆"三八"女职工羽毛球赛、庆"五一"职工趣味运动会和气排球赛、京剧演唱会、"七夕缘·游祖地"单身职工相亲活动、庆"国庆"职工乒乓球赛等7场"中国梦·劳动美"职工系列文体活动，2000多名职工参与活动。县总工会代表队在全市工会第15届地方工会运动会上，获总成绩第一名。

4月25日，宁化县总工会在县烟草复烤厂体育馆举办庆"五一"宁化县职工气排球赛
（宁志强 摄）

【组建基层工会】 2016年，县总工会顺应经济社会发展新形势，在调查了解农民工就业情况基础上，加强沟通协调，推动农民工入会集中行动，组建基层工会11家，发展新会员701人，其中农民工会员420人。

【规范建家活动】 2016年，县总工会推进"六好"（组织建设好、维权保障好、帮扶服务好、建功立业好、文体活动好、工作作风好）示范乡(镇)工会创建，16个乡(镇)工会和园区工会实现"六好"达标验收。引导支持基层工会开展双亮（工会组织亮牌子示职责、工会干部亮身份许承诺）、双争（争创"模范职工之家"、争当"职工信赖娘家人"）、双述（工会主席向会员述职，下级工会向上级工会述职）、双评（工会会员评议工会主席，上级工会评议下级工会）"四双"活动，争创"六好"工会，培育三明福特科光电有限公司和福建长宁纺织有限公司工会2个"四双"活动示范典型。

【加大信息宣传】 2016年，全县各级工会在市级以上媒体登载信息75篇（条），其中《工人日报》2篇、《福建日报》7条、福建电视台10条、《福建工会通讯》1条、《生活创造》1条、《三明日报》42条、三明电视台8条。

（供稿：宁志强）

共青团宁化县委员会

【概况】 2016年，中国共产主义青年团宁化县委员会（简称团县委）下辖33个团委（含3个团工委）、6个团总支，836个团支部，团员15880人，专职团干部54人，兼职团干部602人。

【青少年思想教育】 "五四"期间，团县委牵头举办"高举团旗跟党走，红色基因代代传"主题教育实践活动，集中开展缅怀革命先烈、入团宣誓、红色书法展、红色文艺汇演、"重走长征路，青春健步行"等系列活动。开展"五四"青年篮球赛、"红色基因，我们传承"主题演讲赛、青少年儿童现场书法大赛，全县49个团组织、8000余名团员青年直接参与，丰富了青少年思想教育引导载体。"六一"期间，开展"红领巾相约中国梦——我们学先锋，创造新生活"主题队日示范活动，带动33所学校少先队组织通过举办文艺汇演、新队员入队仪式、红领巾讲坛等形式，引导2万余名少先队员传承红色基因，争当先锋好少年。全年开展"培育和践行社会主义核心价值观"、法制教育、禁毒教育等各类主题教育活动80余场次，受教育青少年2

万多人。召开预防青少年违法犯罪重点工作推进会，加强成员单位挂钩帮扶重点青少年制度，累计教育转化24名有不良行为及严重不良行为青少年，对辖区内6348名闲散青少年、留守儿童等重点群体进行摸排。开展共青团与人大代表、政协委员"面对面"活动，有效掌握青少年诉求。创建青少年维权岗，维护青少年合法权益。2016年预防青少年违法犯罪工作考核成绩居全市各县（区）第一名。

【团干理想信念教育】 3月29日，团县委邀请三明市委党校常务副校长汪震国到宁化作"追求有意义人生"专题报告会，50名基层团干、33名少先队大队辅导员、67名县委党校第13期中青班学员共150人接受教育。5月12日，组织全县50名基层团组织负责人在县消防大队开展团干部素质拓展培训，增强基层团组织的凝聚力与战斗力。

5月12日，团县委在县消防大队举办全县基层团干培训班

（黄丽婷 摄）

【帮扶困难青少年】 2016年，团县委争取资金5.80万元，帮助12名家庭贫困应届高中毕业生圆"大学梦"；争取到"阳光助学——播撒希望"驾驶人爱心助学金2.20万元，帮助16名困难学生减轻负担；争取到价值10万元的"爱·同行"净水设备4台，解决500余名山区贫困儿童的安全饮用水问题。开展"青春同行一对一助孤"行动，争取到团省委希望工程资金1.80万元，为15名事实孤儿各发放助学金1200元；自筹资金和物品2万余元，开展"暖冬助孤，共筑幸福"活动，对全县81名在学的孤儿和事

实孤儿开展慰问，帮助困难青少年解决实际困难。

【服务青年创新创业】　4月7日，团县委联合县商务局、移民局开展库区移民电子商务培训班，邀请三明市电子商务运营专家、三明学院教师张作权为50余名库区移民现场讲解现代电子商务理论知识。6月27日，举办事业单位面试培训班，为30名入围面试考生提高面试水平。8月17日，联合县老区办、安远镇开展"脱贫攻坚，电商助力"培训活动，为50余名贫困户培训电子商务理论知识和实践操作技能，实现从"输血式"扶贫向"造血式"扶贫转变。组织实施共青团启航计划第二、三季，为20名宁化籍大学毕业生提供见习岗位。

【青年志愿服务活动】　2016年，团县委继续扩充县情志愿宣讲员队伍，选拔10名优秀县情志愿宣讲员，为来宁化参观指导的各级党政领导和投资考察客商提供更加优质的县情宣讲志愿服务。围绕第22届世界客属石壁祖地祭祖大典、"追忆长征精神，传承红色基因"专题巡演、"七夕缘·游祖地"联谊活动、"学长征精神，做红色传人"纪念中国工农红军长征胜利80周年主题活动、"骑聚红土地，重走长征路"中国·宁化山地自行车骑游文化节、央视音乐频道"美丽中国唱起来"大型演出、央视七套"乡约"节目录制、雷锋月植树、重阳节敬老、国际志愿者日集中志愿服务、省级文明县城迎检、共青团员义务星期六等重大活动，组织动员全县团员青年志愿者5000余人参与服务。

【暑期"三下乡"实践活动】　2016年，团县委先后对接闽江学院、福建华侨大学、福建中医药大学、南开大学商学院、福建农林大学、三明学院等大学生暑期"三下乡"社会实践队，引导68名大学生深入各乡（镇）、村（居）开展社会实践活动，围绕"百镇百村""推动县域经济发展""青春扶贫"等主题，分别赴曹坊镇、淮土镇、石壁镇、安远镇、水茜镇、城郊乡、城南乡等乡（镇）开展关爱留守儿童、助力农村电商发展、精准扶贫等工作，5000余名群众受益。团县委获"2016年福建省大中专学生志愿者暑期'三下乡'社会实践活动先进单位"称号。

【青少年校外教育】　2016年，团县委组织开展"小交警""小法官""小消防员"等暑期教育实践活动，强化对少年儿童的法律法规和安全自护知识教育。100余名青少年参加暑期安全自护夏令营和第三期"如梦令·元旦"暑期夏令营活动并在实践活动中获益。

【加强新媒体宣传运用】　2016年，团县委注重宁化共青团微信公众平台的开发运用，通过在共青团微信公众号上设立团员认证、团员中心、组织关系转接、离团手续等栏目完成团员基本信息的收集与管理，通过将团员电子化编号，形成电子信息数据库，实现对全县团员信息的电子化管理和统计。全年发送信息360条。建立"1+100"团干部联系青年微信群、青年创新创业交流群，开设青年联谊交友模块，让广大青年获得"数据、信息、资源、机会"共享，使共青团成为广大青年遇到困难时想得起、找得到、靠得住的力量。

（供稿：黄丽婷）

宁化县妇女联合会

【概况】　2016年，全县基层妇女组织264个，其中乡（镇）妇联组织16个，村妇代会210个，社区、居委会妇代会18个，机关、事业单位妇委会18个，客家女创业者联谊会和离退休妇女联谊会各1个。宁化县妇女儿童活动中心获2012—2015年度"省妇联系统先进集体"称号。

【召开纪念"三八"106周年表彰会】　3月31日，宁化县妇联召开十六届四次执委（扩大）会议暨庆祝"三八"国际劳动妇女节106周年表彰大会，县妇联执委、部分获奖代表共50余人参加，会议回顾总结2015年妇联工作，部署2016工作，表彰9名2015年度基层优秀妇女。

【评选表彰第二届"最美家庭"】　2015年1月，县委宣传部、县委文明办和县妇联联合开展第二届寻找"最美家庭"活动。经过组织推荐、自荐、互荐等方式，按照"夫妻和睦、孝老爱亲、教子有方、邻里友善、节俭持家、勤勉廉洁、平安和谐、情系国防、乐善好施、笃行勤学"的十大类型标准，从近百户推荐家庭中推选出30户候选家庭。经过县"最美家庭"评审委员会评审及群众网络投票、公示，最终评选出宁化县第二届"最美家庭"20户，提名奖10户。2016年3月31日，宁化县第二届"最美家庭"表彰会在县妇女儿童活动中心会议室召开，会议表彰20户宁化县第二届"最美家庭"，10户获提名奖。其中，熊忠山、曾爱英家庭，吴景中、张华英家庭，邓林群、李亮兴家庭，李定兰、谢明雄家庭获2016年三明市"最美家庭"称号；张声源、李月珠家庭获2016年福建省"最美家庭"提名家庭称号。

表10　　宁化县第二届"最美家庭"名表

获奖家庭	推荐单位	最美家庭类别
邓林群 李亮兴家	湖村镇妇联	夫妻和睦
廖玉华 张永兴家	淮土镇妇联	夫妻和睦
黄华珍 曹光荣家	县委直属机关妇委会	夫妻和睦
李定兰 谢明雄家	华侨农场妇委会	孝老爱亲
熊忠山 曾爱英家	济村乡妇联	孝老爱亲
张萍玲 张朝阳家	金融系统妇委会	孝老爱亲
张跃行 孙荣香家	农业系统妇委会	孝老爱亲
曾木发 吴其猛家	水茜镇妇联	孝老爱亲
张凤香 范文能家	中沙乡妇联	孝老爱亲
张声源 李月珠家	公安系统妇委会	教子有方
吴登勤 邱淑贞家	卫生系统妇委会	教子有方
吴景中 张华英家	教育系统妇委会	教子有方
谢海香 张渭河家	城郊乡妇联	邻里友善
罗香金 曹清良家	曹坊镇妇联	勤俭持家

获奖家庭	推荐单位	最美家庭类别
曹仁东 陈银珍家	曹坊镇妇联	勤勉廉洁
付贵明 曾美娥家	安远镇妇联	勤勉廉洁
吴长财 罗玉远家	城南乡妇联	平安和谐
黄龙水家庭	城郊乡妇联	情系国防
谢冬财 刘宏湘家	淮土镇妇联	乐善好施
黄美玉 张恩才家	泉上镇妇联	乐善好施

【深化家庭文明建设】　5月24日—25日，由省、市、县妇联三级联办的家庭教育公益大讲堂在宁化开设，省家庭教育讲师团童家富和郭友恭2名讲师受邀请到宁化城区4所学校授课，600余名家长接受家庭教育新理念教育。母亲节期间，县妇联联合县委文明办、新闻中心开展"感恩父母，传承孝道——献给父母最美祝福语"征集大赛，收到社会各界读者近400条祝福语，经过初评及两轮网友投票，评选出一、二、三等奖作品各1条、优胜奖作品90条、投票票数高的作品10条。通过发挥评选过程的教育功能和开展线上线下宣传，社会主义核心价值观和孝老爱亲的优良传统得到广泛宣传。

【开展庆"六一"系列活动】　"六一"儿童节期间，县委、县政府、县人大、县政协主要领导率领县妇联、教育局等部门负责人分别前往宁化师范附小、城东幼儿园、东风小学、实验幼儿园等学校看望慰问少年儿童，各乡（镇）党委、乡（镇）政府相继对辖区学校开展慰问活动，县妇联对城区所属的其他小学、公办幼儿园开展节日慰问活动。

【巾帼岗位练兵活动】　9月12日—13日，县妇联联合县旅游局、县总工会举办"中国梦·劳动美"旅游从业人员风采大赛，40余名选手参赛，经过2天角逐，16名获奖女能手被县妇联授予"行业女能手"称号。其中，北山革命纪念馆张沛琳、客家宾馆黄红秀、客家国际大酒店刘芳分别获导游项目、客房中式铺床项目和中餐主题宴会项目一等奖。

【创业创新巾帼行动】　2月，县妇联联合人社局等部门组织开展"春风行动"就业援助专场招聘会，促成460名求职妇女实现家门口就业。联合县商务局举办两期为期3个月的电商人才孵化班，新培育100余名电子商务创业女性带头人。7月，举办贫困妇女淮山种植与管理技术培训班，为近百名贫困妇女传授种植经，助推贫困妇女脱贫致富。输送宁化县种养女能手到省、市参加巾帼种子工程和新型女农民培训。实施"巾帼扶贫"小额信贷工程，发放130万元小额信贷资金，贴息资金6.50万元，扶持全县13个乡（镇）44户妇女发展生产。

【关爱女性健康】　7—10月，县妇联依托县妇幼保健院在河龙、治平、城郊、淮土、石壁等乡（镇）开展农村妇女"两癌"免费普查和城乡已婚低保妇女常见病免费检查项目工作，为全县3500名35至64岁农村妇女进行宫颈癌检查（其中1000例HPV检测），900名适龄农村妇女进行乳腺癌检查。

【创新家庭矛盾调解机制】　2016年，县妇联与县法院联合创建的婚姻情感诊疗中心成效明显。创办一年半时间内，为113对诉讼离婚当事人进行情感诊疗，并对其未成年子女进行心理疏导，有效降低离婚给孩子、家庭带来的伤害，促进社会和谐，在治疗的113对诉讼离婚当事人中，和好撤诉的47对，理性协商离婚的39对。

【推动《中华人民共和国反家庭暴力法》实施】　3月1日，《中华人民共和国反家庭暴力法》（以下简称《反家庭暴力法》）正式实施，县妇联积极建言并及时邀请县人大法制委共同推动《反家庭暴力法》的贯彻实施。5月，县妇联联合县司法局、县社会工作协会在翠园广场举办《反家庭暴力法》宣传暨宁化巾帼志愿者招募活动，活动通过设置咨询台、悬挂横幅标语、法律宣讲、发放宣传资料、现场互动知识问答等方式进行，向群众发放反家暴知识宣传资料5000余份，向社会招募20余名巾帼法律

服务志愿者。8月，县人大常委会组织召开宁化县贯彻实施《反家庭暴力法》座谈会，公安、司法、法院、妇联等20余个部门领导参加，会议明确各相关部门职能的工作职责与工作任务，有力地推动《反家庭暴力法》的实施。举办"建设法治宁化，巾帼在行动"《反家庭暴力法》知识培训班，提升妇联干部依法维权能力。全年，全县妇联组织接待妇女儿童来信来访来电96件次，家庭暴力信访件63件，办结率100%。

【开展家庭拒绝毒品宣传活动】　8月，县妇联召开妇联系统禁毒防毒工作会议，传达全县禁毒工作会议精神，开展禁毒防毒知识培训，全县16个乡（镇）妇联主席、副主席、翠江镇社区书记等50余人参加会议。各乡（镇）妇联在各自辖区内通过多形式开展"家庭拒绝毒品"禁毒宣传活动，增强妇女群众禁毒防毒意识。

【"两纲"重难点项目工作】　3月，县妇联组织召开"两纲"（《中国妇女发展纲要》《中国儿童发展纲要》）妇幼重难点项目整改情况汇报会，通报"两纲"妇幼重难点项目专项检查情况，部署整改工作。4月，三明市"两纲"评估督导组到宁化，开展宁化县妇女儿童发展纲要实施情况中期评估督查。7月，省妇联副主席、省妇儿工委办主任包方率专家组到宁化督查儿童和孕产妇系统保健管理与优质服务项目，通过实地督查、召开座谈会和专家点评等形式，推动"两纲"妇幼重难点项目实施。12月底通过验收。

【乡（镇）妇联换届选举完成】　10月27日—11月18日，全县16个乡（镇）举行妇联换届工作，共选举产生新一届乡（镇）妇联主席16人，副主席36人，其中配备兼职副主席17人。换届后，新当选的乡（镇）妇联主席平均年龄32.06岁，本科以上文化程度12人；30周岁以下的9人，占56%，妇女干部队伍基本实现年轻化和知识化目标。

【关爱贫困妇女儿童】　1月，省妇联副巡视员、机

关党委专职副书记郑元福与省妇联机关调研员黄目标到翠江、石壁等乡（镇）走访慰问贫困妇女，发放慰问金6000元。5月，县妇联联合县红十字会在翠园广场举行"关爱母亲　情暖翠城"母亲健康1+1公益募捐活动，现场为两癌贫困妇女募集爱心款41434.30元。持续开展"春蕾计划""金秋助学圆梦"帮扶活动，全年资助贫困学生42人，资助款3.80万元。

5月6日，宁化县妇联与县红十字会在翠园广场举行"关爱母亲
情暖翠城"母亲健康"1+1"公益募捐活动　　（王延元　摄）

【举办村（居）妇代会主任培训班】　1月14日—15日，县妇联在宁化世界客属文化交流中心举办2016年村（居）妇代会主任培训班，全县16个乡（镇）妇联主席、219个村（居）妇代会主任共230余人参加培训。县妇联主席伍一卿为学员解读新时期村（居）妇代会主任工作职责，从引领妇女参加农村经济建设、当好维权娘家人、倾注民生、关爱弱势以及建设阵地、创先争优等方面对参会人员进行辅导，培训班还安排十八届五中全会精神解读、女性基本礼仪、中医养生与大众创业等课程，内容丰富、形式多样。通过培训，基层妇女干部服务群众的意识和水平得到增强。

（供稿：王延元）

宁化县科学技术协会

【概况】　2016年，宁化县科学技术协会（简称县科协）增补常委、副主席1名。县科协委员37名，其中主席1人、副主席2人、兼职副主席3人、常委14人。全县乡（镇）科协16个、企业科协6个、学校科协7个、学（协）会32个、会员1526人，农村专业技术协会34个、会员1848人。

【创建全国和全省科普示范县】　2015年，为加强科普服务能力建设，推动《全民科学素质行动计划纲要》的贯彻落实，促进县域经济全面协调可持续发展，宁化县启动全国科普示范县和全省科普示范县创建工作，11月，中国科协委托福建省科协到宁化实地验收。检查组组长、省科协副主席林学理对宁化创建工作给予高度肯定。2016年2月4日，经福建省科协检查和中国科协实地抽查，宁化县被中国科学技术协会命名为"2016—2020年度全国科普示范县"；10月18日，被福建省科学技术协会命名为"2016—2020年度福建省科普示范县"。

【科普宣传】　2016年春节前后，县科协到湖村镇、泉上镇等乡（镇）开展科技"三下乡"宣传活动3次。5月，举办"2016年宁化县科技·人才活动周"活动，进行科技集中宣传咨询服务，展出科普宣传画60幅、应急避险展板18幅，发放各种科普宣传小册子1200册、宣传资料8000份，前往咨询、义诊群众5300余人次。"宁化县科学技术协会"网站得到恢复与维护，内容更新及时，网站科普内容的时效性、有效性、趣味性增强。全年，县科协与县电视台继续联合开播"科普新说"电视节目，广泛宣传健康养生等科普知识。县科协租用县电信局、县体育中心LED电子显示屏播放科普宣传动漫片及科普大篷车节目。与县客家影视传媒公司合作，在宁化世界客属文化交流中心影院电影片头及农村电影片头播放5—10分钟科普宣传片。

【开展全国科普日活动】　9月，围绕"创新放飞梦想，科技引领未来"主题，县科协、县科技局、县教育局联合主办的"2016年全国科普日"主场活动在中山街翠园广场举行，县卫计局、县农业局、县林业局、县国土局、县市场监督管理局、县气象局、县老科协、县畜禽养殖协会等19个单位和协会共75人参加活动。该次活动突出创新发展，贴近公众生产生活中对科普的实际需求，展出宁化客家文化、国土资源保护、防震减灾、反对邪教等展板及挂图68幅，发放城镇居民、农民、中学生科学素质读本、农业五新技术、气象科普知识科普小册子1800本，科普资料46种5000余份，义诊人数500余人，参与群众8000余人次。11月1日，县科协被福建省科学技术协会授予"福建省全国科普日活动优秀组织单位"称号。

【青少年科技教育】　2016年，县科协依托双虹社区青少年科学工作室开展青少年科技活动10次、参加学生900余人次。5月，县科协、县教育局、团县委联合举办全县中学生计算机信息技术知识竞赛，16名学生获奖，宁化六中代表队获团体赛第一名，宁化六中廖丽娟、宁化五中余祥仲获个人赛一等奖。在县科协举办全县小学生科普知识竞赛中，全县有12所小学48名学生参加比赛，雷蕾等14名学生分别获一、二、三等奖。6月，县科协、县教育局、县环保局、县科技局联合举办宁化县第六届青少年科技创新大赛，评出科幻画作品一等奖3名、二等奖6名、三等奖9名，科技小制作一等奖1名、二等奖2名、三等奖3名，科技实践活动一等奖1名，全县25名学生和14名教师获奖。10月，县科协组织学生参加第22届全国青少年信息学奥林匹克联赛三明宁化赛区初赛，79名中学生参赛。12月，宁化一中农村中学科技馆设备安装完成，正式对外开放。

【学（协）会活动】　2016年，县各学（协）会举办各种学术会议9次，参加人数386人；举办学术报告会3次，听讲236人；举办科普讲座11期，听讲1086人次。

【基层科协活动】　2016年，宁化县各乡（镇）科协举办各种农村实用技术培训班39期，培训4030人次，发放宣传技术资料2.10万份。河龙贡米协会举

办高端河龙贡米栽培技术培训班6期、培训552人次。畜禽养殖协会举办畜禽养殖协会培训班2期、培训206人次。企业科协开展"讲理想，比贡献"活动11次，提出合理化建议13条，参与活动科技人员58人。

【基层科普工作】　2016年，县畜禽养殖协会获全国"基层科普行动计划"项目表彰，安乐镇竹业协会吴仕灵获"福建省科普带头人"称号。全年新建工业园区和农村科普惠农宣传栏12个，新建科普e家2个。

【县科技馆选址和科普大篷车项目工作】　2016年，县委常委会研究，同意县科技馆项目在县客家博物馆和县客属文化交流中心一楼选择建馆地址，经与县文广局等部门协商和实地调研，初步选址在县客家博物馆一楼建设科技馆。12月，经县领导现场办公，决定县科技馆项目选址在县客家博物馆一楼。2016年，省、市科协决定为县科协配备科普大篷车1辆。

（供稿：张清珍）

宁化县归国华侨联合会

【概况】　2016年，宁化县归国华侨联合会（简称县侨联）有基层侨联组织3个。全县归侨718人、侨眷6521人、海外侨胞1792人、新出国人员453人、香港同胞1229人、澳门同胞349人。

【服务经济社会发展】　2016年，县侨联调动和发挥全县侨界人大代表、政协委员、侨联委员和全体归侨侨眷作用，主动联系海外亲人和朋友，为招商引资、招才引智作贡献。为侨港资企业做好各项服务，做到安商、扶商、稳商；不间断深入侨资、港资、侨属企业调研，了解企业在生产销售和经营过程中存在的实际困难和问题，为企业排忧解难，使在宁化的侨资企业留得下、稳得住、安心在宁化创

业发展。在企业招工、用工、办证等环节，为企业提供力所能及帮助和便利，让业主真正体会侨联组织的温暖。利用涉侨维权服务中心平台，主动与法院协调，对有发展前景的企业，引导侨企债务双方走良性发展路子。全年深入企业调研12次，参与配合省侨联、市侨联、县人大、县政协、县委统战部各项调研视察活动6次，为企业协调解决实际困难与问题12件次，办实事9件次。

【扶贫济困和捐资助学】　2016年，县侨联继续做好全县贫困归难侨的摸底、调查、核实、登记及变更工作，确认36户贫困户列入2017年度贫困归难侨上报省侨联。发放2016年度省财政下拨宁化县贫困侨财政救助资金4.08万元，平均每户1200元。发放香港"骏马育才计划"基金1.20万元，资助困难学生8名；发放"陈祖昌"助学基金0.50万元，资助困难中学生2名。加强山海协作，协助做好有关项目的捐建和扶持工作，完成由厦门三广福集团郑克群、郑展伟父子捐资人民币25万元建成的"三明市宁化县泉上郑克群教学楼"建设工作以及由厦门市侨联、厦门中澳城房地产开发有限公司、厦门市中奥游艇俱乐部有限公司捐赠人民币10万元建成的湖村中心小学"互联网+"侨爱心教室。10月16日—17日，厦门市侨联主席王德贤协同厦门三广福集团董事长郑展伟、厦门市中澳城房地产有限公司和厦门市中奥游艇有限公司代表到湖村中心学校、泉上中心小学举行捐赠项目捐赠和竣工仪式。

【开展联谊接待】　2016年，县侨联加强与海外侨团、港澳社团的联谊交友、互通信息工作，拓宽和延伸侨联联谊交友渠道。陪同省侨联副主席谢小建、市侨联主席关文良，会见前来参加第22届世界客属石壁祖地祭祖大典的马来西亚居銮客家公会会长姚森良、马来西亚古来大浦同乡会会长罗培勇、美国世界客属总会美东分会会长苏焕光、香港南源永芳集团有限公司董事长姚国华等10余位海外社团首领。接待中华侨联总会常务理事、澳洲中国和平统一促进会常务副会长巫世民考察客家祖地，祭拜巫氏先祖。接待匈牙利福建商会会长、匈牙利华侨

华人社团总会执行主席刘文健。协同泉上华侨农场联合举办泉上华侨农场建场50周年纪念恳谈会，邀请香港、澳门及大陆各地等50余名归侨回农场参加恳谈会，共谋华侨农场和宁化的发展。

【为归侨侨眷服务】　2016年，县侨联为泉上中心卫生院争取到省侨联青委会支持，捐赠泉上卫生院1辆价值20万元人民币救护车，7月，"情暖八闽"医疗救护车捐赠仪式在泉上举行。泉上镇医疗机构医疗急救能力得到提升。年内，在厦门市侨联牵线搭桥下，厦门中澳城房地产开发有限公司、厦门中奥游艇俱乐部有限公司、厦门市侨联共同捐资40万元建设泉上华侨农场"侨胞之家"，10月，项目竣工并投入使用。争取残疾归侨辅助器具设施，发放助听器24套，轮椅5辆，价值20余万元，方便了残疾归侨的生产生活。

【抢救性整理华侨农场文化资料】　2016年10月，县侨联在厦门市侨联、厦门华侨大学等协助下，通过厦门中澳城房地产开发有限公司、厦门中奥游艇俱乐部有限公司捐资赞助，泉上华侨农场《1966—2016年建场50周年纪念特刊》编印出版，全书从历史沿革、经济民生、文化教育、归侨风采、家园亲情、领导关怀、未来展望、大事记、农场历任领导概览等9个方面，以图文并茂的形式展现了泉上华侨农场50年来的风雨路程。为发挥存史、资政作用，县侨联配合省侨联开展《福建华侨农场史》调查、了解、收集整理资料工作。配合省侨报记者林小宇采访4位老归侨，整理4位老归侨故事，并先后在《三明日报》《三明侨报》《福建侨报》《福建省侨联网站》《中国宁化在线》等报刊媒体发表。

【参政议政】　2016年，县侨联组织引导侨界人士人大代表、政协委员参政议政、建言献策、反映民意，共撰写议案、提案9件，其中反映侨情民意3件，反映城市建设4件，反映文化建设、提升软实力的2件。

（供稿：张鸿飞）

宁化县台胞台属联谊会

【概况】 2016年，在宁化的台胞（台湾籍）26人，台属3095户、15427人。经重新核实，至12底，全县台资（合资）台属企业7家。

【县台联第五次台胞台属代表大会召开】 12月28日，宁化县台胞台属联谊会（简称县台联）第五次代表大会在县客家宾馆会议厅召开，市台联会会长叶劲光、副会长沈蓉梅，县委常委、统战部部长刘小帆，县政协副主席伍秉曲，县人民团体单位负责人及台胞台属代表60人参加大会。大会总结回顾县台联第四届理事会工作，安排部署第五届理事会工作及县台联2017年主要工作，会议选举产生第五届理事会班子成员14名，会长1名，副会长4名（兼），雷斌当选会长。

【服务台商台胞台属】 1月，县台联通过对接，台资企业宁化需泉生态农业有限公司正式登记注册，并落户城郊乡连屋村，公司主要种植果蔬、花卉，注册资金500万元。下半年县台联积极主动与乡、村一起协调公司在扩大投资中遇到的有关土地租赁、青苗补偿、土地合同等问题，及时为台商排忧解难，使项目顺利施工。10月，第22届世界客属石壁祖地祭祖大典期间，市、县台联负责人引导台商黄某到宁化城区走访部分企业，了解宁化企业生产情况，该台商与县东溪化工有限公司达成投资意向。

【帮扶解困】 2016年，按省、市台联要求，县台联为定居宁化的6名困难台胞和老龄台胞发放资金补助2.96万元。及时更新完善困难台胞、老龄台胞详细资料，上报省、市台联。11月，老龄台胞陈仪财因病去世，县台联与其家属沟通，妥善做好善后有关事宜，让家属满意，并将台胞遗孀个人资料及时上报省、市，争取上级老龄补助。开展精准扶贫工作，深入治平畲族乡泥坑村和济村乡罗家村4户

贫困户家中走访慰问，沟通座谈、了解情况，帮助解决实际困难，为帮扶家庭脱贫致富出谋划策。

【捐资助学】 2016年，县台联通过沟通联络，争取到宁化籍台胞程功钦助学金3000美元资助宁化贫困学生。至2016年底，程功钦助学金已连续发放4年，共捐资1.20万美元，资助宁化48名贫困学生完成高中或大学学业。

【开展联谊联络】 2016年，第22届世界客属石壁祖地祭祖大典活动期间，县台联主动参与对接联络联谊台胞，负责省、市台联领导及台商台胞团的联系联络服务。开展宁化籍台湾新娘调查摸底和联络沟通协调工作，了解他们在台湾的生活生产情况，动员和鼓励其常回宁化走亲访友，投资兴业，旅游观光。11月6日，县台联联系4名台商参加海峡两岸林业博览会暨投资贸易洽谈会，让台商在宁化投资充满信心。通过多种形式联谊交友，吸引台胞、台商到宁化考察、投资，全年接待到宁化的台湾各界人士30多人次。

（供稿：雷斌）

宁化县工商业联合会（总商会）

【概况】 2016年，宁化县工商业联合会(总商会)(简称县工商联)第十一届执委会（理事会）成员共88人，其中主席（会长）1人，副主席（副会长）20人，常委27人，执委40人。新发展会员20个。全县有会员853个，其中，企业会员308个、团体会员20个、个人会员525个。全县有商会13个，其中，异地商会5个（北京、上海、福州、厦门、泉州），在宁化的直属商会3个（永春、浙江、泉州），乡（镇）基层商会5个（治平、泉上、湖村、安远、安乐）。新发展异地联络处6个，共有联络处10个（广东、深圳、温州、杭州、南宁、宁波、成都、长沙、昆明、贵阳）。

【第十一次会员代表大会召开】 11月29日，县工商业联合会（总商会）第十一次会员代表大会在宁化世界客属文化交流中心召开，165名会员代表参加会议。会议回顾总结过去五年工商联工作，展望今后五年的发展工作，选举产生县工商联（总商会）新一届领导班子。高红华当选为新一届工商联（总商会）兼职主席（会长），张贤权当选为专职常务副主席（副会长），巫英权、伍开銮当选为专职副主席（副会长），李振桂、刘春辉、巫扬煊、吴美龄、刘绍宜、傅漫洲、王庆伟、吴小春、谢海林、王健平、吴文斌、邱根声、王兴中、张招华当选为兼职副主席（副会长），黄华添、陈渊发、阴雨水当选为兼职副会长。

11月29日，宁化县工商业联合会(总商会)第十一次会员代表大会在宁化世界客属文化交流中心召开　　（县工商联　供）

【开展在外宁化商人代表回乡联谊活动】 4月3日，县工商联（总商会）在县客家宾馆组织开展在外宁化商人代表回乡联谊活动。北京宁化客家商会、上海市宁化商会、福州市宁化商会、厦门市宁化商会、泉州市宁化商会、宁化治平畲族乡商会及广东、深圳、杭州等地宁化籍商人共80余名代表参加联谊座谈。

【北京宁化客家商会会员大会召开】 1月24日，北京宁化客家联谊会换届大会暨北京宁化客家商会三届二次会员大会在北京市丰台区丰管路16号院西国贸大酒店举行。县人大常委会原主任巫福生及县发改局、县财政局、县工商联等部门领导及北京福建商会、北京三明商会、上海宁化商会、福州宁化商会等商会应邀出席会议，300余名会员参加大会。会议选举邱晓华为新一届北京宁化客家联谊会会长。

【上海宁化商会第三届理（监）事会就职典礼】 6月4日，上海宁化商会暨客家宗亲联谊会第三届理（监）事会就职典礼在上海市杨浦区黄兴路2200号（蓝天宾馆）举行。县委常委、统战部部长黄芳，省驻沪办、市驻沪办、县工商联、福建省上海商会、三明上海商会等领导应邀出席会议，130余名会员参加大会。会议听取上海宁化商会第二届理（监）事会工作报告、财务情况报告、监事会报告。宣布了上海宁化商会第三届理监事会成员和商会领导班子并举行授匾仪式。谢海林续任上海宁化商会第三届会长。

【创立宁化首家异地商会平台商城】 6月5日，泉州宁化商会一周年庆典暨泉州宁化商城启动仪式在泉州大华酒店举行。县委常委、统战部部长黄芳，泉州市工商联，县工商联领导应邀出席大会。在泉州的宁化籍商界人士、商会会员共200多人参加大会。泉州宁化商城项目是由泉州市宁化商会牵头，携手福建客聚商贸有限公司联合打造的一个电商平台，目的是"以商养会"，主要面对的服务对象是在泉州的宁化乡亲。商城整个项目由客聚商贸有限公司全资运营，并无偿赠送泉州宁化商会5%的原始股，致力于搭建O2O（即Online To Offline，在线离线/线上到线下，是指将线下的商务机会与互联网结合，让互联网成为线下交易的平台）平台、开发分销系统、嫁接活动，推广策划，解决互联网生态圈，秉承"传播宁化、服务宁化"宗旨，为泉州宁化商会打造一个互惠共赢，共同发展的贸易平台。

【保障企业发展】 2016年，宁化县继续实行县处级领导和部门联系挂包重点非公企业制度，实行重点、规模企业"一帮一"活动。县委、县政府制定出台《关于扶持电子商务发展的实施意见》(宁政〔2016〕7号)、《关于促进一季度工业经济稳增长措施的通知》（宁政文〔2016〕18号）、《关于印发推进企业利用资本市场加快发展扶持办法的通知》（宁政办〔2016〕61号）、《宁化县加强"宁商回归"工作服务机制实施意见》（宁委办发〔2016〕18号）等扶持推动企业（产业）发展的优惠政策与措施。全年县领导和县直部门、乡（镇）领导深入重点非公企业开展服务200多人次，解决实际问题120余件。

【搭建企业用工平台】　2016年，为破解"用工"难题，县工商联、县非公办与县各职能部门联合在翠江明珠广场举办2016年"县就业援助及春风行动"企业用工专场招聘会，共组织42家规模企业进行现场招聘，提供就业岗位1600多个，招聘工种230多个，参加招聘咨询2600多人，达成就业意向465人，现场签订就业合同187人。同时联合县各职能部门利用乡（镇）墟天有利时机，组织人员巡回下乡，为重点缺工企业举办专场招聘会。全年全县非公企业新增招聘城镇就业人员1709人，新增富余农村劳动力转移就业3219人。

【搭建企业融资平台】　2016年，县工商联协助县政府组织召开政银企交流座谈会1场次，增进银企双方互信，为中小企业金融服务开辟"绿色通道"。通过应急转贷资金帮助新盛竹木公司、鑫宇金属公司、三明建新彩印厂等企业转贷续贷8笔资金共7433万元，各金融机构累计发放中小企业贷款13.56亿元，发放工业贷款2.91亿元，年内中小企业贷款余额新增3.37亿元。

【搭建企业经贸平台】　2016年，县工商联组织引导多家非公企业参加各类经贸交流活动，项目对接共74项。在第14届"6·18"项目成果交易会上，对接项目60项，总投资13.95亿元，其中合同项目52项，协议项目8项；福特科光电、扬晨食品、宁花科技等3家企业产品参展。6月3日—5日，在第11届中国（福州）餐饮美食博览会上，20名宁化小吃业主到场参加，22个宁化客家小吃品种参展，黄粿、米包子、勺子粉等品种在此次活动中被评为"福建

百大名小吃"。9月8日，第19届中国国际投资贸易洽谈会上，对接项目5项，总投资4300万美元。11月9日，第12届海峡两岸林业博览会暨投资贸易洽谈会上，对接项目9个，总投资15.73亿元。

【搭建企业品牌平台】　2016年，春辉茶业有限公司春辉牌茶叶（乌龙茶）、翠云茶业有限公司翠云山牌茶叶（乌龙茶）被评为省名牌产品；石壁现代农业有限公司"SHIBI及图"、鸿丰纳米科技"旭日红及图"、一笔峰茶叶"一笔峰及图"和宁化客家小吃协会及图被评为省著名商标；艾迪科食品商标获评市知名商标，6家企业及小吃协会受到县政府表彰，共获18万元奖励资金。昌荣电力等21家企业获评省、市、县守合同重信用企业；春辉茶业、翠云茶业、一笔峰茶业、鹤翔春生态农业等4家茶企获省级龙头企业称号；大自然林业、石壁现代农业、扬晨食品等9家企业获评省级农业产业化重点龙头企业；河龙贡米米业、旺龙生态、中明食品等27家企业获评农业产业化市级重点龙头企业；福特科光电、春辉茶业、月兔科技、大自然林业等4家公司成为省重点上市后备企业；宁化县客家美食文化城获评"福建省美食城"称号。年初，宁化阿里巴巴农村淘宝项目正式启动，全县农村电商发展有序开展。2016年，全县有市知名商标21件，比2015年增长5%；省著名商标15件，比2015年增长7.14%；市名牌产品28件，比2015年增长12%；省名牌产品15件，比2015年减少11.76%。

【引导参政议政】　2016年，县工商联配合县委统战部推荐非公经济代表人士担任县第十七届人大代表6名，县政协第十届委员50名。在县"两会"期间，引导非公经济人大代表、工商联界政协委员，围绕宁化县经济建设和群众普遍关注的热点问题，反映社情民意，建言献策，提交提案、议案48份，其中集体提案1件。及时办理回复政协第023号"建议乡（镇）政府组织在外才俊回乡投资合作"提案1件。参与县政协各项活动，组织工商联界委员小组开展调研2场次。

【发展光彩事业】 2016年，县工商联组织引导非公有制经济人士"致富思源、富而思进"，履行社会责任。非公有制经济人士参与公益建设、捐资助学、救助病患、"百企帮百村"活动等共捐资160多万元。其中：福州宁化商会捐助应届贫困大学生5万元，名誉会长伊盛林在宁化河龙首批出资15万元设立"盛林助学奖教基金会"；泉州宁化商会荣誉会长吴根发为淮土中心学校捐赠价值15万元的LED全彩显示屏；永辉超市向宁化县100户困难群众捐赠10万元"爱心卡"；春辉茶业捐助扶贫村贫困学生3万元；县工商联（光促会）为病患捐款1万元，县总商会为老体协职工活动赛捐资3000元。

【宣传信息调研】 2016年，县工商联编纂的《足迹·成长——宁化县非公有制经济及组织发展历程》（原名《宁商发展史》），工商联与常执委编辑的《风雨彩虹》画册出版发行。全年采写各类信息185条（次），其中省工商联门户网站、省工商联简讯采用20条；市明商网、市工商联简报采用155条，中国宁化在线网站采用10条。县工商联获全市工商联系统"宣传信息工作先进单位""网络建设先进单位"称号。

（供稿：伊雪燕）

宁化县社会科学界联合会

【概况】 2016年，宁化县社会科学界联合会（简称县社科联）围绕中心、服务大局，按"接地气、创特色、求实效"工作思路，推进社科普及活动常态化。宁化县被福建省社会科学界联合会列入2016—2018年度省级社会科学普及示范创建县，宁化县革命纪念馆成功申报三明市科普基地。

【理论学习与宣传】 2016年，县社科联配合县委宣传部等部门开展"两学一做"学习教育、县第十三次党代会精神宣讲以及中共十八届六中全会精神宣讲；邀请市委宣讲团、市委党校副校长魏春早到宁化进行省第十次党代会精神宣讲；邀请省革命历史纪念馆馆长杨卫东到宁化作"红色文化传承与发展"专题讲座，把社科宣传工作融入党员领导干部学习之中。

【理论研究】 7月，县社科联与县委宣传部、县委文明办联合开展"为文明点赞 为三明点赞"主题征文活动，共收到征文32篇，评出一等奖1篇，二等奖2篇，三等奖3篇，优秀奖6篇，并对获奖论文颁发荣誉证书，将部分优秀征文在中国宁化在线"理论学习之窗"发表。组织申报2016年度市级课题2项，其中《三明借助客家文化融入"一带一路"建设研究》列入县级课题。

【建立联席会议制度】 9月14日，根据《福建省社会科学普及条例》规定，县政府办公室下发《关于建立县社会科学普及工作联席会议制度的通知》（宁政办〔2016〕109号），明确联席会议的职责、联席会议组成、联席会议形式、联席会议成员及联络员组成、联席会议成员单位的工作分工，通知旨在发挥联席会议的作用，互通信息、密切配合、相互支持、形成合力，推动社会科学普及工作上新台阶。

【社科普及】 1月8日，县社科联配合县委宣传部在湖村镇举行科技、文化、卫生"三下乡"活动，向群众发放《东南周末讲坛》《中国（福建）自由贸易试验区180问》《宁化县第一届社会科学优秀成果获奖论文集》《福建省社会科学普及条例说明》共200余本，发放社会科学普及基本知识宣传单200余份。10月17日，在翠园广场举行"社会科学普及宣传周"启动仪式，县委宣传部、县社科联与县委文明办、县司法局、县委党校及新华书店等多家单位共同开展"社会科学在你身边"宣传咨询活动，向市民赠送《福建历史文化名人丛书》《东南周末讲坛》《中华人民共和国宪法》《法律援助服务手册》等科普资料1000余份，接受群众社会科学知识、法律维权等方面的问题咨询200余人次。组织发动学校师生、单位干部职工参与省社科联主办的第四、第五期网络社会科学知识有奖竞答活动，宁化县答题人数分别居全市第二、三位。在第五期知识竞答活动中，宁化县社科联被省社科联授予鼓励组织奖。

10月17日，县社科联在翠园广场开展"社会科学在你身边"宣传咨询活动
（县社科联　供）

【宁化县被列入省级社科普及示范创建县】　9月27日，宁化县被福建省社会科学界联合会列入2016—2018年度省级社会科学普及示范创建县，是三明市唯一进入全省社科普及示范创建点的县。列入省级社科普及示范创建县后，宁化县将按照"机构健全、制度完善、活动常态、效果明显"原则，积极探索符合宁化县地域文化的普及形式和模式，宣传社会科学知识，提升公众社会科学文化素养。科普宣传周期间，县社科联与省、市科普基地同步开展形式多样的科普宣传活动，在城区翠园广场举办科普周开幕式，展出"树立发展新理念，加快建设新福建"科普挂图，以图文形式向市民推广创新、协调、绿色、开放、共享的五大发展理念；在省级社科普及基地——海西客家始祖文化园向游客展示木活字印刷；在市级科普基地——县革命纪念馆展出35块纪念红军长征胜利80周年湘江战役和红色苏区主题图片摄影展板。12月1日，省社科联组织全省各设区市社科联到宁化县开展社科普及现场交流调研活动。

（供稿：廖伙珠）

宁化县文学艺术界联合会

【概况】　宁化县文学艺术界联合会（简称县文联）下设文学工作者协会、书法美术工作者协会、摄影工作者协会、音乐舞蹈戏曲民间文艺工作者协会共4个协会。2016年，全县市级以上各类文艺家协会会员215人，其中国家级协会会员6人、省级协会会员44人、市级协会会员165人。

【出版文艺刊物】　3—9月，县文联开展《宁化文艺》第17期刊物稿源征集和编辑发行工作，出版发行《宁化文艺》第17期1000册。将刘建军（笔名鸿琳）的红色题材长篇小说《血师》创作出版纳入市、县红色文化保护、传承和弘扬"六个一"工程项目，予以重点支持。该书10月正式出版发行1000册。10月，县老年书画协会出版《回眸二十年》纪念画册1000册；县工商联创作出版展示宁化企业家创业史画册《风雨彩虹》。12月，本土诗人黎俊（笔名离开）编辑出版诗集《客家诗人》第二期，该书收集福建、江西、广东、四川、安徽、河北、陕西等省和台湾地区165位诗人550首诗歌。

【发表文艺作品】　2016年，全县文艺工作者在市级以上报刊发表300余篇（首）作品。刘建军（笔名鸿琳）中篇小说《告密者》、戴长柏（笔名常柏）短篇小说《山怪之谜》刊登于《福建文学》2016年第1期。黎俊（笔名离开）的《我不是你眼中的桃花》等40余首诗歌在《诗选刊》《中国诗歌》《绿风》《星星》《诗刊》等10余家刊物发表；《再看，你会看见光》等8首诗歌入选《中国诗歌网》《中国当下诗歌现场》《读出的禅意》。王富云（笔名惭江）的《木末辛夷花》等30余首诗歌在《散文诗》《诗选刊》《延河》等10余家刊物发表。谢秋菊（笔名若溪）的《五月的呼喊》等9首诗歌在《诗潮》《中国诗歌》《西部》《山东诗人》等刊物发表。连允东在《中国老年报》《中国老区建设》《生活创造》等市级以上刊物发表散文58篇。

【获奖文艺作品】 2016年，王永洪书法作品入展第二届王羲之奖书法赛、第八届观音山杯书法大赛，获三明市"为文明点赞、为三明点赞"书画大赛书法类一等奖、"首届宁清归书画大赛一等奖"。伊贤彬画作获2016年省第七届工笔画大赛优秀奖。王富云（笔名惭江）的诗歌《捕》9月获唯美诗歌学会等举办的首届"红崖·唯美"杯全国中秋诗赛三等奖。王富云（笔名惭江）、黎俊、谢秋菊（笔名若溪）的诗歌分别获三明市委宣传部等举办的"忆长征，跟党走，奔小康"主题诗赛二等奖、优秀奖和佳作奖。在第四届全市教师书画作品大赛中，王永洪获一等奖，巫瑞庭等5人获二等奖，吴玉财等7人获三等奖。在三明市"为文明点赞、为三明点赞"书画大赛中，黄洪云获美术类优秀奖。

【举办文艺活动】 1月，由县政协文史委主办，县文联、县书法美术工作者协会联办，客家祖地书画院承办的省书法家协会会员"'翰园积趾'池贤杰书法作品展"在县客家书法创作基地展出，同时发行《翰园积趾——池贤杰书法作品集》。1月8日，参加县文化科技卫生"三下乡"活动，向湖村镇群众免费赠送《宁化文艺》杂志500本。2月6日，组织宁化县书法家到中沙乡楼家村开展免费书写赠送春联活动，为村民书写赠送春联200余幅。2—7月，由城郊乡党委、政府主办，中国宁化在线和县摄影工作者协会承办的2016"城郊之春"摄影赛，评选出一等奖1名、二等奖2名、三等奖3名。4月8日，由县委宣传部、县文广局、县文联联合主办，县文化馆、县书法美术工作者协会承办的"纪念中国工农红军长征胜利80周年——阴镇根油画大展"在县客家书法创作基地举行。画展为期1个月，展出阴镇根创作的《魂牵红三十四师》等3幅以红军长征为题材的大型油画以及描述宁化乡间风景、人物的油画作品52件。4月18日，组织老年书画家走进东风小学，为师生传授软笔书法和绘画技艺，与师生开展书画学习交流活动。4月28日，由县委宣传部、县文广局、县总工会、县文联联合主办的"纪念《在延安文艺座谈会上的讲话》发表74周年暨庆祝'五一'京剧演唱会"在宁化世界客属文化交流中心举行。6—10月，由县委宣传部、市摄影家协会主办，县旅游局、县客家办、县文联、县新闻中心协办的"客家祖地·映象宁化"摄影大赛（含赛中赛）举行。大赛收到4975幅作品，经评选，入选作品64幅，获奖作品36幅。获一、二、三等奖和优秀奖的作者受邀参加第22届世界客属石壁祖地祭祖大典，并在祭祖大典期间举行领奖仪式。6月11日，黄慎书画院在黄慎旧居举办纪念黄慎诞辰329周年端午笔会。7—11月，由宁化、清流、明溪3县县委宣传部共同主办，3县文联共同承办"纪念中国工农红军长征胜利80周年暨毛泽东《如梦令·元旦》发表86周年'宁清归'首届书画联展"举行，对入展的120幅书画作品分别评出一、二、三等奖和入选奖，并在3县巡回展览。7月16日—26日，由"老朋·山会"主办，县文广局、县书法美术工作者协会协办，以"客家流韵·美丽乡村"为主题的宁化本土画家回首故乡行采风写生活动。8月，由省作协、厦门市文联、三明市文联和龙岩市文联主办，厦门文学院、闽西文学院、三明文学艺术院承办的第17届"红土地·蓝海洋"笔会暨纪念中国工农红军长征胜利80周年省内采风活动在宁化举行。

【文艺队伍建设】 3月，选派刘建军（笔名鸿琳）参加《福建文学》杂志社举办的小说创作研讨会，研讨会对鸿琳创作的《梨城叛徒》《寻找慈恩塔》《告密者》等3篇中篇小说进行了专题研讨。11月，选派鸿琳参加《福建小说》杂志社举办的"福建小说创作高研班"学习培训。2016年，宁化县3名书法爱好者加入省书法家协会，1名文学创作爱好者加入省作家协会。

（供稿：黄丹平）

宁化县国际贸易促进委员会

【概况】 2016年，宁化县国际贸易促进委员会（简称县贸促会）组织开展各项投资贸易服务和促进工作，搭建服务企业平台，为企业在国际经贸往来中保驾护航。

【加大经贸交流力度】 2016年，县贸促会支持引导有实力、有条件的企业开拓国际市场，开展跨国经营，在境外并购和设立营销网络，到有市场、有资源的国家投资建厂，利用国内国际两种资源、两个市场拓展空间、发展壮大。建立健全宁化与台湾、香港、澳门地区的联络协调工作机制，加强政府、中介组织、企业与台港澳客商的沟通联络，开展项目对接。支持企业"走出去"，组织鑫源木业、联创精工、月兔科技有限公司等10多家企业参加中国·海峡项目成果交易会、第20届中国国际投资贸易洽谈会、第117届广交会、林博会等技术交流会或专业展会。通过组织企业参加国内外展会，更好地宣传宁化县企业形象，推广企业产品，寻找更多的商机。

【加强服务企业职能】 2016年，县贸促会与县商务局联合组织调研组，主动深入企业，以走访、座谈、调查问卷等形式，向企业提供有价值的国内外经贸信息，为企业出谋划策，帮助企业解决困难，为促进企业开拓国内外市场服务。协助森科贸易、婉美竹业、盛兴阳贸易、创君辉贸易和淮土镇茶油专业合作社等5家企业办理出口备案、外汇结汇、企业用工等。全年宁化县鑫源木业有限公司出口额104万美元，比2015年增长2.97%，三明隆纺服饰有限公司出口额511万美元，比2015年增长5.58%。

【推进招商引资工作】 2016年，县贸促会发挥联络优势，加大招商引资工作力度，注重加强与境内外商会、经济组织的联络工作。在"9·8"厦门招商期间，县贸促会与县商务局联合邀请东南亚、非洲等国家的20个企业或客商参加招商活动，完成签约项目5个，合同外资2000万美元；意向外资5000万美元。全年新批办外资企业3家，利用外资实际到资1132万美元，比2015年增长14.57%。

（供稿：郑芸）

宁化县残疾人联合会

【概况】 宁化县残疾人联合会（简称县残联）下设残疾人就业指导中心、残疾人康复指导站2个事业单位。2016年，全县残疾人24434人，办理二代残疾人证各类残疾人10934人。其中，听力残疾2366人，言语残疾81人，视力残疾1683人，智力残疾724人，精神残疾434人，肢体残疾4698人，多重残疾948人。

【残疾人社会保障水平提升】 2016年，县残联将残疾人纳入政府扶贫开发计划，全县符合条件的1630名残疾人精准扶贫对象全部建档立卡，从政策、资金、信息和技术等4个方面提供帮扶。通过"安居工程""造福工程"、异地安置房、廉租房和公租房等多渠道为163户残疾人解决住房困难。把一户多残、重度残疾人、老残一体的贫困残疾人以个人为单位优先纳入低保，做到"应保尽保"，全县1500余名残疾人落实低保政策。残疾人基本养老保险和医疗保险制度逐步完善，对自主创业或灵活就业残疾人以个人身份参加城镇职工基本养老保险的，县残联按从业人员最低缴费标准的50%给予补贴；将残疾人纳入新型农村养老保险政府补贴范围，投入资金110.55万元，为9213名各类残疾人缴纳城乡居民基本医疗保险。对全县6795名持证残疾人实施爱心保险，共投保费10.19万元，全年理赔金额10.30万元。完善重度残疾人生活补助和护理补贴制度，经审核，6315名残疾人列入重度残疾人生活补助和护理补贴"两项补贴"范围。

【残疾人免费康复服务】 2016年，县残联落实《三明市残疾人康复服务体系建设实施方案的通知》和《三明市残疾人基本型辅助器具适配补贴办法》，为230名贫困白内障患者免费实施复明手术；为132名盲人、低视力贫困残疾人配送盲杖、助视器；利用三明、永安等康复训练机构，为33名智力残疾儿童进行抢救性康复训练；为93名肢体残疾人进行社区康复；为300名贫困精神残疾人进行免费服药和住院救助；为154名精神、智力和重度残疾人实行居家托养补贴；为42名视力残疾人进行盲人定向行走培训；在全县范围内开展辅助器具适配"整乡（镇）推进""整村推进"和"社区推进"活动，发放辅具300余件，补贴资金15.30万元。

【落实残疾人教育补助】 2016年，宁化县对义务教育阶段残疾人学生实行全免费教育，对就读于高中、中专的残疾人学生每人每年提供500元学费补助，为就读大专及大专以上院校的全日制残疾人学生及低保残疾人子女提供每人每年1000元学费补助，为符合条件就读于本二以上的残疾人学生及低保残疾人子女给予学费最高补助7000元（低于7000元的按实际学费报销），全年有40名残疾人学生和低保残疾人家庭子女得到资助，为3名学龄前贫困残疾儿童争取每人3000元的学前教育补助资金。助残日期间，为特校学生、残疾学生和全县贫困残疾人子女发放"爱心大礼包"400份，价值20万元。

【扶持残疾人就业】 2016年，县残联新培育和扶持淮土大坑龙生态农场、安远残疾人槟榔芋合作社、福乐双创电子商务有限公司等3个县级残疾人就业创业基地，辐射带动近200名残疾人就业或增收。全年有119名有劳动能力的残疾人获得就业创业扶持，其中扶持40户"零就业"家庭实现就业创业，共投入扶持资金59.50万元。开展残疾人种养类、工商业类和客家小吃等实用技能培训，免费培训残疾人300余人次。选送11名残疾人参加省、市举办的电商、盲人按摩、电脑、美发等技能培训。继续落实《关于做好扶持残疾人自主创业的实施意见》，通过政策扶持、技术扶持和资金扶持等方式，让残疾人在家门口就业，走上脱贫致富道路。8月23日至12月2日，县残联举办宁化县首期残疾人电子商务培训班，24名符合条件的残疾人参加为期3个月的免费培训，其中20名残疾人学有所成，自己开办网店，并成功走单，有3名学员月纯收入3000元以上。培训班结束后，为帮助残疾人创业，县残联和财政局联合下文，对符合相关条件的残疾人给予5000元的电商创业平台设备和软件投资补助。

【开展助残日系列活动】 5月15日，县残联开展主题为"关爱孤残儿童，让爱洒满人间"的助残日系列活动。县政府副县长陈朝利率县残联领导到特校、残联康复门诊、辅具服务中心等场所看望孤残儿童；县残联为残疾人免费发放辅具80余台，为残疾学生和残疾人在校子女发放价值20余万元的爱心大礼包，同时开展防残知识讲座；发放残疾人政策服务手册1000余册，辅具适配宣传画2000余张。

【维护残疾人合法权益】 2016年，县残联健全残疾人信访工作机制，打造"968891"残疾人服务专线平台，聘请法律顾问为残疾人开展法律救助，维护残疾人合法权益。会同县法律援助中心累计为139名残疾人提供维权服务，办理法律援助案件22起。推进无障碍环境建设，开展残疾人机动轮椅车燃油补贴摸底和残疾人居家无障碍改造工作。为107名残疾人发放燃油补贴2.78万元。投入资金25万元，为101户残疾人家庭实施居家无障碍改造。

【残疾人服务状况和需求专项调查】 2016年，县残联开展全县10366名残疾人基本服务状况和需求信息数据动态更新工作，入户调查率80%，通过此次动态更新，基本摸清残疾人各个方面的现有服务状况和需求，为制定全县残疾人事业发展规划提供依据。

（供稿：张启华）

宁化县红十字会

【概况】 2016年，宁化县红十字会（简称县红十字会）本级新增会员180人、志愿者182人，团体会员单位3家，成立3支志愿服务队。全县有团体会员单位28家，个人会员434人，志愿者424人。全年会员、志愿者参加志愿服务总时间3400小时。累计募捐和接受捐赠款物119万余元。救助当地困难人群800余户，发放救助金额101万元，发放救助物资17.50万元。宁化县红十字会被福建省人力资源和社会保障部、福建省红十字会评为"福建省2011—2015年度红十字系统先进集体"，被三明市委宣传部授予2016年度三明市"学雷锋活动示范点"称号。

【开展备灾救灾活动】　2016年，县红十字会对接三明市红十字会，援助20万元修建安乐镇黄庄村坑口组遭受2015年"5·19"洪灾中损毁的涵洞桥，解决该村78户近300名群众的出行问题，项目1月21日竣工。组织志愿者慰问泉上、淮土、安远等乡（镇）受灾群众，发放大米、博爱应急箱、家庭救助包、毛毯、拖鞋等物资，共计价值16万余元。

5月15日，宁化县红十字志愿者在红十字会备灾救灾仓库搬运救灾大米
（张瑞兰　摄）

【大病人道救助工作】　2016年，县红十字会联合县关工委、县妇联、县长安燃气有限公司、顺发食品商行，宁化一中、宁化五中、宁化科艺、艺童、金宝贝、星星幼儿起跑线幼儿园等单位为廖某某、陈某某、谌某某等特殊困难大病患者开展专项义卖募捐活动7场，网络微信义卖2场，同时接受社会捐款，全年有40余名特殊困难大病患者获募捐善款31.40万元。为7名白血病儿童申请中国红十字基金会小天使基金，获救助金21万元。联合厦门红十字会和厦门大学附属第一医院开展"救心基金革命老区宁化行"活动，有3位宁化先天性心脏病患儿得到救助。对接福建省简单助学公益协会，为中沙乡

患红斑狼疮单亲女孩吴某某筹治病款4.89万元。对接福建省恒申慈善基金会，帮扶宁化县21位贫困母亲，每人发放2000元帮扶款和大米、食用油等慰问物资，共计款物4.50万元。

【开展助学活动】　2016年，县红十字会联系县内爱心企业、单位、人士资助90余位困难学生，发放助学款16万余元。对接福建省简单助学公益协会，组织20名客家学子参加暑期宝岛研学活动，促进两岸客家文化交流。资助宁化85位困难学生，每人发放1000—5000元不等的补助金和书籍台灯等物资，累计款物9.30万元。帮助城郊乡特殊困难学生徐某某发起筹款，共筹集建房款3.46万元，盖起"梦蝶暖屋"。

【应急救护知识培训】　2016年，县红十字会组织开展5场应急救护知识培训，增强市民面对突发事件和意外伤害的应急意识，提高自救互救能力，400余人参加培训。培训人员有党校科级干部进修班学员、电子商务孵化班学员、第22届世界客属石壁祖地祭祖大典志愿者等，培训内容主要学习心肺复苏技能操作、气道梗阻和溺水时的现场救护、踩踏及交通事故等创伤现场救护知识。

【无偿献血宣传活动】　4月8日—15日，三明市中心血站、县红十字会等单位在北街口开展为期8天的无偿献血和造血干细胞采样活动，全县943人参与献血，献血量31.30万毫升，献血人数和献血量均创单次历史记录；有14位市民参加造血干细胞登记采样。

【敬老慰问活动】　2016年，县红十字会成立红十字公益理发志愿服务队，每月定期为县光荣院、城郊乡敬老院老人免费理发。中秋节期间，联系爱心商家宁化麦稞面包蛋糕自选屋为县光荣院、16个乡（镇）敬老院的155位老人赠送月饼，总价值1.50万元。重阳节期间，组织公益理发志愿队在翠园广场开展"爱心服务　情暖重阳"活动，共为80余位老

人免费理发；走访慰问登记遗体捐献志愿者，为他们送上毛毯、食用油等慰问品。

10月9日，宁化县红十字会组织公益理发志愿队在翠园广场开展"爱心服务 情暖重阳"活动 （张瑞兰 摄）

【宁化县第3例造血干细胞捐献成功】 8月8日，县文广局干部陈某在福建省医科大学附属协和医院完成造血干细胞采集，成功挽救重庆1名两岁半白血病患儿，成为宁化县第3例、三明市第9例、福建省第153例、全国第5856例非亲缘关系造血干细胞捐献者。

【宁化县首例遗体、角膜捐献成功】 8月15日，宁化县石壁镇退伍军人张某某在三明第三医院因病逝世。按其生前意愿，厦门眼科中心眼库为其摘取角膜完成捐献，其捐献角膜让3名角膜盲患者重获光明。其遗体捐赠给厦门大学医学院用于教学和科学研究。张某某成为宁化县首位由本人在红十字会主动登记并完成遗体、角膜捐献的志愿者。

【张银珠获中国红十字志愿服务四星奖章】 张银珠，女，汉族，宁化县淮土镇人，1975年11月生，城郊乡妇联主席。2011年5月加入红十字志愿者队伍，同年7月任命为县宁化红十字志愿服务大队副大队长。她每天抽出半小时以上做志愿服务活动，周末大半时间都花在志愿服务上，她的私家车一半里程走在公益路上。几年来，她在从事志愿服务过程中，带动一批人参与公益事业，成功为200多名贫困学子联系到资助人；为了劝一名孩子继续读

书，她开着车，载着几名志愿者，夜驰山路30公里，到她家里劝说2个多小时，孩子终于重返校园。五年多时间里，她利用业余时间参加走访慰问大病困难家庭、贫困学子，参加筹资劝募、宣传无偿献血和造血干细胞知识等志愿服务，登记志愿服务时间长达700余小时。2016年3月，张银珠获福建省红十字会颁发的中国红十字志愿服务四星奖章。

（供稿：邱长林）

宁化县中华职业教育社

【概况】 2016年，宁化县中华职教社（简称县职教社）有团体社员单位5个，个人社员57人。

【发展职业教育】 2016年，县职教社团体社员单位三明工贸学校开设42个职业技能培训班，主要开展农村剩余劳动力转移培训、新型农民培训、企业员工素质提升培训、SYB(创办你的企业)创业培训、电子商务培训等，共培训2812人。县劳动就业培训中心结合县客家小吃办开展中式烹饪职业技能鉴定工作。县客家小吃办组织开展客家小吃培训初级班15期，培训737人。县卫生进修学校护理专业班2013级94名学生顺利毕业，2014级92名学生全部进入为期一年的临床实习。县农业广播电视学校组织2014级现代农艺技术和会计专业共50名学员参加理论考试，成绩全部合格；县职教社委托中沙乡政府举办茶叶高产优质高效栽培技术培训班，100余名茶叶种植户参加培训；2015年冬至2016年春，举办农业科技大培训46期，培训农民1.50万人次，现场培训指导1440场次。

【温暖工程】 继续落实"温暖工程"教育扶贫助学项目，资助三明工贸学校机电、电子、汽修类专业一、二年级各50名贫困生，每生每年2000元，共资助100名学生20万元。继续做好中华同心温暖工程项目申报工作，争取宁化客家小吃培训项目落地中华职教社总社温暖工程基金会资助项目。

宁化县计划生育协会

【概况】 2016年，宁化县计划生育协会（简称县计生协会）组织276个，其中县协会1个、乡（镇）协会16个、村(居)协会226个、企事业协会32个、流动人口协会1个。协会小组1996个，协会会员22918人，占总人口数6.03%。

【落实"四项机制"】 2016年，县计生协会落实好分类指导机制、"五个层面"工作机制、"三级培训"工作机制、村民自治工作机制等"四项机制"。通过分类指导机制，全县有12个乡（镇）计生协会向三明市计生协会申报先进乡（镇）计生协会；有一流村（居）计生协会127个，比2015年增加11个；有"五好"（带头作用好、宣传服务好、信息掌握好、国策落实好、活动开展好）协会小组1423个，比2015年增加24个。在"五个层面"工作机制中，城郊乡马元亭村82岁志愿者潘用权创新工作方法，骑着摩托车、挂上小型扩音喇叭，走村串户宣传计生政策和优生知识。通过村民自治工作机制，以4个全国基层计生群众自治示范村为基础，以点带面，推动村民自治工作开展，印发《评估细则》，在全县广泛开展示范村建设，建立示范点46个，占村(居)协会总数的20.35%。

【开展人口文化宣传】 2016年，宁化县各级计生协会利用元旦、春节、"5·29""7·11""9·25"纪念日开展集中宣传服务活动，营造"四联创"舆论氛围。发挥志愿者优势宣传计生基本国策，城郊乡老年计生协会志愿者经常自编自导自演节目宣传人口计生工作。县老年书画协会在"计生协会会员活动日"举办书画展，展出作品55幅。12支由数百名志愿者宣传员组成的新型生育文化宣传队伍，自编自演人口计生乡土文艺节目，传播婚育新风。发挥小组阵地作用，在小组长家设立"四联创"宣传阵地，在乡、村设立宣传栏，张贴计划生育墙报和"四联创"内容，刷写规范性标语，建设人口文化园等。全年，充实人口计生图书室26间，制作大型户外宣传公益画37幅，打造人口文化长廊、一条街、大院等89处，建设以翠江明珠小区计生协会人口文化园为代表的人口文化广场（园）3处。发挥计生协会组织网络健全优势，各乡（镇）推出2—3名志愿者或秘书长、小组长和会员典型，以典型引路，扩大人口文化宣传影响力。

【实施"生育关怀行动"】 2016年，宁化县筹集幸福工程资金100万元，实行商业化运作，所产生的利息约10万元，用于慰问建档立卡中的100户贫困二女计生户；投入幸福工程资金128万元，帮扶贫困母亲62人。兑现2015年计生小额贴息贷款贴息资金，核实2015年贷款计生户468户，贷款总额1221.8万元，兑现贴息金53.21万元；帮扶计生户495户，贷款额度1533万元。创新生育关怀品牌，曹坊镇计生协会、城郊乡计生协会对独生子女户、建档立卡贫困计生户、特殊家庭、留守儿童、不孕症患者等五类群体开展精准帮扶，实行"定向宣传、分类服务"。

【拓展计生家庭意外伤害保险】 2015年11月至2016年10月，全县投入计生家庭意外伤害保险保费112.03万元，比2015年增加17.64%，入户数14887户，比2015年增加5.77%；赔付60件、赔付金额18.02万元，当年赔付率16.08%。宁化县获三明市"2016年度计生家庭意外伤害保险工作最佳进步奖""2016年度计生家庭意外伤害保险工作特别贡献奖"。

【关爱计生特殊家庭】 2016年，县计生协会依托"暖晴关爱协会"，把49户计生特殊家庭（指失独计生家庭、残疾计生家庭）纳入关怀重点，为计生特殊家庭提供经济补助、生产帮扶、生活照料、养老关怀等服务，发放健康体检补助1.85万元、一次性补助6.20万元、生活护理费8.54万元、扶助金42.84万元。

【"安居""助学"帮扶面扩大】 2016年，县计生协会争取省计生协会安排"生育关怀——计贫困家庭生安居工程"帮扶对象3户，落实省、市、县配套资金18万元。落实省级助学对象3名，每名学生每年资助5000元助学金；市级助学对象5名，每名学生每年资助3000元助学金。

【法律援助服务】 2016年，县计生协会坚持民生优先，拓宽援助渠道，维护计生户合法权益，全年各级计生协会法律援助机构代理法律援助案件5个，惠及群众23人，挽回经济损失12万元；为计生户调解民事纠纷12宗，其中湖村镇陈家村二女计生户丁某某女儿交通事故一案，事故责任人多年逃避不履行赔偿责任，在法院执行未果情况下，通过县计生协会协调，县人民法院给当事人1.50万元援助款。

（供稿：周颖）

国防建设事业

◆编辑：赖慧珍

人 民 武 装

【概况】 2016年，中国人民解放军福建省宁化县人民武装部（简称县人武部）认真学习贯彻中央军委主席习近平系列重要讲话精神和改革强军战略思想，以"两学一做"学习教育和改革强军主题教育活动为牵引，坚持凝神聚魂、服务中心、正风肃纪，做好军事训练、民兵整组和双拥共建工作，做好国防动员潜力调查，建立健全数据库和各类档案资料，完成年内征兵工作，加强基础设施建设和安全管理，建立"宁化民兵之家"微信群和"宁化人武部"微信公众号，确保人武部全面持续稳步发展。

【民兵组织建设】 2016年，县人武部按照"应急处突、保障过境、提供支援"的职能定位原则，深入开展调研、论证，科学拟制应急、支援、储备3类64支1914人整组任务，其中应急队伍19支775人（应急Ⅰ类1支125人，应急Ⅱ类18支650人），支援队伍29支837人（支援Ⅰ类5支15人，支援Ⅱ类24支822人），储备队伍16支302人。同时，做好国防动员潜力调查工作，建立健全数据库和各类档案资料。

【成立宁化民兵应急工程救援大队】 6月22日，县人武部依托县工程机械综合服务管理中心成立民兵应急工程机械救援大队，也是全省首家县级民兵应急工程机械救援队。该大队下设机械分队、运输分队、维修分队、保障分队，各分队分设若干民兵班，全部由退伍专业军人担任分队长和班长。大队主要担负宁化县应急救援、工程排险、道路清障等工作，以保障国家和人民群众生命财产安全。

【军事训练】 4月23日—29日，县人武部组织全县专武干部、民兵营（连）长102人集训。5月，选派新调整的11名专武干部参加分区组织的"三新"（新录用、新调整、新提拔）专武干部集训。6月，分别选派曹坊镇、治平畲族乡、安远镇共20人参加分区组织的82无坐力炮、伪装防护分队专业技术骨干集训。10月8日—14日，组织民兵重点应急（连）军事训练，78人参训。10月10日—11月5日，县人武部抽调湖村镇、中沙乡武装部部长参加省军区专武干部集训。10月25日—28日，组织人武干部、职工、防汛办、城区武装干部参加分区组织的防汛业务员骨干集训。11月13日—18日，组织民兵护路分队60人集训。11月29日，三明经动办主任到宁化点验民兵仓库，民兵50人参加点验。

【支援抢险抗灾】 5月，泰宁县开善乡连降暴雨导致山体滑坡，宁化县人武部民兵公路护路分队受领任务后，第一时间抽调人员和3台工程机械装备开赴救援点，完成救援任务。

【征兵工作】 2016年，宁化县兵员征集对象以高中(含职高、中专、技校)毕业以上文化程度青年为主，重点做好大学生征集工作，优先批准高学历青年和应届毕业生入伍。年内，县征兵办根据上级兵役机关部署开展兵员征集工作，为部队输送合格兵员130名，其中大专以上文化程度86人，占征兵总数

66.15%。

（供稿：叶华雄）

武 警

【概况】 2016年，中国人民武装警察部队三明市支队宁化县中队（简称武警宁化中队）以强军目标为统领，以看齐追随为核心，以保证驻地社会安全稳定和经济建设健康发展为目标，按照"听党指挥、能打胜仗、作风优良"总体思路，建设水平不断提高，完成"窗口典型"单位建设任务。年内被三明市支队评为先进基层单位，优秀士兵12人，嘉奖14人。

【抢险救灾】 2016年，县武警中队与县防汛办联合开展冲锋舟抢险救灾演练1次，为抢险救灾行动打下基础。出动兵力10人赴龙岩，参与防抗台风及灾后重建任务。

【警民共建】 2016年，县武警中队出动兵力90余人次先后完成第22届世界客属石壁祖地祭祖大典升祭旗及会场警戒、烈士公墓祭扫活动、县"两会"安保等任务。与县文化馆联合举行"八一"警民联欢晚会；举办退伍老兵战友座谈会；配合县委宣传部开展两次"警营夏令营"活动；多次慰问驻地孤寡老人和智障儿童；组织20名官兵参加县红十字会义务献血活动；协助县政府完成中队营门外路灯建设改造。

【开展筑路扶贫】 5月25日—8月21日88天时间里，武警交通部队响应中央军委关于《参与打赢扶贫脱贫攻坚战的指示》精神，成建制派出武警交通部队第八支队三中队74名官兵、32台（套）机车赴宁化治平畲族乡，开展治平畲族乡筑路扶贫工程。扶贫工程为宁化县治平畲族乡田畲村至龙岩市长汀县庵杰乡公路改建，改建路段路基宽度6.5米，全程长5.96公里，挖方155669立方米，其中土方128233立方米，石方27436立方米；填方25641立方米。挡土墙开挖1022立方米，回填455立方米；边坡塌方清理16950立方米。该路的打通有利于治平畲族乡与长汀县庵杰乡商业、产业贸易往来，促进两县经济发展。

（供稿：邝财军）

消 防

【概况】 2016年，宁化县消防大队（简称县消防大队）共接警145起，出动消防车286辆次、消防官兵1575人次。全县发生火灾134起，5人轻伤，直接经济损失3000多万元，无较大及以上火灾事故。抢救被困人员12人，疏散人员72人，抢救和保护财产价值171.7万元。根据政府下发《关于做好消防专项规划执行工作的通知》（宁政〔2016〕25号），进一步明确各乡（镇）、部门相应消防职责。联合住建局、城建公司、水务公司等部门，对辖区市政消火栓完好情况和建设情况进行全面普查。上半年召开二次消防工作联席会议研究消防重大问题，研究区域性火灾隐患整改、安装简易消防设施等问题。全县确定的消防安全重点单位有52家，比2015年增加3家。先后被三明市消防支队评为"安全工作先进单位""监督执法优秀单位"；大队军政主官被总队评为"一对好主官"。3人在总队比武竞赛中取得1个单项第一、3个团体项目第三名；1人获公安部"第三届全国119消防奖先进个人"。

【开展"六熟悉"工作】 2016年，县消防大队推进铁军中队星级创建和部队正规化建设工作，进一步完善和修订灭火救援预案，开展"六熟悉"（熟悉辖区道路交通及水源状况、熟悉辖区重点单位分类及分布情况、熟悉辖区内主要灾害事故处置对策及基本程序、熟悉辖区内重点单位建筑物使用及重点部位情况、熟悉重点单位内部消防设施情况、熟悉重点单位的消防组织及其对灭火救援任务分工情况）和灭火实战演练，共熟悉重点单位306次，一般单位185个，熟悉乡（镇）16个，熟悉街道10条，开展灭火演练120次，检查测试固定消防设施建筑10栋。

【排查整治火灾隐患】　2016年，县公安消防大队联合公安、住建、民政、教育等部门持续不间断地开展各类消防安全隐患专项治理回头看行动，共检查社会单位781家，发现火灾隐患或违法行为1152处，督促整改火灾隐患或违法行为1144处，下发《责令改正通知书》408份，下发《行政处罚决定书》18份，下发《临时查封决定书》2份，责令"三停"4家单位，共罚款20.28万元，拘留1人。全县确定的消防安全重点单位有52家，比2015年增加3家。

【整改区域性火灾隐患】　2016年，全县列为区域性火灾隐患9处，重点为"棚户区"和"背街小巷"区域性火灾隐患。县消防大队利用"背街小巷"道路改造契机设置消火栓，增设消火栓18个，城区室外消火栓总数共191个，对灭火水源补充起到重要保障作用，年内利用消火栓灭火5起。大队配齐专职网格员负责区域性火灾隐患整改工作，协调各部门落实主体责任，推进火灾隐患整改进度。采取"联管、联训、联勤"工作机制加强对公安派出所消防工作指导，确定专人负责，将责任明确到人，集中培训2次共50余人，发挥公安派出所在开展消防宣传和消防监督检查方面作用，确保火灾隐患排查整治到位。

【开展微型消防站与区域联防建设工作】　2016年，县消防大队立足辖区灭火救援实际，有效整合现有社会资源，按标准、按要求稳步推进微型消防站与区域联防建设工作。截至2016年年底，全县建成重点单位微型消防站31家，有专兼职队员186人，全县17个社区部分依托政府专职（志愿）消防队全部完成微型消防站建设。社区、商业区及重点单位建立微型消防站，做到"三知四会一联通"（三知：单位员工知道内部消防设施位置、知道疏散建筑部局和功能。四会：单位员工会组织疏散、会扑救初期火灾、会穿戴防护装备、会操作消防器材。一联通：消防大队与微型消防站、消防站队员与队员之间保持通信联络畅通），为扑救初起火灾、及时遏制火势蔓延起到关键作用，成效良好。

【消防宣传和培训】　2016年，县消防大队结合119宣传月和日常活动，先后12次深入学校、社区开展消防实地演练和宣传工作；与三大移动通信营运商签订消防宣传合作协议；与县电视台联合推出《聚焦消防》栏目；依托宁化电视台、宁化在线、户外电子显示屏等宣传载体，采取大密度刊播消防安全知识专题片、播发电视滚动字幕、刊登知识解读等方式，宣传消防安全知识和典型案例，增强全社会消防安全意识，提升火灾防灾自救能力。对全县人员密集场所新进员工及社会单位负责人、管理人等开展集中培训，年内培训相关人员300余人，社会单位消防安全管理能力提高。与党校共建，将消防安全培训内容纳入党校课程。全年开展大型消防宣传活动20次，发放消防宣传手册（单）4500余册（份），广场LED屏播放消防宣传影片、公益广告1800余次，开放消防站37次，接待1300余人。

【建立和谐警民关系】　2016年，县消防大队出动官兵500人次参加地方经济建设，为驻地群众做好事50多件，组织大型助民义务劳动6次，义务植树250余株，送水50多吨，结对帮扶困难家庭10户，为困难群众捐助大米、面粉、水果、食用油等物品及现金5000元。

（供稿：张正鹏）

人民防空

【概况】　2016年，宁化县人民防空办公室（民防局）（简称县人防办）围绕全面贯彻中共中央总书记习近平关于人防工作要有效履行"战时防空、平时服务、应急支援"使命职责的重要指示，坚持人民防空为人民，构建坚不可摧的护民之盾。

【工程结建审批】 2016年，县人防办受理各类人防审批件126件，收取防空地下室易地建设费2231.68万元；审批人防工程3个，面积10248平方米；人防地下室工程竣工验收7个，面积21039平方米。

【做好易地建设费收缴专项检查工作】 2016年，县人防办针对防空地下室易地建设费征收工作过程中存在的减、免、缓问题开展专项检查，认真梳理存在问题的项目，完成12个单位的追缴工作，入库金额2059.30万元。华侨经济开发区人防审批工作走上正轨，梳理欠费企业27家，送达人防手续办理通知单14份，履行手续并完成缴款的项目3个，易地建设费入库金额51.96万。

【防空警报试鸣】 10月21日9时至9时30分，县政府在城区组织实施防空警报试鸣活动，城区15台防空警报同时同步按规定鸣放预先警报、空袭警报和解除警报，城区警报音响覆盖率95%以上，完成防空警报试鸣活动。

【人防教育宣传】 10月19日，县人防办与翠江镇南街社区在南大街夏商百货门口联合举办防空防灾知识宣传活动。结合10月21日防空警报试鸣日，通过电视媒体宣传、印发宣传单、发布警报试鸣公布短信、网络宣传等开展为期7天的人防宣传活动。

（供稿：张春林）

政　　法

◆编辑：张秋琴

综　　述

2016年，宁化县政法综治部门面对各类风险隐患增多的挑战，坚持把维护社会稳定作为第一责任，深入推进平安宁化、公正宁化、法治宁化建设，着力解决影响社会稳定的源头性、根本性、基础性问题，为全县经济社会发展营造安定稳定的社会环境。全年，县公安部门破获各类刑事案件457起，查处治安案件1365起；县检察院受理审查逮捕案件67件110人，受理移送审查起诉案件165件255人；县法院受理各类案件3536起，办结2746件，结案率77.66%。

（供稿：曹发宇、徐青松、陈欣、赖征源）

协 调 管 理

【概况】　2016年，中共宁化县委政法委员会（简称县委政法委）以维护全县社会安定稳定目标，主动履职维护社会大局稳定，补齐短板全力突破重点难点，从严治警建设过硬政法队伍，全面提升政法工作能力和水平，为宁化经济社会发展创造安全稳定社会环境、公平正义法治环境、优质高效服务环境。

【国家安全工作】　2016年，宁化县国家安全领导小组组织开展"全民国家安全教育日"活动，强化宣传。在县公安局出入境管理大队行前教育窗口，对拟出国（境）人员进行行前教育，全县受教育人数2300余人。

【开展案件评查】　2016年，县委政法委执法监督室组织案件评查组开展自行评查案件29件，指定县检察院开展评查案件8件，督促县法院、县检察院、县公安局组织评查案件954件，对评查发现问题逐一通报，有效提高办案质量，保障执法的公平、公正、公开。

【法治宣传教育】　2016年，县委政法委组织全县领导干部开展法律知识考试，举办各类法律专题讲座60余场次。4月28日，在翠园广场集中开展全县政法系统平安建设宣传展。推进城区紫竹新村"法治主题公园"建设，法治文化阵地逐步完善。全面启动"七五"普法工作，宁化县被评为"全省法治宣传教育先进县"。

【政法队伍建设】　2016年，县委政法委组织开展"全面从严治党、从严治警"活动，2名法警代表三明支队参加全省警务技能大比武取得较好成绩。全县政法系统有8个集体、25名干警受到市级以上表彰，立集体二等功2次、三等功3次，干警中记个人一等功1人、二等功3人、三等功10人。

【落实国家司法救助制度】　2016年，全县受理司法救助案件13起，落实救助资金21.50万元；受理法律援助案件176件，为当事人挽回损失或取得利益420.50万元。

【宁化县法学会成立】 12月12日，宁化县法学会成立暨第一次会员代表大会在县法院三楼会议室召开，参加会议的会员代表60人。会议听取县法学会筹备工作情况报告，审议通过《代表资格审查报告》《大会主席团和大会秘书长名单》《大会选举办法》等草案，选举产生宁化县法学会第一届理事会理事21名，常务理事13名，黄树荣当选会长，林春谷当选常务副会长，巫锡鹤、王新玲、巫朝鸿、伊世海、邱启荣、邱运生当选副会长。

宁化县法学会的宗旨是团结全县的法学工作者、法律工作者，高举中国特色社会主义伟大旗帜，以马克思列宁主义、毛泽东思想、邓小平理论和"三个代表"重要思想为指导，深入贯彻落实科学发展观，树立社会主义法治理念，贯彻"为人民服务，为社会主义服务"的原则和"百花齐放，百家争鸣"的方针，理论联系实际，开展多学科、多门类的法学研究和法学交流，推进依法治国，加快建设社会主义法治国家，为全面建设小康社会服务。

（供稿：曹发宇）

社会管理综合治理

【概况】 2016年，宁化县社会管理综合治理工作围绕建设平安宁化目标，扎实推进综治"三化一龙头"（治安防控立体化、矛盾纠纷调解多元化、社会事务网格化，综治责任制龙头）建设，坚持问题导向，深化"六个专项治理"（执行难专项治理、毒品问题专项治理、严重精神障碍患者肇事肇祸问题专项治理、电信诈骗和涉众型金融犯罪专项治理、寄递物流专项治理、危险物品安全监管专项治理），综治基层基础得到夯实，社会管理水平得到提升。

【落实综治奖惩机制】 2月18日，县委、县政府下发《关于表彰2015年度综治（平安建设）先进乡（镇）、平安先进单位和平安村（社区）的决定》（宁委〔2016〕8号），表彰综治先进乡（镇）11个、平安先进单位56个、平安单位45个、平安村（社区）51个，对获得平安先进单位的综治责任人发放奖励金72万余元。年内，县综治委对石壁镇杨边村、曹坊镇滑石村2个单位实行综治一票否决，对宁化五中、石壁镇大路村、方田乡泗坑村、泉上镇泉上村、水茜镇沿溪村5个单位实行综治黄牌警告，对县供电公司实行综治约谈，对综治"三率"靠后的8个乡（镇）、20个单位实行综治通报，以严格的奖惩推动综治责任有效落实。

【完善调解体系】 2016年，县综治委健全县乡村三级调委会288个，配备专兼职调解员1820名，完善住建、国土等9个重点行业部门调解室规范化建设和运作，在县人社局建立劳动者维权中心，在县法院、县司法局建立与全县各乡（镇）对接的调解视频系统，提供法律指导和咨询。全年排查调处矛盾纠纷2044起，调处成功率98.50%。

【创新社会管理】 12月15日，县综治委下发《关于印发乡（镇）社会管理创新项目"135"培育点的通知》，指导乡（镇）结合实际大胆创新，培育1个有特色又能复制推广的重点、3个有机制的亮点和5个单项综治工作完成较好的看点。在全县推广城郊乡"134"平安建设志愿者队伍模式，组建一支平安建设志愿者队伍，落实组织、管理、经费三大保障，开展矛盾纠纷排查调处、平安建设宣传、社会治安巡查、交通安全宣传引导4项活动，实现案件下降、群众安全感和平安建设知晓率上升、社会和谐稳定的目标。

【社会稳定风险评估】 2016年，宁化县社会稳定风险评估管理中心把社会稳定风险评估作为上项目、作决策、举办大型活动的前置条件，做到应评尽评。全县开展社会稳定风险评估56起，事前评估率和事后稳定率均100%。

【综治"三率"】 2016年，县综治委发挥年度综治考评指挥棒作用，在综治考评中把综治"三率"

（人民群众安全感、平安建设知晓率、政法队伍执法满意度）分值提升到30%，落实52个平安创建单位包村、乡村干部包户责任制，狠抓综治平安建设"三率"提升。组织开展"干部进百村入万户话平安"和"小手拉大手、带平安回家"活动，利用固定标语、LED显示屏、展板、微信等宣传平安建设举措及成效。对近年来所有受理案（事）件进行回访；每半月制作1期《翠城警视》专题节目在宁化电视台滚动播出；坚持"三率"随机抽查和通报制度，对年度综治"三率"综合评比后3位的乡（镇）和后10位的县直单位取消综治先进评比资格，确保综治"三率"得到有效提升。据国家统计局福建省调查队2016年年底调查，全县人民群众安全感93.44%、平安建设知晓率59.30%、政法队伍执法满意度92.89%。

【开展重点整治】　2016年，县综治委对安乐镇（市级治安突出问题通报整改点）道路交通安全问题采取宣传教育、源头管理、集中整治和群防群治等措施，对河龙乡（市级治安突出问题通报整改点）赌博现象突出问题强化机制建设、治安防范、打击管控和综治平安宣传进村组、校园、圩场等措施，确保两个市级重点整治地区社会治安明显好转，11月30日，两整治点通过市综治委考评验收。对淮土镇（县级治安突出问题通报整改点）刑事案件多发问题，从人防、物防、技防、心防等方面开展安全防范，刑事案件发案率有效降低，12月22日通过县综治委考评验收。

【技防水平提升】　2016年，宁化县将视频监控系统建设列入2016年县委、县政府为民办实事项目，采取政府购买服务方式，城区新增高清球机、高清枪机和治安卡口等68路，城区监控达到323路；在各乡（镇）的集镇主要出入口、重点部位、人员集聚地建设监控探头410个。同时，将乡（镇）和医院、学校等重点单位的公共视频监控进行联网运用，实现资源共享、互联互通，提高监控覆盖面。

【开展六个专项治理】　执行难专项治理。2016年，县执行难专项治理领导小组依托"点对点"执行网络查控系统与辖区公安、国土、住建、银行等单位建立执行协作机制，公布失信被执行人和公职老赖名单。全年应清积案1286件，执结950件1339.03万元，清理率73.87%；应执行案1176件，执结812件，实际全案执结320件，执行标的到位1782.70万元，实际执行率37.10%、执行标的到位率36.90%、合规率91.20%、执行沟通率100%。

毒品问题专项治理。2016年，县毒品问题专项治理领导小组组织召开全县禁毒工作大会，与乡（镇）、单位签订禁毒责任书，由县长任禁毒委主任，成员单位由原来的26个增加到33个，各乡（镇）设禁毒工作领导小组，乡（镇）长任组长。县禁毒委印发《群众举报毒品违法犯罪奖励办法》，完善翠江社区戒毒康复中心，每周组织一次全方位拉网式排查。全县排查出吸毒人员489名，破获涉毒案件18起，逮捕起诉24人，行政案件99起，查处吸毒人员117人，强制戒毒15人；破获省公安厅挂牌的"3·10"贩毒案和"3·29""8·10"制毒案，抓获重大涉毒犯罪嫌疑人19人，接收戒毒康复人员86名，实际管控75人。

严重精神障碍患者肇事肇祸问题专项治理。2016年，县综治委健全家庭监护、卫计救治、民政救助、残联帮扶、公安处置的救治管理责任体系，完善乡村与医疗机构、职能部门之间的无缝衔接联动机制，形成党委领导、政府主导、综治协调、部门协同、财政支持、社会参与的救治救助工作格局，基本实现"应录尽录、应补尽补、应收尽收、应管尽管"目标。全县在册精神障碍患者1153人，在册率4.19‰，在册管理率97.14%。将湖村镇邓坊村占地3000余平方米的原凉农一中队监狱改造为精神病收治医院，在县医院设立精神专科，与28名危险等级评估三级以上、"三无"（无劳动能力、无生活来源、无赡养人和抚养人）和肇事肇祸的患者监护人签订以奖代补协议，并兑现每人每年2400元的看护管理奖金。年内，全县未发生严重精神障碍患者肇事肇祸案（事）件。

电信诈骗和涉众型金融犯罪专项治理。2016年，县综治委通过制作《宁化县防范电信诈骗宣传短片》及张贴标语、开通微信热线电话等平台宣传，落实银行部门劝阻被骗汇款奖励制度、银行营业网点劝阻工作机制，协调通信部门建立通讯堵截等防范机制，开通接警止付平台，及时公布恶意逃废银行债务行为人名单及相关信息，加强贷款"前中后"全流程管理。全年，破获电信诈骗案件38起、非法吸收公众存款案2起、信用卡诈骗3起。

寄递物流专项治理。2016年，县综治委落实县寄递物流安全管理联席会议制度、禁寄物品清单制度、特殊物品寄递安全管理制度等相关规范，召开季度寄递物流企业业主会议，强化宣传和联合检查，推动寄递物流行业落实实名收寄、收寄验视、过机安检"三个100%"等措施。对全县24家物流企业、9家零担货运企业、14家寄递企业和23个乡（镇）快递末端经营网点及其从业人员进行拉网式排查整治，共出动检查人员156人次，发出整改通知53份、约谈企业法人9人次，查处物流企业交通违法违章63起罚金12万余元、寄递快递违规经营户6户罚金18万元。全年未发生寄递物流安全事故。

危险物品安全监管专项治理。2016年，县综治委全面宣传省公安厅打击涉枪涉爆违法犯罪活动通告，印发《致学生家长的一封信》、签订承诺书，利用微博、微信、宁化电视台等媒体宣传相关法律法规和整治措施。对涉危从业人员逐一登记、滚动管理、定期培训，强化安全意识。组织公安、安监、交通等部门检查涉危单位56家、危险货物运输车辆236次，发现隐患120余处，并全部整改到位。全年立涉枪案件5起，刑事拘留5人，行政处罚7人，收缴各类枪支35支子弹993发，删除网上贩卖枪支信息12条，查获走私成品油40起1072.29吨，查处烟花爆竹案件5起，纠正危险品运输违法违章行为4起并罚款0.80万元。全年未发生危险物品安全事故。

（供稿：曹发宇）

公 安

【概况】 2016年，宁化县公安机关共立各类刑事案件1048起，比2015年下降10.81%，破获各类刑事案件457起，比2015年上升19.95%；立各类多发性侵财案件880起，比2015年下降11.11%，破获各类多发性侵财案件292起，比2015年上升20.16%，抓获犯罪嫌疑人278人，逮捕99人，移送起诉285人。受理治安违法案件1376起，查处1365起，查处率99.20%。

县公安局获省级集体二等功1个、集体三等功1个，市级集体三等功1个；民警获省级个人一等功1人、二等功2人、三等功1人，市级个人三等功4人、嘉奖9人，1名民警获三明市第三届"群众最喜爱的城乡社区民警"称号。

【严厉打击涉毒犯罪】 2016年，县公安机关破涉毒刑事案件18起，比2015年上升12.50%，逮捕、移送起诉24人；行政案件99起，查处吸毒人员117人，强制戒毒15人，社区戒毒社区康复26人。缴获毒品冰毒1874.80克，K粉1000.30克，氯麻黄碱33公斤，缴获大量的制毒工具设备。成功侦破省厅挂牌督办"3·10"徐某某团伙贩毒案、"3·29"张某某团伙特大涉麻制毒案和"8·10"雷某某团伙特大涉麻制毒案3起大要案。

【通力打击"盗抢骗"犯罪】 2016年，县公安机关利用合成作战机制，采取适度经营，集中收网策略，打团伙、破串案，摧毁盗抢骗团伙9个，破案190余起，涉案价值130余万元。7月，成功收网摧毁一个特大跨省入室盗窃犯罪团伙，抓获冯某某等9人，查获大量被盗赃物，犯罪团在福建省宁化县、长汀县、江西省石城县、宁都市等地入室盗窃作案上百起，案值50余万元。

【治理电信网络新型违法犯罪】 2016年，县公安机关破获本县电信诈骗案件38起，协助外地公安机关破获案件11起，追回被骗赃款共计50.27万元，查扣涉案轿车2部。成功破获省厅挂牌"4·5""4·6"宁化京源建设公司财务人员刘某被诈骗69万元和18万元两起特大诈骗案，抓获犯罪嫌疑人黄某某，追回被骗赃款28.67万元。成功破获省厅挂牌"5·6"周某某被冒充军人虚假信息诈骗21.60万元，抓获犯罪嫌疑人6人，追回被骗赃款21.60万元，协助破获外省案件7起。11月5日，成功破获"8·19"宁化籍大学生陈某被诈骗案，案值35.79万元，嫌疑人潘某某在厦门湖里区被抓获。

【严厉打击经济犯罪】　2016年，县公安机关受理各类经济犯罪案件33起，立案27起，破获案件23起，其中破获非法吸收公众存款案2起，破获信用卡诈骗3起，破获职务侵占案1起，破获非法经营案7起，破获洗钱案2起，破获生产、销售假药案2起，破获串通投标案1起，破获非法转让土地使用权案1起，破获妨害信用卡管理案4起，查获违法犯罪嫌疑人28人，移送起诉5人。查处非法运输成品油车辆33辆，行政处罚没收成品油896.43吨，有力维护了全县经济安全秩序。

【"打拐"专项行动】　11月，县公安机关根据公安部、省公安厅统一部署，全国"打拐"专项行动第670号督办案件开展集中收网行动，先后在宁化、沙县、江西于都、浙江湖州等地抓获犯罪嫌疑人14人，解救被拐男婴4名。全年县公安机关抓获涉拐犯罪嫌疑人18人，解救被拐男婴5名。

【"禁赌禁娼"严打行动】　2016年，县公安机关查处赌博治安案件129起，比2015年上升5.73%，抓获赌博违法当事人372名，收缴赌资9.60万元；查处卖淫嫖娼案件10起20人。

【强化危爆物品管理】　2016年，县公安机关查处破获涉枪刑事案件5起、治安案件7起，收缴非法枪支35支，查处违反危险物品安全管理规定案件1起1人。没有发生影响重大的涉枪涉爆案事件。

【摸排重点人员底数】　2016年，县公安机关对治安重点人员滚动排查、动态管控，落实一人一档制度。全县共列管重点人员1338人（其中在逃人员99人、涉毒人员299人、严重精神障碍患者287人、前科人员434人、取保监居人员206人、社区矫正10人），在控登记率、考核率均100%。强制送治严重精神障碍患者15人。重点人员管控系统共产生红色预警指令18条16人，通过指挥中心指派抓获逃犯12人。

【行业场所专项整治】　2016年，县公安机关清查行业场所286家，停业整顿3家，关闭擅自经营的行业场所2家，盘查可疑人员1352人，查处行业场所案件15起，打击处理各类违法犯罪人员15人，行政拘留8人。

【流动人口管理加强】　2016年，全县新增出租房屋数232户，注销出租房屋35户，新增承租人309人，注销承租人154人。全县88家旅馆全部落实实名登记制度，登记率100%，住宿登记信息率100%，畅通率99.98%，依法查处率100%，组织召开全县旅馆业专题会议3次。查处擅自经营旅店业案件2起、不执行旅店业住宿登记制度案件15起。

【强化交通安全管理】　2016年，县公安机关深入开展道路交通安全三年综合整治行动，以农村墟日交通综合整治和"创城城区道路交通秩序整治"为重点，开展城区载客三轮车专项整治、货车非法改装和超限超载专项治理、"僵尸车"专项整治，提升全县道路交通安全管理水平。全年，查处道路交通违法58653起（现场处理严重交通违法19615起，其他交通违法2060起，处理监控类违法36978起），其中酒驾334起，醉驾36起。查获交通违法应吊销机动车案件52起，其中吊销有证应吊销数40起，裁决无证应裁决数12起。全县发生道路交通事故73起，死亡39人，受伤60人，经济损失22480元。辖区没有发生长时间、长距离交通拥堵事件，未发生一次死亡3人以上较大道路交通事故。

【强化消防安全管理】 2016年，县公安机关组织开展"清剿火患"行动，集中整治消防安全突出问题。44家重点单位完成微型消防站建设，完成率84.60%，17个社区除翠江镇8个社区外其他乡（镇）社区均完成微型消防站建设。共检查各类单位场所1567家，发现火灾隐患2777处，督促整改火灾隐患2762处，下发责令改正通知书841份，下发行政处罚决定书44份，下发临时查封决定书4份，下发行政强制决定书1份，责令"三停"单位7家，罚款34.81万元。全年火灾事故警情34起，死亡1人，受伤1人，经济损失127.50万元，未发生重特大火灾事故。出动警力64次682人次，出动车辆121辆次，抢救被困人员10人，疏散人员72人，抢救财产价值159万余元。

【监管场所安全管理】 2016年，县公安机关深化监所勤务模式改革，开展监所执法管理专项检查，完善监所基础设施建设和装备配备，严格规范执法执勤，保障监所安全。县看守所共收押在押人员208人，出所202人，其中投送监狱52人，羁押105人。县拘留所收拘各类违法人员290人，其中司法拘留13人，没有发生任何责任事故，无被拘人员及亲属和群众投诉事件，无被上级督察及新闻媒体曝光的人和事。

【公安出入境管理】 2016年，县公安机关开展清理因私出入境中介活动专项行动，规范因私出入境中介经营活动，有效遏制、打击非法出入境中介活动，保护出入境人员合法权益，劝阻12人以旅游名义办证出国劳务申请。全年受理各类出国出境申请6691件，其中网上警局业务1044件，服务接待各类境外人员148人次，核查辖区公民身份9人次。落实延时工作机制及非工作日预约办事机制，共延时服务群众138人次，非工作日服务群众169人次。

【重点单位安保检查】 2016年，县公安机关组织开展重点单位安全隐患大排查大整改活动，全县排查确定治安保卫重点单位72家，发现各类安全隐患235处，其中当场落实整改隐患220处，责令限期整改隐患15处。加强与重点行业系统主管部门联系，重点督促卫生、学校、金融等治安保卫重点单位完善各类应急处置预案，组织开展校园消防安全演练10场次，人员密集场所进行灭火实战演练5场次；"地震逃生演练"进校园专题讲座10余场次；联合多部门开展防汛综合应急抢险演练5次，全面提升应急防范能力。

【建立情报合成作战机制】 6月，县公安局成立情报合成作战专班。以指挥（情报）中心为平台，以情报合成作战专班为作战实体，与图侦专班合署运作，由刑侦大队牵头日常管理，按照"5+N"（5名民警+N个协警）模式，抽调5名精干警力，并招聘4名协勤开展图侦工作。投入60余万元购买网安取证设备及日常办公设备，改善网安工作条件。投入10万元改造新大楼办公场所，重新调整、专门划设近70平方米办公区域，设置合成研判区、视频图侦综合应用区、情报线索侦查区，做到办公集中、手段集成。合成作战专班组建以来，助力破获系列案件12串293起，其中协破外地案件123起，抓获逃犯8名，帮助群众求助58起。

【县公安技术业务综合大楼投入使用】 5月7日，宁化县公安技术业务综合办公大楼正式投入使用。地址位于县城区龙门路，2011年8月动工建设，总投资5000余万元，占地15.90亩，总建筑面积12434平方米，主楼为地上10层，地下室1层，附楼为4层。新建的大楼集公安指挥调度、公安远程防控、信息交流、刑侦业务技术、对外服务等功能为一体，有效缓解县公安机关原办公场所面积小、办公条件简陋情况，进一步提升宁化公安科技水平，提高打击刑事犯罪、维护社会治安、处置突发事件、服务人民群众能力。

【立体化防控体系建设加强】 2016年，县公安机关把公共安全视频监控建设纳入县委、县政府为民办实事项目，投入资金310万元，升级改造永辉超市路口红绿灯，新建西大路、翠华西路、新桥路金山水郡路口等3套卡口，新建高清视频监控60路。

（供稿：徐青松）

检　察

【概况】　2016年，宁化县人民检察院（简称县检察院）受理审查逮捕案件67件110人，件数、人数分别比2015年下降19.28%、28.57%。经审查，批准逮捕56件89人，件数、人数分别比2015年下降9.68%、31.01%，不捕15人。受理移送审查起诉案件165件255人，件数比2015年上升6.45%，人数比2015年下降6.25%；提起公诉170件259人，件数比2015年上升11.84%，人数比2015年下降4.78%，其中涉林案件16件32人。县检察院获三明市先进基层检察院称号，县检察院党总支被福建省委授予"全省先进基层党组织"称号。

【刑事检察】　2016年，县检察院继续保持对严重刑事犯罪的高压态势，起诉非法拘禁、强奸等严重侵犯公民人身权利的犯罪16人；起诉侵犯财产犯罪、经济诈骗犯罪、危害食品药品安全等犯罪92人，努力维护社会稳定，促进经济发展。严厉打击严重影响社会治安秩序的毒品犯罪，批捕、起诉涉毒犯罪案件19件43人。对致2死4伤的"8·10"特大制毒案件在检察环节实行快捕快诉，追捕到案同案犯4人，取得较好社会效果。加大庭审指控和质证力度，申请证人、侦查人员出庭6人次。

【职务犯罪查处和预防】　2016年，县检察院联系"三农"实际，重点查办发生在农村、严重侵害农民利益的贪污贿赂犯罪案件。立案侦查职务犯罪案件5件7人，其中科级干部1人。先后查办县林业局工作人员与财政系统人员共同贪污国家支农惠农专项资金案，县农办原主任曾某某涉嫌玩忽职守、受贿案等案件，确保国家惠民政策落实。开展预防职务犯罪宣传，在县国税局、县国土局、县交通局等单位举办预防职务犯罪讲座26场次，受教育党员干部1200人次。完成预防调查4件，案例分析1次，预防咨询148次，行贿犯罪档案查询415次。创新预防职务犯罪工作形式，县检察院创作的作品《"戒"面人生》获全国检察新媒体创意大赛银奖，是福建省检察机关唯一一篇银奖作品，预防工作的覆盖面和影响力提升。

【诉讼法律监督】　2016年，县检察院通过会签文件的方式加强与公安机关的沟通协调，建立派出所办理刑事案件双向通报制度，实现对派出所刑事侦查活动的全程、同步、动态监督。纠正漏捕、漏诉14人，立案监督7件7人，改变侦查机关定性并被法院采纳案件8件。向公安机关发出《纠正违法通知书》《检察建议》26份。牵头与县法院共同制定《关于加强民事执行活动法律监督工作的若干意见》，规范对民事执行行为的监督。开展督促收取防空地下室异地建设费和矿山生态环境恢复治理保证金专项监督活动，通过走访相关部门，形成调查报告，引起县政府高度重视，县政府召开专题会议，召集住建、财政、开发区管委会、检察院等14个部门专题研究督促收取异地建设费问题，制定4项具体措施，限期落实。开展财产刑执行监督和审前未羁押判实刑未交付执行专项检察，对监管场所存在的不规范现象，发出《纠正违法通知书》11份、《检察建议》2份，并督促整改。加强羁押必要性审查工作，对经审查后认为不需要继续羁押的10人建议变更强制措施为取保候审，均得到采纳，维护被监管人合法权益。

【化解社会矛盾】　2016年，县检察院注重在日常办案过程中减少社会对立、促进社会和谐。开展下访、巡访10次，检察长接待日41次，办理批办件5件，依法妥善处理群众来信来访48件次。探索建立未成年被害人"1+N"（即检察院牵头、多部门协调配合开展）帮扶救助机制，及时将2万元救助金发放到2名刑事案件未成年被害人手中。持续开展公开审查逮捕工作，办理公开审查逮捕案件2件，均促成双方当事人达成赔偿协议或当场履行赔偿。加强对未成年人特殊司法保护，对未成年犯罪嫌疑人开展社会调查7人，依托检校共建的关护基地"三明工贸学校"跟踪帮教3人，不起诉1人。推进刑事和解工作，促成当事人达成和解5件，做到案结事了人和，最大限度化解矛盾。

6月1日，县检察院为石壁镇2名未成年被害人发放司法救助金2万元
（王伟 摄）

【遴选首批员额制检察官】 9月，县检察院组织开展首批员额制检察官遴选工作。制定详细的入额考核方案，从全面客观考察的原则出发，将德能勤绩廉五个方面要求具体细化为年度业绩考核、履职考核、业务理论成果考核、荣誉奖励考核等方面内容，突出日常考核与年度考核相结合、业务理论与办案实践并重、年轻骨干与资深干警兼顾的选拔理念。各个考核环节设有评分办法、计分公式，有工作方案、操作流程，做到提前通知、及时公示，确保整个遴选工作按照规定的时间、节点、要求有条不紊推进。最终在符合条件的40名检察干警中，遴选出政治坚定、法学功底扎实、廉洁敬业、具备成熟司法能力的检察官21名，统一由福建省检察官遴选委员会任命为入额检察官。21名入额检察官中，本科以上学历占95.20%，平均年龄44.8岁，女检察官4人。

【服务经济社会发展】 2016年，县检察院制定《关于充分发挥检察职能为加快宁化县"一城四区"建设全面建成小康社会服务的意见》，服务宁化经济社会发展。参与翠江河流域生态环境综合治理，组织人员对翠江河流域排污企业、水土流失项目等情况开展摸排调查，及时撰写报告，呈报县委、县政府。督促国土、环保等部门取缔非法生产企业5家，移送相关部门对责任人作出行政拘留等处罚。

（供稿：陈 欣）

审 判

【概况】 2016年，宁化县人民法院（简称县法院）受理各类案件3536件，比2015年增加14.36%；办结2746件，结案标的4.73亿元，结案率77.66%。有8个集体、23名个人受到市级以上表彰，县法院获三明市2011—2015年法治宣传教育先进集体称号。

【刑事审判】 2016年，县法院审结刑事案件166件，判处罪犯257人。严厉打击侵犯人民群众人身权利犯罪，判处强奸、故意杀人、故意伤害、非法拘禁等犯罪15件15人。保护公民财产安全，审结抢劫、盗窃、网络诈骗、拒不支付劳动报酬等侵犯财产权利案件28件52人，快速审结涉案金额高达240余万元的黄某某诈骗案。严厉打击破坏市场金融秩序行为，审结非法吸收公众存款案件1件1人，依法从重判处非法吸收公众存款金额高达1.30亿元的被告人罗某某有期徒刑8年6个月。加强公共安全保障，严惩交通肇事、危险驾驶等犯罪，审结案件64件，判处罪犯65人。保持打击涉毒犯罪的高压态势，判处非法走私、贩卖、运输、制造毒品、容留他人吸毒等案件10件17人，均处以实刑，其中在被告人徐某某等走私、贩卖、运输、制造毒品案中，7名被告被判处有期徒刑9个月20天至7年6个月不等的有期徒刑；依法惩处职务犯罪，审结贪污、受贿、滥用职权案8件19人。

【民商事审判】 2016年，县法院审结各类民商事案件1591件，解决争议标的4.52亿元。加大对群众人身财产权益保护力度，审结交通、医疗、工伤事故赔偿案件70件，为受害人追索赔偿金753.60万元；依法保护职工、农民工合法权益，审结劳动争议案件14件，为劳动者追偿劳动报酬37.50万元。快立、快审、快结原告陈某某等20人与被告福建某建设公司等劳务合同纠纷案，依法维护职工的合法权益。规范民间融资活动，审结民间借贷纠纷案件631件，涉案金额2.01亿元。发挥金融审判合议庭和金融司法服务中心职能作用，召开服务金融企业座谈会，提高金融机构不良贷款处置率，维护金融安全，审结金融案件100件，涉案金额1.65亿元。

【行政审判】 2016年，县法院加大行政非讼执行审查力度，依法审查行政非诉案件35件，非诉执行案件15件。配合三明中院做好"完善行政诉讼体制机制"改革、"跨域"立案工作，为当事人提供跨域立案服务12件。加大宣传力度，利用各种平台广泛宣传关于行政诉讼案件由建宁县法院集中管辖的改变。加强"府院"沟通，促进依法行政与公正司法良性互动，召开府院联席会议2次，向有关行政部门发出司法建议2条，其中反馈1条。

【强化生态环境审判】 2016年，县法院审结滥伐、盗伐林木案10件24人，失火案1件1人，非法采伐、毁坏国家重点保护动植物案1件3人。适用"补种复绿"1件1人，发出"补植令"1份，责令缴纳履约保证金2万元，补种、管护林木面积25亩，县法院从重判处盗伐林木立木蓄积1890.78立方米的被告人江某有期徒刑13年6个月，并处罚金人民币20万元。持续推进绿色司法生态恢复保障机制，完善绿色司法扶持基金运作，依托全省首个绿色司法保障生态扶持协会，打造"生态环境审判示范点"品牌，推进国家级生态县创建。正确处理好生态环境行政审判和行政执法的关系，建立与行政主管部门的良性互动工作机制。与检察机关、公安机关、环境保护部门联合建立执法协调和联席会议，召开森林、国土、环保部门联席会议2场次，协调、处理案件4件。

【案件执行】 2016年，县法院围绕"用两到三年

时间基本解决执行难问题"工作目标，提高执行信息化水平，规范执行行为，强化执行措施。全年受理执行案件1330件，结案966件，执行标的到位1782.60万元。加强执行队伍建设，试行分轨分段集约执行，实行定岗定责，新增审判员2人、法警1人、速录员1人、专职驾驶员1人、协警2人。依托"点对点"网络查控系统，查询被执行人财产信息5730余人次，协助外地法院执行案件22件。加大失信被执行人惩戒力度，在LED电子屏、公众微信、微博等平台上发布失信人员名单907人次，限制出境1人，司法拘留15人，移送追究刑事责任3件4人，引导金融机构运用自诉程序打击拒不执行判决、裁定罪。

【保护青少年权益】 2016年，县法院贯彻"教育为主、惩罚为辅"的方针，审结涉及少年刑事案件7件8人，适用缓刑2人。严厉打击严重侵害未成年人合法权益的违法犯罪，依法审结夏某某强奸幼女案，从重判处有期徒刑5年6个月。推行柔性审判程序，引入多元化纠纷解决机制，与县妇联成立"婚姻诊疗中心"，通过聘请心理咨询师参与调解、设置离婚冷静期和分阶段审理等举措，审理离婚案件123件，调解、撤诉结案82件，占案件总数的66.67%。按照《关于在全县中小学校开展青少年法制宣传教育活动三年实施方案》要求，继续延伸少年审判服务工作，开设法制宣传讲座8场，模拟法庭7场，受教育师生6400余名。

【服务企业发展】 2016年，县法院发挥审判职能，坚持"问需于企"目标。落实法官走访联系企业制度，加强对重点企业、项目建设的司法服务。以"经济开发区法律服务工作站"为依托，继续与县总工会、华侨经济开发区管委会联合开展"司法助力企业发展"活动。与企业家联合会出台《关于建立诉调对接机制的实施意见》，加大对涉企民商事案件的调解力度。全年执结涉企案件139件，涉案金额2.42亿元。

【维护金融市场稳定】 2016年，县法院通过召开

金融司法联席会、走访金融企业等方式，提高金融企业风险防控能力。落实县委关于金融工作的有关部署，依法维护正常的金融秩序。与县金融办协作，利用金融司法服务中心，优化金融司法服务。开通金融案件审执绿色通道，全年受理涉金融企业案件98件（其中信用卡纠纷5件、实现担保物3件、金融借款90件），涉案标的2.40亿元，帮助金融企业化解债务6000余万元。

【司法便民新举措】　2016年，县法院打造诉讼服务中心升级版，新设执行服务窗口、司法便民驿站，建成立案服务区、自助服务区、便民服务区等6大功能区16个窗口，推行一站式窗口服务。拓展网络诉讼服务功能，建立网上诉讼服务平台和信息互动平台，完善在线诉讼服务中心和微信公众号，丰富司法服务功能载体；推进网上预约立案、远程视频接访等服务，方便异地当事人立案。依托"法官工作室"，坚持巡回审理案件179件，将司法服务延伸至百姓家门口。严格执行《中华人民共和国民事诉讼法》司法解释，出台《关于诉讼费退费暂行规定》，胜诉当事人在案件生效后，除判决其应承担的诉讼费外，一律退还预交诉讼费。保障弱势群体权利，为生活确有困难的当事人，缓减免交诉讼费14.50万元。加大国家司法救助力度，为5名权利受到侵害无法获得有效赔偿、生活面临急迫困难的刑事被害人及申请执行人等，发放救助款9.80万元。

【推进阳光司法】　2016年，县法院在司法公开中心设置审判监督台，公示权力清单、绩效考评等内容。通过微博、庭审直播网直播庭审216场，上网公开裁判文书1521份，裁判文书上网率77.33%。推动"指尖上"的司法公开，通过微博、微信、论坛等平台，发布司法信息1680条，报送宣传报道60余篇，省级以上媒体采用稿件12篇。开展法院开放日、法治夏令营等活动，邀请人大代表、政协委员、学校师生等各界人士参加开放日活动100人次，零距离感受司法事业的新成效。

【遴选首批员额制法官】　9月，县法院根据《2016年福建法院司法改革工作要点》，组织召开党组会，研究制定《宁化县人民法院首次入额法官考核工作实施暂行方案》。该方案通过合理设置条件、严格程序步骤，公平择优选拔首批入额法官，实现司法资源的优化配置。通过对49名法官2014年来的审判执行绩效、信息、调研、宣传等工作进行量化考核和民主推荐、测评，遴选出28名入额法官。在28名入额法官中，女法官6人，占比21.43%。30岁以下3名，占比10.71%；31—40岁1名，占比3.57%；41—50岁15名，占比53.57；51—55岁8名，占比28.57%；56岁以上1名，占比3.57%。本科学历26人，占比92.86%；研究生学历2人，占比7.14%。

12月4日，宁化县法院首批员额法官开展向宪法宣誓活动

（县法院　供）

【司法体制改革】　2016年，县法院落实司法体制改革有关部署，按照有案必立、有诉必理的要求推进立案登记制改革。自实行立案登记制以来，当日立案受理率99.23%。探索人民法庭办案责任制改革，在湖村、安乐法庭试行主审法官、合议庭办案责任制，由主审法官或审判长自行签发裁判文书。按照政治素质好、业务能力强、职业操守硬的标准，科学设定考核办法，从49名符合条件的候选法官中，遴选出28名入额法官。出台《宁化法院关于民商事案件诉讼文书送达问题的暂行规定》，成立集中送达小组，实现立案、分案与文书送达的有效衔接，文书送达效率提高25%，各类案件平均审限同比缩短19天。落实司法管理信息化3.0要求，实现庭审、执

行活动、审判委员会讨论案件同步录音录像，确保全程留痕。

【警务保障】　2016年，县法院法警大队执行刑事值庭、押解、看管任务146件219人次，协助执行逮捕19人、协助执行7次，中院调警7起36人次，参与民商事案件值庭59件，执行安检29400人，查获匕首4把，制止和平息13起突发事件。配合中院完成对被告人廖某某故意杀害出租车司机并抛尸盗车案的死刑执行工作。强化法庭安全保障，对违反法庭规则的离婚案件当事人吴某及时采取拘留措施。首创《机关安全通报》制度，量化岗位目标责任制考核，有效增强干警责任意识。

（供稿：赖征源）

司法行政

【概况】　2016年，宁化县普法依法治理整体推进，社区矫正工作顺利开展；法律援助服务拓展，管理秩序更加规范；基层工作全面加强，人民调解、安置帮教成效显著。共排查调处各类矛盾纠纷1933件，调处成功率99.07%。累计接收社区矫正对象902名，接收刑满释放人员、解除劳教人员1275名，帮教率99.59%。全县人民调解组织288个，专兼职调解员1823人。宁化县被评为"2011—2015年全省法治宣传教育先进县"，县司法局获"2011—2015年全市法治宣传教育先进集体"，县司法局邱文红获"2011—2015年全市法治宣传教育先进个人"。

【人民调解】　2016年，宁化县各级人民调解委员会大力宣传人民调解工作在维护社会和谐稳定中的重要作用，弘扬和展示全县司法行政系统良好形象，完成3期《调解有一套》节目录制，并在省电视台综合频道播出。全年排查调处各类矛盾纠纷1933件，调解1933件，调解率100%；调解成功1915件，调解成功率99.07%，比2015年提高3.04%。完成人民调解案件信息录入1933件，落实"一案一补"案件1933件。

【社区矫正】　2016年，县司法机关组织开展社区矫正"教育管理年"活动，强化工作举措，完善常态化排查走访机制，督促落实社区服刑人员监管教育，确保日常排查、节假日必查、重要敏感时期严查"三结合"到位。截至年底，全县在矫人数192人（其中缓刑169人，假释20人，暂予监外执行3人），累计接收社区服刑人员902人，累计解除矫正710人，发放社区矫正服刑人员定位手机187台，手机定位率98.42%，未发生社区服刑人员重新犯罪现象。

【特殊人群的安置帮教】　2016年，县司法机关建立"两劳"（劳动改造和劳动教养）释放人员的花名册和跟踪调查表，健全安置帮教工作信息管理系统，开展特殊人员帮教帮扶。安置帮教人员1275人（其中监狱放回833人，社区矫正期满442人），帮教率99.59%，未发生刑满释放人员重新犯罪情况。全面开展全县重点青少年排查摸底，排查出服刑人员未成年子女54人，为加强刑释解教人员未成年子女的教育、管理、服务和预防青少年违法犯罪工作的开展奠定了基础。

【法律援助服务】　2016年，县司法机关搭建公共法律服务平台9个，其中在县司法局一楼设立县级法律服务大厅1个、设立乡（镇）法律服务站8个。持续推进"一村（社区）一法律顾问"工作，与村（社区）签订法律顾问合同155个，法律顾问覆盖率68%。全年办理各类法律援助案件176件，为当事人挽回损失或取得利益420.50万元。各律师事务所办理案件432件，公证处办理各类公证575件。

【普法依法治理活动】　12月5日，县委常委会专题审议通过宁化县"七五"普法规划，并提请县委、县政府批转《县委宣传部县司法局关于在全县公民中开展法治宣传教育的第七个五年规划（2016—2020年）》。同时，县人大常委会审议通过《关于开展第七个五年法治宣传教育的决议》。12月19日，召开全县"六五"普法总结表彰暨"七五"普法动员部署会，推动"七五"普法工作的全面开展。举办面向全县的"12·4"全国宪法日网络书法大赛活动，收到参赛作品200余幅，经过复赛及网络投票，评出一、二、三等奖及优秀奖共20名，学生组黄玮欣获一等奖，成年组潘晓莲获一等奖，书法大赛活动为进一步弘扬宪法精神、树立宪法权威奠定了基础。着力打造新媒体宣传平台，在原建立司法行政门户网站基础上，创办开通"宁化普法"微信公众号平台，全年发布300余条普法动态信息。

（供稿：张婷婷）

农 业 · 水 利

◆编辑：赖慧珍

综　述

2016年是"十三五"开局之年。全县农业部门狠抓各项政策和工作措施落实，壮大特色农业基地，"两米两茶一稻种"朝产业化、规模化发展，农业生产保持稳定增长，农业、农村经济稳中有增，农民收入稳步增加。全县累计土地流转面积9.72万亩，较2015年增加0.62万亩。全面推进宁化县农村土地承包经营权确权登记颁证工作，2016年完成162个建制村权属调查、97个建制村审核公示，完成省下达的农村土地承包经营权确权登记颁证任务数。完善"三资"网络监管平台建设，保证资金、资产、资源录入滚动更新，强化农村集体"三资"监管。年内实施村级公益事业建设一事一议财政奖补项目106个，项目工程总额3161.26万元；村民筹资筹劳5.28万元，其中筹资0.69万元，筹劳4.59万元，争取财政奖补资金1525万元。美丽乡村建设项目4个，项目工程总额1058.92万元，争取财政奖补资金880万元。农业局被省农业厅评为"农业统计工作先进单位"、被市政府评为"全市民族团结进步模范集体"，局党委被评为"全市先进基层党组织"，动物疫病预防控制中心被省农业厅、人力资源和社会保障厅评为"全省农业系统先进单位"。

2016年，全县年末耕地面积42.37万亩，实现农牧渔业总产值38.91亿元。其中，农业27.95亿元，比2015年增长10.91%；牧业7.91亿元，增长23.02%；渔业1.88亿元，增长7.43%；农林牧渔服务业1.17亿元，增长8.33%。实现农村居民人均可支配收入12538元、增长10.27%。全年，宁化县完成各项水利项目投资3.89亿元，争取项目资金1.3亿元。县水土保持办公室（简称县水保办）主要实施国家水土保持重点建设工程、省级重点县水土流失综合治理工程、省级重点乡（镇）水土流失综合治理工程等水土流失综合治理项目，治理小流域6条，完成水土流失综合治理面积51平方公里。

（供稿：李其生、李骏、刘恒）

种 植 业

【概况】　2016年，全县完成粮食播种面积60.58万亩，总产量20.96万吨，比2015年增长0.29%，实现粮食总产值8亿元；蔬菜播种面积16.87万亩，产值（含菜用瓜）6.40亿元，创建蔬菜安全生产标准化示范基地5个，推广蔬菜安全标准化生产1.5万亩；茶园面积48301亩，实现茶叶总产量3486吨，产值16983.3万元，全县茶园开发全部实现生态无公害化建设；水果种植面积93464亩，总产量60605吨，总产值3.21亿元；种植薏米3.08万亩，产量近7000吨，产值近2亿元。

【粮食高产创建】　2016年，宁化县承担农业部水稻绿色高产高效创建整县推进示范项目。全县依托农民专业合作社、家庭农场在翠江、城南、曹坊、泉上、中沙、水茜、石壁、淮土、济村和方田等10个乡（镇），围绕开展技术瓶颈攻关、集成组装技术模式和关键技术示范推广等3个方面实施。经测产验收，全县11个中稻千亩示范片加权平均单产615公斤，比未开展创建田块亩增45.60公斤，增产8.01%；烟后稻15个千亩加权平均单产659.10公斤，比未开展创建的田块亩增51.70公斤，增产8.51%。示范片化肥用量每亩68.20公斤下降到59公斤，减幅15.60%；示范片农药用量（100%）中稻每亩120克，烟后稻每亩112克，分别比前三年（2013—2015年）平均减少5克/亩和3克/亩，降幅5.20%和2.70%。

【粮食产能区项目建设】 2016年，宁化县落实水稻"五新"（新肥料、新农药、新品种、新技术、新机具）技术，集成推广1000亩以上"五新"技术示范片30个。新建水稻工厂化机插育秧示范点4个。推行"五统一"（统一品种、统一育秧、统一技术、统一施肥、统一病虫害防治），提高产能区粮食生产社会化服务水平。产能区推广良种覆盖、主推技术应用、测土配方施肥、病虫害专业化统防统治、耕种收综合机械化等技术。经测产验收组实地验收，高产田平均亩产492.10公斤，中产田484公斤，低产田439.60公斤，平均亩产471.90公斤，比全县平均亩产增加40.60公斤，增长9.42%。

【"河龙贡米"生产示范】 2016年，宁化县落实河龙贡米生产基地10万亩，其中中稻4.50万亩，烟后稻5.50万亩。在全县15个乡（镇）建立河龙贡米生产核心示范片3万亩，主栽品种有贡米1号等。经测产验收，示范片平均亩产302.60公斤，收购价200元/百斤。

【薏米新品种示范推广】 2016年，县农业局做好宁化薏米新品种"翠薏1号"配套栽培技术示范推广工作，与石壁镇农技站合作，在石壁建立"翠薏1号"示范片100亩。宁化薏米新品种"翠薏1号"喜温和潮湿气候，忌高温闷热，不耐寒，忌干旱；苗期、抽穗期和灌浆期要求土壤湿润；对土壤要求不高，但以肥沃壤土为宜；适宜海拔300—1000米，水田及坡地均可种植，最适宜海拔400—800米区域种植。

【"孔坑茶"通过农业部农产品地理标志评审】 12月1日，农业部农产品质量安全中心在京召开2016年第四次农产品地理标志登记专家评审会。会议邀请农业部茶叶质量监督检测中心刘新、中国农科院茶研所鲁成银等9位专家组成专家组对宁化"孔坑茶"申报农产品地理标志登记开展评审。评审会上，专家组听取宁化县"孔坑茶"有关情况翔实介绍，审阅申报材料内容，对"孔坑茶"的色、香、味、形等外在感官指标进行鉴评。经专家认证，一致通过"孔坑茶"符合《农产品地理标志管理办法》规定的登记保护条件，农业部拟准予登记，依法实施保护。

【宁化县3支茶样获市名优茶奖】 6月13日，三明市2016年度"尚书品"名优茶（春季）鉴评活动在市农业局举行，经专家组鉴评，宁化县洪光生态农业有限公司选送的"洪光白牡丹"与"洪光瑞香"分获名茶奖和优质茶奖，三明市光能生态农业有限公司选送的"翠客红"获名茶奖。

【病虫防控】 2016年，宁化县农作物病虫害总体属中等偏重发生年份，虫害发生接近常年，病害重于常年。农作物病虫防治工作重点抓住病虫发生动态监测，强化病虫发生信息发布与传递，以病虫情报、防治简报、手机短信、小黑板报等形式传递农作物病虫发生信息和防治技术。通过病虫发生监测及开展综合防治，病虫危害损失控制在5%以下。年内水稻病虫发生63.78万亩次，防治88.43万亩次，挽回损失1.83万吨。茶叶病虫发生16.35万亩次，果树病虫发生9.56万亩次，两类作物合计防治29.05万亩次。开展专业化统防统治，引导和扶持农作物病虫统防统治服务机构6家，购置或租用高效植保无人机8台、喷杆喷雾器2台等大型植保器械，作业面积6000亩以上，统防统治率20%。

【无人机助阵水稻病虫统防统治】 8月16日，县农业局联合县旺农农业机械专业合作社在水茜镇上谢村水稻基地召开水稻病虫害统防统治飞防现场会。

施药现场，农技人员遥控无人机洒药，无人机飞得低，贴近水稻，防治效率高，防治病虫的效果在90%以上。该无人机喷洒农药一次可携带6公斤高浓度药水，8分钟完成5亩水稻田施药，雾化好，不会出现重喷、漏喷情况，能有效减少农药残留。

【农业基础设施建设】 2016年，宁化县开展2015年度新增粮食生产能力规划田间工程建设项目，受益面积6700亩，总投资1000万元。在湖村、泉上、中沙、河龙、济村、水茜等乡（镇）新建拦河坝5座、灌溉渠道9266米、排水沟4310米、机耕路21506米。完成2016年度山垄田复垦与改造项目，受益面积1000亩，总投资150万元，在水茜、曹坊等乡（镇）建设机耕路4062米、灌渠989米。

【农业产业化经营】 2016年，全县有市级以上龙头企业27家（省级龙头企业9家），实现销售收入53320万元，新增固定资产投资12300万元，缴纳税金420万元，带动农户34565户，农户从产业化经营中得到收入13500万元。有农民专业合作社447个，较2015年新增72个；家庭农场156家，较2015年增加51家。2016年获评省级示范社3家，市级示范社3家；省级示范场4家，市级示范场6家，以示范社、示范场带动宁化县新型农业经营主体的规范运行。

【农业信息服务】 2016年，宁化县有益农信息社97个，全面开展农业公益服务、便民服务、电子商务、培训体验服务进村等公益便民服务，实现信息精准到户、服务便利到村，初步构建信息进村入户可持续发展机制。推广"电话、电脑、手机"三位一体的12316农业服务平台，发挥农业专家、乡（镇）农技员、村级信息员三支队伍服务支撑作用。推广"12316手机农务通"APP的进村入户工作，以扩面为目标、以建点带扩面，点面结合全面推进信息服务进村入户。全年为农民提供电话咨询服务12390人次、农民来访2930人次、技术服务9420人次、信息服务2562人次、专家现场技术指导8825人次、科技下乡89场次，举办各类技术培训班230期，累计培训7842人次。获2016年12316文明行业创建"十佳文明窗口"。

【农业品牌创建】 2016年，宁化县围绕农产品质量安全监管和农业品牌培育战略部署，全面推进农业品牌创建，积极组织引导企业（个体）、专业合作社、家庭农场等进行"三品"认证，新增5家专业合作社5个产品获得无公害农产品认证，2家企业2个无公害农产品复查换证，1家企业1个绿色食品续展。至2016年年底，全县有27家企业33个产品获"三品一标"认证，其中2家企业2个产品获得有机食品认证，5家企业6个产品获绿色食品认证，20家企业25个产品获得无公害农产品认证，"宁化米仁"获得国家农产品地理标志登记保护。

（供稿：李其生）

养 殖 业

【概况】 2016年，宁化县生猪存栏80670头（其中母猪存栏8844头）、出栏154260头，牛存栏35468头、出栏11311头，羊存栏6642头、出栏11172头，禽存栏329997羽、出栏843121羽，兔存栏202807只、出栏402423只。肉类总产量15702吨，比2015年增长11.35%。实现畜牧业产值7.91亿元，比2015年增长23.02%。渔业产量1.05万吨，增长6.06%；2016年实现渔业产值1.88亿元，增长7.43%。年内，福建鑫鑫獭兔有限公司、三明温氏食品有限公司获得发明专利各2项，福建鑫鑫獭兔有限公司获得省级创新型企业命名。

【生态环保养殖】 2016年，环保部门会同农业部门有序开展禁养区养殖场的拆除、关闭、搬迁，农业部门会同环保部门逐渐推进生猪规模养殖场标准化升级改造。拆除关闭禁养区生猪养殖场19家，获得省级生猪规模养殖场升级改造项目建设批复1家，市级生猪规模养殖场升级改造项目建设批复2家，病死猪大型机械无害化处理技术项目实施完成5家。

全县生猪存、出栏规模均控制在规划范围内，进一步推广种养结合型（"养—沼—种"）生态环保养殖模式。

【标准化规模养殖】 2016年，宁化县新增锦辉农业开发有限公司蛋鸡规模养殖企业1家，存栏蛋鸡3万多羽；发展珍禽观赏养殖1家，果林、山林养鸡20余家，水库、山塘养水禽10余家。鹤翔春生态农业有限公司蛋鸡场的国家级畜禽标准化示范创建获验收。重点抓好标准化水产养殖池塘建设、陆上工厂化养殖基地建设为主的省级设施渔业建设项目。宁化牧源生态农业发展有限公司、宁化县义昌源综合养殖家庭农场等7个建设单位，完成建设标准化池塘480亩；宁化融态水产养殖有限公司、宁化县石壁镇大洋鳗鱼养殖场，完成建设陆上工厂化养鳗基地9284.40平方米。

【特色养殖】 2016年，宁化县新增以养殖獭狸鼠、豪猪等特种动物为主的特种养殖企业——宁化县兴发养殖有限公司。福建南方牧业有限公司养羊场国家级畜禽标准化示范场创建达标，宁化县群益现代农业有限公司养羊场省级畜禽标准化示范场创建达标。福建鑫鑫獭兔有限公司的獭兔养殖产业采取稳中求进策略，稳定保种基地建设，加强产品深加工发展。年内新增养牛专业户5家，新增规模养殖存栏800头。宁化县旺龙生态农业有限公司在稳定肉用蛇类养殖基础上，开发药用蛇类等新产品，打造产业链，为企业发展谋求新出路。4—8月，三明市宁化容参农业有限公司人工繁育泥鳅水花苗6800万尾、3—5厘米泥鳅苗3150万尾，开展池塘养殖泥鳅面积140亩，7月申报省级设施渔业——陆上工厂化养殖泥鳅基地建设项目，建设陆上工厂化养殖泥鳅基地5600平方米。宁化牧源生态农业发展有限公司建成泥鳅养殖池塘130亩，收获成鳅产量50吨，创产值150万元。

【推广新品种】 2016年，宁化县重点引进建鲤、锦鲤、福瑞鲤、湘云鲫、异育银鲫"中科3号"、团头鲂"浦江1号"、美国银盾鱼、花骨鱼、泥鳅、棘胸蛙等优新品种12个，在全县9800亩池塘、水库内推广养殖。4月，从沙县综合农场引进花骨鱼5000尾在宁化县云华水产养殖场（翠江镇双虹村）进行试养；6—7月从福建省顺昌县兆兴鱼种养殖公司（福建省淡水水产研所协作基地）引进福瑞鲤181万尾、异育银鲫"中科3号"7.2万尾、团头鲂"浦江1号"9.6万尾、美国银盾鱼1.6万尾等新品种，在全县池塘、水库中推广养殖，进一步优化调整宁化水产养殖品种结构，提质增效。

【草鱼"四病"疫苗推广】 2016年，县农业局加大草鱼"四病"（赤皮、烂鳃、肠炎、出血）免疫防病新技术推广力度，1—4月鱼种放养季节全县推广注射草鱼"四病"疫苗230万尾，草鱼养殖成活率提高。

【新机具推广】 2016年，县农业局在全县池塘、水库中推广安装使用投饵机390台、增氧机345台、捕捞定置网60张等渔业机具，降低饲料成本，节省劳动力，有效防控病害发生。

【鱼药推广】 2016年，县农业局在全县8900亩池塘、水库中推广优质鱼用饲料，提高鱼产量。推广低毒、高效、无药残渔药10多种，减少用药次数，确保水产品质量安全。

【水库大水面渔业综合开发】 2016年，县农业局在泉上水库、沙坪水库、李花塘水库、黄河龙水库、双石水库等42座水库内，推广投喂鱼用饲料精养鱼面积5600亩。泉上水库养殖场加大资金投入，在整个库区1100亩内主养草鱼、鲤鱼，实行投喂鱼用饲料养鱼，利用库区淹没地建设标准化池塘235亩，养殖产量900吨，创养殖产值954万元。

【休闲渔业建设项目】 2016年，福建省闽盛源生态农业发展有限公司、福建省南田生态农业发展有限公司按照省海洋与渔业厅制定的《福建省"水乡渔村"创建标准》，申报和创建省级"水乡渔村"项目。截至2016年，宁化县有省级"水乡渔村"单位1家——宁化县鹜峰寨家庭农场。

【渔业资源增殖放流】 7月14日，县农业局组织开展渔业资源增殖放流活动，县农业局领导、县水技站、县渔政大队、放流河段承包管理人员等参加活动。放流地点选择县内沙溪流域，在湖村镇店上村丰畲河段增殖放流草鱼、鲤鱼等苗种64万尾，价值5万元。

【重大动物疫情应急演练】 9月22日，三明市2016年突发重大动物疫情应急演练在宁化县体育中心举行。各县（市、区）农业局分管兽医工作领导、动物疫病预防控制中心和动物卫生监督所负责人100余人参加现场演练观摩。演练内容包括疫情报告与现场诊断、应急响应与应急处置、终止响应与善后处理3个科目。

（供稿：蔡火长、夏清文）

食 用 菌

【概况】 2016年，全县种植食用菌4490万袋（平方尺），产量5817吨，比2015年增长4.81％，产值6858.02万元。完成草腐生菌类320万平方米，其中，蘑菇70万平方米、竹荪70万平方米、大球盖菇60万平方米、姬松茸55万平方米、草菇35万平方米、鸡腿菇30万平方米；木腐生型菌类1610万袋，其中，香菇510万袋、平菇330万袋、茶树菇230万袋、金针菇190万袋、毛木耳190万袋、茯苓60万袋、真姬菇50万袋、杏鲍菇50万袋。

【食用菌基地建设】 2016年，宁化县反季节香菇、茶树菇、鸡腿菇栽培面积继续扩大，蘑菇、姬松茸、竹荪栽培基地稳定。室内发展"草菇—双孢蘑菇""反季节香菇—金针菇""姬松茸—双孢蘑菇"等周年栽培，大田发展"木薯（玉米、大豆）

—竹荪""冬闲田—大球盖菇（鸡腿菇）"等田间轮作套种栽培模式。年内，宁化县有泉上镇香菇、蘑菇，中沙乡茶树菇、香菇，翠江镇蘑菇、草菇，城郊乡凤尾菇，城南乡香菇，石壁镇蘑菇，河龙乡姬松茸竹荪，安远镇茶树菇、姬松茸等12个食用菌基地。

【设施化栽培】 2016年，中沙、翠江等乡（镇）有钢架设施栽培基地30亩，安远镇有反季节茶树菇基地2亩10万袋，泉上镇新建钢架香菇水帘大棚5亩5万袋。中沙畲寨生态农业公司发展"公司+农户"模式，发展茶树菇50万袋，生产茶树菇130吨，产值100余万元。

【推广食用菌新技术、新品种】 2016年，宁化县引进钢架水帘大棚栽培香菇技术，利用水泵抽取地下水通过水帘系统降温，使香菇在低海拔地区高温季节能正常出菇以及长菌龄菌棒安全越夏。引进液体菌种设备和接种技术，育种时间缩短3/4，日全生物科技公司所接种的香菇、平菇实现正常走菌与出菇。利用丰富的毛竹屑、菌草、五节芒、谷壳等资源发展代用料栽培香菇、平菇、金针菇、茶树菇、姬松茸、竹荪，常规木腐生菌类栽培面积扩大到1610万袋，比2015年增长3.20％。

【信息与技术服务】 2016年，县食用菌办回答技术、菌种、市场、供销信息等咨询230余人次，报送食用菌生产信息10条，发表《闽西北与食用菌生产相关的生态循环农业模式》论文1篇。组织县技术骨干、合作社社长到三明真菌研究所参观考察，到大田县学习正红菇增产菌应用技术。印发《宁化县食用菌标准化生产小册子》2800份、宣传资料2200份，举办县、乡食用菌技术培训班29期，培训2850人次。全年现场指导63村次，解决实际问题75件次，为菇农联系优良菌种12件次。

【合作联营】 2016年，宁化福林食用菌专业合作社、泉上富民食用菌合作社、兴源食用菌合作社等食用菌中介组织与农户开展合作联营，努力开拓反季节香菇、蘑菇、姬松茸、竹荪、茯苓市场。福林种植专业合作社，在中沙乡练畲村扩大基地规模，发展反季节香菇15万袋，承租山场林地发展林下种植茯苓380亩，茯苓生产进入第2年产季，生产香菇50吨、茯苓40吨，产值65万元。

（供稿：李上彬）

农业管理

【概况】 2016年，中共宁化县委农村工作领导小组办公室（简称县委农办）协调农口部门抓好农业基础设施建设，实施高标准农田、土地整理、烟基工程、农田水利等系列项目建设，着力改善农村生产条件。持续开展招商引资工作，培育壮大农业龙头企业，打造现代农业发展平台，提高农业产业化经营水平。深化"348"精准扶贫工作机制，落实扶贫开发政策，加快推进精准扶贫精准脱贫工作。

【农业综合开发】 2016年，投资712万元，完成安远镇岩前村、丰坪村、安远村国家农业综合开发高标准农田建设项目3070亩；投资2161万元，完成济村乡长坊村、上龙头村、三村村、济村村、吾家湖村、罗家村、湖头村、神坛坝村及城郊乡茶湖江村国家农业综合开发高标准农田建设项目11638亩；投资902万元，完成治平溪流域、梅溪流域小流域生态治理8060亩。

【农业项目组招商引资】 2016年，农业项目组通过招商，引进福建省轩园生态农业有限公司、福建省宁化县谢华安种业产业园有限公司、宁化县兴民农林发展有限公司、三明市汇圆生物科技有限公司、宁化县绿韵生态农业发展有限公司等5家企业，引进内资招商项目5个，完成农业项目招商引资任务1.67亿元，占年度引资任务（1.5亿元）的111.5%。其中，总投资5000万元以上的单体招商引资项目3个。

【推进城镇固投】 2016年，农业项目完成城镇固定资产投资27115万元，占年度计划（27000万元）的100.43%，其中，南方牧业完成5320万元，孔雀东南飞完成5410万元，容生农业完成5260万元，标准化猪舍完成5168万元，珍禽养殖完成2418万元，羊肉制品深加工项目完成3350万元，哈客生态农业完成189万元。

【农业招商引资】 2016年，宁化县完成农业招商引资项目2个，项目总投资16500万元，合同县外投资10300万元，内联客方实际到资4780万元，占年度引资任务（内联客方实际到资3000万元）的159.3%。

【扶贫开发协会帮扶工作】 2016年，县扶贫开发协会在宁化县家家果蔬专业合作社、宁化王中王辣椒专业合作社、福建膳品源生态农业反季节蔬菜基地、东华山蜜蜂养殖专业合作社等农业经营主体开展贫困人员及技术骨干技术培训，完成帮扶培训150人次。受县农业局委托，县扶贫开发协会在曹坊镇、安乐镇、济村乡、安远镇等4个乡（镇）实施"雨露计划"培训，受训人员320人次。创新开展扶贫工作，对3个会长企业（福建春辉茶业、翠云山茶业、福建石壁现代农业观光园）、4个会员企业（宁化王中王辣椒专业合作社、东华山蜜蜂养殖专业合作社、福建膳品源生态农业反季节蔬菜基地、宁化县家家果蔬专业合作社）开展帮扶工作，扶持会长企业4万元帮扶资金、会员企业5000元培训费，并对曹坊镇王中王专业合作社种植辣椒的贫困户发放肥料补助款2760元（40元/亩）。抓好省、市协会对接认领项目的实施工作，从省、市扶贫开发协会认领6个项目，获得项目补助资金29万元。

【落实造福工程扶贫搬迁项目】 2016年，宁化县落实搬迁对象2088户7358人，其中国定扶贫标准搬迁对象1101户3113人、省定扶贫标准搬迁对象261户909人。获批新建百户集中安置区2个，分别为石壁镇南金寨集中安置区、治平畲族乡农景小区。

【开展精准扶贫工作】 2016年，宁化县持续深化"348"精准扶贫工作机制，创新电商扶贫、乡村游扶贫、光伏扶贫、党建扶贫、保险扶贫、医疗扶贫、教育扶贫、小吃扶贫等8种扶贫新业态，全年实现脱贫2398户6238人。通过实施整村推进、产业带动，全县培育出河龙贡米、王中王辣椒、金糯薏米、宁花茶油、紫玉淮山等多个扶贫产业，形成石壁镇杨边村、淮土镇禾坑村、曹坊镇石牛村、泉上镇谢新村、湖村镇龙头村、中沙乡下沙村等建档立卡美丽乡村建设精品村。

【争取惠农强农资金】 2016年，县农业局争取中央、省、市资金21000万元，其中农业支持保护补贴资金4107万元，2016年水稻生产全程社会化服务试点项目资金1000万元，全国新增千亿斤粮食生产能力规划田间工程建设项目900万元，水稻绿色高产高效创建项目资金400万元，各类扶贫资金9300多万元，其他各类专项资金5293万元。

【农业机构改革】 2016年，根据中共宁化县委机构编制委员会办公室《关于撤销县农村卫生协会等事业单位的通知》（宁委编办〔2016〕10号）精神，自2016年4月22日起，"县农民负担监督管理办公室""县农业广播电视学校"等单位职责整合到县经营管理站，撤销"县农民负担监督管理办公室""县农业广播电视学校"等2个事业机构，县经营管理站挂"县农民负担监督管理办公室""县农业广播电视学校"牌子。

（供稿：李其生）

农业机械

【概况】 2016年，宁化县农业机械管理办公室（简称县农机办）围绕"提质增效转方式、稳粮增收可持续"中心任务，以落实购机补贴政策为契机，加大政策宣传，加快农机装备优化升级，巩固优势，主攻短板环节，大力推进主要作物水稻生产全程机械化，加大新机具新技术推广和农机农艺融合示范建设。加快培育农机社会化服务新型主体，强化依法监管和主体责任落实，确保农机安全生产形势持续平稳向好。2016年，宁化县农机原值2.69亿元，比2015年增长8.91%，净值1.88亿元。

【提升农机装备】 2016年，宁化县农机原值2.69亿元，比2015年增长8.91%，净值1.88亿元。农机化总投入2623万元，其中中央财政投入773.26万元、省级财政投入213.43万元。宁化县农机总动力19.38万千瓦，其中拖拉机及配套机械动力4.3万千瓦、变型运输机1.1万千瓦、种植业机械动力10.4万千瓦（其中耕整地械动力4.3万千瓦、排灌机械动力1.2万千瓦、田间管理机械动力0.57万千瓦、收获机械动力2.5万千瓦）、农产品初加工机械动力2.3万千瓦（其中电动机动力2.1万千瓦）。有拖拉机3403台；手扶变型运输机511台；拖拉机配套农具6219部；旋耕机5915台；耕整机8806台；插秧机1730台（其中高速插秧机3台），年内新增656台；联合收割机615台（其中半喂入式收割机52台），年内新增56台（其中半喂入式收割机12台）。全年农机化经营总收入2.01亿元，其中农机化经营成本与费用1.41亿元；农机化经营利润总额6042万元。

【开展农机安全检查】 2016年，16个乡（镇）农机站及办属单位、农机行业和服务组织分别与县农机办签订2016年农机安全生产责任书，落实安全工作任务。由县道安办牵头联合农机、公安等部门开展为期5个月的多功能拖拉机交通安全专项整治行动，减少多功能拖拉机交通违法行为，提高驾驶人的安全法制意识。组织农机安全执法人员深入基层开展农机安全生产执法大检查，有效防范和遏制各类农机事故发生，加强重点时段，重点区域的日常管控，严把培训、挂牌及考核发证关。全年开展安全检查15次，出动执法人员75人次，查处驾驶人违法行为62人次，逾期未报废车辆9辆，无牌无证车辆2辆。办理拖拉机年检75台，驾驶（操作）人换证审验40余人，驾驶（操作）人培训考核3期53人，开展农机安全宣传5次，发放安全宣传材料2000多份。

【实施购机补贴政策】 2016年，宁化县2016年农业机械购置补贴资金分配额度1095万元（其中，中央资金785万元、省级资金310万元）。宁化县有8家农机补贴经销商，截至11月30日，全县农机补贴机具销售总额2506.02万元，完成农机购置补贴结算资金986.69万元。其中，中央资金773.26万元、省级资金213.43万元；补贴机具2220台，其中水稻插秧机656台、收割机56台（其中半喂入式收割机12台）、耕整地机械990台、植保机械（自走式喷杆式喷雾器）56台、茶叶机械3台套、果蔬烘干机105台、手扶拖拉机83台、轮式拖拉机1台、履带式拖拉机25台；受益农户1771户，带动农户投入1519.327万元。

【推广水稻机插秧】 2016年，市农业机械化管理中心下达宁化县水稻机插秧任务面积13万亩。县农机办依托农机专业合作社、种粮大户、科技示范户，结合县国家"粮食高产创建"和省"粮食产能"项目工作，把水稻机插任务分解落实到16个乡（镇）并建立示范片。县农机办与富民农机专业合作社、旺农农机专业合作社分别在石壁镇立新村、水茜镇上谢村组织召开水稻机插秧现场会。10月31日，县办在中沙乡楼家村水稻机插秧示范片进行机收测产，平均亩产770公斤，比手工栽插、收割亩增产142公斤。全年，县农机办举办水稻机插秧技术示范推广会20余场，培训农民近千人，县、乡（镇）技术骨干入户（社）指导300余人次；新增插秧机656台，完成水稻机插面积13.20万亩。

【水稻生产全程机械化示范基地建设】 2016年，宁化县旺农农机专业合作社和富民农机专业合作社被列入2016年福建省水稻生产全程机械化示范基地建设项目实施单位，采取先建后补，每个水稻生产全程机械化示范基地补助40万元。年内，宁化县旺农农机专业合作社2015—2016年度购置水稻生产全程农机装备资金总额109.03万元，实现土地承包（流转）面积1046亩，完成水稻机插示范推广面积1104.25亩；宁化县富民农机专业合作社2015—2016年度购置水稻生产全程农机装备的资金总额108.87万元，实现土地承包（流转）面积374.5亩，完成水稻机插示范推广面积1324.5亩。2016年12月，示范基地建设项目经市农业机械化管理中心组织验收合格。

【农机务农生产】 2016年，宁化县有农机作业服务队830个8930人，维修服务队210个630人，农机专业合作社35个，组织下田作业机具38000台，备足备齐农机零配件供应总额350余万元，完成三季机耕面积65万亩（其中水稻46万亩、马铃薯2.5万亩、油菜1.5万亩、花生1.5万亩）；机插面积13.2万亩；机收面积27.8万亩（其中马铃薯0.4万亩）；稻田秸秆还田8万亩；机电灌溉面积9.51万亩；机械植保面积9.54万亩；林果机械化作业面积13.98万亩（其中茶叶机械修剪面积3.15万亩）；跨区作业面积3.5万亩；农机化综合水平63.48%，比2015年增长0.12%。

【新机具推广与技术培训】 2016年，县农机办结合农机购置补贴和项目工作，推广秸秆还田和保护性耕作及高效植保、精量播种机械化技术，加快农机新技术的示范转化应用。4月，县农机办与三明润田农机公司在宁化客家国际大酒店举办"沃得农机"产品推介会，在城郊乡官塘村进行田间旋耕机作业操作演示，培训农机操作手135人。4—5月，县农机办与旺农农机专业合作社、富民农机专业合作社分别在石壁镇立新村、水茜镇上谢村召开"宁化县水稻生产全程机械化示范项目建设机插现场会"，培训农民200余人。抓好新型职业农民（农机化专业人才）培训，通过理论学习和实践技能操作，培养造就一支有文化、懂技术、会操作的农机专业人才队伍。全年举办各类农机新机具、新技术推广演示培训观摩会20余场次，完成"五新"新机具推广3000余台套，农机技术培训1500余人（其中技术人员100余人、农民1200余人），专业技术人员入户（社）指导200余人次，印发技术宣传材料

2000余份。

【农机行业管理】 2016年，宁化县有30个农机维修网点、35个农机专业合作社、8个农机补贴经销商、1个农机培训公司，担负着全县4万余台农业机械使用维修保障及零配件供应。农机维修网点有维修从业人65人，持有农机或者汽车修理《职业资格证书》人员37名（其中，高级4人，中级15人，初级18人）持证上岗率56.9%。年内，县农机办抓好《农业机械维修管理规定》的实施宣传，做好农机维修技术合格证审核发证工作，提升农机维修社会化服务水平和从业人员素质；落实农机维修行业安全主体责任，开展农机维修行业执法检查；开展农机产品质量调查，强化质量投诉监管，提高农机维修和经营者的守法意识，保障农机消费者的合法权益，推进农机行业准入制度建设。

（供稿：王承良）

农业科技

【概况】 2016年，农业部门结合实际，注重农业科技教育，抓好农业"五新"（新品种、新技术、新肥料、新农药、新机具）推广，农技队伍科技素质和农民科技水平提高。

【新品种引进】 2016年，宁化县引进水稻、专用旱作、瓜菜等农作物新品种74个，其中水稻新品种38个，玉米、大豆、甘薯等专用旱作和瓜菜新品种36个。全县推广农作物新品种面积38.8万亩，农作物良种覆盖率97.1%，农作物品种优质专用率83.9%。

【新技术推广】 2016年，全县实现抛秧栽培面积6.30万亩，水稻强化栽培技术0.80万亩，水稻精确定量栽培技术0.90万亩，"多播一斤种、增收百斤粮"新技术2.20万亩。

【新肥料应用】 2016年，宁化县开展测土配方施肥技术验证简比试验、施肥配比"3414"试验，此外还根据农户的一些施肥方法问题进行不同施肥措施试验。紧贴生产实际，对逐年发展的杂交水稻制种施肥缺乏新技术推进问题，进行杂交水稻简约施肥试验研究，取得效果。开展配方肥、专用肥、有机无机复合肥、微生物肥、水溶性肥等新型肥推广应用。全年测土配方施肥技术推广应用面积40万亩，土壤有机质提升稻田秸秆还田腐熟6万亩，冬种紫云英示范任务2.5万亩。

【新农药推广】 2016年，宁化县全面禁用高毒、剧毒农药，着力推广高效低毒新农药、生物农药。开展多杀霉素、苦参碱、密菊酯等生物农药防治水稻病虫示范5000余亩，使用多角体病毒生物农药防治蔬菜害虫2000亩。2016年作为实行农药零增长行动第一年，全县农药使用量下降3%。同时，积极采用杀虫灯、黄板黏虫等物理灭虫方法，替代化学农药使用，逐年减少化学农药使用量。承担福建省农药检定所农药田间试验项目，主要开展20%呋虫胺可溶粉剂、60%吡蚜酮·噻虫胺水分散粒剂、72%吡蚜·异丙威水分散粒剂防治稻飞虱药效试验、20%稻瘟酰胺悬浮剂进行防治稻瘟病（穗颈瘟）药效试验、12%多杀霉素·甲氧虫酰肼悬浮剂等一批高效低毒低残留新农药试验，为今后农业生产用药提供科学依据。

【新机具推广】 2016年，宁化县新增机具2220台，其中水稻插秧机656台、收割机56台（其中半喂入式收割机12台）、耕整地机械990台、植保机械（自走式喷杆式喷雾器）56台、茶叶机械3台套、果蔬烘干机105台、手扶拖拉机83台、轮式拖拉机1台、履带式拖拉机25台。

【蔬菜新品种新技术推广】 2016年，宁化县推广蔬菜新品种30余个，叶菜类推广的新品种主要有日本坂田炎秀、阳光、喜鹊西兰花，台湾优质花菜（两岸90大地花菜、庆农花菜等）、冰菜；茄科类有福盾西红柿，明椒1号、5号、7号、8号、9号、11号辣椒，石柱红朝天椒；香料菜有西洋芹、山东大葱、台湾香葱等；瓜类主要有台湾春燕小黄瓜、绿剑3号黄瓜、津有35黄瓜、如玉5号和如玉133号苦瓜、亮美苦瓜、新翠苦瓜等；根茎类广西迟熟淮山品种桂淮2号，开发本地优质淮山品种和安沙淮山；新特蔬菜有黄秋葵、黄花菜、叶用枸杞等。年内，推广蔬菜营养盘育苗和湿润育苗新技术2.2万亩，推广西红柿、苦瓜、黄瓜嫁接育苗350亩，地膜覆盖栽培蔬菜4.8万亩，大棚蔬菜栽培1850亩，小拱棚栽培0.25万亩。

【农业科技培训】 2016年，县农业局加强村级农民技术员、村级动物防疫员、农民专业合作社、家庭农场、农村种养大户和科技示范户培训，举办各类农业实用技术培训班278期20980人次；组织农业专家现场技术指导8410人次，科技下乡服务495场次；送科技下乡图书5750册、发放技术明白纸34190份，刊发技术期刊栏目148期。完成2016年度"雨露计划"培训任务，培训农民933人；完成新型职业农民培训880人，其中生产经营型专业480人，社会服务型专业400人；开展农民实用技术远程培训12期，通过县、乡、村三级视频网络培训平台，培训4万余人次。

（供稿：邱剑华）

农业综合执法

【概况】 2016年，县农业局进一步加强农资市场监管，规范农资市场秩序，倡导农资经营者诚信经营、优质服务，服务农业农村经济发展，维护经营者、消费者和农民的合法权益，保障农资产品和农产品质量安全，促进宁化县现代农业发展和农民持续增收。全年出动执法人员368人次，强化农药及其兽用抗菌药使用、农资打假、生猪屠宰、茶叶农残超标和"三品一标"标识、病死猪无害化处理和豆芽等执法专项检查。

【农资监管】 2016年，县农业局抓好农资打假和监管工作，加强农资监管信息平台建设，严格落实农资监管责任。全县建成农资监管终端52家，其中，农药经营单位29家、兽药经营单位18家、种子经营单位5家；年内新增兽药15家、农药6家，监管平台设备采购全部到位。出动执法人员368人次，出动执法车82辆次，检查全县农资经营单位（门店）266家次，检查种植、养殖合作社（基地）23家，立案查处4起农资违法案件，结案4起。

【农产品质量安全检测】 2016年，县农业局完成蔬菜农残检测6157个，合格率99.53%。水果速测324个，合格数323个，合格率99.69%；检测食用菌8个样品，合格率100%；检测茶叶样品40个，合格率100%；加强农业投入品监测，农药品种抽检10个，自检农药品种2个、肥料品种2个，合格率均100%；兽药抽检7个，饲料2个，合格率100%。完成产地检疫生猪8.76万头、牛羊0.27万头、禽24.84万羽，产品检疫猪肉品7.39万头、牛羊肉品0.27万头、禽肉产品2.25万羽；抽检检测盐酸克伦特罗、莱克多巴胺、沙丁胺醇三联快速检测5312份，未发现阳性样品；水产品抽检样品55份，合格率100%。2016年，全县未发生农产品质量安全事故。

【动物防疫】 2016年，县农业局抓好动物集中强制免疫，生猪猪瘟免疫22.76万头次、猪口蹄疫免疫22.76万头次、猪高致病性蓝耳病免疫22.76万头次；牛口蹄疫免疫1.98万头次；羊口蹄疫免疫1.38万头次、羊小反刍兽疫免疫2400头次；高致病性禽流感免疫鸡65.56万羽次、鸭鹅92.18万羽次；鸡新城疫免疫65.56万羽次。畜禽应免疫密度100%，做到"应免尽免，不留空档"。辖区内全年未发生区域性重大动物疫情。

【动物检疫】 2016年，宁化县动物疫病预防控制中心完成产地检疫生猪8.76万头、牛羊0.27万头、禽24.84万羽，产品检疫猪肉品7.39万头、禽肉品2.25万羽、牛羊肉品0.27万头。12月1日，全县动物检疫实行电子出证。全年未发生重大动物疫病区域性大流行和畜禽产品质量安全事件。

【动物安全监督检查】　2016年，县农业局加强养殖环节违禁添加物质监管，采集猪、牛、羊尿样5312份，检测盐酸克伦特罗、莱克多巴胺、沙丁胺醇未发现阳性样品。加强病死猪无害化处理监管，无害化处理病死猪3365头。加强定点屠宰场监管，肉品出场合格率100%；开展监督执法检查98次，出动执法人员392人次，开展猪肉品市场、动物诊疗专项、跨省动物调运、兽用抗菌药、"八闽出击"、生猪屠宰"扫雷"等专项整治行动各1次，全年查处案件4起，结案4起；完成动物卫生风险评估工作，监管效率有效提高；依法审查办理《动物防疫条件合格证》4份、《兽药经营许可证》3份；加强兽医实验室生物安全检查，确保实验室生物安全。

【渔业生产安全】　2016年，县农业局按照省海洋与渔业执法工作会议精神，依法行政，继续以打击电、炸、毒等非法捕捞为工作重点。年内，县农业局进行渔业执法96天、出动执法人员435人次、出动执法车检查96次、皮艇巡航26航次、检查渔船58艘次，查扣电鱼机8台。组织好流域打非和治违行动。

【召开农产品质量安全可追溯体系建设培训会】　4月15日，宁化县农产品质量安全可追溯体系建设培训会在县农业局四楼会议室举行。全县72家农产品生产经营企业负责人、各乡（镇）农产品质量监管中心负责人共90余人参加培训。省农业厅质监处庄学东重点讲解《农产品质量安全可追溯建设》相关问题；福州上农信信息科技有限公司郑凤章主讲《农产品质量安全可追溯系统操作、仪器设备使用与维护》。农产品质量安全可追溯体系建设，有助于提升宁化县农产品质量安全监管水平和效率，实现"源头可追溯、流向可追踪、信息可查询、产品可召回、监管更有效"监控目标，从源头上保障农产品质量安全。

（供稿：李其生）

水利建设

【概况】　2016年，宁化县完成各项水利项目投资3.89亿元，向上级部门争取项目资金1.3亿元。实施石壁及治平两条万里安全生态水系项目、重点山洪沟防洪治理项目、水库常态化除险加固、闽江防洪工程三明段（一期）宁化段等20余个水利建设项目；推进城区第二水厂（东山水厂）、隆陂水库引调水工程等民生水利项目以及方田溪安全生态水系建设程项目前期准备工作；按照早计划、早安排、早部署工作要求，进一步加强防汛防台风工作责任落实，抓好防汛预案修编修订、防汛物资储备、应急队伍建设及防汛系统管理维护等工作，有效应对"尼伯特""莫兰蒂""鲇鱼"等防台风，保障人民群众生命财产安全；按照上级要求，牵头草拟《宁化县流域"水岸共治"工作意见》，计划利用3年时间，整合部门力量，实施九大工程项目，促成流域综合整治，实现"水岸共治"和Ⅱ类达标水质全覆盖的工作目标。

【农田水利基础设施建设】　2016年，县水利局组织实施小型农田水利重点县建设，项目涉及水茜、城郊2个乡（镇）的引水陂改造、水轮泵改造、渠道防渗改造、排水沟衬砌改造等，完成投资2700万元。在2015年完成水利工作站标准化建设基础上，2016年又投资420万元，完成对16个乡（镇）农田水利管护及水利工作站能力建设。

【河道治理工程建设】　2016年，继续建设闽江防洪工程三明段（一期）宁化段工程，完成投资4300万元，建设防洪堤3.44公里。

【安全生态水系项目建设】　2016年，县水利局实施宁化县西溪（石壁段）、汀江源头奄香溪两条安全生态水系项目建设，项目总投资2467万元，年内完成投资2000万元。重点从改善河水、改良河床、恢复河滩、修复河岸、建设滨水景观等方面对河道加以改造提升，年内项目主体建设基本完工。

【病险水库除险加固】 2016年，县水利局组织实施桥下、隆陂、泉上、南山桥4座水库常态化除险加固，总投资1115万元。

【防洪减灾】 2016年，县水利局立足防灾减灾，配合县委、县政府做好防洪减灾工作。以非工程措施为主要手段，"防""避"结合，加强防汛备汛工作，调整公布县、乡党委、政府各类防汛责任人225人；修订县、乡、村及水库防汛预案280份；储备编织袋、救生衣等价值100余万元的防汛应急物资；建立防汛应急抢险队伍18支1016人；管理维护防汛各类软硬件系统。以工程措施为辅助手段，"点""面"结合，提高防洪能力。年内续建闽江防洪工程三明段（一期）宁化段、安远溪支流（黄塘溪、埂下溪）重点山洪沟防洪治理建设村级堤防，水库常态化除险加固完成4座。

【省防汛办到宁化督查防汛备汛工作】 3月7日—8日，省防汛办防汛抗旱督查专员郑小平、省水利经济管理中心主任陈郁敏带领督查组到宁化各乡（镇）库区及防汛备汛仓库，就防汛备汛工作和水利工程安全进行督查，对水库在备汛过程中存在的问题仔细查询和指导。座谈会上，副县长陈朝利汇报全县防汛备汛工作和水利工程安全情况。郑小平对宁化防汛准备工作给予充分肯定并提出指导意见。

【山洪灾害防治】 宁化县山洪灾害防治（2013—2015年）项目，重点开展山洪灾害调查评价、非工程措施补充完善和安远溪支流山洪沟防洪治理，批复概算总投资2007万元，其中，调查评价项目投资195万元，2016年1月开始实施，7月完成；非工程措施补充完善项目投资422万元，2014年12月开始实施，2016年6月完成；安远溪支流山洪沟防洪治理项目投资1390万元，2016年10月开工建设，年内完成项目主体工程，新建防洪堤2公里，护岸0.8公里，投资767万元。

【招商引资】 2016年，县水利局通过招商引进福建省三明市汇圆生物科技有限公司项目，总投资5080万元，实际到资4150万元，完成年度任务。向上级部门争取水利项目资金1.3亿元。

【东坑水库通过完工验收】 7月15日，市水利局质监站，宁化县委、县政府、县水利局、县发改局、县财政局、县烟草局及有关参建单位组成验收小组，通过实地查看、听取报告、检查档案等方式对宁化县东坑水库及灌区配套工程进行验收，验收小组认为工程基本满足完工验收条件，同意通过完工验收。东坑水库位于泉上镇青瑶村，总库容290.57万立方米，项目由水库大坝枢纽、引水系统、灌区配套渠系建筑物组成，总投资6147.10万元。水库设计灌溉面积8450亩，并可作为镇区及9个建制村生活用水，是一座以灌溉为主兼具供水功能的小（一）型工程。项目于2012年9月底开工，2014年年底大坝主体工程基本建成，2015年12月库区清理完毕并通过验收，2016年1月通过下闸蓄水验收，2016年3月5日下闸蓄水，2016年6月15日水库首次溢洪。

【国家水利部到宁化调研】 2月26日—27日，国家水利部建设与管理司副司长徐元明带领调研组到宁化调研小型水利工程管理体制改革工作进展情况。调研组先后深入县水保科普示范园和泉上水库、泉上镇泉永村用水户协会进行实地调研。对宁化在小型水利工程管理体制改革试点工作中所取得的成绩给予肯定并提出意见和建议。宁化县将小型水利工程管理体制改革和国家农业水价综合改革试点工作相结合，确定2个试点乡（镇）和8个试点村，全面落实管护主体和责任，并规范资金的投入和使用、管理与监督，建立起小型水利工程管护体制和机制。

（供稿：李　骏）

水土保持

【概况】 2016年，宁化水土保持工作坚持"政府主导、群众主体，公司运作、大户承包，土地流转、农户入股，单位包干、社会参与，全面封禁、分类治理，长效管护、惠及民生"48字治理方针，有序推进水土保持各项工作，完成水土保持各项工作。共投资3592万元，完成国家水土保持重点建设工程、省级重点县水土流失综合治理工程、省级重点乡（镇）水土流失综合治理工程等水土流失综合治理项目，治理小流域6条；完成水土流失综合治理面积51平方公里，其中，封禁治理42.80平方公里、补植水保林7.70平方公里、新植水保林0.50平方公里；发放燃料补助1.50万户；修建生态护岸18.35公里、排水沟1.28公里、整治河道6.20公里。审批水土保持方案9个，开展监督检查9次，征收水土保持补偿费67万元,查处违法案件2起，处罚2.21万元。

【开展院县技术合作】　2016年，县水土保持办公室（简称县水保办）依托地质灾害防治与水土保持院士工作站——福建（三明）地质灾害防治与水土保持院士工作站、亚热带紫色土侵蚀退化区生态恢复野外观测研究站、福建省水利科技推广示范基地、福建省水利风景区和宁化县水土保持科技示范园，与省农科院亚热带农业研究所合作，实施"亚热带特色果树的引进与示范"项目，引进百香果、三红蜜柚、红肉柚、桑椹、青花梨、双花李等6项新品种各100株，在县水土保持科技示范园种植6亩，成活率98%。

【科普宣传教育】　2016年，县水保办继续开展水土保持科普教育活动，投资68万元，继续完善水土保持科技示范园建设，完成3米宽石南水库环湖观光栈道1.7公里及观光亭建设；动工兴建建筑面积1913.78平方米、占地626平方米、一期造价337万元的园区水土保持科研监测用房；加强园区林草措施的管理和对16个径流观测小区的不同水土保持措施径流泥沙量进行观测；园区接待宁化二中、淮土中心小学等中、小学生观摩学习900人次；抓住3月1日新《中华人民共和国水土保持法》颁布实施五周

年和12月10日"福建省水土保持宣传日"等时间节点，利用永宁高速大型固定宣传牌、县水土保持网站（www.nhstbc.com）和移动网络等平台，宣传宁化县水土保持工作；与宁化二中联办《水保文苑》12期，印发6000份；组织专业技术干部撰写专业学术论文4篇，分别刊登于《亚热带水土保持》《福建农业科技》等学术刊物；继续在县委党校设立水土保持专题讲座，采取学校教育与基地实践相结合，课堂教育与户外考察相结合的宣教方法，提高党政干部和学校师生水土保持意识和法制观念。

【开展执法监督】　2016年，县水保办严格执行水土保持方案申报审批制度，依法征收水土保持补偿费，实行生产建设项目水土保持方案申请、登记、审批等管理制度，年内审批水保方案9项，其中县级审批9项，方案审批率100%。对已审批的水保方案生产建设项目进行跟踪落实，严格督查已审批的水保生产建设项目水土保持"三同时"制度（建设项目中的水土保持设施，必须与主体工程同时设计、同时施工、同时投产使用）执行情况。组织对纵八线宁化连屋至下曹公路等在建的生产建设项目进行水土保持专项执法检查，并对存在的水土保持设施问题提出整改意见，要求在规定时间内限时整改到位，对拒绝不整改的严肃查处，共查处违法案件2起，处罚2.21万元。对已达到设计水平年的工业路部分路段建设项目水土保持设施进行竣工验收。年内征收水土保持补偿费67万元。

【水土流失综合治理】　2016年，县水保办主要实施国家水土保持重点建设工程、省级重点县水土流失综合治理工程、省级重点乡（镇）水土流失综合治理工程等水土流失综合治理项目，治理小流域6条，完成水土流失综合治理面积51平方公里。其中，封育治理42.80平方公里、补植水保林7.70平方公里、新植水保林0.50平方公里。发放燃料补助1.50万户，修建生态护岸18.35公里、排水沟1.28公里、整治河道6.2公里。完成投资3592万元，占总投资任务100%，其中上级拨款2590万元（国家水土保

持重点建设工程700万元、省级重点县水土流失综合治理工程1500万元、省级重点乡镇水土流失综合治理工程300万元、科技园建设等面上项目90万元)，地方财政及群众自筹资金1002万元。

【实施封禁治理】 2016年，县水保办除完成42.8平方千米国家水土保持重点建设工程、省级重点县水土流失综合治理工程、省级重点乡(镇)水土流失综合治理工程等水土流失综合治理项目封禁治理面积外，在石壁镇、淮土镇继续完善县、镇两级封山育林实施方案，建立健全封禁管理、护林监管、燃料补助、专项督查、考评奖惩等五项制度，持续全面实行封禁治理，全年发放1.5万户燃料补助费560万元。

【水保生态文明工程通过国家评审】 3月28日—29日，国家水利部在宁化县组织召开宁化县国家水土保持生态文明工程专家评审会。专家组通过实地考察现场、召开评审会，认为宁化县高度重视水土保持生态文明建设，思路清晰、目标明确、机制完善、基础工作扎实，防治模式科学，建设成效显著，示范作用明显，达到国家水土保持生态文明综合治理工程评定标准，同意通过评审。

【宁化县水土保持科技示范园区获批"国家水土保持科技示范园区"】 宁化县水土保持科技示范园区距宁化城区25公里，位处典型紫色水土流失地。2013年开工建设，建成科普示范区、试验监测区、植物标本区、治理措施示范区、休闲与观光区等5个功能区。建有径流观测小区16个，人工模拟降雨小区5个，气象观测站1个，植物标本园10.07公顷，示范水土流失治理措施76.80公顷。形成集水土流失综合治理、生态旅游、科普教育、技术示范为一体的水土保持科技示范基地。2015年12月接受水利部专家评审，2016年6月22日，获批"国家水土保持科技示范园区"。

（供稿：刘恒）

库区移民

【概况】 2016年，全县库区移民直补对象由2362人调整为2360人，登记到村由1068人调整为1070人，发放直补资金141.48万元。年内，宁化县库区移民后期扶持工作围绕全面建成小康社会目标，着力抓好库区环境综合整治、生产开发建设、避险解困试点等重点项目，全力推动库区移民各项工作上新台阶，为加快建设"机制活、产业优、移民富、生态美"的宁化新库区而努力。

【后期扶持项目】 2016年，县移民局续建完成2015年省上批复后扶项目6个，移民资金664.36万元（生产开发项目——宁化县库区移民莲塘食品加工园创业中心项目4个，批复移民资金659.46万元；生产开发项目——贴息贷款项目1个，批复移民资金1.90万元；移民培训项目1个，批复移民资金3万元）；省上批复后扶结余清算资金项目9个（"5·19"洪灾水毁修复项目），移民资金185万元；省上批复的小型水库扶助项目4个，全部为环境整治项目，批复移民资金83万元，以上项目除宁化县库区移民莲塘食品加工园创业中心项目4个外，其余15个项目年内均已竣工验收。2016年省移民局下达计划项目24个（结余资金项目19个，库区基金项目3个，扶持基金1个、清算资金1个），后扶资金925.22万元，完工验收项目8个。2016年转报2010—2013年度后扶项目结余资金项目1个，结余资金15.43万元。2016年市移民局下达小型水库扶助项目4个，扶助资金65万元，完工项目2个，验收项目1个；2016年市移民局下达小型水库结余清算资金项目1个，扶助金额15万元。

【省级库区移民重点项目建设】 2016年，宁化县库区移民莲塘食品加工园创业中心项目，一期工程完工，二期工程完成项目施工场地清理、土地平整及放样。石壁镇隆陂村大中型水库移民避险解困项目，签订搬迁协议和购房合同35户，帮扶对象218

人。其中，移民户30户，直补移民126人，帮扶人口188人；非移民户5户，帮扶人口30人，35户帮扶对象参加摇号选房。

【开展移民培训】 4月7日—8日，县移民局与县商务局、团县委在宁化县青年创业园联合举办宁化县库区移民电子商务知识培训班，培训移民50人；4月6日—8日，全县库区移民后期扶持工作培训班在宁化天鹅大酒店举办，乡（镇）库区办主任或库区移民工作负责人、库区村主干29人参加培训，重点培训农村新政策、移民项目和资金管理、预防职务犯罪等内容。全年选派县局移民干部8人、乡（镇）移民干部2人、村主干1人参加省移民局组织的党风廉政建设、项目和资金管理、全国水库移民信息系统福建省分中心应用、平安库区视频监控系统建设、小型水库移民村主干、办公室工作等培训。

【三明市库区移民客家小吃培训基地在宁化成立】 9月20日，三明市库区移民客家小吃培训基地在海西（宁化）客家美食文化城宁化客家小吃培训中心揭牌，培训中心建筑面积2334平方米，有理论和实践教师8人。面向全市库区移民招生，培训时间1个月，主要培训勺子粉、烧麦等10余个小吃的制作理论和现场操作技术，经考核合格后，颁发人社部职业资格等级证书。

【创建"平安库区"】 2016年，县移民局开展项目带动，促进库区和谐稳定。以移民村环境综合整治项目为抓手，实施库区美丽家园工程；以移民村为主体，突出抓好莲塘工业创业园工业标准厂房资产型项目建设，实施库区移民致富工程；以移民需求为重心，突出抓好移民职业技能培训，开展电子商务等职业技能培训，实施移民创业帮扶工程；加大水库移民特殊困难群体脱贫解困工作力度，实施移民避险解困工程。围绕项目带动和区域经济发展要求，抓好库区移民后期扶持工作的实施，实现库区移民增收，各项工作取得明显成效，库区移民、群众满意，评价良好。

（供稿：巫荷妹）

林　业

◆编辑：赖慧珍

综　　述

2016年，县林业局加强森林资源培育和保护，持续深化林业改革，推进林业产业转型升级，全面完成各项任务，全县森林覆盖率74.64%，森林蓄积量1352万立方米，林业产业总产值完成52.08亿元，比2015年增长7.38%。全年完成造林绿化13422亩。县林业行政执法单位和森林公安共立林业行政案件292起、破281起；森林公安立森林刑事案件31起，破20起，抓获犯罪嫌疑人19人。森林防火和林业有害生物防治检疫工作成效显著，没有发生森林火灾，没有发生大面积森林病虫害，没有发生松材线虫等危险性森林病虫害。年内，国有林业采育场危旧房改造项目竣工，按政策安置298户；51名林业干部结对帮扶108户贫困户，结合林业实际，为贫困户提供油茶种植、毛竹培育和林下种养等技术支持，并给予贫困户帮扶资金3.24万元，60多户贫困户实现脱贫。服务县域经济发展大局，强化林地要素保障，主动做好用地服务，向上申报使用林地项目20个、面积2559亩；在县行政服务中心窗口单位中，林业窗口即办件数和服务质量名列前茅。

（供稿：黄丹泠）

森林资源培育

【概况】　2016年，宁化县完成造林绿化13422亩，占任务的111.7%。其中人工造林更新5860亩，生物

防火林带7006亩，重点区位生态修复546亩，乡村景观林10亩。森林科学经营持续推进，完成森林抚育140766亩，占任务的101%，其中中央财政森林抚育项目17000亩、省财政森林抚育项目58030亩（宁化国有林场完成12331亩）。完成封山育林2万亩，占任务的100%。新增苗木花卉面积2200亩，占任务的110%。完成竹林低改垦复31700亩，占任务的105.7%；新建丰产竹林基地12500亩，占任务的104.2%；新建竹林机耕路52.5公里，占任务50公里的105%。

【开展义务植树活动】　2016年宁化植树造林的主题是"创国家森林城市、建幸福美丽宁化"。3月11日，肖长根、余建地、刘日太等县副处级以上领导干部，团县委志愿者，县林业局干部等前往城郊乡连屋村黄家山参加义务植树活动，共植树苗800多株。

【徐金秀获全国绿化奖章】　2月29日，全国绿化委员会发布《关于表彰全国绿化模范单位和颁发全国绿化奖章的决定》，宁化县济村乡罗家村徐金秀获全国绿化奖章。徐金秀，女，济村乡罗家村村委会委员、村妇代会主任、林业员，植树造林20年，累计植树造林3万余亩60余万株，用心呵护一草一木。

（供稿：黄丹泠）

森林资源保护管理

【概况】　2016年，宁化县林业行政执法单位和森

林公安共立林业行政案件292起、破281起，行政处罚368人次；森林公安立森林刑事案件31起，破20起，抓获犯罪嫌疑人19人。森林防火和林业有害生物防治检疫工作成效显著，没有发生森林火灾，没有发生大面积森林病虫害，没有发生松材线虫等危险性森林病虫害。森林资源管理工作更加规范，严格执行凭证采伐制度，共办理商品材采伐证89份，批准采伐林木蓄积22061立方米，出材15498立方米。全面停止天然林商业性采伐。森林覆盖率、森林蓄积量"双增"指标和领导干部保护发展森林资源目标责任制通过省林业厅检查。加强生态公益林管理，对补偿资金监管中存在的问题及时整改。启动森林资源二类调查，年内完成654个样地调查工作。启动牙梳山省级自然保护区扩区升格工作。加强自然保护小区（点）管理，共区划保护小区、保护点88178亩，湿地保有量从原来的1916.1公顷增加到2076公顷。

【非法猎捕猫头鹰获刑】　4月15日，县法院对邱某某私自抓捕猫头鹰一案进行宣判，邱某某涉嫌非法猎捕、出售珍贵野生动物罪获刑3个月，并处罚金5000元。2014年12月4日，被告人邱某某在湖村镇店上村的责任田里放置捕猎器用于捕捉田鼠，其间抓获一只活体猫头鹰，并将该猫头鹰拿到农贸市场出售，被森林公安干警和林业执法人员发现并当场抓获。经技术鉴定，该猫头鹰属国家二级重点保护野生动物。被告人邱某某的行为触犯《中华人民共和国刑法》，予以追究刑事责任。

【放生野生鸳鸯】　3月28日，宁化县森林公安民警将一只误入市民家中的野生鸳鸯带至城南乡横锁后山天然池塘进行放生。

【非法收购木材受处罚】　4月14日凌晨5时许，鱼龙森林派出所接到县林业局方田林业站工作人员报案，曾某某等人驾车运载非法收购的木材不肯停车接受检查，车辆被逼停后，曾某某用铁棍对林业执法人员驾驶的汽车进行打砸，并威胁执法人员人身安全，请求公安局派警处理。经民警侦查发现，曾某某有盗窃前科，并被刑事拘留多次。5月4日，鱼龙森林派出所在方田乡朱王村将当事人曾某某抓获，并及时押往石城县公安局，当事人曾某某以非法收购木材行为被石城县公安局行政拘留10日，罚款1000元。

【举办消防知识培训班】　12月8日，县林业局举办专业森林消防队员和乡（镇）扑火队长培训班，主要培训森林火灾预防和扑救、防火机器的维修与保养等知识。全县39名专业森林消防队员和16名乡（镇）扑火队长参加培训。

（供稿：黄丹泠）

【森林公安】　2016年，县森林公安深入开展打击破坏候鸟等野生动物资源、打击森林和野生动植物资源违法犯罪、"绿剑"禁毒、打击非法占用林地等涉林违法犯罪等严打专项行动，共立森林刑事案件31起（含撤案5起，年前案件2起），破20起（其中年前案件8起），抓获犯罪嫌疑人19人（其中在逃犯罪嫌疑人13人）；受理林政、治安案件150起，查处142起，处罚526人次（其中行政拘留4人），收缴林木1169.849立方米。

【举办闽赣林区警务协作区年会】　12月2日，闽赣"四江源"林区警务协作区2016年会在宁化县召开。协作区联席会成员单位（江西省瑞金市、宁都县、石城县、广昌县，福建省宁化县、建宁县、长汀县）等7县森林公安（分）局局长、分管副局长和治安或刑侦部门负责人等20余人出席会议，闽赣"四江源"林区警务协作区于2015年成立并启动，协作区以共同打击、防范破坏森林和野生动植物资源违法犯罪活动，有效保护"四江源"森林和野生动植物资源，确保边界林区长治久安为目标；合作项目为边界联防和侦办案件。会议促进各成员单位的相互沟通和学习交流，在治安防控、案件侦破、科技强警、文化育警等方面相互促进和共同提高。

（供稿：黄华林）

林业产业发展

【概况】 2016年，县林业部门落实创新、协调、绿色、开放、共享发展理念，努力推动林业产业转型升级，实现林业产业总产值52.08亿元，比2015年增长7.38%。完成固定资产投资14400万元。在4个林业重点项目中，除旺龙蛇类养殖及深加工项目进展较慢外，其他3个项目进展顺利，闽赣（宁化）家具市场建设项目完成投资9595万元，鹫峰寨森林生态休闲项目完成投资1564万元。阳光山矾苗木产业化示范基地建设项目完成投资2200万元。林下经济方面，新植黄精、七叶一枝花、太子参等中药材3000多亩，从安徽新引进油料牡丹种植200亩，从云南引进胡蜂养殖1000多巢。竹产业方面，完成省现代竹业重点乡（镇）生产发展资金项目。林业对外开放方面，组队参加第十二届林博会，在会展中心广场设立面积138平方米展馆，治平畲族乡溪平笋竹专业合作社等31家企业参展，利用林博会平台，取得一批招商引资成果。

【福建大自然林业公司列入省重点上市后备企业】
4月7日，福建省发展和改革委员会印发《2016年省重点上市后备企业名单》（闽发改股证〔2016〕252号），位于宁化县的福建大自然林业股份有限公司被列入2016年省重点上市后备企业。福建省发改委将在资本市场知识培训、扶持政策倾斜、融资需求对接等方面加大服务力度，优先支持省重点上市后备企业。

【林下套种油用牡丹】 2016年，宁化县速生丰产用材林基地管理站从安徽引进牡丹制作食用油项目，总投资40万元，林下套种油用牡丹100亩。油用牡丹耐干旱、耐瘠薄、耐高寒，能有效绿化荒山荒坡，减少水土流失，美化环境，且生长适应性强，适生范围广，丰产时期长。在收益上，油用牡丹收益期较长，花开时节赏花休闲，结籽时采籽榨油。3年后，每亩油用牡丹可产100公斤左右干果，出牡丹籽油36公斤。刨去投入，每亩收益4000—5000元左右。

【规划现代竹业发展】 12月20日，为进一步加快现代竹产业发展，促进农民增收，推进精准扶贫开发，县林业局出台《现代竹产业发展规划（2016—2025）》。规划明确，到2020年全县竹林面积扩大到45.56万亩，实现竹业总产值16.20亿元；到2025年，竹林面积扩大到46.09万亩，实现竹业总产值30亿元，建设笋竹加工产业聚群。2010—2015年，宁化县竹业经济发展快速，竹业总产值年平均增速17.70%，竹业已成为农民增收重要产业和农村经济新增长点。截至2016年年底，全县有竹林面积44.80万亩，笋竹加工企业30家。

【参加"林博会"】 11月6日—9日，由国家林业局、福建省政府主办的第12届海峡两岸林业博览会暨投资贸易洽谈会（简称"林博会"）在三明市举行，宁化县在会展中心广场建立面积138平方米的具有客家特色的展馆，并组织31家企业参展，现场销售269.80万元，占任务200万元的134.90%，产品订货交易额7210万元。落实签约项目9个，占任务6个的150%，项目总投资15.73亿元，占任务6亿元的262.20%。其中，外资项目1项，占任务1个的100%；合同利用外资1100万美元，占外资任务800万美元的137.50%。

（供稿：黄丹泠）

集体林权制度改革

【概况】 2016年，县林业部门持续深化集体林权制度改革，新增家庭林场5家、林业专业合作社8家、个私股份林场或林业经营公司5家，各类新型林业经营组织总量达175家、经营面积88.50万亩，覆盖率50.10%。金鑫笋竹专业合作社被评为全国林业专业合作社示范社，宏森家庭林场、绿森家庭林场、众绿中草药专业合作社、景源太子参专业合作社被评为市级新型经营主体示范单位，宏森家庭林场、绿森家庭林场被评为省标准化示范场。全县流转林权58起、3.55万亩，新增林权抵押贷款46笔面积5.23万亩，金额7131万元，林权抵押贷款完成率居全市前列。调解林权纠纷2起，面积493亩。受理群众信访17件，办理回复率100%。有序推进县属国有林场改革，完成县属国有林场改革实施方案编制，方案通过省林业厅、三明市人民政府审批。

【金鑫笋竹专业合作社入选国家级示范社】　1月7日，国家林业局公布全国林业专业合作社示范社名单，宁化县安乐镇金鑫笋竹专业合作社入选。全国共公布林业专业合作社示范社348家，其中三明市7家入选。金鑫笋竹专业合作社成立于2009年，有社员260户，拥有竹林近3万亩，建有2000多亩丰产竹林培育示范点，建立竹笋加工厂2个，有笋干商标。2012年，该社被省农业厅认定为无公害农产品蔬菜基地。2013年，被评为省级示范合作社。

【4家林业经营主体被列入市级示范单位】　6月30日，《三明市关于公布第一批三明市市级新型林业经营主体示范单位名单的通知》（明林综〔2016〕42号）公布全市16家林业专业合作社、15家家庭林场、9家股份林场为第一批市级新型林业经营主体示范单位。宁化县4家林业经营主体被列入，其中宁化县牙梳山众绿中草药专业合作社、宁化县景源太子参种植专业合作社被公布为市级林业专业合作社示范社，宁化县城南乡绿森家庭林场、宁化县宏森林场被公布为市级家庭林场示范场。

【省林业厅厅长到宁化调研】　8月11日，省林业厅厅长陈则生到城区泓泰林业融资担保有限公司、厚德农林公司丰产油茶林培育基地、城郊乡珍贵树种及林下经济示范片等地调研，了解宁化县森林资源培育保护、林权制度改革、林业绿色产业等工作。在随后召开的座谈会，陈则生听取宁化县工作汇报后，肯定近年来宁化县林业工作，并提出意见和建议。

【县林业局规划队获评满意度高机构】　根据《福建省人民政府办公厅关于持续深化集体林权制度改革六条措施的通知》（闽政办〔2016〕94号）要求，每年评选一批森林资源资产评估业务满意度高的评估机构，并向社会公布。经审核筛选并征求有关金融机构意见，12月21日，福建省林业厅向社会公布10家满意度高的丙级以上资质的林业调查规划设计机构，具有乙级资质的县林业局规划队名列其中。

（供稿：黄丹泠）

林业科技

【概况】　2016年，宁化县林业科技与推广工作，立足服务现代林业建设和林农脱贫致富，开展林业科技宣传、研究、推广、服务，持续抓好林业科学知识普及和实用技术培训，以及林业科技与推广项目策划和项目开展。充分利用"96355"服务热线，为林农解答林业科技、政策、法律法规等问题。邀请南京林业大学张往祥教授到宁化进行海棠苗木培育指导和培训。举办苗木花卉、油茶丰产、现代竹业等技术培训2期，受训人数120人次，通过上街"摆摊"、入户宣传等，发放科技资料2000份，通过"96355"接待、受理群众咨询35人次。

【观赏海棠推广示范项目进展顺利】　2016年，中央财政林业科技推广示范项目观赏海棠引选与快繁技术推广示范各项工作进展顺利，在湖村镇凉伞岗建立海棠栽培示范园200亩、采穗圃20亩，道路维修0.98公里（沙石路标准，2米宽），举办培训班1期，培训技术人员100余人。观赏海棠引选与快繁技术推广示范由县林业科技推广中心承担、宁化县旺鑫源园艺工程有限公司实施，建设期为2015—2017年，建设内容为建立观赏海棠栽培示范园200亩，优良观赏海棠品种采穗圃20亩，海棠嫁接繁殖苗圃地10亩。项目推广应用的科技成果是由南京林业大学完成的"观赏海棠引选与快繁技术"（成果库号14010314),国家林业局验收认定为948项目成果。省厅立项的科研项目《半枫荷苗木繁育技术研究》,处于收集半枫荷种源繁殖材料、试验地规划、制定技术方案阶段。

【开展"科技活动周"活动】　5月12日—18日,"科技活动周"期间,县林业局面向林业基层、广大林农开展形式多样的科技、科普宣传和咨询活动。发放《三明实用林业技术汇编》《福建省主要树种造林技术指导手册》《毛竹林丰产培育实用技术200问》《油茶林丰产经营实用技术200问》《森林防火知识问答》等宣传册、宣传单。深入基层现场传授林业知识,解答生产技术难题。2016年,"科技活动周"活动主题是"科学生活 创新圆梦"。

（供稿：黄丹泠）

国 有 林 场

【概况】　2016年,福建省宁化国有林场(简称国有林场)继续以提升林场综合实力为中心,做大做强森林资源,做实做好基础产业;以建设美丽林场为契机,着力实现"山更绿、场更强、民更富"奋斗目标,全面完成各项工作任务。全年完成造林90亩,生产木材6476立方米,销售木材5422立方米,做好森林管护工作,年内成立林业执法中队,强化林业执法规范化。2016年获全市国有林场系统综合评比一等奖,经济效益、资源管理获单项评比先进。先后获全省林业系统先进职工之家、三明市林业安全生产先进单位、宁化县平安建设先进单位等荣誉。

【培育森林资源】　2016年,国有林场完成造林90亩,防火林带抚育5公里,林道维修10公里,林地准备297亩,高产脂马尾松林培育539亩,完成"两沿一环"林象修复100亩。完成森林经营示范片1902亩。完成2014—2015年度木材战略储备项目后续抚育、补植、施肥和管护工作。完成中央财政森林抚育13071亩、省级财政森林抚育7081亩。

【木材产销】　2016年,国有林场通过浙商所交易平台完成主皆伐山场招投标3片,面积296亩,设计出材2629立方米,投标金额299万元;完成货场库存间伐材2598立方米招投标,投标金额242.9万元;完成抚育间伐—择伐面积7650亩,生产出材3380立方米。2016年生产木材6476立方米,销售木材5422立方米。完成2016年度伐区设计工作,调查面积4203亩,设计出材6573立方米。

【林地林权监管】　2016年,国有林场完成征占用林场项目4宗地,面积97.73亩,办理电力线路使用林地面积23.53亩,收取征占林地补偿费156.11万元;加强林地监管工作,集中开展毛竹扩鞭侵蚀林地清理定界活动,对经营区周边的田地、树木、果树权属进行逐户造册登记,集中归档管理;集中开展非法侵占林地清理排查专项行动,对经营区内发生的非法侵占林地案件及时移送森林派出所立案处理。

【森林资源管护】　2016年,国有林场与全场25个护林员签订2016年度护林防火责任状,实行护林员统一着装、佩戴胸牌上岗,并配备协警11名,装备执法记录仪18台,护林员整体素质和管护效率提升;加强护林巡逻、案件蹲守布控和节假日全天候值班制度,完善内部护联防机制。全年查处盗伐林木案件17起,挽回经济损失16.5万元,护林回收木材25.92立方米,收取林木赔偿金0.21万元。年内施放白僵菌及森得保森林病虫害防治药物,防治马尾松虫面积3763亩,确保无大的病虫危害。

【林业行政执法中队成立】　3月,根据省林业厅关于森林资源管理相关文件精神,成立宁化国有林场林业行政执法中队,有队员6人,主要职责是加强资源保护、护林员管理、林业行政执法、经营区内部保卫及协助配合森林公安查处案件等管理工作。

【森林防火宣传】　2016年,国有林场开展春季防火宣传月和清明节"文明祭祀，森林防火"等为主题的多起专项宣传活动，在高森林火险期间，利用森林防火宣传车、摩托车载语音小喇叭等深入田间地头宣传防火知识，在重点区域和地段增设壁挂式宣传牌和警示牌100个，强化全民护林防火意识。全年发放《福建省森林防火条例》《森林防火扑救常识》、林业政策法规宣传单等1500份，实现经营区内村庄、道路防火宣传全覆盖，提高经营区内群众的防火意识，全年未发生森林火灾。

【国有林场改革】　根据《中共中央国务院关于印发〈国有林场改革方案〉和〈国有林区改革指导意见〉的通知》（中发〔2015〕6号）和《中共福建省委 福建省人民政府关于印发〈福建省属国有林场改革实施方案〉和〈福建省县属国有林场改革指导意见〉的通知》（闽委发〔2016〕7号）精神和工作部署，国有林场于2015年3月开始改革准备工作，2016年6月成立以场长为组长，书记及副场长为副组长，场务会成员为成员的改革工作领导小组，经多次讨论和反复修改，制定《福建省宁化国有林场改革实施方案》，于10月28日提请宁化国有林场职工代表大会表决通过，并呈报三明市林业局审核批准实施。此次改革是以深入实施生态建设为主的林业发展战略，围绕保护生态、保障职工生活两大目标，明确功能定位，创新管护方式和监管体制，推动林业发展模式由木材生产为主转变为生态修复和建设为主、由利用森林获取经济利益为主转变为保护森林提供生态服务为主，建立有利于保护和发展森林资源、有利于优化生态和改善民生、有利于增强林业发展活力的国有林场新体制，为维护国家生态安全、保护生物多样性、建设生态文明先行示范区作出新的更大的贡献。至2016年年底，宁化国有林场完成机构和人员设置。

【农村饮用水改造工程】　2016年，根据中央和福建省关于农村饮用水改造相关文件精神，由中央、省下拨资金改造资金43.3万元，国有林场配套3.6万元，对场部、禾口管护站、长兴生产点安装自来水，保证基层用水安全。

（供稿：方华雄）

工 业

◆编辑:雷继亮

综 述

2016年,全县规模以上工业总产值123.78亿元,新增规模以上企业22家,共有规模以上工业企业154家,实现增加值33.87亿元,比2015年增长8.1%,高于全市增幅0.6个百分点,居全市第2位,新增产值5.2亿元。工业对经济增长贡献率28.3%,拉动GDP增长2.4个百分点。全社会工业用电量增长7.6%,高于全市增幅9.5个百分点,居全市第2位。全县完成工业固定资产投资93.09亿元,增长2.60%,高于全市增幅3.33个百分点,居全市第6位。白色家电、矿产加工业、纺织服装业、特色食品加工和新兴产业"4+1"产业加快发展,全年实现产值82.16亿元,占规模工业总产值的66.4%。

全县工业重点项目39个,总投资98.28亿元,年度计划投资35.1亿元,年内完成投资31.77亿元,28个项目完成序时进度。其中电网输变电工程、奔鹿牛仔布配套纺纱生产、行洛坑钨矿改造提升工程、"双创"孵化基地、联誉泡沫制品生产、春辉有机乌龙茶加工等14个项目竣工投产或部分投产,鸡公崇风能发电、城区电力仓储及抢修等配套设施、康灵节能产品及商用电磁灶研发生产项目等30个项目动工建设。

企业转型升级加快推进。月兔科技、奔鹿纺织、福特科等5家企业列入市级智能制造示范企业,全县规模企业实施机器换工超过60台(套)。其中福特科光电通过应用机械手50多台,节省员工近百人。奔鹿纺织、翠云茶业、泓佳服饰等企业申报"两化融合"(信息化与工业化融合)示范企业,其中奔鹿纺织、翠云茶业、月兔科技、泓佳服饰4家企业获2016年市级"两化融合"项目资金123万元。

融资服务工作持续有力。政府主导的"三益担保"和"泓泰林业担保"2家融资性担保公司全年为16家企业提供担保,在保余额1.1亿元;启动企业资产按揭贷款工作,月兔科技、一笔峰茶业和泓佳服饰3家企业获贷款资金2800多万元;做好政银企对接,举办第八届银企对接会,邮储、农行等6家金融机构与华电(宁化)新能源有限公司等13家企业签约贷款协议金额16.26亿元。

(供稿:刘春海)

白色家电制造

【概况】 2016年,宁化县白色家电制造在以月兔空调为龙头基础上,引进联誉泡沫、合成运纸箱等产业链及配套项目。白色家电制造及配套企业实现工业产值2.24亿元。

【月兔科技12条生产线试生产】 项目于2014年9月开工建设,至2015年年底一期工程完成投资3.5亿元,建成"两器"、钣金、注塑、喷涂车间及总装车间12条生产线。2015年9月正式投产6条生产线,2016年7月另6条生产线开始试生产。同时,月兔科技与欧尚箱包、山水投资等企业建立产销联盟,并列入《三明市工业产品推荐使用目录(第1—4批)》。

(供稿:刘春海)

矿产加工业

【概况】　2016年，县经信局以行洛坑钨矿、鸿丰纳米科技、和兴碳酸钙等企业为龙头，着力开发钾长石、萤石等矿产资源，发展矿产深加工产品。全县矿产工业规模企业16家，比2015年减少10家；实现规模工业产值20.14亿元，比2015年减少17%。

【鸿丰纳米科技获"福建省高新技术企业"称号】　2016年12月，鸿丰纳米科技有限公司获"福建省高新技术企业"称号。该企业技术含量高，2016年获得市技术中心认定，并与湖南理工学院、三明学院等多个高校签订"产、学、研"协议，目前拥有3个发明专利和13个实用新型专利。

（供稿：刘春海）

纺织服装加工业

【概况】　2016年，宁化县经济和信息化局（简称县经信局）以长宁纺织、奔鹿纺织为龙头，通过承接沿海产业转移，推进山海协作，引进长乐、泉州等地客商投资建设纺织生产及服装加工企业。全县纺织服装工业有规模企业38家，比2015年增加8家；实现规模工业产值23.7亿元，增长18.5%。

【长宁纺织规模不断壮大】　2016年，长宁纺织三期12万锭棉纺生产线完成投资1.9亿元，建成厂房4万平方米，并已预订部分设备。全年累计实现产值4.99亿元，增长22%。

【奔鹿纺织试生产】　福建省奔鹿纺织科技有限公司成立于2013年5月，注册资金6000万元，占地218亩。公司总投资4.2亿元，建设年产1600万米牛仔布及其8万锭配套纺纱生产项目。一期建设年产8万锭配套纺纱生产项目，占地108亩，建筑面积4.7万平方米，项目于2014年9月动工，2016年9月试生产，

当年实现产值0.87亿元。

（供稿：刘春海）

特色食品加工业

【概况】　2016年，县经信局注重发挥笋竹、食用菌、茶油等资源优势，大力开发特色食品，支持扬晨食品、春辉茶叶、翠云茶叶等龙头企业发展，打造富有宁化特色的食品加工产业。全县特色食品加工业规模企业29家，比2015年增加8家；实现规模工业产值21.5亿元，增长26.5%。

【春辉茶业、一笔峰茶业实现全自动化】　2016年，春辉茶业、一笔峰茶业两家茶叶公司通过购买新设备、研发新工艺，实现全自动化生产，产品质量进一步提高。

【9家企业获评省级农业产业化重点龙头企业】　7月，福建大自然林业股份有限公司、福建省石壁现代农业有限公司、福建省春辉茶业有限公司、三明市扬晨食品有限公司、福建鑫鑫獭兔有限公司、福建省翠云茶业有限公司、福建省宁化县宁花科技食品有限公司、三明市鹤翔春生态农业有限公司、福建一笔峰茶业有限公司共9家企业获评省级农业产业化重点龙头企业。获评企业均符合相应的组织形式、经营主业、经营规模、带动能力、品牌质量、守法诚信等方面条件。

（供稿：刘春海）

新兴产业

【概况】　2016年，宁化县新兴产业有规模企业15家，比2015年增加12家；实现规模工业产值14.58亿元，增长78.5%。以福特科光电为龙头，新材料、节能环保、新能源等新兴产业得到进一步发展。

【鸡公岽风力发电项目开工建设】 项目位于治平畲族乡境内的鸡公岽山顶，总投资5亿元，布置2.0兆瓦风机24台，总装机容量48兆瓦，年发电量103.27千兆瓦时，平均年发电利用小时数为2300小时，2016年8月开工建设。

（供稿：刘春海）

其他工业

【概况】 2016年，全县其他工业有规模企业55家，比2015年减少4家；实现规模工业产值41.61亿元，增长3.90%。

【电网建设项目有序推进】 2016年，宁化电网项目总投资1.3亿元，其中配电网投资7283.8万元。输变电工程主要有：6月投产"福建三明宁化35千伏青塘—丁坑口线路改造"工程，完成投资462万元；7月开工建设35千伏曹治线，完成投资320万元；8月投产35千伏曹坊变，完成项目投资821万元，投产"宁化35千伏丁坑口—曹坊线路"工程，完成工程投资779万元。

（供稿：刘春海）

城镇集体工业

【概况】 2016年，宁化县城镇集体工业联合社围绕"再上新台阶、建设新宁化"主题，抓好工艺美术开发与传承工作，完成对下属企业宁化县二轻供销公司和宁化县二轻物质供应公司资产与人员的合并重组。加强对下属企业（公司）的安全生产管理，挤出资金完成原二轻企业（公司）遗留的旧厂房、旧营业楼房的安全隐患问题整改。

【抓好工艺美术传承工作】 2016年，城镇集体工业联合社加强对宁化县工艺美术的开发与传承，加强对根雕艺术企业的宣传力度，组织传统工艺美术和非物质文化遗产木活字印刷参加莆田艺博会、厦门文化产业博览会等活动，着力帮助企业开拓市场，解决销售方面实际问题，提升知名度。

【合并重组企业】 2016年，城镇集体工业联合社针对脱胎于原二轻供销公司的宁化县二轻物资供应公司关停多年，又无实际生产经营项目状况，为节约人力、财力和管理成本，将宁化县二轻物资供应公司资产、人员（4人）重新并入宁化县二轻供销公司。

【安全隐患整改】 2016年初，城镇集体工业联合社对下属企业（公司）颁发安全生产责任状，落实安全生产责任人。做好每月一检查，每季一督查工作。针对原二轻企业（公司）遗留的旧厂房、旧营业楼房安全隐患问题，挤出资金4万余元完成宁化县矿山机械厂老化电力线路更新改造，加固二轻供销公司承重梁柱，解决二轻供销公司屋顶漏水问题。

（供稿：刘生金）

建筑业·房地产业

◆编辑：雷继亮

建 筑 业

【概况】　2016年，宁化县住房和城乡规划建设局（简称县住建局）加快发展建筑业，促进工程质量和安全生产水平逐步提高，建筑市场秩序健康有序和谐的发展。加强建筑市场监管，严把工程建设程序。完成建筑业产值46.18亿元，比2015年增长15.33%。县住建局获得县部门经济指标进步奖。

【完善建筑业企业结构】　2016年，县住建局大力扶持本地施工企业，做好资质换证准备，进一步完善建筑业企业结构。年内引进二级施工企业1家，新成立三级施工企业1家、专业承包企业1家、劳务分包企业1家。至年底，全县有资质的施工企业19家，其中一级企业1家、二级企业8家、三级企业10家；专业承包企业7家；劳务分包企业2家。

【加强建筑业市场管理】　2016年，县住建局加强工程质量安全监管，落实主体责任，对建设行业各种行为进行综合信用量化管理，对扣分达到一定限度的企业责任主体列入黑名单。对不依法履行建设程序，开工前不办理施工许可证的项目，及时发出责令停工改正通知书，限期改正。全年发出各类改正通知书3份。

【规范招投标管理】　2016年，县住建局加强对招标文件备案、把关及招标全过程行政监督，确保招投标活动公平、公正、公开，依法有序进行。建立宁化县省级专家评委库，选择公共资源交易中心作为招投标平台，对公开招投标工程，严格执行按合理造价区间随机抽取中标人办法和经评审最低价中标法确定中标企业，堵源防腐。全年完成招标项目69项，完成造价近4亿元，其中公开招标项目49项，邀请招标项目20项。招投标工程未出现招标投诉等问题。

【落实施工质量安全监管】　2016年，县住建局进一步加强对地基基础、主体结构、危险性较大分部分项工程抽查抽测，发出各类安全管理文件20份；下达《隐患整改书》20余份，所有隐患均在规定期限内落实了整改措施，县建筑安全生产形势总体平稳。加强安全报备审查和施工现场安全文明设施现场检查，全年办理建筑起重机械备案登记20份，建筑使用登记51份，在日常监督检查中先后发出安全隐患整改通知书62份，停工通知书5份，给33个项目责任人存在的违规行为实施了计分处理；开展"打非治违"专项行动，开展施工现场隐患排查治理和非法违法行为查处力度。全年施工质量安全动态考评完成率100%。

（供稿：吴长伟）

房 地 产 业

【概况】　2016年，宁化县认真贯彻中央、省、市促进房地产市场健康发展的有关精神，积极落实省政府《关于化解房地产库存的若干意见》（闽政〔2016

11 号）、省政府办公厅《关于加快化解商业办公房地产库存的通知》（闽政办〔2016〕108号）等政策措施，加强对问题楼盘的监督管理，采取定方案、定牵头县领导、定责任单位、定责任人、定完成时限"五定"措施，帮助化解问题楼盘风险；支持房地产企业转型升级，允许房地产项目在"不违反相关规范、不突破容积率、不违反土地出让条件"三原则基础上，对局部规划设计方案进行变更；对符合省、市政策条件的房地产商业项目允许商改住；允许房地产企业按分期预售、分期缴清方式缴交相关费用，缓解企业资金压力，促进房地产市场健康发展。全年房地产开发在建项目38个，完成投资11.78亿元，商品房销售面积22.63万平方米；保障性住房建设完成投资3.47亿元，开工建设1004套。

【房地产市场开发】　　2016年，在政策撬动和刚需拉动的双重作用下，宁化县房地产市场趋势向好，出现触底反弹、升温回暖迹象。年内房地产完成投资11.78亿元；房地产销售面积22.63万平方米（住宅面积18.85万平方米、商业用房面积3.16万平方米），与2015年基本持平；二手房交易463宗7.36万平方米，其中存量住宅400宗5.55万平方米。全县商品房销售均价每平方米5100元。

表11　2016年宁化县房地产开发销售完成情况表

单位：平方米

开　　发	完成额	销　　售	完成额
一、房屋施工面积	1757082	一、商品房销售面积	226319
住宅	858659	住宅	188509
办公楼	551216	商业营业用房	31602
商业营业用房	310445	二、现房销售面积	8860
其他房屋	235316	住宅	4580
二、房屋竣工面积	83679	三、期房销售面积	217459
住宅	47969	住宅	183939
商业营业用房	10000	商业营业用房	31472
其他房屋	17101		

【保障性住房建设】　　2016年，市下达保障性住房和棚户区（危旧房）改造住房1004套，实际开工建设1004套，完成投资34673.50万元。其中，江背滨江安置小区（城中村改造项目）4号、5号楼完成瓦屋面，外砖墙抹灰；泗竹坑南北片安置小区3-5号楼主体及装修基本完成；新桥路拆迁安置小区（二期）进行主体施工；禾坑口片区棚户区改造120户（套），政府回购商品房安置；宁化县零星危旧房改造项目280户，政府回购商品房安置。年内，经过房管所、车管所、县民政局、县住建局等多部门联审，限价房资格审查合格193户，累计申请报名1275户，累计配售1123户。

【城市房屋征迁】　　2016年，县住建局以新桥路二期及县老车站片区路网建设等涉及房屋征迁项目为重点，完成老车站片区征迁4户，征迁建筑面积323.08平方米。因房地产市场原因，红砖厂和货车队两个建设项目暂缓征迁。县公安局片区改造建设项目完成协议签订13户，因回迁无期，经县政府同意将13户安置在新桥路安置小区。全年接待房屋征收来访群众4起，调查处理房屋拆迁和房屋征收网民投诉3起，承办及时率、办复率均100%。

【房地产交易管理】　　2016年，县住建局做好与国土部门房屋产权登记交接工作。年办理房地产交易业务439起，成交面积6.99万平方米，成交金额1.75亿元；办理商品房买卖合同备案2742份；受理房产档案查询业务1305起；出具房产证明9298份；发放县政府购房补贴款1528户、3663万元。

（供稿：吴长伟）

【城区房建建设】　　2016年，为落实国家、省、市、县有关保障性住房建设工作部署，逐步解决中低收入家庭住房困难问题和推进宁化城市建设拆迁工作难点，宁化县城市建设公司重点实施了翠华山小区保障性住房、泗竹坑安置小区、新桥路拆迁安置小区、牛战湖安置小区、易地扶贫进园区搬迁等项目。易地扶贫进园区搬迁项目，位于工业园区汽车检测站对面，用地210亩。一期建设6幢318套安置房，主要用于建档立卡贫困户、水源地搬迁户、地质灾害点搬迁户、偏远山区户、土地增减挂钩户等五类人群进城安置。项目于9月开工建设；一标段完成一至四层主体结构施工，二标段完成部分基础施工。泗竹坑安置小区，项目位于城区泗竹坑（客源路、江下路西侧），南片总用地面积3.17万平方米，建筑面积6.9万平方米，建设10幢554套。年内，泗竹坑南片5号楼建筑及配套设施建设完工交付使用。北片区3号楼16套、4号楼16套、5号楼20套，建筑面积5966平方米也于年内楼完工，并进行室外配套设施建设。新桥路拆迁安置小区，位于新桥路北侧，总投资1.6亿元，建设工期3年，总建设用地面积29.3亩，总规划用地面积25.86亩，总建筑面积51163.92平方米。年内完成5幢楼房主体封顶（15至17层）。卫校实训中心建设，用地面积21.5亩，建筑面积1.5万平米。建设综合实训中心、教学楼、食堂、礼堂、学生宿舍共5幢建筑物。11月开工建设，年内完成4号楼基础浇筑、消防水池浇筑，一层主体施工；1—3号楼完成部分基础施工。老体协搬迁项目，项目位于北山公园博物馆南侧，占地5亩，建筑面积2000平方米。年内工程完工。翠华西路门球场，项目位于翠华西路东侧，结构体系为单层砖混、钢屋架结构。占地面积1070平方米，建筑物高度5.55米，配备门球场、掷地球场各一个，休息室、男女卫生间、器械室各两个，年内工程基本完工。城区农贸市场，年内建设2个农贸市场，分别选址建设于城西片区的翠华小区和城东片区的泗竹坑，翠华小区便民市场面积750平方米，泗竹坑农贸市场面积460平方米，均为一层轻钢结构，配置管理用房、盥洗卫生间及垃圾收集间，泗竹坑农贸市场年内完工并投入使用，翠华小区便民市场基本完工。

（供稿：雷　宇）

经济协作·非公经济·工业园区

◆编辑：雷继亮

招商引资

【概况】　2016年，县商务局批办外资企业3家，完成合同外资1380万美元，利用外资实际到资1132万美元，比2015年增长14.20%，居全市第2位。

（供稿：罗永锦）

【农业项目组招商引资】　2016年，农业项目组通过招商，引进福建省轩园生态农业有限公司、福建省宁化县谢华安种业产业园有限公司、宁化县兴民农林发展有限公司、三明市汇圆生物科技有限公司、宁化县绿韵生态农业发展有限公司等5家企业，引进内资招商项目5个，完成农业项目招商引资任务1.67亿元，占年度引资任务（1.5亿元）的111.5%。其中，总投资5000万元以上的单体招商引资项目3个。

（供稿：李其生）

【园区招商引资】　2016年，县经济开发区管委会招商引资重点向"4+1"产业上下游产业链条延伸，以月兔高效节能空调项目，与南平太阳电缆接洽。围绕前期策划的机械制造、机器人制造、电子生产等项目，与深圳台铁公司、东莞麦乐可电子、东莞市万炫实业、深圳市晟达凯数码、深圳市捷信科技司等公司进行接洽。以"双创"孵化基地为阵地强力招商，隆纺服饰、凯进鞋服、诚友箱包等7个项目入驻"双创"孵化基地。

（供稿：刘长安）

非公经济

【概况】　2016年，宁化县非公经济总户数13361户、注册资金111.69亿元、从业人员40383人，分别比2015年增长17.76%、26.29%、12.89%。其中，私营企业1880户、注册资金101.35亿元、从业人员20605人，分别增长23.76%、25.48%、5.91%；个体工商户11481户、注册资金10.34亿元、从业人员19778人，分别增长16.83%、34.76%、21.21%。全县非公经济完成产值（销售额）113.95亿元，增长11.89%；完成税收2.22亿元，增长9.59%。其中产值超亿元企业15家、纳税超百万元企业38家。全县培育出口创汇企业18家，比2015年增加6家。完成出口总值11000万美元，增长4.76%。

【政策惠企】　2016年，县委、县政府相继出台《关于扶持电子商务发展的实施意见》（宁政〔2016〕7号）、《关于促进一季度工业经济稳增长措施的通知》（宁政文〔2016〕18号）、《关于印发推进企业利用资本市场加快发展扶持办法的通知》（宁政办〔2016〕61号）、《宁化县加强"宁商回归"工作服务机制实施意见》（宁委办发〔2016〕18号）等扶持推动企业（产业）发展的优惠政策与措施。向7家企业兑现奖励金350万元，为4家企业向上争取技改扶持等补助奖励金123万元；20家企业获得省、市工业化与信息化"两化"融合资金补助。

【服务非公企业】　2016年，县委、县政府继续实行县处级领导联系挂钩重点非公企业制度。县领导和县直部门、乡镇领导深入重点非公企业开展服务200多人次，解决实际问题120余件。全县为企业换发新版"一照一码"1633户；梳理上传41个部门服务事项552项。组织非公企业代表人士参加政银企交流座谈会，搭建融资平台；通过应急转贷资金帮助新盛竹木、鑫宇金属、建新彩印等企业转贷续贷资金8笔共7433万元，各金融机构累计发放中小企业贷款13.56亿元，发放工业贷款2.91亿元，中小企业贷款余额新增3.37亿元。为破解用工难题，县工商联、县非公办配合各职能部门举办2016年"县就业援助及春风行动"企业用工专场招聘会，组织42家规模企业进行现场招聘，提供就业岗位数1600多个，达成就业意向465人，现场签订就业合同187人。全年全县非公企业新增招聘城镇就业人员1709人，新增富余农村劳动力转移就业3219人。

【引导投资兴业】 2016年，县工商联、县非公办组织非公企业参加各类经贸活动，对接项目74项。第14届"6·18"项目成果交易会对接项目60项，总投资13.95亿元，其中合同项目52项、协议项目8项。第19届中国国际投资贸易洽谈会对接项目5项，总投资4300万美元。第12届海峡两岸林业博览会暨投资贸易洽谈会对接项目9个，总投资15.73亿元。

【培育规模企业】 2016年，宁化县实施省级重点技改项目10个、智能制造项目4个，月兔空调实现生产销售15万台（套）目标，福特科年产500万只光学镜头生产线、奔鹿纺织年产8万锭纱生产线投产。白色家电、矿产加工、特色食品、纺织服装和新兴产业"4+1"重点产业体系初步形成。全县规模以上工业增加值完成37亿元，比2015年增长8.5%；投资非公经济领域项目128个，城镇以上民间投资78.96亿元，比2015年增长10.57%。电子商务稳步发展，齐家网入驻海西电子商务城，40余家电商企业入驻电商产业园，16个项目入驻宁化县青年创业园，阿里巴巴村淘在全县布点41个；全县注册电商企业96家，初步形成电商集聚区。

【实施品牌战略】 2016年，春辉茶业有限公司春辉牌茶叶（乌龙茶）、翠云茶业有限公司翠云山牌茶叶（乌龙茶）被评为省名牌产品；石壁现代农业有限公司"SHIBI及图"、鸿丰纳米科技"旭日红及图"和一笔峰茶叶"一笔峰及图"被评为省著名商标；艾迪科食品和客家小吃协会的商标获评市知名商标。昌荣电力等21家企业获省、市、县守合同重信用企业；春辉茶业、翠云茶业、一笔峰茶业、鹤翔春生态农业等4家茶企获省级龙头企业称号；大自然林业、石壁现代农业、扬晨食品等9家企业获省级农业产业化重点龙头企业；河龙贡米米业、旺龙生态、中明食品等27家企业获农业产业化市级重点龙头企业；福特科光电、春辉茶业、月兔科技、大自然林业等4家公司成为省重点上市后备企业；县客家美食城获"福建省美食城"称号。至年底，全县有省知名商标21件、省著名商标15件、省名牌产品15件、市名牌产品28件。

（供稿：伊雪燕）

工 业 园 区

【概况】 2016年，宁化华侨经济开发区管理委员会（简称县经济开发区管委会）按照"一区多园"发展规划，组织实施基础设施建设项目，统筹加快工业项目建设，做好投产企业服务工作，促进企业生产经营有序进行。8月，县华侨经济开发区城南工业园被省经信委和省财政厅确定为2016年福建省省级小微企业创业基地。

【基础设施建设】 2016年，工业园区累计完成基础设施投资18462万元。总建筑面积10万平方米"双创"孵化基地全面竣工，8栋厂房、2栋职工宿舍楼、1栋办公楼及附属工程投入使用。城南工业园创业三路、红色大道人行道及绿化、福特科污水管网等工程完工，职工文体活动中心项目开工建设。

【园区经济】 2016年，工业园区新增奔鹿纺织1家规模企业，32家规模以上企业完成工业产值32.36亿元，实现税收5502.3万元。

【园区项目建设】 2016年，县经济开发区管委会加大项目督促力度，加快推进工业项目建设，河龙贡米、月兔空调、福特科光电元件、通尔达电线电缆、奔鹿牛仔布及其配套纺纱、泡沫制品、春辉茶叶、一笔峰茶叶、长宁纺织等27个重点工业项目累计完成投资13.18亿元，奔鹿纺织8万锭纺纱生产线投产、泡沫制品生产投产，福特科光电科技公司新上的第二条月产200万片高分辨率镜片生产线及精密机械件生产线投产。"双创"孵化基地隆纺服饰、凯进鞋服、诚友箱包等3家企业已正常生产，合胜电子正在装修厂房。

【服务企业】 2016年，县经济开发区管委会完成园区企业资产按揭贷款3830万元。全年累计兑现耕地占用税、土地使用税、房产税等即征即奖资金303.09万元，兑现固定资产投资奖励和多层厂房建设补助款112.68万元。

【福建省首条超低照度星光摄像镜头生产线投产】8月，总投资1500万元的三明福特科光电首条超低照度星光摄像镜头生产线项目开始批量生产，形成年产1000万颗的生产能力。这是福建省首条超低照度星光摄像镜头生产线。低照度星光镜头能在夜晚星光下实现彩色清晰成像。该技术目前处于国际领先水平。

（供稿：刘长安）

交通运输业·邮政业·信息传输和信息技术服务业

◆编辑：雷继亮

综　述

2016年，宁化县交通运输局（简称县交通局）编制完成《宁化县"十三五"综合交通运输发展规划》，完成固定资产投资3.58亿元，其中干线公路建设完成投资1.82亿元，农村公路建设完成投资0.38亿元，场站建设完成投资0.94亿元，村村通客车及公交便民服务完成投资250万元，危桥改造完成投资0.22亿元，农村公路养护工程及安全防护工程完成投资0.19亿元。完成客运量359.64万人，比2015年增长3.10%；客运周转量23947.89万人公里，增长0.75%；完成货运量380.30万吨，增长9.39%；货运周转量38252.96万吨公里，增长7.39%；完成客货运换算周转量40647.75万吨公里，增长6.97%。至年底，公路累计通车里程2189.67公里。全县交通运输市场安定稳定。三明市公路局宁化分局（简称县公路局）加强路政管理，建成"标准化路政管理所"。全年完成公路养护投资2569万元，其中小修养护完成投资1022.50万元。管养公路里程236.97公里，其中，干线里程150.55公里、支线里程86.42公里。养护质量综合好路率91.30%，干线好路率100%。路面行驶质量指数（PQI）值92.80，与2015年持平，居全市首位。宁化县铁路建设办公室（简称县铁办）从发改局划转至交通局，为县交通局下属事业单位。10月，兴泉铁路兴国至宁化段开工建设。11月，浦梅铁路宁化段开工建设。

全年，中国邮政集团公司福建省宁化县分公司（简称县邮政局）实现邮政业务总收入3211.30万元，比2015年增长9.70%；收支差额完成970万元，完成年计划的100.40%。城关邮路里程新增12.90公里，邮路总长2116.8公里。新增POS缴费机器布入供电所6户，实现代缴电费增加560万元。投递党报党刊189.30万份，其他报刊108.80万份。向社会发行集邮册2300套，比2015年增加100套。电子商务累计销售额38.80万元，培育跨境电商加盟卖家15家。新增4家邮政快包大客户，实现快包收入60余万元。继续开展"百万善款——韬奋书屋"等项目，资助宁化县留守、贫困学生3200名。

中国电信股份有限公司宁化分公司（简称县电信局）完成主营业务收入4098万元，天翼新增用户1607户，固网宽带年净增2592户。中国移动福建有限公司宁化分公司（简称县移动公司）主营业务收入9269万元，比2015年增长1.30%。拥有客户14万户，宽带用户1.40万户。中国联合网络通信有限公司宁化县分公司（简称县联通公司）围绕"聚焦资源，迅速推动4G发展上规模"主线，推进机制体制创新，推动公司面向移动互联网时代的发展转型。全力抢补基础短板，网络、终端、渠道、服务等基础能力显著提升。

（供稿：上官辅平、俞宏斌、黄珍、庄小清、吴元昊、张雨薇、余露萍）

公 路 建 设

【概况】　2016年，县交通局完成莆炎高速公路宁化段建设项目工可批复及初步设计工作，完成汽车维修厂（汽车站二期）工程（原货车队保修厂搬迁）项目招投标与施工合同签订工作，完成城区公交枢纽工程招投标工作。纵八线连屋至下曹公路工程有序推进，路基、桥涵工程基本完成，路面双幅完成35公里，累计完成投资约3亿元。完成宁化城关火车站枢纽连接线项目施工图设计、图纸审查与招投标工作。完成浦梅铁路宁化县水茜火车站枢纽连接线工程可工编制。建成三级公路10.98公里，四级双车道公路2.1公里，四级单车道公路3.41公里，完成路面3.5米拼宽1米项目16.88公里。石碧至淮阳公路改建工程全面完工。

【省道纵八线工程】　工程起点位于连屋路口，下穿永宁高速楠头坝大桥，接上国道G356线，与国道G356共线约6公里至石壁镇陂下村后，向左经过石壁镇溪背村，方田乡方田村、朱王村，曹坊镇坪上村、黄金进村，终于曹坊镇下曹村（接国道G534线）。至2016年年底，基本完成项目路基、桥涵工程建设，路面双幅完成35公里，累计完成投资约3亿元，占总投资的80%。

【城关火车站枢纽连接线项目】　项目起点位于泉南高速公路宁化城关连接线，终点接国道G356线，全长约6公里。起点至城关火车站4.5公里按路基宽40米建设，城关火车站至国道G356线1.5公里按路基宽12米建设，预算总投资1.85亿元。2016年完成施工图设计及图纸审查，其中一期工程永宁高速城关连接线至边贸东路，里程长1.46公里，由福建省交建集团有限公司中标承建。

【水茜火车站枢纽连接线工程】　浦梅铁路宁化县水茜火车站枢纽连接线工程路线长约15公里，按二级公路标准建设，设计行车时速60公里/小时，路基宽10米，全幅式水泥砼路面，总投资约1.7亿元。2016年完成工可编制。

【农村公路建设】　2016年，县交通局建成三级公路10.98公里，其中，龙头至萧严坊龙头至萧严坊（蛟龙溪漂流）3.8公里、石碧至淮阳（石壁段）2.35公里、曹坊双石三叉口至安乐俞坊口3.23公里、禾口新市场至官坑1.6公里；四级双车道公路2.1公里，其中，治平彭坊至沙丘坝0.5公里、淮土禾坑油杭背至竹篙排1.6公里；四级单车道公路3.41公里，其中，淮土隘门里屋凹至珠坑1.91公里、曹坊滑石至滑石村0.53公里、滑石村至温坊0.97公里。完成路面3.5米拼宽1米项目16.88公里，其中，石壁分水岭至陈家段2.78公里、湖村肖家坪至彭高1.79公里、方田至大罗村出点1.5公里、巫坊至城门4公里、城郊五里亭至夏家2.93公里、下沙至何屋3.88公里。农村公路累计改造硬化926.19公里，硬化路面通村率100%。

（供稿：上官辅平）

农村公路养护

【概况】　2016年，县交通局投资800多万元加强农村公路防护建设，改造危桥21座，投资330万元完善农村公路水沟25.8公里，完成交通应急抢险基地项目选址工作。

【农村公路防护工程】　2016年，县交通局投资790万元完成沙坪至水茜、曹坊至治平、茶湖江至方田、石壁至淮土、宁化城关至济村等路段的安保设施；投资40多万元完成生命安全防护工程18公里。

【危桥改造】　2016年，县交通局完成安远郑坊桥，治平陈公段桥、泥坑桥、高峰桥、光亮一桥、光亮二桥、邓屋桥，方田泗坑桥，湖村斧头桥，中沙坑田口中桥，曹坊南坑二桥、陂口桥、曹坊桥，安乐社公坑桥、河山桥、烂泥坑桥、坑口桥，淮土孙坑桥、召光桥、召光二桥、桥下桥等21座危桥改造。

【提升农村公路养管水平】　2016年，县交通局以在宁化县召开的全市"四好"（建好、管好、护好、运营好）农村公路现场推进会为新起点，围绕"有路必养、有效养护、路路通畅"目标任务，推行专业养护、承包养护、委托养护、分片养护、道班养护、分段养护等五种养护模式。将列养农村公路灾毁保险配套资金列入县财政预算。投资330万元完善25.8公里农村公路水沟建设。完成交通应急抢险基地项目选址工作，项目地址位于城区东大路高堑段北侧。

（供稿：上官辅平）

专养公路养护

【概况】 2016年，县公路局加强路政管理，建成"标准化路政管理所"。全年完成公路养护投资2569万元，其中小修养护完成投资1022.50万元。管养公路里程236.97公里，其中干线里程150.55公里、支线里程86.42公里。养护质量综合好路率91.30%，干线好路率100%。路面行驶质量指数（PQI）值92.80，与2015年持平，居全市首位。

【专养公路安全养护】 2016年，县公路局总投资868.40万元，完成8个项目的安全养护工作，修复水泥混凝土路面裂缝6公里，调平沿线路面坑槽、啃边啃角、路面下沉以及桥头跳车路段2762平方米，修复沿线构造物、排水系统3881立方米。养护公路运行安全条件良好。

表12 2016年专养公路安全养护项目表

养护项目	路段（线）	投资金额（万元）
路面破碎板置换6051平方米	S307、S204	103
安全生命防护工程184.10延米	S205	8.30
隐患点整治23处	S204、S205	18.80
灾害点整治11处	S205	450
19.19公里排水系统整治	S204	140
39处水毁点修复	境内专养干线公路	80
安远桥、连屋大桥桥台加固改造	S205	68.30
陂下中桥、陂下大桥桥台加固改造	S307	

【生态公路建设】 2016年，县公路局补植补种绿化苗木，注重花化彩化，提升沿线公路景观，提高公路绿化品质。全年完成13.58公里绿色通道建设（X796线泉上镇至湖村镇廖坊）、2.53公里绿化提升建设（S205线宁化县与长汀县交界处1.53公里、S307线石壁镇杨边村沿线1公里），共计实施沟墙加高1205延米，种植乔木2300株，灌木3.30万株，地被15万株，公路绿化投资50万元。

【提升公路养护水平】 2016年，县公路局投资140万元，新添置扫地王、挖掘机等养护实用机械设备4台（套）。在路面病害处理、路面和桥涵常规病害检测、路面清扫清洗、交通安全设施修复、公路绿化和应急抢险方面实现机械化和科学化作业。投资382万元，在易结冰路段、省界路段增设视频监控点1个、可变情报板1个，交调维护更新2个。建立可视、可测、可控的路网运行监测与应急处置体系，同时将处置体系并入省、市公路局路网监控中心，为路网管理与突发事件应急指挥处置等提供决策支持，为公众出行提供实时路况信息服务。

【公路应急保障常态化建设】 2016年，县公路局组建一支公路应急保障抢险队伍，配置挖掘机2台、装载机2台、融雪撒布机2台、照明车1台等装备。抢险队伍在应对"5·8"水毁及尼伯特、莫兰蒂、鲇鱼等台风灾害抢险中发挥重要作用。

【平安公路建设】 2016年，县公路局进一步强化安全管理标准化、作业现场标准化、操作过程标准化建设，抓好汛期安全工作，认真开展"三年提升行动"，消除安全隐患。做好灾害防治、危桥加固、安保工程与隐患路段整治、路面改造、排水系统整治，设置钢筋混凝土防护栏、波形防护栏、标牌、标线等工作，完成省政府为民办实事项目。翠江公路站被省公路管理局授予福建省公路系统"平安班站"称号。

【探索班站管理改革】 2016年，县公路局适应新常态，以翠江养护中心为试点，尝试站班管理改革，分批次推向所有班站，实行新的养护管理承包制度。改革面向全体职工招标选择公路站站长，公路站站长根据班站定员自主选择班站成员（满员或20%以内缺员皆可），由中标公路站站长统一对选择班员进行管理并与分局签订管理承包合同。公路站站长每2年进行投标调整，班站人员每年根据日常管理情况由承包人申请进行调整。分局根据每季度考核结果，奖惩兑现其他绩效工资。通过改革，养护中心的管理水平和工作效率有效提升，翠江公路站获全省公路系统2016年度平安班站称号。

（供稿：俞宏斌）

公 路 运 输

【概况】　2016年，县交通局完成编制完成《宁化县"十三五"综合交通运输发展规划》，道路运输业持续健康稳步发展，完成村村通客运工程建设，完成客运量359.64万人，比2015年增长3.10%；客运周转量23947.89万人公里，比2015年增长0.75%；完成货运量380.30万吨，比2015年增长9.39%；货运周转量38252.96万吨公里，比2015年增长7.39%；完成客货运换算周转量40647.75万吨公里，比2015年增长6.97%。

【首条县际公交线路开通】　2月1日，宁化首条县际公交线路——宁化至清流县际公交开通，运营时间7时—18时，每小时一班。每人上车2元，全程票价5元（老年人和残疾人不予享受免票待遇）。起始站设城区永辉超市站，途经阳光假日酒店、长途汽车站、永利家园、工业园区等站点后，进入省道307线，终点站设清流汽车站门口公交站处，全程23公里。2016年年底，县交通局投资188.6万元购置2辆长8—9米气制动国五排放标准柴油公交车用于宁化至清流公交线路运营、6辆长6米以下双开门无人售票气制动国五排放标准柴油公交车用于城区公交运营。

【运输服务管理】　至2016年年底，全县有客运企业1家，公交企业1家，普通货运企业21家，危货运输企业2家，驾校4家，维修企业22家（其中一类维修企业1家、二类维修企业14家、三类维修企业7家），汽车客运站7个，其中一级站1个、五级站6个，营运客车123辆2754座，出租车50辆250座，公交车21辆535座，货车470辆4871吨，教练车111辆，公交线路4条，客运班线63条（其中省际8条、市际12条、县际8条、县内35条）。办理道路运输证240本，累计培训机动车驾驶员5152人，登记从业资格证报名72人，更换从业资格证74本。

（供稿：上官辅平）

交 通 安 全 生 产

【概况】　2016年，县交通局加强公路水路安全联防工作，扎实开展"道路运输平安年"活动、道路交通安全综合整治、"打非治违"专项行动和寄递物流安全专项治理工作，推进企业安全生产标准化提升工程建设和工程项目施工标准化建设，加强安全生产大检查和隐患排查治理，全县交通运输安全生产形势持续稳定好转。全年，发生道路交通生产安全事故5起，死亡3人，受伤3人。公路工程建设和水上交通实现安全无事故。

【加强交通综合执法】　2016年，县交通局检查各类运输车辆12335辆次，查处违法违章行为202起，共处罚金38.2万元。其中，打击非法营运"黑车"9起（未取得道路客运经营许可擅自从事道路客运经营2起、超越许可事项从事道路危险货物运输1起、未取得道路货物运输经营许可擅自从事道路货物运输经营2起、未取得《出租汽车客运经营资格证》从事出租汽车客运经营4起）；不按规定线路、班次、站点停靠或行驶5起；车辆违法超限运输（总质量超限）138起；超限运输车辆擅自行驶公路（几何超限）16起；道路运输车辆未按规定进行年度审验14起；使用非本机构车辆开展培训活动1起；

未按照规定周期和频次进行车辆综合性能检测和技术等级评定13起；未取得相应从业资格证件驾驶道路客货运输车辆3起；使用失效、伪造、变造的从业资格证驾驶客货运输车辆1起；违反旅游包车客运管理2起。

【工程质量监督】 2016年，县交通局交通建设质量安全监督站配备工作人员3名。监督项目9个，其中农村公路项目5个、危桥改建项目4个，工程质量合格率100%。全年未发生质量安全事故。

（供稿：上官辅平）

铁 路 建 设

【概况】 2016年，浦梅铁路建宁至冠豸山段项目可行性研究报告、兴泉铁路宁化至泉州段可行性研究报告先后获国家发改委批复，建设初步设计先后获中国铁路总公司、福建省政府批复，并被下达给南昌铁路局，项目正式落地。年底，浦梅铁路宁化段由中铁17局中标开建。

【浦梅铁路建设获批】 1月15日，国家发改委召开主任办公会研究通过浦梅铁路建宁至冠豸山段项目可行性研究报告，项目正式落地。可研批复明确，浦梅铁路建宁至冠豸山段项目线路起自既有向莆铁路建宁县北站，经建宁县、宁化县、清流县、连城县，终至赣龙铁路冠豸山站，正线长度约162公里，主要技术标准为：国铁I级，单线，设计速度每小时160公里，电力牵引，建设工期4年半。项目总投资110.96亿元。规划运输能力：客车16对/日、货运1400万吨/年。项目南与赣龙、龙厦铁路相连，北与向莆铁路衔接，在宁化县至清流段与兴泉铁路共线。8月30日，新建浦城至梅州铁路建宁至冠豸山段建设初步设计获中国铁路总公司、福建省政府批复，并被以铁总鉴函〔2016〕666号文下达给南昌铁路局。

【浦梅铁路宁化段开工建设】 11月24日，中铁17局项目部及4个工区管理人员进驻宁化，浦梅铁路宁化段正式开工建设。浦梅铁路宁化段由中铁17局中标承建，全长36.50公里，按铁路等级Ⅰ级标准建设，单线，速度目标值160公里/小时，计划2020年底建成通车。

【火车站站房规模扩大】 3月10日，经县委常委会研究决定，宁化火车站站房建设规模扩大，由原定3000平方米扩大至5000平方米，扩大部分土建投资由宁化县承担，报批手续由县铁办负责，站场开发和城南组团开发由县住建局负责。

【兴泉铁路开工建设】 6月，国家发改委以发改基础〔2016〕1265号批复新建江西兴国至福建泉州铁路宁化至泉州段可行性研究报告。11月23日，兴泉铁路宁化至泉州段初步设计获中国铁路总公司、福建省人民政府批复，并以铁总鉴函〔2016〕907号文下达给南昌铁路局。兴泉铁路由江西省兴国县至福建省泉州市，是一条客货兼顾的干线铁路。北起江西兴国县，经于都县、宁都、石城、福建宁化县、清流县、明溪县、永安市、大田县和泉州德化县、永春县、安溪县、南安市，终至福厦铁路泉州站，正线全长495.867公里，在宁化境内线路长度37.4公里，途经石壁、济村、城郊、翠江、城南5个乡（镇）15个建制村。项目概算总投资255.73亿元，建设工期4.5年，铁路等级为国家I级，单线，设计行车速度160公里/小时。线路在宁化县城东南侧设宁化站后取直引线至清流，该段工程按单线预留复线设计。全线共设32个车站，其中新建28个。兴泉铁路是海西经济区通往中西南地区铁路通道的重要组成部分，是一条以开发沿线国土资源、服务革命老区为主的区域客货运铁路。将结束宁化、清流、明溪、大田4个县没有铁路的历史。10月23日，兴泉铁路兴国至宁化段先期开工段开工建设。路全长7.02公里，投资概算3.13亿元。

（供稿：吴元昊）

信息化建设

【概况】 2016年，县经信局加强信息化建设，实施一批企业机器换工计划，鼓励"4+1"产业龙头企业推广使用高档数控机床、智能工业机器人，节约人力资源，降低生产成本，助推产业结构转型。全县规模企业实施"机器换工"60台（套）以上。其中福特科光电通过应用机械手50多台，节省员工近百人。推进企业创新平台建设，鼓励企业申报省、市级企业技术中心认定。奔鹿纺织、翠云茶业、泓佳服饰等企业申报"两化融合"示范企业；鸿丰纳米申报市级企业技术中心。引导和支持企业开展"产学研"对接，实施两化融合，提升信息化水平，增强工业持续发展内生动力。福特科公司与哈尔滨工业大学合作开发的智能光学镜片抛光机、精磨机完成样机制造，进入生产调试阶段。

【完成首个数字家庭示范村建设】 2016年，曹坊镇石牛村与县广电网络公司合作，开展数字家庭示范村建设，全村719户实现有限电视线路及光纤入户，有线电视和光纤宽带全覆盖。首期示范家庭完成61户，其中，3个示范户、3个经济户、5个重点户、50个体验户。曹坊镇石牛村成为全县第一个数字家庭示范村，项目在推动农村信息化进程同时，也助推农村精准扶贫开展。

（供稿：刘春海）

邮政业（含速递、邮储）

【概况】 2016年，邮政宁化分公司下辖邮政金融、邮务类五大专业（报刊、集邮、函件、电商与分销、快包）和城乡16个服务机构（班组、支局所），实现邮政业务总收入3211.30万元，累计比增9.80%；收支差额累计完成970万元，完成年计划的100.4%。城关邮路里程新增12.90公里，邮路总长2116.8公里。加强渠道建设，新增POS缴费机器布入供电所6户，实现代缴电费增加560余万。

【代理业务稳步发展】 2016年，邮政宁化分公司代理金融余额净增5600万元，比2015年增加600万元；代理银保业务实收保费3300万元，比2015增加300万元；理财业务全年销售5500万元，比2015增加500万元。

【报刊发行业务】 2016年，邮政宁化分公司投递党报党刊189.30万份，其他报刊份108.80万份。订阅报纸435万份，杂志23.3万份，报刊期发数50万份，报刊流转额579.5万元。

【集邮业务】 2016年，邮政宁化分公司向社会发行集邮册2300套。配合县委宣传部在北山革命纪念园举办《中国工农红军长征胜利80周年》纪念邮票首发式。

【邮政电子商务业务】 2016年，邮政宁化分公司依托福建邮政农村电商创展平台"邮掌柜"系统、福建邮政优惠购平台集聚大量中小微企业，为中小微企业提供分销渠道拓展、O2O营销策划、物流寄递、金融融资等综合服务，累计销售额超38.80万元。同时组织培育本地电商跨境卖家，培育跨境电商加盟卖家15家。

【邮政函件】 2016年，邮政宁化分公司营销各类函件18.7万件，其中国内出口平常函件17.7万件。继续开展"百万善款——韬奋书屋"等项目，资助宁化县留守、贫困学生3200余名。

【邮政快包】 2016年，邮政宁化分公司通过大宗客户走访及单位协议客户维护，新增大客户4家。投递各类包裹4.73万件，实现快包收入60余万元。

【举办长征纪念邮票首发式】 10月22日，邮政宁化分公司配合县委宣传部在北山革命纪念园举办《纪念中国工农红军长征胜利八十周年》邮票首发式，纪念中国工农红军长征胜利八十周年。首发式发行《中国工农红军长征胜利八十周年》纪念邮票1套6枚，图案内容依次为：长征出发，遵义会议，四渡赤水，过雪山草地，胜利会师和缅怀先烈、不忘初心、走好新的长征路。

（供稿：黄珍）

电　信

【概况】　2016年，县电信局完成主营业务收入4098万元，新增天翼用户1607户，固网宽带年净增2592户。

【业务发展】　2016年，县电信局针对各年龄阶段客户，推出新年办理翼支付绑银行卡送30元代金券，翼支付年货街线上线下满100元返40元代金券；"定位宝贝，关爱成长"，租儿童腕表每月5元；"约惠女神节，宽带升级日"，办理融合套餐宽带提速免费，天翼高清电视免费看；年缴600元以上（含1000元）2年、融合69元及以上套餐宽带提速50M现资费调整仅需300元／年，网龄五年以上可享五折，提速50M仅需150元；宽覆盖全县20M以下宽带免费提速到20M，宽带新老用户免费赠送一张一年用12G流量天翼4G体验卡（含每月1G省内流量+50分钟语音+50条短信+来电显示）；助力高考，凭准考证购买品牌机，赠送宽带ITV，送12G暑期流量；29元套餐，享400条点对点短信、4096MB手机上网流量、200小时无线Wi—Fi上网，400分钟赠送通话时长；189元套餐，不限流量；169元=5G超大流量+100M光宽带+高清智能ITV+1200分钟等业务服务。

【窗口服务】　5月17日世界电信日，县电信局营业厅及各门店推出多款4G品牌机型，价位直降500元起，为3G升4G换机客户提供多元化服务；与主要超市、电器商携手宣传天翼高清、光宽带，新购机办理套餐装ITV送宽带提速服务；加入天翼4G新套餐可享超大语音，超多流量，超快网速全家共享，光宽免费提速至20M，12G流量大回馈等服务。

【实现电话实名率100%】　2016年，根据最高人民法院、最人民检察院、公安部、工业和信息化部、中国人民银行、中国银行监督管理委员会等六部门9月23日联合发布《关于防范和打击电信网络诈骗犯罪的通知》精神，县电信局落实电话实名制工作，至12月底，全部电话落实实名制，实名率100%。

【通信建设】　2016年，全县16个乡（镇）210个建制村中，有167个建制村建设开通FTTH（Fiber To The Home：光纤到户），覆盖率79.5%，较2015年年底提升40%，城区实现光网络全覆盖。至11月，新建4G基站47个，100%完成建设部建设指标，共计开通222个4G基站，4G信号覆盖率60%。与县综治办、县公安局从2007年开始合作的建设视频监控项目"全球眼"，至2016年已覆盖平安城市、景区、林区、校园等空间，2016年新增枪机、球机高清视频监控65路，实现监控一体化，管理统一化。截至2016年年底，宁化县正在使用的全球眼共有333路，其中城关288路、乡（镇）45路。

（供稿：庄小清）

移 动 通 信

【概况】　2016年，县移动公司各项业务稳步增长。主营业务收入9269万元，比2015年增长1.30%。客户14万户，宽带用户1.40万，依然保持区域内通信运营商主导地位。

【网络建设】　2016年，县移动公司新建基站197个，其中LTE基站176个（微站20个）、2G基站21个，累计光缆皮长公里数1358.25公里。基站主设备替换（3/4G共用设备）2个，完成基站扩容56个。解决农村弱覆盖点158处、城区弱覆盖点39处。新增烽火660、680各6套，烽火640设备18套，并全部投入使用，共承载近450个LTE基站。月均宽带有线宽带上门开通及时率100%，维护处理率99%。

【集团业务】　2016年，县移动公司建成宁化供电大楼及13个乡（镇）无线WLAN覆盖，为整个宁化供电系统提供智能化无线上网服务。为宁化县教育局43所学校提供视频监控及一键式报警器设备建设，通过公司86条传输专线进行联网，为宁化县教育局43所学校提供有效、便捷、快速的安全保障。

【优质服务】　2016年，县移动公司持续深化优质服务，执行首问责任制原则，严控投诉回复时长，按照公司对外承诺的服务标准，保证首次回复时限不超过48小时，针对客户反映的热点、难点问题予以解决并及时公布。"3·15"期间开展服务提升和传播沟通活动，发送各类宣传单500余份，接受咨询80余次，客户满意度得到改善和提升。

【防范打击电信网络诈骗】　2016年，县移动公司严格按照公安部要求，开展人证合一实名制入网，年内实名制率100%。加强防范打击电信网络诈骗宣传工作，发放各类宣传单页累计8000余份。

（供稿：张雨薇）

联 通 通 信

【概况】　2016年，县联通公司围绕"聚焦资源，迅速推动4G发展上规模"主线，积极推进机制体制创新，推动公司面向移动互联网时代的发展转型。全力抢补基础短板，网络、终端、渠道、服务、IT等基础能力显著提升。

【市场经营】　2016年，县联通公司聚焦流量营销、融合拓展，项目深耕、迁转4G，扩规模、提价值、腾资源，加快重点区域4G网络建设，实现聚焦区域4G网络质量行业相当，全力驱动全网通双卡槽手机普及，终端供应快速改善。通过流量精准释放，加快2G/3G用户向4G升级，激发移动数据流量快速增长；强化4G、固网宽带、视频及应用等融合经营，相互拉动，协同发展。年内终端合约用户占比新增25%以上。

【网络建设】　2016年，县联通公司通过聚焦重点区域和4G、固网宽带等重点业务，深入推进合作共享，以精准、高效投资打造匠心网络。年内完成3G基站128个，增补高速3G基站8个，新建4G基站20个。固网宽带新增端口3872个，实现网络覆盖、速率和信号质量行业相当，固网宽带升级提速稳步推进。

（供稿：余露萍）

商贸业·旅游业

◆编辑：雷继亮

综　述

2016年，全县完成社会消费品零售总额35.21亿元，比2015年增长12.10%，居全市第3位，其中限上企业零售额18.64亿元，增长14.10%，居全市第5位。限上批发业销售额11.39亿元，增长21.20%，居全市第5位。利用外资实际到资1132万美元，增长14.20%，居全市第2位。外贸出口完成12.87亿元，增长7.20%。电子商务交易额完成8.76亿元，其中网络零售额完成5.50亿元。电商企业123个，住宿、餐饮企业43家。年内，宁化县旅游接待海内外游客211万人次、旅游业总收入19.63亿元，分别比2015年增长30.25%、34.63%。宁化县被列入"重走长征路"国家红色旅游精品线路。

（供稿：张舒宁、邹桂秀、王彩英）

市 场 建 设

【概况】　2016年，宁化县完成各类市场建设投资6.75亿元。基本建成城西片区，面积约750平方米的翠华山农贸市场和城东片区，面积约460平方米的泗竹坑农贸市场、冷冻食品加工及配送中心、闽赣红木家具市场、汽车维修中心、有色金属制品总部经济建设、城区中心农贸市场、淮土农贸市场、钨精配送中心、化工仓储物流中心、城区中心农贸市场、曹坊翠南商贸中心等项目正有序推进。

（供稿：邹桂秀）

商 务 执 法

【概况】　2016年，县商务局加强商务综合执法，开展商务执法检查，多次与县安监、县消防大队、县市场监督管理局等相关部门联合对全县成品油经营、商场（超市）、批发市场、餐饮住宿场所（不含星级酒店）、报废汽车拆解场等商贸重点企业进行安全隐患排查，并将排查结果建立安全检查台账，全面掌握流通领域安全生产工作情况。县市场监督管理局立案查处各类违法违章案件222起，罚没入库140.20万元。其中，涉及工商行政管理职能案件130起、食品药品监督管理职能案件71起、质量技术监督职能案件21起。全县市场秩序平稳有序，未出现安全事故。

【成品油市场监管】　2016年，县商务局着力加强成品油市场监管工作，开展年度成品油经营资格年检换证工作。加强加油站专项治理，对全县28家加油站的站容站貌、证照手续、进货来源、油品质量、加油计量、纳税情况、安全生产等进行实地检查。9月，县商务局会同三明市、清流县、建宁县、沙县商务行政综合执法支队对全县15家民营加油站进行成品油经营情况专项执法检查，发现河龙加油站将经营权外包。县商务局对其作出立即停止违法行为，并处行政处罚1万元的处罚。

【安全生产】　2016年，县商务局商务行政综合执法大队先后对永辉超市、新华都超市、厦商百货、客家宾馆、迎宾大酒店等企业开展安全生产大检查。6月16日，在永辉超市开展消防安全演练，各重点商贸企业安全生产负责人到场观摩演练。全年排查安全隐患23处，整改23处，下发整改通知书6份，整改率100%。年内，全县商务系统未发生安全生产事故。

（供稿：张舒宁）

【市场整治】　2016年，县市场监督管理局开展"春季打假保春耕""保夏护秋农资打假"等红盾护农行动，检查农资经营户415户次，发放宣传资料300余份，抽检农资经营户化肥品种19个，其中不合格品种2个，抽检合格率89.5%，办结农资案件18起，罚没7.72万元。开展旅游、银行、电信等行业合同格式条款专项整治，检查相关企业37户次，查处利用格式条款侵害消费者权益案件2件，罚没1.2万元。开展成品油专项整治，检查加油站20户次，抽检样品20个，其中不合格样品4个，立案5起，罚没70630元。强化网络市场监管，重点整治网络交易平台商标侵权、销售假冒伪劣商品、虚假宣传、刷单炒信等突出违法问题，完成网络经营主体信息采集16174户，在网上检查各类网站、网店268个次，实地检查网站、网店经营者60个次，立案查处网络违法案件4起，罚没2.04万元。开展公用企业限制竞争和垄断行为专项执法行动，查处不正当竞争案件2起，罚没1万元。开展规范直销打击传销行动，"无传销县"创建工作取得实效，宁化县被省工商局评为2016年全省创建"无传销县"省级达标单位。打击侵犯知识产权和制售假冒伪劣商品，查处商标侵权案件1件，罚没1.2万元。开展定配眼镜、钢筋混凝土输水管等产品质量专项整治，查处产品质量违法案件11件，罚没7.47万元。查处广告违法案件39件，罚没15.62万元。"餐桌污染"专项整治中，检查食品生产企业96家次，立案查处食品案件48件，结案43件，罚没62.89万元。联合公安部门查处生产销售"竹筒酒"违法行为，共取缔生产窝点7个，查处销售单位2家，提供运输服务的快递公司3家，没收竹筒酒2万余瓶，原料基酒1吨，立案5起，罚没16.50万元。

【受理消费者投诉举报】　2016年，县市场监督管理局受理消费者咨询、投诉、举报736件。其中，受理消费者投诉案件357件，办结357件、办结率100%；为消费者挽回经济损失29.25万元。受理各类举报案件46件，办结46件，办结率100%，开展"诉转案"工作，通过消费诉求筛查案源线索7条，移交办案机构立案查处1件，罚没1.65万元，引导当事人申请法院司法确认6件。

（供稿：曾　婷）

批发零售餐饮住宿业

【概况】　2016年，全县完成社会消费品零售总额35.21亿元，比2015年增长0.27%，增幅居全市第3位。其中，限上企业零售额18.64亿元，增长-0.11%，增幅居全市第5位。限上批发业销售额11.39亿元，增长21.2%，增幅居全市第5位。纳入限上统计商贸企业101家（含限上法人商贸企业71家及2016年新增，2016—2017年开始纳入统计限上企业14家，关停退出7家），其中，零售业48家、批发业10家、住宿5家、餐饮业38家。

【抓好"菜篮子"工程】　2016年，县商务局引导2个省控副食品生产基地、56个县控副食品基地加大基础设施投入，积极发展无公害、绿色和有机产品，扩大种植养殖规模和品种，提高生产能力和抗灾能力。加强对市场的监测，及时掌握副食品等重要生活必需品市场供应和价格走势，特别针对两节期间市场价格可能产生的异动，及时启动应对措施，发挥城市副食品价格调节基金作用，有效调控市场，确保生活必需品不脱销、不断档，保障居民基本生活和社会稳定。

（供稿：邹桂秀）

电子商务

【概况】　　2016年，全县电子商务交易额8.76亿元，比2015年增长41.30%；网络零售额5.50亿元，增长29%；电商企业123个。

【"村淘"发展迅速】　　1月15日，宁化县阿里巴巴农村淘宝项目上线，加入"村淘"项目商户由最初的32家发展到年底42家，16个乡（镇）实现"村淘"全覆盖。至年底，累计承接淘宝订单14万单，总交易额1600万元。宁化"村淘"2016年首战"双11"，交易额255万元，期间，一辆成交金额为11.199万元的长安CZ75小轿车在安乐镇"村淘"服务站顺利下单。

【电商产业园建设】　　2016年，宁化38家电商企业入驻电商产业园，从业人员近300人，园区内网络年销售额2000万元以上企业1家，500万元的2家，200万元的3家。其中，农产品电商企业13家，自媒体、外送平台电商企业5家，日用品、保健品电商企业9家，鞋服类电商企业4家，茶叶类电商企业4家，文化类电商企业2家。五谷丰登、金糯薏米、河龙贡米、田园牧哥、小蜜蜂等电商企业特色明显，网销薏米、河龙贡米、茶油、笋干、红菇、土鸡蛋、红豆、茶叶、辣木茶等宁化县农副土特产品。

【加强电商人才培训】　　2016年4月—8月，县商务局举办为期三个月的第二期电子商务人才孵化班，培训孵化74人。到年底，孵化班学员出单数20625单，总交易额116.80万元，已注册电子商务企业23家。团县委和乡（镇）等部门也相继开展电商业务知识培训，累计培训1000多人次。11月10日—19日，县商务局和宁化县鼎德网络有限公司在县电商产业园联合举办宁化县首期电子商务创业实训提高班，37名学员参加培训，为期10天，学员大多来自电商创业人才孵化班优秀学员及返乡创业电商经营者。重点培训"双12"策划、美工制作、网店开设流程、网络营销技巧和跨境电子商务知识等5大版块内容，提升学员电商创业能力。

【阿里巴巴首批32家村淘服务站同时开业】　　2016年，阿里巴巴在宁化县1000人以上的村庄设立村级服务所，公开招募和遴选农村淘宝商合伙人32家，覆盖除翠江、方田外的乡（镇）。阿里巴巴为村级服务站提供电脑、液晶电视等硬件设施，村级服务站主要提供代买和代卖服务。代买，主要帮助村民选购合适的商品，代收货物，提供退货换货服务；代卖，主要代卖特色农副产品，负责代发货和代收款。1月15日，宁化县首批32家村淘服务站同时开业。村淘服务站在提供村级购物、农产品交易等便民服务同时，也拓展了农村消费市场和产品销售渠道，把乡（镇）特色农产品外推，让村民借助互联网致富增收。

【宁化县"农村淘宝"项目启动仪式举行】　　1月18日，宁化县阿里巴巴"农村淘宝"项目启动仪式在电子产业园（宁化县O2O体验中心）举行，县长余建地、阿里巴巴"农村淘宝"福建大区总经理兰彦晖等共同为首批32家"农村淘宝"合伙人授牌，并按动水晶球启动农村淘宝项目，正式拉开全县农村电商发展工作序幕。阿里巴巴"农村淘宝"项目成功落户，将助进宁化经济转型、产业升级，促进"网货下乡""农产品进城"双向流通，进一步做强特色农业产业和商贸物流，提高农民收入，推进城乡一体化，实现经济社会转型升级和创新发展。

1月18日，宁化县阿里巴巴"农村淘宝"项目启动仪式在电子产业园举行

（县商务局　供）

【县首届电商招商大会举行】 为加快电子商务进农村项目的实施，充分利用互联网+的销售优势，让线下生产企业、经销商、批发商融入O2O营销模式，让商品24小时不停歇的展现与销售，更加便捷实惠地将日用百货、家电、农资农具等商品推广至农户手中，提高农村生活质量，解决快递运输"最后一公里"难题。8月29日，县商务局、阿里巴巴农村淘宝、宁化翠城网、启航电子商务有限公司在县电商产业园联合举办首届本地电商转型招商大会，助力当地商家线上O2O转型。该次招商大会是农村淘宝在全国首次结合当地资讯平台做的互联网转型活动，招商项目包括服装饰品、家电、百货粮油、家装家具、农资农具、汽摩类等。

8月29日，宁化县首届当地电商转型招商会在县电商产业园举办

（县商务局 供）

（供稿：孙杰）

商业系统商贸流通

【概况】 2016年，宁化县商业总公司与宁化县商业行业管理办公室继续实行"两块牌子一套人马"体制，下辖的县饮食服务公司，为全民国营企业，主要经营餐饮、宾馆客房服务、国有资产运营。年内，县商业总公司协助屠宰场（位于城南乡伍家坊村的拱垄坑、狗子老山地）管好国有资产经营管理，促进牲畜定点屠宰管理工作有序运行。对宁化宾馆（都市118）进行全面升级改造。做好总投资

600万元的宁化大酒家及宁化宾馆停车场项目前期建设工作。

【加强资产管理】 2016年，县商业总公司以强化国有资产保值升值管理为中心，强化资产管理，加强资产管、用、修、养等全过程的综合管理，提高国有资产的完好率和使用率。

（供稿：吴进生）

物资系统商贸流通

【概况】 2016年，宁化县物资总公司与宁化县物资行业管理办公室、福建省三明山海民爆物品有限公司宁化分公司继续实行"三块牌子一套人马"运作模式，开展全县民爆物品购销、储存、配送统一服务，同时为民爆物品仓储和使用提供技术指导、咨询服务。实现全年安全生产无事故。

【民爆物品经营】 2016年，受经济下行影响，宁化县涉爆项目民爆物品用量减少，销售炸药746.71吨、工业雷管7.04万发，分别比2015年下降14.18%、3.69%；销售工业导爆索19.35万米，增长0.26%。

【推进安全生产标准化建设】 2016年，县物资总公司投入6.90万元改善安全生产条件，推进企业安全生产标准化工作升级达标。12月，市经信委、县经信局和相关专家对三明山海民爆宁化分公司进行安全生产标准化达标复评，综合得分91.90分，复评结果为达标（优秀）级，比2015年考评提高1.90分。

（供稿：罗皓春）

粮食系统商贸流通

【概况】 2016年，宁化县粮食局（简称县粮食局）落实粮食安全省长责任制工作，加强粮食市场监管，加强危仓老库维修改造与粮食仓储管理，争创

优质"四无"粮仓。年内完成直补订单粮食收购任务20300吨，与河龙贡米有限公司联营收购"河龙贡米"优质稻5312吨；销售粮食19857.75吨，销售收入5953.67万元，实现盈利5.40万元。

【粮食收购】 2016年，县粮食局与全县12个乡（镇）130个村9856户农民签订订单粮食收购合同。全县储备粮直补订单收购任务20300吨，其中，省级储备粮订单16500吨（省储备粮管理公司委托代收10000吨、闽粮购销有限公司委托代收6500吨）、市级储备粮订单1100吨（市粮食购销公司委托代收500吨、荆西粮油储运站委托代收600吨）、县级储备粮订单2700吨。省、市二级储备粮直补订单比2015年减少1100吨。2016年秋粮市场粮食交易价格低于国家制定的最低保护价，宁化县及时启动订单粮食收购保护价机制，按138元/50公斤保护价向种粮农户收购订单粮食，直补订单粮食补贴农户12元/50公斤。

【市场监管】 2016年，县粮食局开展粮食流通政策法规宣传，世界粮食日期间，与市粮食局联合举办粮食流通政策法规宣传活动，发放宣传资料、与群众现场互动，普及粮食储存技术、粮食营养知识，发放宣传资料1000余份。依法依规开展行政许可，简化申报程序，压缩审批时间，提高办事效率。截至2016年年底，全县取得"粮食收购许可证"的粮食经营企业37家，其中国有粮食企业2家、私营企业和个体工商户35家。加强粮食流通市场检查。组织开展国有粮食企业春秋两季库存粮食安全普查，对私营粮食经营企业开展粮食经营统计台账、粮食收购资格和粮食收购质量检查，着力规范县粮食流通市场秩序。加强"餐桌"污染治理，按照"餐桌"污染治理要求，对粮食经营、加工企业粮食收购质量和储备粮轮换销售出库质量进行抽样检测，把好入市粮食质量关，确保粮食品质。

【"粮安工程"建设】 2016年，宁化县向省上争取"粮安工程"危仓老库维修改造资金640万元。9月完成对直属粮库、水茜本点和安远江上三个库点（三个库点共有仓容31838吨，占全县有效仓容量的70%左右）的仓库屋面、库区地面等维修改造，同时完成地上笼、电子测温系统的设备购置。

【创新产销协作】 2016年，为缓解河龙贡米公司仓容和资金压力，保护农民种粮积极性，县粮食局发挥仓储、资金和人力资源优势，探索企业发展路子，拓展经营业务，与河龙贡米公司达成合作意向，双方出资，购销公司提供仓容和人力技术，收购河龙贡米优质稻5312吨（210元/50公斤），建立了国企与私企合作新模式。

【争创优质"四无"粮仓】 2016年，县粮食局履行储粮管理监管职责，组织开展春秋两季粮食库存普查，确保库存粮食数量真实，品质良好。加强粮仓基础设施建设，配置地上笼、电子测温系统，开展保管员粮食保管理论知识培训，推广使用科学储粮和环保储粮新技术，提高储粮保管水平，积极争创优质"四无"粮仓（无害虫、无变质、无鼠雀、无事故）。

（供稿：罗金波）

供销系统商贸流通

【概况】 2016年，宁化县供销合作社联合社（简称县供销社）实现商品销售总额95489万元，比2015年增长26.63%；农副产品购进8806万元，增长27.99%；日用消费品零售48023万元，增长31.61%；农业生产资料销售10776万元，增长6.66%；实现利润144.4万元，增长16.12%。

【积极推进综合改革试点工作】 2016年，县供销社根据《中共宁化县委、宁化县人民政府关于深化供销合作社综合改革的实施意见》《宁化县供销合作社综合改革试点行动方案》，选择湖村供销社作为综合改革试点单位，通过推行"基层社+农民专业合作社+农户"产业带动模式，先后牵头领办、创办汇茗地瓜粉、增坎蔬菜、粮安水稻3个农民专业合作社。试点合作社坚持"服务成员，谋求共同发展"原则，组织科技培训，为成员提供农业生产资料的统一采购，降低生产成本；引进推广经济效益明显的紫薯新品种，实行农产品的统一种植；由庄稼医院专业技术人员进行有针对性专业技术指导，按照国家标准统一购进农药、统一喷洒施用，实行农产品统一管理和病虫害防治；与福州、厦门、泉州等多家客商建立长期供货关系,实行农产品联合统一销售。截至年底，湖村供销社有社员380余人，种植面积2800多亩，社员人均纯收入5.56万元，合作社经济效益和社会效益稳步提升。

【创新服务模式】　2016年，县供销社组织实施农业社会化服务惠农工程，创新农资经营服务方式，推进技物结合，积极推广测土配方施肥用药。不定期邀请生产厂家技术人员到宁化开展专业知识技术培训，指导农民科学施肥用药。全年举办6场新肥、新药推广培训会，以会代训380余人。7月，组织省农资集团三明分公司、山东金正大生态工程、瑞士（中国）先正达、北京燕化永乐生物科技、广西农博士新型肥业等公司及湖村庄稼医院技术人员在湖村镇街上开展农资科技下乡服务活动，现场接受农民群众业务咨询500多人次，发放农资科技宣传材料800余份，免费赠送各种农资产品300公斤，价值3000余元。

【发展电子商务】　2016年，县供销社抓好县域电子商务平台建设，以联合合作方式组建宁化县云商乐分享电子商务有限公司。积极与三明市千合电子商务有限公司沟通协商，做好与市供销社电子商务平台对接工作。8月，联合县商务局在电子商务产业园设立特色农产品展示展销中心。实施基层网点信息化，增设信息设备，开通网络，开展电子商务。利用农业系统信息进村入户建设契机，与农业、电信部门合作，建立100家益农信息社，开展农业公益服务、便民服务、电子商务服务。联合县农业局、电信公司、成功村镇银行及运营商，共同举办农村电子商务培训班，培训基层网点信息员、运营商及服务商等100多人。

【做好信息服务】　2016年，县供销社新建信息服务点2个，发挥农产品信息服务中心作用，完善信息发布平台，年内开展市场预测、预报586次，发布各类商品供求信息625条，累计通过网上发布商品供求信息促成商品成交额7325万元。

【完善综合维修服务体系】　2016年，县供销社实施农村社区综合维修服务体系改造提升工作，进一步拓展经营服务领域，打造淮土农村综合维修服务站、中沙农村综合维修服务站和凤山农村综合维修服务点等一批具有代表性、示范性服务窗口，健全完善县、乡、村三级综合维修服务网络。年内建成农村社区综合维修服务中心1个、农村社区综合维修服务站13个、综合维修服务点17个。

【重建基层社】　2016年，县供销社重点抓好基层社空白乡（镇）的重建工作，通过开放办社，吸引涉农经济组织成为基层社成员单位，形成履行供销社服务宗旨的紧密经济组织。加大对水茜社的扶持力度，通过盘活存量资产、恢复经营业务、提高服务功能等形式进行改造，提升基层社自我发展和服务水平。年内，县委、县政府在推进基层社改造方面给予大力支持，对处于零资产的泉上、安乐、治平、石壁、济村、方田、中沙、河龙、城南等基层社，要求所在地乡（镇）政府负责解决基层社办公用房，安排1名乡（镇）干部兼任基层社工作。年内完成9个零资产乡（镇）基层供销社的恢复重建，实现全县基层社乡（镇）全覆盖。

【发展合作社组织】　2016年，县供销社围绕县主导产业和名特产品，引导农民经纪人、产销大户和社会力量组建专业合作社，推动农业产业化经营，实现专业合作社与农副产品的产销对接，搞活农副产品流通，拓宽市场销路，提高农产品市场竞争力，助推农民增收致富。年内新发展农民专业合作社11个、农民专业合作社联合社1个、专业协会1个。其中，淮土五福亭畜禽养殖专业合作社坚持"合作社+基地+农户"农业产业化发展之路，发展养羊专业户200多户，户均增加年纯收入1.3万元，带动农户特别是近20多家贫困户增收致富，助推农村精准扶贫，同时带动辐射周边县、市的宁化山羊养殖。年内县供销社推荐淮土五福亭畜禽养殖专业合作社申报全国供销合作总社农业综合开发项目，并通过中华全国供销合作总社专家评审组评审，成为全省供销系统同类项目获全国供销总社支持的三家合作社之一。

【加快社有企业发展】　2016年，县供销社深化社有企业改革，增强社有企业发展活力和为农服务实力，构建社有企业支撑的经营服务体系。加快经营机制创新，推进投资主体多元化，发挥系统的联合合作优势，增强社有企业经营活力和市场竞争力。强化社有企业资产监管，根据依法治企需要，聘请常年法律顾问，对房租拖欠户进行维权清缴，切实维护好企业资产，提高企业资产运营效益。

（供稿：马永生）

烟草专卖

【概况】　2016年，全县种植烤烟7280公顷（10.92万亩），种烟户数7782户，户均规模0.94公顷（14.03亩），计划收购烟叶25.85万担，实际收购烟叶21.02万担。上等烟比例59.92%，4C烟叶比例18.58%。担烟均价1592.50元，实现烟叶总产值5.72亿元，烟农种烟收入3.49亿元，烟叶税7353.71万元。烟农收入、收购量、上等烟比例、4C烟叶比例、烟叶税五项指标均高于2015年。

【卷烟销售】　2016年，福建省宁化县烟草专卖局（分公司）（简称县烟草公司）销售卷烟9003箱，比2015年减少797箱，下降8.14%。销售金额2.40亿元，减少1579万元，降幅6.18%；条均价106.56元/条，增加2.22元/条，位居全市第三。全县卷烟销售继续呈现销量下降，结构提升态势。

【专卖管理】　2016年，县烟草专卖局出动打假打私1055人次，查获涉烟案件31起、涉案卷烟2550.20条、烟叶39.88吨，罚没款5920.40元；7人因非法收购烟叶涉嫌构成非法经营罪被依法刑事拘留；5人因非法经营罪被判缓刑。累计受理行政许可申请176份；管理类事项申请办理164份；办理歇业申请110份；取消经营资格1户；查处无证经营卷烟户29户。全县卷烟市场净化率始终保持在97%以上，许可证有效使用率100%，卷烟零售客户综合满意率100%。

【烟基建设】　2016年，县烟草公司完成2015年度烟田基础设施建设项目205项，共投入资金2496.39万元。其中，烟水路常规项目73项，建设资金1219万元；水毁项目131项，建设资金794.39万元；高标准烟田土地整理项目1项，投入资金483万元，受益土地面积160公顷（2400亩）。烟基水源工程：泉上东坑水库7月通过竣工验收并投入使用，黄山寮水库主体工程11月底通过完工验收。新建泉上烟草站项目6月完工并投入使用。完成涵盖15个烟草站点、27个单项年度零星修缮工程，累计投资180万元。

【东坑水库通过验收】　7月15日，位于泉上镇青瑶村东坑水库及灌区配套工程通过完工验收。东坑水库及灌区配套工程是宁化县申报的第一批烟草水源工程项目之一，总投资7860.88万元，其中中国烟草援建资金5415.61万元。项目主要包括水库大坝枢纽、引水系统、灌区配套渠系建筑物等，其中大坝高38米（最高40.5米）、长132米，引水隧洞长2.86公里，干渠长5.1公里，流域面积9.71平方公里，总库容量290.57万立方米。东坑水库是一座以灌溉为主兼生活供水综合利用的小（一）型工程，2012年9月底开工建设，2014年3月引水隧洞贯通，2014年底大坝主体工程基本建成，2015年4月溢洪道完工，2015年10月引水隧洞完工，2015年12月完成金属结构设备安装调试和库区清理并通过验收，2016年1月26日通过下闸蓄水验收，3月5日下闸蓄水，6月15日首次溢洪。水库的建成解决了镇区及周边泉上、联群、谢新等村的生产、生活用水水源不足的问题。

（供稿：伍臣运）

7月15日，东坑水库及灌区配套工程完工验收会议召开

（张瑞兰　摄）

进出口贸易

【概况】　2016年，宁化县外贸出口完成12869万美元，比2015年增长22.41%。其中，生产性出口661万美元、流通性出口12208万美元。全年，宁化县新增三明市森科贸易有限公司、宁化县婉美竹业科技有限公司、宁化盛兴阳贸易有限公司、宁化创君辉贸易有限公司、宁化县淮土镇油茶专业合作社五家外贸备案登记企业。

【助推进出口贸易】　2016年，县商务局促进生产型企业做大自营出口。针对县生产型企业自营出口比重低现象，对现有的隆纺服饰、联创精工、鑫源木业等主要自营出口企业在政策、资金、技术、信息等方面给予支持和帮助。对福建省宁化县联创精工竹木艺品有限公司、宁化县鑫源木业有限公司等企业参加重点展会展位费实行补助；对福特科光电、利丰化工等出口供货企业，引导企业将出口的地产品回归宁化县出口；鼓励月兔空调企业产品开拓国际市场，全力协助企业做好报关、商检、退税等各项服务。鼓励企业赴省外、国际性展会、境外重点市场参展，利用展会平台抓商机、抢订单、拓市场。

【出台扶持电子商务发展实施意见】　为进一步发挥政府对产业发展政策的引导作用，加快经济结构调整和发展方式转变，促进县电子商务发展，1月26日，县政府出台《宁化县人民政府关于扶持电子商务发展的实施意见》（宁政〔2016〕7号）。明确了扶持对象、培育经营主体、鼓励创新创业、支持平台建设、推动行业集聚、加强人才培养、服务体系保障等。意见鼓励国内外大型电子商务企业、物流企业到县投资。鼓励本科以上毕业生、返乡电子创业人才在县内从事电子商务工作。鼓励创新研发。支持产品质量可追溯体系建设。支持跨境贸易电子商务发展。鼓励电子商务企业入驻县政府统一规划的电子商务园区。鼓励电子商务企业引进电子商务高级人才。推进组建电子商务协会。从2015年开始，县级财政每年安排第三产业专项资金1000万元，用于加快推进电子商务与支撑体系的同步协调发展，重点用于扶持和奖励电子商务企业集聚发展、电子商务公共服务平台建设、电子商务应用、本地网络名优特品牌创建、电子商务示范工程建设、电子商务培训与孵化、物流快递业和电子商务配套服务业建设等方面。

（供稿：黄　榕）

旅　游　业

【概况】　2016年，宁化县旅游局向上对接并争取省、市旅游政策与旅游资金支持，客家祖地二期建设项目、天鹅洞群风景区（国家地质公园）旅游基础设施建设项目分别获批国家开发银行旅游项目建设资金贷款和专项建设基金4.15亿元。11月，宁化县被列入"重走长征路"国家红色旅游精品线路，鹫峰寨生态农庄获评省三星级乡村旅游经营单位。全年，宁化旅游接待海内外游客211万人次、旅游业总收入19.63亿元。

【争取资金扶持】　2016年，宁化县旅游局主动对接省、市扶持政策，积极申请关于旅游扶贫和乡村旅游富民建设专项资金。获省旅游发展专项补助金150万元。组织国家旅游扶贫试点村——石壁镇杨边村、泉上镇谢新村参与国家旅游局旅游规划扶贫公益行动，并完成两个村旅游扶贫规划（策划）。加强与国家开发银行对接，通过天鹅洞群风景区（国家地质公园）旅游基础设施建设项目、客家祖地二期建设项目争取旅游项目建设资金贷款和国家专项建设基金，年内客家祖地二期建设项目、天鹅洞群风景区（国家地质公园）旅游基础设施建设项目分别获批国家开发银行旅游项目建设资金贷款2.40亿元、1.60亿元，天鹅洞群风景区扩建项目获批专项建设基金1500万元。同时，向上级国土、住建等部门申请国家地质公园专项补助资金，助推旅游项目建设。

【多渠道旅游营销宣传】　2016年，宁化县旅游局利用传统媒体和新媒体宣传平台，开展系列营销宣传。先后策划或协办"敬祖睦宗·祁福子孙"客家民俗文化体验游系列活动、"七夕缘·游祖地"文化旅游节、"骑聚红土地·重走长征路"中国宁化山地自行车骑游文化节、宁化国际美食（小吃）节、"风情客家行·丰收民俗游"等节庆活动，并出台淡季旅游营销办法，助力提升宁化旅游影响力和游客量。

【提升旅游服务技能】　2016年，县旅游局为提升旅游接待服务质量，加快推进县文化旅游新区建设和旅游文化产业发展，组织举办或参加多项赛事和培训。9月举办"中国梦·劳动美"2016年旅游从业人员风采大赛；12月组织开展文化旅游产业发展专题培训；在9月举办的三明市导游风采大赛总决赛中，宁化选手获二等奖，县旅游局获优秀组织奖；在参加"悠然三明"特色美食烹饪赛中，宁化客家宾馆菜品获二等奖。

【宁化县入选"惬意踏春十佳"】　12月3日，在深圳举行的第三届中国（深圳）国际旅游博览会国际候鸟健康旅居产业论坛上，三明市10个县（市）获得"中国候鸟旅居县"称号，其中宁化县入选"惬意踏春十佳"。

相关链接：　"候鸟旅居县"，是气候生态环境宜游宜居目的地的代名词，主要以气候、物候资源对旅居活动的不同影响为导向，将不同特色的代表性候鸟旅居县域（包括县级市、区）细分为"温暖猫冬、凉爽消夏、清新御霾、激情滑雪、温泉康养、惬意踏春、山花烂漫"等24个特色类型，择优向中外旅游者出行热忱推荐，提供参考。论坛由中国（深圳）国际旅游博览会组委会、中国生物多样性保护与绿色发展基金会、诺贝尔奖得主国际科学交流协会、国际候鸟旅居组织IMLO中国委员会和深圳市候鸟旅居研究院共同主办。

【宁化县入选中国自驾游精品路线】　12月，由爱驾传媒携手36家自驾游产业精英联合主办的2016年度评选出的36条国内极致路线、12条海外自驾路线中，宁化客家寻源—探石壁、访苏区自驾游线路入选其中。该线路包含客家祖地参观石壁客家祖地—品味客家小吃—参观宁化革命纪念馆—探寻天鹅洞风景区—探访水茜镇提线木偶。

（供稿：王彩英）

财 政·税 务

◆编辑：雷继亮

财 政

【概况】 2016年，全县公共财政总收入7.47亿元，比2015年增收7492万元，增长11.15％。其中，地方级公共财政收入5.81亿元，增收3363万元，增长6.15％。公共财政支出24.67亿元，增长15.70％。

【攻坚克难抓增收】 2016年，县财政局着力强化收入征管：逐月组织收入调度，抓好重点企业、重大项目、重点税源收入征管；强化非税收入缴交，做到税费应收尽收。大力向上争取资金：争取上级补助收入14.34亿元，争取地方政府新增债券资金3.39亿元，争取地方政府置换债券资金10.78亿元；争取财政部支持，恢复产粮大县转移支付补助。加大资金整合力度，清理各领域"沉睡"财政资金，共计盘活结转结余资金3072万元。

【转型升级促发展】 2016年，县财政局支持做大经济总量，着力打造工业园区平台，推进华侨经济开发区和工业园区建设，提高产业承载能力，促进园区经济发展。支持实体经济发展：整合安排产业发展专项资金1278万元，助推企业抵御经济下行压力；加大减税降费力度，严格执行"营改增"，落实小微企业税收优惠政策，进一步减轻企业税费负担；强化财银合作，综合运用贷款贴息、以奖代补等方式，撬动金融资本加大对实体经济投入。支持产业转型升级：支持重点工业企业技术改造和基础设施建设，兑现增产增效、用电奖励、贷款贴息等

惠企资金，帮扶工业企业发展。支持第三产业发展：投入400万元用于改善旅游基础设施，扶持生态文化旅游产业、红色旅游产业等旅游业发展；打造电子商务平台，推进电子商务进农村，促进商贸物流、"互联网+"等新兴产业发展；鼓励、推动商品房开发和销售，引导房地产市场健康发展。

【集中财力建项目】 2016年，县财政局重视投资拉动，筹措建设资金2.24亿元，新建和改建一批市政道路、给排水管网、绿化亮化等工程，改善城市面貌，提升城市品位。加大公路路网建设投入。筹措各类资金1.59亿元投入交通事业发展，保障农村公路提档升级、村村通客车攻坚工程、纵八线等重点工程建设实施；投入资金7790万元用于铁路建设前期工作和征迁补偿。投入资金2.40亿元，加快推进水土保持、农村环境整治、美丽乡村建设等工作，进一步改善农村人居环境。

【加大民生支出】 2016年，全县民生投入进一步加大，各类民生支出18.01亿元，占财政总支出的73.02％，比2015年增支1.32亿元，增长7.93％。文教卫社：投入8251万元支持公共文化设施项目建设，推进文体事业发展；投入4.67亿元优先发展教育事业，促进全面改善义务教育薄弱学校基本办学条件、中小学扩容工程建设、中小学校舍安全保障机制、助学资助等教育事业发展；投入2.51亿元推动医疗卫生工作，深化医疗卫生体制改革；投入2.65亿元推进统筹城乡就业、养老保险、城乡低保救助、医疗救助和农村五保供养扩面提标等社会保障

工作。"三农"资金：投入资金1.11亿元，实施农业综合开发、高标准农田等农田水利基础设施建设；投入资金5948万元，支持现代渔业、茶叶、油茶、薏米等产业项目建设，扶持农业龙头企业、农业产业化、农民专业合作社等专业化生产，促进农业增产增效；拨付资金1.11亿元，保障旧村复垦建设资金需要；及时足额兑付农业支持保护补贴、储备粮定单补贴等涉农补贴3525.91万元，强农惠农富农政策有效落实。扶贫开发：争取省级精准扶贫扶贫资金1.78亿元，投入产业、基础设施、民生事业和基本公共服务等领域；统筹安排县级资金2896万元，开展精准扶贫、农村危房改造、农村小额扶贫风险担保等工作。

（供稿：李春燕）

住房公积金管理

【概况】 2016年，三明市住房公积金管理中心宁化管理部（简称住房公积金宁化管理部）各项业务有序开展，全年归集额、贷款发放额迅速增长，年贷款额突破2亿元。个贷逾期率为零，贷款风险得到有力控制。向外借款1.75亿元，资金流动性不足问题严峻。

【住房公积金归集】 2016年，全县归集住房公积金18283.85万元，比2015年增加2633.89万元，增长16.83%，完成年度计划16600万元的110.14%。期末归集余额为51019.18万元，期末归集总额107665.45万元。全县发生归集业务单位418个，增加28个单位，实缴人数13551人，完成归集计划12821人的105.69%。

【住房公积金提取】 2016年，宁化县累计提取住房公积金5530人次，合计提取住房公积金12621.06万元（含逐年冲还贷提取），比2015年增加2137.56万元，增长20.39%。其中，购房、建房、还房贷等住房消费提取10244.29万元，占81.17%；离退休、离职等非住房消费提取2376.77万元，占比18.83%。

【住房公积金贷款】 2016年，全县发放住房公积金贷款665笔，比2015年增加210笔，发放贷款23041.30万元（其中为27户宁化户籍异地缴存职工发放个人住房贷款847万元），增加9845.20万元，增长74.61%，完成年度计划数23000万元的100.18%。期末贷款余额68535.12万元，累计贷款总额98619.26万元。全年回收贷款6188.13万元，完成年度计划5600万元110.50%。

【住房公积金增值收益】 2016年，新增向三明住房公积金管理中心拆借房贷资金1.15亿元，借款利息295.93万元；县财政拆借资金利率调高，财政借款利息支出增加；2月起职工住房公积金账户存款利率调整为按一年期定期存款基准利率执行，应付职工利息增加，致使业务支出剧增。年内住房公积金业务收入1965.13万元，业务支出1398.24万元，比2015年增加843.86万元，增长154.73%，收支相抵，实现住房公积金增值收益575.89万元，减少812.89万元，下降58.53%。

【贷款零逾期】 2016年，通过法院处置抵押物，结清累计逾期14期贷款1笔，回收拖欠本金1.56万元，拖欠利息1.62万元，结清贷款余额25.99万元。住房公积金宁化管理部实现通过法院强制执行还款零突破。至年末，杜绝了三个月以上贷款逾期户，实现个贷零逾期，风险控制良好。

【开通12329短消息服务】 5月，住房公积金宁化管理部为进一步丰富住房公积金服务手段，提升管理和服务水平，拓宽住房公积金管理部门与缴存职工的信息互动渠道，增加工作透明度，维护缴存职工合法权益，开通面向住房公积金缴存职工的公益服务短信——12329短消息。短消息包括公共服务信息和个性化服务信息，公共服务信息主要内容有：政策宣传、业务通告等；个性化服务信息主要内容有：职工住房公积金账户变动通知、业务办理进度及结果告知等。短消息服务开通采取后台批量开通与缴存职工个人自主申请开通相结合方式进行。

（供稿：王静）

国家税务

【概况】　2016年，宁化县国家税务局（简称县国税局）完成组织收入19990.6万元，比2015年增收7969.3万元，增长66.3%，完成市局下达任务16600万元的120.4%，提前50天完成全年收入任务。同时完成地方级收入8220.4万元，比2015年增收4459.3万元，增长118.6%。在全市国税系统绩效考核中排名第一，被县委、县政府授予服务宁化发展和平安建设工作先进单位。

表13 　　　　　　　　**2016年宁化县工商税收分税种完成情况表**

单位:万元

税种	本年入库			累计入库		
	税额	比2015年同期增减		税额	比2015年同期增减	
		增减额	增长%		增减额	增长%
各项收入合计	2071.50	1344.00	185.10	19990.60	7969.30	66.30
1.国内增值税 　（含免抵调增增值税）	1944.30	1302.00	202.71	15324.90	7381.70	92.93
2.国内消费税	0.00	−0.30	−100.00	2.70	−1.20	−30.77
3.营业税						
4.资源税						
5.土地使用税						
6.企业所得税	3.80	2.70	245.45	3745.50	548.30	17.15
7.涉外所得税						
8.个人所得税				0.20	0.10	100.00
9.车辆购置税	123.30	40.40	48.73	917.30	40.40	4.61
10.免抵调减增值税						
11.印花税						
12.土地增值税						
13.房产税						
14.车船使用税						
15.国税部门其他罚没收入						
16.地方文化事业建设收入						

【税收执法】　2016年，县国税局全面推进依法治税，深入推行税收执法责任制，加大对执法过错责任追究力度。全年执法总数15119条，申辩调整前过错150条，执法准确率99.01%，申辩调整后过错数0条，执法准确率100%。

【强化税务稽查】　2016年，县国税局严厉打击涉税违法行为，大力开展税收专项稽查和查处大要案工作，发挥以查促收、以查促管作用。全年立案检查20户，结案9户，查补入库税款607.33万元、滞纳金25.31万元、罚款1.2万元，占年度税收任务19990.3万元的3.04%，超额完成市局下达2.2%的稽查目标任务；开展打击整治发票违法犯罪专项行动，检查7户，查补税款126.6万元、罚款0.65万元、滞纳金18.62万元。

【营改增试点全面推开】　2016年，县国税局落实税收征管改革，全面推开营改增试点工作。制定营改增工作方案，任务分解到各部门。优化发行流程，为纳税人提供一条龙服务，确保纳税人一次性办妥发行事项，辅导营改增规模较大的纳税人提前做好"三证合一"等工作。增设办税窗口，由原来14个办税窗口增加到19个，同时设立3个地税窗口，设立营改增绿色通道和咨询服务台，配齐人员并加强营改增业务培训，提供预约服务和延时服务，提高服务效率。加强政策宣传，设置"营改增"专岗咨询区，通过税企微信群、QQ群、局微信公众平台等解读新政新规。加强国税地税合作，召开国地税营改增联席会议，召开营改增纳税人信息确认辅导会，全面启动全县1581户营改增纳税人信息确认工作；设立国地税联合办税厅；联合举办房地产、建筑安装、现代服务等行业营改增纳税人辅导培训，年内举办培训班9期，培训营改增纳税人1580人次。通过5月1日开票成功和6月1日零时申报获得成功，县国税局营改增工作全面推进。

【"金税三期"系统上线运行】　2016年，县国税局制定"金税三期"系统推广工作方案，细化措施，任务到岗、责任到人。经过工作准备、试运行测试、双轨运行、单轨运行后，7月8日"金税三期"系统正式上线运行。"金税三期"系统是国务院批准的金字头国家级电子政务工程，目的在于统一国税、地税核心征管应用系统版本，实现全国征管数据大集中。该系统审批环节减少、办税时限缩短、审批流程简化，审批业务受理和办结统一由办税服务厅处理。

【优化税收征管】　2016年，县税局进一步优化征管职能，实行纳税人分类分级管理，将原负责纳税评估的分局改为税源管理分局，落实管理责任，加强协作沟通，防范管理漏洞，逐步实现固定管户向分类分级管户、无差别管理向差异化管理、事前审核向事中事后监管、经验管理向大数据管理转变。加强税收基础管理，年内实现税务登记信息完整率、催报催缴率、财务报表采集均100%、欠税率为零的目标。

【实行"两证整合"登记制度】　10月1日起，新设立纳税人个体工商户正式实行"两证（个体工商户营业执照和税务登记证）整合"登记制度，纳税人领取"两证整合"营业执照后，无需再次进行税务登记，不再领取税务登记证。首次办理涉税业务时，再进行纳税人信息确认、补入录和税种登记，全年办理"两证整合"纳税人税务登记114户，变更481户次，注销1户。

【开展纳税评估】　2016年，县国税局对重点税源、营改增行业、低税负、零税负、负税负、长亏不倒和模型指标异常等情形的纳税人开展评估。全年组织纳税评估70户，入库税款937.68万元，加收滞纳金6.21万元，冲减留抵税金8.92万元，调整以前年度亏损369万元，风险应对率100%；对加计扣除、减免税收入、资产损失税前扣除和重点税源企业等13户企业进行风险识别，通过风险纳税评估，5户企业补缴企业所得税756.47万元，加收滞纳金1.54万元，2户企业通过税源风险纳税评估核减亏损259.73万元。

【企业所得税汇算清缴】　截至6月15日，全县应申报企业所得税企业946户，已申报946户，汇算面100%，补缴企业所得税668万元。

【落实税收优惠政策】　2016年，县国税局落实享受企业所得税优惠政策107户次，减免企业所得税额136.71万元；享受增值税优惠政策小微企业377户，减免税额38.89万元；有20759户次个体工商业户享受增值税免税，共免征增值税646.19万元；办理福利企业和资源综合利用企业退税75.01万元；办理出口退税408.04万元。

【深化国地税合作】　2016年，县国税与县地税机构深化服务深度融合、执法适度整合、信息高度聚合、其他合作事项等领域合作，制定国税地税深度融合方案，联合下发《宁化县国家税务局、宁化县地方税务局关于2016年国地税深化合作的方案》；建立国税地税机构之间联席会议制度；创新合作事项，制定联合办理设立登记等基本合作事项34项、联合网上办税服务等创新合作事项10项；县国税局在办税厅设立3个地税窗口，实行国地税联合办公。联合开展"八闽春风行 税法进万家"培训活动，税收宣传月启动仪式，税收宣传进军营、进房地产企业、进宁化客家小吃培训基地等税收宣传活动。

（供稿：李力明）

地方税务

【概况】 2016年，宁化县地方税务局（简称县地税局）围绕组织收入和全面"营改增"中心工作，扎实做好"金税三期"上线工作，狠抓税收征管和纳税服务。全年入库各项收入58321万元，其中税收收入40103万元（含县级税收收入32157万元），扣除"营改增"转移基数7626万元，税收收入比2015年增收3505万元，增长9.6%。

表14　2016年全县地税各项收入完成情况表

单位:万元

项目	累计入库		
	2016年税(费)额	比上年同期增减	
		绝对额	%
各项收入总计	58321	-1956	-3.2
一、税收收入合计	40103	-4121	-9.3
1.营业税	11212	-4008	-26.3
2.企业所得税	5716	1018	21.7
3.个人所得税	4020	228	6.0
4.资源税	2312	-417	-15.3
5.城市维护建设税	1284	170	15.3
6.房产税	846	36	4.5
7.印花税	373	-103	-21.7
8.城镇土地使用税	253	-15	-5.8
9.土地增值税	3039	-27	-0.9
10.车船税	366	47	14.7
11.耕地占用税	512	85	19.8
12.契税	3533	725	25.8
13.烟叶税	6495	-2001	-23.5
（一）中央收入	5940	846	16.6
（二）地方级收入	34163	-4967	-12.7
其中：省级收入	2006	-517	-20.5
县级收入	32157	-4450	-12.2
二、非税收入合计	18218	2166	13.5
（一）教育费附加	782	107	15.8
（二）地方教育费附加	514	57	12.6
（三）文化事业建设费	8	-11	-60.2
（四）社会保险基金收入	15938	2132	15.4
1.基本养老保险基金收入	8353	1081	14.9
2.失业保险基金收入	377	-89	-19.1

续表

项目	累计入库		
	2016年税(费)额	比上年同期增减	
		绝对额	%
3.基本医疗保险基金收入	6361	1009	18.9
4.工伤保险基金收入	578	65	12.7
5.生育保险基金收入	269	67	32.8
（五）税务部门罚没收入	1	-4	-73.6
（六）税务行政性事业收费收入	0	0	
（七）其他	975	-60	-5.8

【深化税制改革】 2016年，县地税局做好全面"营改增"改革及后续工作，做好管户移交工作。对属于四大行业"营改增"的1616户纳税人登记信息、定期定额信息、发票领购信息、营业收入信息等资料分两批移交给县国税局，实现信息共享。强化发票清理，将应清理的453户用票单位进行归集，下发各管理分局，及时到县国税局获取领取发票纳税人名单，对县国税局已领取发票、发票已经使用完毕的纳税人立即进行清理。全年发票主仓共缴销空白发票6771本、516550份，空白发票全部通过综合业务管理系统发票缴销、销毁流程作销毁。

【"金税三期"上线】 2016年，县地税局选派1名干部参加师资培训班，做好全局人员系统上线前的授课和"传、帮、带"工作；选派干部参加市地税局举办的计财、办税服务厅、稽查等专项业务培训，配合市地税局举办宁化片区通用业务培训。做好数据清理，重点对登记信息、发票信息、申报征收信息、待办业务进行清理。全年清理问题户2878户，清洗问题数据6898条。加强系统上线演练工作，制定《金税三期双轨运行应急预案》和《金税三期单轨运行应急预案》，提升应急处置能力。

【强化税收征管】 2016年，县地税局加强建安行业税收管征。开展建安行业税收清理，深入国土、水利、交通、农业、教育、工业园区管委会、城市建设公司和建安企业、房地产企业及有关建设单位调查，全面了解全县建筑项目工程已完工量、已付工程款、已开票金额、未开票金额等情况，全面清理建安税收。同时在"营改增"后，要求外来建安企业进行发票开具结算时，需提供国税、地税部门出具的建安税收完税单，防范可能出现的税收流失风险。开展烟叶税收链式管理，在全县范围内推行种植环节前置管理、生产环节动态管理、收购环节实时监控的烟叶税链式管理模式。年内全县实现烟叶税收7350万元，比2015年增长8.1%。

【开展欠税清理】 2016年，县地税局下发《关于加强欠税清理防范执法风险的通知》《关于开展建筑业税收管征和欠税管理执法督察的通知》。向县政府呈报给予协助清理房地产开发企业欠税报告和呈阅件，同时通过第三方信息数据平台和公开信息获取法院的财产保全、执行等信息，及时与案件受理地法院进行沟通，申请参与执行分配；强化与银行、建设、国土、财政等部门配合，获取欠税单位在银行存款、产权证办理、政府奖励资金拨付等信息，实现资源共享，为欠税清理提供有力保障。年内对2户欠税企业实施冻结银行存款、扣押房产的税收保全措施，1户企业申请提供纳税担保。

【规范税收执法】 2016年，县地税局查结有问题企业7户，稽查补缴税费收入406.48万元。其中，税款334.94万元、滞纳金34.75万元、罚款36.79万元。

【落实税收优惠政策】 2016年，县地税局免征小微企业152户营业税39万元；减免500人契税252万元，免征105人房地产交易营业税310万元。免征227人个人转让住房增值税539万元。

【坚持规费"同征同管"】 2016年，县地税局在纳税申报环节，同时审核纳税人税款和各费、基金的申报情况，专管员下户对纳税人欠缴的税费同时催缴，做到税费同时入库。结合年度所得税汇算清缴、年所得个人所得税自行申报，认真审核企业职工人数和工资总额，与参保人数和缴费基数进行比对，开展规费结算、评估。对未按规定期限申报缴纳的单位，责令限期缴纳。按月通报基本养老保险费申报预警情况，对申报缴费工资明显偏低、达不到上年在岗职工平均工资60%的缴费户密切关注，分析其生产经营动态，做好下户调查核实情况，适时开展约谈评估，稽查、评估中心在开展稽查和执法风险评估业务时同步核查规费缴纳情况，对缴费基数低于1600元的单位，要求上报工资报表，使其缴费基数原则上不低于1600元。

【优化纳税服务】 2016年，县地税局配合"营改增"及"金税三期"上线运行，对纳税服务工作制度、办税流程等服务制度进行修订、完善和补充，增加"营改增""金税三期"应急预案，增设咨询专岗和绿色通道。完善首问责任、限时办结、预约办税、延时服务、"二维码"一次性告知、24小时自助办税及合理简并纳税人申报缴税次数等便民服务机制，全面实行涉税审批事项"一窗受理、内部流转、限时办结、窗口出件"要求，缩短纳税人办税时间。

【全面深化国地税合作】 5月，正式启用国地税联合办税服务厅，实现纳税人"进一家门办两家事"。全年，县国税、地税部门联合办理税务登记2457户，联合采集财务报表1593份，协同管理非正常户22户，协同开展定期定额户的定额核定4312户，统一税务行政处罚裁量权基准791户，联合采集第三方涉税信息1063条，共享涉税信息的应用补税9.6万元，联合与纳税人签订委托划缴税款协议881户，协同管理建筑服务企业外出经营税收427户，增收472万元。深入开展国税地税联合纳税人学堂建设，有针对性地开展有关业务培训8期，培训人数1200人次。

（供稿：黄　珺）

金 融 业

◆编辑：雷继亮

综 述

2016 年，宁化县有工行、农行、建行、农发行、农信社、邮储银行、中行、成功村镇银行等银行金融机构8家，营业网点45个。有人寿保险、财产保险、平安保险、太平洋保险等保险公司4家。至年末，全县银行机构各项存款余额122.74亿元，比2015年增长21.98%，增速居全市第一；各项贷款余额67.46亿元，比2015年增长5.28%，增速居全市第二，比年初增加3.38亿元（不含不良贷款处置4.35亿元，地方政府债券置换2.60亿元）；不良贷款余额2.59亿元，全县年末不良贷款率控制在3%，贷款质量水平位列全市前四名。财产保险实现总保费2888.84万元，增长85.58万元。人寿保险实现总保费8024.92万元，增长1931.57万元。

（供稿：李显耀）

金融管理与服务

【概况】 2016年，中国人民银行宁化县支行（简称县人行）信贷总量增长，服务实体经济显成效，至年末，全县存款余额122.74亿元，比2015年增长22.12%，增速位居全市第一；贷款余额为67.46亿元，比2015年增长5.28%，增速位居全市第二，贷款比年初增加3.38亿元。县规模以上工业增加值、实际利用外资、地方公共财政预算收入等9项重要经济指标位居全市前三。信贷结构继续优化，企业贷款累放同比多增2.23亿元。金融扶贫合力不断增强，形成"政策性金融+商业性金融+合作性金融+保险"大金融扶贫格局；扶贫信贷范围不断延伸与拓展，从支持贫困户生产、生活、就业向基础设施、生态环境、特色优势产业、新型农业经营主体等领域延伸；金融扶贫服务手段、环境明显改善。县邮储银行、成功村镇银行、县农行、县农信社相继与县扶贫促进会建立合作关系。积极推进利率市场化改革，加强利率监测，降低企业融资成本。出台《宁化县市场利率定价自律机制工作指引（试行）》，引导金融机构降低社会融资成本，让利客户。推动反洗钱案件立案新突破，立案数占全省立案数的25%。重视金融风险排查监测，不良贷款处置工作取得重大进展，全县年末不良贷款率控制在3%，贷款质量水平位列全市前四名。推进农村支付体系建设，支付结算环境持续优化，全年发生手机支付业务243.79万笔、金额225.92亿元，分别增长10.32%、13.70%；推动金融IC卡非接支付业务，在城区3条公交线路18台公交车上全面应用，人民币流通管理效能进一步深化，全年收缴假币1254张，金额108425元。加强国库管理得，至年末，支库发放各项补贴84062笔，金额7009.4万元。

【开展金融扶贫】 2016年，县人行引导银行机构合理配置资源，优化信贷结构，创新信贷模式，着力支持小微企业融资解困，工业领域转型升级，现代农业规模化发展和房地产市场健康运行，企业贷款累放比2015年多2.23亿元。法人金融机构使用扶贫再贷款实现"零"突破，分别向成功村镇银行、县农信社发放扶贫再贷款200万元、500万元。引导法人机构扩大贫困地区涉农信贷投放，降低贫困地区融资成本。引导县农发行进一步发挥政策性金融导向作用，向上级农发行争取低成本资金1.8亿元，其中易地扶贫搬迁项目贷款1.2亿元、运用央行新型货币政策工具PSL棚改项目贷款6000万元（贷款利率执行基准利率下浮15.4%），降低扶贫项目融资成本，改善贫困户及低收入群体居住环境。涉农银行机构加大对农村新型经营主体的信贷支持，开发银行贷款+扶贫项目、银行贷款+X "龙头企业、种养基地"+贫困户等扶贫信贷产品，助推扶贫信贷投入。年末，农村新型经营主体贷款余额7896万元，增长14.8%。与县扶贫促进会建立合作关系的4家扶贫主办行（县邮储银行、成功村镇银行、县农行、县农信社）累计发放扶贫小额信贷担保贷款326笔1298.97万元，增长226%。乡级小额扶贫信贷基金担保平台建设取得突破，方田、河龙等农信社开展平台贷款。与银行开展合作并发挥作用的小额扶贫信贷担保基金由2015年596万元增加到1566万元，增长163%。进一步发挥利率定价机制作用，11月起，贫困户贷款利率全部实行基准利率。增设2个基层金融网点，实现金融机构乡（镇）全覆盖。保险公司积极拓展涉农保险业务，在开办农房等政策性保险基础上，新开办助学贷款保证保险，增强农村地区风险保障功能。至年末，全县各项贷款余额增长5.28%，比全市各项贷款平均增速高出0.56个百分点。年内全县脱贫2318户6014人，分别增长54.8%、11.6%。

【推进利率市场化改革】　2016年，县人行指导并督促商业银行严格执行有关利率政策及管理规定，选择 "客家宾馆" 作为监测企业融资成本变化情况典型企业，密切关注企业融资成本走高的内外部影响因素，及时反馈辖内金融机构存贷款利率差异化定价情况，将定价评分结果运用于合格审慎评估和宏观审慎评估。出台《宁化县市场利率定价自律机制工作指引（试行）》，引导金融机构降低社会融资成本，让利客户。法人金融机构平均贷款利率比2015年同期均有下降。农信社平均贷款利率8.02%，下降1.2个百分点，涉农信贷余额18.64亿元，让利客户0.22亿元。成功村镇银行平均贷款利率8.40%，下降0.44个百分点，涉农贷款余额1.83亿元，让利客户0.08亿元。全县金融机构为建档立卡贫困户累计让利8.04万元。

【协作反洗钱案侦办】　2016年，县人行与县公安机关签订《涉毒反洗钱合作备忘录》，并与县公安局经侦、刑侦部门就案件开展情报会商，向省、市汇报案情，争取指导与支持，形成急事急办、要事快办部门协作机制。"8·10" 特大毒品案发生后，县人行第一时间与公安、金融机构等部门就案情进行会商并提出可能挖掘的上下游犯罪协作建议，及时建议公安部门就批准逮捕的易某某、张某某按洗钱罪进行立案侦查，并协作侦办，与县司法机关就案件事实认定和法律适用上达成共识，认定易某某、张某某涉嫌洗钱事实。11月，县公安局对易某某、张某某作出洗钱案立案决定。为确保后续取证工作顺利，县人行向三明中支申请相关线索行政调查。

【监控化解金融风险】　2016年，县人行加强对融资性担保业、典当业、小额贷款公司等日常监测。密切关注辖区内去产能、去库存、去杠杆有关政策动向及其对银行业金融机构稳健性的影响，关注实体企业风险隐患，密切关注辖区内法人金融机构流动性和信用风险情况。年内就宁化客家国际大酒店2亿元贷款形成不良情况、金江钨业涉险（涉及云南泛亚有色金属交易所）情况进行专项调查并及时向上报告，同时主动参与不良贷款化解。对被列入市级重点风险企业的宁化客家国际大酒店2亿欠贷风险，主动对县政府拟定的处置方案提出采取 "预购+回购" 方式进行化解的建设性意见。对金江钨业不良贷款余额3931万元通过资产特选包模式化解。年内，先后对城区月亮湾（城南新天地）、云海星河湾、金山新城三个楼盘，涉及个人住房贷款2000余万元的群体性断供情况展开调查，动用阶段性贷款保证金500多万元，以维护地方社会经济稳定。年末，全县不良贷款率控制在3%，位列辖区前四名。

【推进城乡支付体系建设】　2016年，县人行大力推广非现金支付工具的使用，将"商业汇票电子化率"作为商业银行考核指标，纳入年度综合评价。全年各商业银行开办电子银行汇票承兑业务5200万元，占比80.76%，较年初提升23.87个百分点，创历史新高。深入推进"农产品收购掌上银行"特色手机支付业务，全年共发生手机支付业务243.79万笔、225.92亿元，分别比2015年增长10.32%、13.7%。扩大服务半径，将缴纳社保、公用事业费等纳入助农取款服务点服务范围，至12月底，服务点发生业务52.38万笔、10031.08万元。推动金融IC卡非接支付业务在公交领域的全面应用，年内发放金融IC卡49628张。

【加强人民币流通管理】　2016年，县人行以优化人民币流通管理为抓手，加强人民币收付业务管理，开展不定期对商业银行营业窗口人民币收付暗访检查，督促商业银行按照人民银行要求，严格小面额人民币备付制度、残损人民币首兑负责制和现金全额清分工作，深入推进反假货币长效机制建设，有效开展反假宣传工作，以"零容忍"态度杜绝假币在银行流进流出，确保人民币有序流通。举办对商业银行一线临柜人员反假币知识学习培训，加强商业银行假币收缴管理，配合公安机关打击整治假币违法犯罪活动。全年收缴假币1254张，金额108425元。

【首创国库直拨机制】　2016年，县人行推进"营改增"及工会经费收缴划拨改革，加强与县财政局沟通协作，首创"村离任主干生活补贴资金"由国库直拨机制，架起国库与农户直接联系桥梁，此举得到县委、县政府充分肯定，国库服务"三农"良好形象进一步提升。至年末，支库发放各项补贴84062笔、7009.4万元。

【加强外汇监管】　2016年，县人行实现国际收支和银行结售汇双顺差。加强对进入重点库企业主体的非现场分析和排查，密切跟踪重点监测企业资金流动及经营状况。加大出口不收汇及购付汇业务监管力度，对宁化县旺通贸易有限公司长期出口不收汇现场核查，将其企业名录从A级直接降为B级。加强资本项目外汇管理，开展对建行宁化支行、工行宁化支行和农行宁化支行现场核查。配合公安部门做好外汇服务工作，开辟绿色通道，开立外汇账户核准件，指导外汇指定银行开立机构外币账户。

【强化系统安全】　9月，县人行完成机房监控安装和运行、网络"纵向扁平"化改造工作；10月，对网络机房进行封闭改造，完成网络光纤线路重新割接，机柜线路重新安装和整理；11月，完成UPS远程监控工作。做好止付平台并线运行系统联调运行测试，发挥止付平台作用，实现国库资金汇划报解处理无差错、无挂账、无迟报、无风险和国库服务零投诉目标。全年会计核算业务成功率100%，ACS系统（"中央银行会计核算数据集中系统"Accounting Data Centralized System的简称）操作保持零差错，位列全省先进行列。年内，辖区内金融机构柜面劝阻可疑转账5起，利用止付平台挽回客户资金损失80余万元。

【金融课题研究出成效】　2016年，县人行金融研究层次稳步提升，重点关注经济金融热点难点问题，重点课题研究取得突破，累计报送《金融支持宁化整村推进精准扶贫的探索与思考》《宁化金融"有力有位"支持精准扶贫》等调研文章30余篇，其中被总行和省、市级以上刊物采用16篇次。县人行政务信息工作取得历史性突破，全年政务信息分值2247分，居全市人行系统第二名。开展对台湾金融监测与研究，完成月度分析材料9篇，相关数据报表9张，专题调研分析材料1篇，监测与研究工作得到人民银行总行国际司肯定。

（供稿：李显耀）

银行业监督管理

【概况】 2016年，宁化县银行业整体运行平稳，存、贷款稳步增长，贷款增量全市第一，存款增量全市第二，不良贷款控制在上级下达指标内，不良率从低到高全市排名第四，实现全年零案件。

【完善银行业治理体系】 2016年，中国银行业监督管理委员会三明监管分局宁化办事处（简称宁化银监办）指导宁化县银行业协会履行好自律、维权、协调、服务职能；督促宁化农信社、宁化成功村镇银行进一步完善法人治理体系，两行"三会一层"（股东大会、董事会、监事会和高级管理层）运行良好；继续督促邮储银行宁化县支行做好二级支行改革工作。

【银行业风险监管】 2016年，宁化银监办配合县公安部门开展辖区内银行业安全评估工作，召开银行业安全保卫联席会议4次。宁化银行业未发生重大违规违法行为，继续保持"零案件"。不良贷款余额20305万元，不良率3.01%，比年初下降0.09个百分点，实现年内5.11个百分点的大幅下降，完成上级下达的不良防控指标任务。

【督促银行业提升服务水平】 2016年，宁化银监办督促引导银行业机构新增信贷业务品种6个，新设自助银行3个，网点装修2个。督促农信社建立阳光信贷标准化网点20个，支持信用联社推广普惠金融卡，完成农村金融服务村级全覆盖。指导建立县乡两级政府、银行扶贫工作机制，指导成立1个县级、4个乡级扶贫担保基金，解决贫困户贷款担保难问题。对有信贷需求的建档立卡贫困户授信508户，授信金额1553万元，发放贷款1476.2万元。组织开展"金融知识宣传月"活动，发放宣传折页、宣传单8000余份，受众人数30000余人。编发《宁化银行业信息简报》7期。

（供稿：黄光明）

银行与银行业金融机构

·中国农业发展银行宁化县支行·

【概况】 2016年，中国农业发展银行宁化县支行（简称县农发行）各项业务平稳较快发展。年末，各项贷款余额82059万元，比年初增加26225万元，增长46.97%，全年贷款目标任务完成率101.3%。日均贷款余额65411万元，比2015年年末增加16631万元，增长34.09%。各项存款余额93586万元，比年初增加53746万元，增长135.58%。日均存款余额71837万元，增加44886万元，增长166.55%。日均存贷比109.79%，位居全省农发行系统县级支行首位。同业低成本存款日均余额1092万元。

【信贷业务稳步增长】 2016年，县农发行加强客户营销，大力支持秋粮收购，积极支持辖区3个县国有粮食购销企业开展订单收购，确保粮食收购不出问题，切实保护种粮农民利益。截至年末，全年获批购销储贷款7440万元，累放购销储贷款8040万元，累收购销储贷款5826万元，支持地方国有粮食购销企业收购粮食2913万公斤。积极支持农业农村基础设施建设，全年成功营销对接项目10个、申贷金额19亿元，其中新获批项目6个11.3亿元，投放项目贷款8个5.11亿元，地方政府建设资金不足问题得到较好解决，推动了地方重点项目落地实施。

【多渠道提升效益】 2016年，县农发行根据业务辖管的宁化县、清流县、建宁县所属企业具体经营情况，制定业务发展规划，优化资源配置，提高资金使用效益；加强系统内借款管理，控制经营成本，确保资金计划规模与信贷计划相衔接，降低资金成本，建设"节约型银行"；挖掘实体客户企业资源，拓宽收入渠道，主动营销国际业务、代理保险等中间业务；做好国家专项建设基金投资业务，完成资本金投资基金业务16笔5.38亿元。年内，县农发行实现账面利润2771万元，比2015年增加1379

万元，增长98.99%，创历史新高。

（供稿：黄新能）

·中国工商银行股份有限公司宁化支行·

【概况】 截至2016年年底，中国工商银行股份有限公司宁化支行（简称县工行）各项存款时点余额100957.94万元，较年初增长3340.39万元。日均余额94465.98万元，增长18014.9万元，其中：储蓄存款日均余额增4752.07万元，公司存款日均余额增4805.5万元，机构存款日均余额增8374.9万元。各项贷款余额129552.9万元，比2015年减少5537元，其中个人贷款余额83449.8万元，增长6587.94万元，不良率4.77%。

【经营收入稳步增长】 2016年，县工行营业收入4666.68万元，人均营业收入111.11万元，拨备前利润3615.67万元，实现净利润1763.96万元，实现利润收益指标扭转，在辖区内支行考评中排名第一。

【中间业务收入同步增长】 2016年，县工行结算理财代理类收入430.8万元，较2015年增长17.6%；资产管理业务收入52.67万元，增长26.64%；投行业务收入0.66万元，增长15.79%；交易业务收入2.77万元，增长1.09%；私人银行业务收入15.17万元，增长185.15%；信用卡业务收入557.32万元，增长16.41%；托管业务收入2.08万元，增长550%；养老金业务收入23.51万元，减少6.24%；贵金属业务收入14.89万元，增长6.28%。理财产品日均增量4023.75万元。

【拓展个金业务】 2016年，县工行日均金融资产1万元以上个人客户增加1155户，居辖区内第一。私人银行客户净增3户，信用卡有效客户6927户，比2015年增长16.3%。贵金属有效客户数489户。日均金融资产1万元以上公司客户176户，降幅13.3%。日均金融资产1万元以上机构客户145户。代发工资7户，增长6户。网上银行融e行平台客户数10196

户，完成率99.18%。线上支付客户数4614户，完成率117.4%。

【开办特色信用卡业务】 5月，县工行配合公务用车制度改革，开办"公务员购车分期"业务，对党政机关单位正式在职员工、行政级别副科级（含）以上事业单位正式在职员工、其他事业单位副科级（含）以上在职人员等因购买自用车需要，可向县工行申请"公务员购车专用卡"及专用分期付款授信额度，在免息还款期内办理消费转分期，最长达36期。购车分期专用卡授信额度"不共享"，不影响公务人员信用卡使用。普通在职公务员额度最高可到15万元，副科级以上级别在职公务员最高可到20万元。申请额度超过15万元需提供包括姓名、身份证号码、职务等信息单位证明。

【化解两亿不良贷款】 12月，县工行通过银政合作、企业配合、协力化解等方式成功化解某酒店项目不良贷款19953万元（本息债权合计21497.8万元），盘活了存量信贷资产，避免不良贷款常规清收处置的大额损失。

（供稿：张苏春）

·中国农业银行股份有限公司宁化县支行·

【概况】 2016年，中国农业银行股份有限公司宁化县支行（简称县农行）本外币各项存款余额188422万元，比年初增加28431万元。其中，对公存款余额68881万元，比年初增加17842万元。储蓄存款余额119541万元，比年初增加10589万元。本外币各项贷款余额66144万元，其中按揭类贷款余额33548万元，比年初新增2007万元。各项内控措施有效落实，实现安全生产无事故。

【开展金融扶贫】 2016年，县农行与宁化县扶贫开发小额信贷促进会合作，开办"扶贫小额信贷风险担保金"担保贷款业务。全年发放贫困贷款83笔、421万元。对重点帮扶的6个贫困村，制定"一村一金融"金融扶贫方案,并由就近网点党支部逐一对接,开展支部共建。

【提升普惠金融】 2016年,县农行在保障新农保业务"足不出村"基础上,对106个"金穗惠农通"工程服务点进行升级改造。年内金穗"惠农通"代理服务点实现交易277697笔,金额4965.62万元,农村金融生态环境得到改善。

(供稿:刘梅梅)

·中国建设银行股份有限公司宁化支行·

【概况】 至2016年年末,中国建设银行股份有限公司宁化支行(简称县建行)一般性存款余额17.89亿元,四行(县工行、县农行、县中行、县建行)占比35.13%,居第一。其中,企业存款余额9.12亿元,四行占比36.44%,居第一;储蓄存款本外币余额8.77亿元,四行占比33.88%,居第二;各项贷款余额11.53亿元,四行占比33.59%,居第二;贷款新增-0.44亿元(县工行、县农行、县中行、县建行四行贷款总负增长1.62亿元,建行负增长排第3位);存贷比64.45%。实现本外币利润4482万元,比2015年增长2.53%。宁化支行获福建省建行系统"先进单位"称号。

【支持地方经济发展】 2016年,县建行继续加大对"华电风能项目"等重点项目支持力度,完成华电(宁化)新能源有限公司3.3亿风电项目授信工作。全力支持宁化房地产业发展,全年个人类贷款余额9.57亿元,四行占比38.62%,居第一;新增贷款1亿元,四行占比居第一。新增额居全市建行第三。

【设立首个乡(镇)服务网点】 2016年,县建行为方便乡(镇)客户办理业务,在石壁镇新市大街59号新设一个"智能银行",方便居民办理金融业务,结束了县建行在乡(镇)无网点的历史。

【资产质量保持较好水平】 2016年,县建行实现

公司类贷款零不良,个人类不良贷款0.11亿元,不良率0.95%,不良率在全市建行13个考核单位排名第7。

(供稿:廖永才)

·中国邮政储蓄银行股份有限公司宁化县支行·

【概况】 2016年,中国邮政储蓄银行股份有限公司宁化县支行(简称县邮储银行)人民币各项存款余额18.11亿元,其中,邮储银行自营存款5.68亿元、邮政代理存款12.43亿元;全部贷款结余3.31亿元,全年发放贷款3亿元。

【住房贷款取得突破】 5月,县邮储银行首个一手住房按揭贷款项目获省行备案制审批,全年累计发放贷款3339万元;县邮储银行全市首个保障性住房按揭贷款项目获省邮储银行审批,全年累计发放贷款168万元。

【金融知识宣传】 2016年,县邮储银行开展"金融知识普及月""金融知识进万家""防范电信网络诈骗"及"防范电信网络新型违法犯罪"等金融知识宣传。8月27日,支行营业部成功堵截一起借用"信用贷款保证金"诈骗事件,为客户挽回经济损失1万元。

(供稿:范启新)

·中国银行股份有限公司三明宁化支行·

【概况】 2016年,中国银行股份有限公司三明宁化支行(简称县中行)加大信贷投放力度,对接县域重点经济,做优做大资产,支持县房地产业与实体经济发展;拓宽客户融资新渠道;加强贷后管理,严控经营风险;获宁化县第三届"十佳文明示范窗口"荣誉。至年末,县中行人民币各项存款余额41160万元,比2015年增加12614万元。其中,人民币公司存款余额30737万元,增长10672万元;人民币储蓄存款余额10423万元,增长1942万元;外

币储蓄存款余额167万美元，增长72万美元。人民币各项贷款余额32151万元，其中人民币公司贷款余额11660万元，个人贷款余额包含信用卡透支20491万元，存贷比78.11%。

【创新金融产品】　2016年，县中行针对不同客户群体研制开发新的产品，推出"步步高""聚财通""定利多"等金融产品，客户活期资金可享受定期收益。推出"爱家分期""易达钱""中银E贷"等低利息、高额度贷款产品，满足客户贷款需求。创新外汇投资品种，继积存金、黄金宝后推出白银宝、积利金金融产品，满足客户多元化产品需求。

（供稿：范衍城）

·宁化县农村信用合作联社·

【概况】　2016年，宁化县农村信用合作联社（简称县农信社）各项业务稳健发展。至年末，各项存款余额35.91亿元，比年初增加5.52亿元，增长18.15%，市场份额30.09%。各项存款日均余额32.82亿元，比年初增加5.22亿元，增长18.90%。各项贷款余额19.50亿元，比年初增加1.92亿元，增长10.90%，市场份额28.91%。存、贷款规模继续领跑全县金融机构。

【支持"三农"发展】　2016年，县农信社立足"三农"、服务"三农"，加大对当地特色产业的信贷扶持力度，形成"一乡一品"发展优势。积极支持生态林业、生态农业及生态养殖业，培养壮大新型农林业、规模设施农业。全年县农信社共发放涉农贷款14.20亿元，其中生态"农、林、牧、渔业"贷款4.60亿元，专业合作社成员贷款0.1亿元。创新担保方式，累放"林农+林权反担保"担保贷款3732万元。

【践行普惠金融】　2016年，县农信社推动普惠金融卡批量办理，累计发行普惠金融卡7364张，总授信余额37148.5万元。拥有小额支付便民点210个，

建制村覆盖率100%。

【推进民生金融】　2016年，县农信社开通快速审批"绿色通道"，通过基地托养与资产盘活模式、结对帮扶模式等助力贫困户；通过与乡级扶贫担保基金合作、发放创业担保贴息贷款、代理电费收缴等业务助力民生。年内发放377户、1396.63万元扶贫贷款，扶贫贷款存量472户、1478.3万元；发放民生类扶贫贷款7731.35万元，生源地助学贷款952.24万元，计生贴息贷款506.99万元，林业小额贴息贷款1913.54万元，少数民族聚居区贷款4136.24万元。

【扶贫济困】　2016年，县农信社向"尼伯特"特大台风受灾区捐款3.50万元；依托省联社平台，继续推动"福万通慈善基金"工程，帮扶10位家庭困难学子，帮扶金额5万元。

（供稿：张筱雯）

·福建宁化成功村镇银行股份有限公司·

【概况】　2016年，福建宁化成功村镇银行股份有限公司（简称成功村镇银行）坚持"普惠金融、支农支小"的市场定位，各项业务有序发展，其中各项存款49380万元，比2015年增加11607万元，增长30.73%；各项贷款余额21357.05万元。获县第三届"十佳文明示范窗口"称号。

【创新信贷产品】　2016年，成功村镇银行坚持发挥"小、快、灵、优"经营特色，陆续推出"成功扶贫贷""成功公薪贷""成功商户贷""成功自主循环贷"等多种支农支小信贷产品，助推普惠金融发展。至年末，各项涉农贷款余额18320.07万元，占贷款总额85.78%。

【拓宽服务渠道】　2016年，成功村镇银行持续推进各项中间业务发展，在县同业中率先与通联公司合作推出"二维码支付"新产品，通过扫描二维码，即可实现微信、支付宝等渠道收款。

【打造"微金融"生态圈】 2016年，成功村镇银行与100多家联盟商家合作，通过微信公众平台（平台全称是"宁化成功村镇银行"公众号是nhcgyh96336）持续推出利民、便民新业务，融合互联网金融发展思维，打造"微金融"生态圈，形成"客户获优惠、商家挣客流、银行促业务"共赢局面。

（供稿：伍贞桦）

保 险 业

·中国人民财产保险股份有限公司宁化支公司·

【概况】 2016年，中国人民财产保险股份有限公司宁化支公司（简称县财保公司）抓好车险、非车险、农险三大业务，积极拓展新型业务，按照竟回、新增、续保分别抓好重要举措的落实，狠抓风险排查和农险专项自查。全年实现保费收入2888.84万元，比2015年增长85.58万元。其中，车险保费1767.07万元、财产险保费28.1万元、责任险保费71.96万元、信用险保费29.9万元、家财险保费119.41万元、农险保费669.26万元、意外健康险保费202.26万元、其他保费0.88万元。支付赔款1449.71万元，简单赔付比率50.18%。

【拓展新型业务】 2016年，县财保公司通过政策性业务合作契机，在翠江、中沙等乡（镇）开展农村小额意外险业务，保费收入5万余元。与县农信社建立合作关系，发展助学贷款信用保险，保费收入29.9万元。部分分散性险种保险取得突破，环卫工人责任险、诉讼财产保全保险、个人账户资金安全险实现零突破，建工意外险打破人寿保险公司独家经营局面，承保3单。

【服务"三农"】 2016年，县财保公司完成水稻保险承保工作，承保普通水稻36.34万亩，保费收入436.12万元。新开发河龙贡米种植保险业务，以商业性种植保险方式承保全县河龙贡米种植户4650户、面积19800亩。推进能繁母猪保险业务，承保母猪、育肥猪360余头。

（供稿：曾念浪）

·中国人寿保险股份有限公司宁化县支公司·

【概况】 2016年，中国人寿保险股份有限公司宁化县支公司（简称宁化国寿）聚焦期交、个险、城区和效益等关键领域，推进公司各项业务发展。至年末累计实现总保费8024.92万元，其中实现长险首年保费3732.27万元。荣获中国人寿福建省分公司"十佳柜面"奖、中国人寿福建省分公司"优质服务先进集体"奖、总部"优秀服务先进集体"等称号。

【个人代理业务】 2016年，宁化国寿继续以城区、农村和收展为发展业务主线，实现个人代理首年期交保费1040.78万元，期中实现十年期以上期交保费659.87万元，比2015年增长57.72%；实现短期险保费117.69万元；实现销售人员持证人力459人。

【银行代理业务】 2016年，宁化国寿实现首年期交保费79.26万元，其中实现10年期以上期交保费79.26万元，比2015增长449.10%。

【团体保险业务】 2016年，宁化国寿实现短期意外险、学生平安保险、计生保险等保费409.43万元，比2015增长13.68%。其中，短期意外伤害保险保费253.12万元，比2015增长23.89%。

【保障给付业务】 2016年，宁化国寿受理理赔案件852件，赔付288.48万元，其中短期险赔付125.59万元；全年满期给付2558.86万元；受理保单借款591件，累计借款金额941.59万元。

（供稿：俞水英）

城乡建设

◆编辑：雷继亮

综　述

2016年，宁化县住房与城乡规划建设局（简称县住建局）以宜居城市建设为目标，以"完善城乡基础设施、优化城乡空间构架、美化亮化城乡环境"为抓手，加速"一城四区"建设，着力打造发展升级版、建设富美新宁化。新增建城区面积0.49平方公里，新增及改建扩建城市路网12.7公里，新增城区燃气管网9公里、污水管网12.30公里，完成9.76公里供水管网改造；高堑桥、江下桥完工并投入使用；江滨北路延伸、翠华西路、边贸东路、高堑路、江滨南路完工；城市绿亮美工程中完成宁化县至河龙乡绿道网建设13公里，基本建成江滨南路景观提升工程；完成20个美丽乡村建设，完成投资1.66亿元。宁化县城市建设有限公司（简称县城建公司）完成固定资产投资16.80亿元，新增绿化面积12000平方米，新建保障、安置房面积20000万平方米，征收土地540余亩，征收房屋面积3850平方米，迁坟20余座。完成翠华西路建设项目（二期）、一中连接线及操场改造、高堑桥、东溪沿河岸景观（孝、寿文化）等重点项目建设，新开工新桥路拆迁安置小区、易地扶贫搬迁进园区安置、卫校综合实训中心、文博路、边贸东路二期（边贸桥连接线）、南门路二期、客家祖地博物馆广场等一批重点项目建设。

（供稿：吴长伟、雷宇）

城市规划

【概况】　2016年，县住建局坚持"创新、协调、绿色、开放、共享"五大发展理念指导城乡规划发展，以推进新型城市化发展、提升城乡品质为目标，继续加强全县城乡规划编制和规划实施管理，发挥城乡规划统筹引领作用，促进城乡建设水平提升。

【城乡规划编制】　2016年，随着宁化县铁路、高速公路等大环境交通的改变，海绵城市建设理念的提出及多规逐渐融合的趋势，宁化县启动宁化县城乡总体规划修编工作，由南京大学城乡规划设计研究院与南京博来规划设计研究有限公司联合体中标承接总规修编工作。因近几年城区开发建设增势迅猛，电力设施需与城乡建设规划相衔接，年内完成《宁化县电网电力设施布局规划》评审工作。

【项目规划审批】　2016年，县住建局以城市总体规划、近期建设规划、各片区控规为指导，依法依规审批城市建设项目，完成规划设计条件10件；建设项目选址意见书15件，用地面积38.60万平方米；建设用地规划许可证28件，用地面积165.90万平方米；建设工程规划许可证23件，建筑面积44.10万平方米；完成竣工规划条件核实22件，竣工建筑面积71.70万平方米；总平规划方案审查3件，建筑单体审查24件；景观设计方案审查4件。

【规划实施管理】　2016年，县住建局依托县城市规划委员会审议机制，对建设项目进行研究，并向县政府提出审议（查）意见或建议。全年召开城市规划委员会会议5次，对新建房地产开发项目、公共设施建设项目规划设计方案和新出让地块规划设计条件重要经济指标、重大项目选址等18个问题进行研究，并出具城市规划委员会会议纪要，为城乡规划管理实施提供有效依据。

【城乡测绘业务】　2016年，宁化县房产测绘公建项目896430.2平方米，城乡私房办证563件，商品房建筑面积容积率核算158430平方米，房产预算361080平方米，房屋产权测量550932平方米；竣工测量完成市政与房屋竣工测量项目74件；放样、验线测量162项，拆迁测量86户；基本建设项目地形图测绘36项；危房鉴定、放样165户；征地、土方预算、验收等零星测量214组日。

（供稿：吴长伟）

市 政 建 设

【概况】　2016年，县住建局以城市建设与生态环保项目组为核心机构，明确项目责任主体，扎实开展项目建设，集中力量、集聚资源、集成政策，猛攻有效投入、狠抓重大项目，重大项目推进保持良好态势。

【重点项目建设】　2016年，城建重点项目70项，其中在建项目45项、预备项目25项，总投资166.81亿元，年内完成投资57.33亿元。老车站片区路网建设项目正在进行扫尾工作；边贸东路、江背路建设项目完成建设用地征收及前期报批等准备工作；佳慧米业完成征收交地；名门世家项目可以完全施工；江背桥、广济桥完并投入使用；乡（镇）垃圾处理场和城乡慢道建设工作部分建成，乡（镇）宜居水平提升；东溪西岸沿河景观建设项目中"囍"文化段及木栈道段建成投入使用；江滨路沿河绿道景观建成投入使用。

【招商引资】　2016年，县住建局引进三明佳源超市有限公司、福建省宁化快乐天地儿童乐园有限公司、宁化宁泰房地产开发有限公司、宁化县玖伍商业管理有限公司等一批企业。

【市政设施管理】　2016年，县住建局加强日常巡查，及时修复城区主次干道破损路面及损坏的夜景路灯，保证城区道路平整通畅和夜间亮灯率；疏浚清理和维护城区雨水管网、排污管网及导虹井，确保雨水、污水排水畅通，消除安全隐患，保障污水收集量，保证污水处理厂正常运行。加强城区桥梁检测，县城市建设有限公司委托专业机构对龙门桥、东门桥、寿宁桥三座桥梁进行常规定期检测，其中龙门桥、寿宁桥处于完好状态，东门桥处于不合格状态。

【城区路网建设】　2016年，城区高堑桥、江下桥完工并投入使用；江滨北路延伸、翠华西路、边贸东路、高堑路、江滨南路完工；提升江滨南路至东大路水边滩涂滨水地带景观，建成景观桥、滨河景观绿带，打造供市民休闲娱乐的亲水绿道。边贸东路建设项目，位于城东工业园区，全长3.9公里，道路红线宽40米，沿线与葛藤路、东环路相交。年内一标段2.6公里完工，二标段0.6公里完成综合管廊、南侧水管安装和路基建设，三标段0.7公里完成280米雨污管道和路基建设。翠华西路建设项目（二期），位于城西片区，连接翠华西路桥与西大路，道路长0.7公里，红线宽36米，年内建车行道、雨污排水系统及管线工程。翠华西路桥及北岸连接线已完工，翠华西路桥至西大路段完工并通车。一中连接线及操场改造项目，位于宁化一中东侧，是连接朝阳新村20米大街与北大街的通道。道路全长705米，路宽7米。年内连接线道路及操场完工并投入使用。高堑桥项目，位于高堑路，桥长228米、宽24米，年内已完工。文博路项目，起点205线，途径新建党校终点至博物馆。建设长860米、宽30米道路，配套雨污、路灯，年内工业路至新建党校段建成通车。南门路项目，起点与南大街、中环南路、205省道相交，沿途与307线省道相交，终点于闽通长运宁化分公司修理厂，道路长1350米、宽24米，配套雨污、路灯绿化工程。年内307线以南300米竣工通车，桥梁完成桥台施工，接南门转盘段开工建设。老城区背街小巷改造项目，年内完成水门巷、玉林三路、永新弄、城西路、小溪新村等背街小巷路面、排水改造项目。其他路网工程，完成城区瑶上路连接线、龙门路延伸段、东山桥匝道、麦墩一路等道路建设，城区建设步伐加快。

（供稿：吴长伟　雷　宇）

园 林 绿 化

【概况】　截至2016年年底，宁化县建城区绿化覆盖面积368.58公顷，建城区绿化覆盖率46.22%；拥有城区绿地面积353.22公顷，建城区绿地率43.77%；公共绿地面积162公顷，城区人均公共绿地面积17.69平方米；街道绿化普及率100%。

【景观工程与绿化建设】　**紫竹法制公园工程**，位于紫竹新村，建设10000平方米公园绿地，年内完工并交付使用。**客家祖地博物馆广场工程**，工程包括广场景观绿化、连接箱涵通道的楼梯扶梯、红心坛及广场、夜景照明工程等，景观设计总面积22520.0平方米。项目总投资850万元。年内进行广场地面铺装、红星坛和雕塑立柱等土建施工。**石壁长征广场工程**，位于石壁镇政府正对面，总建筑面积20000平方米，总造价900万元，公园突出红色人文情怀，布置文化广场、展示馆、运动场、管理房、停车场、健身路径、景墙、红军雕塑、小游园等。年内完工并交付使用。**路灯建设**，结合路网建设，逐步改善城区路网路灯设施建设，年内完成翠华西路（中环北路至西大路）LED180 W双臂路灯80盏、120 W单臂路灯9盏、慈恩路（边贸桥至福宁桥）LED180 W双臂路灯40盏等安装。**其他绿化工程**，2016年度完成城区各处街道、道路行道树补植工作，继续做好省级生态县城建设。

（供稿：吴长伟、雷宇）

公 用 事 业

·市容环卫·

【概况】　2016年，县住建局严格按照省级文明县城标准要求，开展环境卫生整治，加大环卫投入，完善环卫设施，巩固和提升环卫业务水平，提升城市品位。城区一级环卫面积110万平方米，二级环卫面积57.65万平方米。

【城市污水收集管网建设】　2016年，县住建局完成江滨北路、上进路、金刚亭路和西大路建设项目等12.30公里污水管网铺设，污水处理率86.04%。

【垃圾污水处理】　2016年，城区生活垃圾无害化处理率98.89%、污水处理率80.07%；征收垃圾处理费291万元，污水处理费484万元。

（供稿：吴长伟）

·供　水·

【概况】　2016年，福建省水利投资集团（宁化）水务有限公司（简称县水务公司）有南山水厂和沙子甲水厂（备用）各一座，日供水能力3万吨，供水服务范围：北到双茶亭，南至城南乡青塘村，东至东山桥高堑村，西至城郊乡官塘村，供水户数3.30万户，供水人口10万人。执行基本水价：居民用水1.35元/吨，非居民用水1.50元/吨，特种用水1.80元/吨。全年计划制水量850万吨、售水量620万吨，实际完成制水量859.53万吨、售水量638.80万吨，平均漏失率25.68%，水质综合合格率99%。全年水质安全无事故。

【城区管网改扩建】　2016年，县水务公司投资1000万元改扩建城区各类管网16公里，其中新建管道6.13公里、旧管道改造9.87公里。

【东山水厂建设】 2016年，县政府针对城区供水范围不断扩大和城市双水源安全供水需要，自行筹资建设东山水厂工程。水厂位于城郊乡马元亭村危家坑，距城关5公里，占地面积4万平方米，概算总投资8000万元，日供水能力3万吨。年内完成项目选址意见书、红线图、社会稳定风险评估报告、水保方案、用地预审、可研批复、立项、林地批复、用地划拨、征地工作、林地砍伐、项目业主变更手续、三通一平等前期工作。项目预计2019年底完工。

（供稿：张　鑫）

·供　气·

【概况】 2016年，县住建局加强对全县燃气发展工作指导，确保燃气行业安全稳定运行。年内有瓶装和管道燃气用户23363户，燃气普及率99.22%，未发生各类安全事故。

【城市管道燃气建设】 2016年，县住建局完成燃气公司办公楼、仓库及天然气加气站建设和装修工作，完成城区金刚亭路、翠华西路、省道307线，东大路、西门桥等市政管线11公里的燃气管网建设，总投资2600万元。

（供稿：吴长伟）

·供　电·

【概况】 2016年，国网福建宁化县供电有限公司（简称县供电公司）完成固定资产投资1.05亿元，比2015年增长14%；完成售电量4.23亿千瓦时，增长11.37%；综合线损6.5%，比2015年下降1.16个百分点。年度综合绩效名列全市第二名，获2016年度服务宁化发展先进单位、三明公司2016年度先进单位、省公司抗台抢险先进集体等荣誉。

【安全管理】 2016年，县供电公司强化本质安全主线，严格落实安全生产责任制。开展"三查三强化"（查责任落实、查基础管理、查风险隐患，强

化制度执行、强化反措落实、强化责任追究）专项行动，各类缺陷隐患整改率100%。深化运用安全诚信信息管理系统，完善各类应急预案。全力支援闽清、厦门、宁德抗"尼伯特""莫兰蒂""鲇鱼"等台风复电抢险三大战役。完成"第22届世界客属石壁祖地祭祖大典暨第4届石壁客家论坛""骑聚红土地、重走长征路"、省文化科技卫生"三下乡"等重要活动保供电任务。截至2016年年底，实现连续安全生产3669天。

【做好电力规划】 2016年，县供电公司完成城区电力设施布局规划。召开全县电网建设推进会，与县政府签订《宁化县小城镇（中心村）电网改造升级工程合作协议》，全面实施新一轮农村电网改造升级工程。

【电网建设】 2016年，县供电公司开工建设220千伏瓦庄输变电工程及110千伏鸡公崭风电送出配套工程。110千伏高堑变和35千伏城关变搬迁项目获得立项核准。35千伏曹坊输变电工程及治平—曹坊35千伏线路工程得到国家电网公司专项检查较高评价。"十二五"中央农网项目通过国家发改委稽查。首次建成跨省闽赣边界10千伏配网互联互通工程。年内电网总投资1.50亿元，创历史新高。

【闽赣首条跨省电网建成运营】 12月23日，由福建闽西宁化县供电公司与江西赣南石城县供电公司联合投资建设的首条跨省两县10千伏电网互联互通工程正式投入运营，实现两省电网互联互通，全面解决了石城县与宁化县在交界处线路长、电压低、供电可靠性差问题，同时供电质量大大提高，项目惠及一直处于供电末端的宁化、石城两县16个建制村4420用户。项目总投资567.44万元，其中宁化供电公司投资243万元，新建10千伏线路24.94公里（宁化淮土镇境内新建总长8.4公里，于4月20日建成）；石城境内新建线路16.54公里，于12月23日完工。

【经营管理效益提升】 2016年，县供电公司强化精

益化管理。高故障线路同比下降11.94%；低电压台区整治100%，用户点低电压整治99.77%。台区JP柜及各级漏保安装率均100%；城市和农村供电可靠率同比分别提升0.017、0.021个百分点。10千伏线路百公里故障次数16.87次，仅次于三明市区，位列县公司第一。营销社会化、电子化缴费占比超过79.83%；营配调贯通对应率99.88%；营销基础数据可用率98.82%；台区线损指标90.75%以上；综合采集成功率99.83%。"以电代柴"推进电替代增售电量506万千瓦时。网供最高负荷7.518万千瓦，同比上升3.41%。

【创新服务方式】　2016年，县供电公司推行营业"两简两免"（简化居民新装及分户申请手续，实行一证受理服务；简化三相居民客户新装和过户流程；推行低压业务免填单、居民用电申请免往返）服务；启用同城异地业务功能；深化19项高压业扩工程提质提效工作意见；业扩时限达标率100%，报装接电主业环节总时长比2015年下降5.6%。心系客户诉求，主动提供延伸服务405项。采取"一户一策"全方位对接工业园区增配电量和风电项目。推广购电制17931户。建立停电危机公关机制，实行"先复电后抢修"，24小时监测重要用户用电情况。

（供稿：阴　斌）

村 镇 建 设

【概况】　2016年，县住建局按照《宁化县人民政府办公室关于印发宁化县美丽乡村建设实施意见的通知》（宁政办〔2016〕93号）要求，以"实用、经济、绿色、美观"发展理念为引领，围绕"看得到乡愁，留得住记忆"建设目标，结合各乡（镇）不同资源优势、区位条件、民族特色、人文积淀和经济社会发展水平，整合全县力量，加大各方投入，不断提升美丽乡村建设水平。

【美丽乡村建设】　2016年，宁化县共实施20个美丽乡村建设，累计完成投资1.66亿元，占年度计划109.11%。县财政配套补助资金5000万元。完成整治裸房326栋，整治建筑面积35474平方米，拆除房前屋后猪圈、禽舍、旱厕等临时搭盖建筑面积35000平方米，硬化村道16800米，硬化村道面积62301平方米，新增绿化面积10532平方米，完成部分村小广场、农民休闲公园、亭子、老年人活动中心等基础设施建设。

表15　　　2016年宁化县美丽乡村建设情况表

名称	数量（个）	示范村村名
省级示范村	1	淮土镇孙坑村
省级重点整治村	13	城郊乡瓦庄村、湖村镇石下村、泉上镇泉上村、安乐镇刘坊村、曹坊镇石牛村、曹坊镇三黄村、石壁镇禾口村、石壁镇溪背村、淮土镇淮阳村、济村乡武层村、济村乡长坊村、安远镇安远村、河龙乡永建村
县级重点整治村	6	城南乡水口村、方田乡方田村、中沙乡练畲村、水茜镇水茜村、治平畲族乡治平村、治平畲族乡彭坊村

【传统村落保护】　2016年，县住建局开展历史文化名镇名村申报和国家传统村落保护工作，12月，组织曹坊镇下曹村申报第七批历史文化名村。12月初，在住房城乡建设部等部门下发的《关于公布第四批列入中国传统村落名录的村落名单通知》中，泉上镇延祥村列入第四批中国传统村落名录。

相关链接：延祥村是宁化县泉上镇最边远的高山建制村，地处宁化、清流、明溪三县边缘交界处，距镇区15公里，总面积41.25平方公里，海拔690米。村内群山耸立，路隘林深，地势险要，有"五里横排十里岭"之称。南宋淳祐年间（1241—1252），理学家杨时四世孙杨万福的曾孙杨五九途经此地，见有瑞鸡、玉兔出现，视为吉祥风水好地，便架屋而居，以应其祥，更地名"延祥"，沿袭至今。村民崇文善礼，自明代始共出举人及秀才160名。全村村道皆由大块长条花岗岩铺成，保存较为完好的古建筑有建于清乾隆年间（1735—1796）的"三五应泰公祠"和杨鼎铭故居。村内保存有南宋德祐元年（1275年）建的古墓、南宋时兴建的社坛（里社坛）、宋至明代先后兴建和完善的新林寺、元末兴建的德馨祠以及明、清时期兴建的东岳庙、崇福堂等18处古建筑及古瓷缸、古牌匾、古香炉、古字画、古井等物品。

（供稿：吴长伟）

城市管理

【概况】 2016年，根据县委、县政府加快宜居城市建设工作部署，县行政执法局加强城市管理，创新工作方式，建立城市管理工作微信群，实行片长、街长负责制，深入开展"两违"综合治理，继续开展城市管理专项整治行动，保障市容秩序。

【实行"两违"执法"片长"负责制】 2016年，县行政执法局为加强"两违"（违法占地、违法建设）执法，将城区划分为红卫、中山、双虹、小溪、高堃（含工业园区）5个片区，实行"片长"负责制，会同相关乡（镇）巡查、制止和查处对县城规划区内"两违"行为，开展社区网格内市容执法整治。年内，行政执法局共依法拆除"两违"建筑916户，面积约30万平方米。

【实行市容管理"街长"负责制】 2016年，县行政执法局制定《城市管理街（片）长工作实施方案》，对城区市容管理实行"街长"负责制，详细划分街区管理区域、街长工作职责，局领导挂包街区，五个街区相对应五个片工作互动互助，遇重大活动、突发事件，统一调配行动。"街长"负责制实行错时工作作息制，强化高峰期间日常管理。年内清理占道经营摊点220余处、店外占道经营500余户，纠正店外经营行为600余家，取缔固定摊点（占道销售维修点）90处，清理废品收购店11处、主街道两侧乱种蔬菜面积8000多平方米，拆除主次干道乱浇筑路沿石斜坡100余处。

【实行城市"网格化"管理】 2016年，县委、县政府将城市建成区面积划分为边界清晰，大小相当的113个管理网格，由各级文明创建单位分包管理，监督、劝导和制止网格区域内交通、卫生、秩序等方面不文明行为，确保网格区域卫生整洁、秩序井然。对单位无法处理的违法违规现象，及时报相关执法部门依法处置。构建横向到边、纵向到底的城市管理网络，实现城市建成区范围内城市管理全覆盖。"网格化"管理使多年来城市各卫生死角的垃圾得到清理，乱搭乱建、乱堆乱放、乱摆乱停现象得到有效整治，居民小区"脏乱差"问题有效改观。在创建省级文明县城中期检查中获全市7个同类县第二名。

【占道经营整治】 2016年，县行政执法局将城区新桥路、中山街、北大街设为城市管理"严管街"，制定《强化新桥路专项整治工作方案》《占道经营整治行动实施方案》，明确占道经营、流动摊点、沿街门店、非机动车停放、废品收购店等整治标准。在先期新桥路专项整治基础上，推广至城区各主街道。共发放各类限期整改占道经营、乱堆乱放乱种行为通知书1300余份，清理占道经营摊点220余处、店外占道经营500余户，纠正店外经营行为600余家，取缔固定摊点（占道销售维修点）90处，清理废品收购店11处、主街道两侧乱种蔬菜面积8000多平方米，拆除主次干道乱浇注路沿石斜坡100余处。

【"两违"综合治理】 2016年，全县创建"无违建"乡2个（济村、方田）、"无违建"村28个，出台农村个人建房审批制度，对申报精神文明的单位实行"两违"一票否决制。年内调查涉"两违"945户，违法占地总面积26.04万平方米，违法建筑总面积32.05万平方米。拆除"两违"916户，建筑面积30.12万平方米，腾出土地面积24.67万平方米，拆后有效利用面积23.27万平方米，总利用率94.33%。县行政执法局出具联审联批意见2100余份，促成当事人自行拆除违建物50起，拆除违法建筑2000余平方米。

【建筑渣土整治】　2016年，县行政执法局对年审合格的6家渣土沙石企业中符合条件的50辆渣土车辆全部安装GPS设备，对城区57处在建项目发放《文明施工通知书》，同时通过召开城区项目业主、施工单位及渣土运输公司座谈会，对建筑工地围墙施工、硬化出口路面、车辆净车轮上路、封闭式运输、定点倾倒等作出硬性要求。联合县交通局、县交管大队等开展专项整治，严厉查处无牌无证、超速、超限超载、沿途撒漏、不按规定路线行驶和乱倾倒渣土的建筑渣土沙石运输车辆。年内制止和处理建筑渣土沙石违法行为45起，其中立案查处6宗（随意倾倒建筑垃圾案件3起、运输车辆洒漏污染路面案件3起），结案6宗共处罚款4600元。

【环境卫生整治】　2016年，宁化县城区清扫面积增加到60万平方米。县行政执法局实行市场化清扫保洁，将城区街道路段的清扫保洁工作外包保洁公司，做好街道的洗扫降尘工作，每天对主城区进行洗扫作业1次、洒水2次以上。加强垃圾收集、清运频次，由每天早晚两次增加到每天上午、下午、晚上三次。加强设施维护管理，安排专人清洁城区公厕、垃圾中转站、垃圾箱、果皮箱、垃圾桶和垃圾斗，及时更新维护。

【车辆乱停整治】　2016年，宁化县城市管理办公室制定《宁化县城区载客三轮车专项整治方案》《宁化县规范城区载客三轮车通告秩序管理的通告》《宁化县城区载客三轮车遵守市容环境和交通秩序承诺书》，县行政执法局与县交警大队联合制定《关于严禁使用机动车和非机动车违法占道进行商业演出和销售商品行为的通告》，明确非机动车停放整治标准。会同县交警部门确定天鹅红绿灯东侧人行道、永辉超市左右两侧（2处）、汽车站入口、新华都路口、县医院对面人行道、步行街北停车场靠小河边、县教育局旁边、横街靠西门桥等三轮车停放点9处。加强停车场（位）管理，督促停车管理服务公司规范管理，完善机动车停车泊位收费管理机制，加强步行街、中山街、中环北路、永辉超市南侧等停车场和北大街、中山街、南大街、新桥路、江滨路、龙门路、中环路、中环北路等繁华街道路边停车位收费管理。联合执法，发放宣传单1000余份，配合县交警大队清理主街道、居民住宅小区、背街小巷占道"僵尸车"60余辆，纠正车辆占道乱停放行为1500余人次。配合开展步行街车辆乱停放整治，搬离违反《步行街管理办法》乱停乱放的车辆200余辆次。

【户外广告管理】　2016年，县行政执法局规范广告设置管理，明确监管责任，严格广告设置前置审批，设置式样、地点符合城市管理要求，禁止设置过街横幅。设置15处"便民公告栏"免费提供房屋租赁、家政服务、商家招工等广告张贴专栏。拆除单立柱大型户外废旧广告1处，清理、拆除违规悬挂、占道及破损灯箱广告招牌500余件。推行市场化方式清理"牛皮癣"，清洗城区主次街道沿街、校园周边"牛皮癣"小广告3000余处。

【市政园林绿化管理】　2016年，县行政执法局按照《城市园林绿地养护质量标准》加强城区绿化养护工作，加大对管护公司的日常监督管理，督促提升管理水平，认真落实养护管理措施。年内补植连屋至东风林场段公路绿地、华侨经济开发区江滨绿地及中环路中间隔离带等处各类地被苗9万余株。加强日常巡修，确保路灯4648盏及夜景工程沿河流水彩灯13390米正常亮化和安全亮灯，平均亮灯率主干道达98%、次干道96%、巷道95%。市民休闲广场和北山公园扩建部分分别与县城市建设公司、县文广局交接；北山公园和休闲广场地下停车场、休闲广场地下商业城年内外包。

（供稿：江小敏）

城市经营

【概况】 2016年，宁化县城市经营有限公司（简称县城市经营公司）积极推进城市建设，促进宁化经济发展。全年收储土地22宗，面积68.13万平方米。出让土地6宗，面积21.93万平方米。积极筹措项目资金，投融资13.17亿元，完成在建项目投资3.34亿元。

【土地收储】 2016年，县城市经营公司根据县政府供地计划，对已形成路网且明确规划用途的周边地块，积极向省林业、国土部门争取指标，确保集体土地农转用审批和土地收储工作。年内省政府批复汽车保修厂（二期工程）、易地扶贫搬迁进园区安置项目（A区）、禾口加油站等3宗土地，总面积4.58万平方米；全年办理名远路小区、翠竹小区、老虎窠小区、老虎窠安置小区、中山安置新村、边贸东路小区、宁化石壁老虎坑公共管理与公共服务设施（电力仓储抢修中心）等14宗农转用土地，共计面积63.54万平方米；收储公租房廉租房第三第五期用地、中心农贸市场、客家祖地管理处、城南工业园区二期15号地、宁化汽车保修厂二期、易地扶贫搬迁进园区安置项目、工贸小区、高堑110千伏变电站搬迁、县医院整体搬迁、江背五步亭、慈恩文化园、老虎窠安置新村、化肥厂周边、红木家具市场、边贸东路（马岭山）林地等15宗土地，总面积75.06万平方米，比2015年增加553659.87平方米；收回原出让的城东中路小区、快递物流、中心农贸市场、朝阳市场、东大路高堑A地块、东扩新区2#地块、城区汽车修配中心二期等7宗土地。

【土地出让】 2016年，县城市经营公司出让城中组团南部片区C-08地块、城中组团南部片区C-09地块、城中组团南部片区B-16地块、慈恩文化园C地块、易地扶贫搬迁进工业园区安置地块和城区粮油批发中心市场等6宗土地，面积21.93万平方米，比2015年增加14.60万平方米；出让金额5.47亿元，比2015年增加4.57亿元。完成名门世家商业用地转住房用地评估；解除新桥路片区土地开发系列合同，退还土地开发权价款4340万元。解除城区中心农贸市场地块的国有建设用地使用权，退还土地出让金3500万元。

【投资融资】 2016年，县城市经营公司积极筹措项目资金，服务县域项目。做好建设项目资金支付工作，支付江背客家慈恩文化园、新桥路一期路网、东扩新区客家博物馆和新建党校等四个建设项目资金8390.50万元。办理县人社局、县住建局、县司法局、县卫生监督所、县审计局、县防疫站、县妇幼保健院和县林业总公司等8家单位外借工程建设资金3600万元。做好债券置换工作，办理地方政府债券置换存量债务资金51572万元。其中：城东"四纵三横"路网、华侨经济开发区基础设施、高堑片区和城南片区等四个建设项目的债券置换贷款9900万元；江背慈恩文化园BT项目、新桥路和东部新区BT建设项目存量债务置换资金41672万元。积极申请国家专项建设基金，年内为宁化县粮油批发市场建设项目、卫校综合实训中心建设项目、冷冻食品加工及配送中心和闽江防洪工程（三明段）建设项目等4个项目申请国家专项建设基金13000万元。在营改增工作中，筹措资金3600多万元为"BT"和公建项目清理建安、房地产税收。

【资产管理】 2016年，县城市经营公司完成城区到期租赁店面对外公开招租工作，国有资产经营收入951.02万元（含县国有资产投资有限公司），比2015年增长63.72%，缴纳税金155.91万元。完成凉伞岗、甘木潭和安乐赖畲村（原02厂）等土地资产158.53亩旧村复垦工作。

【项目建设】 2016年，因项目整合和调整，县城市经营公司重点项目由12个调整为6个，其中新桥路安置小区建设项目，根据县委〔2016〕2号会议纪要精神与投资方解除合同，项目业主变更为城市建设公司；城区中心农贸市场建设项目变更为城区粮油批发中心市场并于12月出让。完成佳穗米业征迁及原林产化工厂片区5户征迁户协议签订，有序推进项目工作开展。全年完成在建项目投资3.34亿元。

表16　　　　　　　　　　　2016 年县城市经营公司在建项目投资情况表

单位:万元

项目名称	年内投资
新建党校项目一期	1890
客家博物馆项目室内一装	4900
海西(闽赣)电子商务城建设	6000
闽赣小商品城建设	9600
冷冻食品加工及配送中心建设	6000
有色金属制品总部经济建设	5000

（供稿:张清镪）

国土资源管理·环境保护

◆编辑：雷继亮

综 述

2016年，宁化县招拍挂出让国有建设用地9宗，面积349.05亩，成交价款54843.05万元；全县经省政府批准农转用征收土地6个批次，面积520.5亩；已竣工并通过市级终验土地整理项目5个，规模面积15000亩，新增耕地1200亩；全县增减挂钩19个项目，规模面积1149亩，省国土厅先行核定城乡建设用地增减挂钩指标901.95亩，已交易指标179.7亩，交易金额7982.57万元。宁化县城区大气环境空气质量保持在（GB3095-1996）《环境空气质量标准》一级标准以内。饮用水源水质达到国家Ⅱ类水质标准，水质状况总体为优。城区区域环境噪声符合国家2类声环境功能区标准，城区交通噪声符合国家4类声环境功能区标准。主要污染物与2015年相比，稳中有升。宁化县环保局继续实施寨头里水库、隆陂水库饮用水源保护工程，同时创新流域管理，将"河长制"与环境网格化管理相结合。加强环境监管，严查违法排污企业。加强建设项目审批和验收，及时稳妥处理环境信访投诉问题。

（供稿：康长洪、吴鑫铭）

土地开发与保护

【概况】 2016年，宁化县国土资源局（简称县国土局）落实保护耕地基本国策，强化基本农田监管责任。全年全县申报并批准实施土地整理项目11

个，竣工并通过市级终验土地整理项目5个，基本竣工待验收项目7个；完成旧村复垦项目实施编制和审核19个，面积1134.75亩，可新增耕地1127.40亩；完成竣工验收项目15个，新增耕地面积285.75亩；完成指标结算7个，结算新增耕地面积325.35亩，其中增减挂钩指标332.4亩，含奖励增减挂钩指标7.2亩。全县耕地总量和基本农田得到有效保护。

【耕地保护】 2016年，县国土局落实县政府耕地保护责任目标考核制度。将市政府下达的2016年耕地保有量、基本农田保护面积、土地整理与高标准基本农田建设规模、补充耕地任务的责任目标分解至各乡（镇），并层层签订年度耕地保护目标责任书，将基本农田保护责任落实到村组。落实耕地占补平衡与补充耕地任务。年内，福建省下达宁化县补充耕地任务1100亩，县增减挂钩指标交易给外地158.60亩，合计应完成补充耕地任务1258.60亩。竣工并经市国土局验收补充耕地面积1495.30亩，占年度应完成任务的118.81%，实现耕地占补平衡有余。

【实施土地整理】 2016年，县国土局加强项目立项、施工、资金使用、检查验收等各个环节的监管，按规划有计划地实施土地开发整理。抓好在建项目工程建设，确保工程质量和工程进度。年内已竣工验收且正在审计的土地整理项目8个，总面积22568亩，可新增耕地1932亩；已竣工待县级验收7个，规模面积12882.26亩，可新增耕地994.32亩；在建项目9个，总规模面积11720亩。向市国土局申报并批准立项2016年度土地整理项目11个，规模面积12000亩。抓好结合水土流失治理的土地整治项目，2015年结合水土流失治理的土地整治项目2个，整治规模3073.80亩，总投资1500万元。其中，水土流失治理面积2546亩，总投资1000万元；耕地开发527.8亩，总投资500万元，项目竣工后可新增耕地505亩，至2016年年底已基本竣工，待验收。

【落实集约节约政策】 2016年，县国土局依法审批农村村民建房966宗，面积132.6亩，其中利用旧房改建430宗，面积59.85亩。积极推进低丘缓坡地利用，促进节约集约用地，全县经市以上政府批准的农转用征收使用土地批次中，利用低丘缓坡地面积350.85亩。

【推进旧村复垦】 2016年，全县经省国土资源厅核定的旧村复垦项目19个，项目规模1134.73亩，可新增耕地1127.42亩，先行核定挂钩指标902亩，转让挂钩指标168.72亩，交易金额7509.57万元。完成指标结算项目7个，面积332.47亩；完成市国土局验收项目15个，面积284.55亩；全面竣工项目15个，面积454.44亩；在建项目19个，面积1134.73亩，至年底完成复垦710.40亩，占比62.61%；完成拆迁584户，占应拆迁682户的85.63%。完成全县拟申报项目规模面积1580.67亩的调查摸底工作，实地测量基本完成。

【夯实地籍基础工作】 2016年，县国土局完成50个建制村地籍基础工作的调查任务，扫描土地发证档案19525宗，扫描房产发证档案6363宗，入户调查24212户，完成数量位居全市第一，完成率全市第三。

【不动产登记发证】 6月30日，宁化县不动产登记中心首发第一批《不动产权利证书》。截至2016年年底，全县颁发《不动产权利证书》1356本，面积164280.84平方米；颁发《不动产权利证明》2112份，面积804289.17平方米，抵押金额135214.39万元。

【农业地质调查评价】 2016年，县国土局向省国土厅争取到1：5万340平方公里和1：1万15平方公里宁化县农业地质调查评价项目，总投资460万元，其中，省厅出资368万元，县政府配套出资92万元。年内该项目已开展野外地质调查工作。

（供稿：康长洪）

用地管理监察

【概况】 2016年，县国土局严格实施土地利用总体规划，严把规划审查关、土地用途关、用地审核关。认真落实国土资源执法监察责任制，坚持"预防为主、预防与查处相结合"方针，开展手机移动执法，加大动态巡查力度，严厉查处国土资源违法行为，遏制国土资源违法案件发生。

【加强用地监管】 2016年，宁化县经省政府批准农转用征收土地5个批次，面积479.23亩，其中耕地145.89亩；合计农转用征收土地442.96亩，其中征收集体土地434.23亩。经市政府批准农村村民建住宅农转用使用土地2个批次，面积86.31亩，其中耕地53.48亩；行政划拨国有建设用地17宗，面积1938.12亩；审批设施农用地12宗，面积115.41亩；审批临时用地2宗，面积218.2亩。

【规范土地市场】 2016年，县国土局收储国有建设用地3宗，面积413.33亩；出让国有建设用地使用权8宗，面积310.41亩，成交价款4.80亿元;办理国有建设用地划拨转让111宗，面积142.37亩，补交土地出让金1471万元，土地出让总成交价款4.95亿元。

【国土资源执法监察】 2016年，县国土局坚持"预防为主、预防与查处相结合"方针，强化国土资源执法监察动态巡查。全年发现制止土地违法行为100余起，立案查处违法用地案件22宗。

【土地矿产卫片执法检查】 国土资源部共下发

2015年度69个图斑，涉及11个乡（镇）及华侨经济开发区，监测总面积1752.50亩，其中耕地532.23亩，基本农田199.59亩。经过外业调查核实，进行图斑分割等技术处理，初步确定违法图斑14个（立案查处13宗非立案处理1宗），实际违法建设占用土地126.97亩，其中耕地面积46.39亩，加入2014年、2015年批准的耕地数量后，实际新增建设占用土地面积2327.3亩，耕地面积905.59亩，违法土地占新增建设用地比例5.46%，违法耕地占新增建设用地耕地比例4.90%。

【国土资源信访工作】　2016年，县国土局受理群众信访件38件，其中县局主办32件、协办6件。办结率和反馈率100%。

（供稿：康长洪）

矿产资源管理

【概况】　2016年，县国土局加强矿产资源保护，强化矿产资源监管，规范矿产资源勘查开采秩序，严厉打击非法采矿行为。做好地质环境保护与管理以及矿补费征管工作。

【严格矿山监管】　2016年，县国土局严格矿山年检制度，全县有采矿权矿山22个，年检率和实地检查率100%。依法办理采矿权县级延续登记矿山1个。对在生产的8个矿山落实"两图"交换，生产矿山开发合理有序，未出现违法采矿活动。全年组织检安全生产责任查12次，专项检查7次，参加检查112人次，安全生产形势持续稳定。加强矿产资源保护，依法取缔非法采矿点49个。

【编制矿产资源总体规划】　2016年，县国土局编制完成《宁化县第三轮（2016—2020年）矿产资源总体规划》初稿。11月，经与省国土资源厅沟通协调，将宁化县4个新增探矿点（城南地热、安乐小坊钾长石各1个以及安远萤石矿2个）列入省级矿产资源规划。

【地质勘查】　2016年，宁化县有勘查证24本（其中有效勘查证23本），应年检勘查证24本，年检率100%。完成矿山年度矿产资源储量动态监测1个，完成年度矿山矿产资源开发利用和储量统计23个，对拟建项目进行压覆矿产审查。

【储量管理】　2016年，县国土局督促钨、稀土、萤石矿业主落实总量控制指标，定期对矿山企业控制指标执行情况进行监督检查，健全完善"一账三图"和生产销售台账以及原始生产月报表制度。2016年度，钨、稀土等矿山生产产量均在市国土局下达的控制指标内。

【地质环境保护与管理】　2016年，县国土局指导11个矿山（占矿山总数的50%）企业进行"边开采边治理"工作。对宁化县国道、省道、县道连接线快捷交通改善扶贫项目进行压覆矿产初审。

（供稿：康长洪）

地质灾害防治

【概况】　2016年，宁化县有地质灾害危险点335处。针对宁化县地质灾害易发、多发特点，县国土局认真编制县、乡2016年地质灾害防治方案，落实防治责任，健全完善群防群测网络和防灾减灾制度，及时发放"明白卡"和"避险卡"，最大限度减轻地质灾害造成的损失。抓好结合水土流失治理的土地整理项目实施。

【地质灾害预防】　2016年，县国土局编制《宁化县2016年度地质灾害防治方案》和修订《宁化县突发地质灾害应急预案》，报请县政府发布实施。进一步加强地灾巡查、检查和督查，全县335处地灾危险点和较危险的高陡边坡落实监测责任人和监测人，全年发送地灾手机短信预报预警信息49条

17248人次。市国土局下达宁化县年度搬迁任务135户，实际搬迁140户，累计转移地灾威胁户1045户4150人。

【地质灾害治理】 2016年，县国土局竣工验收安乐镇井家排滑坡治理、淮土镇寒谷村五里亭崩塌项目，督促宁化一中滑坡治理项目等5个在建治理项目进度。向省国土厅争取治平畲族乡中心幼儿园崩塌治理项目和方田中心学校后山崩塌治理项目，年内市国土局预拨治理补助资金140万元。县财政投入321万元对安远镇城脑上等18处可降险治理地灾点进行简易降险治理。

（供稿：康长洪）

环境质量状况

【概况】 2016年，宁化县城区大气环境空气质量保持在（GB 3095-1996）《环境空气质量标准》一级标准以内。饮用水源水质达到国家《地表水环境质量标准》（GB 3838-2002）Ⅱ类水质标准，水质状况总体为优。城区区域环境噪声符合国家2类声环境功能区标准，城区交通噪声符合国家4类声环境功能区标准。

【空气质量】 2016年，城区空气质量指数AQI主要污染物为可吸入颗粒物。根据国家《环境空气质量评价技术规定》的相关评价标准，空气质量为优，与2015年基本持平。年内城区环境空气质量达到《环境空气质量标准》（GB 3095-1996）一级标准，满足相应功能区标准要求。城区空气质量排名位居全省56个县市区前列。

【水环境质量】 2016年，根据监测结果，寨头里水库饮用水源水质达到（GB 3838-2002）《地表水环境质量标准》Ⅱ类水质标准，国控断面、县控断面水质符合（GB 3838-2002）《地表水环境质量标准》Ⅲ类以上水质标准。流域水环境质量保持稳定，主要河流翠江河、西溪河、水茜河水质分别达到《地表水环境质量标准》（GB3838-2002)Ⅲ类—Ⅱ类标准，水质状况总体为优，水茜河、西溪河水质与2015年基本持平。

【声环境质量】 2016年，根据宁化县环境监测站对城区5.60平方公里、163个网格进行噪声监测取得的数据分析，城区噪声等效声级为54.7dB，达到声环境质量（GB 3096-2008）二类标准，城区声环境质量属较好等级。通过对城区9405米交通干线道路两侧噪声监测，城区交通干线等效声级为67.2dB，达到《声环境质量标准》（GB 3096-2008）中4A类区域标准。

（供稿：吴鑫铭）

环境污染治理

【概况】 2016年，全县主要污染物排放与2015年相比，略有上升。继续实施寨头里水库、隆陂水库饮用水源保护工程，同时创新流域管理，将"河长制"与环境网格化管理相结合，加强流域水环境综合整治。

【主要污染物减排】 2016年，化学需氧量（COD）约比2015年同期增加14吨，同比上升0.40%；氨氮约比2015年同期增加1.19吨，同比上升0.30%；二氧化硫和氮氧化物与2015年同期持平。（延伸阅读：2016年，县污水处理厂进水总量同比2015年减少9万吨，进水COD浓度偏低，自7月份起进水COD浓度不断降低，7、8月平均进水COD浓度约为100 mg/L，9至12月降为65 mg/L左右。因县污水处理厂进水COD浓度持续偏低，导致维持微生物活性营养不足，县污水处理厂采取以投加次氯酸钠的方式对进水进行处理，以保障出水水质达标）。

相关链接： 进水COD浓度是指污水处理厂的进水口的COD浓度，是衡量进水口的水中还原性物质多少的一个指标。如果COD质量浓度偏低的污水进入污水厂处理，不但会加重污水厂运行负担，还将破坏污泥活性，并影响污水生物处理系统运行效能。这些现象应引起充分重视并采取有效措施进行整改治理。COD化学需氧量是指在一定条件下，采用一定的强氧化剂处理水样时，所消耗的氧化剂量。它是表示水中还原性物质多少的一个指标。水中的还原性物质有各种有机物、亚硝酸盐、硫化物、亚铁盐等。但主要的是有机物。因此，化学需氧量（COD）又往往作为衡量水中有机物质含量多少的指标。

【流域水环境综合整治】 2016年，县环保局继续加强对寨头里水库、隆陂水库饮用水源保护，建成寨头里水库防护网500米，截污坝一座，关闭拆除禁养区城郊乡瓦庄村生猪养殖场3家。新建城南工业园污水管网530米，完成莲塘食品加工园污水处理设施建设管网铺设，取缔济村乡非法取土洗砂机制砂场1家。创新流域管理，将"河长制"与环境网格化管理相结合，每个村配备环境监察网格化管理员兼任河段协管员1名，建立全县"河长制"微信群和环境网格化管理微信群。

（供稿：吴鑫铭）

环境保护行政管理

【概况】 2016年，县环保局加强环保宣传，加强环境监管，严查违法排污企业，在全县组织开展环境保护大检查和"清水蓝天"专项行动，整治查处企业环境违法行为,取缔"十五小"企业，加强建设项目审批和验收。及时稳妥处理环境信访投诉问题，处理率和办结率均100%。

【环境执法监管】 2016年，宁化县组织开展环境执法大练兵、"清水蓝天"等执法行动，共检查出35家企业存在不同程度环境违法行为，其中：立案处罚25家，处罚金额52.08万元；查封设施2家；责令停止建设2家；责令停止生产10家；责令整改22家；约谈环保突出问题企业负责人2人。与县公安局、县检察院等部门联动，严厉打击非法"小作坊"等严重污染环境的违法行为，关闭拆除湖村镇石板桥同心线管厂的塑料造粒生产线，依法取缔安乐、曹坊、治平等乡（镇）非法烧乌油、非法废旧电子熔炼等小作坊，将小作坊业主和有关企业负责人6人移送公安部门处理。

【建设项目审批】 2016年，县环保局受理群众举报和上级转办的环境问题投诉3件，"12369"环保举报热线投诉34件、受理"12345"政务服务平台热线投诉4件、受理网络投诉23件、受理微信平台举报1件，处理群众来信4封。处理率和办结率100%。

【环保宣教】 "6·5"世界环境日期间，围绕"改善环境质量，推动绿色发展"主题，县环保局与县老年书法协会联合在翠园广场开展世界环境日宣传活动，通过展出书画、书法、剪纸、挂图、展板，发放环保宣传资料等方式向过往市民宣传环境保护和新环保法，利用短信群发平台向城乡手机用户发送环保宣传短信1万余条。

（供稿：吴鑫铭）

教 育 · 科 技

◆编辑：赖慧珍

综　述

2016年，宁化县教育工作围绕"巩固提升"总体要求，巩固提升办学水平，提高教育教学质量，打造办学特色品牌。争取项目资金1.49亿元，完成新建城南小学和安乐中心校宿舍楼等6个项目建设并投入使用，曹坊中心校学生宿舍楼和安乐中心校小学教学楼进入装修扫尾，曹坊、水茜中心幼儿园教学楼主体竣工，宁化四中学生宿舍楼开工建设，宁化五中教学楼完成工程招投标。第三实幼启动装修，第二实幼扩建项目基础施工等。投入资金1300万元，完成全县城域网智能管控平台建设，建成"互联网+图书室"36间，添置学生计算机360台。完成"人人通"平台搭建，实现网络学习空间全覆盖。配备高清录播系统4套、3D式微课系统12套、微课室系统88套，建设平安学校监控联网"一键式"紧急报警系统43套，建成"一校带多点"同步课堂教室22个，提高学校网络接入带宽，完小以上学校带宽光纤接入达50M以上。深入推进以"适合教育"为主题的县域教育综合改革，举办"学·导·用"教学模式复习课堂研讨会近40场次。全市初中教育工作会在宁化召开，宁化县作典型经验发言。2016年，宁化县中考单科及格率、全科及格率均居全市第一，高考本科一批上线人数448人，本一上线率26.92%。本科批以上上线人数1355人（含艺体），本科上线率81.43%；600分以上人数32人，理科全市前十名2人，文科全市前十名3人，2名学生被北京大学录取。年内，全县新建校园书法专用教室36间；5月，宁化县通过"国家书法教育示范区"验收，成为全省第一个、全国第五个"国家书法教育示范区"。宁化县被国务院教育督导委员会确认为"全国义务教育发展基本均衡县"，县教育局被市教育局评为"2016年度教育工作先进单位"。

2016年，县科技局加快实施创新驱动发展战略，坚持以开展科技服务、科技指导、科技协调为着力点，围绕各类科技项目申报和实施管理、高企申报、专利申报等工作重点，不断提高区域自主创新能力。组织实施县以上科技项目14项，1个项目列入市科技计划项目，1家企业被认定为高新技术企业，1家企业被确定为省创新型企业，1家众创空间被认定为市级众创空间，1个孵化基地被列入市级科技企业孵化器，1家企业入选省科技小巨人领军企业培育发展库，1个项目获市科技进步奖二等奖，1家企业获得第五届中国创新创业大赛（福建赛区）暨第四届福建创新创业大赛优胜奖，109件专利被授权，其中8件发明专利。

（供稿：邓宣盛、陈慧梅）

教育改革与管理

【概况】　2016年，全县有幼儿园145所，其中县直属幼儿园3所，乡（镇）中心幼儿园16所，村级幼儿班57所，民办幼儿园33所，小学附设幼儿班36个；省级示范园1所，市级示范园2所，县级示范园9所，在园幼儿12194人；全县有小学58所，其中，县直属小学6所、乡（镇）中心小学15所、村级完小4所、教学点33个，在校生20616人；中学18所，在校生14220人；特殊教育学校1所，在校生142人。全县幼儿园、小学、中学在职教职工3147人，其中研究生学历8人，本科学历1663人，专科学历1053人，中专及以下学历423人；高级职称450人，中级职称1937人，初级职称697人，未评职称63人。

【推进项目建设】 2016年，县教育部门向上争取项目资金1.49亿元，"全面改薄"项目校舍建设开工、竣工率100%，完成新建城南小学和安乐中心校宿舍楼等6个项目建设并投入使用，曹坊中心校学生宿舍楼和安乐中心校小学教学楼进入装修扫尾，曹坊、水茜中心幼儿园教学楼主体竣工，宁化四中学生宿舍楼开工建设，宁化五中教学楼完成工程招投标。第三实幼启动装修，第二实幼扩建项目基础施工。

【适合教育显成效】 2016年，县教育部门深入推进以"适合教育"为主题的县域教育综合改革，第二实小"表达本位"等课题研究成效显著，举行"学·导·用"教学模式复习课堂研讨会近40场次，完成136位参研教师"学·导·用"教学模式课堂考核，评选表彰57位课改先进教师，成立县级教师"梦想课堂沙龙"。宁化县中考单科及格率、全科及格率均居全市第一，高考本科一批上线人数448人，本科批以上上线人数1355人（含艺体），600分以上人数32人，理科全市前十名2人，文科全市前十名3人，2名学生被北京大学录取。

【宁化县通过国家"书法教育示范区"验收】 5月26日—27日，中国教育学会书法教育专业委员会副理事长、秘书长杨淑琴等到宁化，就创建国家"书法教育示范区"工作进行考察验收。通过对宁化中小学书法教育领导工作、课程课时、学生情况、听课情况、书法活动、校园书法文化建设、写字教学研究、师资队伍、资料积累等方面工作检查，验收组同意宁化通过国家"书法教育示范区"验收。宁化县成为全省第一个、全国第五个"国家书法教育示范区"。

【46幅作品获市书写大赛奖】 10月27日，三明市2016年学生规范汉字书写大赛揭晓，宁化县46幅作品获奖，其中宁化一中伍清桦等9位学生获一等奖，陈建智、雷鸣等7名教师获优秀指导老师奖，县教育局获优秀组织奖。比赛分硬笔组和软笔组，作者按照小学一组（1—3年级学生）、小学二组（4—6年级学生）、中学组（包括初中、高中和中职学生）3个组别参加比赛。

【提升队伍素质】 2016年，宁化县招聘新教师62名，城乡交流教师231人。经评选确认第一批县级骨干教师106名，县学科带头人96名。全县有市级骨干教师和学科带头人53名，市名师工作室成员7名，县级中小学名师工作室20个，成员286名，组织名师"送教下乡"50场次。表彰县"优秀教师""先进教育工作者""十佳班主任"和"十佳教师"等237人。

【信息化建设】 2016年，县教育部门投入资金1300万元，完成全县城域网智能管控平台建设，建成"互联网+图书室"36间，完成"人人通"平台搭建，实现网络学习空间全覆盖。配备高清录播系统4套、3D式微课系统12套、微课室系统88套，建设平安学校监控联网"一键式"紧急报警系统43套，建成"一校带多点"同步课堂教室22个，推广普及"人教数字校园"和"互联网+阅读"考级系统33所。

【宁化被确认为"全国义务教育发展基本均衡县"】 1月7日，国家督学、安徽省教育厅原总督学李明阳带领国家督导检查组到宁化就宁化县创建申报"全国义务教育发展基本均衡县"进行评估认定，1月8日，督导检查组在福州召开反馈会。通过材料审核和现场督导评估，2月5日，宁化县被国务院教育督导委员会确认为"2015年全国义务教育发展基本均衡县"。

【举行"童心向党"歌咏展演】　5月27日，三明市2016年"践行社会主义核心价值观　唱响中国梦"童心向党歌咏展演（宁化赛区）在宁化六中举行，全县有12所中小（幼儿园）学校代表队300余名学生登台参赛，宁化六中代表队获一等奖，宁化师范附属小学、宁化实验小学代表队获二等奖。"童心向党"歌咏展演是加强未成年人社会主义核心价值体系学习教育的一项重要活动，通过组织未成年人传唱歌颂党、歌颂祖国、歌颂"中国梦"的优秀歌曲，引导广大未成年人积极培育和践行社会主义核心价值观。

【贫困大学生精准助学启动仪式举行】　为进一步帮助解决建档立卡贫困大学生上学难问题，宁化县成立县扶贫助学基金，由县政府统筹安排资金，连续3年（2016—2018年）对在册省内、省外在校就读的贫困本科生、贫困大专生分别给予每生每年4000元至10000元不等的资金帮扶。8月24日，宁化县建档立卡贫困大学生精准助学启动仪式在宁化一中举行，现场为20名贫困学生发放助学款17万元，县四套班子领导出席启动仪式，县教育局、县妇联、团县委、扶贫办等部门主要负责人参加会议。

【召开第32个教师节表彰大会】　9月5日，宁化县第32个教师节表彰大会在宁化世界客属文化交流中心召开，县领导余建地、姚文辉、潘闽生、罗启发、李平生、郑丽萍、张金炎、周颖、马安平等参加会议。会议由县委常委、宣传部部长郑丽萍主持，大会表彰"创建国家义务教育发展基本均衡县"先进单位、县十佳教师和十佳班主任、县优秀教师和优秀教育工作者，共表彰教师237名，表彰大会结束后，县教育局组织召开先进教师事迹报告会，获奖教师代表上台发表获奖感言。

【完成省义务教育质量监测工作】　2016年，为落实义务教育阶段学生学习质量监测工作，县教育局根据省、市相关文件要求，结合宁化县实际，开展义务教育质量检测工作。9月21日，完成2016年福建省义务教育质量监测工作，全县18所样本校，五年级和九年级768名学生参与数学基础知识、数学相关因素答题及8个体育项目的测试。

【举行第六届中小学生综合素质展示大赛】　12月22日—23日，宁化县第六届中小学生综合素质展示大赛在宁化六中举行，大赛有14所初级中学168名学生、18所小学288名学生共456名学生参加。展示活动包括学生个人特长与团队合作展示、学生汉字听写大赛、学生书法、阅读考核等内容。城东中学、宁师附小、水茜中心学校分别获得初中组、城区小学组、乡（镇）中心小学组一等奖。

学 前 教 育

【概况】　2016年，全县有幼儿园（点）145所（个），其中县直属幼儿园3所，乡（镇）中心幼儿园16所，村级幼儿班57所，（设立农村学前教育巡回支教试点后将村级幼儿班整合到支教点，村级幼儿班比2015年减少17所）民办幼儿园33所，小学附设幼儿班36个（设立农村学前教育巡回支教试点后将附设幼儿班整合到支教点，小学附设幼儿班减少1所）；省级示范园1所，市级示范园2所，县级示范园9所。在园幼儿12194人，学前三年幼儿入园率97.1%；公办和普惠性民办幼儿园覆盖率85%。全县公办幼儿园教职工340人，其中本科学历42人，专科学历127人，高中及中专学历171人。继续实施第二轮学前教育发展三年行动计划，加快公办幼儿园建设进度，石壁中心幼儿园、城南小学附设幼儿园秋季投入使用，启动第三实幼装修，第二实幼扩建项目基础施工，曹坊、水茜中心幼儿园教学楼主体竣工。充分发挥城区三所省、市示范性幼儿园示范辐射、引领作用，开展"结对帮扶""送教送培"活动30余场次。农村学前教育巡回支教点建设与管理进一步加强，全县有巡回支教试点73个，志愿者138人；年内，三明市农村学前教育巡回支教试点工作现场会在宁化召开，宁化县作典型经验介绍。

规范民办幼儿园管理，开展民办幼儿园消防安全排查，关停无证民办幼儿园2所，责令限期整改10所，发放12所普惠性民办幼儿园购买服务资金344万元，落实低收费民办幼儿园补助资金86.88万元。

【市课题专家组到宁化指导】 1月13日，市教科所专家柯月兰等人到宁化城东幼儿园进行市级课题"幼儿园区域活动材料回归生活的实践与研究"指导。专家、教师在该园展示的区域活动观摩结束后，认真查阅课题材料并提出指导意见。

【开展送教进民办幼儿园活动】 1月19日，第二实验幼儿园到春蕾幼儿园开展送教帮扶活动，县进修学校教研员、城区民办幼儿园负责人及幼儿教师40余参加活动。活动结合第二实验幼儿园县、市级课题，开展大班语言"大熊的拥抱节"、中班健康"老鼠笼"两个集中教学活动，举办《3—6岁儿童学习指南》背景下幼儿园区域活动的有效开展专题讲座。观摩活动结束后，观摩教师进行互动交流研讨。活动旨在进一步落实《3—6岁儿童学习与发展指南》，深入推进幼儿园课题研究，同时发挥市级示范幼儿园的辐射、引领作用，加强公办、民办幼儿园之间的交流与合作。

【全市农村学前支教工作现场会在宁化召开】 6月17日，三明市农村学前教育巡回支教试点工作现场会在宁化召开，市教育局分管副局长、初教科科长及各县（市、区）教育局分管幼教副局长、幼教股股长共30余人参加。参会人员到安乐镇马家村、曹坊镇罗溪村两个农村学前教育巡回支教试点，观摩健康活动"快乐大冲关"和分组活动"美丽的家乡"，同时参观两个支教点的园舍环境，并就试点工作的开展、志愿者生活工作等问题与中心校管理人员进行探讨交流。座谈会上县教育局相关负责人就农村学前教育巡回支教试点工作进行经验介绍。

（供稿：邓宣盛）

初 等 教 育

【概况】 2016年，全县有小学58所，其中，县直属小学6所，比2015年增加1所（新建城南小学），乡（镇）中心小学15所（城南中心学校并到新建城南小学），村级完小4所（原城南小学并入新建城南小学），教学点33个；在校生20610人，一年级招生4188人，毕业生2822人。适龄儿童入学率100%，适龄残疾少儿（含随班就读）入学率98%。全县小学教职工1365人，其中研究生学历1人、本科学历349人、专科学历795人、中专及以下学历220人，高级职称63人。小学完成义务教育管理标准化学校评估1所、农村非完全小学标准化"农村标准化教学点"评估13个。

【城南小学新校区投入使用】 9月1日，宁化城南小学新校区正式投入使用，该项目是宁化县委、县政府2014年为民办实事重点民生工程，项目总投资3700万元，2014年11月开工建设，学校规划占地面积25080平方米，建筑面积13863平方米，办学规模为24个教学班，可容纳学生1080人。2016年，该校有学生738人，其中一年级新生346人。

【市第三片区专题研训活动在宁化举行】 10月26日—27日，2016年三明市第三片区小学语文、英语、道德与法制学科专题研训活动，分别在实验小学、红旗小学、城东小学举行，来自大田、宁化、清流和明溪4县的230多位教师参加研训。活动通过观摩课展示、开办讲座、经验交流等形式，加强县际之间教研成果的交流和经验共享。

【市小学语文名师工作室研训活动在宁化举行】 11月10日—11日，三明市2016年小学语文谢安平名师工作室到宁化第二实小开展研训活动，宁化县1985年后出生的语文教师80余人参加研训。市名师工作室成员介绍拟开发的微课项目和内容，并对下阶段重点工作进行安排。

【9所学校在市中小学生艺术节中获奖】 11月5日—12日，三明市第六届中小学生艺术节在梅列区第一实验学校光华大礼堂举行，展演活动评出一等奖28名，二等奖43名。宁化红旗小学、城东小学、东风小学、附小、实小、五中、六中、七中、县校外活动中心等9校获展演等级奖，宁化县教育局、宁化县青少年学生校外活动中心获优秀组织奖。

表17　市第六届中小学生艺术节宁化县获奖名单

类别	名次	获奖作品	获奖学校	指导教师
器乐部分	二等奖	《欢乐的日子》	宁化县青少年校外活动中心	李　华 徐灵瑛
器乐部分	三等奖	《保卫黄河》	宁化县第五中学	邓新贵
戏曲部分	一等奖	《梨园新蕾》	宁化县红旗小学	吴丽萍
校园剧部分	一等奖	《给我一缕阳光》	宁化县城东小学	吴美娥
舞蹈部分（小学组）	一等奖	《快乐的布谷》	宁化师范附属小学	张　徽
舞蹈部分（小学组）	二等奖	《向着梦想奔跑》	宁化县青少年学生校外活动中心	夏　萍 张丽芳
舞蹈部分（中学组）	二等奖	《风酥雨韵》	宁化县第六中学	杨　帆
声乐部分（中学组）	二等奖	《游击队歌》	宁化县第七中学	张连云
声乐部分（小学组）	一等奖	《让世界都赞美你》《库斯克邮车》	宁化县实验小学	吴秋华 巫　玲
声乐部分（小学组）	二等奖	《祖国在我心窝里》《童谣唱给太阳听》	宁化县东风小学	黄文霞 张庆华 吴海英

【5名学生获全国青少年科学影像节奖】 11月11日—15日，中国科协青少年科技中心、中国青少年科技辅导员协会和辽宁省科学技术协会在辽宁沈阳联合主办第七届全国青少年科学影像节展映展评活动，宁化红旗小学学生马承卓、巫锡强合作的科普动漫《低碳生活，快乐你我》获二等奖，泉上中心学校学生上官劭奇制作的科普动漫《竹蜻蜓为什么会飞》及宁化一中学生李圣、龚浩澜合作的科学探究纪录片《蚕的前世今生》分获三等奖。

【4所学校通过"省级书法教育实验学校"验收】 12月19日—20日，省教育学会书法教育委员会副秘书长武良弼带领专家组，到宁化县淮土中心学校、红旗小学、东风小学、城东小学，对4所学校创建"省级书法教育实验学校"进行评估验收。专家们通过听取成绩汇报、翻阅资料、观看现场展示等环节，一致同意4所学校通过"福建省书法教育实验学校"标准验收，并先后为4校授牌。

（供稿：邓宣盛）

中 等 教 育

【概况】 2016年，全县有中学18所，其中，高级中学1所，完全中学3所，初级中学8所，九年一贯制学校6所；在校生14220人，其中初中8279人，高中5941人。招收新生4804人，其中普通高中1951人，初中2853人。初中毕业生2830人，高中毕业生2038人。全县中学有教职工1442人，其中研究生学历7人，大学本科学历1272人，专科学历131人，中专学历32人；高级职称教师428人。初中完成义务教育管理标准化学校评估1所。2016年中考单科及格率、全科及格率均居全市第一。12月，全市初中教育工作会在宁化召开，宁化县作典型经验发言。主动应对高考全国卷改革，高考优生总量实现新突破。2016年，宁化县高考本科一批上线人数448人，本科批以上上线人数1355人（含艺体）；600分以上人数32人，理科全市前十名2人，文科全市前十名3人，2名学生被北京大学录取。

【"思源佑华教育移民班"开班】 9月23日，2016中华思源工程扶贫基金会"佑华教育移民班"大丰班开班仪式在宁化七中举行，这是"思源佑华教育移民班"第三次落户宁化。民建省委副主委、秘书长程思怡，民建省委社会服务处处长王凤玲，民建市委主委、市政协副主席李茂胜，市委统战部副部长邓源明，民建市委副主委、市文广新局副局长黄月珍，县政府党组成员周颖，县政协副主席王盛通及县教育局相关人员参加开班仪式。"思源·教育移民计划"是一项将教育扶贫和移民扶贫有机结合的扶贫项目，是民建中央支持原中央苏区县振兴发展的一项重大举措，由宁化七中组织教师开展招生工作，通过对报名学生的入户调查，最终确定50名学生。

【市初中数学学科研训活动在宁化举行】 11月16日，三明市初中毕业班数学学科学业检测与评价研训活动在宁化五中举行，三明各县（市、区）教研员和学科教师代表70多人参加活动。宁化五中教师李荣伙和尤溪文公中学教师张朝睿现场开设同课异构教学观摩课，参训教师课后进行观摩课研讨与交流，最后列东中学教师詹高晟和三明市教科所教师苏德杰开设专题报告。

【市初中教育工作会议在宁化召开】 12月8日—9日，三明市初中教育工作会议在宁化举行，市教育局局长陈兴、县人民政府党组成员周颖等参加会议。会议总结全市初中教育工作主要经验，研究制定下阶段全市初中教育教学改革发展具体举措。宁化县教育局在会上作经验介绍。

（供稿：邓宣盛）

高 等 教 育

【概况】 2016年，福建广播电视大学宁化电大工作站（简称县电大工作站）有专职教师10人，其中本科学历8人，专科学历2人；高级职称5人，中级职称3人，初级职称2人。中央广播电视大学开放教育有学生633人，奥鹏教育232人，北师大网络扶贫教育66人。年内，宁化电大工作站主要做好以学历教育、社区教育、网络教育、社区工作者培训为多元的"一体多元"办学格局。

【中央广播电视大学开放教育】 2016年，中央广播电视大学开放教育开设本科、大专15个专业，有26个班633人。本科有行政管理、会计学、法学、学前教育、小学教育、教育管理等专业，计199人，专科有行政管理、会计学、法学、工商管理、物流管理、计算机网络技术、金融、学前教育、教育管理、劳动与社会保障等专业，计434人。2016年开放教育招收新生317人，本、专科共毕业160人。

【奥鹏学习中心远程教育】 2016年，奥鹏远程教育学习中心继续与4所高校合作招生19个专业，在校生232人。东北师范大学本科、专科专业有英语教育、数学与应用数学、历史学、地理科学、计算机科学；大连理工大学有电气工程及自动化、水电水利工程、土木工程、机械制造与自动化、道路桥梁工程技术等；电子科技大学有商务管理、市场营销等专业；四川农业大学有动物医学、土地资源管理、环境监测、农学、林学等。

【县电大工作站通过省教育厅检查评估】 4月24日，省教育厅专家到宁化电大工作站开展福建省成人高等教育教学站点检查评估工作，专家组现场查看工作站的资质管理、制度建设、办学条件、招生管理、教学管理、考试管理等工作。7月5日，省教育厅公布中央广播电视大学福建电大宁化工作站奥鹏学习中心为合格成人高等教育教学站点，宁化电大、宁化奥鹏学习中心的管理更加科学规范。

（供稿：余秀清）

职 业 教 育

【概况】　2016年，三明工贸学校开办专业14个，其中国家级示范专业1个、省级重点专业3个、市级重点专业2个；校内外实训基地39个，其中省级示范性实训基地1个和省级技能型人才培养基地1个，市级示范性实训基地1个和市级技能型人才培养基地1个。2016年，学校有教职工133人，学历教育在校学生3348人。

【基础设施建设】　5月，三明工贸学校食堂兼礼堂建设项目竣工并投入使用，项目占地2524平方米，建筑面积5580平方米，总投资1360万元。7月，三明工贸学校新校门、新校道竣工并投入使用，项目总投资300万元。5月，三明工贸学校学生公寓楼建设项目获批为省校舍安全保障长效机制建设项目，总建筑面积2837平方米，总投资715万元，该楼于年底开工建设。

【职业技能教学】　2016年，三明市工贸学校组织1650名学生参加信息技术、美容师、化妆师、车工、钳工、维修电工、汽车维修工、无线电装接工、会计电算化等专业工种鉴定考试，合格率98%，毕业生获得"双证书"比例为98%。组织学生参加2016年职业技能大赛，在国家级比赛中获奖2个，省级比赛中获奖19个，市级比赛中学校获得团体总分第二名、学生获奖106个（其中一等奖25个）。

【教育教学改革】　2016年，三明工贸学校成立机电电子、信息技术两个专业建设指导委员会，加工制造专业群被确定为福建省首批服务产业特色专业群。学校出版正式教材2本、开发精品课程3门、编写校本教材4本。获批三明市名师工作室1个、三明市技能大师工作室1个。2名教师参加全国中等职业学校信息化教学说课大赛获二等奖，2名教师参加全省信息化大赛获二等奖，2名教师参加全市信息化大赛获一等奖。有2项省级课题结题，3项市级课题结题，发表CN论文12篇。

【全国中等职业学校"文明风采"竞赛决赛获奖】　2015年9月—2016年5月，第十二届全国中等职业学校"文明风采"竞赛经校级初赛、省级复赛和全国决赛，并经决赛评审委员会评审、复核，三明工贸学校学生19项作品获奖，其中一等奖1项，二等奖2项，三等奖3项，优秀奖13项；学校获得优秀组织奖，4名教师表彰为优秀指导教师。

【获第八届全国规范汉字书写大赛团体一等奖】　10月，第八届全国规范汉字书写大赛获奖名单公布，三明工贸学校获团体一等奖，是福建省唯一一个获团体一等奖单位。大赛分硬笔和毛笔两个项目，三明工贸学校2名学生获毛笔二等奖，9人获三等奖；2名学生获硬笔二等奖，14人获三等奖；4位教师获指导奖。

【抓好职教培训】　2016年，三明工贸学校职教中心及客家小吃培训基地举办职业技能培训班28期，培训社会人员2035人。其中，中式烹饪培训14期，812人参加培训；电子商务培训2期，230人参加培训；保育员和育婴师培训1期，411人参加培训；餐厅服务员培训1期，146人参加培训；创业培训（SYB）3期，120人参加培训；车工培训1期，40人参加培训；装配钳工培训1期，30人参加培训；低压电工培训1期，97人参加培训；维修电工培训1期，59人参加培训；艺术化妆师培训1期，20人参加培训；汽车维修工培训1期，50人参加培训；美容师培训1期，20人参加培训。

【招生、就业及升学工作】　2016年，三明工贸学校招生1277人，学历教育学生总数3348人。开展工学交替、顶岗实习，2014级学生全部安排到相关企业顶岗实习。加强就业推荐工作，学生一次性就业率98%以上。2013级对口升学班86名学生参加春季高考，全部大学上线。

（供稿：王洪流）

成 人 教 育

·县委党校·

【概况】 2016年，县委党校坚持党校姓党，聚焦主业主课。做好干部培训、教学科研、队伍建设等各项工作。

【干部教育培训】 2016年，县委党校举办培训班7期，培训党员干部365人，选派教师4人到全县乡（镇）、机关企事业单位、社区等宣讲"两学一做"学习教育、县第十三次党代会精神和中共十八届六中全会精神累计40余场次，3200人次接受教育。做好对外宣传工作，编制党校宣传册1600册，寄送至各省、市、县委党校；用好谷文昌纪念园、北山革命纪念园、客家祖地等5个现场教学基地，全年接待市直部门、市委党校和周边县培训班800余人次。年内邀请3名县领导，7名县直部门主要负责人，16名高等院校教授，6名省、市委党校优秀教授、教师到校授课，实现讲坛资源最大利用率。

【教师队伍建设】 2016年，县委党校加大教师培训进修和实践锻炼力度。派出6名教师分别到复旦大学，浙江的温州开发区青年电商产业园、丽水学院电商创新创意实践基地等地学习培训；2名教师到省、市委党校参加中共十八届六中全会精神辅导培训。5名教师到省委党校观摩省校院系统党性教育精品课评选活动，由县委党校《学习谷文昌精神，做合格共产党员》获体验式教学二等奖。1名教师参加市校院系统片际教学交流活动。选送2名教师分别到县委部门和城市建设项目组挂职锻炼半年。年初，公开招聘年轻教师1名，教师专业结构进一步优化。注重从有丰富实践经验的党政干部、专家学者和上级党校优秀教师中选聘兼职教师，形成合理人才梯队。

（供稿：张林诚）

·县教师进修学校·

【概况】 2016年，宁化县教师进修学校有在职教职工38人。其中在编教师32人，交流教师6人；中学教研员22人，小学教研员16人；硕士研究生学历1人，本科学历21人，大专学历12人；副高职称21人，中级职称16人；省级普通话测试员1人；省级学科带头人1人，市级学科带头人5人；市级骨干教师4人。全年，学校以"为基础教育发展服务、为教师专业发展服务"为办学理念，开展"送教下乡""送培下乡"服务工作；"以创建省级文明学校为目标"，推进校园文化建设，大力宣扬社会主义核心价值观；坚持研训一体化培训模式，采取集中面授与分散研修相结合培训方法，开展各种教师培训活动。

【教师培训】 2016年，学校坚持研训一体，采取集中面授与分散研修相结合培训方法，开展各种教师培训。举办教师信息技术应用能力提升工程培训，培训教师2433人，其中2395人获取证书；举办"福建省教育厅2016年名师'送培下乡'宁化县培训班"，培训教师355人；举办2016新聘教师第二轮小学（幼儿园）课堂展示研训，培训教师53人；举办"宁化县第一期中学班主任能力提升"培训，培训教师60人；举办宁化县中小学（幼儿园）第二批学科带头人培养对象第四期培训班第五阶段"结业考核"研训，培训教师103人。

【85后青年教师集训】 10月28日—30日，宁化县85后青年教师学习成长共同体在宁化一中开展为期3天的第一次集训活动，培训1985年以后出生的青年教师356人。该次培训主题为《共读一本书》，邀请省级名师刘菊春、市教科所郑江河等专家就青年教师成长主要问题，开展有针对性培训。85后青年教师学习成长共同体成立于10月19日，力图通过构建导师制学习共同体，回应青年教师专业发展需要，结合青年教师专业发展阶段，为不同时期青年教师搭建拜师、导师、名师的平台，让他们在专业

上有层次、分梯度地不断进步。

【"学·导·用"课堂教学模式取得成效】 2016年，为期3年的"学·导·用"课堂教学模式改革第一期实验取得成功，第一批进入课程改革的初中毕业生，在三明市统一招生毕业考试中，夺得总分全市第一名、7个统考科目中6个第一名的好成绩。参加课程改革的132名教师中，85%的教师教学成绩名列同校同年段同学科前列，39.6%的教师教学成绩名列同县同年级同学科前3名。在县教育局开展的"十佳教师"评选活动中，有8名参加课程改革教师获奖。

【举行"学·导·用"教学模式推广运用启动仪式】 10月18日，宁化县"学·导·用"教学模式推广运用启动仪式在课改基地校宁化五中举行。县教育局、县教师进修学校、课题研究核心小组、课改教师等30多人参加启动仪式。启动仪式上，宁化五中课程改革实验教师张金龙开设题为"整式"的示范观摩课。宁化五中课程改革负责人邱华水简要介绍课程改革实施方案。县教育局课改办负责人赖伙琪对前一阶段全县的课改工作进行总结，就下一阶段课改工作及"学·导·用"教学模式的全面推广运用进行部署，提出"潜心研究、静待花开"的理念。"学·导·用"教学模式是宁化"适合教育"总课题的重要组成部分，教学模式在全县推广运用，旨在更好地实施因材施教的教学策略，进一步开展以学生学为核心的课堂教学改革，促进全县教学质量的全面提升。

【引进网上阅卷系统】 2016年，县教师进修学校加强与三明恩特电脑有限公司合作，引入网上（智学网）阅卷系统，初中全部考试科目实现网上阅卷。该系统具有客观、公正、保密的特点，评卷质量有显著提升，阅卷结束后有全面、科学的数据分析，节省大量的人力物力。同时，该系统的引入，使教研员可全程跟踪评卷过程，评判出题是否符合学生实际，对今后出题有重要指导意义。

（供稿：刘荣胜）

·乡（镇）文化技术学校·

【概况】 2016年，全县有文化技术学校16所，兼职教师129人，其中，本科学历33人，大专学历61人，中专学历35人；高级职称15人，中级职称88人，初级职称26人。全年举办科学养猪、养鸡、养鸭、养鱼、养牛等养殖技术，烤烟、河龙贡米、大棚草莓、花卉、油菜、玉米、柑橘等栽培技术，竹山、农村经营管理，生物农药的使用等各类培训讲座201次，参与人数8470人。年内扫除文盲234个，青壮年非文盲率100%，扫盲教师115个。全县有社区学院1所，社区学校16所，社区教育志愿者166人。

（供稿：曾玉华）

·县卫生进修学校·

【概况】 2016年，宁化县卫生进修学校有2014级护理专业2个班93人，2015级护理专业1个班60人；年内招收全日制中专生70人。与福建卫生职业技术学院合作举办中专与自考大专衔接班，招收学生117人。学校有专兼职教职工30人，其中高级职称11人，中级职称14人，初级职称3人，工勤人员2人。年内完成402名乡村医生规范化培训。

【邓小燕获省职业院校护理技能大赛三等奖】 12月10日—11日，宁化卫校2014级护理班学生邓小燕获2017年福建省职业院校技能大赛中职护理技能竞赛三等奖。大赛由福建省卫生职业技术学院承办，全省11所医学院校共50名选手参加比赛。

【新建护理实训中心】 2016年，县政府为进一步提升卫校办学及实训水平，培养高素质技术人才，增强和改善卫生事业综合能力，选址城东小学南面新建一所具有闽西区域特色的卫生进修学校（护理实训中心），项目占地21亩，总投资1.39亿元，10月开工建设。新校园的建成，将为培养卫生技术人才提供坚强的后盾。

（供稿：巫青松）

·农业广播电视学校·

【概况】 2016年，宁化县农业广播电视学校有专职教师2人，兼职教师14人，在校生94名，新招收学员15名。涉及现代农艺技术、畜牧、果蔬花卉等3个专业。年内组织2013级、2014级学员参加1月和7月两次考试，学员考试成绩全部合格；组织2013级29名学员参加实习，并全面完成毕业材料整理工作。

【新型农业经营主体带头人信息采集】 按照《福建省农业厅办公室关于做好新型农业经营主体带头人信息采集工作的通知》（闽农综明传〔2016〕104号）部署和要求，年内组织录入宁化县种植大户、养殖大户、家庭农场主、农民合作社骨干（包括理事长、监事长或执行监事、经理）和农业企业负责人等新型农业经营主体带头人611户材料。

（供稿：施向华）

科学技术研究与开发

【概况】 2016年，县科技局组织实施县以上科技项目14项，下拨科技资金41.84万元；1个国家科技项目和1个省科技项目通过验收。

表18　　　　　　　　　2016年宁化县科技项目实施情况表

项目名称	类别	主要研发内容	承担单位	2016年下拨经费(万元)	项目实施主要成效
观棠性海棠良种的引进与栽培技术研究示范	市科技计划项目	项目从南京林业大学引进经良种认定的"芙蓉"海棠、"西府"海棠、"白兰地"海棠等3个新品种，开展海棠种苗快繁技术和标准化栽培技术等关键技术研究，探讨海棠高效繁育与种植栽培模式，开展集约化经营，建立海棠良种采穗及栽培示范园和扦插、嫁接快繁圃地	宁化县旺鑫源园艺工程有限公司	7	建成海棠种苗繁苗圃5亩、栽培示范园30亩；引进"芙蓉"海棠、"西府"海棠、"白兰地"海棠2年生种苗4000株为种源；举办技术培训1期35人次
高端河龙贡米新品种引进及优质高效配套栽培技术	县技术创新项目	项目通过建立河龙贡米科技示范园，开展新品种、新技术试验示范，引进宜优673新品种进行重点示范推广，建立示范基地2000亩，集成一套成熟技术，强化超高产栽培、免耕抛秧、旱育秧等技术，并探讨烟、稻轮作模式，改良土壤节约成本，提高大米的理化指标，确保了河龙贡米的质量。项目投资250万元，实现年产值6000万元，年利税36万元，新增就业156人	宁化县河龙贡米米业有限公司	5.84	建立烟后河龙贡米新品种宜优673试验、示范基地2000亩；推广面积1万亩，产量5000吨，产值1500万元，新增产值250万元；建成100亩河龙贡米科技示范园，引进优、新水稻新品种，开展对比试验，筛选优质、高产、抗病、适应性强的品种1—2个作为后备推广，积累栽培技术
紫玉淮山新品种引进及无公害栽培技术研究与示范	县技术创新项目	项目主要进行紫玉淮山新品种引进及其无公害栽培技术研究。通过优化紫玉淮山栽培措施，研究新品种紫玉淮山无公害栽培及土壤培肥与养分管理技术，有害生物无害化控制关键技术，探索紫玉淮山在宁化区域无公害栽培技术模式，促进种植业结构调整，发展地方特色产业，带动农民增收。项目投资30万元，建设紫玉淮山示范面积50亩，推广种植面积500亩，实现年产值75万元，利税30万元	宁化县三星山药专业合作社	5	开展紫玉淮山新品种无公害栽培模式研究、土壤培肥与养分管理技术研究以及有害生物无害化控制关键技术研究，建立紫玉淮山育苗基地10亩，示范基地面积50亩

项目名称	类别	主要研发内容	承担单位	2016年下拨经费(万元)	项目实施主要成效
纳米碳酸钙新型微波干燥法	县技术创新项目	项目围绕公司发明专利"一种利用微波干燥生产纳米碳酸钙的方法及装置的研发及应用"产业化,研究解决常规干燥方法中纳米 $CaCO_3$ 干燥时易团聚,形成软和硬的团聚体,用普通的机械粉碎不能完全解聚,使产品中出现粗粒子,易形成二次团聚体,在应用时难以分散,使用效果较差,影响产品的强度;滤饼烘干时间长,能耗大,产品白度低的问题,开发出粒径小、团聚强度低、比表面积大、硬度小、分散性好,同时受热时间短,白度高的纳米碳酸钙。项目投资360万元,实现年产4万吨纳米碳酸钙规模,实现年产值9000万元,利税1300万元,新增就业100人	福建鸿丰纳米科技有限公司	4	开展纳米碳酸钙的干燥生产设备国内外研究现状、技术方案、市场情况调研,收集有关资料,完成设备定制。开展小试,对各项指标进行检测和对比,并进行设备调试和试生产,确定生产工艺
星光级低照度大口径高清镜头研发及产业化	县技术创新项目	项目开展超低照度、超高清晰度视频监控摄像镜头设计的关键技术研究,镜片高增透宽带镀膜设计及工艺技术研究,高端摄像镜头产业化中的工艺、检测、品管质量体系研究,开发出用于智能交通领域F1.2至F0.95星光级超低照度大口径系列高清镜头,能在星光下(0.003 Lux照度下)不附加照明实现高质量的彩色成像,并实现大视场、高感光度和超高清晰度(800万像素),可作为新一代视频摄像监控系统的配套镜头,以及各种特殊光学领域的广泛应用。项目投资420万元,实施后可实现年产值1200万元,利税570万元,新增就业80人	三明福特科光电有限公司	4	已完成对低照度镜头系统组成和工作原理的研究,完成适宜生产加工的全套光学图纸设计和镀膜工艺设计,并按设计进行样品试制、产品检测和改进
优质有机乌龙茶自动化生产加工控制技术应用研究	县技术创新项目	项目开展茶青表面水分去除设备技术参数的研究、优质有机乌龙茶加工生产线技术研究及产品检测分析,探索集乌龙茶传统工艺与高科技技术为一体的机械化、自动化、规模化、标准化的生产加工控制技术,建设优质有机乌龙茶生产加工控制技术生产线,实现乌龙茶从茶青到成品茶加工的机械化、连续化、自动化,实现规模化、标准化生产,达到提高生产效率、提升产品质量、稳定产品品质的目标。项目投资460万元,形成年产400吨有机乌龙茶自动生产规模,年产值达1800万元,利税360万元,新增就业65人	福建省春辉茶业有限公司	2	建成优质有机乌龙茶加工平台,完成有机优质乌龙茶自动化生产控制技术生产线设备安装、调试。开展茶青表面水分去除设备技术参数的研究,完成茶青表面水分去除设备技术参数筛选、设置,以及微波杀青机、程控揉捻机组设备技术参数筛选、设置

续表

项目名称	类别	主要研发内容	承担单位	2016年下拨经费(万元)	项目实施主要成效
智能数控全自动化多茶类生产线	县技术创新项目	项目与福建农林大学、长沙湘丰智能装备公司合作,研发改制乌龙茶现代智能数控全自动化标准化加工生产线,通过PLC检测自动控制方式来实现技术工艺流程达到优化生产运营和数字化管理,实现机器与人智能传感检测,智能物流控制生产加工中互联互通与高度集成,应用PLC检测系统和PDM数字系统充分采集现场操作生产进度和品质。从茶青匀叶传导各环节数据实现可视化管理,有效控调生产计划及质量能效优化全过程,提升一系列有效的信息安全保障,质量控制与追溯的数字化系统,为企业更好的精益生产和提质增效。项目投资582万元,可实现年产值3906万元,利税120万元	福建省翠云茶业有限公司	2	已完成研发改制乌龙茶现代智能数控全自动化标准化加工生产线,实现了机器与人智能传感检测,智能物流控制生产加工中互联互通与高度集成,应用PLC检测系统和PDM数字系统充分采集现场操作生产进度和品质
高品质乌龙茶生产加工关键技术研究应用	县技术创新项目	项目研究攻关高品质茶园生产关键技术,优化和改进乌龙茶加工工艺,利用已授权专利,开发铁观音茶饼新茶品,解决铁观音茶保藏难的问题,建立年加工100吨优质铁观音茶生产线,并建立示范茶园500亩,实现年产值500万元,利税80万元	三明市鹤翔春生态农业有限公司	2	完成500亩水肥一体化高效管理示范茶园建设,开展有机肥料无害化处理技术研究、有机茶园病虫草害的控制技术研究,制定病虫害防治操作规程
生态板加工生产关键技术研究与示范	县技术创新项目	项目通过与山东省林业科学院合作,重点研究解决生态板加工生产的工艺技术、变形处理等关键技术,并建立年产10万片生态板生产线。项目投资300万元,可实现年产值2000万元,利税200万元	福建省宁化县永盛竹木制品有限责任公司	2	完成蒸汽干燥窑建设,开展生态板快速干燥处理技术研究
宁化高山区花椰菜反季节无公害栽培技术研究与示范	县技术创新项目	项目主要进行宁化高山区花椰菜反季节无公害栽培技术研究与示范。通过建立高山区花椰菜反季节栽培模式,研究在高山地区实行花菜反季节的栽培配套方法研究,及土壤培肥与养分管理技术,有害生物无害化控制关键技术,探索宁化高山地区的无公害栽培反季节花椰菜栽培技术模式,促进种植业结构调整,发展地方特色产业,带动农民增收。项目投资30万元,示范种植150亩,实现年产值160万元,利税50万元,新增就业35人	福建膳品源生态农业有限公司	2	完成投资15万元,建成育苗大棚基地5亩。开展花椰菜反季节无公害栽培模式研究、土壤培肥与养分管理技术研究、有害生物无害化控制技术研究及病虫防治措施研究

项目名称	类别	主要研发内容	承担单位	2016年下拨经费(万元)	项目实施主要成效
哈密瓜新品种设施栽培与示范	县技术创新项目	项目与上海市嘉定区农业技术推广服务中心合作,从上海农科院引进哈密瓜新品种"脆禧",开展栽培技术研究示范,运用现有水肥一体化自动灌溉系统,研究有机肥种植及生物制剂配方,节约用水用肥,开展土壤改良增肥保水技术研究,增强土壤肥力,开展病虫害防治技术研究,运用生物制剂和大棚立架种植,防止周边环境污染,减少病虫害,有效控制病虫害。项目投资10万元,建成示范面积10亩,年产值可达120万元	福建省石壁现代农业有限公司	2	从上海农科院引进哈密瓜新品种"脆禧",开展栽培技术研究示范,运用现有水肥一体化自动灌溉系统,研究有机肥种植及生物制剂配方,节约用水用肥,开展土壤改良增肥保水技术研究,增强土壤肥力,并开展病虫害防治技术研究。建成试种面积5亩
碳13呼气试验	县技术创新项目	碳13尿素呼气试验用来检查幽门螺杆菌的感染,主要是将经过稳定核素13c标记的底物引进机体(主要方式为口服),利用同位素比值质谱仪检测底物的最终代谢产物$13CO_2$的变化研究机体内代谢反应和生理过程。它是无痛检测幽门螺杆菌的金标准,能有效地预防胃溃疡、慢性胃炎、胃癌的发生,因此,该项目的开展具有较高的临床实用性	福建省宁化县医院	2	7月,引进相关设备,对患者进行13c呼气试验检测,利用同位素比值质谱仪检测底物的最终代谢产物$13CO_2$的变化研究机体内代谢反应和生理过程
明椒7号新品种引进及其无公害栽培技术研究与示范	县技术创新项目	项目主要进行辣椒新品种明椒7号引进及其无公害栽培技术研究。通过优化栽培措施,研究明椒7号新品种在宁化县不同地区的栽培方法及土壤培肥与养分管理技术,有害生物无害化控制关键技术、探索明椒7号在宁化不同地区的无公害栽培技术模式,促进种植业结构调整,发展地方特色产业,带动农民增收。投资10万元,示范种植50亩,实现年产值60万元,利税30万元	宁化县王中王辣椒专业合作社	1	项目与三明市农科院合作,引进明椒7号新品种,开展明椒7号栽培方法及土壤培肥与养分管理技术,有害生物无害化控制关键技术研究,建立育苗基地5亩,栽培示范基地50亩
河龙贡米新品种选育及高产栽培示范	县技术创新项目	项目通过对河龙贡米的新品种选育,开展多点区域试验、跨区试种和生产试验,并对新品种栽培的测土配方施肥技术、田间水分管理及病虫害综合防治技术研究,形成一套规范化、系统化的栽培技术。规划种植示范面积100亩,年产值达250万元,利税30万元	城南乡水口村旱禾排家庭农场	1	开展对河龙贡米新品种的筛选,进行多点区域试验、跨区试种和生产试验,完成测土配方施肥技术、田间水分管理及病虫害综合防治技术研究,种植示范面积100亩

【1个省级科技项目通过验收】 9月3日，由福建鑫鑫獭兔有限公司承担的福建省星火计划重点项目"獭兔产业提升关键技术集成示范"（项目编号：2013S0045）专家验收会在三明召开，专家组通过听取项目组汇报、审阅相关资料、质询讨论等程序，认为项目验收资料齐全，数据翔实，完成项目研究任务和各项经济、技术指标，经费使用合理，一致同意通过验收。项目自2013年实施以来，开展獭兔集约化养殖、獭兔裘皮加工、獭兔内脏精深加工等技术研究。公司与河北万事兴皮草有限公司合作建成年加工100万张獭兔裘皮生产线1条；建成年加工獭兔内脏休闲食品600吨的生产线1条；开展技术培训1323人次；制作"集约化养殖关键技术提升"多媒体课件。项目实施期间，获得国家发明专利2项，实用新型专利1项，获核准注册商标3项。

【1个国家级科技项目通过验收】 12月1日，受科技部农村中心委托，省科技厅组织有关专家对福建鑫鑫獭兔有限公司承担的国家星火计划重点项目"南方獭兔集约化生态养殖技术示范推广"（项目编号：2014GA720006）进行验收。专家组通过听取项目组汇报、审阅相关资料、质询讨论等程序，同意通过验收。该项目自2014年实施以来，开展提升种兔在南方高温高湿环境下的适应性研究；开发出一套覆盖89项具体常见疾病的獭兔疾病诊断系统，准确率92%；开发出獭兔养殖场废弃物保氮除臭与适度发酵功能技术和废弃物高效循环利用生态技术两项技术；筛选出适合宁化地区的5个饲草品种，建立300亩混播饲草种植示范基地，提高饲草产量；引进良种獭兔300只，扩繁种兔14.46万只，建立示范基地2个，回收商品獭兔207.72万只，实现产值22159.35万元，利润3155.29万元。新增就业53人，培训3480人次，科技特派员咨询服务2000人次，成效显著。

（供稿：陈慧梅）

科技宣传与服务

【概况】 2016年，县科技局组织开展科技下乡、科技活动周等活动，加大科技政策宣传力度，通过培育众创空间、孵化器，持续推进高企、省创新型企业、省小巨人企业培育等多种方式，有1个项目列入市科技计划项目，1家企业被认定为高新技术企业，1家企业被确定为省创新型企业，1家众创空间被认定为市级众创空间，1个孵化基地被列入市级科技企业孵化器，1家企业入选省科技小巨人领军企业培育发展库。

【1家企业获高新技术企业认定】 2016年，县科技局致力于解决"县内没有高新技术企业"这一重难点问题，确立福建鸿丰纳米科技有限公司、三明福特科光电有限公司等企业作为高新技术企业重点培育对象，从自主知识产权生成、研究开发经费归集等方面有针对性地加强辅导和服务，12月27日，福建鸿丰纳米科技有限公司被认定为2016年高新技术企业，发证日期2016年12月1日，高新技术企业资格有效期3年。

【1家企业获福建省创新型企业认定】 2016年，县科技局为推动企业成为技术创新主体，进一步强化优势企业的示范作用，向上推荐研发能力、自主知识产权、创新绩效、创新管理较强的企业申请省创新型企业，9月7日，福建鑫鑫獭兔有限公司被认定为第八批省级创新型企业。

【科技宣传活动】 2016年，县科技局利用1月8日全县"三下乡"活动、5月12日—18日科技活动周和9月18日—22日全国科普日等重要活动节点，组织举办大型科普宣传活动，宣传科技创新政策及科技知识，分别在湖村镇、城区翠园广场、双虹社区等人群密集场所通过发放宣传材料、挂图展示、现场答疑等方式开展集中宣传活动，深受群众欢迎。深入企业宣传，编印国家、省、市、县激励企业自主创新政策选编小册子500多册，分发有关企业，做好解难释疑工作，帮助企业用好用足科技优惠政策。在全县范围内开展以"创新引领 共享发展"为主题的科技活动周，通过开展科技下乡、科技入企活动和科技培训、科技咨询会等形式，36000多人次接受宣传教育。

（供稿：陈慧梅）

科 技 成 果

【概况】 2016年，全县申请专利189件，其中发明专利41件，实用新型专利69件，外观设计专利79件。有109件授权专利，其中发明专利8件，实用新型专利36件，外观设计专利65件。1个项目获市科技进步奖二等奖。

表19　　　　　　　　　　　2016年宁化县获国家发明、实用新型专利权项目表

序号	申请号	专利名称	申请人名称	申请人地址	专利类型
1	2016204635959	气垫式发光鞋	陈忠斌	福建省三明市宁化县曹坊乡滑石村张地岭12号	实用新型
2	2016200898334	可进行多档控制变色的发光鞋	陈忠斌	福建省三明市宁化县曹坊乡滑石村张地岭12号	实用新型
3	2016203642103	一种多功能可更替绳带	黄光华	福建省三明市宁化县泉上镇黄新村横江桥49号附2号	实用新型
4	2016203642033	一种可伸缩、防尘、防水的绳子	黄光华	福建省三明市宁化县泉上镇黄新村横江桥49号附2号	实用新型
5	2016200949285	一种纸尿裤吸收芯体	邱金彪	福建省三明市宁化县湖村镇石下村金顶老13号	实用新型
6	2016201098957	一种新型吸收芯体成型装置	邱金彪	福建省三明市宁化县湖村镇石下村金顶老13号	实用新型
7	2016201098143	一种木浆粉碎机	邱金彪	福建省三明市宁化县湖村镇石下村金顶老13号	实用新型
8	2016200653375	一种纸尿裤吸收芯体	邱金彪	福建省三明市宁化县湖村镇石下村金顶老13号	实用新型
9	2016201112649	建筑施工用手推车	邱位通	福建省三明市宁化县城郊乡社背村外村50号	实用新型
10	2016201661 99X	一种建筑绿化用植物攀爬架	邱位通	福建省三明市宁化县城郊乡社背村外村50号	实用新型
11	2015208708418	一种自动汽车遮阳装置	邱子龙	福建省三明市宁化县城郊乡李七村村心里22号	实用新型
12	2015211065546	一种基于MCU控制的功放偏置电压电路	伍翠玉	福建省三明市宁化县城关立新弄43号	实用新型
13	2015210448438	一种方便化妆的化妆笔	伍翠玉	福建省三明市宁化县城关立新弄43号	实用新型
14	2015211150568	一种ARC数字对讲网络的覆盖测试系统	伍翠玉	福建省三明市宁化县城关立新弄43号	实用新型
15	2015210787899	一种音频处理电路	伍翠玉	福建省三明市宁化县城关立新弄43号	实用新型
16	2015210951658	一种红外对讲机	伍翠玉	福建省三明市宁化县城关立新弄43号	实用新型

续表

序号	申请号	专利名称	申请人名称	申请人地址	专利类型
17	2015210909383	一种自适应音频电路	伍翠玉	福建省三明市宁化县城关立新弄43号	实用新型
18	2015210909398	一种音频设备	伍翠玉	福建省三明市宁化县城关立新弄43号	实用新型
19	2015210947192	一种自适应切换的对讲机	伍翠玉	福建省三明市宁化县城关立新弄43号	实用新型
20	2015210171783	一种多功能化妆笔	伍翠玉	福建省三明市宁化县城关立新弄43号	实用新型
21	2015211205005	一种用于ARC数字对讲网络的四载波基站	伍翠玉	福建省三明市宁化县城关立新弄43号	实用新型
22	2015209934401	一种多功能英语学习桌	伍湖荣	福建省三明市宁化县翠江镇城关立新弄43号	实用新型
23	2015209933485	一种可折叠英语学习桌	伍湖荣	福建省三明市宁化县翠江镇城关立新弄43号	实用新型
24	2015210849700	一种衣架收纳盒	伍湖荣	福建省三明市宁化县翠江镇城关立新弄43号	实用新型
25	201521120325X	一种蔬菜保鲜盒	伍湖荣	福建省三明市宁化县翠江镇城关立新弄43号	实用新型
26	2015209933856	一种牙膏盒	伍湖荣	福建省三明市宁化县翠江镇城关立新弄43号	实用新型
27	2015210116682	一种杀菌牙刷盒	伍湖荣	福建省三明市宁化县翠江镇城关立新弄43号	实用新型
28	2015208317378	一种智能儿童水杯	伍湖荣	福建省三明市宁化县翠江镇城关立新弄43号	实用新型
29	2016206370539	一种可拆卸智能手环	伍丽萍	福建省三明市宁化县湖村镇商业街3号	实用新型
30	2016206370581	一种智能手环	伍丽萍	福建省三明市宁化县湖村镇商业街3号	实用新型
31	2016206291912	一种可插卡的儿童智能手表	伍丽萍	福建省三明市宁化县湖村镇商业街3号	实用新型
32	2015205868665	一种挂板墙连接结构	杨达华	福建省三明市宁化县济村乡上龙头村龙头83号	实用新型
33	201410149261X	一种新型健胃护胃焙烤食品	福建艾迪科食品有限公司	福建省三明市宁化县华侨经济开发区莲塘食品加工园8—1号地1—5层	发明
34	2014104361795	一种利用微波干燥生产纳米碳酸钙的方法及装置	福建鸿丰纳米科技有限公司	福建省三明市宁化县湖村镇石板桥	发明
35	2014104625045	减少单宁酸含量的卤料配方及采用该配方制作卤蛋的方法	福建鑫鑫獭兔有限公司	福建省三明市宁化县城郊乡（原国有林场场部）	发明
36	2014104617231	一种防配啤酒过敏的卤水以及采用该卤水制作卤鱼的方法	福建鑫鑫獭兔有限公司	福建省三明市宁化县城郊乡（原国有林场场部）	发明
37	2016203031167	消偏振五角棱镜	三明福特科光电有限公司	福建省三明市宁化华侨经济开发区城南工业园二期15号地	实用新型
38	2016207460994	一种超广角半球透镜增透膜	三明福特科光电有限公司	福建省三明市宁化华侨经济开发区城南工业园二期15号地	实用新型

序号	申请号	专利名称	申请人名称	申请人地址	专利类型
39	201620610127X	一种矩形线性渐变滤光片的生产装置	三明福特科光电有限公司	福建省三明市宁化华侨经济开发区城南工业园二期 15 号地	实用新型
40	2016204597995	一种超高反射率光学扫描振镜及其制备方法	三明福特科光电有限公司	福建省三明市宁化华侨经济开发区城南工业园二期 15 号地	实用新型
41	2014103011154	一种薏仁露饮料及其制备方法	三明市扬晨食品有限公司	福建省三明市宁化县华侨经济开发区莲塘食品加工园	发明
42	2013107327679	一种复合米乳饮料及其制备方法	三明市扬晨食品有限公司	福建省三明市宁化县华侨经济开发区莲塘食品加工园	发明
43	2014104628984	一种不伤胃的卤水及采用该卤水制作鸭脖的方法	三明温氏食品有限公司	福建省三明市宁化县华侨经济开发区莲塘食品加工园 5-2-23 号	发明
44	2014104619345	一种清热降火的卤料配方及采用该配方制作卤鸭掌的方法	三明温氏食品有限公司	福建省三明市宁化县华侨经济开发区莲塘食品加工园 5-2-23 号	发明

【兑现两批专利奖励】 2016 年，按照《宁化县专利申请奖励资金管理办法（试行)》规定，县科技局兑现2015年下半年个人和企业专利奖励申请66件，发放奖励资金8.34万元；兑现2016年上半年个人和企业专利奖励申请52件，发放奖励资金6.82万元。

【1个项目获市科技进步奖二等奖】 1月，宁化县种子管理站、宁化县农业科学研究所承担的"宁化县薏苡新品种'翠薏1号'选育及示范推广"项目获"2015年度三明市科技进步奖二等奖"。翠薏1号是以宁化县地方薏苡品种为亲本，采用集团系统选择而育成的薏苡新品种，于2010年11月育成，经过两年省内跨区多点区域生产试验和示范推广，于2013年10月通过福建省农作物品种省定委员会评审认定，是三明市首个通过省级品种认定的薏苡新品种。"'翠薏1号'的选育与示范推广"项目是宁化县农业局自主选题的科技计划项目，属农业科学技术领域原始性创新。

（供稿：陈慧梅）

工作。

【地震知识宣传】 5月12日，县科技局在翠园广场举行防震减灾宣传周活动，活动现场采取悬挂横幅、设立防震减灾知识咨询处、发放宣传资料、解答疑难问题等形式开展集中宣传。向行人发放相关宣传材料500多份、接受群众咨询80余人次，解答群众提出的各种防灾减灾知识问题30多个，宣传影响人数700多人，群众防震减灾意识得到增强。

【地震监测预报】 2016 年，县科技局加强台网运行管理，对在城南乡城南村建立的地震烈度速报台设备进行定期检查和维护，确保仪器运行连续可靠。加强对黄河龙水库养殖场地震宏观观测点管理。对宁化县安乐镇罗访村GPS连续观测台站建设工作进行跟踪落实，1月，台站正式运行使用。配合省地震局建成地震预警信息节点1处，并投入使用。

（供稿：陈慧梅）

防 震 减 灾

【概况】 2016 年，县科技局重点抓好地震知识宣传、地震GPS连续观测台站建设、地震预警信息节点建设、地震应急预案演练等工作，推进防震减灾

宁化县老科技工作者协会

【概况】 2016 年，宁化县老科技工作者协会（简称县老科协）下设理事会，理事9人，分农业、林业、水电、工业、卫生、城建综合共6个专业会员小

组，会员45人，其中高级职称18人、中级职称23人。

【开展调研活动】　8月，县老科协会员到湖村镇调研乡村旅游工作并提出意见。11月，会员们到石壁镇杨边村、淮土镇淮阳村调研美丽乡村建设；实地考察宁化县水土保持科技示范园、石壁溪小流域石南点水土流失综合治理项目、水土流失生态恢复野外观察研究站、院士工作站等，全面了解县、乡水保工作；考察金糯薏米专业合作社生产经营情况等，并提出意见。

【开展科普宣传活动】　2016年，县老科协开展科普上街宣传2次，宣传农村科学种养新品种、新技术，还参与科协、科技局等单位的科普宣传周、科普宣传月、科普进校园宣传活动，参加听讲座的学生2000多人，参观科普展览人数3000多人，发放科普宣传材料2000余份。10月，辣木树种植项目还应邀参加市林博会。

【做好会员职称申报工作】　2016年，根据中共中央办公厅《关于进一步发挥离退休专业技术人员作用的意见》（中发〔2005〕9号）精神，以及中国老科协和省老科协章程规定，县老科协为吴耿丰、李芳琴两名会员，向省、市老科协申报职称评审材料，5月，经省、市老科协职评委评审，认定该2名会员分别晋升为副高、正高职称。

（供稿：张岩生）

文 化·体 育

◆编辑:张秋琴

综　　述

2016年，宁化县公共文化服务供给扩大，基层文化资源日趋丰富，文化市场管理规范，文化惠民效果提升，人民群众的文化生活需求日益得到满足。5月，宁化县创建国家公共文化服务体系示范区工作通过文化部验收。

项目建设有序推进。北山公园改造项目全面完成，客家祖地博物馆广场雕塑交付厂家生产。

广电事业蓬勃发展。持续办好《宁化新闻》《关注翠城》等自办节目，发挥党政喉舌作用，引导正确的社会舆论。全县广播人口综合覆盖率98%，电视人口综合覆盖率100%。

文物保护传承并驾齐驱。新增8处县级文物保护单位，延祥村入选中国传统村落名录，宁化县第一次全国可移动文物普查完成。创新非物质文化遗产保护模式，开展非物质文化遗产进校园活动。着手打造"一地一院一旧居一线路"（"一地"指以凤凰山为中心的中央红军长征出发地；"一院"指以陈塘红军第四医院旧址为中心的红军医院遗址群；"一旧居"指毛泽东、朱德在宁化的旧居；"一线路"指重走红军行军线路）宁化苏区品牌。分阶段分步骤推进凤凰山中央红军长征出发地旧址等革命遗址的保护工程。

文体活动精彩纷呈。组织策划举办首届宁化、清流两县激情广场大家唱青年歌手赛，首届全民K歌赛，"客家祖地·映象宁化"摄影大赛颁奖典礼暨第22届世界客属石壁祖地祭祖大典客家风情文艺晚会，首届"全闽共舞"激情广场舞大赛（宁化赛区），首届闽赣山地车赛等大型公共文化体育活动。

文艺体育成绩喜人。文艺表演获省级一等奖1次，市级一等奖1次、二等奖1次；竞技体育获全国比赛第一名3人、第二名1人，省级比赛第一名1人、第二名1人，市级比赛第一名18人。

（供稿：廖虹琳）

群 众 文 化

【概况】　2016年，宁化县文体广电出版局（简称县文广局）组织承办、协办、参加各类文艺及民俗演出活动70场次，举办各类培训、讲座50余场次，参加市老年大学文艺演出获一等奖、市广场舞获二等奖、中国舞蹈家协会教学成果展演获福建赛区一等奖。

【文艺活动精彩纷呈】　2016年，县文广局为推进国家级公共文化服务体系示范区创建活动，弘扬和保护本土非物质文化遗产，活跃群众文化生活，先后举办首届"东方明珠杯"全民K歌总决赛，纪念《延安文艺座谈会上的讲话》发表74周年暨庆祝"五一"国际劳动节京剧演唱会，"我们的节日——端午"主题晚会（文化志愿者专场），"中国共产党建党95周年暨纪念中国工农红军长征胜利80周年红军歌曲歌手赛"，首届宁化、清流两县激情广场大家唱青年歌手赛，"客家祖地·映象宁化"摄影大赛颁奖典礼暨第22届世界客属石壁祖地祭祖大典客家风情文艺晚会，首届"全闽共舞"激情广场舞大赛（宁化赛区）等活动。组织开展文化、科技、卫生"三下乡"活动，"半台戏"公共文化下基层文艺演出配送活动。三明市"半台戏"公共文化服务市级配送系列活动非遗项目"传统戏剧"到宁化巡回展演，三明市"忆长征·跟党走·奔小康"流动舞台车到宁化巡回演出。

【举办全民K歌赛】 2月22日晚，宁化县首届"东方明珠杯"全民K歌总决赛在宁化世界客属文化交流中心举办，活动由县委宣传部、县文体广电出版局主办，县文化馆、县音乐舞蹈家协会、蓝典极岸演艺有限公司承办，1000余名观众到场观看。赛事分为海选、复赛、决赛三个阶段，全县近200人参加海选，经过复赛，22名选手进入决赛。经过2个小时决赛，赛出一等奖1名，二等奖2名，三等奖3名，罗春备演唱《天高地厚》获一等奖。

（供稿：邱明华）

【举办纪念中国工农红军长征胜利80周年红军歌曲赛】 8月18日，"纪念中国共产党成立95周年暨中国工农红军长征胜利80周年红军歌曲赛"在宁化红土地广场举行。活动由县委宣传部、县委直属机关党工委、县委文明办、县文广局主办，县文化馆承办，全县18个党委（党总支）选派的选手参加比赛。经过角逐，赛出一等奖2名，二等奖3名，三等奖5名，林业局党委代表罗春备、住房和城乡规划建设局党委代表张秀萍获一等奖。

（供稿：戴先良）

8月18日，纪念中国工农红军长征胜利80周年红军歌曲赛在宁化红土地广场举行 （邱丹 摄）

【举办首届宁、清两县激情广场大家唱青年歌手赛】 9月30日，首届宁化、清流两县激情广场大家唱青年歌手赛总决赛在宁化世界客属文化交流中心举办。活动由宁化县委宣传部、清流县委宣传部、宁化县文体广电出版局、清流县文体广电出版局主办，共赛出一等奖2名，二等奖3名，三等奖5名，清流县黄晓雯、宁化县敦敏获一等奖，宁化的罗春备、王锦洲、清流的李莉获二等奖。通过比赛，展示了宁化清流客家儿女的靓丽风采，在两县范围内发现和挖掘出了一批具有演唱表演才能的文艺骨干。

9月30日，首届宁、清两县激情广场大家唱青年歌手赛总决赛在宁化世界客属文化交流中心举办 （邱丹 摄）

【举办客家风情文艺晚会暨摄影赛颁奖典礼】 10月14日晚，第22届世界客属石壁祖地祭祖大典暨第4届"石壁客家论坛"客家风情文艺晚会在宁化世界客属文化交流中心举行。文艺演出前，举办"客家祖地·映象宁化"摄影大赛颁奖典礼。"客家风情"文艺晚会以客家民俗风情为主题，以歌舞为主，展现客家先民的光辉历程和风土人情，弘扬客家人吃苦耐劳、坚韧不拔的精神。

（供稿：赖全平）

【市非遗项目"传统戏剧"到宁化巡演】 8月9日晚，三明市"半台戏"公共文化服务市级配送系列活动非遗项目"传统戏剧"巡回展演在宁化世界客属文化交流中心南门广场举行。活动由三明市非物质文化遗产保护中心、县文体广电出版局主办，县文化馆承办，现场200多名观众驻足观看。泰宁梅林戏《背子赶会》、尤溪南芹小腔戏《穆杨会》、永安大腔戏《白兔记》等节目让观众过足戏瘾，现场掌声不断，气氛热烈。巡演活动旨在让更多群众认识三明的非物质文化遗产项目，了解和热爱传统文化。

8月9日，三明市非遗项目"传统戏剧"巡回展演在宁化县世界客属文化交流中心南门广场举行　（雷露微　摄）

（供稿：雷露微）

【举办首届激情广场舞大赛】　12月1日晚，由县文广局、福建广电网络集团宁化分公司联合主办的为文明点赞、为宁化点赞"谱文明曲、唱文明歌、跳文明舞"首届"全闽共舞"激情广场舞大赛（宁化赛区）在江滨市民休闲广场举行，近1000名市民到场观看。有9支队伍参赛，经过近2小时角逐，长安燃气队获第一名，并将代表宁化县参加三明赛区复赛。

（供稿：雷露微、巫连珠）

【开展"半台戏"公共文化下基层演出活动】　2016年，县文化馆坚持开展"半台戏"公共文化下基层文艺演出配送活动，演出活动覆盖厂矿、社区、园区、乡村等，共演出50场。通过"半台戏"运作模式，解决基层群众文化生活贫乏问题，进一步提高送文艺、下基层服务效能，满足基层群众文化需求，实现公共文化的全覆盖、均等化。

11月，宁化县文化馆组织开展"半台戏"公共文化下基层文艺演出
（邱丹　摄）

【3件作品获省市奖】　2016年，县文化馆选送的舞蹈《芦花》参加三明市老年大学30周年庆典文艺演出获一等奖。在参加三明市纪念中国共产党成立95周年暨中国工农红军长征胜利80周年红土地乡村广场舞总交流展示活动中，宁化代表队的广场舞《微笑》获二等奖。12月，县文化馆小白鸽舞蹈培训中心学员参加中国舞蹈家协会教学成果展演获福建赛区一等奖。

8月8日，宁化代表队参加三明市"红土地"乡村广场舞总交流展示活动获二等奖　（宁化在线　供）

【开展艺术辅导培训】　3月，县文化馆举办为期半年的"本土画家·乡土风情"画展，在文化馆演艺厅举办摄影艺术讲座和吉他演奏入门与提高讲座，开设少儿合唱团、中老年合唱团、架子鼓、二胡、吉他及葫芦丝春季免费培训班。年内，县文化馆选派人员赴天鹅洞教唱客家山歌，赴电力公司辅导排练节目参加文艺汇演，赴实验小学辅导健身操及葫芦

丝课程，指导文化志愿者在各条战线、各个岗位、各个阵地为百姓提供文艺表演、活动组织等志愿活动，为传播先进文化、丰富文化产品、服务社会群众、构建和谐社会作出贡献。

（供稿：戴先良）

图书管理

【概况】 2016年，宁化县图书馆总藏书量143360册，其中，电子图书54000册，纸质图书63505册（古籍8册）、报刊15232册、视听文献10623件/套。总流通人次91250人次，书刊、文献外借册次45746册次，固定读者群2842人，平均每天接待读者230人。

【开展读书宣传活动】 4月23日，为宣传"4·23"世界读书日，县图书馆在图书馆二楼电子阅览室举办猜谜活动与好书推荐活动，读书日期间，在多媒体室放映红色经典电影。6月11日，开展庆祝"第11个文化遗产日"活动，在翠园广场举办创客@图书馆——"我与中华古籍"创客大赛作品展，展出展板60余块。

【翠江镇与城郊分馆建成】 2016年，县图书馆在翠江镇文化站与城郊乡文化站分别建立图书馆分馆，翠江镇分馆图书和城郊乡分馆图书各有2000余册。两个分馆图书全部录入图书馆借阅系统，并与图书馆图书通借通还。

（供稿：曹小燕）

【福建新华发行集团向县图书馆捐赠图书】 12月28日，为推动全民阅读，助力"书香八闽"建设，福建新华发行集团在福州举办向宁化县图书馆等15个苏区县图书馆各捐赠20万元图书和向苏区7所学校捐赠"韬奋书屋"仪式。此举进一步丰富县图书馆的馆藏图书资源，对于满足群众和学生的读书需求、提升文化水平，推进城乡教育均衡发展具有重要现实意义。

（供稿：王乐生）

图书发行

【概况】 2016年，福建新华发行（集团）有限责任公司宁化分公司发行各类出版物119.92万册，码洋（图书定价总额）1106.37万元，比2015年同期增加88.68万元，增长8.71%。其中，教材教辅发行983.68万元，一般图书发行码洋101.55万元，音像制品发行2.58万元，非图商品销售18.56万元。

【教材教辅发行】 2016年，福建新华发行（集团）有限责任公司宁化分公司发行教学用书114.92万册，比2015年增加52.01%；码洋983.68万元，比2015年增长1.71%。完成2016年春秋两季中小学教材"课前到书，人手一册"的政治任务。深度挖掘市场，实现教辅材料、幼儿活动手册等业务销量稳步攀升。

【一般图书发行】 2016年，福建新华发行（集团）有限责任公司宁化分公司发行《习近平总书记系列重要讲话读本（2016年版）》《胡锦涛文选》《中国共产党的九十年》等重要政治理论读物码洋47万余元。配合福建新华发行（集团）有限责任公司组织举办"少儿亲子悦读季""福建新华 好书聚会""大阅读"等系列活动，发行图书6000余册、码洋12万余元。全年一般图书发行5万余册，码洋101.55万元，比2015年增长179.14%。截至12月底，门市部卖场库存图书品种1.16万个，库存码洋115万元。

【海峡出版发行集团总经理林彬到宁化调研】 9月7日，海峡出版发行集团党委副书记、总经理、副董事长林彬率集团部分工作人员共7人到宁化就客家文化开展调研，实地参观了客家"三馆"（联谊馆、图书馆、族谱馆）及石壁客家祖地。

（供稿：王乐生）

文 物 保 护

【概况】　2016年，福建省宁化县革命纪念馆（宁化县博物馆）共有馆藏文物2570件（套），其中一级文物1件，二级文物19件（套）。县级以上文物保护单位64处，其中省级文物保护单位13处。

【延祥村入选中国传统村落名录】　12月，国家住建部、文化部等部委公布第四批传统村落名单，全国共有1602处传统村落入选，其中福建105处入选，三明14处，宁化县泉上镇延祥村入选。全国传统村落调查评价认定体系规定，传统村落的标准：现存建筑有一定的久远度，文物保护单位的等级达到标准，传统建筑的占地规模、现存传统建筑（群）和周边环境保存有一定的完整性，建筑的造型、结构、材料及装饰有一定的美学价值，并有对传统技艺的传承。同时，传统村落在选址、规划等方面，代表了所在地域、民族及特定历史时期的典型特征，并具有一定的科学、文化、历史以及考古的价值，并与周边的自然环境相协调，承载了一定的非物质文化遗产。

【新增8处县级文物保护单位】　12月19日，县政府公布湖村盆地史前遗址群、巫坊彭湃县委县苏维埃政府旧址、泉上人贤公祠、闽赣省革命旧址群、凤凰山红军长征出发地旧址群、陈塘红军第四医院后勤部旧址、大王上片王氏宗祠、东华山三仙祠共8处文物点为第五批县级文物保护单位。

表20　2016年宁化县新增县级文物保护单位情况表

序号	名称	概　况
1	湖村盆地史前遗址群	位于湖村镇政府东侧1.45公里，范围包括天地洞遗址、无底洞遗址所处连续两座山头及周边台地；官家墩遗址整座山头及周边台地。保存有丰富的史前考古遗址，年代跨度距今5000年至数十万年。湖村盆地内史前遗址分布的密集程度及年代跨度为福建省罕见，是宁化乃至福建的文化遗产宝库
2	巫坊彭湃县委县苏维埃政府旧址	位于湖村镇巫坊村，范围包括建筑四周向外延伸5米。为一进式砖木结构建筑，占地面积620平方米。该建筑集客家宗祠文化和苏区文化为一体，在开展爱国主义教育和对台工作方面具有现实意义
3	泉上人贤公祠	位于泉上镇粉行街东面，范围包括建筑四周滴水及门前村道、畔池。建于清道光年间，至今有180多年历史。该屋占地面积650平方米，架构宏伟，制作精细。1933年7月，彭德怀、滕代远带领东方军东征福建时，首战攻打泉上土堡，东方军指挥部设在该址。该建筑是研究客家宗祠文化、姓氏渊源、建筑工艺的珍贵资料，具有较高的历史价值，在研究宁化革命斗争历史和开展爱国主义教育方面有着现实的意义
4	闽赣省革命旧址群	位于安远镇里坑村，范围包括闽赣省委、省苏维埃政府旧址全部建筑外延5米；游家自然村全部建筑及出入古村道；闽赣省军区司令部遗址外延5米。靠近闽赣省苏维埃政府旧址保存有较为完好的红军标语群，占地约8亩，谷仓、民房上有20余幅标语。该旧址群具有重要的历史、文化价值，在研究宁化革命斗争历史和开展爱国主义教育方面有着现实的意义
5	凤凰山红军长征出发地旧址群	位于淮土镇凤凰山，范围包括凤山古街巷及沿街传统民居建筑；红军井、五通庙及松竹居牌楼；罗家边红军医院旧址全部建筑及前空坪。该旧址群具有重要的历史、文化价值，在研究宁化革命斗争历史和开展爱国主义教育方面有着现实的意义

续表

序号	名称	概　况
6	陈塘红军第四医院后勤部旧址	位于石壁镇陈塘村"新厝里"(陈塘村10号),范围包括旧址全部建筑及前空坪。陈塘村红军医院遗址是目前发现设施最齐全、保存最完整、标的物最明显的红军战地医院旧址之一。该旧址群具有重要的历史、文化价值,在研究宁化革命斗争历史和开展爱国主义教育方面有着现实的意义
7	大王上片王氏宗祠	位于淮土镇大王村上片,范围包括东至宗祠外埕外村道,南至建筑外墙外扩15米,西至后山山顶,北至建筑外墙外扩15米。王氏宗祠属清代宗祠类建筑,占地面积507平方米。该建筑是研究客家宗祠文化、姓氏渊源和客家祠堂建筑工艺的佐证资料,具有较好的历史价值
8	东华山三仙祠	位于石壁镇张家地,范围包括三仙祠整体建筑、台基、阶道及东华山寺遗址。东华山三仙祠属明代坛庙类建筑,内供"三仙祖师"等神像。东华山三仙祠是福建省保存最完整的铁瓦顶寺庙,对研究客家佛道文化具有较高的历史价值、科学价值和艺术价值

【申报3处省级文物保护单位】　12月底,凤凰山红军长征出发地旧址群、石碧红军独立第七师旧址群、南山下宁氏老宅等3处县级文物保护单位申报省级文物保护单位的文本制作完成,并上报福建省文物局。

【开展文物保护】　2016年,省级文物保护单位陈塘修齐堂维修工程开工;省级文物保护单位豫章书院、石壁张氏家庙(上祠)维修工程基本完成;小溪谢氏家庙维修方案完成并通过省文物局审批,上曹曹氏家庙、坑头安俊公厅厦的维修方案正在编制中。

【完成全国可移动文物普查】　2016年,县文物部门完成宁化县第一次全国可移动文物普查。经普查,宁化县国有可移动文物收藏量2794件(套),其中一级文物1件,二级文物19件,三级文物1277件,一般文物760件,未定级文物736件;县属收藏单位收藏可移动文物2609件(套)、乡(镇)街道属单位收藏可移动文物185件(套)。通过此次普查,县文物部门较为全面地掌握了全县可移动文物的数量分布、保存状况、保管权属和使用管理等情况,并完成了现存国有可移动文物的数据录入和校对审核工作,为科学制定保护政策和规划提供了重要依据。

【开展纪念红军长征胜利80周年系列活动】　2016年是中国工农红军长征胜利80周年,县革命纪念馆、县博物馆制作《三明民俗图片展》《绿叶对根的情谊——华侨华人奉献展》《湘江战役与红色苏区摄影图片展》《纪念红军长征胜利80周年集邮展》《宁化县道德模范、身边好人、美德少年事迹专题展》等展板,开展流动展览和临时展览进社区、进校园巡展,共接待观众5万余人次。发放《福建省文物保护条例》宣传单1000余张,群众文物保护意识增强。

【完善博物馆青少年教育功能】　2016年,县博物馆继续完善博物馆青少年教育功能,组织开展博物馆青少年教育工作,开展木活字印刷体验进校园活动;县实验小学在县革命纪念馆开辟实验小学红色文化教育基地,共同探讨青少年校外红色文化教育机制,开展"我是红色小导游"活动,通过传、帮、带等形式,培养实验小学红色小导游32名。

【开展红色文化保护工作】　2016年,县博物馆开展全县革命遗址遗迹摸底调查工作,初步摸清全县红色文化家底。着手打造"一地一院一旧居一线路"("一地"指以凤凰山为中心的中央红军长征出发地;"一院"指以陈塘红军第四医院旧址为中心的红军医院遗址群;"一旧居"指毛泽东、朱德在宁化的旧居;"一线路"是指重走红军行军线路)宁化苏区品牌。聘请福州大学建筑学院编制凤凰山红军长征出发地旧址群保护与再生利用规划,对凤凰山红军街31-33号开展抢救性维修。

（供稿：陈端）

【开展"文化遗产日"宣传活动】　6月11日，由县文体广电出版局主办，县图书馆、博物馆承办的庆祝"第11个文化遗产日"活动在翠园广场举行，活动围绕"创客@图书馆——'我与中华古籍'创客大赛"的主题，现场展出60多块展板1600余项内容，体现古典文化与创客精神完美的结合，是古籍"活化"的重要实践活动，旨在"让文化遗产融入现代生活"，进一步加强文化遗产保护工作，提高全民文化遗产保护意识。

（供稿：赖全平）

【国家文物局专家组到宁化考察】　11月29日—30日，国家文物局专家组成员、中国文化遗产研究院副总工程师王金华，中国文化遗产研究院高级工程师顾军，省文物局副局长舒琳、省文物局文物保护与考古处处长何经平等到宁化县考察革命文物保护利用情况，对宁化革命文物保护项目和经费需求进行实地调研。考察组先后到曹坊镇下曹村北上抗日先遣队指挥部旧址、上曹村红九军团后方机关旧址、中央红军医院第四医院分院（城关红军医院）旧址、宁化县苏维埃保卫局旧址、淮土镇凤凰山中央红军出发地旧址、宁化县工农兵第一次代表大会旧址、石壁镇陈塘村中央红军第四医院旧址等，实地了解宁化县革命文物资源和保护利用情况，对宁化县的革命文物保护工作提出要求和建议，鼓励有关部门整合资源、创造条件，项目择优申报国家级文物保护单位。

（供稿：邱明华）

非物质文化遗产保护

【概况】　2016年，全县市级以上非物质文化遗产11项，其中国家级1项、省级5项、市级5项。

【伏虎禅师信俗列入省级"非遗"公示名单】　11月，省文化厅对列入第五批省级非物质文化遗产代表性项目进行公示，伏虎禅师信俗（宁化）被列入公示名单。

（供稿：戴先良）

【宁化木活字印刷术表演亮相尼泊尔】　4月，宁化木活字雕刻印刷技艺传承人邹建宁应国际木文化学会邀请，到尼泊尔首都加德满都参加国际性木文化展览。参展时间共6天，期间，邹建宁按照组委会给出的命题现场表演雕刻，用两天时间将"木材真好""世界木材日""2016年世界木材日""尼泊尔加德满都""国际木文化学会"雕刻成英文、尼泊尔文、中文三种版本，并将雕刻成品印刷成纪念品送给前来观展的游客。宁化木活字印刷术受到众多媒体和游客的高度关注。

【央视《传承》栏目组到宁化拍摄木活字印刷术】　12月23日—28日，CCTV-4中央电视台中文国际频道《传承》第二季专题栏目组到宁化，对宁化木活字印刷术进行取景拍摄。中央电视台《传承》栏目是一档大型人文纪录片，反映的是中国非物质文化遗产魅力、弘扬中华民族传承人的精彩技艺和人生故事。中国木活字印刷术属于非物质文化遗产，宁化是目前已发现保留并仍继续使用木活字印刷技艺的两个地方（福建省宁化县、浙江省瑞安市）之一。该次拍摄通过宁化木活字印刷术传承人邱恒勇的故事，来展现木活字印刷术、玉扣纸及客家族谱等内容。

（供稿：雷露微）

文化市场管理

【概况】　2016年，宁化县文体广电出版局组织开展出版物市场、娱乐场所、印刷复制、艺术品市场、影视演出、艺术考级、校园周边环境等专项治理行动。举办娱乐市场、音像市场、出版物市场、网吧市场、艺术品市场等法律法规、消防安全培训班6期，参加培训人员260余人次，培训人员依法经营意识增强，违法违规经营活动减少。

【开展文化市场执法】 2016年，县文化市场综合执法大队组织开展文化市场执法640人次，查处各类案件15起，下达责令整改通知40份，及时督促整改落实情况。查处网吧未核对有效身份证件等违规行为2起、电子游戏厅违规经营案件2起、歌舞娱乐场所违规传播音乐产品6起、歌舞娱乐场所违规经营1起、艺术品经营场所违规经营4起，共罚款0.95万元，有效打击文化市场中的违法违规经营行为，遏制文化市场违法违规行为的蔓延，净化了文化市场环境。

（供稿：张宏建）

群 众 体 育

【概况】 2016年，宁化县体育场地总面积48.35万平方米，常住人口人均体育场地面积1.85平方米。全民健身氛围浓厚，群众体育活动丰富多彩，全县经常参加体育锻炼人数17万人。

【完善体育基础设施建设】 2016年，县文体广电出版局争取列石壁笼式足球场、安乐拼装式游泳池等2个中央体彩公益金转移支付地方全民健身建设项目，争取列治平社区室内健身房、河龙社区多功能运动场、朝阳社区多功能运动场、中沙社区笼式足球场等4个省级项目，全民健身场地设施更加完善。按照"体育场免费开放，体育馆低收费和免费开放相结合方式"管理场地设施，提高体育场馆和体育设施的利用率，达到馆尽其用，全县公共体育场馆利用率100%，学校体育设施开放率55%。

【开展丰富多彩体育活动】 2016年，宁化县组织举办首届闽赣山地车赛、第二届职工趣味运动会、庆"三八"妇女千人健步行、"青年创业杯"男子

篮球赛、首届中小学生足球联赛、"骑聚红土地，重走长征路"山地自行车骑行文化节等各类群众性体育活动60余次，参加活动人数超过2万人次。

（供稿：邱明华）

【举办首届闽赣山地车赛】 5月22日，"相约健康"宁化县首届闽赣山地车赛在宁化县南山水厂门口举行。该次大赛由县体育总会、县自行车协会主办，县卫计局、县文广局、县旅游局、城郊乡、团县委、小吃办、南山水厂协办，设男子青年组、男子壮年组、女子组3个组别，分为荣誉骑行和正式比赛两个阶段。比赛起点为南山水厂门口，途径寨头里水库、库区路、杜家村、都寮村、彭家堠，终点设在巫高村，赛程全长约12公里。广东省、江西省及宁化等周边地区的310名自行车运动爱好者参加比赛。经过1个半小时比拼，来自永安市美利达车队的陈寅正、陈倩分别以28分53秒、36分30秒夺得男子青年组和女子组冠军，来自广东韶关安道多特车队的王家东以29分20秒夺得男子壮年组冠军。

5月22日，宁化县首届闽赣山地车赛在南山水厂举行（宁化在线供）

（供稿：雷露微、罗鸣）

【承办宁化山地自行车骑游文化节活动】 10月22日，"骑聚红土地、重走长征路"中国·宁化山地自行车骑游文化节在宁化举办。省委党史研究室副主任汪一朝，市政府党组成员张文珍，来自全国各地49支车队800多名骑游爱好者到场参加。宁化山地自行车骑游文化节由省体育局、省旅游局、省委党史研究室、市人民政府主办，市体育局、市旅游

局、市委党史研究室、县人民政府承办，是宁化有史以来最大规模的山地自行车活动，旨在纪念中国工农红军长征胜利80周年，传承与弘扬长征精神，推动红色旅游发展。活动历时两天，23日，在宁化红土地广场举行发车仪式，骑游爱好者从红土地广场起点出发，由红军方阵领骑城区路段，途经上畲村驿站、湖头村驿站、济村村驿站、新田村驿站、隆陂水库驿站等，终点设在石壁红军医院纪念园广场，全程53.78公里。沿途通过主题展板再现红军长征途中著名的湘江战役、遵义会议、四渡赤水、强渡大渡河、突破腊子口、会宁大会师等重大历史事件，让骑行者进一步了解长征文化。

10月23日，"骑聚红土地　重走长征路"中国·宁化山地自行车骑游文化节在宁化红土地广场举行发车仪式　（县文体局　供）

（供稿：赖全平、罗鸣）

【发挥社会体育指导员作用】　2016年，宁化县有各级各类社会体育指导员501人，其中，国家级4人、一级社会体育指导员21人、二级社会体育指导员85人、三级社会体育指导员391人。社会体育指导员积极参与各项群众体育活动并免费提供业务技能指导，经常服务健身站点的社会体育指导员占社会体育指导员总数的55%，全民健身志愿服务活动覆盖率超60%。

（供稿：邱明华）

竞 技 体 育

【概况】　2016年，宁化县向三明市体校输送24名运动员。宁化籍运动员获全国比赛第一名3人、第二名1人，获省级比赛第一名1人、第二名1人，获市级比赛第一名18人。

【参加市级比赛获18金19银17铜】　2016年，宁化籍运动员参加三明市少儿游泳锦标赛获11枚金牌、13枚银牌、14枚铜牌；参加三明市少儿田径锦标赛获2枚金牌、2枚银牌、2枚铜牌；参加三明市少儿举重锦标赛获4枚金牌、3枚银牌、1枚铜牌；参加三明市少儿跆拳道锦标赛获1枚金牌、1枚银牌。

表21　2016年宁化籍运动员参加市级以上竞赛成绩表

姓名	性别	运动会名称	组别	项目	名次	成绩
曾凤萍	女	福建省少儿跆拳道锦标赛		跆拳道	1	52公斤级
		三明市少儿跆拳道锦标赛	乙	跆拳道	1	51公斤级
严晨雪	女	全国羽毛球团体锦标赛		羽毛球	5	团体
		全国羽毛球单项锦标赛		羽毛球	5	双打
		全国青年羽毛球锦标赛		羽毛球	2	团体
				羽毛球	5	双打
张容	女	全国女子举重锦标赛		48公斤级	4	抓举88公斤 挺举108公斤 总成绩196公斤
江丽雯	女	全国少年男女举重分龄锦标赛		41公斤级	1	抓举40公斤 挺举55公斤 总成绩95公斤
黎郁文	女	福建省青少年游泳锦标赛		自由泳接力	2	
		全国少儿游泳分区赛		50米蛙泳	1	00:35.83
				100米蛙泳	1	01:19.62
宁化一中高中	女	三明市中学生足球锦标赛		足球	6	
刘怡	女	三明市少儿跆拳道锦标赛	丙	跆拳道	2	44公斤级

续表

姓名	性别	运动会名称	组别	项目	名次	成绩
黎郁文	女		乙	游泳	1	41分
陈睿轩	男		乙	蛙泳全能	3	26分
范靖翔	男		乙	蝶泳全能	3	31分
邱雨霏	女		丙	蛙泳全能	1	22分
张译壬	女		甲	仰泳全能	2	14分
叶安平	女		丙	蝶泳全能	2	19分
邱雨霏、张译壬、罗家怡、叶安平	女		丙	4×50自由泳接力	1	02:36.10
邱雨霏、张译壬、罗家怡、叶安平	女		丙	4×50混合泳接力	2	02:56.20
张希羽、郑可欣、张雨欣、黄佳琦	女	三明市少儿游泳锦标赛	儿童	4×50自由泳接力	3	02:57.90
张希羽、郑可欣、张雨欣、黄佳琦	女		儿童	4×50混合泳接力	2	03:15.70
张雨欣	女		儿童	自由泳全能	3	38分
郑可欣	女		儿童	蛙泳全能	3	29分
谢宇诚	男		儿童	蝶泳全能	3	51分
黄佳琦	女		儿童	蝶泳全能	2	50分
范靖翔	男		乙	50米蝶泳	1	00:35.10
陈睿轩	男		乙	50米蛙泳	3	00:43.70
黎郁文	女		乙	50米蛙泳	1	00:38.60
范靖翔	男		乙	100米蝶泳	1	01:21.90
陈睿轩	男		乙	100米蛙泳	2	01:34.70
黎郁文	女		乙	100米蛙泳	1	01:26.20

续表

姓名	性别	运动会名称	组别	项目	名次	成绩
黎郁文	女		乙	400米自由泳	3	05:10.30
黎郁文	女		乙	200米个人混合泳	1	02:42.80
张译壬	女		丙	50米仰泳	2	00:48.10
叶安平	女		丙	50米蝶泳	2	00:40.30
张译壬	女		丙	100米仰泳	2	01:51.40
叶安平	女		丙	100米蝶泳	2	01:34.20
邱雨霏	女		丙	100米蛙泳	1	01:39.80
张希羽	女	三明市少儿游泳锦标赛	儿童	50米自由泳	1	00:42.30
张雨欣	女		儿童	50米自由泳	3	00:47.70
谢宇诚	男		儿童	50米蝶泳	3	00:42.00
黄佳琦	女		儿童	50米蝶泳	3	00:43.50
郑可欣	女		儿童	50米蛙泳	2	00:52.10
张希羽	男		儿童	100米自由泳	1	01:35.50
张雨欣	女		儿童	100米自由泳	3	01:41.30
谢宇诚	男		儿童	100米蝶泳	3	01:37.50
黄佳琦	女		儿童	100米蝶泳	2	01:37.20
郑可欣	女		儿童	100米蛙泳	2	01:53.90
黄佳琦	女		儿童	200米自由泳	3	03:06.00
郑雨欣	女		乙	800米	2	02:45.30
孙铨	男		乙	1500米	1	05:26.00
郑雨欣	女	三明市少儿田径锦标赛	乙	1500米	2	05:44.30
赖奕宗	男		乙	80米栏	3	00:16.70
马浩焜	男		乙	跳高	3	1.15米
黄烨雯	女		乙	跳高	1	1.20米
江丽雯	女	三明市少儿举重锦标赛	甲	40公斤级	1	抓举50公斤 挺举60公斤 总成绩110公斤
伍良珠	女		甲	48公斤级	2	抓举28公斤 挺举38公斤 总成绩66公斤

续表

姓名	性别	运动会名称	组别	项目	名次	成绩
李玲	女		甲	53公斤级	2	抓举15公斤 挺举15公斤 总成绩30公斤
张昭茂	男		丙	32公斤级	1	抓举36公斤 挺举45公斤 总成绩81公斤
张祥涛	男		丙	40公斤级	2	抓举34公斤 挺举45公斤 总成绩79公斤
张水明	男	三明市少儿举重锦标赛	丙	48公斤级	3	抓举27公斤 挺举30公斤 总成绩57公斤
廖远春	男		乙	40公斤级	1	抓举20公斤 挺举20公斤 总成绩40公斤
李贵根	男		乙	52公斤级	1	抓举45公斤 挺举65公斤 总成绩110公斤

（供稿：陈莲英）

广 播 电 视

【概况】　2016年，宁化县广播电视台（简称县广播电视台）新闻宣传紧紧围绕县委、县政府中心工作，弘扬主旋律，传播正能量，为建设"机制活、产业优、百姓富、生态美"新宁化营造良好舆论氛围。全县广播人口综合覆盖率98%，电视人口综合覆盖率100%。宁化县广播电视台获2015年度福建省电视公共频道新闻协作先进单位、三明市精神文明单位、三明市"青年文明号"称号。

【新闻报道】　2016年，县广播电视台牢牢把握正确的舆论导向，围绕中心服务大局。办好《宁化新闻》《关注翠城》《一周要闻》等自办节目，主动服务党委政府中心工作，全面反映县域经济、文化、政治、生态文明建设情况。在《宁化新闻》节目中设置《辉煌十二五》《践行社会主义核心价值观》《最美宁化人》《美丽乡村建设》《"两学一做"学习教育》《党旗飘扬》《红色记忆》《纪念长征胜利80周年》等10余个栏目，全年播出《宁化新闻》259期、新闻1658条，《关注翠城》52期。加快新媒体融合步伐，拓展主流媒体宣传新平台。"宁化广播电视台微信公众号"每天把当天播出的《宁化新闻》《关注翠城》节目上传到手机终端，成为广大受众了解宁化县新闻宣传工作的一个全新平台。至年底，公众号订阅户15800名，阅读量132万次以上。

【通联工作】　2016年，县广播电视台共有769条（篇）广播电视新闻稿件在中央、省、市等上级媒体刊播，其中10月23日晚，中央电视台《新闻联播》头条新闻《跨越复兴之路上的"雪山草地"》中播出宁化社会各界群众在北山革命纪念馆收听收看习近平总书记纪念长征胜利80周年讲话实况，这是宁化县广电新闻宣传历史上首次出现在央视《新闻联播》头条报道中。电视类新闻稿在省电视台综合频道、东南卫视、公共频道、新闻频道等刊播223条，三明电视台刊播298条；广播新闻稿分别在中央人民广播电台《神州之声》梅州编辑部、福建人民广播电台、海峡之声广播电台、三明广播电台等媒体刊播248篇。

【6件作品获"三明广播电视新闻奖"】　在2016年度"三明广播电视新闻奖"评奖活动中，宁化县广播电视台有6件广播电视播音主持作品分别获二、三等奖项。其中，广播新闻专题《励志讲堂促党员干部实干》获二等奖；广播消息《陈端：用生命种子挽救白血病患儿》、电视新闻专题《农村生活垃圾亟需处理》获三等奖；广播播音作品《古村保护，

安放那一抹乡愁》获二等奖；广播播音作品《我们的庙会》和电视播音作品《宁化新闻》获三等奖。

【设备添置】 11月1日，县广播电视台购置画质为4K的品牌航拍飞行器一架（套），加大新闻宣传的视频资料采集力度，以更高的角度全方位记录宁化。

（供稿：俞宁贞）

【南山广播基站改造完成】 2016年，宁化县南山广播电视基站的基础设施建设全面改造完成，增设2台300瓦大功率调频发射机和应急智能编码播控机，在原有的全县农村有线广播应急预警系统基础上，增设无线广播应急预警系统，加强基站安全防范建设，新建高清监控系统和红外报警系统，在技防、物防方面达到《广播电影电视系统重点单位重要部位的风险等级和安全保护级别》要求。

【农村交通安全知识宣传】 2016年，县广播电视转播台与县交警大队合作，利用有线、无线广播预警系统平台全县联网、联动优势，在每个法定节假日、"122交通安全日"以及民间民俗日等重要节点日，通过有线、无线广播，宣传道路交通安全政策法规、交通安全知识以及公安交警部门提供的路况信息等。

（供稿：张洪春）

广电网络运营管理

【概况】 2016年，福建广电网络集团股份有限公司宁化分公司（简称广电网络宁化分公司）大力发展高清业务、点播互动、宽带业务，构建能够适应网络发展的新型管理模式，积极进行转型，捋顺广电网络的运营管理机制，提升广电企业的综合竞争实力。全年业务总收入1755.65万元，比2015年减少1.70%。全县有线电视总用户54950户，其中，数字电视用户47086户，模拟电视用户7864户。高清数字电视用户10655户，互动用户2673户，宽带用户3002户。宁化分公司安远广电网络站获2015年度全省广电网络系统"优秀团队"称号。

【规范营业厅服务】 2016年，广电网络宁化分公司组织开展营业厅服务规范活动，让员工明白营业厅的服务水平对整个公司形象树立以及业务发展均起着至关重要作用。要求员工以实际行动践行"用心感动用户，用户满意在心"服务理念，提升企业服务形象和窗口服务水平。按照集团客服部标准厅统一要求，在城区中心地段中山嘉苑设中环花园营业网点。1月19日，宁化分公司中环花园营业厅被福建广电网络集团股份有限公司评为2015年度全省广电网络系统"十佳营业厅"；3月29日，被福建广电网络集团三明分公司评为2015年度三明市"工人先锋号"。

【加强市场营销管理】 2016年，广电网络宁化分公司利用广电网络高清互动云平台优势，大力发展高清业务、点播互动、宽带业务，让更多的用户体验到广电高清节目的优质视听感受和互动、宽带所带来网络极致享受。围绕广电网络管理发展目标，强化市场经营管理，提高公司的管理效率。1月19日，俞文军被福建广电网络集团三明分公司评为2015年全市广电网络系统"优秀员工"。

【城区双向网实现全覆盖】 2016年，广电网络宁化分公司共投入993万元，在辖区内进行广电网络升级改造工程，截至2016年底，新建和改造光缆线路800余公里，实现城区双向网络全覆盖，乡（镇）双向网络改造全面启动。

【首个数字家庭示范村建成】 2016年，广电网络宁化分公司承接县经信局数字家庭示范村建设项目，在曹坊镇石牛村建成了宁化首个数字家庭示范村，实现该村61户村民的广电高清、互动、宽带和视频监控的全覆盖，让村民感受到"互联网+"给生活带来的便利，获县乡两级领导的高度评价，树立了广电网络良好的形象。

（供稿：林福玉）

档　案

【概况】　2016年，宁化县档案馆（简称县档案馆）馆藏清代以来纸质、声像、实物档案及资料、图书等16.79万卷（册、件、张、盘），比2015年增加0.63万卷，现行文件（政府公开信息）2843份，比2015年增加271份，手工目录1048本，比2015年增加11本，机读目录156.57万条，比2015年增加2.72万条。全县档案馆、室接待查档5830人次，调阅档案资料10300卷次。其中，县档案馆接待查档3616人次，调阅档案、资料5112卷（册），复制档案资料8824张，出具档案证明4912份。政府公开信息查阅中心接待利用27人次。

【省档案局局长到宁化调研】　8月9日，福建省档案局局长丁志隆到宁化县调研档案管理工作。实地察看县档案馆档案利用服务与办公场所、档案馆库房、数字化扫描室，听取县档案局工作汇报，详细了解县档案馆档案保管、数字化、馆库安全与新馆项目建设等情况，对宁化县上半年档案工作特别是档案服务民生所取得的成绩给予肯定，并就宁化今后档案工作与新馆建设提出具体要求。

8月9日，福建省档案局局长丁志隆（左三）到宁化县档案馆调研
（张梦川　摄）

【档案宣传活动】　6月8日—14日，县档案局围绕"档案与民生"主题，依托县有线电视台、宁化在线等宣传载体，采取主题展览、法制讲座、网络培训等方式，开展档案宣传，营造良好法治氛围。在城区翠园广场设置宣传点，悬挂醒目主题展板34个，接待群众400人次，现场解答咨询群众100人次，发放档案宣传资料230份。宁化有线电视台连续1周滚动播放档案宣传标语5条。利用政务网"宁化县档案局馆办公系统"平台，组织基层各立档单位专（兼）职人员参加"档案室档案管理"专题视频培训1次，选派档案业务人员对红卫社区40名居民开展"档案法制"专题讲座1期，向红卫社区赠送档案普法宣传资料5本。

【启动"村档乡管"试点】　2016年，县档案局贯彻落实省、市"两办"《关于进一步加强和改进新形势下档案工作的实施意见》，为持续推进农业农村档案工作服务新农村建设，尝试"村档乡管"模式，加强和规范全县的村级档案管理工作。11月，宁化县选定水茜镇为试点，启动"村档乡管"工作。选派档案业务人员深入水茜镇沿口村开展业务指导，协助该村将2004—2015年的文件材料分类组卷，共立文书档案117卷，为全面铺开"村档乡管"工作奠定良好基础。

【"乡村记忆档案"项目建设推进】　2016年，县档案局落实《宁化县禾坑村"乡村记忆档案"示范项目工作方案》，持续推进"乡村记忆档案"项目建设，指导禾坑村完善档案管理制度并上墙，添置铁皮档案柜5组，安装防盗网、灭火器、空调等，整理文书档案64卷，科技档案25盒，建立电子目录2659条，数字化扫描文书档案4493张。

【开展土地确权档案前期指导】　2016年，县档案局落实国家档案局《农村土地承包经营权确权登记颁证管理办法》，深入县农业局经管站宣传《农村土地承包经营权确权登记颁证档案管理办法》，督促湖村、泉上2个试点镇先行做好归档材料收集工作，并对文件材料归档工作进行前期指导。

【档案执法检查】　3月7日，县档案局配合县人大常委会执法检查组对翠江镇、国土资源局等6个单位就贯彻实施《中华人民共和国档案法》情况进行检查。在县档案局会议室组织召开档案执法检查汇报会，广泛征求意见建议，县委编办、发改、卫计、民政、人社、教育局等7个单位参加会议。县档案局提交《宁化县贯彻实施〈档案法〉情况的报告》，对贯彻实施《中华人民共和国档案法》整改情况进行反馈，落实整改措施。

【推进依法治档工作】 2016年，县档案局完成行政权力清单编制工作，制定行政审批和公共服务事项办事指南，建立行政审批和服务事项审查工作细则，县政府公布县档案局应保留行政审批、公共服务事项共3项。11月23日，在县委党校第20期科级干部进修班中，档案法律知识教育首次列入学习培训课程。

【馆藏档案数字化扫描】 2016年，县档案局继续实施档案数字化工程，把馆藏档案数字化扫描作为工作重心，摸索出一套数字化工作的规范化管理流程，健全完善馆藏数字化质检工作机制，实行电子目录数据检查与档案扫描分工协作，加快了馆藏档案数字化扫描进度。全年完成馆藏档案数字化扫描35万页，增量档案目录录入7.90万条，接收25个立档单位报送的档案电子目录1.30万条。

【档案安全管理】 2016年，县档案局转发国家档案局《关于进一步加强档案安全工作的意见》通知，要求各立档单位做好档案安全自查，并抓好存在问题的整改。特别是针对县公安局档案库房搬迁，多次派人协助做好档案清点、排架规划及搬迁实施，确保县公安局各种门类档案在搬迁中不遗失。县档案局在做好馆库日常安全管理的基础上，消毒馆藏档案5502卷（件）。

【档案业务培训】 2016年，县档案局组织参加省、市级档案人员上岗培训10人，举办乡（镇）档案人员业务培训1期，"送档下乡"面对面指导16次，5个基层立档单位档案员到县档案局跟班学习1周，网上在线指导水利局、交通运输局等8个单位做好档案工作，局（馆）内开展电子目录数据录入与数字化业务培训学习交流1次。

【档案学术研讨】 2016年，县档案局组织干部撰写档案业务论文7篇，其中，入选国家级论坛1篇，入选福建省科协第十六届学术年会档案分会场研讨会论文集4篇，《福建档案》发表3篇，论文投稿率及入选率位居全市前列。

（供稿：黄华珍）

地 方 志

【概况】 2016年，宁化县地方志编纂委员会办公室（简称县方志办）着力推进修志编鉴主业，二轮县志通过市级终审，《宁化年鉴（2016）》公开出版，地情网站不断更新充实，方志书库日趋完善，地情资料的开发利用空间提升。

【二轮县志通过市方志委终审】 3月，县方志办完成《宁化县志（1988—2005）》的修改、补充及完善后，将终审稿送交三明市方志委审核。7月，市方志委完成《宁化县志（1988—2005）》终审。至11月底，根据市方志委终审意见，县方志办再次对《宁化县志（1988—2005）》进行修改补充和完善。12月6日，县政府采购中心对《宁化县志（1988—2005）》出版印刷项目进行公开招标，最终确定福建二新华印刷有限公司为承印单位。

【《宁化年鉴》继续公开出版】 2016年，县方志办贯彻落实省、市方志委"一年一鉴，公开出版"要求，《宁化年鉴（2016）》由线装书局出版社公开出版。《宁化年鉴（2016）》类目由33个调整为32个，分目由273个增加至295个，设条目1304个，配彩图92幅、地图1幅，全书86.50万字，印数1500册，是宁化县第28部地方综合年鉴。该鉴在名录类目新增"2006年1月—2016年9月部分担任宁化县副处级以上领导干部简介""2006—2016年市级以上劳动模范和五一劳动奖章获得者名表""2006—2015年高级专业技术职称人员名表"3个分目。

【省、市年鉴宁化概况编撰】 5月，县方志办完成《福建年鉴（2016）》《三明年鉴（2016)》所需宁化概况编辑，概况全面翔实反映2015年宁化县自然、政治、经济、文化和社会等方面的主要成就，共2万字。

【省方志委领导到宁化调研】 5月25日，省方志委副主任林浩、年鉴工作处处长欧长生等8人，到宁化县就年鉴编纂工作进行调研并召开座谈会。座谈会上，调研组充分肯定了宁化县方志办在志鉴编纂、地情网站建设与方志库建设等方面取得的成绩，提出要以编纂精品年鉴为中心，进一步强化《全国地方志事业发展规划纲要（2015—2020年)》《福建省地方志事业发展规划纲要（2015—2020年)》规划纲要的落实，依法修志；要围绕"五进"（进学校、进企业、进机关、进社区、进家庭），推进服务型方志建设；要以"两学一做"为抓手，加强方志队伍建设，积极围绕志鉴编纂，开展方志理论研究，推进学习型、创新型方志建设，提高业务水平。座谈中，调研组对宁化年鉴编纂工作进行了业务指导，对二轮县志编修情况进行了讨论。

【地情资料利用】 2016年，县方志办配合县委党史研究室、县文体广电出版局等单位，就宁化县红色文化的传承与保护工作，深入实地调研、摸底，并提出可行性建议。主动协助县民政局就宁化县第二次全国地名普查工作把好史料关。配合县农业局、县市场监督管理局申报宁化知名商标和地理保护产品工作。利用客家祭祖活动契机，积极开展宁化和台湾地区交流合作，参与客家文化研究，全年向海内外宾朋赠送《宁化县志》80余册。通过中国宁化在线、县摄影家协会、县文联等单位收集、整理、保存有价值的方志资料，充实图书资料室，采取志书交换、购买等方式，增加藏书量和开发利用面，全年新增图书200余册。

（供稿：刘建军）

卫　生

◆编辑：赖慧珍

综　述

2016年，宁化县医疗卫生机构26个（含民营医院1所），核定病床数1125张，实际开放床位1175张，每千人均拥有床位数4.14张（以常住人口28.4万人计算）。卫生人员总数1538人（在编798人），其中主任医师11人、副主任医师66人、副主任护师20人；每千人均拥有卫技人员4.81人。全县有村级卫生室213个，乡村医生399人。全年完成门急诊723273人次，比2015年增长17.28%，住院42720人次，比2015年减少2.43%，医疗卫生事业业务总收入1.86亿元，比2015年增加1465.65万元。

（供稿：邱祖强）

卫生体制改革

【概况】　2016年，县卫生与计划生育局（简称县卫计局）以"三医联动"为抓手，以"百姓可接受、财政可承担、基金可运行、医院可持续"为目标，围绕"公立医院回归公益性质、医生回归看病角色、药品回归治病功能"内涵要求，创新管理机制，提高运行效率，全面深化医药卫生体制改革工作。出台《宁化县优化整合妇幼保健和计划生育技术服务资源实施意见》（宁委办〔2016〕93号），对县、乡两级妇幼保健和计划生育技术服务资源进行优化整合。推进多项举措，县级公立医院改革有成效，公共卫生计生服务体系持续提升，中医中药事业健康发展，人才队伍结构不断优化，计划生育责任目标有效落实，基层医疗机构第二轮改革成效更加凸显，群众看病难看病贵问题逐步缓解，群众医药费用负担有效减轻。

【县级公立医院改革】　2016年，宁化县县级公立医院在原有医改基础上，实施全病种付费改革、完善医院管理制度、完善年薪制考核办法、落实分级诊疗和双向转诊、建立重特大疾病保障机制、推进药品及医用耗材联合限价采购等举措，全面推进县级公立医院改革工作。改革前后对比（与2011年对比），2016年县级公立医院医药总收入增幅8.56%、同2011年相比增幅下降3.39个百分点，门急诊人次461195人次、增长53.06%，医务性收入11131.08万元、增长89.66%，药占比29.48%、下降19个百分点，医务人员年均工资7.19万元、增长84.83%，药品总费用3857.71万元，减少2969.17万元，平均每年为病人节省药品费用494.86万元，住院患者人均费用3540.52元、下降221.23元。

【医疗卫生服务体系建设】　2016年，县卫计局向上争取卫生计生专项资金29913.49万元，比2015年增长421.58%；完成招商引资5750万元，完成固定资产投资14090万元，完成项目储备任务2个，完成新增第三产业服务企业2个。公共卫生服务中心建设项目完成项目投资2700万元，县医院新建项目完成项目投资12974万元，卫校实训中心项目完成项目投资1110万元，乡镇卫生院新改扩建项目完成项目投资260万元。

【深化基层医疗卫生机构综合改革】 2016年，县卫计局改革财政经费定向补偿机制，基层在编在岗人员经费（含"五险一金"）由财政全额核拨，部分临时自聘卫技人员经费按年人均3.5万元／年标准核拨。建立全面动态的绩效考核评价机制，对基层医疗卫生机构进行综合考核，考核结果与基层医务人员的薪酬分配挂钩。理顺以县为主的人事管理体制，建立健全临时人员准入制度，进一步规范基层卫生人事管理。推进社区医养结合点建设，严格按照"公办托管、购买服务"的方式举办，着重强化政府主导、部门协作配合和中心托管，完成7所医养结合卫生服务站建设任务并投入使用。改革前后对比（与2013年对比），2016年全县基层医疗卫生机构医务性收入1306.5万元、增长67.42%，药占比36%、下降16.5个百分点，基层在编人员人均总收入7.11万元、增长109.11%，非在编人员人均总收入3.32万元、增长66.83%，门诊服务人次数262078人次、增长69.04%。

【促进分级诊疗和双向转诊制度实施】 2016年，县卫计局加强医疗援助和对口帮扶，福建医科大学附属第一医院和福建中医药大学附属第二人民医院选派6名医师帮扶宁化县级医院，促进医务人员诊疗行为的更加规范。县医院与福建省立医院、三明市第二医院、福建孟超肝胆医院签约医疗联合体；中医院与福建中医药大学附属第二人民医院签约医疗联合体；县医院与石壁、曹坊等卫生院，县中医院与湖村、泉上等卫生院签约医疗联合体，促使医疗资源共享，方便病人就医。全年，宁化县医疗卫生机构执行差别化报销补偿政策，免费为慢性病患者提供基本药物、调整普通门诊诊查费，促进分级诊疗和双向转诊制度实施。县医院和中医院向上转诊1081人次，向上转诊率4.34%（要求县级转诊不超过10%），县内合理诊疗模式进一步完善。

【基本和重大公共卫生服务】 2016年，宁化县居民电子建档266373人，电子建档率96.86%，老年人管理数35135份，管理率139.02%，高血压患者管理数20990人，管理率50.88%，高血压患者规范管理率65%，糖尿病患者管理数4751人，管理率24.68%，糖尿病患者规范管理率62%，结核病管理率91%。孕产妇系统管理率93.05%，3岁以下儿童系统管理率93.15%，产前检查率98.19%，产后访视率95.80%，孕产妇叶酸免费服用率92.16%、知晓率96.80%；农村孕产妇住院分娩补助3374人，补助金额134.96万元；低保妇女常见病免费检查776人，农村孕妇免费产前筛查2043人，项目筛查率113.5%；地中海贫血初筛500对，项目筛查率100%；宫颈癌普查3500人，乳腺癌筛查900人，两癌项目普查率100%。法定传染病报告率100%，一类疫苗接种率95%以上；全县重性精神病人在册患者数1186人，患者在册率4.31‰，在管患者1154人，在管率97.3%；完成11036名65岁以上老年人中医药健康辨识，完成7562名0—3岁儿童的中医药健康管理。

（供稿：邱祖强）

医 政 管 理

【概况】 2016年，宁化县医疗执业行为进一步规范。举办医疗安全防范、医院感染管理、妇幼保健、传染病防治等各种业务培训12期，1200多人次参训。新核批医疗机构9家（4家医养结合卫生服务站、5家诊所），受理88名执业（助理）医师注册（含变更）和89名护士的延续、变更注册申请，禁止医疗机构及执业人员无证执业。

【医学教育】 2016年，宁化县医疗机构组织骨干医师培训6人，全科医师转岗培训2人，全科医生规范化培训19人，住院医师规范化培训9人，乡村医生业务和岗位培训387名，选派33名专业技术人员到上级医院进修学习。在7月乡村医生、个体诊所培训项目中，增加《福建省医疗纠纷预防与处理办法》、医院感染管理、药械管理及合理用药等课程，提高诊所、村卫生所的业务能力和医疗纠纷预防处置水平。全县19家医疗机构参加医疗责任保险，医疗防范意识提高。

【卫生行风建设】 2016年，宁化县卫计系统继续落实医疗卫生行业"九不准"要求，坚决纠正卫生计生领域损害群众利益行为，深入开展扶贫专项资金自查自纠工作，严肃查处医药购销和办医行医中的不正之风问题。6月，在宁化世界客属文化交流中心组织召开预防医疗卫生计生领域职务犯罪教育活动会，300多人参会，促进卫计系统广大干部职工廉洁从政、廉洁从医行为。

（供稿：张林珊、欧阳宝云）

疾病防控

【概况】 2016年，宁化县继续实施查验预防接种证注册制度及妈妈班课程，共查验儿童9029人，补种疫苗儿童452人，举办妈妈班课程培训47期，1103名新生儿家长参加培训。落实艾滋病感染者和病人"四免一关怀"（四免：对农村居民和城镇未参加基本医疗保险等医疗保障制度的经济困难人员中的艾滋病病人免费提供抗病毒药物；为自愿接受艾滋病咨询检测的人员免费提供服务；为感染艾滋病病毒的孕妇提供免费母婴阻断药物及婴儿检测试剂；对艾滋病病人的孤儿免收上学费用。一关怀：将生活困难的艾滋病病人纳入政府救助范围，按照国家有关规定给予必要的生活救济，扶持有生产能力的艾滋病病人开展生产活动，增加收入）政策；落实结核病免费治疗政策及防控制度。作为国家土源性线虫病流动监测点，完成土源性线虫病调查。

【传染病防治】 2016年，全县乙、丙类法定传染病17种1437例，发病率522.5454/10万。开展人感染H7N9禽流感、手足口病、艾滋病、麻疹、AFP、埃博拉出血热等重点传染病监测及防控工作。年内，组织全县医疗单位开展传染病漏报调查2次，对个别乡（镇）漏报问题，及时下达整改通知和反馈意见。利用"3·24"世界防治结核病日、"4·25"儿童预防接种宣传日、"12·1"世界艾滋病日等重大卫生节日开展健康咨询宣传活动，增强群众防病意识。2016年宁化县未发生重大突发公共卫生事件。

【开展人体重点寄生虫病现状调查工作】 2016年，宁化县被确定为国家土源性线虫病流动监测点，开展土源性线虫病调查。11月28日至12月4日，由福建省疾控中心主任医师陈宝建带队，省、市、县疾控中心专业人员组成的土源性线虫调查队在宁化开展专项调查。本次调查1104人，其中改良加藤法调查1008人，阳性130例（钩虫、鞭虫混合感染1例），阳性率12.90%；钩虫96例，阳性率9.52%；鞭虫19例，阳性率1.88%；蛲虫6例，阳性率0.60%；华支睾吸虫10例，阳性率0.99%。通过透明胶纸肛拭法采集河龙幼儿园大中小班幼儿96名镜检蛲虫，阳性23例，阳性率23.96%。通过该次土源性线虫病调查，能较好地掌握了宁化县土源性线虫病流行现状、发展趋势以及影响因素，为制定防治对策和评估提供科学依据。

【结核病防治】 2016年，县疾控中心落实结核病免费治疗政策，对每一例结核病人实行全程有效管理。共接诊登记可疑肺结核或肺结核可疑症状者308例，活动性肺结核病人106例，其中检出涂阳肺结核病人49例（初治47例，复治2例），涂阴肺结核病人57例（其中初治重症涂阴肺结核病人6例），系统管理率为100%，涂阳病人密切接触者筛查率100%，涂阳患者治愈率为91.23%。

【艾滋病防治】 2016年，县疾控中心组织对暗娼、吸毒和外来务工人员开展高危行为干预，共干预暗娼、吸毒、外来务工人群2873人次，发放宣传材料2960份、安全套1200只。为看守所拘押人员142人检测艾滋病抗体，有1例阳性，其余均为阴性。

【做好计划免疫】 2016年，宁化县免疫接种率95%以上，未发生脊髓灰质炎、麻疹、乙脑、流脑、白喉、百日咳疫苗等传染病病例。2016年国家免疫规划疫苗接种88522人次，其中卡介苗接种4158人次，接种率99.95%；乙肝疫苗接种12650人次，接种率99.93%；脊灰疫苗接种16693人次，接种率99.93%；百白破疫苗接种15619人次，接种率99.92%；麻疹类疫苗接种7831人次，接种率99.96%；流脑疫苗接种14969人次，接种率99.97%；乙脑疫苗中毒接种7820人次，接种率99.92%；甲肝疫苗接种4278人次，接种率99.95%。

【取得职业健康检查机构资质】　3月31日至4月1日，由市卫生计生委副主任何干晶领队组成的7名专家评审团到宁化，对县疾控中心申报的职业健康检查机构资质开展现场认证评审。认证评审依据最新的《福建省职业健康检查机构资质认证实施办法》规定的现场考核技术评审要求实施经评审组认定，县疾控中心在组织机构、场所条件、仪器设备、人才技术及质量管理体系等方面均达到开展职业健康检查的要求，具备对从事铅及其无机化合物、苯(甲苯二甲苯)、汽油、甲醛游离二氧化硅粉尘、煤尘、其它致尘肺病的无机粉尘、有机粉尘噪声、高温、电工作业、高处作业、职业机动车驾驶作业等13类职业危害因素作业工人体检的资格。

【宁化县接受中国疾控考评组考核评估】　9月5日，中国疾病预防控制中心预防接种规范管理专项活动考核评估组3名专家到宁化县考核评估预防接种规范管理工作，评估组对县疾控中心预防接种规范管理专项活动工作实施情况，县医院AFP、麻疹病例监测工作情况，中沙、泉上2个乡（镇）现场评估预防接种规范管理专项活动开展情况等开展评估。评估内容包括预防接种单位设置和资质管理、适龄儿童预防接种管理、预防接种告知和宣传、入托入学儿童预防接种证查验、疫苗和冷链管理、疫苗相关传染病监测和应急处置等。评估组肯定宁化县预防接种规范管理专项活动工作，同时提出意见和建议，要求进一步加强自查和整改落实，为进一步规范预防接种管理工作奠定基础。

（供稿：黄世祥、谢　涛）

卫 生 监 督

【概况】　2016年，宁化县公共场所卫生许可证核办率、从业人员体检率、卫生监督覆盖率均100%。重点围绕卫生行政许可、医疗卫生监督检查、公共场所卫生、打击非法行医、水质监督监测等工作，加大卫生监督执法力度，依法执业意识进一步增强。

【公共场所卫生监督】　2016年，县卫生监督所核办公共场所卫生许可证303户，核办率100%。完成公共场所空气质量监测303户，合格率98%。公共场所体检1102人，均未检出"五病"（肝炎、肺结核、痢疾、传染病、皮肤病）患者。

【医疗市场监督】　2016年，宁化县医疗机构应监测户数276户，实际监督户数276户、366户次，监督覆盖率100%。全年接到投诉举报4起，及时调查处理反馈4起，收缴非法宣传画2份，牙科器械2套，现场终止无证游医2家。同时开展供血单位监督检查，规范医疗机构的设置审批。

【传染病防治监督】　2016年，县卫生监督所专项整治自4月份开始，共出动卫生监督员54人次，卫生监督协管员38人次，出动卫生监督车辆20车次。宁化县辖区内医疗机构数276家，其中二级医院2家、其他医疗机构273家［县级妇幼院1家、皮防院1家、计生服务站1家、医务室4家、个体诊所35家、村卫生室210家、乡（镇）卫生院15家、社区卫生服务中心（站）5家和县疾病预防控制中心1家］。共检查单位数54家，分别是县医院、中医院、县疾控中心和基层医疗机构51家，对存在问题的被监督单位均发出监督意见书要求限期整改到位。

【消毒产品卫生监督】　2016年，县卫生监督所重点检查经营单位对销售标有"卫消证字"产品，是否索取生产企业卫生许可证和备案凭证，销售的消毒产品的标签说明书是否规范。全年抽检集中式餐饮具样品96套，合格率100%。

【举办集中式餐饮具消毒知识培训班】　10月14日，为增强宁化县集中式餐饮具消毒单位负责人和卫生管理员的卫生安全责任意识和法律意识，县卫生监督所举办集中式餐饮具消毒单位卫生知识培训班，8家餐饮具集中消毒单位共16人参加培训。培训内容为餐饮具清洗消毒工艺流程、生产各环节卫生要求等，同时组织学习《集中式餐饮具消毒服务机构卫生规范》《中华人民共和国食品安全法》《餐饮具集中消毒单位量化分级监督管理工作实施意见》等相关规范文件。课后组织学员到清流县餐饮具集中消毒厂进行实地考察。

【学校卫生监督】　2016年，根据《福建省卫生计生委办公室关于印发2016年福建省公共卫生国家监督抽检计划的通知》（闽卫办监督发明电〔2016〕86号）要求，县卫生监督所对全县10所中小学进行重点监督检查，被检的10所学校教室、黑板采光照明均符合卫生标准，课桌椅配备均未符合卫生要求，其中1所学校灯管未垂直黑板。针对发现问题，卫生监督员对其下达整改意见书要求并及时整改到位。对10所中小学校开展学校卫生综合监督评价，其中乡（镇）所在学校7所，综合评价结果均为合格（B级）。

【饮用水卫生监督】　2016年，县卫生监督所健全辖区内15家供水单位卫生管理制度，并制定水污染事件应急预案。对15家供水单位进行日常和专项监督检查，检查中发现，大多数乡（镇）水厂使用的涉水产品未索证；为此卫生监督员责令其整改到位，监督覆盖率100%，督促各供水单位进行水质监测，县水厂每月抽取管网末梢水10份水样，乡（镇）水厂每季度抽取2份水样，检测项目12项。对符合卫生要求的集中式供水单位发放卫生许可证，4家供水单位已取得卫生许可证。

【举办集中式供水负责人培训班】　5月11日，为加强辖区内供水单位对饮用水卫生安全管理知识的了解，县卫生监督所举办2016年集中式供水负责人培训班，全县13家供水单位、26人参加培训。培训班就《生活饮用水卫生监督管理办法》等法律法规进行解读，组织学习饮用水操作规程及卫生档案管理知识，2家自来水水厂负责人进行经验介绍。参训人员还实地参观县自来水水厂及石壁自来水水厂。

【放射诊疗专项检查】　5月16日—27日，县卫生监督所对辖区内17家放射诊疗单位进行放射诊疗专项监督检查。全县17家放射诊疗单位，均取得放射诊疗许可证，办证率100%。放射卫生工作人员36人，持有放射工作人员证36人，持证率100%，个人计量监测率100%。检查中发现个别医疗机构未按期校验《放射诊疗许可证》、设置辐射危害警示标志不规范、警示灯不亮、辐射危害告知和放射防护用品使用不规范等问题。卫生监督人员现场下达整改意见书，并限期要求做好整改工作。

【二类疫苗预防接种专项监督检查】　3月30日至4月6日，县卫生监督所组织卫生监督员对全县16家接种单位（县疾病预防控制中心和15家乡镇卫生院）的二类疫苗预防接种工作进行专项监督检查。本次监督检查没有发现问题疫苗，各单位疫苗来源均符合规定，也未发现非法和过期二类疫苗的购入使用情况。各接种单位均具备疫苗储存所需的冷藏设施，并按规定做好疫苗购入、储存和管理工作。在接种场所显著位置能公示第二类疫苗品种与接种方法，开展接种从业人员均经过专业培训和考核合格上岗，在接种前，接种从业人员能依照规定告知、询问有关情况。

（供稿：张林珊、邱小强）

妇幼保健

【概况】　2016年，宁化县孕产妇系统管理率93.05%，7岁以下儿童健康管理率97.02%，3岁以下儿童系统管理率93.15%，产前检查率98.19%，产后访视率95.80%。住院分娩率、高危管理率、新法接生率均100%。

【婚前保健】　2016年，宁化县继续实施免费婚前医学检查、免费孕前优生健康检查整合"一站式"服务。整合服务地点设在县妇幼保健院，符合条件的新婚夫妇，可以在准备结婚和生育时享受到10项免费婚前检查和19项免费孕前优生健康检查。县妇幼保健院宣传咨询服务窗口与民政婚姻登记中心联合办公。年内，婚检1765对，婚检率63.5%，孕检4309人，孕前优检覆盖率91.54%。

【孕产妇系统管理】　2016年，宁化县孕产妇系统管理率93.05%，产前检查率98.19%，产后访视率95.80%、孕产妇叶酸免费服用率92.16%、知晓率96%；农村孕产妇住院分娩补助3374人，补助金额134.96万元；开展农村孕妇免费产前筛查2043人，开展地中海贫血初筛500对，项目筛查率100%。

【儿童系统管理】　2016年，宁化县7岁以下儿童健康管理率97.02%，比2015年提高1.98%；3岁以下儿童系统管理率93.15%，提高0.74%；围产儿死亡率3.88‰，降低0.77‰；新生儿死亡率2.37‰，降低0.68‰；婴儿死亡率4.06‰，降低0.28‰；5岁以下儿童死亡率5.75‰，上升0.29‰。开展城区园所儿童体检5949人，体检率97.25%，查出儿童疾病缺点450人，疾病缺点发生率7.56%。

【妇女病普查普治】　2016年，根据县卫计局、县妇联、县人社局、县总工会联合下发的《关于开展全县女职工妇科病普查普治的通知》要求，县妇幼保健院开展41个单位507名育龄妇女妇科病普查普治，普查率95.20%，患病率35.76%，治疗率98.00%。开展低保妇女常见病免费检查776人；开展宫颈癌免费普查3500人，乳腺癌免费筛查900人，两癌项目普查率100%。

（供稿：陈连华、刘善俊）

中 医 工 作

【概况】　2016年，宁化县政府制定《宁化县推进国家中医药综合改革试验区建设（2016—2018）实施意见》，加快中医药发展。中医工作坚持中医专科优先发展、特色专科做大做强发展思路，突出中医药在治疗上的特色作用，实行中药饮片100%报销，老百姓享受低廉优质的中医中药服务。15个乡（镇）卫生院、1个社区卫生服务中心、4个社区卫生服务站、75%的村卫生所均能提供中医药服务。全县共推广55项中医药适宜技术。

【中医人才队伍建设】　2016年，全县招聘中医药人员6名。县中医院选派2名医师到上级医院进修学习，从乡（镇）卫生院中选派2名中医师参加省级全科医生转岗培训；开展中医适宜技术项目建设，乡（镇）卫生院安排2名医生到中医院针灸理疗康复科进修。

【2个卫生院列入中医馆服务能力建设项目】　2016年，中央财政安排专项资金，用于支持开展基层医疗卫生机构中医诊疗区（中医馆）服务能力建设，改善中医药诊疗环境，提高中医药技术水平，配备用于连接基层中医药适宜技术推广视频网络的计算机系统、投影仪等设备，配置中医诊疗设备。泉上、河龙2个乡（镇）卫生院列入基层医疗卫生机构中医诊疗区（中医馆）服务能力建设项目，各获中央补助项目资金16万，配置颈腰椎牵引床、华佗牌电针仪、神灯、中药煎药机等设备。

【福建中医药大学专家到宁化调研中医药文化】　8月13日—14日，福建中医药大学中医医史文献教授、博士生导师肖林榕等专家到宁化，对宁化时存的传统医药文化遗产进行考察、收集和整理。专家组先后实地考察宁化名医伍秉山和雷臻壁的族谱、祖盾、传承等内容，深入农贸市场了解宁化中草药行情，并召开座谈会。通过考察，专家组将进一步对宁化客家医家著作等资料进行收集整理，对尚未出版的医家著作进行整理点校出版，并将调研收集到的客家人常用的中草药本及药膳状况进行分类整理。

（供稿：张林珊、廖祖春）

社 区 卫 生

【概况】　2016年，县卫计局合理配置并整合各类医疗和养老等服务资源，使社区居民就近享受医疗、康复、健康体检、养老等各项医养服务，促进社区居家养老、分级诊疗制度的落实，实现以医带养、以养促医、医养结合目标。年内以"公办托管、购买服务"方式完成中山、朝阳、红卫、北山、小溪、南街、双虹7个医养结合社区卫生服务站的组建工作。

【抓好社区卫生服务】　2016年，翠江社区卫生服务中心抓好社区卫生服务工作，建立辖区居民电子健康档案39661份，电子建档率89.8%，管理高血压患者2882人、二型糖尿病患者933人，分期分批对高血压、糖尿病等慢性病人和65岁以上老年人进行免费健康体检，共检查2225人，免费为高血压、糖尿病和重性精神病患者提供23种基本药物。门诊35岁以上病人首诊测血压100%。家庭医生签约5800户，签约率64.07%，签约居民27131人，签约率60.97%。

（供稿：张标稳）

爱 国 卫 生

【概况】　2016年，宁化县爱国卫生运动委员会（简称县爱卫会）继续巩固省级卫生县城成果，以第28个爱国卫生月活动为契机，结合春、秋季除"四害"活动，开展城乡环境卫生专项整治活动。

【开展爱国卫生月活动】　2016年，在第28个全国爱国卫生月期间，县爱卫会开展以"全民参与爱国卫生共建共享健康中国"为主题的爱国卫生月活动，通过举办大型宣传活动、张贴海报、电视宣传等方式开展广泛宣传，各乡（镇）按照属地原则组织人员清除街巷、村道、居民院落、居住小区绿地及周边等处杂物、垃圾，提高广大人民群众的爱国卫生意识，改善城乡环境卫生面貌。

【病媒生物防治】　2016年，县爱卫会组织开展灭蚊、蝇、蟑螂和灭鼠活动，投放鼠药约1.5吨，使用消杀药水1.5吨、漂白粉2吨，有效降低"四害"密度。

【农村改水改厕】　2016年，县爱卫会结合"城乡环境卫生大整治""美丽乡村建设"活动，不断推进农村改水改厕工作，全年新增农村改水受益人数0.15万人，累计受益人数29.95万人。新增无害化卫生厕所户数0.05万户，累计无害化卫生厕所户数6.75万户。

【农村环境卫生监测】　2016年，县爱卫会根据福建省2016年农村环境卫生监测项目技术文件要求，按随机抽样原则，抽取5个乡（镇）中的4个建制村、5户家庭、1所初中、1所小学为农村环境卫生监测目标，监测结果均达到省监测目标值。

【健康教育】　2016年，县爱卫会做好人群密集单位和地区健康教育活动，举办健康知识讲座20场次，咨询3000人次，刊出卫生宣传栏12期，张贴横幅标语20张，发放宣传单15000份，群众卫生防病意识继续提高。

（供稿：黄世祥、张炉平）

客 家 文 化

◆编辑：张秋琴

综　述

为弘扬客家文化、光大中华文化、推进客家地区经贸文化合作与交流，2016年，宁化县成功举办第四届石壁客家论坛、第22届世界客属石壁祖地祭祖大典、客家美食小吃展等活动；央视《乡约》栏目组走进宁化石壁客家祖地录制节目。宁化县客家联谊交流活动频繁，全年"客家三馆"（客家联谊馆、客家族谱馆、客家图书馆）接待来宾1.80万人次，比2015年增长20%；客家祖地管理处接待海内外客家宗亲和游客5万人次，比2015年增长11.11%。客家研究成果丰硕，出版客家著述4本；发表客家学术论文6篇。宁化客家小吃协会商标被认定为福建省著名商标，宁化客家生鱼片入选"福建十大名菜"，宁化县客家美食文化城获"福建省美食城"称号。

（供稿：黄庆彬、谢玉香、陈晓平）

客家文化活动

【概况】　2016年，宁化县通过"走出去""请进来"联谊的方式，有序开展客家联谊交流活动；成功举办第四届石壁客家论坛、第22届世界客属石壁祖地祭祖大典等活动；成立宁化县客家谱牒协会；《华夏张氏统谱》编修情况交流会在宁化召开。

【开展客家联谊交流活动】　2016年，县客家办先后组织人员赴港拜访香港世界客属总会等客属社团，赴深圳参加"《再访客家人》深圳高峰研讨会"、参加第七届客家文化高级论坛暨首届客家文化创新论坛，赴三明参加三明市委统战部召开的"京交会·2016世界客商'一带一路'经贸文化论坛"筹备工作座谈会，赴厦门、福州、泉州、永定、三明、永安等地，拜访永安市客联会、永定市客联会、厦门市客家经济文化促进会、泉州宁化商会、福州海风出版社、三明客家商会宁化分会等省内重要客属社团或客家商会。全年宁化世界客属文化展示大厅（客家联谊馆、图书馆、族谱馆）共接待台湾地区国立大学张维安教授、2016"台湾两岸客家文化交流团"、国家文化部、中央电视台孙小梅主播及各省市宗亲来宾200多批次、1.80万余人。

【举办第四届石壁客家论坛】　10月14日，以"传承弘扬客家祖训，建设发展祖地文化"为主题的第四届石壁客家论坛在宁化世界客属文化交流中心举行，海内外280多位嘉宾参会。论坛收到来自加拿大、中国台湾、北京、上海、广东、深圳、河南、湖南、广西、江西、厦门、福州等地100多位专家学者的论文105篇。经评审，75篇（三明市客家联会1篇）结集出版，其中加拿大1篇、中国台湾7篇入选论文集。论坛主要由开幕式、主旨演讲、分组讨论三大环节构成。开幕式由宁化县委副书记、县客家研究中心主任刘小彦主持，宁化县委书记余建地、三明学院党委书记曾祥辉、省客家研究院常务副院长刘有长先后致辞；中国闽台缘博物馆原馆长、福建社会科学院客家研究中心研究员杨彦杰主持主旨演讲，福建省委党校副校长刘大可、深圳大学文化产业研究院执行院长周建新、福建客家研究院常务副院长吴汉光、江西师范大学历史系教授、江西省政府文史研究馆馆员许怀林、三明学院客家研究所教授廖开顺先后作主旨演讲。14日下午，75位专家学者分四组进行研讨。

10月14日，第四届石壁客家论坛在宁化世界客属文化交流中心举行

（刘才恒　摄）

【举办第22届世界客属石壁祖地祭祖大典】　10月15日，由三明市客家联谊会、宁化石壁客家宗亲联谊会、马来西亚居銮客家公会、宁化县张氏宗亲会共同主办的第22届世界客属石壁祖地祭祖大典在宁化县石壁客家祖地隆重举行。来自马来西亚、美国、加拿大等国家和中国香港、台湾地区，来自广东、江西、湖南、广西、河南、陕西、辽宁、福建等省客家后裔及海外张氏宗亲共111个海内外客属社团、3200多名代表参加大典。马来西亚居銮客家公会会长姚森良、省人大常委会原副主任黄贤模、省客家研究院常务副院长刘有长、市委统战部部长肖明光及县领导余建地、姚文辉、李平生等参加祭祖活动。宁化县政府县长姚文辉主持大典，姚森良、肖明光、杨昆贤致辞，黄贤模宣布大典开幕。嘉宾及来自世界各地的客属社团领袖在客家神坛前，遵循祭祖古礼，依次敬献花篮、献香、献帛、献爵，表达敬仰之意。接着，客家长老恭颂祭文，100名客家儿童用方言齐声诵读《客家祖训》和客家新童谣《忘不了》、乐舞告祭。最后，客家长老与客家乡亲共同祈福发彩，祝愿客家乡亲的明天更加美好。

祭祖大典期间，举办了客家风情文艺演出、"客家祖地·映象宁化"摄影大赛、宁化"物三宝""文三宝"旅游纪念品设计有奖征集活动、张氏宗亲举行福建省姓氏源流研究会张氏委员会会长扩大会议、《华夏张氏统谱》编修情况交流会等活动，在石壁客家祖地聚散广场上，济村乡的《舞龙》、城南乡的《旱船灯舞》、石壁镇的《牌子锣鼓》和《客家绣娘》、治平畲族乡的《关刀灯》、淮土镇的《马灯舞》、安乐镇的《客家夜迎亲》等客家民俗进行了表演。

10月15日，第22届世界客属石壁祖地祭祖大典在石壁举行

（赖全平 摄）

（供稿：黄庆彬）

【《华夏张氏统谱》编修情况交流会召开】　10月15日下午，《华夏张氏统谱》编修情况交流会在宁化世界客属文化交流中心召开，来自海内外张氏宗亲代表500多人参加交流会，共同交流探讨《华夏张氏统谱》编修工作。世界张氏总会署理会长张远谟出席会议并讲话。世界张氏总会积极支持《华夏张氏统谱》编修工作，并号召世界各地张氏宗亲要继续发扬尊祖敬宗、团结奉献精神，积极支持参与、齐心协力，共同来完成这项宏大工程。《华夏张氏统谱》编委会常务副主任、清河张氏宗亲联谊会名誉会长张印普通报了各地编修情况，对《统谱》的总体框架以及总谱各部分内容进行了讲解。福建、贵州、广东、四川等省张氏委员会从不同方面、不同角度介绍了各自编修情况和经验。

（供稿：张丽勋）

【全市首家谱牒协会在宁化成立】　3月25日，宁化县客家谱牒协会成立暨首届会员大会在城郊乡政府会议室举行。各姓氏宗亲代表80余人参加会议。会议听取拟任会长王立华所作的《宁化县客家谱牒协会筹备工作报告》，讨论通过《宁化县客家谱牒协会章程（草案）》，选举产生第一届理事会理事、会长、副会长、秘书长，向受聘顾问和常设研究员颁发《聘书》，并对今后五年工作任务进行安排。宁化县客家谱牒协会系全市首家谱牒协会，属非营利性社会团体，以光大族姓谱牒文化、传承客家优秀文化、弘扬中华传统文化、促进社会和谐发展为宗旨，是自我管理的民间自治组织，接受县客家办和县客研会业务指导，县民政局对其依法依规进行监管。据不完全统计，全县已征集到谱牒66姓270余种，尚有大量谱牒散落在民间。

3月25日，宁化县客家谱牒协会成立暨首届会员大会在城郊乡政府会议室召开　　　　　　　（宁化在线　供）

（供稿：赖全平）

【北京宁化客家联谊会换届大会举行】　1月24日，北京宁化客家联谊会换届大会暨北京宁化客家商会三届二次会员大会在北京市丰台区丰管路16号院西国贸大酒店内举行，300余名会员参加大会。邱晓华当选为新一届北京宁化客家联谊会会长。北京宁化客家联谊会旨在搭建北京宁化人相互联系、密切沟通的纽带，助人奉献、服务家乡的桥梁，相互学习、共同发展的平台，为宁化县各项事业发展贡献力量。

（供稿：伊雪燕）

【刘氏宗亲祭祀客家开基始祖】　3月19日，来自广东省、江西省和宁化县周边地区的600多名刘氏宗亲，相聚宁化县石壁镇南田村，共同祭祀宁化刘氏开基祖刘祥。刘氏宗亲们身穿汉服，遵循客家传统礼仪，按照焚香、安杯、安筷、献牲、献帛、三跪九拜、行上香礼、行酒礼、恭颂祭文等程序，在宁化刘氏开基祖刘祥墓前进行了祭祀。通过祭祖，追思祖德、善尽孝道，进一步增强族系血脉联系，促使后代子孙紧密团结，形成互助的风尚。

刘祥（字子云，号子先、图南），唐元和十五年（820年）生，官至婺州刺史，后封为沛国公。唐乾符二年（875年），为避黄巢战乱，携子孙从婺州迁居闽西宁化石壁葛藤凹（今宁化石壁镇南田村）开基立业、繁衍生息，是客家刘氏开基始祖。从唐末至今，刘祥在宁化本地直系后裔达万人；迁居外地各系子孙遍布各地，人数达千万。

（供稿：罗　鸣、刘　恒）

【宁化曾氏族谱重修发放】　2010年，为修订一部形制统一、体系完整、脉络清晰的族谱，宁化曾氏宗亲联谊会开始启动重修曾氏族谱工作，历时6年付梓。2016年3月20日，宁化曾氏宗亲联谊会在宁化世界客属文化交流中心举行曾氏重修族谱发放仪式，来自省内外曾氏宗亲嘉宾和宁化各乡（镇）曾氏联谊分会宗亲代表300余人参加。宁化曾氏重修族谱负责人、宗亲联谊会负责人分别对修谱情况和联谊会工作情况进行说明，汀州曾氏宗亲联合会负责人代表省内外曾氏宗亲致贺辞。

（供稿：罗　鸣、曾繁敏）

【文化部专家组考察宁化客家文化生态保护区工作】　11月17日—18日，中国非物质文化遗产保护中心常务副主任罗微带领国家文化部专家组到宁化，就客家文化（闽西）生态保护区工作进行考察。专家组先后到石壁客家祖地、宁化世界客属文化交流中心等地，实地察看民俗表演、木活字印刷展示、客家擂茶制作工艺及客家山歌演唱等非物质文化遗产展示，召开座谈会详细了解宁化为建设客家文化生态保护实验区所做的相关工作。专家组认为，宁化县突出客家祖地和红色苏区优势，将客家文化不断做大做深，打造客家祖地、红色旅游品牌等诸多做法可圈可点，具备建立客家文化生态保护区的条件。希望宁化县一如既往地加大对客家文化保护力度，对族谱、宗祠等非物质文化遗产要做好修缮与保护工作，传承、发展好客家祖地文化，努力促进世界客家文化的交流与合作，不断加强祖地文化的影响力和辐射力，推动地域文化繁荣。座谈会上，与会专家还就《客家文化生态保护实验区规划纲要》的编写工作提出指导性意见和建议。

（供稿：雷露微）

客家文化研究

【概况】 2016年，宁化县客家研究成果丰硕，先后出版《黄石华与石壁》《拓荒牛——刘善群先生作品及其评论选集》《第四届石壁客家论坛论文集》《客家魂总第22期》等4本客家著述；发表客家学术论文6篇。

【编辑出版《黄石华与石壁》】 3月，由县客联会创会会长、县客研会名誉会长张恩庭、县客家办黄庆彬共同主编的《黄石华与石壁》正式出版。全书3.60万字，将20余篇有关黄石华与石壁的论文汇编成书、出版流通，藉此表达崇敬之情、追念之意。

【编辑出版《拓荒牛——刘善群先生作品及其评论选集》】 7月，县客研会会长吴来林主编的《拓荒牛——刘善群先生作品及其评论选集》由香港地区中国文化出版社出版。全书52万字，主要辑入海内外客家学者对刘善群先生客家文化专著的评论与体现刘善群先生近30年客家研究成果的优秀文章，是研究刘善群先生、了解宁化客家历史文化、厘清客家源流的佳作。

【编辑出版《第四届石壁客家论坛论文集》】 10

月，由县委副书记、县客家研究中心主任刘小彦主编的《第四届石壁客家论坛论文集》由福建教育出版社出版。全书71万字，涵盖"客家祖训与客家文化传承研究""客家祖训与客家杰出人物研究""客家祖训与当代传统教育研究""客家文化的传承与创新研究""客家文化产业发展研究"等5个方面内容，拓宽了客家研究领域，为客家祖地经济建设和文化发展提供了思路对策和理论依据。

【编辑出版第22期《客家魂》】 10月，县客家办编辑的第22期《客家魂》出版。全书从石壁论坛、祖地文史、客家祖山、客家人物、客家文苑、祖地纪事、祖地要闻等方面展现了祖地宁化特有的客家文化底蕴及所取得的客家事业成就。

【发表客家学术论文】 2016年，县客研会创会会长、客研中心名誉主任刘善群的《宁化祖训文化精神的渊源与践行》，县客联会创会会长、县客研会名誉会长张恩庭的《客家祖训传递文明家风》，县客家研究中心研究员刘根发的《发挥客家祭祖文化重要作用，大力促进客家文化旅游产业发展》，县石壁客家宗亲联谊会副会长刘瑞祥的《客家刘氏祖训与实践》，县博物馆副研究员邱明华的《深挖伊秉绶文化内涵，打造客家祖地文化新名片》，县客家办黄庆彬的《从客家家训看宁化客家文化的儒家特质》等宁化本土客家学者论文共6篇入选《第四届石壁客家论坛论文集》。

（供稿：黄庆彬）

客家小吃文化

【概况】 2016年，宁化县客家小吃工作领导小组办公室（简称县客家小吃办）举办客家小吃培训班15期，培训学员737人，县外新开业670家，培育精品店69家，带动从业人员1300余人。其中培训贫困人员38人，贫困人员开店6家，带动12户贫困户34名贫困人口脱贫。成功举办2016年宁化客家美食小吃展，组队参加第11届中国（福州）餐饮美食博览会、香港"赏心乐食Together"小吃会展。宁化客家生鱼片入选"福建十大名菜"，宁化客家小吃协会商标被认定为福建省著名商标，海西（宁化）客家美食文化城获"福建省美食城"称号。

【出台优惠政策】 6月，县客家小吃办下发《关于2016年新开宁化客家小吃精品店和连锁店实行奖励的通知》（宁小吃办〔2016〕16号），奖励范围是2016年度在县外新开宁化客家小吃精品店和连锁店的宁化县城乡居民业主。奖励条件是经宁化县客家小吃工作领导小组认定为宁化客家小吃精品店或连锁店，且符合精品店条件和连锁店条件的。奖励方式是县外开精品店，奖励1万元。连锁店有3家以上，每个店奖励5000元。

【改革培训方式】 6月，为使学员正确掌握小吃制作技术，县客家小吃办改革培训方式，在培训时间上，由原15天培训时间延长至1个月，培训学员经考核合格后，由三明市人力资源和社会保障局发给中级厨师证书；在教学内容方面，在原教授小吃制作方法、服务礼仪、小吃店选址等内容基础上，确定勺子粉、伊府面、兜汤作为主打品种，烧麦、米包子、松丸子、煎包、黄粿、扁食等作为主教品种，增设小炒、炖罐、营养套餐等制作方法的培训。

【提升学员就业率】 2016年，为方便学员就业，县客家小吃办选设10家宁化客家小吃店作为学员实践场所，让学员实际操作时间占教学时间三分之二以上，做到学员能独立操作，具备开店基本本领。每期培训期间，县客家小吃办领导与学员召开座谈会，了解学员愿望、解读产业政策和发展远景，提供就业信息，鼓励外出创业。全年召开客家小吃座谈会11次，参加座谈人员500多人，培训就业率25%，比2015年提高5%。

【助推精准扶贫】 2016年，县客家小吃办为帮助贫困户精准扶贫，促进宁化客家小吃产业发展，对贫困学员实行免学费、免吃住，报销80元健康证体检费和培训来往车票。共培训贫困学员38人，报销费用约4000元。结合"雨露计划"培训，组织人员到乡、村为贫困人员进行2天的短期培训、宣传宁化客家小吃。16个乡（镇）举办29期共有430名贫困学员参加的培训，人均费用150元，共支出培训费用6.45万元。县小吃办与县总工会联合下文《关于对我县从事宁化客家小吃行业的精准帮扶对象实行扶持的通知》（宁小吃办〔2016〕17号），明确小吃店经营满1年后，县小吃办给予每个开业户补助8000元，同时县总工会对新开店的困难职工并带动3名以上困难职工就业的给予帮扶资金5000元奖励。对带动5名以上困难职工就业的其他客家小吃业主授予"五一劳动标兵"称号，并发放奖金1000元。县总工会对在县内外宁化客家小吃店务工满1周年以上的困难职工予以困难救助1000元，县小吃办奖励该店业主1000元。

【宁化客家小吃亮相香港】 4月16日—21日，受香港福建社团联社邀请，福建省烹饪协会组织的小吃赴港参展团抵达香港，参加由香港梅州联会、香港侨界社团联会、香港福建社团联会、香港广西社团总会、香港广东社团总会及香港潮属社团总会等六大社团在铜锣湾维多利亚公园主办的"欣赏香港"亮点活动——"赏心乐食Together"。宁化客家小吃受邀参加会展，县客家小吃办组织4名客家小吃制作能手参加活动，推出黄粿、松丸子、勺子粉、粉皮、客家煎丸等5个品种亮相现场。宁化客家小吃以用料讲究、做工精细、风味独特等特点吸引许多香港市民品尝，每个品种每天都能卖出300份以上，6天营业额6万多港币。参展期间，福建省副省长梁建勇到现场了解展会情况，香港福建社团联会主席吴良好莅临展位，品尝宁化客家小吃后对其美味可口给予充分肯定。

【宁化客家生鱼片入选"福建十大名菜"】 5月23日，由省商务厅、省餐饮烹饪行业协会举办的"福建十大名菜"等系列评选活动结果公示，县客家小吃办选送的"客家生鱼片"获"福建十大名菜"称号。宁化客家生鱼片，选用山泉水饲养的草鱼，重量以2—3斤为佳，片鱼的过程讲究薄和快，起刀刮鳞、开膛、掏肚、剔骨、片鱼、装盘须3分钟左右完成，将"薄如蝉翼"的鱼片沾上酱油、芥末食之，鲜美脆嫩，有清肝明目去火功效，是招待嘉宾的极佳美食。"福建十大名菜"为佛跳墙、半月沉江（素菜）、白斩河田鸡、竹香南日鲍、客家生鱼片、武夷熏鹅、鸡汤氽海蚌、海蛎煎（蟌仔煎）、大黄鱼吐银丝、涮九门头。

【参加第11届中国（福州）餐饮美食博览会】　6月3日—5日，第11届中国（福州）餐饮美食博览会在福州海峡国际会展中心举办，县客家小吃办组织10个展位20名宁化小吃业主参加，在为期3天博览会中，展出宁化客家小吃品种22个，备受食客青睐，总营业额20余万元。其中，黄粿、米包子、勺子粉等品种，被评为"福建百大名小吃"。

【举办客家小吃展】　10月11日—16日，由宁化县客家小吃工作领导小组主办，县客家小吃办、立泓（福建）置业有限公司、县烹饪协会、厦门堃智文化传播有限公司等单位承办的"第22届世界客属石壁祖地祭祖大典暨第4届'石壁客家论坛'宁化客家国际美食（小吃）节"在海西（宁化）客家美食文化城举行，活动由展销、评比、品尝、游玩等内容组成，设置60个展位进行小吃展销。其中，宁化客家小吃展位18个，每个展位2—3个品种；其余展位为国际区、大陆区、台湾区。共50多个品种参加展卖，6天人流量20万人次，其中县外嘉宾及游客2万多人次，总营业额210万元。展销期间，邀请专家评委对小吃展卖品种进行现场评选，18名选手选送了34个宁化客家小吃品种参评。通过对小吃作品文化内涵、口味、品质、外观、营养卫生安全等方面评选，谢红霞的兜汤、严志伟的黄粿、邱梅清的椰子糕、张月明的鱼丸、何朝辉的卤驼子、谢生茂的煎饺、郑智杰的春卷、张三金的擂茶、江国满的香芋丸、涂三霞的韭菜饺、李红珠的烧卖、董厚宝

的芋饺、许东英的煎包、吴开联的勺子粉、邱木水的松丸子、东方红酒家的香酥淮山饼、许安英的卷蒸、张秋香的米茶获比武大赛特金奖。谢红霞的烧卖、严志伟的勺子粉、邱梅清的糍粑、张月明的松丸子、何朝辉的南瓜饼、郑智杰的牛肉兜汤、张三金的煮粉皮、江国满的灯盏糕、涂三霞的肉丸、李红珠的米包子、董厚宝的牛肉汤、许东英的兜汤、吴开联的蒸饺、邱木水的卤驼子、许安英的灯盏糕、张秋香的酿豆腐获金奖。

【宁化客家小吃产业双创示范基地被评为市级重点示范基地】　11月，在三明市双创办组织的"一县一特色"双创示范基地竞争性评审活动中，宁化客家小吃产业双创示范基地被评选为重点示范基地。该示范基地立足现有客家小吃产业的资源、机制、品牌和能手4个优势条件，着力建设客家小吃培训、创业、配送和研究四个示范基地，发挥示范带动作用。创业示范基地，采取"市场（品牌）＋培训中心＋公司（包括龙头企业、一般企业）＋小吃店（包括旗舰店、精品店、进超市店、连锁店、自营店）"产业化模式（重点做好连锁店模式），做到高、中、低档和大、中、小型相结合，加快客家小吃产业发展，带动社会充分就业，增加城乡居民收入，优化服务业结构，壮大县域经济规模。

【客家美食文化城获"福建省美食城"称号】　2月，海西（宁化）客家美食文化城在福建省"十百千万"优质家庭服务活动表彰暨"美食街（城）"授牌大会上，被福建省餐饮烹饪协会授予"福建省美食街（城）"称号。海西（宁化）客家美食文化城是国家发改委《海峡西岸经济区发展规划》确定的"客家始祖文化园"建设项目的重要组成部分，是福建省重点项目之一。项目位于宁化城区南大门，规划用地640亩，总建筑面积20.48万平方米，总投资9.50亿元。项目由省建筑设计院原院长黄汉民教授设计，分客家美食商品文化区、客家文化游览区及何家园居住区三个功能区。

【宁化客家小吃协会商标通过省著名商标认定】
12月30日，宁化客家小吃协会商标被省工商管理局认定为福建省著名商标。福建省著名商标的成功申请，使宁化客家小吃品牌再上新台阶，宁化客家小吃档次进一步提升，社会知晓度和市场美誉度提高，为实施小吃品牌战略，推进客家小吃"统一品牌、统一形象、统一管理、统一配送"经营模式，培育打造精品店、连锁店加快了步伐。

宁化客家小吃协会商标

【新建客家小吃培训中心投入使用】 4月，宁化客家小吃培训中心在海西（宁化）客家美食文化城7号楼投入使用，总投资2000万元，建筑面积2580平方米，每期可培训学员130人。培训中心设置学员理论培训教室、食材清洗区、实践操作间、餐厅、宿舍、教职员工办公室、展览室、学员创业实践体验店等。有教职员工13名，其中3名高级厨师任培训理论和实践教员、3名客家小吃制作能人任实践指导教师、2名创业指导教师、5名管理和后勤工作人员。宁化客家小吃培训中心是三明市扶贫开发协会扶贫培训点、宁化县精准扶贫培训基地、宁化县总工会职工技能培训基地、三明工贸学校实训培训基地、宁化县青年就业创业培训基地、三明市库区移民客家小吃培训基地、三明市残疾人职业技能培训基地。

【宁化烧卖】 为宁化客家传统特色小吃。制作方法是采用芋子煮烂捣成芋泥，拌入适量的地瓜粉，充分搓和做成馅皮，再以萝卜煮烂捣碎，沥去水分，加入瘦肉丝、虾米、鲜笋丝、香菇丁炒熟，再拌入葱花和适量猪油做成馅。用芋泥做成的馅皮，包上馅料，捏成小茶盅大小的圆锥形蒸熟，装盘后再佐以优质酱油、猪油、麻油等调味品趁热食用，具有嫩、香、鲜、滑的特色。

早年中原汉民为避战乱大举南迁来到宁化石壁一带，他们不仅带来了先进的耕作技术，而且也把中原一些饮食习惯引入宁化，中原汉民原本喜欢面食，平时喜欢制作一种用面皮包着肉馅的食品蒸熟吃，他们称之为"烧卖"。可是迁徙至宁化后，地处南方的宁化是稻粮产区，自古小麦种植少，主食大米，面食并不多。这种包馅的食品因为缺少面粉渐渐食用就少了，让迁徙到石壁的中原先民深感遗憾。而宁化盛产的地瓜粉又过粘，根本无法取代面粉，石碧村有名心灵手巧的张姓女子，她试着把当地盛产的芋子煮熟剥皮后捣烂和地瓜粉混合，代替面粉做成馅皮，再把馅料包进去，没想到蒸熟的烧卖个个玲珑剔透，看上去就像秋天咧嘴的石榴，比先前用面粉制作的烧卖有过之无不及。因为解决了馅皮原料，烧卖制法渐渐流传，家喻户晓，成为宁化客家人最出名的小吃。

宁化烧卖别具一格，具有鲜明的地方特色，关键就在于馅皮是用芋子和地瓜粉揉制而成，其口感润滑、细腻。它不仅传承了中原面食的制作技艺，而且发展创新，具有浓厚独特的客家风味。农事稍闲，婆媳姑嫂，围坐一起，谈天说地，擀皮包馅，精心制作，一个个烧卖像一件件艺术品，即充分发挥各人的技艺，又可一饱口福。

【宁化黄粿】 黄粿又名黄金粿、黄米粿，其色泽晶莹、清香柔韧、营养丰富，既可当菜又可当主食。黄粿的食用方法多种多样，可蒸、煮、焖、烫、烤、炸、煎等多种烹饪形式，可咸可甜。用肉丝、青菜、冬笋等爆炒，色味更佳，因含有天然植物碱，具有防积食、防胖之作用。黄粿的另一素食方法是将黑芝麻（或白芝麻）炒香待用，把黄粿切成长6厘米宽2厘米的长条形，放热锅里煮3分钟用过滤勺捞起来整齐摆在盘中，在黄粿上均匀地淋上蜂蜜和少许客家茶油，再把炒香的黑白芝麻均匀地洒在金黄的黄粿上，水捞小白菜摆一圈在盘边调色，一盘"素食麻香黄粿"就大功告成了。此种宁化客家小吃吃而不腻，回味无穷，特别深受老人和小孩的青睐。

黄粿是宁化老区极富特色的传统食物及客家特色小吃，传统文化中吃黄粿表示本年的大丰收，预示着来年的希望，每逢春节和正月会期、过烊，黄粿都是不可缺少的食品，象征着安康、团圆、幸福，是馈送远方亲朋好友的佳品。2012年8月底，黄粿被认定为"福建名小吃"。

黄粿制作选用优质粳米，加上天然植物碱制作而成，具体方法是：首先煮碱，把用灌木枝叶或油茶壳、黄豆梗烧成的灰装进布袋里封好口，然后放入锅中加适量的水进行煮沸，通常一袋碱灰煮两遍，第一遍煮沸的碱水留着备用，第二遍的碱水拿来浸米用；其次是把浸透的米倒进木饭甑里蒸熟，然后装进木桶里加入碱水搅拌均匀，再装入饭甑里进行第二次蒸熟后倒入石臼里打烂，把打烂的黄饭反复揉搓上劲后，即可搓成各种形状的黄粿。

【宁化勺子粉】　又名臊子粉，顾名思义与勺子有关，因其独特的煮法而流传至今。相传明末年间的一个春天，古坑粉干生产作坊和往日一样正常生产，当粉干凉晒出去后天气突变，下起了大雨，而且将有可能几天不晴，粉干将有发霉变质的的危险。粉干厂老板的妻子张三娘是个有名的会管家的才女，眼看着已经生产的100多斤大米的粉干没有太阳晾晒，顿时心如刀绞。于是她试着将湿粉干装进漏勺放进锅头里烫熟，起锅后加入盐巴酱油等调料和汤水后给工人当饭吃，大家吃后感觉湿粉干比晒干的粉干更滑、更柔润，口感更好。张三娘要求工人将已经做好的湿粉干送到集镇，动员挨家挨户拿大米来兑换湿粉干，并把煮法教给他们。张三娘煮勺子粉的做法延续至今。

宁化勺子粉主料为宁化客家手工湿粉干，配料有猪瘦肉、高汤（猪大骨头熬的汤），调味料有炸好的葱姜蒜末及香油、精盐、味精、地瓜粉、料酒、葱花、上好的酱油等。

【宁化松丸子】　宁化客家传统小吃。宁化人在正月初一和立春时辰必吃"松丸子"，取其"松"之意，即吃了"松丸子"的人可轻轻松松过日子，它是客家人年节中常有的菜肴。

宁化松丸子的制作过程是：将瘦肉、冬笋、香菇、红萝卜、香葱、鱿鱼干切成米粒状，荸荠拍碎切成米粒待用，肥膘切成小块；将锅烧热，放入切好的肥膘肉改用小火炸出油后，捞起，留余油将香葱、鱿鱼干煸香后倒入切好的配料炒熟调好味铲起；将熟料拌入豆腐、地瓜粉揉均待用；炒锅加入高汤烧热快开时改小火，左手将拌好的熟料挤捏成丸子状，右手用汤匙逐个放入高汤中后，再改中火煮熟，调好味装盘即可。这样制作的宁化松丸子具有滑、松、脆、香的特点。

"宁化松丸子"主料豆腐，配以炒熟的花生米、葱头、地瓜粉、香菇丁、荸荠丁等，捏成圆球状，投入油锅中炸至黄色，捞起沥干备用。待春节期间，有客来访时，作为整个酒席的最后一道菜，献给亲友，祝愿他们在新一年里事事如意，轻轻松松。

【宁化生鱼片】　生鱼片是宁化客家美食族群的奇葩。它选用2到3斤的山塘草鱼，用快刀在三五分钟之内把鱼肉片成薄片，粘上酱油和芥末即可食用，口感鲜美脆嫩，具有清肝解毒、降火滋阴的作用，是招待外地嘉宾的美食。

有经验的宁化人，会到深山的溪流中去寻找野生的草鱼。这些鱼儿自小长在由山泉水汇聚而成的溪涧里，头顶既有葱茏的绿荫，也有充足的阳光，一般肉质紧实，很适合做上等美味。鱼抓回来后，放到网箱里，并置于山泉水中抖上几抖，意在把鱼身上的泥尘去掉。准备上桌的草鱼还得再养上几天，谓之"漂鱼"。直到它们把腹中的脏东西吐干净，沁满山泉水的甘甜。切生鱼片非常讲究刀工，

《论语》称"脍不厌细"，可见刀工在生鱼片这道菜里地位之轻重。从鱼上砧板开始，厨师手起刀落，必须把握一个"快"字诀。快速地刮鳞、开膛、掏肚剔骨、片鱼、装盘，严格将下刀到上桌的时间控制在3分钟内。这样，才能保证鱼肉的新鲜美味；否则鱼片"老"了。鱼片也绝非能"片"出来就行，它还得讲究薄和透，片得如蝉翼般通透晶莹。至于盛装鱼片的瓷盘也马虎不得，须往盘里覆上一层保鲜膜，膜下再铺一层冰块。这样，在保鲜膜上放置生鱼片，能保证它始终新鲜。

宁化当地有人用白酒杀菌，一口白酒，一口生鱼片，鱼片的甘甜和白酒的辛辣，在口中回味，让人大呼过瘾。标准的生鱼片以厚约3毫米为宜，且每片的重量在8—10克之间。有人将日本的生鱼片和宁化客家生鱼片做对比，尽管日本生鱼片用的是珍贵的三文鱼，但冰冻太久，如吃冰碴。而宁化生鱼片用的是普通的草鱼，因为食材的土、刀法的独特和快捷，吃法的深厚传统，反而味道来得更好。宁化生鱼片薄如蝉翼、片片透明、爽脆鲜美、保留着草鱼原有的风味，加上宁化当地特有的吃法，使得宁化生鱼片别具一格。

（供稿：谢玉香）

客家祖地管理

【概况】 2016年，宁化县客家祖地管理处接待海内外客家宗亲和游客5万人次，比2015年增长11.11%，其中境外游客7500余人次，比2015年减少6.25%；旅游门票收入120万元，比2015年增长3.45%。

【省及市领导到祖地考察】 2016年，福建省委常委、省政法委书记陈冬，福建省军区副司令员张玉生，三明市委宣传部部长詹积富分别于9月19日、4月12日、10月14日到宁化石壁客家祖地参观考察。

【举办"七夕缘·游祖地"活动】 8月6日，由县委宣传部、县文广局、县旅游局、县总工会、县妇联、团县委、县客家祖地管理处、宁化成功村镇银行等单位联合主办的大型相亲活动"七夕缘·游祖地"在石壁客家祖地景区举行。宁化及其周边县共80余名单身男女参加，活动当日景区免费开放，近万名游客到场观光。活动以客家文化为脉络主线，注重结合年轻群体生活方式，利用"七夕"中国传统节日，搭建一个单身人士交流互动的平台。活动旨在为弘扬客家文化、传承客家美德、发扬客家精神。主要包括溯源桥"鹊桥相会"，参与萝卜蹲、抢凳子、护花使者——撕名牌、采摘水果等互动游戏，体验客家民俗采茶戏、客家祭祖、七夕拜巧等情景，品尝客家小吃擂茶、煎包等食品，活动从上午9点持续到下午4点，最终部分青年男女牵手成功。

【央视《乡约》栏目组走进祖地录节目】 12月24日，CCTV-7《乡约》栏目组在宁化石壁客家祖地祭祀广场内录制2016年最后一期节目——"给大路村小鸡哥说媒"。节目由央视主持人肖东坡主持，录制持续两个多小时，6000余名观众现场参与。经过一系列互动后，男嘉宾与1号女嘉宾上官馨雪成功牵手。在节目录制现场，《乡约》栏目开通了直播群，不仅能让场外观众看到节目现场，听到石壁本地人讲述客家故事，还能观看宁化擂茶制作全过程，购买河龙贡米、孔坑贡茶、金糯薏米等宁化特产，领略木活字印刷术的独特魅力。通过此次录制活动，客家祖地知名度扩大，客家祖地品牌影响力提升。

12月24日，CCTV-7《乡约》栏目组在宁化石壁客家祖地录制节目

（陈晓平　摄）

【参与"风情客家行·丰收民俗游"活动】　12月25日，由县旅游局主办的"风情客家行·丰收民俗游"活动在石壁客家祖地举办，活动围绕秋冬季"丰收"主题，推广宁化客家民俗游进行。来自马来西亚、福建厦门、广东潮州和汕头及三明等地共400余名游客参加活动。在石壁牌子锣鼓引领和讲解员解说下，游客来到客家公祠参与小型祭祖仪式。通过升祭旗、擂鼓三通、鸣金三响，献牲、献帛、献香、献爵，诵祭文、焚祭文等环节，游客们领略了客家祭祖程序。期间，游客们还观看了夜迎亲、旱船等民俗表演，体验了非物质文化遗产——木活字印刷技术，对民俗游活动给予一致好评。

（供稿：陈晓平）

劳动·人事·编制

◆编辑：赖慧珍

综　述

2016年，宁化县城乡劳动者综合素质提高，就业服务手段进一步强化，困难群体就业援助制度和公共就业服务制度基本完善。社会保险工作有序推进，劳动执法维权工作扎实开展，但就业形势严峻、结构性失业矛盾依然存在。城镇新增就业1709人，城镇失业人员再就业1106人，其中城镇就业困难对象再就业355人，新增农村富余劳动力转移就业3219人，宁化县城镇登记失业率控制在2.36%。全县以职工基本养老保险制度为主体，包括机关事业人员养老保险、城乡居民养老保险、企业职工养老保险在内的完整制度体系进一步完善。年内，宁化县人事人才工作落实科学人才观，创新人才机制，落实县委"葛藤人才行动"计划，加强人才队伍建设，提升人才服务水平，完成市、县下达的各项目标任务。

（供稿：熊美玲、郑莹榕、张翠青）

劳 动 就 业

【概况】　2016年，宁化县人力资源与社会保障局（简称县人社局）抓好公共服务平台建设、公共就业服务水平、失业再就业、困难群体就业援助、失业保险等就业民生方面工作。城镇新增就业1709人，城镇失业人员再就业1106人，其中城镇就业困难对象再就业355人，新增农村富余劳动力转移就业3219人，宁化县城镇登记失业率控制在2.36%。

【基层公共服务平台标准化建设】　2016年，宁化县加快推进基层公共服务平台的标准化建设和改建，实行服务平台全面改进，从服务功能、服务场所、服务质量、服务人员等方面进行更新完善，提高基层服务效率，提升基层服务平台的整体水平。全县16个乡（镇）通过LED电子显示屏向群众提供就业岗位1600余个，有42家企业发布124条招工信息，为就业群体在家门口实现就业提供便捷。

【开发公益性就业岗位】　2016年，县人社局开发公益性岗位13个，发放补贴12.61万元（发放对象为劳动保障协理员，标准10000元/人·年）。公益性岗位是指由政府出资开发，以实现公共利益和安置就业困难人员为主要目的，从事非营利性公共管理和社会公益性服务的各类岗位。开发公益性就业岗位是县人社局对就业困难群体实施重点帮扶的重大举措。

【发放社会保险补贴】　2016年，县人社局审批社会保险补贴人员1758人，发放补贴267.81万元。社会保险补贴政策是指为鼓励就业困难人员灵活就业，减轻其以个人身份缴纳社会保险费用的压力，或为降低企业的用人成本，鼓励其吸纳就业困难人员就业，对上述个人或单位在缴纳社会保险费用后实行先缴后补，给予一定费用补贴。

【发放小额担保贷款】　2016年，县人社局发挥小额担保贷款创业促进就业工作力度，对在宁化县创业，符合申请条件的对象给予两年不超过10万元的小额担保贴息贷款。全年共发放小额（担保）贷款发放12笔，金额78万元。

【发放双创担保贷款】　县人社局根据《关于明确做好双创期间创业担保贷款工作有关事项的通知》（明人社〔2016〕363号）精神，对符合申请条件的对象给予1年不超过30万元的创业担保贴息贷款。2016年，宁化县申请创业担保贷款贴息共5人，累计申请贷款金额50万元，年内发放贷款金额20万元。

【审核发放稳岗补贴】　2016年，根据市人社局、市财政局《转发福建省人力资源和社会保障厅　福建省财政厅关于进一步做好失业保险支持企业稳定岗位工作有关问题的通知》（明人社〔2016〕156号）精神，县人社局落实宁化县2015年依法参加失业保险并缴纳失业保险费，并且当年度未裁员或净裁员率低于三明市城镇登记失业率2.36%的企业，可以申请享受企业稳岗补贴政策。年内有3家企业提交申请，其中，2家通过县级机构初审，1家通过市级复审，发放稳岗补贴13.04万元。

【举办2016"春风行动"就业援助现场招聘会】　2月15日，宁化县2016年"春风行动"就业援助专场招聘会在翠江明珠广场举行，活动由县人社局、县开发区管委会、县总工会、县妇联、县残联等单位联合举办，全县42家规模以上用工企业到现场进行用工招聘，提供1600多个工作岗位。县人社局在现场设咨询服务平台，提供职工维权、社会保险等方面政策宣传。3000多人到场参加招聘咨询，达成就业意向465人，现场签订就业协议187人，招聘会发放各种宣传资料及招工手册8000余份。

（供稿：熊美玲）

职业技能培训

【概况】　2016年，县人社局围绕县域经济发展目标和县域企业用工需求，组织开展农村劳动力转移培训、客家小吃培训、创业培训、电子商务培训等各种职业技能培训，提高劳动者就业、创业能力。年内出台《宁化县职业技能实训基地管理办法》，并确定三明工贸学校为宁化县职业技能实训基地。全年新增农村劳动力技能培训人数1126人；完成职业技能鉴定785人，其中中级工471人；完成创业培训120人。

【农村劳动力转移培训】　2016年，县人社局就业和培训中心为实现农村劳动力提升技能培训与企业生产发展、人力资源市场需求相结合，使农村富余劳动力能通过培训、鉴定掌握技能，提高竞争就业上岗能力，实现转移就业和巩固就业。全年开展客家小吃培训、电商培训、家政服务培训等劳动力转移培训共22期，1126人参加。

【职业技能鉴定】　2016年，县人社局职业技能鉴定工作以"服务劳动者、服务企业、服务就业"为宗旨，完善鉴定管理制度，优化鉴定操作流程，大力发展宁化客家小吃产业，促进农村劳动力有序转移，打响客家小吃品牌。完成技能鉴定785人，客家小吃培训1256人，发放中级中式烹饪证书471本。

（供稿：熊美玲）

劳动关系

【概况】　2016年，县人社局通过深入贯彻《中华人民共和国劳动合同法》《劳动争议调解仲裁法》《劳动监察条例》《工伤保险条例》，全县企业劳动合同覆盖面99%，职工劳动合同签订率99%，劳动监察、劳动争议仲裁案件结案率100%。

【劳动监察执法】　2016年，劳动监察加强对各用人单位监管力度，常规检查各类用人单位236家，接受日常投诉44起全部结案，涉及人数393人，涉案金额752.61万元，时限内案件结案率100%；加大农民工工资清欠力度，参与协调全县劳动类涉众型经济事件10起，涉及工程款2300多万元，对拒不支付工资的案件及时移送公安机关处理，年内移送案件1起，涉及金额46万元，涉及人数103人。

【劳动争议仲裁】　2016年，县劳动争议仲裁委员会受案32件，经审查立案32件，审结32件，其中，仲裁裁决17件、调解15件，时限内案件结案率100%。

【工伤认定】　2016年，县人社局贯彻执行《工伤保险条例》、上级部门工伤保险政策及法律法规，深入全县规模企业宣传《工伤保险条例》及职业安全，职业预防知识。全年工伤认定60件。

（供稿：熊美玲）

社 会 保 险

【概况】　2016年，县人社局以完善养老保险制度、提高待遇水平、解决困难群体养老保险历史遗留问题为重点，进一步扩大养老保险、工伤保险、生育保险、失业保险覆盖面，加快建立健全覆盖城乡的社会保障体系。

【养老保险基金征缴】　2016年，全县城镇职工基本养老保险参保17515人，基金收入8348.40万元。机关事业单位养老保险参保6395人，收缴养老金10329万元。城乡居民养老保险参保163400人，参保率99.35%，基金收入1690.72万元。

【提高养老金待遇】　1月1日起，县人社局对全县4991名企业退休人员调整基本养老金，月人均增加额62.89元，调整后全县企业退休人员月人均基本养老金2050.70元，企业离退休人员基本养老金100%实现按时、足额、社会化发放。7月起，城乡居民养老补贴标准由原来每人每月85元提高到100元；被征地农民养老保障金补贴从143.3元提高至172.5元，全年发放人数1407人，发放金额280.74万元。

【事业单位养老保险改革】　2016年，县人社局有序推进宁化县机关事业单位养老保险制度改革经办工作，参保范围由试点期间的差额拨款、自收自支事业单位等"六种对象"扩大到含公务员在内的"全员参保"。截至2016年12月底，全县参保单位202个，在职参保6920人，基本养老保险费收入12000万元，比2015年同期9382万元，增加2618万元，增长27.90%。参保离退休人员2731人，较年初增加294人，基本养老保险金支出11949万元，较2015年同期10284万元，增加1665万元，增长16.19%。职业年金在职参保6920人，职业年金收入2900万元。

【工伤保险】　2016年，县人社局主动深入走访工伤事故多发企业和职业病危害企业，督促企业落实各项安全生产规章制度，同时定期对企业管理者和职工进行工伤保险与工伤预防政策培训，提高企业负责人的安全生产意识。深入实施工伤保险"平安计划二期"，及时对县内新开工建筑施工项目进行宣传。全年，工伤参保人数23972人，基金征收575.81万元，为89人发放工伤金基金支出370.59万元（其中两人因公死亡，工亡补助金支出120.59万元）。从2016年7月1日起，供养抚恤金月提高95.20元/人，享受人数37人；因公致残职工伤残津贴提高190.4元/人，享受人数6人。

【举办工伤预防安全知识培训】　11月30日，县人社局社保中心举办工伤预防安全知识培训，邀请县安监局、县疾控中心技术人员授课，全县各参保单位工伤保险分管领导和业务经办人员100多人参加培训。重点培训如何加强工伤预防、依法参加工伤保险、怎样做好工伤认定和劳动能力鉴定、申报工伤保险待遇的办事流程、职业病防治等企业较为关注的问题，通过培训，各单位（企业）认识提高，工伤预防工作责任感和紧急感增强，参加工伤保险主动性提高。

【生育保险】 2016年，县人社局进一步强化生育保险扩面征缴，大力推进机关事业工作人员参加生育保险，确保生育保险待遇按时足额支付。全年，参保生育保险人数15963人，基金收入269.16万元，基金支出148.11万元，其中机关事业单位参保人数6476人，基金收入105万元，发放金额56万元，参保职工权益得到保障。

【失业保险】 2016年，县人社局继续为失业人员提供免费职业指导、技能培训、职业介绍服务、自主创业等资金扶持，发挥失业保险基金基本功能。全年失业保险参保19843人，其中农民工参保898人，失业保险基金征收376万元，发放失业金150.4万元。

（供稿：熊美玲）

【医疗保险】 2016年，宁化县城镇职工基本医疗保险参保单位322家，其中，企业111家，事业135家，机关76家。参保人数20542人。其中，在职人数13257人，退休人员7285人，参保率98%。城乡居民医疗保险参保人数309316人，参保率99.98%。城镇职工基本医疗保险征缴基金6594.35万元，其中，统筹基金3705.77万元，个账基金2888.58万元；医保基金支出5288.45万元，其中统筹基金支出2335.42万元，个账基金支出2953.03万元。城乡居民基本医疗保险筹资标准540元/人·年，其中，各级财政补助420元，个人缴费120元。2016年城乡居民医疗保险基金收入16743万元，比2015年增长15%，基金支出12778万元。年内，宁化管理部对医疗机构及零售药店实行定点资格审查，确定医疗保险定点机构36家，定点零售药店58家。

（供稿：曾峰）

事业单位人事制度改革

【概况】 2016年，县公务员局贯彻实施《事业单位人事管理条例》，加强岗位设置管理，进一步明确岗位类别和等级。事业单位新进人员坚持面向社会公开招聘，进一步规范招聘程序，加强招聘管理和监管。加强聘用合同管理，严格合同的签订、解除、终止程序。

【事业单位招聘】 2016年，宁化县事业单位公开招聘考试1批次，聘用66人（其中1人为党群口），其中原在编在岗9人，新入编人员75人。

（供稿：郑莹榕）

专业技术队伍建设

【概况】 2016年，全县各类专业技术人员8044人，比2015年增加383人。其中，高级职称642人，中级职称2939人，初级职称4463人。

表22　　2016年宁化县专业技术人员情况表

单位：人

类别	合计	职称		
		高级	中级	初级
工程技术人员	1015	73	163	779
农业技术人员	304	46	150	108
卫生技术人员	1181	141	380	660
中学教师	1723	285	834	604
小学教师	2021	53	640	1328
经济人员	752	21	333	398
会计人员	601	9	235	357
统计人员	292	4	142	146
其他专业人员	155	10	62	83
总 计	8044	642	2939	4463

【专业人才管理】 2016年，县公务员局深化职称制度改革，继续推进中小学教师职称制度改革，适当增加和调整不占职数范围。贯彻落实好省、市对重点扶贫开发县的帮扶政策，提高专业技术高、

中、初级岗位结构比例。做好专业技术职称评审、推荐、确认和职称资格考试报名工作。共确认批准高级职称53人、中级职称144人、初级职称265人。扎实做好第三轮岗位设置管理工作，进一步优化专业技术人员队伍结构，化解职称评聘矛盾。支持地方企业发展，为地方企业人员职称评审、职称确认提供便捷服务。

【毕业生就业】　2016年，宁化县实施大学生就业见习计划，为2015年6名参加就业见习的高校毕业生发放就业见习补助费9000元整。申报见习基地2个，征集就业见习岗位50个。落实高校毕业生自主创业扶持政策，促进毕业生自主创业和灵活就业。年内申报大中专毕业生创业省级资助项目2个，其中三明市田园牧歌生态农牧发展项目获省级资助经费5万元。协助民政局招募8名高校毕业生志愿者服务社区工作。

【整治毕业生档案】　2016年，县公务员局人事人才公共服务中心对流动人员档案进行分类、编号、造册，及时登记流转情况，扎实做好数据库的更新维护。全年接收毕业生档案1000份，调出流动人员档案223份，库存档案7951份。为206名毕业生办理报到手续，应届毕业生就业率90%。

【落实"三支一扶"政策】　2016年，县公务员局征集"三支一扶"岗位14个，接收"三支一扶"毕业生3人。强化责任意识，落实优惠政策，在县公务员招录和事业单位招聘工作中设置8个专门岗位，在县事业单位补充工作人员招考中给予服务期满毕业生享受加5分的优惠政策。为2名"三支一扶"毕业生落实国家助学贷款代偿政策，代偿资金8000元。

（供稿：郑莹榕）

公务员管理

【概况】　2016年，宁化县政府系统有公务员943人。其中，男性788人、占83.56%，女性155人、占16.44%；县直机关696人、占73.81%，乡（镇）机关247人、占26.19%。

【公务员考试录用】　2016年，县公务员局坚持"公开、平等、竞争、择优"原则，从控制总量和编制入手，以职位需求为中心，以合理配置人才为目的，严把进口关，畅通出口渠道。全年录用公务员42人。申报2017年春季录用计划53人。

【年度考核管理】　2016年，全县机关事业单位（不含中小学教师）实际参加考核4077人，考核结果被确定为优秀等次549人，占实际参加考核人数的13.47%；称职（合格）3346人，占82.07%；不定等次182人，占4.46%；不称职0人。未参加考核7人，不属于考核对象1人。做好公务员奖励工作，批准记三等功12名、嘉奖85名。

【工资福利管理】　2016年，县公务员局完成机关事业单位工作人员按年度考核结果晋升级别（薪级）工资审批手续。完成机关单位工作人员2015年年终一次性奖金、嘉奖及三等功奖金审批。为新入编转正定级人员核定工资，为调入、调出、退休、辞职、辞退、受处分、在职死亡人员及时核减或确定工资福利。完成2016年机关事业单位工勤人员技术等级岗位升级考核工作的报名工作。完成2015年全县机关事业单位工作人员工资统计年报。根据文件精神，从2016年7月起调整机关事业单位工作人员基本工资标准。

【退休管理】　2016年，县公务员局落实离退休干部"两项"（政治、生活）待遇，发挥县退休干部协会自我管理、自我服务作用；开展内容丰富，形式多样有益老年人身心健康的文体活动；做好"二次人才"开发，创造条件让退休人员投身经济建设和社会事业发展主战场。全年为81名到龄人员办理退休审批手续，为机关事业单位养老保险制度改革后退休的152人办理加发一次性退休补贴手续，为52人审批死亡抚恤和遗属困难补助。

【军转安置和企业军转干部工作】 2016年，县公务员局落实军转安置和"双拥"工作岗位责任制。做好企业军转干部解困稳定工作和慰问工作，春节、建军节期间组织安排慰问企业军转干部，发放慰问金及困难补助金1.4万元；按时为企业军转干部调整医保缴费基数，并向县财政申请医保专项资金1.77万元。

【落实人事调配工作】 2016年，县公务员局根据《中华人民共和国公务员法》、事业单位人事管理有关规定及人事调配管理相关规定，为宁化县机关事业单位69人办理调动手续，其中调往县外36人，调入县内9人，县内调动24人。

【干部人事档案专项审核】 2016年，县公务员局按照《全省干部人事档案专项审核工作方案》要求，开展全县政府部门（含参照公务员法管理单位）副科以下公务员和"参公"管理人员、事业单位（除教育系统外）中层以上干部人事档案专项审核工作，整理审核干部人事档案918份，其中，公务员和"参公"人员560份，事业单位中层干部358份。年内完成第一阶段审核验收工作，着手第二阶段复审工作。

（供稿：郑莹榕）

培 训 教 育

【概况】 2016年，县公务员局继续实施公务员培训、专业技术人员继续教育培训和工勤人员岗位继续教育为主的培训，各类人员素质得到提高。

【公务员培训】 县公务员局开展新录用公务员及参照公务员管理单位人员初任培训，2016年培训政府系统初任人员42人。根据《中华人民共和国公务员法》《公务员培训规定（试行）》等文件精神，培训旨在提高新录用公务员适应职位要求，胜任本职工作能力，树立全心全意为人民服务公仆意识，正确履行公务员义务和行使公务员权利，增强职业道德修养，熟悉公务员行为规范；了解机关工作特点和制度要求，明确工作内容和职责范围，初步掌握工作所需基本知识、工作程序和方法，尽快适应本职工作，提高工作效率。

【专业技术人员继续教育】 2016年，县公务员局为进一步贯彻落实专业技术人员参加继续教育每年累计应不少于90学时要求，组织全县企事业单位专业技术人员参加全市企事业单位专业技术人员专业科目继续教育网络培训，506人参加培训。同时，对各主管部门举办各类培训班执行培训标准化制度，经标准办班的，按规定计入继续教育课时。

【工勤人员岗位继续教育】 2016年，县公务员局根据《2016年全省机关事业单位工勤人员岗位继续教育工作的通知》精神，继续采取远程网络教育培训形式培训机关事业单位工勤人员，全县有180名工勤人员参加继续教育培训并完成培训任务。

【组织工人技术等级岗位考试申报】 2016年，县公务员局严把资格审核关，做好机关事业单位工勤人员工人技术等级岗位考试申报工作，113人报名参加各类等级考试，其中技师34人、高级28人、中级14人、初级37人。2016年有25人通过各类等级考试，其中初级5人、中级7人、高级6人、技师7人。

（供稿：郑莹榕）

机 构 编 制

【概况】 与2015年相比，2016年，全县行政机关73个（含党群、政法、乡镇），增加1个，编制数保持1685名（含工勤），实有人员1502人，增加43人；事业单位370个，减少1个，编制6296名，减少150名，实有人员5593人，增加33人。全面清理取消非行政许可审批事项，进一步清理县级行政审批及公共服务事项，及时调整县级行政审批和公共服务事项。编制并公布乡（镇）政府权责清单，对全县16个乡（镇）政府的权责事项逐一进行清理。

【清理行政审批事项】 2016年，中共宁化县委机构编制委员会办公室（宁化县人民政府机构编制办公室）（简称县委编办）对全县县直单位前置审批和中介服务事项进行全面清理，保留前置审批事项158项，调整33项，精简17%；保留行政审批中介服务事项49项，调整19项，精简28%，并于6月23日对社会公布。

【乡（镇）政府权责清单编制】 2016年，县委编办组织开展宁化县乡（镇）政府权责清单编制工作。明确宁化县16个乡（镇）共3116项权责事项（法律法规授权部分），县市场监督管理局、县公安局、县司法局、县国土局、县林业局等5个县直部门派驻机构共有577项权责事项，县卫计局委托、下放权责事项共2项，并于10月31日对外公布乡（镇）政府权责清单，实现县、乡两级权责清单全覆盖。

【机构编制配置】 2016年，县委编办通过调剂编制、调整编制结构及调整职能等方式，对全县的机构和编制进行优化配置，重点保障关系国计民生重要领域和关键环节机构编制需要。成立县委巡察工作领导小组办公室，增加县政府办、信访局、民宗局、安监局等单位行政编制，调整县综治办、县委老干部局、县公安局等部门内设机构，明确县基层司法所机构规格，成立县民族宗教事务服务中心、县公务用车服务中心、县政协委员联络服务中心、县纪委监察局信息技术中心、县城市建设技术服务中心、县社会管理综合治理服务中心等6个事业单位，增加县爱国卫生技术指导中心、县经营管理站、县人民政府采购委员会办公室、县建筑工程管理站、县青少年校外活动中心等单位职能，调减县纪委、林业局、机关事务管理局编制，撤销县机关小车修理所、县政协文史研究室、县城市管理综合执法大队、县人民政府控制社会集团购买力办公室、县建设档案馆、县中小学社会劳动实践基地管理中心等6个事业单位。

【机构编制管理】 2016年，县委编办按照机构"撤一建一"、编制"内部调剂"原则，整合县住建局、县教育局、县农业局等单位所属事业机构，对县委宣传部、县国土局、县委老干部局等单位所属事业单位编制数进行内部调整。严格落实控编减编要求，收回县政府办、县教育局、县市场监管局等单位党政群行政编制61名，收回新闻中心、警务辅助服务中心、基层国土所等事业单位事业编制322名。重视专项编制使用，明确乡（镇）纪检监察干部、禁毒办专职人员编制数。规范机构编制"实名制"管理程序，逐步完善机构编制信息管理系统，严格按照县委、县政府人事任命、调整及退休等文件，及时办理变动人员的入编减编手续，适时更新党政群机关和事业单位编制实名制信息库内容。

【事业单位登记管理】 2016年，县事业单位登记管理局推进事业单位"三证合一"（用事业单位统一社会信用代码代替原先事业单位法人证书号、组织机构代码、纳税人识别号，事业单位无须再分头办理组织机构代码证和税务登记证）登记制度改革。全县302家符合登记条件的事业单位完成换发新版事业单位法人证书，完成2015年年度报告公示工作。年内，县委编办为36家事业单位办理变更登记、1家事业单位办理证书补领，注销2家事业单位。

【统一机关、群团社会信用代码赋码】 2016年，县委编办委托事业单位登记管理局开展机关、群团统一社会信用代码赋码工作。年内赋码87本，其中：县直机关赋码50本、群团赋码15本，完成率100%；16个乡（镇）赋码22本，全县党政群机关统一社会信用代码申领工作基本完成。

（供稿：张翠青）

民政·民族·宗教

◆编辑：赖慧珍

综　述

2016年，全县民政系统践行"以民为本、为民解困、为民服务"工作宗旨，继续发挥民政兜底保障职能，落实残疾人"两项补贴"（生活补贴和护理补贴）、农村低保提标等为民办实事项目，加快推进农村留守儿童关爱保护、社区居家养老服务等补短板工作，继续规范民政专项资金管理，持续深化双拥共建工作，公共服务职能进一步优化，和谐社区建设不断推进，继续保持"市级文明单位""县级平安先进单位"等荣誉，总体工作再上新台阶。全年扶建基础设施建设项目31个，重点扶持老区科技项目宁化县昊宇薏米种植基地和湖村下埠红薯种植基地建设。县老促会配合开展纪念建党95周年和红军长征胜利80周年系列宣传活动，做好"老区革命标志物"管理、调研活动等工作。落实国家民族宗教政策，开展和谐寺观教堂创建活动。

（供稿：余呈春、连益富、林宗河、雷小平）

社会保障与救助

【概况】　2016年，县民政局组织开展全县民政专项资金发放对象入户大排查行动，资金监管力度进一步加大；4件省、市、县为民办实事项目全面完成，社会救助体系建设逐步完善，民生保障水平提升；福利慈善事业稳步发展。

【民政资金使用专项督查】　3月，为实现民政资金发放对象底子清、情况明，各项政策不折不扣执行，县民政局成立2个检查组，对全县16个乡（镇）民政资金管理、使用情况进行专项检查。针对检查发现的一些问题，分别发函要求相关乡（镇）整改，并报送整改情况。7—9月，组织对低保、五保、重点优抚等对象入户大核查行动。完成全县3318户7235名城乡低保、五保户、城市"三无"人员以及365名重点优抚对象入户核查工作，填写《入户核查表》3476份；对连续五年以上享受低保政策的1926户家庭进行登记造册；填写《低保经办人及其近亲属享受低保备案表》89份；享受城乡低保政策家庭本人委托近亲属代领并签订委托书448份；取消不符合低保政策79户195人；因经济状况改善，104户247人退出低保保障。

【落实为民办实事项目】　1月，农村低保标准由2015年家庭年人均收入2300元提高到2650元，财政年人均分档补助标准由1720元提高到2070元，全县5530名农村低保对象受惠。城乡医疗救助基金政府筹集标准从医疗救助对象每人每年200元提高到400元，县民政局资助8177名困难群众（农村五保、城市"三无"人员、城乡低保对象、重点优抚对象）参加城乡居民基本医疗保险，全年实施城乡医疗救助12587人次，救助金额333.16万元。实施贫困人口临时救助制度，对遭遇重大疾病、突发事件等导致基本生活陷入困境，其他社会救助制度暂时无法覆盖或救助之后基本生活暂时仍有严重困难的家庭或个人给予应急性、过渡性救助，临时救助资金筹集标准由年人均4元提高到7元，全年实施临时救助269户次86.75万元。建立重度残疾人护理补贴和困难残疾人生活补贴制度，为城乡低保家庭中的残疾人、家庭年人均收入在城乡低保标准100%—130%的重度残人、60周岁以上无固定收入的重度残疾人每人每月发放50元生活补贴，一级重度残疾人护理补贴标准从每人每月50元提高到100元，对二级重度残疾人每人每月发放50元护理补贴，全年为6629人次残疾人发放"两项补贴"463.99万元。

【提升灾害防御能力】 3月，县民政局组织对县级救灾物资仓库、全县270个避灾点进行安全检查以及物资补充。5月，县减灾委牵头组织"5·12"防灾减灾宣传日活动，县民政局等减灾委成员单位在翠园广场开展活动，普及防灾减灾知识。继续落实农村住房保险、农村住房附加室内财产险、自然灾害公众责任险，7月，在农村住房保险基础上，建立农村住房叠加保险制度，即农户自愿投保，保费为每户每年12元，农户承担3元，财政补助9元（农户不投保、财政不补助），每户最高理赔1万元提高到2.5万元。8月，县政府组织抢险救灾应急演练，县民政局、县卫计局、县交通运输局、县国土局等防指成员单位、应急突击队（消防大队、巡特警大队、武警中队组成）及130余名干部群众参演，演练包括联合快速出警、城区低洼地带受淹救援、山洪救援、抢通损毁道路、山体滑坡泥石流救援、自身防护等；通过演练，部门联动、群众自救能力得到提高。10月，根据县政府办《关于进一步明确避灾点建设要求的通知》，县民政局督促乡（镇）、建制村按《避灾点物资建议清单》为各类避灾点配备物资。县民政局下拨补助资金13万元，用于三明工贸学校避灾点、宁化六中避灾点和安远镇丰坪村避灾点改造提升。年内，完成全县16个乡（镇）灾害信息员录入工作，组织8名乡（镇）灾害信息员参加全省灾害信息员培训。

【自然灾害救助】 2016年，全县先后遭受"5·8"洪涝、"7·9"尼伯特、"9·15"莫兰蒂等台风灾害，造成13.09万人次受灾，紧急转移安置8047人次，农作物受灾面积3828.04公顷，房屋不同程度倒塌或严重损坏318间，直接经济损失2.36亿元。县民政局下拨救灾资金647.7万元，协助保险理赔257户、95.45万元，受灾困难群众基本生活得到妥善保障。

【落实城乡最低生活保障】 2016年，特困人员救助供养标准提高，农村五保分散供养标准由2015年每人每月480元提高到522元，农村五保集中供养标准由2015年每人每月575元提高到626元。为农村低保户2189户5530人发放保障资金1284.81万元，为农村五保户652户688人发放保障资金307.85万元，为城市低保户370户694人发放保障资金345.02万元，为24名城市"三无"人员发放保障资金17.88万元，为41名80周岁及以上低保老人发放高龄补贴5.28万元。6月，县政府办印发《宁化县城乡医疗救助暂行办法》《宁化县临时救助暂行办法》，为落实患重特大疾病、遭遇突发性、紧迫性、临时性困难群众的救助提供制度支撑，推进医疗救助、临时救助工作公平、公正开展。

【开展其他救助】 2016年，县民政局坚持"自愿求助，无偿受助"原则，救助各类流浪乞讨人员583人次。根据《宁化县道路交通事故社会救助基金实施细则（试行）》，审批垫付宁化县境内道路交通事故5名受害人72小时内抢救费14.13万元以及1名受害人丧葬费2.93万元。

【福利慈善】 2016年，县民政局新审批孤儿4人，为71名孤儿（含1名艾滋病毒感染儿童）发放基本生活费47.76万元。资助24名高中阶段孤儿每人1200元。以儿童利益最大化为原则，县社会福利院接收安置4名公安打拐解救男婴，移送市儿童福利院安置弃童1人。协助三明市角声华恩儿童村走访3名困境家庭孩子，帮助办理入院手续。对全县48名群众2008年9月5日之后私自收养的弃婴，落户县社会福利院集体户籍。发放孤儿保障大行动爱心保险卡83张。发放"8491"国防工程支前民兵患矽肺病患者医疗和生活困难补助资金71.17万元。县慈善总会与永辉超市宁化龙门店联合开展"慈善情暖万家"活动，永辉超市宁化龙门店为100名困难群众各赠送1000元购物卡；补助全市首批、宁化县首家邮爱民生慈善试点超市——石壁福乐家超市5万元，在超市内设立慈善购物专柜，为特困人员、低保户、重点优抚对象等提供购物优惠。

（供稿：余呈春）

拥军优属

【概况】 2016年，县民政局围绕争创省双拥模范县"四连冠"目标，以推进军民深度融合发展为主线，组织"双拥在基层"系列活动，深化安置服务，落实优待抚恤，进一步推动双拥优抚安置工作深入开展。

【双拥工作】 2016年，县政府组织清明祭扫革命烈士墓活动，16个单位向北山革命纪念碑敬献花圈。9月，县委、县政府举行"9·30"烈士纪念日公祭活动，县委书记余建地、县政府代县长姚文辉等县领导以及社会各界代表500余人参加活动。10月19日，全市纪念红军长征胜利80周年大会在宁化召开，市委书记杜源生出席大会并讲话。春节、"八一"期间，慰问驻宁部队7万元，慰问五类重点优抚对象307人、12.68万元。继续落实待业随军家属每人每月500元生活补助金。支持部队建设，县财政安排驻宁化部队战备训练和官兵医疗经费165万元。

【优抚安置】 2016年，县民政局做好优抚对象数据更新和审核工作，为1593名优抚对象发放定期抚恤金817.37万元。烈士证换证120本。完成2016年度9名转业士官工作安置，安置人数占全市三分之一。组织48名2015年秋、冬季退役士兵参加免费教育培训，接收2015年秋、冬季退役士兵120人，发放自主就业退役士兵地方经济补助金176.25万元。发放2016年度义务兵优待金363.76万元，发放优秀士兵和立功奖励金7.11万元。

（供稿：余呈春）

社 会 事 务

【概况】 2016年，县民政局加快推进社会事务管理向"服务型"转变，着力优化公共服务职能，社会组织管理工作规范完善，地名公共服务工作有力开展，婚姻登记和收养登记工作规范创新，殡葬管理服务水平稳步提升，"三留守"（留守儿童、留守妇女、留守老人）人员摸底排查工作全面完成。

【社会组织管理】 2016年，县民政局新审批社会组织18家，其中社会团体12家，民办非企业6家。至2016年年底，全县社会组织219家。新成立的"宁化县社会组织服务（孵化）中心"为全市首家县级社会组织孵化基地。年内，年检社会组织194家，年检率96.5%。完成社会组织赋码换证219本，赋码率100%。根据《宁化县行业协会商会与行政机关脱钩实施方案》，全县23家行业协会、商会与业务主管单位全部脱钩。

【县社会组织开展留守儿童关爱活动】 2016年，张显宗文化研究会获省政府购买服务"留守儿童救助关爱"项目补助资金16万元，先后在石壁镇、淮土镇两个老区（苏区）镇，河龙乡、安远镇2个高山边远乡（镇），治平畲族乡、水茜镇庙前畲族村两个少数民族区域以及宁化县特殊教育学校2293名在校留守儿童开展"一奖""二教""三救助"活动（"一奖"即奖励片区内100名德、智、体、美全面发展的留守儿童；"二教"即邀请县关工委讲师团成员、各学校德育室主任、少先队总辅导员对片区内2293名留守儿童开展"红色传统"和"中国梦·客家魂"两个专题教育；"三救助"即配合所在地学校，对摸排的留守儿童中61名"特困生、特殊儿童和特殊疾病患者"给予1000—2000元资金补助，让他（她）们感受到党和政府的温暖）。这是宁化县社会组织首次在宁化开展的"留守儿童救助关爱"活动。

【地名界线管理】　2016 年，县政府命名住宅小区6个（蛟湖综合市场、滨江壹号B区、客家盛世、石壁镇杨屯小区、河龙乡农贸市场综合楼、富贵世家），县民政局确认或变更门牌号162个。完成2016年度宁化—建宁、宁化—清流县界联检任务；完成乡（镇）地名"二普"全部外业工作，共采集地名信息8547条，其中，首次采集7163条，补录1384条。

【微视频获全国地名故事类优秀奖】　2月，《宁化石壁》微视频作品获"地名情·中国梦"全国地名普查微视频（微电影）征集活动地名故事类优秀奖，也是全省报送作品中唯一获奖作品。"地名情·中国梦"全国地名普查微视频（微电影）征集活动，由国务院第二次全国地名普查领导小组办公室主办，中国地名文化遗产保护促进会承办。《宁化石壁》微视频由宁化县政府第二次地名普查办历时近两个月拍摄而成，视频时长8分钟，叙述石壁镇的古今变迁历程，阐述宁化石壁客家公祠的姓氏宗亲、祠堂和族谱文化及当地民风民俗、著名历史人物等，挖掘千年古县地名遗产，宣传宁化独特地域文化。

【婚姻登记】　2016年，县民政局婚姻登记中心工作人员统一着装、挂牌上岗，推进规范化建设，提升服务质量，全年办理结婚登记2694对、离婚登记649对、补发结婚证894对、补发离婚证26份，基本完成1990年以来历史婚姻登记信息补录工作。12月，县婚姻登记中心获评"宁化县第三届十佳文明示范窗口"。

【收养登记】　2016 年，县民政局进一步规范收养登记工作，办理国内公民收养登记16例，做到证明材料齐全、程序合法、手续完整、档案管理规范，登记合格率100%，收养登记工作获省民政厅执法检查组肯定。

【殡葬服务】　2016 年，宁化县殡仪馆火化遗体1949具，为191户困难群众减免基本丧葬服务费22.5万元；清明期间开展"绿色殡葬、文明祭扫"活动，聘请20名志愿者无偿为2.3万人次祭扫群众提供贴心服务，确保安全有序；投入资金115.6万元，将原4个车库改造为守灵厅，在公墓区、骨灰楼、火化车间安装监控，完成1台遗物焚烧炉、2台尾气处理设备技改工作；宁化县殡葬管理监察大队不定期对全县火化区开展巡回检查，巩固殡葬改革成果。

【"三留守"人员摸底排查】　5—7月，县民政局根据县政府办《关于开展农村留守儿童摸底排查工作的通知》要求，在全县范围开展"三留守"（留守儿童、留守妇女、留守老人）人员摸底排查工作，全面掌握全县3599名农村留守儿童的家庭组成、生活照料、教育就学等基本信息，以及1738名农村留守妇女、6881名农村留守老人基本情况。依托民政部农村留守儿童数据采集单机版软件，对全县农村留守儿童信息实行动态管理。

（供稿：余呈春）

基层政权和社区建设

【概况】　3月，县民政局完成2015年村居换届后续工作，向2015年当选的村民自治委员会副主任、委员补发673本当选证书；继续招募7名服务社区高校毕业生，淮土镇禾坑村、石壁镇杨边村被省民政厅确定为"全省首批农村社区建设省级示范单位"；小溪社区综合服务站建成投入使用；12月9日，县政府批准设立城南社区居委会。

【禾坑村、杨边村获农村社区建设省级示范单位】2016年，为进一步创新和完善乡村治理机制，发挥典型引路和辐射带动作用，提升农村社区建设水平，省民政厅下发《关于开展农村社区建设省级示范单位创建活动的通知》，开展第一批农村社区建设省级示范单位。宁化县推荐淮土镇禾坑村参与申报，并根据创建的61项指标，开展创建活动。2月，省民政厅下发《关于确定第一批农村社区建设省级示范单位的通知》，确定100个村为第一批农村社区建设省级示范单位，宁化县淮土镇禾坑村名列其中。11月，省民政厅增补石壁镇杨边村为全省第一批农村社区建设省级示范单位。

【成立城南社区居民委员会】 12月9日，根据《宁化县人民政府关于同意成立城南乡城南社区居民委员会的批复》（宁政文〔2016〕245号），县政府批准成立城南乡城南社区居委会，并按照《中华人民共和国城市居民委员会组织法》相关规定，组建社区居民委员会。

（供稿：余呈春）

老龄工作

【概况】 2016年，宁化县老龄工作以"六个老有"为目标，落实老年人社会优待，完善养老基础设施建设，维护老年人合法权益，老年人幸福指数进一步提高。

【老年优待】 2016年，县民政局办理老年优待证绿证126件、红证981件，全县持证老人1.85万人。发放高龄老人生活补贴307.83万元。深化敬老月活动，为13名百岁老人发放重阳节慰问金1.95万元，慰问困难老人55名、1.82万元；城郊、泉上等乡（镇）老年长寿协会为1420名逢十寿星举办祝寿大会，表彰"孝亲敬老之星"26人；10月9日（农历九月初九），县老龄办在城区组织文艺踩街活动，在翠园广场举办"中国梦·重阳情"文艺晚会。

【养老服务】 2016年，县民政局投入资金603万元推进县社会福利中心项目建设，中心主体工程、景观工程竣工并通过验收。12所农村幸福院获得省、

市项目资金补助204万元，其中5所年内建成并投入使用。建立宁化县养老服务工作联席会议制度，分管副县长担任联席会议总召集人，县民政局等22个成员单位每半年召开一次会议，重点研究、解决全县养老服务业发展问题。为城区98名特定老人每人每月发放50元服务补贴，用于购买居家养老服务。

【首批养老救助协理员上岗履职】 县民政局根据《福建省民政厅关于"十三五"期间购买乡镇（街道）养老救助协理员岗位方案》精神，通过面试、体检等环节，为16个乡（镇）各配备1名养老救助协理员，4月11日上午正式上岗。乡（镇）养老救助协理员待遇上以"省补、县管、乡用"为原则，月基本工资2000元/月，享受"五险一金"待遇，主要职责是协助乡（镇）做好养老服务、低保等民政工作。

（供稿：余呈春）

老区建设

【概况】 2016年，宁化老区工作以中央关于打赢扶贫攻坚战和重点支持革命老区精准扶贫决策为指导，以建设美丽乡村为核心，落实市委书记苏区调研项目。全年扶建基础设施建设项目31个，重点扶持老区科技项目宁化县昊宇薏米种植基地和湖村下埠红薯种植基地建设，扶持安远镇里坑村革命遗址闽赣省军区司令部修复，帮助挂点村城南乡水口村推进美丽乡村建设，开展劳动力转移培训，提高革命"五老人员"生活待遇和医疗保障。

【扶持老区村基础设施建设】 2016年，宁化县老区村扶持项目31个，落实扶持资金125万元，其中农村基础设施建设24个（道路修筑19个，水利工程建设3个，农民广场建设1个，亮化工程1个），劳动力转移项目1个，科技项目2个，革命遗址维修项目1个，扶持省级下派村3个项目（共30万元）。

【落实苏区调研项目】 2016年，宁化县革命老区根据地建设办公室（简称县老区办）开展2个苏区调研办实事项目，即治平畲族乡坪埔村桥梁修复工程和淮土镇梨树村村道硬化工程，项目资金30万元，经市委老区工作领导小组验收为优质工程。年内，完成2016年调研项目——曹坊镇三黄村道路硬化和安远镇伍坊村光伏发电项目。

【3个项目入选福建省老区科技项目】 2016年，省老区办通过审核、筛选，确定宁化县城南乡渔龙村优质薏米种苗繁育及栽培、湖村下埠村红薯新品种"福薯16号"种植推广、湖村谌坑村辣木树育苗及制茶项目等3个具项目为老区科技示范项目，各获补助资金10万元。年内，各老区科技示范项目执行情况总体良好，起到一定带动、示范作用，促进产业结构优化升级，增加群众收入。

【加强老区工作宣传】 2016年，宁化县苏区宣传相关报道、文章在人民日报等党报党刊刊登35篇、《中国老区建设》采用11篇、《红土地》刊物采用31篇；宁化在线、省、市老区等网站采用宣传图文报道65余篇。全年征订《中国老区建设》301份。县老区办召开老区宣传报道工作表彰会，对在宣传网络媒体上发表文章的先进宣传员进行表彰奖励。

【配合开展纪念红军长征胜利80周年纪念活动】 2016年，县老区办配合开展"红色基因　我们传承"——宁化人与长征"演讲活动，"唱红色经典·为文明点赞"红色歌曲传唱活动，电影《绝战》首映，《中国工农红军长征胜利80周年》纪念邮票首发式、邮展，"客家祖地　映象宁化"摄影大赛，宁清归"如梦令·元旦"书画展（含红色题材书籍展览）等纪念红军长征胜利80周年纪念活动；开展走访慰问活动，走访慰问健在的老红军、老红军遗属、"革命五老"人员并帮助解决实际困难。

【扶持革命遗址维修】 2016年，县老区办投入20万元扶持闽赣省军区司令部遗址（安远镇里坑村）修复工作，项目总投入60万元，在原址上按原貌重建，12月底竣工。

【落实革命"五老"生活补助待遇】 10月起，宁化县革命"五老"人员补助标准由原来每人每月870提高到970元。县老区办落实农村"五老"人员医疗补助政策，帮助缴纳新型农村合作医疗费用，全县农村革命"五老"和遗属均享受医保待遇。按每人每年180元标准及时发放农村革命"五老"人员平时患病就医固定补助，大病就医补助按一定比列实行补助，每人发放患病补助1000元。元旦、春节期间，县四套班子领导走访慰问革命"五老"，并给"五老"人员发过节费。年内开展"五老"体检活动，每人付给体检费580元。

（供稿：连益富）

宁化县老区建设促进会

【概况】 2016年，宁化县老区建设促进会（简称县老促会）设会长1人、副会长5人（其中1人兼秘书长）、理事20人。年内，县老促会配合开展纪念建党95周年和红军长征胜利80周年系列宣传活动，做好"老区革命标志物"管理、调研活动等工作。被中国老促会授予"全国老区宣传工作一等奖"。

【老区宣传】 2016年，县老促会配合开展"红色基因代代相传"演讲活动、"唱红色经典，为文明点赞"歌咏比赛、红军歌曲歌手赛、宁清归"如梦令·元旦"书画比赛、重走红军长路自行车骑车比赛、《中国工农红军长征胜利80周年》纪念邮票首发式、红色题材长篇小说《血师》首发式等纪念建党95周年和红军长征胜利80周年系列宣传活动。6月28日，举行反映湘江战役的电影《绝战》首映式暨新闻发布会。7月1日—2日组织全县干部、教师、中小学生观看《韭菜开花》《我的军号》专场电影，接受传统教育。

【老区电视宣传拍摄】 10月，宁化县邀请省电视台公共频道"金秋"栏目组到宁化拍摄宁化革命纪念园、红军长征出发地广场、毛泽东《如梦令·元旦》、中国工农红军"军号嘹亮"雕塑、《中国工农红军军用号谱》、宁化县第一个党支部旧址——曹坊镇三黄村等老区革命纪念物，并于11月上旬在省电视台公共频道播放一周。

【老区调研】 5月，县老促会到县委农办、县扶贫办等5个部门和石壁镇杨边村，淮土镇禾坑村，曹坊镇石牛村，治平畲族乡彭坊村、坪埔村等4个乡（镇）5个建制村调研，详细了解贫困户家庭成员、产业收入、贫困原因、脱贫思路、面临困难、帮扶措施及成效等问题。撰写的《真扶贫，扶真贫，小康路上并肩行》调研报告，被三明市老促会转发，被《中国老区建设》杂志刊用，并被选入闽西南五市老促会22次工作研讨会座谈交流材料。

【办实事做好事】 2016年，县老促会为闽赣省军区司令部旧址修复争取资金，做好革命遗址保护工作。3月，帮助济村乡中心学校向福建大丰文化基金申请教学楼修建资金，项目列入2017年资助范围。4月，帮助治平畲族乡坪埔村向省民宗厅争取到修建通组路资金10万元，年内硬化通组路5公里。为品学兼优贫困中学生争取奖学金16万元，资助160名学生每人1000元。年内，20个老促会成员单位开展"挂一老区村，解一、二个困难事"帮扶活动，争取到扶贫资金200多万元，村均10万元。

（供稿：林宗河）

民 族 事 务

【概况】 2016年，宁化县居住有蒙古、回、维吾尔、苗、彝、壮、满、侗、瑶、土家、畲、高山、土、仡佬、京等15个少数民族。有1个民族乡即治平畲族乡，19个畲族村，分别是治平畲族乡的治平、湖背角、坪埔、社福、光亮、下坪、高峰、泥坑、高地村，水茜镇庙前村，城南乡茜坑村，方田乡泗坑、泗溪村，中沙乡下沙村，泉上镇泉永村，石壁镇溪背村，安远乡东桥、硝坊村，城郊乡旧墩村。宁化县民族学校位于治平畲族乡，为九年一贯制学校。

【民族乡村项目扶持】 2016年，县民族与宗教事务局（简称县民宗局）向上申报35个民族乡村经济社会事业发展项目，有25个项目得到补助，落实扶持资金230万元。

【第九个民族团结进步宣传月】 9月，县民宗局在全县开展第九个民族团结进步宣传月活动。通过广播电视、网站、电子屏幕、宣传栏、宣传手册等媒介，大力开展民族政策法律法规、民族团结进步宣传教育进机关、进企业、进社区、进乡（镇）、进学校、进寺庙"六进"活动。

【少数民族特色村寨保护与建设工作】 2016年，县民宗局指导下沙畲族村继续做好少数民族特色村寨保护建设和"畲族风情园"项目实施。指导治平畲族村和湖背角畲族村按照少数民族特色村寨验收标准，从古民居保护、特色产业培育、文化保护、改善生产生活条件、民族团结进步创建等5个方面加强建设。

【助学济困】 2016年，县民宗局向上级民宗部门争取困难补助，为15名民族学校贫困畲族中学生争取补助4500元；为新录取的7名少数民族大学生争取助学金2.1万元；为8户少数民族贫困家庭争取补助8000元。协助县农业局做好少数民族造福工程危房改造补助工作，补助2015年造福工程资金19.2万元；向上申报2016年少数民族造福工程危房改造28户150人。

【政策落实】 2016年，县民宗局继续为广大群众提供有关民族成分更改政策咨询，并为符合条件的2名群众免费办理审批手续。少数民族中考考生继续执行总分加5分政策。为60名参加中考的少数民族学生出具身份证明。

（供稿：雷小平）

宗教事务

【概况】 2016年，宁化县有佛教协会、天主教爱国会、基督教协会、基督教爱国运动委员会等4个爱国宗教团体，登记开放宗教活动场所69个，其中佛教57个、天主教1个、基督教10个、民间信仰1个，纳入试点管理民间信仰活动场所5个。

【宗教政策法规学习月活动】 6月，作为宗教政策法规学习月，宁化县各宗教团体以"国法与教规的关系"主题，以宗教活动场所为平台，利用开办板报、发放宣传资料、结合宗教活动等方式开展宣讲。

【和谐寺观教堂创建活动】 2016年，县宗教界开展以"教风"为主题的和谐寺观教堂创建活动。县民宗局组织2场宗教团体成员政治学习。在佛教界倡导文明进香，引导佛教界和广大信众文明礼佛、文明敬香、合理放生，推动生态寺观建设。各宗教利用讲经布道、开展宗教活动时机，不定期组织宗教教职人员学习教义教规，提升教职人员宗教道德修养。

【举办首期生命关怀培训班】 6月25日—26日，宁化县佛教协会在玉林山寺举办首期生命关怀培训班，培训班邀请深圳市思归生命关怀协会安华、顿空、常好等4位老师到场授课，课程有"功德意义"

"心态与发心""组织管理""基础理论""净土理论""助念理论""助念实操"等，参加培训班的僧、尼、信众420余人次。

【市佛教协会讲经团到宁化讲经】 12月4日—5日，三明市佛教协会巡回讲经团到宁化讲经，以"佛教与传统文化的传承，推广人间佛教"为主题，开讲3场，每场到场信众400余人次。讲经团成员4人，三明市佛教协会会长释传一带队。

【宗教"慈善周"活动】 9月12日—18日，县民宗局开展第五个宗教慈善周活动，各宗教团体发动宗教活动场所和宗教界人士募集资金7万余元，慰问宁化县特殊学校和贫困信教群众50余人。基督教两会组织义工8人至县社会福利院开展助老和中秋慰问活动，帮助老人整理内务，陪伴聊天，发放中秋礼品。

【加强宗教团体建设】 2016年，县民宗局配合市委统战部、市民宗局做好市佛教协会换届工作，向市佛教协会第六次代表会议推荐6名代表，推荐1名常务理事、1名理事候选人；引导宗教界培育和践行社会主义核心价值观，引导各宗教在讲经传道中将核心教义与核心价值观融通，制作72块宣传图板在36个宗教活动场所悬挂；鼓励各宗教团体举办各类培训班、义工班，培养和打造具有较高政治素质和宗教学识的宗教教职人员队伍。年内各宗教团体举办各类培训班5期。

（供稿：雷小平）

乡镇场概况

◆编辑:赖慧珍

翠 江 镇

【概况】 2016年，翠江镇辖8个社区居委会、4个建制村、49个村民小组，计14109户45871人。全年完成全社会固定资产投资11.70亿元，财政收入1248万元，农民人均可支配收入11453元。

【农业】 2016年，翠江镇实有耕地面积7695亩，林地25487亩。全年实现农业总产值1.61亿元。粮食播种面积1.06万亩，粮食总产量3778吨，全年蔬菜总产量6189吨，完成食用菌种植1.60万平方米，生产鲜品294吨，出售生猪6116头，年末存栏3882头，牛出栏474头，年末存栏332头。持续抓好2000亩无公害蔬菜生产基地建设和老虎栋片区等老果园600亩的改造，推进天下龙庄、黄河龙水面养殖等农业设施项目。

【工业】 2016年，翠江镇有规模以上工业企业12家，新增年销售收入超2000万元的规模工业企业1家。规模以上工业总产值完成11.20亿元，工业固定资产投资额6.59亿元。

【第三产业】 2016年，翠江镇着力提升发展现代物流、电子商务、休闲旅游、健康养老等服务业，大力支持"农村淘宝"等电商贸易平台发展。年内，新增服务业企业42家，培育限额以上企业和规模服务业企业各2家，完成客家小吃培训95人，客家小吃县外开店48家。

【基础设施建设】 2016年，翠江镇落实为民办实事项目，采取"民办公助"方式，总投入240余万元，完成小溪村老村部路面、小溪村东风小学路口、玉林一路尾段等7个背街小巷路面及排水沟改造。组织发动群众做好冬春水利工作，完成西溪电灌站及渠道、七里圳水陂及渠道等水利修复改造工程，改善灌溉面积3000余亩。

【重点项目】 年内引进宁化县德辉针织服饰有限公司。抓好村级留地安置项目建设，完成中山嘉苑、双虹水果批发市场以及小溪社区综合服务站建设等项目，中山村"中山嘉苑"项目成功引进中裕大酒店等公司租用村集体房屋、商铺，促进中山村村财每年增收240万元。

【城区建设】 完成滨江实验中学、县医院和县卫校实训基地等重点项目共计360亩征地工作，拆除违法建筑5万余平方米；推行网格化城市管理，将全镇划分为111个网格，制定城市管理"两规范六禁止"制度，与各级文明单位联动，开展环境卫生、占道经营和乱搭乱盖等综合整治行动，全面推进城市管理和创建省级文明县城工作。

【社区管理】 加强社区党建创新，开展"一社区一品牌"创建活动，形成双虹社区"志愿者服务在社区"、中山社区"双联双创"、城西社区"党员认领微心愿、服务群众零距离"等党建工作品牌，培育示范点4个，整治脏乱差区域300多处，调处纠纷70多起，为群众办好事、实事170余件。

【生态环境】 全面落实"河长制"目标责任，扎实推进重点流域水环境整治工作。开展畜禽养殖面源污染整治，加强对河道两侧工棚、畜禽栏舍、简易住房等违法建筑的拆除。完成102辆黄标车淘汰任务。切实保护森林资源，做好封山育林水土保持工作，全年未发生森林火灾。

【社会保障】 设立幸福计生救助基金，每年向贫困人群发放救助款，开展精准扶贫"三帮三扶三带"活动，科学安排党员干部与精准扶贫户结对帮扶，引导贫困户参加小吃培训30人，到工业园区、二级环卫就业11人，脱贫135人，培育脱贫典型3户。全镇参加新型农村合作医疗保险24930人，城乡居民社会养老保险7765人，其中享受待遇领取3002人，893名被征地农民享受失地养老保障金，全镇4个村60岁以上老人每月均享受村级补助。

【公共服务】 加大对镇综合文化站、红旗小学和翠江卫生服务中心的资金投入，做好城关红军医院、豫章书院、伊秉绶故居等文物保护工作。深入村（社区）开展文化"三下乡"活动，春节、元宵期间组织专场元宵文艺晚会；广泛开展公民道德教育活动，加强社会主义核心价值观宣传；有效落实卫生计生管理服务各项政策，2016计生年度（2015年10月至2016年9月）出生人口710人，政策内人口出生符合率91.85%。

【安全稳定】 深入开展"六五"普法行动，在全镇范围内开展社会安全稳定"大排查、大宣教、大整治"行动，全镇上下深入持久开展禁毒人民战争，将161名镇村居干部安排到111个网格中，对辖区进行定期与不定期拉网式排查，先后排查出无证经营30余起、无证销售烟花爆竹28起、安全及消防隐患73处，"两违"问题5起、非法生产竹筒酒3起等问题并加以整治，获得县2016年安全生产目标责任考核第一名，县2016年食品安全目标管理考评二等奖。

（供稿：曾扬攀）

泉 上 镇

【概况】 2016年，泉上镇有11个建制村、1个社区居委会、131个村民小组，计6041户23408人，其中城镇人口8242人，乡村人口15166人。全镇有劳动力9666人；镇财政收入3228万元，比2015年增长32.70%。农民人均可支配收入11074元，比2015年增12.50%。全镇农林牧渔业总产值3.94亿元。工业生产总值5.07亿元，全社会固定资产投资8.9亿元，完成内资项目4个，投资1.1亿元。

【农业】 2016年年末，泉上镇耕地面积34507亩，其中，水田33804亩，旱地703亩。全镇农林牧渔业总产值3.94亿元。粮食播种面积48559亩，粮食总产量16651吨。种植烤烟1.78万亩，收购烟叶3.62万担（181万公斤），出栏生猪22580头，牛存栏2095头。年内新引进投资4950万元的粮食加工项目1个——宁化县泉上镇清乐米业并正式投产。

【工业】 2016年，泉上镇完成工业企业生产总值6.2亿元，其中规模以上工业企业总产值5.07亿元，新增规模企业1家，完成工业固定资产投资8.9亿元，完成招商引资1.1亿元。

【第三产业】 全年有第三产业企业6家，限上企业1家，投资3900万元的宁化永鑫物流项目投入使用。

【美丽乡村建设】 2016年，重点实施泉上村环境综合整治，投入120余万元，新购垃圾运输车1辆、垃圾箱1672个，新建和改建垃圾填埋场4个，生活污染得到有效治理；探索保洁工作新机制，由老年协会牵头，发挥各村民小组中老党员、老干部和热心人士作用，组织大手牵小手"红袖章文明督导"活动，利用墟日宣传，提高全社会对环境卫生的参与意识和责任意识，引导村民养成文明健康卫生习惯。

【基础设施建设】 2016年，泉上镇筹资1200万元，

8月基本完成2.8公里檀河防洪堤建设，镇水环境得到有效改善，防御自然灾害能力提高。10月投入使用依托东坑水库新建日供水3000吨自来水厂，管网覆盖泉上、联群、黄新等6个建制村的安全饮用水，并解决全镇农田灌溉用水，形成较为完善的排灌体系。

【社会事业】 全年组织95人参加客家小吃培训，开业49家，2016年计生年度出生人口397人，参加新农合19005人、参保率99.87%，参加新农保10156人、参保率是51.3%。低保户156户313人，年内发放低保金77.81万元、残疾人两项补贴6.34万元，发放耕地保护补贴243万元。

【举办农业"五新"推广现场培训会】 8月24日，泉上镇在泉正村粮食产能示范区举办农业"五新"推广现场培训会暨水稻病虫害专业化统防统治现场观摩培训会。3台植保无人飞机持续作业近4个小时，作业面积120亩，示范区内100多名农户参加现场观摩培训。通过观摩培训，当地农户对水稻病虫害专业化统防统治优越性有直观和感性的认识和了解，为进一步开展水稻绿色防控迈出坚实的一步。

【延祥村入选第四批国家传统村落】 12月9日，住建部、文化部等部委公布全国第四批传统村落名单，泉上镇延祥村入选。全国共有1602处传统村落入选，其中福建有105处入选，三明14处。

（供稿：李肇东）

湖 村 镇

【概况】 2016年，湖村镇辖12个建制村、1个社区居委会、88个村民小组，计3831户16845人，其中城镇人口6162人，乡村人口10683人。实现农林牧渔业总产值3.96亿元；完成工业生产总值19亿元，其中规模以上工业总产值18亿元；完成固定资产投资6.5亿元；农民人均可支配收入12172元。全镇有企业52家，其中工矿企业47家，规模以上企业18

家。获2016年度宁化县乡（镇）综合考评一等奖、项目工作一等奖。

【农业】 2016年，湖村镇耕地面积2.92万亩。种植烤烟1万亩，收购烟叶2.11万担（105.50万公斤），实现烟叶收入3300万元以上；粮食播种4.60万亩，生产粮食1.40万吨，其中水稻面积3.20万亩，优质稻种植率95%以上。在店上村新建1个工厂化育秧大棚，在下埠村建立粮食高产示范片。打造轩园农业生态有限公司等4家特色农业龙头企业，形成农业休闲、苗木、白茶、西兰花等4个特色农业品牌。新增专业大户34户，发展紫薯、花生、玉米、红豆杉、海棠、阳光山矾等8个100亩以上连片种植基地。

【工业】 2016年，湖村镇实施工业重大技改项目2项——行洛坑钨矿矿石处理生产线和鸿丰纳米碳酸钙厂二期8万吨轻质纳米级碳酸钙生产线，其中行洛坑钨矿改造提升工程列入省级重点项目。引进腾丰杉木精油厂、洪光茶叶加工厂、佳盛竹制品生产项目等一批工业企业。

【第三产业】 2016年，湖村镇银杏生态农庄和蛟龙溪漂流建设项目稳步推进；龙头生态休闲农业综合体、蛟湖黄慎文化园、崇北奄度假山庄等一批新的乡村旅游项目开工建设；加大红色文化保护传承和红色旅游资源开发，湖村文化站特色文化展馆、巫坊红军广场等项目启动实施。继续推进客家小吃发展，新开办小吃店28家（其中精品店4家），培训从业人员36人。

【基础设施建设】 2016年，总投资450万元的梅溪河小流域土地治理项目完成田间道路、排灌沟渠等农业基础设施建设；完成兴能农场旱育秧棚的建设和洪光生态农业有限公司茶叶基地的喷灌、路网、排洪设施建设；完成蛟湖溪流域土地治理项目评审工作。黄山寮水库大坝主体完工，输水隧洞开挖2.90公里，完成渠道衬砌4.80公里、上坝公路6公里，道路硬化4.70公里，完成简易桥梁2座、拦砂坝

2座，新建自来水取水坝1座。

【美丽乡村建设】 2016年，湖村镇按照"五清楚、两特色、一机制"原则，投资550万元，重点打造石下村"省级重点整治村""美丽乡村"示范点。拆除危旧房45座、完成立面改造40户，完成门前屋后整治、道路两边水沟建设、绿化、亮化、公厕、垃圾填埋场、石下休闲公园改造提升等14个建设项目。加强集镇改造，对街道两边乱摆、乱放、乱搭建进行重点整治，集镇功能进一步提升。

【精准扶贫】 2016年，湖村镇继续深化"348"工作机制，通过实施结对帮扶、信贷资金帮扶、家门口就业等精准扶贫方式，111户贫困户计242人实现脱贫。造福工程异地搬迁工作落实108户263人。

【社会保障】 2016年，全镇办理农民低保203人、五保户53人、居民低保15人。城乡居民养老保险8068人，参保率95.8%，续保5371人，完成任务的94.53%。完成新老农保过渡衔接285人，完成率85.84%。60周岁以上参保老人全部领到社保卡和基础养老金；城乡居民基本医疗保险完成14079人。

【社会事业】 2016年，湖村镇全面落实人口与计划生育工作责任制，开展全面实施二孩政策宣传活动，计生年度内出生人口288人，加大计生困难家庭精准访视帮扶力度，获县人口与计划生育工作考评三等奖。深化"平安湖村"建设，落实领导定期接访、下访制度，建立完善"四四三"大调解制度；不断完善治安防控体系，构建覆盖镇村重点路段的电子视频监控系统，获宁化县2016年度综治和平安建设工作一等奖。落实安全生产责任制，推进道路交通安全综合整治，强化食品安全监管。落实防灾减灾措施，做好防火、防汛、防冻各项工作，获宁化县2016年度落实安全生产目标管理责任制考核三等奖。

【县"三下乡"活动启动仪式在湖村镇举行】 1月8日，宁化县文化、科技、卫生"三下乡"在湖村启动。活动现场举行文艺演出、专家义诊、法律法规咨询、书写春联、微信推广、通讯服务、气象知识有讲问答等活动，有关部门还组织发放社科知识普及、法制宣传册、农业科技知识、税法宣传材料等。县委宣传部向湖村镇捐赠项目、资金、物品总价值28.55万元。"三下乡"活动由县委宣传部等13家单位主办、县委党史研究室等34家单位联办。

【湖村镇防洪工程建设】 湖村镇防洪工程项目于2014年11月开工建设，2016年10月竣工，总投资1172.08万元。河道综合治理长度2552米，其中干流巫坊溪1780米，支流石下溪772米，全段清淤；干流巫坊溪新建护岸2171米，加固护岸长1356米，拆除人行交通桥1座，新建滚水坝1座，新建排水涵管3座；支流石下溪新建防洪堤1556米，新建排水涵管2座。

（供稿：王远芳）

石 壁 镇

【概况】 2016年，石壁镇辖1个社区居委会、22个建制村、242个村民小组，计8755户37501人。工农业生产总值实现7.48亿元，比2015年增长8.54%。其中，农林牧渔业总产值3.18亿元，增长5.65%；工业总产值4.30亿元，增长10.26%。全社会固定资产投资8.10亿元，比2015年增长19.8%；镇财政收入2660万元，比2015年增长9.97%；农村居民人均可支配收入11347元，比2015年增长10%。获宁化县2016年度乡（镇）工作综合考评先进单位三等奖。

【农业】 2016年，石壁镇有林地面积14.87万亩，实有耕地面积2.97万亩，粮食播种面积4.29亩，粮食总产量1.48吨；烤烟种植面积1.65亩，收购烟叶2.38万担（119万公斤），实现产值4243万元。引进三明市石碧缘生态农业发展有限公司入驻江家大棚，建设集百香果、红心芭乐等水果种植、采摘于一体的农业观光园，可解决季节性用工600人次以上。

【工业】 2016年，石壁镇完成招商引资7200万元，对接引进宁化县诚友服饰有限公司、宁化县翠江兴盛服饰有限公司2个招商项目。新增宁化县利民生态农业有限公司规模以上企业1家。获宁化县2016年度乡（镇）项目工作三等奖。

【第三产业】 2016年，石壁镇组织126人参加客家小吃培训，在外发展宁化客家小吃店6家。依托客家祖地、闽赣交界地缘优势和周边地区传统边贸市场区位优势，与厦门春晖旅游发展集团联合组织360名游客，参加石碧集市赶墟活动。陈塘村红军医院旧址群被国家旅游局列入全国重走长征路精品线路。

【重点项目】 2016年，涉及石壁镇的23个市、县级重点项目完成投资10.6亿元，占年度计划132.4%。石壁镇中国历史文化名镇保护提升项目争取到省住建厅以奖代补专项补助资金800万元，并列入国家发改委"十三五"国家文化和自然遗产保护利用设施建设规划项目库；禾口南金寨安置小区、隆陂库区移民安置小区稳步推进；县道石淮公路和石官公路改扩建工程征迁及建设全面完工；10公里长的安全生态水系项目开工建设；投资850万元完成长征出发地公园建设，并作为2017年全省科技、文化、卫生"三下乡"启动仪式主会场交付使用。

【精准扶贫】 2016年，石壁镇实现401户918人脱贫，其中，国定对象脱贫366户792人，省定对象脱贫35户126人，超额完成脱贫任务；完成易地扶贫搬迁贫困人口国定标准对象846人和省定标准对象52人，占全县易地扶贫搬迁人口的四分之一。获宁化县2016年度精准扶贫工作考评第二名。

【社会事业】 2016年，石壁镇推进平安建设工作，调解矛盾纠纷127起，比2015年下降23起，调处成功121起。新型农村合作医疗保险参合人数28660人，新型农村社会养老保险参保人数17828人，农村居民最低生活保障人数672人。2016计生年度出生人口677人，政策符合率90.57%；全年开展计划生育大型宣传活动5场，发放各类宣传品7000多份；春节期间，慰问各类计生困难户35户，发放慰问品、慰问金1.16万元；母亲节期间，走访慰问计生贫困户及残疾母亲25户，慰问金5000元。1月14日，市卫计委副主任郑晓英到石壁镇参观杨边村人口文化大院和镇中心卫生院健康文化大院，现场指导工作，来自全市各县（市、区）的卫计干部100多人到场参观。落实安全生产责任，推进道路交通安全综合整治，强化食品安全监管。获宁化县2016年度乡（镇）食品安全工作目标管理三等奖。制定防灾救灾应急预案，落实防灾减灾措施，做好防火、防汛、防冻各项工作。

【美丽乡村建设】 2016年，石壁镇开展家园清洁行动和农村环境整治行动，淘汰黄标车22辆，修复人工湿地11处，集镇污水处理厂投入使用，完成溪背村、禾口村美丽乡村示范村建设。石碧村通过全国文明村暨第二批省级美丽乡村精神文明示范村验收，杨边村被列入福建省最美休闲乡村名单。

【第22届世界客属石壁祖地祭祖大典】 10月15日，第22届世界客属石壁祖地祭祖大典在石壁客家祖地举行，来自海内外的111个客属社团及当地姓氏宗亲共4000多人参加祭祖大典。

【《乡约》走进宁化客家祖地】 12月24日，央视7套《乡约》栏目组到石壁客家祖地录制相亲交友大型户外访谈节目，全国金话筒奖获得者肖东坡到场主持。本期嘉宾有1男3女。通过节目录制对宁化进行了全方位推介和宣传。

【于伟国省长到石壁开展拉练检查】 9月11日，省委副书记、省长于伟国带领有关设区市和省直有关部门负责人，深入石壁镇开展2016年度省级重点项目拉练检查。检查组实地察看石壁镇杨边村精准扶贫整村推进等项目进展情况，对石壁镇取得的成绩给予充分肯定。

【市委常委专题学习研讨会在石壁举行】　6月28日，市委副书记、市长杜源生带领市委常委到石壁镇隆陂村谷文昌纪念园开展"两学一做"学习教育第一个专题集中学习研讨会，观看谷文昌先进事迹展后，在隆陂村部听取"学习谷文昌精神、做合格党员"专题辅导课，随后参观考察石壁镇杨边村党建引领精准扶贫、美丽乡村建设。

（供稿：张媛媛）

曹　坊　镇

【概况】　2016年，曹坊镇辖1个社区居委会、14个建制村、143个村民小组，计6134户28466人。全镇工农业总产值9.94亿元，其中农林牧渔业总产值3.10亿元，工业生产总值6.84亿元；全年完成社会固定资产投资4.8亿元，镇财政一般预算收入980万元，农民人均可支配收入10114元。获2016年度县平安乡镇表彰。

【农业】　2016年，全镇实有耕地3.52万亩，粮食播种面积4.9万亩，产量1.72万吨，种植烤烟面积8000亩，烟叶收入2370万元。种植河龙贡米1300多亩，推广机插面积5000余亩，抛秧3000余亩。实施测土配方肥2.2万余亩和再生稻高产攻关示范300余亩。培育30亩以上粮食种植大户212户，其中100亩以上大户7户。引进3家公司（福建神农大丰种业科技有限公司、福建吉奥种业有限公司和北京金色农华种业科技股份有限公司）发展杂交水稻制种1207亩，在全县发展制种面积中排名第二。在全国基层农技推广补助项目工作上，代表全县接受市农业局检查验收并受到好评。新发展2家专业合作社和3家家庭农场。开展农机安全检查、动物防疫、农产品质量安全监管工作，2016年未发生销售高残、高毒农药和农药中毒事件。获2016年度县农产品质量安全工作先进单位，县农产品质量安全工作延伸绩效管理三等奖。

【工业】　2016年，曹坊镇工业生产总值7.4亿元，其中规模工业产值为6.15亿元，实现规模工业税收100万元。完成工业固定资产投资4.8亿元。引进规模工业企业2家、引进山海协作内资企业3家、新增限额以上企业1家、新增规模服务企业1家、入驻莲塘工业园区企业1家，其中千万元投资工业项目3个（宁化县龙英服饰织造有限公司服装生产线建设项目、三明炫通辣椒调味品有限公司辣椒调味品生产加工项目、福建省胜远食品有限公司冷冻食品生产线建设项目）、亿元工业企业项目1个（启富矿业钾长石开采项目）。

【第三产业】　2016年，曹坊镇完成第三产业固定资产投资2.77亿元，完成限上消费品零售总额6011万元。培育限额以上企业1家（三明市炫通辣椒调味品有限公司）、规模服务业企业1家（宁化县点创传媒广告有限公司）。引进9家服务业企业。怡然园休闲农庄成功申报进入2017年县服务业重点项目库。上曹、下曹、石牛3家村淘营业额位居全县前列，其中下曹村淘合伙人曹享明多次获得阿里巴巴村淘部授予的"优秀合伙人"等称号。获2016年度县乡镇服务业发展先进单位二等奖。

【城镇建设】　2016年，曹坊镇完成集镇主桥、南坑二桥等两条乡道6座桥梁水毁修复重建、污水收集管网的水毁再建，完成上曹、下曹、罗溪水土流失治理工程和重点农田水利设施建设以及石牛三叉口至俞坊口三级公路工程建设，对罗溪至庄背、滑石至温坊，滑石至水东、滑石至滑石布等镇村道路进行路面硬化扩改建，完成对长曾线、青山甲至黄泥坑路段、三胡线、坪宝线、长曾线村村通改造。推进省道"纵八线"征地工作，保障纵八线施工顺利推进；完成中心幼儿园学生宿舍楼建设及运动场硬化工程，校园办学条件显著提高。9月，被县委、县政府评为"推进义务教育均衡发展工作先进单位"。

【民生保障】 2016年，曹坊镇新型农村社会养老保险参保13179人，续保率92.33%；新老农保衔接1275人，完成82.4%。医保缴费按进度完成。发放各类困难补助救济172万元。全年兑付农业支持保护补贴（地力保护补贴）267万、订单粮食补贴24万元。完成客家小吃培训71人（其中参加中级培训班31人），发展县外地客家小吃店51家。

【社会事业】 2016年计生年度全镇出生500人，政策符合率90.47%。兑现各类奖励289人、12.37万元，兑现率100%；征收社会抚养费30万元，落实计划生育家庭意外保险870户，完成任务数101%。贯彻落实"全面二孩"政策，开展"独男户精准访视"活动。全年调处信访案件5起，网上投诉6起、化解矛盾纠纷99起。

【灾后重建】 2016年，曹坊镇重建集镇主桥、邓楠桥等6座桥梁，修复青山甲至南坑、竹蒿岭至黄地甲等通组路14公里；完成除机械垦复外的所有农田复垦；推进112户家园重建，并对高陡边坡进行有效降险。结合灾后重建，全面完成全县三分之一的危房改造任务。推进85户分散自建、20户集中统建和7户购房安置的家园重建；做好294个地灾户、13个地灾点的降险整治工作；实施集镇及所有村组水毁饮水工程的应急修复。

【美丽乡村建设与精准扶贫整村推进】 2016年，曹坊镇一镇两点（石牛、三黄）项目基本完成建设任务，并作为市拉练备检点、老区苏区行调研点。其中，石牛下赖村依托"王中王"辣椒专业合作社为当地贫困户提供就业岗位并实现家门口就业，通过将上级财政扶贫资金注入王中王辣椒合作社，量化折股至每个贫困人口，实现"股权归公、股利归民"，贫困人口每年增加收入230—1946元不等，2016年脱贫22户。三黄村三星山药合作社通过土地流转或投资入股等方式和"社办基地+合作农场+入股社员""经纪收购+订单收购+散户收购"模式带动贫困户脱贫，2016年脱贫15户。2016年全镇脱贫国定标准对象221人、省定标准对象438人，脱贫率55%。

（供稿：修俊）

安 远 镇

【概况】 2016年，安远镇辖1个社区居委会、19个建制村、264个村民小组，计8148户39214人，其中，城镇人口4599人，乡村人口34615人。镇财政一般预算收入1600万元，农民人均可支配收入11679元。农林牧渔业总产值4.54亿元。工业总产值3.6亿元，其中规模以上工业总产值3.6亿元，全年安远镇完成全社会固定资产投资12.26亿元，比2015年增长75.14%，实际利用外资45万美元。获2016年度全县乡（镇）工作综合考评二等奖。

【农业】 2016年，安远镇有耕地面积5.15万亩。农林牧渔业总产值4.54亿元。种植烤烟8556亩，收购烟叶1.43万担（71.5万公斤），产值2715万元；全镇粮食种植面积4.54万亩，总产量1.93万吨，其中河龙贡米种植3850亩，总产值1100吨。稻种培育8816亩，稻花鱼养殖1万亩，白莲、紫色地瓜、瓜蒌、槟榔芋等种植1万余亩；全镇有农业生产专业合作社、协会46个。

【工业】 2016年，安远镇通过招商引资，引进裕荣工贸有限公司、石磊矿业有限公司及江氏鳗鱼有限公司等企业落户安远，解决200余人就业问题。引进海龙服装有限公司等31家企业作为国定资产投资项目，总投资12.26亿元。引进汇宝建筑有限公司等8家企业作为山海协作内联外资项目，总投资1.96亿元。引进万众光电有限公司作为"飞地企业"入驻城南工业园区。获2016年度全县乡（镇）项目工作二等奖。

【第三产业】 2016年，安远镇通过繁荣"互联网+"经济，打造"安远司"土特产名片，加快培育电商经济，开设网店154家，农村淘宝店7家，全年"村淘"销售总额800余万元。组织118人参加宁化客家小吃培训，其中初级班30人，中级班59人，"雨露计划"培训29人；鼓励和支持镇、村干部带头外出发展客家小吃2人；新开店或挂牌宁化客家小吃店87家，培育精品示范店10家。

【社会保障】 2016年，安远镇新农保参保17787人，其中年内新参保312人。新农合参合人数34656人，参合率99.84%。发放粮食直补及农资综合补贴资金370万元，受益农户8000余户。培训新型职业农民500人次；开展10期实用技术培训班，培训1500人次。开展"雨露计划"培训，受益104人，其中贫困户75人。全年脱贫252户685人（其中国定标准对象116户267人、省定标准对象136户428人），落实易地搬迁97户372人（其中国定标准对象37户119人，省定标准对象34户137人），同步搬迁26户；给65周岁以上老年人、慢性病人免费体检650人次。投资350万元，推进"智慧安远"建设，基本实现各建制村和自然村网络宽带全覆盖。

【社会事业】 全年，安远镇完成农村劳动力转移培训就业400人，引导个私经济发展、鼓励下岗职工再就业。维护社会稳定，调处各类矛盾纠纷12件，排摸及调处重大矛盾纠纷和不稳定因素7件，镇、村两级人民调解委员会受理各类民间纠纷43件，调解41件，调解率和成功率95%，化解积案1起，2016年被县委评为综治平安建设先进乡（镇）第二名。投入65余万元修复闽赣省革命旧址群，邀请专家对闽赣省革命旧址群进行规划设计；"伏虎禅师信俗"成功申报省级非物质文化遗产，着手申报国家级物质文化遗产。安远学区获"全国书法教育示范学校"称号。全年征集新兵13名，张垣村士官张宝全荣立二等功。

【基础设施建设】 2016年，安远镇主动对接上级交通部门，投资350万元完成里坑至后溪2.3公里及洪围至营上3.3公里公路建设；投资160万元完成郑坊桥危桥改造工程，改善安塘公路交通环境；推进后溪、伍坊等村重点山洪沟防洪治理工程及安远村水土流失治理项目。完成双溪口水库除险加固项目。在集镇街道主要路口建设安装视频监控"天网"工程，建成由61个高清监控探头、3个监控屏幕和3个监视器组成的网络监控平台，实现集镇立体防控管理。安装中心村路灯243盏，实现村道亮化；完善岩前、永跃等18个村级景观设施建设，实现村部美化。完成第六期旧村复垦市级验收19.94亩；第七期旧村复垦63亩初验；第八期旧村复垦竣工测量，复垦面积110.12亩；第九期旧村复垦摸底面积170亩。

【美丽乡村建设】 2016年，安远镇以安远村创建省级美丽乡村重点整治村为契机，平整硬化东大街路340米，整修雨披560平方米，铺设雨污分流管道600米；改建东大街人行道、江滨路步道360米；开工建设江滨路雨污管网铺设、健身步道、健身广场；打通75米楼背街，实现集镇路网"四纵四横"；改造集镇垃圾填埋场1座、新修弃土场1处；打击"两违"现象，拆除附属房7座，面积1.31万平方米；做好公路沿线绿化、亮化工作，种植绿化苗木红叶舌兰、香樟等3万余株，新筑护栏篱笆800米，新建路灯26盏；完成海湾公园停车场、芙蓉小区管网、海湾300米文化长廊建设；完成悠溪背路口山头搬迁及道路硬化。开展"垃圾不落地，安远更美丽"踩街活动，组织占道经营整治、垃圾清扫、违章停车治理、门前三包4个工作小组，对集镇环境卫生进行全面整治，实行网格化管理；按照"属地管理"原则，严格村级环境执法监管，落实"河长制"，抓好对电鱼、毒鱼、炸鱼的专项整治工作，加大对非法捞沙、违建、排污的打击力度，依法从严查处破坏生态环境行为。

【建成全县首个村级光伏发电站】 2016年，安远镇伍坊村建成全县第一个村级光伏发电站，电站总投资41.8万元，总装机容量52千瓦，分两期建成。第一期建于村部楼顶和村卫生所楼顶，工程装机容量20千瓦，总投资16万元，7月10日正式并网发电；第二期建于伍坊村小学楼顶，工程装机容量32千瓦，总投资25.8万元，12月1日正式并网发电。光伏发电站建成后可为该村贫困户提供若干就业岗位，增加贫困村集体经济收入和贫困户家庭收入。

【开展重点山洪沟防洪治理】 安远镇重点山洪沟防洪治理项目位于埂下溪中游河段和后溪村水尾山桥至中水陂之间的后溪河道上，总投资1295.79万元，新建防洪堤2120米、新建护岸800米、河道清淤1490米。工程于10月动工，由福建万屹建设工程有限公司中标承建，三明市水利水电工程有限公司监理，年内完成总工程量的70%。工程建成后，直接受益耕地面积2500亩，受益群众3000人，防洪标准提高，洪涝灾害损失减小；较大程度改变乡村面貌，有效保护两岸耕地，发挥土地综合利用价值。

（供稿：张宏炜）

淮 土 镇

【概况】 2016年，淮土镇辖1个社区居委会、21个建制村、139个村民小组，计7851户34348人。完成工农业总产值9.56亿元，其中工业总产值7.29亿元，农林牧渔业总产值2.27亿元；社会固定资产投资7.6亿元。农村居民人均可支配收入9825元；地方公共财政预算收入2982.41万元。获2016年度宁化县乡（镇）工作综合考评三等奖。

【农业】 2016年，淮土镇实现农业总产值2.27亿元。耕地面积2.39万亩，林地面积11.60万亩，粮食播种面积3.01万亩，年产粮食1.30万吨；种植烤烟7500亩，收购烟叶1.70万担（85万公斤），产值2500万元；薏米种植1.2万亩，产值3400万元；小黄瓜种植2000亩，产值1000万元；推广种植白莲1000亩、河龙贡米2000亩；种植油茶5.70万亩；按照"2+N"产业发展模式，在立足"粮、烟"两大支柱产业基础上，大力发展特色产业及设施农业，

建成温室大棚30亩，种植火龙果20亩。南方牧业肉羊养殖项目完成投资11000万元，建成办公楼三层主体工程及配套设施、1#养殖区钢棚羊舍、商品羊养殖区，牧草种植1000亩，养殖肉羊2000头。

【工业】 2016年，淮土镇实现工业总产值7.29亿元，完成规模以上工业产值6.2亿元，完成工业固定资产投资1.70亿元。引进工业企业三家（福建省三恒众海科技发展有限公司、宁化县合成运包装制品有限公司、华祥织带有限公司）。

【第三产业】 2016年，淮土镇组织646人参加客家小吃培训，客家小吃店开业230家；发展农村淘宝店5家；注册三产企业8家，其中限上企业1家（宁化县金糯薏米专业合作社）；在册个体工商户322家。

【美丽乡村建设】 2016年，淮土镇推进淮阳村、孙坑村美丽乡村建设。淮阳村完成旧房空心房拆除、革命旧址修缮、立面改造、新建公厕等环境整治工作，建成红林路道路、张家岭石排路、沿河道路等新村道3.6公里，埋设污水管3公里，完成村标、刘氏祠堂、景观绿化、村口小广场等施工节点建设。孙坑村完成裸房圈舍拆除、附属房改建、立面改造、路灯安装等环境整治工作，建成3.5公里环村道路，埋设污水管2公里，铺贴沿河町步2公里，建设公厕2座，安装路灯46盏，购买垃圾桶300个，完成村口、雪屋、水南岗、门楼下、孙氏祠堂、老年活动中心、孙坑至凤山桥梁等施工节点建设。

【精准扶贫】 2016年，淮土镇深化"348"工作机制，通过帮助贫困户发展特色种养业和客家小吃、推荐到本地企业务工、从事来料加工等"家门口扶贫就业工程"及资助、培育贫困户进行创业等一系列措施，增加贫困户收入，全年实现脱贫206户，总计500人。

【水土流失治理】 全镇继续实施封山育林、禁烧柴草制度，通过制定村规民约，落实燃料补助政

策，开展水土保持宣传，加大巡查力度等措施，强化群众水保意识。实施造福工程、集镇商品房等新村开发，加快搬迁转移流失区人口；完成隘背小流域水土流失综合治理项目、田溪小流域水土流失综合治理项目、禾口溪淮土镇防洪堤工程、淮土农民文化休闲公园、2016年度国家水土保持重点建设工程即宁化县淮土溪小流域水土流失综合治理项目等。持续推进"河长制"落实，争取项目资金，开展河道清理、整治，推进流域水环境治理，改善水流域环境。2016年，淮土镇治理水土流失面积8余亩、新植水保林1.5余亩、补植追肥水保林面积1.2余亩、新植油茶林1.6万亩、补植油茶林5万亩。

【基础设施建设】 2016年，淮土镇投入580万元新建公路5.67公里，其中隘门村至江西石城朱坑出省道路1.91公里；完成各村通组公路水泥路硬化6.5公里；新建罗坑村农民健身活动场所、寒谷农民公园；投入1100万元，建成淮阳、青平、竹园、水东等村800亩高标准农田建设，硬化机耕路6公里，完成竹园、水东、吴陂等村1500亩土地平整项目建设；投入800万元，建成禾坑、吴陂、青平、水东、桥头等村沿河河堤护岸4公里，整治河道6公里；投入480万元，加固桥下水库进水口、出水口挡墙护坡，建设机房、管理房。

【社会事业】 2016年，淮土镇逐步改善农村办学教学条件，发挥镇助学奖教协会作用，深化镇领导与困难学生一对一帮扶活动，及时跟踪解决教学中存在的实际问题，全面提升教育质量。完善农村文化体育设施，完成禾坑、团结、淮阳、青平、寒谷、罗坑等村的农民休闲场所建设；推广广场健身舞，开展马灯舞、百鸟灯等形式多样的群众性文体活动，弘扬红色文化和客家文化，打造有特色的文化品牌。推进卫生计生事业，推进村级卫生医疗服务所标准化建设，实现城乡居民医疗保险覆盖率99%以上；建立健全重大疫病防控体系，加强疫情监测和疾病控制，突发公共卫生事件应急处置能力进一步提高；开展"诚信计生·幸福家园"创建活动。持续推进"平安淮土"建设，严格落实安全生产责任制，全年没有发生重大安全事故。落实领导包案制度，加大信访积案化解和矛盾纠纷排查调处力度，上级交办信访案件办结率100%，未发生进京、赴省上访事件。严厉打击违法犯罪活动，着力提升基层综治信访维稳"1+N"联动模式实效。

【凤凰山红军街维修】 1月10日，省委常委、宣传部部长高翔到淮土镇调研凤凰山红军长征出发地旧址群，对红军街的传承保护提出指导意见。县委、县政府重视红军街保护修缮工作，召开常委会研究保护维修工作，并下拨抢救性维修保护专项资金。截至2016年年底，投入120余万元，对红军街街面及两侧房屋进行翻修。

【央视节目到淮土镇慰问演出】 11月28日，由中央电视台音乐频道策划的春节特别节目《美丽中国唱起来》大型演出活动在淮土镇淮阳村农民休闲公园演出。央视主持人孙小梅、于胜春担任演出主持，伊泓远、易秒英、"草帽姐"、熊天平等20多名歌手到场演唱。演出活动展示淮土镇作为革命老区、苏区和红军长征出发地的红色文化和良好的生态环境。

(供稿：张杰麟)

安 乐 镇

【概况】 2016年，安乐镇辖1个社区居委会、11个建制村、101个村民小组，计4247户18918人，其中城镇人口919人，乡村人口17999人。农林牧渔业总产值2.91亿元，规模以上工业总产值8.19亿元，全社会固定资产投资7.68亿元，财政收入1073.32万元，农民人均可支配收入10650元。2016年度获"全县计划生育工作年度考核第一名""全县经济工作二等奖""全县安全生产责任目标责任制考核第二名""全县平安先进乡（镇）三等奖""全县食品安全工作目标管理三等奖"等荣誉。

【农业】 2016年，安乐镇实有耕地面积2.37万亩，林地面积24.5万亩，粮食播种面积2.5万亩，粮食总产量1.17万吨；烤烟种植面积5700亩，收购烟叶1.02万担（51万公斤），上等烟比例58%；建立刘坊、罗坊等村千亩以上粮食产能区示范片及丁坑口、罗坊、赖畲村300亩再生稻示范片，大力发展林下经济产业，打造黄庄村黄精、安乐村七叶一枝花、刘坊村射干等千亩种植示范片。2016年，安乐镇"金鑫笋竹专业合作社"被评为国家级专业合作社、安乐镇"宁化宏森林场"被评为市级示范家庭林场。

【工业】 2016年，安乐镇工业固定资产投资6.23亿元，新增规模以上企业2家，培育限额以上企业1家，招商引资企业3家，内联到资8420万元，外联到资45万美元。引进首家竹制品成品加工企业福建康竹竹业有限公司，投资3570万元建设年产15万平方米竹砧板和8万平方米家具板生产线。引进生物机制碳加工企业福建宁化县福利生态农业科技有限公司，投资3200万元建设年产6000吨生物燃料机制炭生产线。

【第三产业】 2016年，安乐镇第三产业固定资产投资10980万元，比2015年增长44.85%，新增规模以上服务业1家，新增注册服务业企业9家，限上社会消费品零售总额增幅39.40%。全年组织64人参加宁化客家小吃培训，8月，安乐镇客家小吃县外旗舰店"宁化客家小吃城"在厦门湖里区东渡国际邮轮中心开业，占地650平方米。

【精准扶贫】 2016年，安乐镇对409户建档立卡贫困户调查摸底，落实"精准扶贫"，结对帮扶。全年137户333人实现脱贫。落实造福工程扶贫搬迁任务116户308人。依托金鑫笋竹专业合作社建立竹林种植、养殖、笋竹加工三个基地，采取"量化折股"方式带动近20余户贫困户实现增收。

【社会治理】 2016年，安乐镇进一步强化治安模式，组织南片3个乡（镇）干警开展"跨乡联勤工作制"，对重点区域、重点路段实施治安、道路交通等联防联治，收到良好实效。省道205线安乐段道路交通隐患专项整治工作成效明显，完善新增各路段减速带、减震带、让行标志等安全设施，通过三明市综治委验收。

【基础设施建设】 2016年，安乐镇投资180万元新建集镇自来水厂，切实改善集镇饮水困难及安全等问题。投资约2000万的土地整理项目及280万的谢坊高标准农田项目按序时进度进行；整合"一事一议"、灾毁项目等资金以及镇村配套投入800万元修复灾毁道路、水利设施，新建6座桥梁，完成通组道路、路灯亮化等项目。

【美丽乡村建设】 2016年，投资389万元实施刘坊村美丽乡村建设，新建村部、刘坊组、俞坊组等3个农民休闲绿地公园，并新建村垃圾填埋场。完成投资173万元修建俞坊至曹坊下赖1.3公里过境道路。安乐镇集镇整治工作采取"整、拆、建"三步骤，整治占道经营摊点50处，拆除违规雨披、帐篷30余个，并建立长效管理机制。

【社会事业】 2016年，安乐镇争取市级文化资金20万元用于镇村文化建设，黄庄村通过省级文明村初验。完成300多万元学生公寓大楼建设并投入使用，投资600多万元完成小学部教学楼主体建设。2016计生年度出生人口543人，年内完成一例重大"两非"任务，征收社会抚养费76.2万元。认真做好清流城区饮用水源地保护任务，关停取缔4家小作坊，建设完成5座生物质燃料烤笋房。投入80余万元修缮刘坊村、夏坊村、安乐社区居委会等组织活动场所，新建文化活动广场5个，安装30万体育健身器材、路灯。投入20余万元安装户外LED电子屏、宣传栏及建设提升镇文化活动中心。

（供稿：黄锦祥）

水 茜 镇

【概况】 2016年，水茜镇辖1个社区居委会、15个建制村、226个村民小组，计6896户30206人。与2015年相比，2016年，全镇农林牧渔总产值完成3.39亿元，增长9%；工业总产值3.7亿元，增长8.82%，全社会固定资产投资完成6.52亿元，其中工业固投完成4.8亿元，增长6.43%，规模工业增加值完成2.31亿元，增长161.7%；农村居民人均可支配收入9316元，比2015年增长16.06%。财政收入3588万元。

【农业】 2016年，水茜镇实有耕地面积5.04万亩。粮食播种面积6.40万亩，粮食总产量2.49万吨，烤烟种植面积8629亩，完成烤烟收购1.76万担（88万公斤）。注重培育新型农业经营主体，全镇有农业专业合作社14家，农业公司2家（宁化县益珍农业科技有限公司、宁化县牧源农业有限公司），其中泥鳅、三叶青等特色种养项目渐成规模。

【工业】 2016年，水茜镇实现规模以上工业总产值2.3亿元。新增千万元投资工业项目5家，分别为宁化县水茜段记大理石加工厂、宁化县水茜辉煌建材有限公司、宁化县翠茜粮食加工厂、宁化县福宁再生资源利用有限公司、宁化县水茜尚农茶叶加工厂。

【第三产业】 2016年，水茜镇引进三产企业25家（任务6家），超额完成任务，其中电商企业24家。客家小吃新增县外店55家。

【基础设施建设】 2016年，水茜镇进一步深化农村环境整治与污水垃圾治理工作，重点围绕集镇所在地水茜村开展美丽乡村建设，完善庙前、安寨、沿溪等村基础设施建设，建成庙前畲族风情农民公园1座，水茜村车斗寨百户安置点基本建成入住，完成立面改造及附属房建设24幢（间），对古廊桥进行修缮复古，绿化路旁、河堤、小区4800平方米，安装路灯136盏，修建一批农民休闲运动设施；第九期旧村复垦测量设计142.38亩，共涉及14个村；深化环境卫生整治，完成集镇老街排水系统改造，新建垃圾收集池13个，中转站1个，填埋场3个，公厕3个。做好生态保护工作，开展非法电毒炸鱼专项整治活动，查处违法行为4人次，移交渔政处理1人，有效震慑非法渔业活动，保护水体生物多样性；制发《水茜镇打击盗砍滥伐保护森林资源责任追究制度》，明确村干部在打击盗砍滥伐工作的责任，全年查处无证木材20起31立方米；做好旧村复垦有增量工作，实施第八期13个村的土地增减挂钩项目，施工90.63亩。

【社会事业】 2016年，水茜镇在册贫困户212户545人，通过家门口就业等形式，实现172户437人脱贫，落实易地搬迁117户。全年发放农业支持保护补贴资金372.32万元、储备粮直补资金139.20万元，发放低保户、五保户生活保障资金164.14万元。完成城乡居民基本医疗保险，参保率99.8%，城乡居民养老保险，参保率98.5%。下拨122万元一事一议财政奖补资金用于村级公益事业项目建设，不断完善农村基础设施和改善农村生产、生活条件。水茜中心幼儿园工程完成教学楼主体工程。全年修建村组道路24.70公里，水渠3公里，桥梁3座，高标准农田建设3000余亩，其中土地平整1120亩。全年送出新兵中大学生兵占73%，女兵占7%。

【支持重点项目建设】 2月，浦梅铁路征迁工作开始，铁路经水茜镇辖区内张坊村，下洋村、安寨村、水茜村、沿口5个建制村，完成红线内征地1073.65亩，临时用地46.09亩，实现铁路征迁范围零抢建抢种，施工无障碍进行。

【完成百户安置点建设】 为安置偏远山区村民，水茜镇于2014年10月开工建设具有客家风情的水茜村车斗寨百户新型农村社区，项目总投资3300万元，用地24199平方米，配套"五通"（通路、通水、通电、通讯、通信）休闲公园、绿化亮化等基础设施，可安置106户，工程于12月竣工，年内搬迁入住80户、310人。

【谌章彪获全国119消防奖】 11月8日，水茜镇儒地村村委会主任谌章彪获公安部第三届全国119消防奖先进个人。第三届全国119奖获奖者共75名，其中先进集体37名、先进个人38名。全国"119消防奖"于2012年经中央批准设立，每两年评选表彰一次，专门表彰长期热心消防公益事业的集体和个人。

（供稿：曾练春）

城 郊 乡

【概况】 2016年，城郊乡辖18个建制村、166个村民小组，计5760户、26123人。工农业总产值20.88亿元，比2015年增长36.20%，其中：农林牧渔业总产值4.84亿元，增长10.25%；工业生产总值16.04亿元，增长46.62%。乡财政总收入2616.15万元，增长86.63%。农村居民人均可支配收入13873元，比2015年增长12.60%。年内获全县乡（镇）工作综合考评二等奖和乡（镇）项目工作考评二等奖。

【农业】 2016年，城郊乡耕地面积3.33万亩，林地面积225911亩，其中国有林地48907亩，粮食总产量1.66万吨。完成烟叶收购1.65万担（82.5万公斤），上等烟比例55.27%，均价32.9元/公斤，收购金额2716.86万元。全乡落实河龙贡米978亩，完成合同收购稻谷21万公斤。完成紫云英播种面积1800亩，推广水稻测土配方施肥2万亩、发放施肥建议卡1200份，完成配方施肥简比实验2个。

【工业】 2016年，城郊乡工业总产值16.04亿，其中规模以上工业总产值12.47亿。招商引资项目完成14650万元，占任务488%，其中农业项目2个、工业项目3个、三产项目3个。外资任务45万美元，完成45万美元，占任务100%。全社会固投完成9.35亿元，占任务的131.64%，完成工业固投62515万元，占任务的105.96%。新增规模以上工业企业2家，占

任务的200%，分别为福建龙腾家具有限公司、宁化县兴旺米业加工厂。新增千万元投资项目4个，占任务300%。

【第三产业】 2016年，城郊乡限额以上企业2家，分别为宁化县喜盈门家居建材商场、宁化县安远老鹿角稻花鱼饭店，占任务的200%；新增注册服务业9个，占任务的120%；规模服务业企业1家（宁化县平安驾驶培训学校）。成功引进电商企业5家，阿里巴巴"农村淘宝"合伙人发展到5人。

【美丽乡村建设】 2016年，城郊乡全年投资2136万元，巩固马元亭美丽乡村建设成果，完善旧墩村美丽乡村建设，重点抓好瓦庄村美丽乡村建设，同时完成杨禾村村部修缮以及马源村活动中心建设。重点整治瓦庄村容村貌、生活污水分流处理排放、文化活动中心项目建设，硬化道路约6000平方米，拆除、改造附属房50座；路灯安装55盏，绿化种植5210平方米，围墙改建300米，新建休闲广场4个，停车场2个；采用群众主动参与建设，乡政府给予适当奖励补助办法，对50户房屋进行客家立面改造，打造美丽乡村建设新亮点。

【社会保障】 2016年，城郊乡居民基本医疗保险应参保人数23284人，实际参保22847人，参保率98.12%；新农保参保12324人，其中续保7842人，失地农民参保460户；完成全乡2011—2014年村干部养老保险补助申报工作45人，2015年村干部养老保险补助申报112人。

【社会事业】 2016年，城郊乡计生年度内出生人口528人，政策符合率91.06%。协助县劳动保障监察大队、县公安局追回拖欠农民工工资40多万元。组织参加客家小吃培训86人，县外开店30家，其中精品连锁店5家。做好精准扶贫工作，全年脱贫128户337人。完善乡文化站功能室和马元亭、瓦庄村文体活动室示范村建设。完成滨江实验中学、卫校实训基地、城区第二水厂、高埕110千伏变电站异

地搬迁、瓦庄220千伏输变电工程、物流园、富贵世家和边贸东路等17个项目共1300亩征地任务，依法征迁房屋9户。启动浦梅铁路征地工作，突破"纵八线"狗场、桂花园搬迁难点，完成城区防洪堤连屋段工程3公里征地工作，打击各类抢建抢种58起，调处各类土地征迁矛盾纠纷108起。

（供稿：邱宝林）

济 村 乡

【概况】 2016年，济村乡辖13个建制村、100个村民小组，计3668户16093人。实现财政收入334.65万元，农村居民人均可支配收入9150元，农林牧渔业生产总值1.86亿元，完成全社会固定资产投资5.6亿元。获2016年度全县乡（镇）工作综合考评鼓励奖。

【农业】 2016年，济村乡实有耕地面积2.58万亩，粮食播种面积2.5万亩，粮食总产量1.25万吨，种植烤烟5000余亩，收购烟叶1.30万担（65万公斤）。膳品源高山蔬菜种植面积进一步扩大，每日供应市场总量3吨以上，年产值400万元，与厦门夏商百货达成联营合作协议，在全省建立8个直销点，并在福州市、宁化城关开设3个直销店，销售网络进一步完善。全年推广种植河龙贡米1823亩、收购472吨。通过以商招商形式，引入灿生农业技术有限公司，种植绿色无公害蔬菜，首期在济村村、神坛坝村流转土地150亩，在室外种植甘蓝菜30亩。

【工业】 2016年，济村乡实现规模以上工业产值2.43亿元，比2015年增长23.3%，完成规模工业税收14万元，比2015年增长27.2%，新增1家规模以上工业企业。引进福建同华兴矿业有限责任公司，开发上济村高岭土、钾长石等矿产资源，年内开展探矿作业。

【第三产业】 年内，济村乡新增宁化县红牛馆、哼哈餐饮等7家三产企业，其中红牛馆餐饮有限公司申报为限上企业。成功举办第二届蜂蜜文化活动节活动，协办好"骑聚红土地，重走长征路"等红色骑游活动，提升蜂蜜、白莲等农特产品知名度。全年组织参加客家小吃培训44人，开业33家。

【江滨新村项目】 为安置贫困户、无房户以及因旧村复垦项目拆迁的群众，结合造福工程易地扶贫搬迁政策，济村乡党委、乡政府在济村村江滨路边征地约60亩建设集中安置点，项目总投资5000万元，规划建设67栋住宅，可安置135户，一期工程建设项目包括土地平整、67栋房屋地圈梁浇筑以及前排20栋房屋，预计于2017年10月完成；二期工程含47栋住宅及相关配套设施，预计于2018年年底完成。通过江滨新村项目建设，推动济村乡精准扶贫工作开展，同时拉大集镇框架，完善集镇设施。年内该项目完成涉及57户群众的征地协议签订工作，进入土地平整施工作业阶段。

【社会事业】 2016年，济村乡投资400余万元，完成中心学校教学综合楼建设，投资150万元，改造中心幼儿园，进一步完善教学设备。全年，济村乡计生年度内出生人口327人，政策符合率91.21%，开展"计生宣传服务月"活动，清除废旧标语，宣传全面二孩政策，征收社会抚养费16例25.50万元。

【美丽乡村建设】 2016年，济村乡根据"五清楚"原则，通过"一整、二建、三提升"，即整治四房，新建基础设施和休闲场所，在靓化、绿化、文化上提升，分别投资880万元和380万元，着力打造长坊和武层两个美丽乡村建设重点示范村，引领示范，推动美丽乡村建设。

【精准扶贫】 2016年，济村乡在落实上级教育扶贫、医疗扶贫、低保政策兜底扶持等各项扶贫政策基础上，结合各村实际，在三村、济村、神坛坝等村设立村级"农村淘宝"服务点，依托"合作社助产+电商助销"扶贫模式，带领群众增收致富，全年累计帮扶脱贫109户、283人。

（供稿：巫锡鹏）

方 田 乡

【概况】 2016年，方田乡辖8个建制村（其中泗坑、泗溪为畲族村）、91个村民小组，计2871户11940人。全乡实现工农业总产值4.82亿元，其中农林牧渔业总产值2.12亿元，工业总产值2.70亿元。完成全社会固定资产投资5.40亿元。乡财政总收入895万元，农村居民人均可支配收入8720元。获宁化县2016年度平安先进乡（镇）第二名。

【农业】 2016年，方田乡实有耕地面积1.61万亩。种植烤烟2200亩，收购烟叶4600担（23万公斤），种植水稻1.50万亩，种植薏米2600亩，产能区创建2000多亩，种植河龙贡米1600亩，水稻制种示范片120亩，推广优良新品种5个，石蛙养殖6万只。巩固及培育发展家庭农场3家，专业合作社2个。

【工业】 2016年，方田乡围绕"4+1"产业，加强招商引资，推进产业结构调整，完成工业总产值2.7亿元，新增规模以上企业1家，完成内资5300万元，完成外资到资40万美元。

【第三产业】 2016年，方田乡新增宁化众恒汽车销售服务有限公司、三明市韵品茶叶有限责任公司、宁化县好彩头电子商务有限公司、宁化县金玉辕生文化传媒有限公司、宁化县仙宇贸易有限公司等注册企业5家，完成限额以上企业1家，完成第三产业固定资产投资7300万元；全年组织29人参加客家小吃培训，开业4家；新增农村淘宝店2家。

【基础设施建设】 2016年，方田乡做好省道纵八线方田段项目建设征地拆迁工作；实施集镇防洪堤建设项目和8个村的小农水工程，改善农田灌溉面积4200亩；实施南城村、岭下村土地整理项目1600亩；完成集镇至大罗村1.50公里路灯亮化工程；完成旧村复垦40亩。

【美丽乡村建设】 2016年，方田乡投资568万元重点推进朱王村美丽乡村建设，建成王屋休闲广场，实施朱坊农民休闲广场项目，改建琉璃瓦35户4550平方米，裸房粉刷42栋8500平方米，拆除破旧危房、闲置烤房等，新建朱王、岭下垃圾填埋场1个。巩固国家级生态乡创建成果，完成"四绿"工程40亩，人工造林更新830亩，完成森林抚育5500亩；封山育林1000亩，新植油茶2000亩，发展林下经济面积780亩。落实"河长制"，加强流域水环境治理。抓好"两违"整治和乡村环境卫生综合整治工作，建立村级环境卫生保洁长效机制，农村面貌不断改善。

【精准扶贫】 2016年，方田乡首创贫困户"二维码识别管理平台"，由专人管理开发，实现贫困户精准管理。突出产业扶贫、就业扶贫、易地搬迁扶贫和典型示范引领，油茶、林竹、石蛙及肉牛养殖等产业规模持续扩大；完成造福工程易地搬迁140人；开展就业技能培训3期72人参训，实现企业、农场、合作社带动贫困户就业18户；年内方田乡实现脱贫206人。

【成立首个乡级扶贫担保基金】 7月31日，方田乡扶贫担保基金会成立，为全县首个扶贫担保基金会。基金会将上级补助的50万元扶贫小额信贷风险担保金放大5—10倍，为当地建档立卡贫困户以及带动贫困户发展生产的企业提供贷款担保。年内为5户贫困户担保贷款15万元，2家"家门口就业"企业担保贷款15万元。

【社会事业】 2016年，方田乡新型农村养老保险参保率96%、新型农村合作医疗参保率94.10%；关心困难群众生活，落实最低保障制度，抓好扶残助残工作，做好133户低保户和742名残疾人保障工作；落实粮食综合直补、水稻良种补贴等惠农政策。深化"平安方田"建设，推进依法治乡，加强法制宣传，抓好矛盾纠纷排查调解和群众来信来访工作，做好综治平安建设工作，平安"三率"四个季度总分居全县第一。落实安全生产责任，强化校园及周边、交通、消防、森林防火、食品、动物防疫等安全监管，安全生产形势总体稳定。

（供稿：邱翠冰）

城 南 乡

【概况】 2016年，城南乡辖1个社区居民委员会、9个建制村、65个村民小组，计2374户10702人。与2015年相比，2016年，全乡社会固定资产投资6.30亿元，增长16.67%；农林牧渔总产值2.75亿元，增长10.81%；工业总产值3.64亿元，增长16.48%；农村居民人均可支配收入10105元，增长9.17%。

【农业】 2016年，城南乡实有耕地16321亩，粮食种植面积24747亩，粮食产量8556吨，种植河龙贡米1007亩，完成收购12.6万吨；种植烤烟3500亩，收购烟叶7258担（36.29万公斤），烟农收入1200万元。福建省旺龙生态农业有限公司的蛇肉、蛇酒、蛇毒等蛇产品深加工生产线开工建设。现代农业观光项目鹫峰寨、百香果种植观光园、客家文化农耕园等休闲观光农业项目共落实投资6000余万元，项目区内休闲旅游设施日趋完善，游客日益增多，其中鹫峰寨生态农庄被评为福建省三星级乡村旅游经营单位。2016年，投资120余万元，种植"紫香一号"百香果70亩、黄精330亩、草莓20亩。

【工业】 2016年，城南乡规模以上工业企业6家，新增2家，分别为宁化联誉泡沫制品有限公司和三明市德瑞服装有限公司。宁化联誉泡沫制品有限公司建成投产，年内落实投资6680万元，占年度任务数100%。福建省百沃森环境有限公司年产6万套空气净化器项目开工建设，累计落实投资1842万元，占年度任务数的120%。

【第三产业】 2016年，城南乡限额以上服务企业2家，规模服务业1家。实现龙德汽车贸易、鑫睿贸易等9家三产企业落地试营，引资额3650万元。组织62人参加客家小吃培训，新增县外挂牌24家。

【项目工作】 2016年，城南乡引进三明市益才服装有限公司、宁化县黄泥围生态农牧有限公司、福建省百沃森环境科技有限公司、三明市和鑫生态农业有限公司、宁化县华源生态文化发展有限公司5个内资项目共9000万元，完成任务数的360%；引进外资项目1个40万美元，完成任务数的100%。社会固定资产投资项目引进19个，其中5000万元以上5个。

【基础设施建设】 2016年，城南乡第八期土地复垦完成竣工测量42亩，第九期旧村复垦摸排70亩。争取惠农资金140万元实施小农水工程，修建灌溉水渠4659米，修建排洪沟1500米，惠及全乡6个村共6000余人。落实投资90余万元，进一步完善烟基工程，新建水泥路1379米、水渠1393米、防洪堤240米。投入资金240万元，建设路肩10公里、水沟6公里，整修道路病害2公里，修建沼气池300立方米。全年完成植树造林108亩，种植防火林带35亩、森林抚育1323亩。累积落实投资4544万元，横锁移民大桥、城南工业园区小学、城南敬老院、城南卫生院改造升级等一批惠民项目相继建成完工并投入使用，群众交通出行条件改善，教育教学、医疗保障水平提高，孤寡老人养老问题得到初步解决。

【美丽乡村建设】 2016年，城南乡以"河长制"工作为抓手，全面开展家园清洁和农村环境大整治，投入10余万元，清理河道沿岸、村庄路口顽固垃圾堆放点30余处，全乡环境卫生水平有效提升。水口美丽乡村建设完成投资429.44万元，拆除老旧危房34栋1715平方米，对公路沿线50栋房屋进行屋顶"平改坡"及立面改造共5959平方米，村内绿化面积6000平方米。完成道路硬化900米，新建路灯56盏，修建排水沟1210米，阴井33口，新建和改造无害化厕所12座，垃圾池3座，新增垃圾桶140个。在"美化、绿化、亮化"的基础上，注重与水口当地温泉、百香果等特色产业联动，使水口旅游产业与美丽乡村建设相辅相成，持续发展。

【社会保障】 2016年，城南乡贫困对象147户505人，年内脱贫89户227人。安排客家小吃技术培训2次，受益67人。为21户贫困户安排资金贷款70.6万元，为11户贫困户发放补助资金2万元。完成造福工程危房改造40户168人，完成易地搬迁54户206人。

【社会事业】 2016年，城南乡新农合、新农保参保率均在98%以上，为283户农户发放粮食直补14.4万元。2016计生年度出生人口205人，政策符合率93.2%。教育、卫生、文化等事业不断完善，人民武装工作得到充分肯定。全年排查调处矛盾纠纷33起，化解33起。受理各类信访16件，办结15件。

（供稿：吴郁佳）

治平畲族乡

【概况】 2016年，治平畲族乡辖12个建制村，100个村民小组，计3273户14131人。全乡世居雷、蓝两姓畲族，占总人口的30.50%，治平、高峰、高地、坪埔、社福、湖背角、下坪、泥坑、光亮等9个建制村为民族村，有35个自然村村民全部为畲族。2016年实现农林牧渔业总产值1.59亿元，工业产值5.1亿元。全年地方公共财政收入577万元。完成全社会固定资产投资6.9亿元，其中工业固投5.3亿元。农村居民人均可支配收入12500元，比2015年净增1284元，增长11.45%。

【农业】 2016年，治平畲族乡实有耕地面积8225亩，粮食播种面积9258亩，产量4100吨。全乡有竹制品企业5家，机制竹炭企业2家，带动劳动力就业480余人。在邓屋、彭坊等村，建立一年三茬（烤烟—甜心格玉米—芥菜头）高山蔬菜基地3200余亩，采取"公司+基地+农户"模式，发展蔬菜、甜玉米等订单农业，带动农村劳动力就业1400余人。全乡有9家农业专业合作社、1家家庭农场、3家林业专业合作社（林场）、1个竹业协会，其中曲英家庭农场和利农蔬菜专业合作社2016年入选省级示范新型农业经营主体。

【工业】 2016年，治平畲族乡完成工业固投5.3亿元，其中工业产值5.1亿元。全乡有规模以上企业8家。龙头企业初具雏形，形成以机制炭、竹帘、竹香芯、竹条、闽笋干、咸笋干为特色的笋竹加工产业体系。

【项目建设】 2016年，治平畲族乡引进鸡公嵊风电项目和汀江源头奄香溪万里安全生态水系项目。鸡公嵊风电项目总投资4.2亿元，总装机4.8万千瓦，计划建设24台2兆瓦风机，设计年发电量约1亿千瓦时，项目升压站连接道路9月开工建设。汀江源头奄香溪万里安全生态水系项目总投资1267.14万元，10月完成招投标等前期工作，12月1日开工建设。781县道田畲村至长汀县庵杰乡路段公路改（扩）建工程项目，武警交通部队援建完成路基工程，新建路肩、挡墙等配套设施。"5·19"灾后重建集中安置点农景小区两栋安置楼9月份竣工交房，共安置58户。

【美丽乡村建设】 2016年，治平畲族乡重点抓治平、湖背角村省级民族特色村寨建设点和治平、彭坊村县级重点整治村建设。新建五福桥景观廊桥、农民休闲公园、农民健身场所，拆除破旧附属房、空心房，新建彭坊生态果蔬长廊330米、集镇畲族文化墙300平方米；安装村庄路灯42盏；房屋立面改造106户；购买垃圾清运三轮摩托车1辆、垃圾箱200个、垃圾斗7个；河道清淤2.2万立方米。

【基础设施建设】 2016年，治平畲族乡完成"5·19"灾后重建桥路工程，集镇灾后重建集中安置点建成并投入使用。抓好集镇基础设施建设，新建水冲式公厕，完成下林排小区、江下坝小区人行道彩砖铺设，完成沿河村道改扩建、村庄沿河沿线绿化、池塘景观以及其他节点建设和环境综合治理。开工建设日供水3000吨的集镇自来水改扩建一期工程，开展9个村的农村配电网改造。

【精准扶贫】 2016年，治平畲族乡实现脱贫105户321人。成立扶贫担保基金会和教育扶贫基金会，分别注入50万元资本金助力产业扶贫和教育扶贫。做好贫困户旧房改造和易地扶贫搬迁，改善贫困户居住环境，年内易地扶贫搬迁59户165人，其中国定标准贫困户建（购）45户114人，省定标准贫困户建（购）14户51人。

【社会事业与保障】 2016年，新建民族学校乡村少年宫，完成卫生院住院部改扩建。计生年度内全乡出生人口222人，政策符合率91.87%。参加新型农村合作医疗保险11622人，参加新型农村社会养老保险6587人。全年发放五保户、低保户、优抚户、贫困户、受灾户等特殊群体救济、补助资金168.6万元，发放救灾款49.86万元。组织参加客家小吃培训59人，其中参加中级培训班12人；挂牌营业24户，其中精品店4家。有效化解矛盾纠纷98起，连续10年被县级评为"平安乡镇"。

【宁德畲族歌舞团到治平畲族乡演出】 11月23日，福建省参加全国少数民族文艺会演部分节目赴民族地区巡回演出在治平畲族乡举行，表演节目有畲族舞蹈《山哈魂》、畲族歌谣、民歌、民族舞、乐器演奏等。该演出由省民族与宗教事务厅主办，市民族与宗教事务局协办，县民族与宗教事务局和治平畲族乡党委政府承办，宁德市畲族歌舞团演出。

（供稿：雷绍球）

中 沙 乡

【概况】 2016年，中沙乡辖13个建制村，1个社区居民委员会、106个村民小组，共3878户16878人。完成固定资产投资8.38亿元，其中工业固投6.16亿元。完成规模以上工业总产值8.78亿元，比2015年增长24.36%。农林牧渔业总值1.71亿元。农村居民人均可支配收入9912元，比2015年增长14.09%。

【农业】 2016年，中沙乡有耕地面积2.45万亩，推广机插秧面积1.49万亩，培育种粮大户127户、职业烟农365户，粮食产量1200多吨，收购烟叶9046担（45.23万公斤），推广河龙贡米1562亩、制种400亩，实施粮食产能区示范片建设1000亩。鹤翔春百亩设施茶园开工建设。建成畲寨生态工厂化栽培茶薪菇基地2万平方米，栽培茶薪菇80万袋。新绿金农业建成钢架大棚蔬菜基地50亩，承担省农林大茄子砧木嫁接、黄瓜砧木十字嫁接高产栽培技术试点，并在周边乡（镇）推广。全乡种植美国核桃300亩、赣南红肉脐橙100亩、百香果50亩。

【工业】 2016年，中沙乡新增工业企业4家、服务业企业7家、规模服务业企业1家。凯进鞋业入驻"双创"孵化区，光能生态农业公司年产110吨茶叶生产线投产，实施石磊公司矿洞技改项目，完成马嘴、叶坊新开矿点前期工作。

【第三产业】 2016年，中沙乡新增服务企业12家，限额以上企业3家，发展客家小吃店128家，"村淘"第一批示范点2个。下沙村列入"全国乡村旅游扶贫重点村"，完成畲族风情文化园水系、路网、图腾墙绘及配套绿化建设。

【美丽乡村建设】 2016年，练畲村渔潭组美丽乡村县级基本整治点初具规模，完成立面改造55户、整治裸墙4600平方米，拆除危旧房、附属房、猪牛栏4000余平方米，新建排水沟及污水收集管网、木桩护岸、石板步道等设施，顺应地势建成休闲公园、停车场，硬化村道，安装路灯40盏。推进农村生活垃圾治理，新建村级垃圾填埋场2座，全面推广"十户联保"保洁机制，3座冲水式公厕建成投用。

【精准扶贫】 2016年，中沙乡落实结对帮扶责任，实施"精准扶贫先锋行动"，开展创建一个产业基地（项目）、打造一个美丽乡村节点、兴办一批为民实事、帮扶一批贫困对象、树立一项扶贫典型、培育一批领富能人等"六个一"活动。建成茶叶、食用菌等产业基地11个，实施为民实事项目28项，初步建立鹤翔春基地托养、量化折股、畲寨生态公司家门口就业、廖家订单带动等扶贫典型3个，108户297人实现脱贫。推进易地搬迁扶贫，落实异地搬迁29户118人。

【民生保障】 2016年，下沙至何屋公路改造、下沙小学孝茂教学楼、楼家水土流失治理等10件为民办实事项目基本完工，半溪、廖家村等村8个"一事一议"项目竣工。中考综合率名列全县前茅，建成半溪群众文化休闲广场、集镇笼式足球场等文体设施，落实计生精准访视和优质服务。深化基层医疗卫生机构改革，实现村级卫生所覆盖，新农合、新农保参保率均100%。全面落实"河长制"管理，全面完成2016年黄标车淘汰任务。落实领导定期接访和"四四三"调解机制，加大禁毒禁赌宣传巡察打击力度，开展常态化治安巡逻，社会保持安定稳定。

（供稿：张林昊）

河 龙 乡

【概况】 2016年，河龙乡辖8个建制村、68个村民小组，计2039户9184人。全乡土地面积64.25平方公里，其中耕地1.37万亩，山林6.95万亩，森林覆盖率75%，平均海拔597米，最高峰福建嶂海拔1019.7米。与2015年相比，2016年，全乡工农业生产总值6.50亿元，增长13.03%。其中，农业生产总值1.78亿元；工业生产总值3.5亿元，增长16.67%；完成固定资产投资4.3亿元，增长17.81%。农村居民人均可支配收入9824元，增幅13%；全乡地方公共财政收入1264.2万元，增长46.94%。

【农业】 2016年，河龙乡耕地面积1.36万亩。粮食播种面积5736亩，产量6544吨。全年二代河龙贡米订单种植面积4000亩，每亩增加农民收入800—

1000元。种植铁观音茶叶160亩，改造老茶园80亩，进一步整合全乡茶叶生产小作坊，逐步形成5000亩"河龙高山云雾优质茶"产业基地。种植烟叶1800亩，收购烤烟3700担（18.5万公斤）；新植毛竹110亩，培育丰产竹林基地120亩，改造低产竹林120亩；种植姬松茸、蘑菇等食用菌60亩；种植槟榔芋260亩。全乡出栏生猪5198头。

【项目工作】 2016年，河龙乡继续实施河龙贡米文化园建设，完成河龙贡米文化园水车、绿化、浮雕等建设以及客家风格住宅小区规划设计。推进河龙贡米特色小镇重点项目建设，完成集镇16户农户房前骑楼、人行步道及雨污分流项目建设。引进三明市五谷丰登电子商务有限公司，建立河龙贡米大洋梯田生态农庄，完成大洋梯田观景平台设计、水南古庙维修方案制作等项目，全面推进河龙贡米大洋梯田生态旅游开发。加快推进鑫洋玻纤技改工作，参加福州、厦门等地举办的投资贸易洽谈会，加强企业沟通和服务工作，努力策划推介工业项目。

【美丽乡村建设】 2016年，河龙乡投资200多万元完成美丽乡村重点整治村（永建村）美丽乡村建设，完成房屋立面改造、绿化、亮化、老年活动中心、休闲公园等建设。其余各村也相继做好路灯亮化、道路硬化、环境卫生集中整治等工作。

【完善基础设施】 2016年，杨凹排至江西省大秀路口的省际断头路段开工建设；农贸市场综合大楼主体基本完成；第八期旧村复垦36.48亩任务全部完成。落实为民办实事项目，实施交通安全保障工程及公交服务便民工程，全乡新建7个候车亭；完成前进至大洋路段安保设施项目建设和完成河龙卫生院职工周转宿舍改建，并完成验收。

【推进精准扶贫】 2016年，河龙乡建立精准扶贫公众号，创建二维码。深化"348"工作机制，推出"433"工作法，落实六项帮扶措施，建立福乐缘基地、光伏发电等整村推进项目，建立河龙贡米大洋梯田生态农庄，引导农民签约入股，年收益率保底为7.2%，年内有17户贫困户签约入股。全乡建档立卡精准扶贫对象198户663人，2016年脱贫90户、341人。

【社会事业均衡发展】　2016年，全乡按时发放粮食直补金额104.03万元。为85户低保户发放低保金45.2万元，为9户优抚对象发放优抚金9.75万元。全乡参加新型农村合作医疗保险农民7790人，实现应保尽保；参加新型农村养老保险4191人，参保率96%。组织参加客家小吃培训70人，开店17个。关心困难群众生活，做好低保动态管理、自然灾害救助、重度残疾人护理补贴发放和医疗救助等工作。抓好诚信计生、落实优惠奖励措施。强化校园、交通、消防、森林防火、食品、动物防疫等安全监管，营造安定和谐的社会发展环境。深化"平安河龙"建设、综治"三率"调查和禁毒工作。健全社会防控体系，抓好矛盾纠纷排查调解和群众来信来访工作，化解调处矛盾16起，没有发生越级上访及重大安全事故。落实"河长制"、农村环境整治、村庄绿化、生态文明建设，创建"生态文明村"，创建优美宜居环境。以"村淘"为平台，发展农村电子商务，解决农村部分劳动力就业问题，全乡发展"淘宝帮手"34户，其中贫困户26人。结合"6·5"普法教育日在学校开展普法教育，发放宣传单1300份，提高师生法律意识和自我保护意识。完成民兵整组任务93人，征兵1人。

【河龙贡米特色小镇建设】　河龙贡米特色小镇建设工程由宁化蓝田建筑文化传媒有限公司设计，分为骑楼雨披、雨污水分流和人行步道改造3个项目，总投资426万元。项目分两期建设：第一期改造集镇骑楼住户106户，全长890米，投入改造资金236万元；第二期项目改造集镇骑楼住户82户，全长680米，投入改造资金190万元。第一期项目于2016年12月开工建设，年内完成骑楼住户改造16户。

【17名贫困户与公司签约】　河龙贡米大洋梯田生态农庄作为三明市五谷丰登电子商务有限公司的一个生产经营基地，通过吸纳乡、村扶贫资金及贫困户投资入股方式开展精准扶贫工作。11月11日，河龙乡17户贫困户与三明市五谷丰登电子商务有限公司现场签订入股协议。公司给予贫困户保底收益，进行年底分红，年收益率保底为7.2%，不存在风险。农庄流转大洋梯田500多亩，采用土地认养、生态耕作、实时记录合作经营模式。在认养经营基础上进一步发展生态养殖和农家乐。同时，农庄在保障贫困户固定收益基础上，优先吸纳有劳动能力的贫困户到基地务工，增加贫困户收入。

（供稿：刘文亮）

泉上华侨农场

【概况】　2016年，泉上华侨农场辖9个生产队，计431户、1093人，其中归侨392户、570人；在职干部职工173人，退休人员356人。全场占地面积5.63平方公里，其中果园面积3300亩，水田500多亩。主要种植李、奈、梨等优质水果以及花生、大豆、地瓜、烟叶等经济作物，全场实现社会总产值3452.91万元，职工人均可支配收入16743元。

【农业】　2016年，泉上华侨农场坚持"山地果园化、田地烟叶化、荒地作物化"思路，在稳定粮烟种植面积800亩基础上，引进新品种改造老果园300余亩，全场水果产业实现产值518万元。调整种养结构，扶持归难侨在果园内发展畜禽养殖，套种经济作物，发展立体种养业。2016年种植烟叶350亩，销售收入130万元。

【民生保障】　2016年，泉上华侨农场投资50万元，对农场"侨胞之家"和归侨服务中心进行装修改造，改善归难侨生活环境。三、四队土地整理工作年内完工，种植条件进一步改善，促进增收。投资10万元对场部办公楼进行平改坡改造，改善办公楼屋顶漏雨情况。投资3万元对五队主路进行扩建，改善交通及周边环境。

【项目工作】 12月，泉上华侨农场签约引进越丰矿业有限公司高岭土深加工项目，项目建设地点位于泉上华侨农场凉伞岗，占地面积47亩，建设面积5000平方米，总投资1.5亿元；泉上华侨农场一队美丽乡村建设项目位于天鹅洞国家地质公园对面，2013年以来实施"非归难侨危房改造工程"建设，规划建设侨居住房19幢38户，截至2016年年底完成投资800万元，新建住房15幢30户。

【社会保障】 2016年，泉上华侨农场173名职工全部参加基本养老保险、医疗保险、工伤和生育保险，499名非职工参加城镇居民社会养老保险，全年缴纳医、社保费105万元；发放离退休归难侨174人生活补助资金20.8万元，慰问困难归难侨生活补助20万元，发放最低生活保障13人5.2万元，归难侨"老有所养、病有所医"问题得到基本保证。

（供稿：邓雪琪）

名 录

◆编辑：范忠华

2016年宁化县党政机构副科级以上在职领导干部名录

一、中国共产党宁化县委员会

书　记：肖长根（4月离任）

　　　　余建地（4月到任）

副书记：余建地（4月离任）

　　　　吕国健（6月离任）

　　　　姚文辉（6月到任）

　　　　刘小彦（4月到任）

纪委书记：刘小彦（7月离任）

　　　　　江向荣（7月到任）

常委、政法委书记：李平生（7月离任）

　　　　　　　　　黄树荣（7月到任）

常委、统战部部长：黄　芳（7月离任）

　　　　　　　　　刘小帆（7月到任）

常委、宣传部部长：林移发（7月离任）

　　　　　　　　　郑丽萍（7月到任）

常委、副县长：陈　健

常委、组织部部长：陈章明（4月离任）

　　　　　　　　　钱　锋（4月到任）

常委、人武部部长：陈　恩

常委、人武部政委：黄文海（4月离任）

常委（挂职）：刘　强（7月离任）

常委：林移发（7月到任）

二、宁化县人民代表大会常务委员会

主　任：罗启发（12月离任）

　　　　潘闽生（12月到任）

副主任：张如梅

张金炎

李恭清

阴晓萍（7月离任）

周文庆（12月到任）

三、宁化县人民政府

县　长：余建地（4月离任）

　　　　吕国健（4月到任、6月离任）

　　　　姚文辉（6—11月代县长、12月任县长）

副县长：陈　健

　　　　林翠玲（7月离任）

　　　　刘小帆（7月离任）

　　　　陈朝利（7月离任）

　　　　张清祥

　　　　张敬丰（7月离任）

　　　　刘远隆（7月离任）

　　　　胡红林（7月离任）

　　　　黄光成（7月到任）

　　　　谢　忠（12月到任）

　　　　周　颖（12月到任）

　　　　兰其锋（12月到任）

　　　　邵东珂（8月到任）

　　　　王兴国（12月到任）

四、中国人民政治协商会议宁化县委员会

主　席：刘日太（12月离任）

　　　　李平生（12月到任）

副主席：王盛通

　　　　马安平（12月离任）

　　　　吴金珠

　　　　伍秉曲

　　　　张运华（12月到任）

五、中国共产党宁化县纪律检查委员会

书　记：刘小彦（7月离任）

　　　　江向荣（7月到任）

副书记：郑翠春（7月离任）

　　　　伊贤明

　　　　邱智辉（7月到任）

常　委：邱智辉（7月离任）

　　　　邱北苓

　　　　雷富发（6月离任）

　　　　江伟健

　　　　张永能（7月到任）

　　　　张海军（7月到任）

办公室主任：雷富发（6月离任）

　　　　　　郑名熔（6月到任）

组织和宣传部部长：张祥经（6月到任）

第一纪检监察主任：邱智辉（6月离任）

　　　　　　　　　　张海军（6月到任）

第二纪检监察主任：张海军（6月离任）

　　　　　　　　　　肖　邦（6月到任）

审理室主任：江伟健

信访室主任：张永能

案件监督管理室主任：肖　邦（6月离任）

　　　　　　　　　　　李文婷（6月到任）

纪检监察干部监督室主任：张天旭（6月到任）

党风政风监督室主任：郑占泊

六、县委各部、委、办、局

1.县委办公室

主　任：张运华

副主任：邱兴明（9月离任）

　　　　张远福（9月离任）

　　　　潘立华（9月到任）

　　　　王克华（2月离任）

　　　　邱德莲

　　　　徐志祥

　　　　黄启木（2月到任）

　　　　张忠诚（10月到任）

2.督查室

主　任：黄启木（2月离任）

　　　　陈先烜（12月到任）

3.机要局

局　长：徐志祥

4. 保密委员会（国家保密局）

局　长：张远福（9月离任）

5.台湾事务办公室

主　任：张远福（4月离任）

6.政策研究室

主　任：王克华（2月离任）

7.组织部

部　长：陈章明（4月离任）

　　　　钱　锋（4月到任）

副部长：张仁凤

　　　　池贤杰（9月离任）

　　　　黄荣明（9月离任）

　　　　王龙翔（9月离任）

　　　　赖贤斌

　　　　张　瑜（9月到任）

组织员办主任：黄荣明（9月离任）

　　　　　　　赖贤斌（9月到任）

副主任：黄泽飞（2月离任）

非公有制企业工作委员会书记：张仁凤

常务副书记：孙东升

8.宣传部

部　长：林移发（7月离任）

　　　　郑丽萍（7月到任）

副部长：官义伙（9月离任）

　　　　孙永前

　　　　曹月华

　　　　黄泽飞（2月到任）

　　　　黎朝熙（9月到任）

9.网络文化建设与管理办公室

常务副主任：林　旭

10.县委报道组（县新闻中心）

组　长：俞祥波

11.统一战线工作部

部　长：黄　芳（7月离任）

　　　　刘小帆（7月到任）

副部长：张　平（10月离任）

　　　　龚翠勤（10月离任）

　　　　徐通旺

　　　　马琳秀

　　　　张贤权（9月到任）

12.政法委员会

书　记：李平生（7月离任）

　　　　黄树荣（7月到任）

副书记：李明辉

　　　　林春谷

　　　　阴存新（10月离任）

政治处主任：潘立华（10月离任）

13.县社会管理综合治理委员会办公室

主　任：林春谷

副主任：廖善雄

14.防范和处理邪教问题领导小组办公室

　　（县政府防范和处理邪教问题办公室）

主　任：俞达增

15.县委机构编制委员会办公室

　　（县政府机构编制办公室）

主　任：巫盛根（9月离任）

　　　　刘文胜（9月到任）

副主任：叶淑琴

事业单位登记管理局局长：李凌凤

16.县直机关工作委员会

书　记：陈章明（4月离任）

　　　　钱　锋（4月到任）

常务副书记：马卡鸣（7月离任）

　　　　　　张凌鸿（7月到任）

副书记：雷恒寿

纪工委书记：雷恒寿

工委委员：黄兆锋

　　　　　张河平

17.老干部局

局　长：王龙翔（9月离任）

　　　　张　瑜（9月到任）

副局长：张秀云

　　　　陈雪贞

18.县关心下一代工作委员会

主　　任：罗朝祥

执行主任：董香妹

常务副主任：廖善珍

副主任：张秀云

19.县委精神文明建设办公室

　　（县精神文明建设指导委员会办公室）

主　　任：官义伙（6月离任）

　　　　　黎朝熙（6月到任）

副主任：谢建国

　　　　游东雄

20.县委（县政府）信访局

局　长：邱兴明（9月离任）

　　　　潘立华（9月到任）

副局长：李海东

副科级信访督查专员：张启旺

21.县委党校

校　长：陈章明（4月离任）

　　　　钱　锋（4月到任）

常务副校长：朱建华

副校长：伊建春

　　　　赖美华（9月离任）

22.党史研究室

主　任：张发金

副主任：张根彬（8月离任）

　　　　龚翠英

23.档案局（馆）

局　　长（馆长）：黄道能

副局长（副馆长）：王元新

　　　　　　　　　谢起明

七、县人大常委会各委室

1.人大常委会办公室

主　任：巫燕华（10月离任）

　　　　廖香文（10月到任）

副主任：廖香文（10月离任）

　　　　王盛炎（12月离任）

　　　　杨　辉（10月到任）

　　　　张小华（10月到任）

2.人事代表工作室

主　任：黄　宁（10月离任）

　　　　王　斌（10月到任）

副主任：张嫦珠（10月离任）

　　　　邱夕连（10月到任）

3.内务司法委员会

主　任：张天庆（8月离任）

　　　　巫锡鹤（10月到任）

4. 财政经济委员会

主　任：巫升桓（10月离任）

　　　　张　平（10月到任）

副主任：邱夕连（10月离任）

　　　　伍国林（10月到任）

5.农村经济委员会

主　任：吴良才（10月离任）

副主任：李敬清

　　　　陈庭游（10月到任）

6.教育科学文化卫生委员会

主　任：王　斌（10月离任）

　　　　江珊珊（10月到任）

副主任：马秀琼

7.环境与城建委员会

主　任：周辅安（10月离任）

　　　　赖锦森（10月到任）

副主任：伍国林（10月离任）

　　　　陈文利（10月到任）

8.信访室

主　任：张嫦珠（3月离任）

　　　　罗雪桢（3月到任）

人大常委会专职委员：刘振彦（10月离任）

袁洪生（10月离任）

曾茹芳（12月到任）

张嫦珠（12月到任）

管伙才（12月到任）

王盛炎（12月到任）

八、县政协工作部门

1.政协办公室

主　任：张　瑜（9月离任）

　　　　陈华文（10月到任）

副主任：邱汝兰

2.提案和法制委员会

主　任：王新玲

副主任：赖群钊（10月到任）

3.社会事业委员会

主　任：刘先民（10月离任）

　　　　马凤珠（10月到任）

副主任：谢名政

4.经济和港澳台侨委员会

主　任：张森金（10月离任）

　　　　巫才金（10月到任）

副主任：王新玲（2月离任）

　　　　张晓英（2月到任）

5.文史学习和民族宗教委员会

主　任：雷贵森

副主任：李月香（2月到任）

九、军事司法机关

1.人民武装部

部　长：陈　恩

政　委：张利有

副部长：周孝军

军事科参谋：陈栋梁

　　　　　　上官秋元

政工科科长：杨光耀（6月离任）

　　　　　　刘晓光（6月到任）

后勤科科长：曾其鹰（3月离任）

　　　　　　杨光耀（6月到任）

2.人民法院

党组书记、院长：俞和勇（7月离任）

　　　　　　黄　伟（12月到任）

党组副书记、副院长：罗爱群（12月离任）

　　　　　　　　张启铁（9月任党组副书记）

副院长：邓章隆（9月离任）

　　　　陈　健（9月到任）

　　　　巫朝鸿（9月到任）

纪检组长：陈国赋（9月离任）

　　　　　阴存新（9月到任）

政治处主任：张　雄（9月离任）

　　　　　　马传辉（9月到任）

党组成员、审判委员会专职委员：胡永华

党组成员、刑庭庭长：陈　健

党组成员、少年庭庭长：巫朝鸿

执行局局长：张仁华

3.人民检察院

检察长：黄小斌（7月离任）

　　　　郭建武（7月到任）

副检察长：邱祖良（10月离任）

　　　　　罗东斌

　　　　　张　青

政治处主任：张德潭

纪检组长：孙苏文

专职检委：余启挥（10月离任）

　　　　　伊世海

4.武警中队

中队长：刘永春（5月离任）

　　　　崔节磊（5月到任）

指导员：程　乐

副中队长：田　凯（8月离任）

　　　　　彭树烟（8月到任）

5.公安消防大队

大队长：陈晓斌（12月离任）

　　　　陈宏磊（12月到任）

教导员：柯火元

十、县政府各局、办、公司

1.政府办公室

主　任：刘小明（5月离任）

　　　　黄荣明（10月到任）

副主任：王松标

　　　　张清东（12月离任）

　　　　罗昌忠（10月离任）

　　　　阴宏伟

　　　　伍善芳

　　　　张发能（10月到任）

纪检组长：孙婷婷（9月到任）

2.政府法制办公室

主　任：罗昌忠（10月离任）

3.机关效能建设领导小组办公室

主　任：刘小明（5月离任）

　　　　黄荣明（10月到任）

副主任：阴宏伟

4.外事侨务办公室

主　任：刘小明（5月离任）

　　　　黄荣明（10月到任）

5.金融工作办公室

主　任：罗昌忠（10月离任）

6.行政服务中心管理委员会

主　任：马永富

7.人民防空办公室（民防局）

主　任：江陈林（7月离任）

　　　　王晨波（9月到任）

支部书记：范水亮（10月离任）

8.发展和改革局

局　长：马小明（9月离任）

　　　　张运华（9月到任）

副局长：张运华（9月离任）

　　　　张贤权（10月离任）

　　　　邱兴明（10月到任）

　　　　雷美河

　　　　张运富

　　　　马凤珠（9月离任）

　　　　罗长江

纪检组长：李敬星（9月离任）

9．物价局

局　长：张运华（9月离任）

　　　　雷美河（9月到任）

支部书记：蔡绍启

10．粮食局

局　长：张贤权（10月离任）

　　　　邱兴明（10月到任）

党总支书记：陈健琳

11．教育局

局　长：吴革伟

党委书记：黄显明（11月离任）

　　　　　吴革伟（11月到任）

党委副书记：张凌鸿（11月离任）

　　　　　　张清强（11月到任）

副局长：张秀华（9月离任）

　　　　王洪辉（9月离任）

　　　　张凌鸿（7月离任）

　　　　王进良

　　　　张清强

纪检组长：张凌鸿（2月离任）

　　　　　刘　芸（2月到任）

工会主席：张凌鸿（11月离任）

12．教育督导室

主　任：雷行健

13．科学技术局

局　长：雷建平（10月离任）

　　　　张秀华（10月到任）

党组书记：张森金（9月到任）

副局长：廖仕辉

　　　　管伙才（11月离任）

　　　　吴九金

14．经济和信息化局

局　长：张发禄（10月离任）

　　　　李纪鹏（10月到任）

副局长：张发华（10月离任）

　　　　曾　华

　　　　曾念华

　　　　曾瑜华

　　　　郭华国（挂职，10月到任）

纪检组长：黄雪水（7月离任）

　　　　　曾念旭（9月到任）

15．民族与宗教事务局

局　长：刘文胜（9月离任）

　　　　张远福（9月到任）

副局长：雷小平

　　　　雷翠芬

16．公安局

党委书记、局长：钟必涵（7月离任）

　　　　　　　　谢　忠（7月到任）

党委副书记、政委：谢　忠（7月离任）

党委副书记：刘　红

副局长：刘海斌

　　　　邱启荣

　　　　张志龙

　　　　罗昌英

副政委：郭　宇

党委委员、政工室主任：邹传鑫

纪委书记：巫生铭

党委委员、指挥中心主任：赖日华（7月离任）

指挥中心教导员：郑永宁

监察室主任：张清金

治安管理大队大队长：陈宁河

治安管理大队教导员：张城妹

出入境管理大队大队长：苏志斌

出入境管理大队教导员：曾钦仪（9月离任）

法制大队大队长：廖庆忠

警务保障室主任：张清忠

国内安全保卫大队大队长：张经雄

国内安全保卫大队教导员：陈世海

刑事犯罪侦查大队大队长：张天华

刑事犯罪侦查大队教导员：杨大根

刑事犯罪侦查大队副大队长、综合情报中队中队长：孙翠玲（综合情报中队中队长，10月30日离任）

刑事犯罪侦查大队副大队长、技术中队中队

长：阴润平（技术中队中队长、10月30日离任）

刑事犯罪侦查大队副教导员、案审中队中队长：张声源（案审中队中队长、10月30日离任）

刑事犯罪侦查大队副大队长、打击室内侵财犯罪中队中队长：张永彬（打击室内侵财犯罪中队中队长，10月30日离任）

刑事犯罪侦查大队副大队长、重案中队中队长：张族长（重案中队中队长，10月30日离任）

刑事犯罪侦查大队副大队长、打击路面侵财犯罪中队中队长：林其胜（打击路面侵财犯罪中队中队长，10月30日离任）

禁毒大队大队长：张望庆

禁毒大队教导员：周登胜

党委委员、经侦大队大队长：王兴林

经济犯罪侦查大队教导员：王立德（10月离任）

交通警察大队大队长：李碧招

交通警察大队教导员：黄金水

看守所所长：朱承仁

看守所教导员：陈国康

拘留所所长：吴茂生

拘留所教导员：巫国长（9月离任）

党委委员、翠江派出所所长：徐恩辉

翠江派出所教导员：陆良谦

翠江派出所副所长兼综合室主任：邱加梁（综合室主任，10月30日离任）

翠江派出所副所长兼双虹警务队队长：王汉龙（双虹警务队队长，10月30日离任）

翠江派出所副所长兼小溪警务队队长：黄泽滨（小溪警务队队长，10月30日离任）

翠江派出所副所长兼红卫警务队队长：张泽长（红卫警务队队长，10月30日离任）

翠江派出所副所长兼中山警务队队长：王卫斌（中山警务队队长，10月30日离任）

翠江派出所副所长兼农村警务队队长：张金水（农村警务队队长，10月30日离任）

安乐派出所所长：李庆红

安乐派出所教导员：曾钦宝

曹坊派出所所长：杨延华

曹坊派出所教导员：陈　华

治平派出所所长：陈永捷

治平派出所教导员：黄小敏

石壁派出所所长：邹志晖

石壁派出所教导员：夏让升

淮土派出所所长：蔡义芳

淮土派出所教导员：张河坚

济村派出所所长：徐通达

中沙派出所所长：张　伟

中沙派出所教导员：曾国珊（10月30离任）

安远派出所所长：王富贞

安远派出所教导员：张运江

水茜派出所所长：肖良富

水茜派出所教导员：林志宁

泉上派出所所长：肖长生

泉上派出所教导员：伍臣昱

湖村派出所所长：罗忠东

湖村派出所教导员：毛月辉

17.监察局

局　长：郑翠春（7月离任）

　　　　伊贤明（7月到任）

副局长：欧阳盛福

　　　　郑占泊（7月到任）

18.民政局

局　长：吴仕桦

副局长：曹周福

　　　　孙代全（10月离任）

　　　　黄伙佬（10月离任）

　　　　陈丹萍

纪检组长：滕子栋

19.革命老根据地建设办公室

主　任：柳荣桃

副主任：白观伙（10月离任）

20.司法局

局　长：张茂银（7月离任）

　　　　夏礼谋（7月到任）

副局长：邱文红

邱运生

王　文

纪检组长：黄荣炳

翠江司法所所长：范雪珍（10月离任）

城郊司法所所长：蔡江虹

湖村司法所所长：王盛勋

泉上司法所所长：汤有华（11月离任）

城南司法所所长：张　珏

安乐司法所所长：周贤斌

曹坊司法所所长：黄泉福

济村司法所所长：阴存光（3月到任）

方田司法所所长：黎　斌

石壁司法所所长：谢起雄

中沙司法所所长：章国华

河龙司法所所长：陈志福

水茜司法所所长：邱位焰

安远司法所所长：童长鸿（3月到任）

21.财政局

局　　长：郑洪钦

副局长：范啟辉

刘军林

赖锡光

刘桂玉

朱莉萍（10月到任）

陈　亮（挂职，9月到任）

纪检组长：王翠萍（10月离任）

22.人力资源和社会保障局

局　　长：曾玉光

党组书记：池贤杰（9月离任）

曾玉光（9月到任）

支部书记：吴清贫

副局长：黎朝熙（7月离任）

邱永茂

马元标（9月离任）

曹颖川

张旭华（10月到任）

吴亦玉

纪检组长：廖福东

23.公务员局

局　　长：池贤杰（9月离任）

巫盛根（9月到任）

副局长：吴亦玉

24.机关事业单位社会保险管理中心

主　任：邱健君

25.国土资源局

党组书记：潘良珍（9月到任）

局　　长：丘加德

副局长：张清生

雷　伟（5月离任）

吴立水（10月离任）

张仁河

伊旭平（10月到任）

施明辉（10月到任）

纪检组长：范仁春

执法监察大队大队长：张尚东

执法监察大队支部书记：戴成仁

不动产登记局局长：张清生（2月到任）

不动产登记中心主任：罗　琴（2月到任）

26.环境保护局

局　　长：谢荣好（9月离任）

马小明（9月到任）

副局长：谢启海

潘立高

纪检组长：张龙金

27.住房和城乡规划建设局

局　　长：江陈林（7月离任）

马宗平（7月到任）

副局长：游　彪

徐　俊

谢永玉

伊旭平（10月离任）

杨家海（10月到任）

吴立水（10月到任）

廖胜贤（挂职，10月到任）

纪检组长：杨家海（10月离任）

党组副书记、纪检组长：江　虹（10月到任）

28.城市建设管理监察大队

大队长：邹传远

教导员：张天琼

29.县行政执法局

局　　长：张伙伦（7月离任）

　　　　　赖日华（7月到任）

总支部书记：巫才金（12月离任）

30.交通运输局

局　　长：林贵昌

副局长：潘朝发

　　　　范仁辉

　　　　廖重景

　　　　张步龙（挂职，8月离任）

　　　　赖锦森（12月离任）

纪检组长：王克雄

人武部部长：官辅平

31.国防动员委员会交通战备办公室

主　　任：潘朝发

32.交通运输管理所（地方海事处）

所　长（处长）：曹连华

支部书记：杨　忠

33.交通综合行政执法大队

大队长：谢连根

支部书记：陈翠玲

34.县农业局（县委农村工作领导小组办公室）

局　长（主任）：陈建刚（7月离任）

　　　　　　　张少敏（7月到任）

党委书记：张丽红（11月离任）

　　　　　陈建刚（11月到任）

党委副书记：张丽红（11月到任）

副局长（副主任）：曾绍山

　　　　　　　　　吴中声

　　　　　　　　　邱筱箐

　　　　　　　　　张伟生（9月到任）

　　　　　　　　　黄春旺

　　　　　　　　　罗光钟（9月离任）

副局长：朱木材（6月离任）

　　　　张天翔（挂职，10月到任）

纪检组长：邓祥兴（9月离任）

　　　　　雷德麟（9月到任）

35.食用菌生产开发办公室

主　　任：曾绍山

副主任：马求凤（10月离任）

36.农业机械管理办公室

主　　任：吴中声（10月离任）

　　　　　凌延平（10月到任）

37.农业资源区划委员会办公室

主　　任：凌延平（10月离任）

　　　　　马求凤（10月到任）

副主任：吴广能（10月离任）

38.林业局

局　　长：赖锡升（7月离任）

　　　　　周登华（7月到任）

党委书记：廖达增（11月离任）

副局长：张龙华（10月离任）

　　　　张兴隆（7月离任）

　　　　伍成蓉（10月到任）

　　　　谢恒望

　　　　江珊珊（10月离任）

纪检组长：伍成蓉（9月离任）

人武部部长：刘根荣（10月离任）

39.公安局森林分局

局　　长：伍　虹

教导员：王兴庭

城郊森林派出所所长：黎朝平

城郊森林派出所教导员：范衍清

安乐森林派出所所长：黄清平

安乐森林派出所教导员：孙熙丰

泉上森林派出所所长：张　洪

泉上森林派出所教导员：陈天忠

中沙森林派出所所长：阴存熙

中沙森林派出所教导员：雷建华

鱼龙森林派出所所长：胡宁清

鱼龙森林派出所教导员：雷发佬

40.林业科技推广中心

主　　任：张　鹏（3月离任）

41.牙梳山省级自然保护区管理处

主　任：章广兴

支部书记：伍小兵

42.水利局

局　长：熊建云（7月离任）

　　　　张发禄（10月到任）

党委书记：陈志发（10月离任）

纪检组长：王祥德

副局长：张运琴（7月离任）

　　　　毛显伙

　　　　曾秋菊

隆陂水库管理处主任：唐锡和

泉上水库管理处主任：杨青松

沙坪水库管理处主任：朱亮新

沙坪水库管理处支部书记：曾仁杰

桥下水库管理处主任：廖善定

桥下水库管理处支部书记：吴仕烽

寨头里水库管理处主任：陈南京

43.水土保持办公室

主　任：廖善评（10月离任）

　　　　罗昌忠（10月到任）

副主任：张仁涛

　　　　谢　忠

44.移民局

局　长：潘良珍（10月离任）

　　　　毛显伙（10月到任）

45.县商务局

局　长：刘振仁

副局长：张峰仁

　　　　张忠厚

　　　　曾爱萍

46.文体广电出版局

局　长：唐又群（9月离任）

　　　　谢启莹（9月到任）

总支书记：伊东升

副局长：张坤明

　　　　曾显英

　　　　范银英

　　　　徐新宇

纪检组长：孙越群

文化市场综合执法大队队长：严　辉

文化市场综合执法大队支部书记：翁永俊

47.广播电视台

台　长：张坤明

副科级干部：俞宁贞

48.卫生和计划生育局

局　长：陈友发

党委书记：钟宁平（11月离任）

副局长：赖群钊（10月离任）

　　　　余创新

　　　　廖汉洲（10月离任）

　　　　刘景华

　　　　钟建平

　　　　曾成木（5月到任）

纪检组长：张奇峰

人武部部长：曾念旭（10月离任）

49.审计局

局　长：俞福福（7月离任）

　　　　雷学富（7月到任）

副局长：吴小青（10月离任）

　　　　张水金

　　　　廖晓东

　　　　范晓华（7月到任）

50.安全生产监督管理局

局　长：吴学惠

副局长：修林生（7月离任）

　　　　曹春祥

　　　　刘根荣（10月到任）

　　　　张水珠（9月到任）

51.统计局

局　长：谢启莹（10月离任）

　　　　巫燕平（10月到任）

副局长：刘美珍

　　　　赖东华（5月离任）

　　　　段建新

52.市场监督管理局

局　长：叶　斌

副局长：温建平（7月离任）

　　　　张河辉（10月离任）

　　　　王振清

　　　　范建斌（10月离任）

　　　　巫小春

　　　　谢荣树

　　　　巫锡鹤（10月离任）

　　　　熊道乾

　　　　张河沐（10月到任）

纪检组长：张河沐（10月离任）

　　　　　吴太胜（10月到任）

翠江所所长：周生林

城郊所所长：吴焰辉

湖村所所长：黄兴旺

曹坊所所长：张小华（9月离任）

石壁所所长：王　斌

安远所所长：连剑飞

53.食品安全工作办公室

主　任：叶　斌

54.华侨经济开发区管理委员会

主　任：张清亮（3月离任）

　　　　黄　晟（7月到任）

党工委书记：龚翠倩

副主任：曾念兴

　　　　张军军

　　　　陈文利（10月离任）

　　　　陈华文（10月离任）

　　　　雷　鹰（10月到任）

　　　　谢宋阳（挂职，10月到任）

纪工委书记：江　虹（10月离任）

　　　　　　巫晓铭（10月到任）

55.机关事务管理局

局　长：张文进（12月离任）

　　　　吴东香（12月到任）

党组书记：张文进

副局长：张洪开（10月离任）

　　　　罗新强

56.旅游局

局　长：巫燕平（10月离任）

　　　　张龙华（10月到任）

副局长：陈　芳（10月离任）

　　　　赖日安

　　　　吴景标

　　　　王洪辉（10月到任）

天鹅洞群风景名胜区（国家地质公园）管理处

主任：胡贤宗

57.客家工作办公室

主　任：张启城

副主任：吴来林（7月离任）

　　　　丁玉兰

58.客家祖地管理处

主　任：张贤权（10月离任）

副主任：王洪辉（主持工作，10月到任）

　　　　巫生海

　　　　张早明（7月离任）

59.供销合作社联合社

主　任：王钟平（7月离任）

　　　　张石林（7月到任）

副主任：张连杨

　　　　邱　晨（5月离任）

　　　　张根彬（7月到任）

60.地方志编纂委员会办公室

主　任：范忠华

副主任：张秋琴

　　　　刘　俊

61.城镇集体工业联合社

主　任：范鹏举

支部书记：邱诚凡

副主任：罗远章

62.商业集团总公司

总经理：邓绍春

副经理：谢新涛

63.县物资总公司

总经理：张石林（7月离任）

伍日新（7月到任）

十一、人民团体、群众团体

1.县总工会

主　席：陈章明（6月离任）

　　　　钱　锋（7月到任）

常务副主席：张仁福（7月离任）

　　　　　　曹益明（7月到任）

副主席：廖善坤（6月离任）

　　　　罗良英

　　　　张伟生（6月到任、9月离任）

2.共青团宁化县委员会

书　记：饶志斌（2月离任）

　　　　张清山（6月到任）

副书记：张清山（6月离任）

　　　　曹　莹

3.县妇女联合会

主　席：伍一卿

副主席：张水珠（10月离任）

　　　　李玉林

4.县科学技术协会

主　席：胡建华

副主席：谢金明（10月离任）

　　　　伍　红

　　　　王翠萍（10月到任）

5.县归国华侨联合会

主　席：张鸿飞

6.县台胞台属联谊会

会　长：雷　斌（12月到任）

副会长：雷　斌（12月离任）

7.县工商业联合会（总商会）

主席（兼职）：高红华

党组书记、常务副主席：龚翠勤（10月离任）

　　　　　　　　　　　张贤权（10月到任）

副主席：巫英权

　　　　伍开銮

8.县社会科学界联合会

主　席：邹锦根

9.县文学艺术界联合会

主　席：黄丹平（7月离任）

副主席：竺爱芹（9月离任）

10.县国际贸易促进委员会（国际商会）

会　长：刘振仁

副会长：张秀华

11.县残疾人联合会

理事长：李纪鹏（9月离任）

　　　　廖善评（9月到任）

支部书记：刘　利

副理事长：张启华

12.县红十字会

会　长：林翠玲（7月离任）

　　　　周　颖（7月到任）

常务副会长：张瑞兰

13.县中华职教社

主　任：林翠玲（7月离任）

　　　　周　颖（7月到任）

副主任：徐通旺

　　　　吴革伟

　　　　陈庆林

　　　　张朝阳

　　　　张仁柏

14.县计划生育协会

会　长：何正彬

副会长：张旭华（10月离任）

常务副会长：廖汉洲（10月到任）

专职副会长：张小榕

15.老科技工作者协会

会　长：江正根

常务副会长：胡建华

十二、乡（镇）、场

1.翠江镇

书　记：李恭清（2月离任）

　　　　黄树荣（2月到任、5月离任）

　　　　刘小明（5月到任）

镇　长：吴利平

人大主席：张伟生（5月离任）

范衍荷（5月到任）

副书记：吴利平

张海波（5月离任）

陈庭游（5月离任）

孙林发（5月到任）

李　华（5月到任）

党委委员、纪委书记：张茂华（5月离任）

李朝栋（5月到任）

党委委员、副镇长：黄丽萍

陈谷丰（5月到任）

党委委员（组织）：陈谷丰（5月离任）

曹海泉（5月到任）

党委委员（宣传统战）：翁立平（5月离任）

黄红梅（5月到任）

党委委员、人武部部长：李朝栋（5月离任）

邱隆华（5月到任）

副镇长：方　成（5月离任）

潘气治（5月离任）

林钟荣（5月离任）

廖复平（5月到任）

张显恩（5月到任）

2.泉上镇

书　记：周登华（5月离任）

罗永琰（6月到任）

镇　长：邱建蓉（2月离任）

王克华（3月到任）

人大主席：罗金平

副书记：邱建蓉（2月离任）

王克华（3月到任）

张良伙

徐通圣（5月离任）

张居桥（5月到任）

纪委书记：童　逸

党委委员、副镇长：钟金发（6月到任党委委员，12月到任副镇长）

党委委员（组织）：万在友（5月离任）

邱春子（6月到任）

党委委员、人武部部长：刘盛裕（5月离任）

副镇长：邹微微（5月离任）

涂上眉（12月到任）

李力博（12月到任）

3.湖村镇

书　记：周文庆（5月离任）

谢　方（5月到任）

镇　长：洪国庆（5月到任）

人大主席：廖善德

副书记：洪国庆

曾　诚（5月离任）

曾成木（5月离任）

陈　彬（5月到任）

田贵椿（5月到任）

党委委员、纪委书记：王兴军（5月离任）

杨继华（5月到任）

党委委员、副镇长：张文彬（5月离任）

刘盛裕（5月到任）

党委委员（组织）：陈世雄（5月离任）

罗小铭（5月到任）

党委委员（宣传统战）：李　华（5月离任）

刘盛裕（5月到任）

党委委员、人武部部长：王兴军（5月离任）

林长晖（5月到任）

副镇长：黄艳青

伍秉财

危德星（2月到任）

4.石壁镇

书　记：阴晓萍（2月离任）

张翠雄（2月到任）

镇　长：谢　方（5月离任）

黄　烨（12月到任）

人大主席：阴晓萍（2月离任）

张翠雄（2月到任、12月离任）

吴荣煌（12月到任）

副书记：谢　方（5月离任）

吴荣煌（5月离任）

黄　烨（5月到任）

伍亮才（5月到任）

张文彬（5月到任）

副书记、纪委书记：罗建强（5月离任）

党委委员、纪委书记：伍旭东（5月到任）

党委委员、副镇长：吴伙兴（5月离任）

　　　　　　　　　廖福钦（5月离任）

　　　　　　　　　丁建华（5月离任）

　　　　　　　　　王兴军（5月到任党委委
员，12月任副镇长）

　　　　　　　　　马俊华（5月到任党委委
员、12月任副镇长）

党委委员（组织）：田贵椿（5月离任）

　　　　　　　　　刘志强（5月到任）

党委委员（宣传统战）：廖利民（5月离任）

　　　　　　　　　　　马俊华（5月到任）

党委委员、人武部部长：乐勇生（5月离任）

　　　　　　　　　　　黄生铸（5月到任）

副镇长：赖兴彪（5月离任）

　　　　邹微微（12月到任）

5.曹坊镇

书　记：巫立忠（5月离任）

　　　　张清永（5月到任）

镇　长：张清永（5月离任）

　　　　雷　伟（5月到任）

人大主席：谢时光（5月离任）

　　　　　张优仁（5月到任）

副书记：张清永（5月离任）

　　　　雷　伟（5月到任）

　　　　孙林发（5月离任）

　　　　程群锋（5月离任）

　　　　徐通圣（5月到任）

　　　　廖德华（5月到任）

纪委书记：廖德华（5月离任）

　　　　　赖日连（5月到任）

党委委员、副镇长：张秉勋（5月到任）

　　　　　　　　　孙雄华（5月到任）

党委委员（组织）：赖杰祎（5月离任）

　　　　　　　　　黄海辉（5月到任）

党委委员（宣传统战）：赖杰祎（1月离任）

　　　　　　　　　　　张润生（1月到任）

党委委员、人武部部长：孙雄华

副镇长：李月香（2月离任）

　　　　张显恩（5月离任）

　　　　罗振宇（5月到任）

　　　　汤伟榕（5月到任）

6.安远镇

书　记：黄树荣（2月离任）

　　　　刘振杰（2月到任）

镇　长：王克延

人大主席：曾志晖（5月离任）

　　　　　巫凯攸（5月到任）

副书记：王克延

　　　　巫铠攸（5月离任）

　　　　张素娥（5月离任）

　　　　张海源

　　　　万在友（5月到任）

党委委员、纪委书记：张素娥（5月离任）

　　　　　　　　　　　廖利民（5月到任）

党委委员、副镇长：吴能富（5月离任）

　　　　　　　　　傅忠东（5月到任）

　　　　　　　　　张运锦

党委委员（组织）：刘琴梅（5月到任）

党委委员（宣传统战）张早明

党委委员、人武部部长：张运锦

副镇长：廖复平（5月离任）

　　　　刘盛添（5月到任）

　　　　董成云（5月到任）

7.淮土镇

书　记：张少敏（5月离任）

　　　　邱华东（5月到任）

镇　长：邱华东（5月离任）

　　　　罗建强（12月到任）

人大主席：邱加泉（5月离任）

　　　　　兰世能（12月到任）

副书记：邱华东（5月离任）

　　　　黄发芳

黄小明

党委委员、纪委书记：黄发芳（5月离任）

　　　　　　　　赖林才（5月到任）

党委委员、副镇长：张河伟（12月到任）

党委委员（组织）：郑宇星（5月到任）

党委委员（宣传统战）：丘海腾（5月到任）

党委委员：张晓辉（3月离任）

党委委员、人武部部长：杨志华

副镇长：吴东香（5月离任）

　　　　赖林才（12月到任）

　　　　谢桂英（12月到任）

　　　　邱流明（12月到任）

8.安乐镇

书　记：张翠雄（2月离任）

　　　　邱建蓉（2月到任）

镇　长：罗　锋

人大主席：范衍荷（5月离任）

　　　　　曾　诚（5月到任）

副书记：罗　锋

　　　　陈　彬（5月离任）

　　　　兰世能（5月离任）

　　　　罗有连（5月到任）

　　　　廖东华（5月到任）

党委委员、纪委书记：陈　彬（5月离任）

　　　　　　　　　　杨香华（5月到任）

党委委员、副镇长：罗根珠（1月到任）

　　　　　　　　　谢星辉（5月到任）

党委委员（组织）：杨香华（5月离任）

　　　　　　　　　刘　琳（5月到任）

党委委员（宣传统战）：凌延平（5月离任）

　　　　　　　　　　　罗根珠（5月到任）

党委委员、人武部部长：陈克振（5月离任）

　　　　　　　　　　　谢星辉（5月到任）

副镇长：刘　平（5月离任）

　　　　曾烨如（5月离任）

　　　　赖兴彪（5月到任）

9.水茜镇

书　记：林　忠

镇　长：刘振杰（2月离任）

　　　　饶志斌（2月到任）

人大主席：徐新华

副书记：刘振杰（2月离任）

　　　　饶志斌（2月到任）

　　　　官从武（5月离任）

　　　　陈兆煌

　　　　林　安（5月到任）

党委委员、纪委书记：曹海泉（5月离任）

　　　　　　　　　　雷华萍（5月到任）

党委委员、副镇长：邱建华（5月到任）

党委委员（组织）：蔡立久（5月到任）

党委委员、人武部部长：黄红梅（5月离任）

　　　　　　　　　　　刘世安（5月到任）

副镇长：雷华萍（5月离任）

　　　　林　安（5月离任）

　　　　黄样华（5月到任）

　　　　龚德洲（5月到任）

10.城郊乡

书　记：周子发

乡　长：孙晓英（5月离任）

　　　　曾志晖（12月到任）

人大主席：廖福盛（5月离任）

　　　　　张少华（12月到任）

人大副主席：赖　明（12月到任）

副书记：孙晓英（5月离任）

　　　　曾志晖（5月到任）

　　　　张少华（5月到任）

　　　　赖　明

　　　　何超文（挂职，5月到任）

党委委员、纪委书记：刘舜炎

党委委员、副乡长：何立平（5月到任）

　　　　　　　　　廖建闽（5月到任）

党委委员、人武部部长：何利平（5月离任）

　　　　　　　　　　　陈克振（5月到任）

党委委员（组织）：雷祖亮（5月离任）

　　　　　　　　　张素娥（5月到任）

党委委员（宣传统战）：邓　敏（5月离任）

黄新婷（5月到任）

党委委员：刘　俊（挂职，6月到任）

副乡长：吴彩军

　　　　陈生添

11.济村乡

书　记：夏礼谋（5月离任）

　　　　孙晓英（5月到任）

乡　长：孙元玲（5月离任）

　　　　吴玉凤（12月到任）

人大主席：江国良（5月离任）

　　　　　周以湖（12月到任）

副书记：吴玉凤（5月到任）

　　　　黄金满

　　　　伍亮才（5月离任）

　　　　谢起森（5月到任）

党委委员、纪委书记：黄金满（5月离任）

　　　　　　　　　　陈世雄（5月到任）

党委委员、副乡长：张居桥（5月离任）

　　　　付启云（5月到任）

党委委员（组织）：付启云

党委委员（宣传统战）：谢起森（5月到任）

党委委员、人武部部长：黄本明（5月离任）

　　　　　　　　　　吴尔涛（5月到任）

副乡长：曾茹芳（5月离任）

12.方田乡

书　记：曹益明（5月离任）

　　　　吴　晖（5月到任）

乡　长：吴　晖（5月离任）

　　　　吴东香（5—11月乡长候选人）

　　　　张清东（11月到任）

人大主席：范晓华（5月离任）

　　　　　谌魁亮（11月到任）

副书记：吴　晖（5月离任）

　　　　赖家军（5月离任）

　　　　吴彩高

　　　　黄新春（5月到任）

党委委员、纪委书记：赖家军（5月离任）

　　　　　　　　　　丁建华（5月到任）

党委委员、副乡长：谢起森（5月离任）

　　　　伊　俏（5月到任）

党委委员（组织）：谢起森（5月离任）

　　　　伊　俏（5月到任）

党委委员（宣传统战）：黄新春（5月到任）

党委委员、人武部部长：邱隆华（5月离任）

　　　　　　　　　　伊晓初（5月到任）

党委委员：赖日连（5月离任）

副乡长：黄新春（5月离任）

　　　　张小青（5月离任）

　　　　李启荣（5月到任）

13.城南乡

书　记：马宗平（5月离任）

　　　　张标斌（5月到任）

乡　长：张标斌（5月离任）

　　　　江国良（5月到任）

人大主席：巫朝海

副书记：张标斌（5月离任）

　　　　江国良（5月到任）

　　　　周以湖（5月离任）

　　　　何超文（5月离任）

　　　　赖东华（5月到任）

　　　　翁立平（5月到任）

　　　　邵东珂（挂职，8月到任）

党委委员、纪委书记：兰永臻（5月离任）

　　　　　　　　　　彭永华（5月到任）

党委委员、副乡长：邓光华（5月到任）

党委委员（组织）：何超文（5月离任）

　　　　赖杰祎（5月到任）

党委委员（宣传统战）：黄新婷（5月离任）

　　　　廖福钦（5月到任）

党委委员、人武部部长：彭永华（5月离任）

　　　　　　　　　　黄修茂（5月到任）

党委委员：杨　扬（挂职，6月到任）

副乡长：吴代福（5月离任）

　　　　罗银水

　　　　林钟荣（5月到任）

14.治平畲族乡

书　记：雷学富（5月离任）

　　　　温享平（5月到任）

乡　长：温享平（12月离任）

　　　　雷海明（12月到任）

人大主席：雷海明（12月离任）

　　　　　程群锋（12月到任）

副书记：温享平（5月离任）

　　　　雷海明（5月到任）

　　　　罗有连（5月离任）

　　　　涂泉湖

　　　　黄本明（5月到任）

纪委书记：罗有连（5月离任）

　　　　　张新武（6月到任）

党委委员、副乡长：肖谢斌（5月离任）

　　　　　　　　　温学敏（5月到任党委委员，12月兼任副乡长）

　　　　　　　　　陆贵生（5月到任党委委员，12月兼任副乡长）

党委委员：张秉勋（5月离任）

党委委员、人武部部长：伊晓初（5月离任）

　　　　　　　　　　　阴遥菲（5月到任）

副乡长：谢桂英（5月离任）

　　　　李先明（12月到任）

15.中沙乡

书　记：曾念溪

乡　长：罗永琰（5月离任）

　　　　邱加泉（5月到任）

人大主席：范衍冰

副书记：罗永琰（5月离任）

　　　　邱加泉（5月到任）

　　　　张优仁（5月离任）

　　　　官从武（5月到任）

　　　　林　岚

　　　　颜全相

纪委书记：雷德麟（5月离任）

　　　　　肖谢斌（5月到任）

党委委员、副乡长：黄永龙（5月到任）

党委委员（组织）：张晓英（2月离任）

　　　　　　　　　罗　坚（2月到任）

党委委员（宣传统战）：汤建生（3月离任）

　　　　　　　　　　　黄永龙（3月到任）

党委委员、人武部部长：张清云（6月离任）

　　　　　　　　　　　张静雅（6月到任）

副乡长：施海春

　　　　邱　晨（6月到任）

16.河龙乡

书　记：黄　晟（5月离任）

　　　　兰　鹏（5月到任）

乡　长：兰　鹏（5月到任）

　　　　雷富发（5月到任）

人大主席：吴玉凤（5月离任）

　　　　　赖家军（5月到任）

副书记：兰　鹏（5月离任）

　　　　雷富发（5月到任）

　　　　谌魁亮（5月离任）

　　　　张标健

　　　　钟秀芳（5月到任）

党委委员、纪委书记：伍旭东（5月离任）

　　　　　　　　　　　孙才能（5月到任）

党委委员（组织）：张彩华（5月到任）

党委委员（宣传统战）钟秀芳（5月到任）

党委委员：曾仁杰（挂职，5月到任）

党委委员、人武部部长：傅忠东（5月离任）

　　　　　　　　　　　李　强（5月到任）

副乡长：钟秀芳（5月离任）

　　　　刘贤富（3月到任）

　　　　李　强（5月到任）

　　　　张居念（10月到任）

17.华侨农场

场　长：兰其锋

党委书记：谢名通（9月离任）

　　　　　巫燕华（9月到任）

副场长：张标东

　　　　曾春明（3月到任）

纪委书记：谢名通（10月离任）

注：乡（镇）副科以上实职领导按书记，乡（镇）长，人大主席，副书记，副书记、纪委书记，党委委员、副乡（镇）长，党委委员，党委委员、人武部部长，副乡（镇）长顺序排列。

2016 年省、市垂直领导（职能管辖）机构 副科级以上在职领导干部名录

1.县国家税务局

局　　长：李金斌

副局长：詹祥金

　　　　邱位标

　　　　巫杨华

纪检组长：王更生

2.县地方税务局

局　　长：魏建祥

副局长：曾钦祥

　　　　张海银

　　　　王隆亮（9月到任）

纪检组长：王隆亮（9月离任）

　　　　　邱龙明（9月到任）

3.中国人民银行宁化县分行

行　　长：王思宁

副行长、纪检组长：张　圻

副行长：马永华

4.中国银行业管理委员会三明监管分局宁化办事处

主　　任：王　滨

副主任：黄光明

5.县烟草专卖局（公司）

局　长（经理）：沈　亮

副经理：吴征帆

　　　　邱恒良

纪检组长：张日生

6.中国邮政宁化分公司

总经理：黄荣生

副总经理：吴立暄

7.县气象局

局　　长：廖美林

副局长：黄辉煌

　　　　阮兆兰

8.国家统计局宁化调查队

队　　长：巫立忠

副队长：肖连琴

9.福建省三明市公路局宁化分局

局　　长：朱振斌

副局长：李　健

　　　　陈贻锬

　　　　郭诗登

工会主席：陈兆云

10.三明市住房公积金管理中心宁化管理部

主　　任：罗荣基

11.三明工贸学校

校　　长：廖善星

党总支书记：郭惠勇

副校长：张朝阳

　　　　邓德良

党总支副书记：张明森

办公室主任：王洪流

政教处主任：刘敬玲

工会副主席：余可才（10月离任）

招生就业科主任：苏燕明

专业科主任：黄仕强（5月离任）

总务处主任：曾广荣

教务处主任：张华荣

教科培训处主任：江锦华

团委书记：黄宣明

12.704台

副台长：陈　辉

　　　　张招荣

2016 年部分县文教卫生单位领导名录

1.县电大工作站
站　长：黄华山
副站长：王宁榕
2.县教师进修学校
校　长：何正林
支部书记：余可鸿（9月离任）
3.福建省宁化第一中学
校　长：伊永河
党总支书记：张永福（7月离任）
副校长：邓小兵
　　　　廖瑞征
　　　　张　伟
工会主席：廖远明
4.福建省宁化第二中学
校　长：张旺添
支部书记：张旺添
5.福建省宁化第三中学
校　长：罗珍宝
支部书记：罗珍宝
6.福建省宁化第四中学
校　长：谢贤福
支部书记：谢贤福
7.福建省宁化第五中学
校　长：吴太明

支部书记：李永祥（9月离任）
8.福建省宁化第六中学
校　长：吴喜高
支部书记：廖　金（9月离任）
9.宁化县实验小学
校　长：李泽华
10.福建省宁化师范附属小学
校　长：王进良
支部书记：王进良
11.宁化县医院
院　长：巫锡煌
党总支书记：黄光林
12.宁化县中医院
院　长：彭　强
13.县疾病预防控制中心
主　任：范盛郁（7月离任）
　　　　钟建平（10月到任）
14.县卫生局卫生监督所
所　长：刘建平（10月离任）
　　　　黄　芳（10月到任）
书　记：黄　芳（10月离任）
15.县妇幼保健院
院　长：吴显财
书　记：黄明华（10月离任）

2016 年部分重点企业领导名录

1.县城市经营有限公司
总经理：曾绍鹏（3月离任）
　　　　赖锡光（7月到任）
副总经理：伍日新（7月离任）
　　　　　黄宜普
2.县城市建设有限公司
董事长兼总经理：巫燕銮
副总经理：张清光（7月离任）

　　　　张声良
3.福建广电网络集团股份有限公司宁化分公司
总经理：谢耀星
副总经理：张龙辉
总经理助理：范志勇
4.省水利投资集团（宁化）水务有限公司
总经理：吴仕烽
副总经理：张明华

罗永清

5.中国电信股份有限公司宁化分公司

总经理：林科翰

副总经理：汤小平

工会主席：汤小平

6.中国移动通信集团福建有限公司宁化分公司

经　理：黄祥飞

副总经理：俞承琳

7.中国联合网络通信有限公司宁化县分公司

总经理：郑成意（5月离任）

　　　　黄绪军（5月到任）

总经理助理：黄高铮（3月离任）

　　　　　肖　剑（3月到任）

8.中国工商银行股份有限公司宁化支行

行　长：蒋先煜

副行长：张元上

　　　　黄宗明（4月离任）

　　　　吴毓红（4月到任）

9.中国建设银行股份有限公司宁化支行

行　长：刘友忠

副行长：张天宝

　　　　廖　彬

10.中国农业银行股份有限公司宁化县支行

行　长：林煜荣

副行长：王成斌

　　　　刘贤章

　　　　吴彩才（6月到任）

11.中国农业发展银行宁化县支行

行　长：陈昌平（9月离任）

　　　　黄　斌（9月到任）

副行长：严永忠（9月离任）

　　　　凌与民（9月到任）

12.宁化县农村信用合作联社

理事长：施生元

主　任：柯旗伟

监事长：张恩宽

主任助理：蔡光汉

13.中国邮政储蓄银行宁化县支行

行　长：李继源

行长助理：邓启华

14.中国人寿保险股份有限公司宁化县支公司

经　理：上官明实

副经理：丁　琦

15.中国人民财产保险股份有限公司宁化支公司

经　理：张建明（12月到任）

副经理：张建明（12月离任）

经理助理：黄德清（9月到任）

业务主管：曾念浪（11月到任）

16.中国银行股份有限公司宁化支行

行　长：胡荔红（5月离任）

　　　　詹淑莲（5月到任）

副行长：邓享勇（7月离任）

　　　　郑荣凯（7月到任）

纪检监察员：卢毅清

17.福建宁化成功村镇银行股份有限公司

董事长：潘玉波

行　长：马先辉

18.福建闽通长运股份有限公司宁化分公司（汽车站）

经　理：童德财

副经理：刘伟杰

　　　　黄宜农

　　　　张　清

19.国网福建宁化县供电公司

总经理：温一黄

党委书记：吴景茂

副总经理：李　强

　　　　　伊端斌

　　　　　伊繁荣（12月到任）

纪检书记兼工会主席：杨龙辉

20.新华发行集团宁化分公司

副经理（主持工作）：王乐生

21.福建省宁化国有林场

场　长：曹汉洋

书　记：谢天时

副场长：张发游

　　　　杨宁明

22.中石化宁化分公司

经　理：吴文娟

2016年部分受市级及以上单位表彰先进单位名录

受奖单位	奖励名称	颁奖单位	颁奖时间
宁化县	首批2016—2020年度全国科普示范县	中国科协	2016年2月
县民政局	《宁化石壁》获全国地名故事类微电影优秀奖	全国第二次地名普查领导小组办公室	2016年2月
中国农业银行股份有限公司宁化县支行金库	三化三达标先进集体	中国农业银行股份有限公司总行	2016年4月
中国农业银行股份有限公司宁化县支行安远支行	中国农业银行先锋号	中国农业银行股份有限公司总行	2016年5月
县实验小学	全国书法示范校	中国教育学会书法专业委员会	2016年5月
宁化三中	学校文化创新校	北京大学教育文化战略研究所	2016年5月
县国土资源局	第三届国土资源节约集约模范县	国土资源部	2016年6月
宁化县	"重走长征路"国家红色旅游精品线路	国家旅游局	2016年12月
宁化县	中国候鸟旅居县	中国（深圳）国际旅游博览会、中国（深圳）候鸟旅居研究院	2016年12月
宁化县	"宁化客家寻源——探石壁访·苏区"自驾游线路入选全国36条自驾游精品线路	爱驾网	2016年12月
县检察院党总支	全省先进基层党组织	中共福建省委	2016年6月
县国土资源局	福建省国土资源系统信访先进单位	福建省国土资源厅	2016年1月
县广播电视台	2015年度电视公共频道新闻协作先进单位	福建省广播影视集团电视公共频道	2016年1月
城东中学	纪念抗战胜利70周年诵读比赛团体三等奖	福建省教育厅	2016年1月
县公安局"5·19"抗洪抢险专项工作组	集体二等功	福建省公安厅	2016年2月
建设银行宁化支行	建设银行福建省分行先进单位	建设银行福建省分行	2016年4月
宁化一中	福建省五一劳动奖状	福建省总工会	2016年5月
县红十字会	福建省2011—2015年度红十字系统先进集体	福建省人力资源和社会保障厅、福建省红十字会	2016年5月
济村中心学校	福建省书法教育实验学校	福建省教育学会书法教育委员会	2016年5月
县华侨经济开发区管委会	省级小微企业孵化基地	福建省经济和信息化委员会、福建省财政厅	2016年7月
中国农业银行股份有限公司宁化县支行安远支行	先进基层党组织	中国农业银行股份有限公司福建省分行	2016年7月
县法院安乐法庭	全省法院党建工作先进集体	福建省高级人民法院	2016年7月
翠江镇双虹社区	2011—2015年度全省法治宣传教育先进单位	福建省委宣传部、省司法厅、省依法治省领导小组办公室	2016年7月
宁化县	2011—2015年度全省法治宣传教育先进县	福建省委宣传部、省司法厅、省依法治省领导小组办公室	2016年7月
县审计局	关于张运华同志任安远镇人民政府镇长期间经济责任情况审计项目获2015年省审计厅优秀项目	福建省审计厅	2016年9月
县总工会	2015年度县级工会经审工作规范化建设"A级单位"	福建省总工会	2016年9月
宁化县	2016—2018年度省级社会科学普及示范创建县	福建省社会科学界联合会	2016年9月
宁化高速公安检查站（G20杭州峰会）	集体三等功	福建省公安厅	2016年10月

受奖单位	奖励名称	颁奖单位	颁奖时间
宁化县	2016—2020 年度福建省科普示范县	福建省科协	2016 年 10 月
宁化县	2016 年福建省全国科普日活动优秀组织单位	福建省科协	2016 年 11 月
宁化县鹫峰寨生态农庄	福建省三星级旅游经营单位	福建省旅游局	2016 年 12 月
县公路局翠江公路站	全省公路系统 2016 年度平安班站	福建省公路管理局	2016 年 12 月
宁化县	2016 年全省创建"无传销县（市、区）"省级达标单位	福建省工商行政管理局	2016 年 12 月
县妇女儿童活动中心	2012—2015 年度省妇联系统先进集体	福建省妇联	2016 年 12 月
县社会科学界联合会	第五期社会科学知识有奖竞答活动鼓励组织奖	福建省社会科学界联合会	2016 年 12 月
县农业局	农业统计工作先进单位	福建省农业厅	2016 年 12 月
县农业局动物疫病预防控制中心	2012—2015 年度全省农业系统先进集体	福建省人力资源和社会保障厅、省农业厅	2016 年 12 月
县农业局水产技术推广站	全省海洋渔业先进集体	福建省人力资源和社会保障厅、省海洋与渔业厅	2016 年 12 月
宁化县利农蔬菜专业合作社	2016 年省级农民合作社示范社	福建省农业厅、省财政厅	2016 年 12 月
治平畲族乡曲英家庭农场	2016 年省级家庭农场示范场	福建省农业厅、省财政厅	2016 年 12 月
水茜镇政府	2016 年度护林联防工作先进单位	闽浙赣护林联防委员会第六联防区	2016 年 12 月
县委县直机关工委	全省机关工委系统先进集体	福建省人力资源和社会保障厅、中共福建省委省直机关工委	2016 年 12 月
宁化县物价局	2012—2015 年全省物价系统先进集体	福建省人力资源和社会保障厅、福建省物价局	2016 年 12 月
中国电信宁化分公司	2016 年度中国电信福建省分公司经营进步奖	中国电信福建省分公司	2016 年 12 月
宁化县	2015 年度平安县	中共三明市委、市政府	2016 年 1 月
安乐镇镇政府	2015 年度平安乡镇	中共三明市委、市政府	2016 年 1 月
县农业局种子管理站	三明市科技进步二等奖	三明市政府	2016 年 1 月
县农业局农业科学研究所	三明市科技进步二等奖	三明市政府	2016 年 1 月
宁化县政府	完成年度安全生产目标责任达标单位	三明市政府	2016 年 3 月
县司法局社区矫正中心	三明市第八届（2015—2017 年度）文明行业创建竞赛活动示范点	中共三明市委、市政府	2016 年 4 月
县农业局	三明市先进基层党组织	中共三明市委	2016 年 6 月
翠江镇中山社区	三明市先进基层党组织	中共三明市委	2016 年 6 月
中国移动宁化分公司	三明市先进基层党组织	中共三明市委	2016 年 6 月
县发展和改革局	第四届全市民族团结进步模范集体	三明市政府	2016 年 10 月
县农业局	第四届全市民族团结进步模范集体	三明市政府	2016 年 10 月
县林业局	第四届全市民族团结进步模范集体	三明市政府	2016 年 10 月
治平畲族乡坪埔畲族村村民委员会	第四届全市民族团结进步模范集体	三明市政府	2016 年 10 月
中沙乡下沙畲族村村民委员会	第四届全市民族团结进步模范集体	三明市政府	2016 年 10 月

注：名录按国家、省、市级别顺序排列，同一级别按荣誉颁奖时间先后排列，同一级别同一时间获得的荣誉排列不分先后

2016 年部分受市级及以上单位表彰先进个人名录

姓名	性别	籍贯	获奖时所在单位	奖励名称	颁奖单位	颁奖时间
郑洪钦	男	长汀	县卫计局	第五次国家卫生服务调查先进个人	国家卫生计生委统计信息中心	2016 年 6 月
廖秉政	男	清流	县卫计局会计核算中心	第五次国家卫生服务调查先进个人	国家卫生计生委统计信息中心	2016 年 6 月
廖莲花	女	宁化	县卫计局淮土卫生院	第五次国家卫生服务调查先进个人	国家卫生计生委统计信息中心	2016 年 6 月
范瑞喜	男	广东大埔	县卫计局泉上中心卫生院	获第五次国家卫生服务调查荣誉证书	国家卫生计生委统计信息中心	2016 年 6 月
钟明才	男	宁化	县卫计局中沙卫生院	获第五次国家卫生服务调查荣誉证书	国家卫生计生委统计信息中心	2016 年 6 月
邵东珂	男	安徽砀山	清华大学	清华大学毕业生"启航奖"铜奖	清华大学	2016 年 6 月
邵东珂	男	安徽砀山	清华大学	北京市优秀毕业生	清华大学	2016 年 6 月
谌章彪	男	宁化	水茜镇儒地村	第三届全国 119 消防奖先进个人	公安部	2016 年 11 月
张跃行	男	宁化	县农业局经济作物技术站	全国农牧渔业丰收奖一等奖	农业部	2016 年 12 月
张欣荣	男	宁化	县农业局种子管理站	全国农牧渔业丰收奖二等奖	农业部	2016 年 12 月
张 莹	女	宁化	县农业局农产品质量安全监管站	全国农牧渔业丰收奖三等奖	农业部	2016 年 12 月
沈进龙	男	宁化	宁化四中	第六届全国优秀童谣征集评选活动优秀奖	中共中央宣传部、中央文明办、教育部、共青团中央、全国妇联	2016 年 12 月
廖善定	男	宁化	县水利局桥下水库管理处	全省优秀党务工作者	中共福建省委	2016 年 7 月
谢道贤	男	宁化	水茜初级中学	福建省中学教师说题比赛二等奖	福建省教育学院、教育学会	2016 年 1 月
谢 忠	男	江西兴国	县公安局	个人二等功	福建省公安厅	2016 年 2 月
巫泽峰	男	宁化	县公安局巡特警反恐大队	个人二等功	福建省公安厅	2016 年 2 月
巫清桦	男	宁化	县公安局巡特警反恐大队	个人三等功	福建省公安厅	2016 年 2 月
陈晓斌	男	泉州永春	县公安消防大队	一对好主官	福建消防总队	2016 年 2 月
柯火元	男	厦门同安	县公安消防大队	一对好主官	福建消防总队	2016 年 2 月
张银珠	女	宁化	城郊乡政府	四星级红十字志愿服务奖章	福建省红十字会	2016 年 3 月
陈邦征	男	宁化	县疾病预防控制中心	福建省"十二五"地方病防治先进个人	福建省疾病预防控制中心	2016 年 3 月
俞祥波	男	宁化	县新闻中心	福建日报优秀通讯员	福建日报社	2016 年 3 月

续表

姓名	性别	籍贯	获奖时所在单位	奖励名称	颁奖单位	颁奖时间
刘友忠	男	福建永春	县建设银行	福建省建行优秀共产党员	中共中国建设银行股份有限公司福建省分行党委	2016 年 4 月
张玉春	男	宁化	水茜卫生院	福建省慢性病防控工作先进个人	福建省疾病预防控制中心	2016 年 4 月
刘忠义	男	福建长乐	福建长宁纺织公司	福建省五一劳动奖章	福建省总工会	2016 年 5 月
黄素芹	女	宁化	县电大工作站	省电大招生工作先进个人	福建广播电视大学	2016 年 6 月
余秀清	女	宁化	县电大工作站	省电大招生工作先进个人	福建广播电视大学	2016 年 6 月
赖美华	女	宁化	县委党校	福建省委党校、省行政学院系统先进工作者	福建省人力资源和社会保障厅、省委党校、省行政学院	2016 年 6 月
巫升根	男	宁化	济村中心学校	福建省法治宣传教育先进工作者	福建省委宣传部、省司法厅、福建省依法治省领导小组办公室	2016 年 7 月
王天祥	男	宁化	县检察院	全省检察机关侦查业务能手	福建省检察院	2016 年 8 月
潘志辉	男	宁化	安远初级中学	实事助学基金杰出教师奖	福建省教育厅实事助学基金	2016 年 8 月
曹祥荣	男	宁化	宁化三中	实事助学基金杰出教师奖	福建省教育厅实事助学基金	2016 年 8 月
谢国旗	男	宁化	曹坊中心学校	实事助学基金杰出教师奖	福建省教育厅实事助学基金	2016 年 8 月
张美玉	女	宁化	济村中心学校	实事助学基金杰出教师奖	福建省教育厅实事助学基金	2016 年 8 月
张春林	男	宁化	县人防办	2012—2015 年度全省人防系统先进工作者	福建省人力资源和社会保障厅、福建省人民防空办公室	2016 年 8 月
谌章彪	男	宁化	水茜镇儒地村	第二届福建省热心消防公益事业先进个人	福建省公安厅	2016 年 9 月
郭　立	男	福州仓山	县公安局翠江派出所	个人一等功	福建省公安厅	2016 年 12 月
廖伙珠	女	宁化	县社会科学界联合会	第五期社会科学知识有奖竞答活动鼓励奖先进个人	福建省社会科学界联合会	2016 年 12 月
刘文胜	男	宁化	县民族与宗教事务局	福建省 2012—2015 年度全省民族宗教系统先进工作者	福建省人力资源和社会保障厅、省民族与宗教事务厅	2016 年 12 月
雷小平	男	宁化	县民族与宗教事务局	2016 年度全省民族宗教系统信息宣传工作先进个人	福建省民族与宗教事务厅	2016 年 12 月
张新阳	男	宁化	中国渔政宁化县大队	2011—2015 年度全省海洋渔业系统先进个人	福建省人力资源和社会保障厅省农业厅	2016 年 12 月
曾绍山	男	宁化	县农业局	第八批援疆优秀干部人才	新疆维吾尔自治区党委、政府	2016 年 12 月
施向华	女	宁化	县农业局经营管理站	农业统计工作先进个人	福建省农业厅	2016 年 12 月
张欣荣	男	宁化	县农业局种子管理站	三明市科技进步奖二等奖	三明市政府	2016 年 2 月
雷春旺	男	宁化	县农业局农业科学研究所	三明市科技进步奖二等奖	三明市政府	2016 年 2 月

续表

姓名	性别	籍贯	获奖时所在单位	奖励名称	颁奖单位	颁奖时间
邹善林	男	宁化	县农业局农业科学研究所	三明市科技进步奖二等奖	三明市政府	2016 年 2 月
张运潭	男	宁化	县农业局种子管理站	三明市科技进步奖二等奖	三明市政府	2016 年 2 月
李上能	男	宁化	县农业局植保植检站	三明市科技进步奖二等奖	三明市政府	2016 年 2 月
宁仲根	男	宁化	县农业局植保植检站	三明市科技进步奖二等奖	三明市政府	2016 年 2 月
张清永	男	宁化	曹坊镇镇政府	2105 年度安全生产目标责任考评先进个人	三明市政府	2016 年 3 月
温一黄	男	莆田	县供电公司	三明市劳动模范	中共三明市委、市政府	2016 年 5 月
赖根发	男	宁化	宁化县福祥家具公司	三明市劳动模范	中共三明市委、市政府	2016 年 5 月
王飞凤	男	宁化	县法院	三明市劳动模范	中共三明市委、市政府	2016 年 5 月
邓春福	男	宁化	厦钨集团宁化行洛坑公司	三明市劳动模范	中共三明市委、市政府	2016 年 5 月
赖国强	男	宁化	宁化一中	三明市劳动模范	中共三明市委、市政府	2016 年 5 月
杨婉君	女	江西上饶	三明福特科光电公司	三明市劳动模范	中共三明市委、市政府	2016 年 5 月
张运勤	男	宁化	淮土镇团结村	三明市劳动模范	中共三明市委、市政府	2016 年 5 月
刘佑光	男	宁化	隆陂水库管理处	三明市劳动模范	中共三明市委、市政府	2016 年 5 月
伊理安	男	宁化	县地税局	市优秀党务工作者	中共三明市委	2016 年 6 月
谢起森	男	宁化	济村乡党委	市优秀党务工作者	中共三明市委	2016 年 6 月
罗珍宝	男	宁化	宁化三中	市优秀党务工作者	中共三明市委	2016 年 6 月
吴显财	男	宁化	县妇幼保健院	市优秀共产党员	中共三明市委	2016 年 6 月
俞祥波	男	宁化	县新闻中心	市优秀共产党员	中共三明市委	2016 年 6 月
沈元妹	女	宁化	城东幼儿园	三明市优秀教师	中共三明市委、市政府	2016 年 9 月
刘年生	男	宁化	宁化五中	三明市优秀教师	中共三明市委、市政府	2016 年 9 月
吴丽萍	女	宁化	红旗小学	三明市优秀教师	中共三明市委、市政府	2016 年 9 月
刘守斌	男	宁化	宁化六中	三明市优秀教师	中共三明市委、市政府	2016 年 9 月
黄永香	女	宁化	县第二实验小学	三明市优秀教师	中共三明市委、市政府	2016 年 9 月
黄华斌	男	宁化	宁化四中	三明市优秀教师	中共三明市委、市政府	2016 年 9 月
邱恒龙	男	宁化	城东小学	三明市优秀教师	中共三明市委、市政府	2016 年 9 月
王金良	男	宁化	城东中学	三明市优秀教师	中共三明市委、市政府	2016 年 9 月
唐欧阳	男	宁化	济村中心学校	三明市优秀教师	中共三明市委、市政府	2016 年 9 月
张艳珍	女	宁化	县第二实验小学	三明市优秀教师	中共三明市委、市政府	2016 年 9 月
刘耀滨	男	宁化	治平畲族乡政府	第四届全市民族团结进步模范个人	三明市政府	2016 年 10 月
王伟平	男	宁化	县政协	第四届全市民族团结进步模范个人	三明市政府	2016 年 10 月
雷泽生	男	宁化	水茜镇庙前畲族村村民委员会	第四届全市民族团结进步模范个人	三明市政府	2016 年 10 月

注：名录按国家、省、市级别顺序排列，同一级别按荣誉颁奖时间先后排列，同一级别同一时间获得的荣誉排列不分先后

2016年部分担任宁化县副处级以上领导干部简介

（以姓氏笔画为序）

王兴国

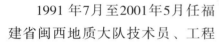

王兴国，男，汉族，1967年3月出生，山东省济宁邹城市人，大学本科学历，教授级高级工程师。1991年7月参加工作。1999年9月加入中国共产党。

1991年7月至2001年5月任福建省闽西地质大队技术员、工程师、项目负责（质检员）、测绘所副主任（1996年1月）、队长办主任（1999年1月）。2001.6—至今福建省地质测绘院，任项目负责（质检员）、测绘处副主任、高级工程师、测绘处主任（2002年9月）、教授级高级工程师、副院长兼总工程师（2006年12月兼测绘处主任至2014年6月）。1999年获福建省青年岗位能手、新长征突击队的称号。2006年获省五一劳动奖章。2016年12月任宁化县人民政府副县长。

兰其锋

兰其锋，男，畲族，1976年12月出生，宁化县治平畲族乡人，大学学历。1997年10月参加工作。

1997年10月在宁化县治平乡人民政府工作。2001年3月任宁化县治平畲族乡团委副书记。2002年8月至2003年1月届中调整待安排。2003年1月任宁化县方田乡人民政府副乡长。2011年5月至2011年12月届中待安排。2011年12月任宁化县治平畲族乡人民政府乡长。2014年7月任宁化县人大农村经济委员会主任科员、福建省宁化县泉上华侨农场场长（挂职）（其间：2014.07—2015.07在福建省安监局监管一处挂职任主任科员）。2016年12月任宁化县人民政府副县长。

阴晓萍

阴晓萍，女，汉族，1968年7月出生，福建宁化人，省委党校研究生学历。1989年8月参加工作。1999年6月加入中国共产党。

1989年8月在宁化安远中学任教师。1992年9月在宁化一中任教师（其间，1997年2月至2003年9月宁化县委宣传部借调干部）。2003年9月任宁化县社科联干部。2004年8月任宁化县委组织部办公室主任、副科级组织员。2006年5月任宁化县方田乡党委副书记。2007年1月任宁化县方田乡党委副书记、乡长。2010年1月任宁化县方田乡党委书记、乡长。2010年4月任宁化县方田乡党委书记。2011年5月任宁化县石壁镇党委书记。2015年5月任宁化县石壁镇党委书记、人大主席。2015年12月至2016年7月任宁化县人大常委会副主任。

张发坤

张发坤，男，汉族，1959年1月出生，本科学历，福州大学毕业。1983年5月加入中国共产党。1983年8月参加工作。

1983年8月任宁化泉上公社干部、团委书记、党委宣传委员。1984年9月任宁化团县委副书记。1984年12月任宁化团县委书记。1987年1月任宁化县方田乡党委书记。1990年9月任安乐乡党委书记。1993年12月任宁化县计委主任。1996年12月任宁化县计划局局长。1999年7月任宁化县计划局局长兼县经济动员办主任。2001年5月任宁化县计划局局长兼县经济动员办主任、县华侨经济开发区管委会主任。2002年3月任宁化县人事局局长。2004年1月任宁化县交通局局长。2007年1月任宁化县政府副调研员。

张运华

张运华，男，汉族，1969年6月出生，宁化县石壁镇人，福建林学院毕业，工学学士，工程师。1990年8月参加工作，1993年11月加入中国共产党。

1990年8月任宁化林产化工厂干部、车间副主任、新产品开发科科长、副厂长。1995年2月任宁化县建达水泥厂副厂长。1995年8月任宁化县建达水泥厂厂长。1995年12月任宁化县林产化工厂厂长。1997年2月任宁化县林业局党委委员、林产化工厂支部书记、厂长。1999年7月任宁化县林业局副主任科员、党委委员、林产化工厂支部书记、厂长。2004年8月任宁化县委办副主任。2006年9月任宁化县委办副主任、主任科员。2008年6月任宁化县城南工业园管委会主任科员、泉上华侨农场场长。2010年1月任宁化县经贸局党组书记、局长。2013年11月任宁化县委办公室主任、县委直属机关党委书记。2015年2月任宁化县委办公室主任。2016年7月任宁化县政协党组成员、县委办主任。2016年12月任宁化县政协副主席、县委办主任。

周文庆

周文庆，男，汉族，1968年10月出生，福建宁化人，大学学历。1990年8月参加工作。1995年5月加入中国共产党。

1990年8月在宁化五中任教师。1994年7月任宁化县文明委干部、理论研究室主任。1997年11月任宁化县委办信息科科长。1999年7月任宁

县委直属机关党委委员、纪委书记。2002年4月任宁化县委直属机关党委副书记。2004年8月任宁化县湖村镇党委副书记、纪委书记。2006年5月任宁化县湖村镇党委副书记。2007年1月任宁化县湖村镇党委副书记、镇长。2011年5月任宁化县湖村镇党委书记。2016年7月任宁化县人大常委会党组成员。2014年6月被中共福建省委授予"全省优秀基层党组织书记"称号。2016年12月任宁化县人大常委会副主任。

周　颖

周颖，女，汉族，山东省五莲县人，1978年9月出生，大学本科学历。1996年9月参加工作。1999年11月加入中国共产党。

1996年9月任沙县审计局干事。1999年12月任沙县凤岗镇团委书记。2002年9月任沙县大洛镇党委宣传委员。2005年9月任沙县团县委副书记（主持工作）、书记。2010年4月任沙县高桥镇党委副书记、镇长。2011年5月任沙县大洛镇党委书记。2015年5月至2016年5月任沙县高桥镇党委书记。2016年7月任宁化县政府党组成员。2016年12月任宁化县人民政府副县长。

黄　伟

黄伟，男，汉族，1968年9月出生，三明永安市人，大学本科学历，1990年7月参加工作，1997年6月入党。

1990年7月任永安市人民法院书记员。1993年9月任永安市人民法院助理审判员、审判员。1998年3月任永安市人民法院坑边法庭副庭长。2002年4月任永安市人民法院坑边法庭庭长、办公

室主任。2002年5月任永安市人民法院副科级审判员、办公室主任。2005年8月任永安市人民法院党组成员、政治处主任（正科级）。2006年8月任永安市人民法院党组成员、政治处主任、审委会委员。2009年8月任永安市人民法院党组成员、副院长。2011年6月任永安市人民法院党组成员、副院长、机关党委书记。2016年7月起任宁化县人民法院党组书记、副院长、代院长。2016年12月任宁化县人民法院党组书记、院长。

郭建武

郭建武，男，汉族，1968年11月生，河南邓州人，大学本科学历，1990年8月参加工作，1996年5月加入中国共产党。

1991年8月至1997年8月任将乐县检察院科员、书记员、助检员、检察员、刑事检察科副科长。1997年8月至2002年1月任将乐县检察院起诉科科长、检察委员会委员。2002年1月至2003年8月任将乐县检察院起诉科科长（副科级）、检察委员会委员。2003年8月至2006年11月任将乐县检察院党组成员、政治处主任。2006年11月至2007年11月任将乐县检察院党组成员、副检察长。2007年11月至2014年6月任将乐县检察院党组成员、副检察长、正科级检察员（其间，2011年10月至2014年6月在三明市检察院挂职任控告申诉检察处副处长，2012年5月至2012年11月在新疆玛纳斯检察院挂职任党组成员、副检察长）。2014年6月任三明市检察院检察员。2014年8月任三明市检察院公诉处处长、检察员。2015年8月任三明市检察院公诉处处长、检察委员会委员。2016年7月任宁化县检察院党组书记、检察长。

备注：《宁化年鉴（2016）》已辑录的，此处不再赘述。

高级专业技术职称人员名表
（2015—2016年县域内单位已知获得专业技术人员）

编号	姓名	任职单位	确认时间	高级职称类别
1	陈忠庆	宁化县国有林场	2015年12月25日	林业专业高级工程师
2	林金华	宁化县林业总公司		林业专业高级工程师
3	洪爱芬	宁化国有林场	2016年2月4日	高级经济师
4	伍凤珠	宁化县林业局规划队		高级经济师
5	雷春旺	宁化县农业科学研究所	2016年5月25日	高级农艺师
6	邹善林	宁化县农业科学研究所		高级农艺师
7	徐锋	宁化县湖村农业技术推广站		高级农艺师
8	孙华仁	宁化县动物防疫监督检查站	2016年5月25日	高级兽医师
9	邱木根	宁化县城区畜禽防疫检疫站		高级兽医师
10	官贵德	宁化县农技站	2015年12月31日	正高级农艺师
11	夏清文	宁化县水产技术推广站	2015年12月15日	水产专业高级工程师
12	范启铨	宁化县市政园林建设管理处	2015年12月7日	工程建设管理高级工程师

备注：《宁化年鉴（2016）》已辑录的，此处不再重复。　　　　（供稿：县公务员局）

附 录

中共宁化县委机构编制委员会
关于宁化县精简党政群机关、事业单位编制的通知

宁委编〔2016〕10号

各乡（镇），县各有关单位：

根据《中共宁化县委办公室、宁化县人民政府办公室关于印发宁化县控编减编工作实施方案的通知》（宁委办发〔2016〕16号）要求，现将全县精简党政群机关、事业单位编制情况通知如下：

全县党政群机关行政编制共精简61名，其中：党委口5名，人大、政协各1名，政府口33名，乡镇21名。全县事业编制精简322名，其中财政核拨246名、财政拨补53名、经费自给23名。

附：1.《宁化县行政编制精简一览表》
　　2.《宁化县事业编制精简一览表》

中共宁化县委机构编制委员会
2016年12月6日

附件1

宁化县行政编制精简一览表

序号	单位名称	原有编制	精简数	精简后编制数
（一）县委				
1	纪委（监察局）	30	2	28
2	县委办	25	1	24
3	组织部	16	1	15
4	宣传部	11	1	10
小　计			5	
（二）人大		20	1	19
（三）政协		15	1	14
（四）政府				
1	政府办	31	3	28

序号	单位名称	原有编制	精简数	精简后编制数
2	发改局	23	1	22
3	教育局	16	2	14
4	经信局	17	1	16
5	民政局	16	1	15
6	财政局	25	1	24
7	人社局(公务员局)	21	2	19
8	国土局	14	1	13
9	住建局	15	2	13
10	交通局	12	1	11
11	农业局	23	2	21
12	林业局	19	2	17
13	卫计局	17	2	15
14	审计局	14	1	13
15	市场监督管理局	108	10	98
16	华侨经济开发区	13	1	12
	小　计		33	
(五)乡镇				
1	翠江镇	34	2	32
2	城郊乡	30	1	29
3	湖村镇	26	1	25
4	泉上镇	28	1	27
5	城南乡	23	1	22
6	安乐镇	24	1	23
7	曹坊镇	29	1	28
8	治平乡	22	1	21
9	济村乡	23	1	22
10	方田乡	22	1	21
11	石壁镇	32	2	30
12	淮土镇	30	2	28
13	中沙乡	23	1	22
14	河龙乡	20	1	19
15	水茜镇	30	2	28
16	安远镇	32	2	30
	小　计		21	
	合　计		61	

附件 2

宁化县事业编制精简一览表

序号	主管部门	单位名称	事业编制（个）								
			财政核拨			财政拨补			经费自给		
			原有编制数	精简数	精简后编制数	原有编制数	精简数	精简后编制数	原有编制数	精简数	精简后编制数
（一）县委											
1	宣传部	新闻中心	7	1	6						
2	老干局	离退休干部活动中心	9	1	8						
	小计			2							
（二）政府											
1	发改局	县粮食局标准化室							3	1	2
2	教育局	各中小学、幼儿园	3491	160	3331						
3		青少年校外活动中心	4	1	3						
4	科技局	科学技术服务中心							4	1	3
5	公安局	警务辅助服务中心	16	2	14						
6	民政局	光荣院	6	1	5						
7	财政局	县国有资产管理委员会办公室	5	2	3						
8	人社局（公务员局）	大中专毕业生就业工作办公室	5	1	4						
9		劳动就业中心	7	1	6						
10	国土局	矿产资源管理站	13	1	12						
11		基层国土所	62	3	59						
12	住建局	环境卫生管理站	28	2	26						
13		客家建筑设计院							17	8	9
14	交通局	交通综合行政执法大队	21	2	19						
15		运输管理所							31	1	30
16	农业局	城区畜禽防疫检疫站	9	1	8						
17		良种场				9	4	5			
18		农机化学校				6	2	4			
19		畜牧水产生产服务站							7	3	4
20	林业局	林业执法大队	18	2	16						
21		翠江林业站	5	1	4						
22		林业规划队							14	2	12
23		速生丰产用材林基地管理站							28	3	25
24	水利局	沙坪、隆陂、桥下、泉上水库				51	15	36			
25	商务局	客家小吃业发展服务中心	5	1	4						
26	文广局	图书馆	8	2	6						
27		广播电视台	30	1	29						
28		广播电视转播台	13	1	12						
29		文化市场综合执法大队	15	1	14						
30	卫计局	妇幼保健院	41	2	39						
31		计划生育服务站	20	2	18						
32		疾病预防控制中心	34	2	32						
33		卫生进修学校	10	1	9						
34		卫生监督所	14	1	13						
35		翠江社区卫生服务中心	28	1	27						
36		城郊卫生院	11	1	10						
37		湖村卫生院	23	1	22						
38		泉上中心卫生院	26	1	25						
39		城南卫生院	14	1	13						

序号	主管部门	单位名称	事业编制（个）								
			财政核拨			财政拨补			经费自给		
			原有编制数	精简数	精简后编制数	原有编制数	精简数	精简后编制数	原有编制数	精简数	精简后编制数
40	卫计局	安乐卫生院	22	1	21						
41		曹坊中心卫生院	28	2	26						
42		治平卫生院	18	1	17						
43		济村卫生院	17	1	16						
44		方田卫生院	16	1	15						
45		石壁中心卫生院	35	1	34						
46		淮土卫生院	28	2	26						
47		中沙卫生院	17	1	16						
48		河龙卫生院	16	1	15						
49		水茜卫生院	28	1	27						
50		安远中心卫生院	36	2	34						
51		县医院				420	21	399			
52		中医院				210	10	200			
53	统计局	普查中心	6	1	5						
54	市场监督局	食品药品监管执法大队	17	1	16						
55	华侨经济开发区	归侨服务中心				12	1	11			
	小计		215			53			19		
（三）群团											
1	总工会	工人俱乐部							4	1	3
2	团县委	青少年宫	12	1	14						
3	残联	残疾人康复指导站	4	1	3						
	小计		2						1		
（四）乡镇											
1	翠江镇	农业和农村经济服务中心	9	1	8						
2		农村基础设施建设服务中心	8	1	7						
3	城郊乡	农业和农村经济服务中心	12	1	11						
4		农村基础设施建设服务中心	7	1	6						
5	湖村镇	农业和农村经济服务中心	11	1	10						
6	泉上镇	农业和农村经济服务中心	11	1	10						
7	城南乡	农业和农村经济服务中心	10	1	9						
8	安乐镇	农业和农村经济服务中心	11	1	10						
9	曹坊镇	农业和农村经济服务中心	11	1	10						
10	治平乡	农业和农村经济服务中心	9	1	8						
11	济村乡	农业和农村经济服务中心	11	1	10						
12	方田乡	农业和农村经济服务中心	9	1	8						
13	石壁镇	农业和农村经济服务中心	12	1	11						
14		农村基础设施建设服务中心	7	1	6						
15	淮土镇	农业和农村经济服务中心	12	1	11						
16		农村基础设施建设服务中心	6	1	5						
17	中沙乡	农业和农村经济服务中心	11	1	10						
18	河龙乡	农业和农村经济服务中心	9	1	8						
19	水茜镇	农业和农村经济服务中心	13	1	12						
20		农村基础设施建设服务中心	6	1	5						
21	安远镇	农业和农村经济服务中心	13	1	12						

续表

序号	主管部门	单位名称	事业编制(个)								
			财政核拨			财政拨补			经费自给		
			原有编制数	精简数	精简后编制数	原有编制数	精简数	精简后编制数	原有编制数	精简数	精简后编制数
22	安远镇	农村基础设施建设服务中心	6	1	5						
	小计			22							
（五）其他											
1	县委党校	县委党校	17	1	16						
2	档案馆	档案馆	11	1	10						
3	旅游局	旅游服务和产品开发中心	5	1	4						
4	机关事务管理局	机关事务管理局	22	1	21						
5		机关小车修理所							4	2	2
6	水保办	水土保持站	8	1	7						
7	城镇集体工业联合社	联合社资产管理中心							6	1	5
	小计			5						3	
	合计			246			53			23	

宁化县公务用车制度改革实施方案

宁委办发〔2016〕19号

根据省委办公厅、省政府办公厅关于印发《福建省全面推进公务用车制度改革总体方案》（闽委办发〔2015〕53号）和市委办、市政府办关于印发《三明市公务用车制度改革实施方案》（明委办发〔2016〕27号），结合我县实际，制定本实施方案。

一、改革的总体要求

（一）总体目标

按照中央关于厉行节约反对浪费的要求，坚持社会化、市场化方向，转变传统的公务用车运行管理方式，合理有效配置公务用车资源，创新公务交通分类提供方式，切实保障公务出行，有效降低行政成本，积极推进廉洁型机关和节约型社会建设，实现公务出行便捷合理、交通费用节约可控、车辆管理规范透明、监管问责科学有效的新型公务用车制度，确保改革后县本级及各乡（镇）公务交通费用支出均低于改革前支出总额，全县节支率不低于7%。

（二）基本原则

1.坚持制度创新、保障公务出行。改革公务用车实物供给方式，取消一般公务用车，普通公务出行方式实行社会化提供并适度补贴交通费用，在从严配备定向化保障公务用车的前提下，向基层倾斜，对纳入改革范围的人员和车辆，做到应改尽改。

2.坚持统筹兼顾、平稳衔接。综合考虑各种因素，科学制定改革实施方案和相关配套政策，妥善协调、正确处理改革涉及的各方面利益关系，特别是对改革范围的界定、补贴标准的确定、司勤人员的安置等方面，要充分研究论证，严格政策界线，确保新旧机制平稳转换，有机衔接。

3.坚持统一部署、分类分步推进。全县机关公务用车制度改革，争取在2016年底前全面完成县乡级车改任务。按照属地化原则，省管单位与我县同步改革。非参照公务员法管理的事业单位、县属国有企业的改革方案待国家和省相关政策出台后，按照规定执行。

二、改革的主要任务

（一）参改范围

1.机构范围：全县各级党政机关（包括党委、人大、政府、政协、法院、检察院和工商联，参照公务员法管理的人民团体、群众团体、事业单位，下同）全部参加改革。

2.人员范围：各级各部门在编在岗的处级及以下工作人员。

3.车辆范围：取消一般公务用车，保留必要的机要通信、应急、特种专业技术用车和符合规定的一线执法执勤岗位车辆及其他车辆。

（二）改革公务用车实物供给方式

1.合理保障各类公务人员出行。鼓励党政正处级领导干部，以及各乡镇党政主要负责人参加改革,确因环境所限和工作需要不便取消公务用车的，允许以适当集中形式提供工作用车实物保障，但必须严格规范管理，不得再领取交通补贴。

2.合理确定公务用车保留数量。县委、县人大、县政府、县政协根据工作性质和任务，合理保留机要通信、应急、调研接待等用车数量，其中调研接待用车数量按不超过现有的35%保留。保留的车辆分别由各套班子办公室统一管理，根据工作需要统一调派。县直单位按照总量控制的原则，保留45辆用于保障机要、应急和接待等公务需要。

对乡（镇）常住人口在5万人以下（含5万人）的，每个乡（镇）保留不超过2辆；对乡（镇）常住人口在5万人以上的，每个乡（镇）保留不超过3辆。对个别乡（镇）确因地理环境较为复杂，或常住人口达10万人以上的，可允许增加1辆。

改革后保留的机要、应急和调研接待等公务车辆，除必须配备到部门外，集中建立服务平台，实行统一管理。服务平台两年内建设到位。

3.推进执法执勤用车改革。执法执勤用车配备应当严格限制在一线执法执勤岗位，机关内部管理和后勤岗位以及机关所属事业单位一律不得配备。财政部门在核定的执法执勤用车编制基础上，根据职能、机构和一线执法执勤岗位等因素，研究提出保留车辆数，由执法执勤用车主管部门复核后，报县公务用车制度改革领导小组审核。考虑到我县地理环境较为复杂，县以下（含省管单位）保留执法执勤用车数不超过原编制数的70%。超过上述保留比例的车辆，每多保留1辆车，每年按5万元扣减部门公务交通补贴，保留车辆比例超过90%的部门，不发放公务交通补贴。保留后的车辆建立跨部门执法执勤用车综合服务平台，两年之内建设到位。

4.保障特种专业技术和其他用车的需要。对长期固定搭载特殊专业技术设备的专用车辆，要严格界定标准并逐一核实，按照厉行节约、从严控制的原则，经核定后保留。除中央核定的执法执勤部门外，对其他具有行政执法职能的部门，以及承担防灾减灾、监测检测等特殊公务的部门，在从严控制总量的前提下保留车辆，原则上县级单位（含省管单位）不超过原编制数的60%保留，保留后的车辆纳入跨部门公务用车服务平台管理。

（三）建立公务交通补贴制度

1.改革后，翠江镇、城郊乡、县直单位在主城区已通达城市公交的范围内（过渡期间城南乡、工业园区除外）普通公务出行方式由公务人员自行选择，实行社会化提供，适度发放公务交通补贴。超出以上保障区域进行公务活动的，按照差旅费相关规定执行。各乡（镇）的交通补贴保障范围原则上在乡镇所在地村的范围内，各乡（镇）可根据实际情况而定后报县车改办备案。各单位要做好交通补贴保障范围与差旅费保障范围的衔接。

合理确定各行政级别工作人员公务交通补贴标准，具体为:正处级每人每月1040元，副处级每人每月920元，正科级每人每月650元，副科级每人每月580元，科员及以下每人每月500元。各单位可根据实际情况，从公务交通补贴中划出一定比例作为单位统筹部分，集中用于解决不同岗位之间公务出行不均衡等问题，比例原则不超过本单位补贴总额的10%，统筹资金使用须公开透明，具体办法由各单位制定。

公务交通补贴属于改革性补贴，列入财政预算，在交通费中列支，随工资按月发放，用于保障公务人员普通公务出行。适时适度调整公务交通补贴标准。

对改革后留用的车辆难以解决集体公务出行的，允许通过社会化租赁车辆方式予以保障。对特别重大抢险救灾、事故处理、突发事件处置等不可预测的特殊事项，各部门可从实际出发在应急预案中另行制定特殊情况下公务用车保障办法。

2.对未参改单位和人员，不得发放公务交通补贴。

（四）妥善安置司勤人员

根据保留公务用车的实际需要，合理设置司勤人员岗位，在现有在册正式司勤人员中优先确定保留。司勤人员具体安置工作按照"谁使用谁负责"的原则由各参改单位按相关规定组织实施，对距国家法定退休年龄5年（含5年）以内的在册正式司勤人员，可以提前离岗，离岗期间工资福利等基本待遇不变，达到国家法律退休年龄时，再办理退休手续。人力资源和社会保障部门负责制定司勤人员安置实施办法，并指导参改单位做好司勤人员安置工作，相关必要支出由财政安排专项经费予以保障，确保改革平稳推进。

（五）规范公务用车处置

公务用车主管部门要会同有关部门制定公务用车处置办法，报县公务用车制度改革领导小组审批后组织实施。可根据实际情况，对未能及时处置的车辆，设立过渡性车辆服务中心或社会化车辆租赁公司的方式，按市场化运作，提供有偿服务，政府不得为其提供财政性补贴。同时建立北斗卫星（BDS）定位车辆信息管理系统。过渡期暂定三年。

（六）完善配套服务措施

1.设立公务用车服务中心作为各单位公务用车的综合服务平台，负责保障机关公务用车需要。公务用车服务中心除配备满足正常公务活动需要的车辆外，还要配备满足公务接待、重大活动、应急处置、抢险救灾等不同需求的车辆。同时，要制定严格的车辆使用和司勤人员管理制度，为机关公务交通提供优质服务。

2.公务用车主管部门要会同有关部门严格核定定向化保障公务用车的编制和标准，车辆配备优先选用新能源汽车，公务用车安装北斗卫星(BDS)定位系统，除涉及国家安全、侦查办案等有保密要求的特殊工作用车外，执法执勤用车应当喷涂明显的统一标识。要制定严格的公务出行用车审批和登记制度，定期公布车辆租赁费用使用情况。

3.要增加社会化交通供给，及时调整、增加公交线路，解决公务出行遇到的实际问题。

4.各单位要加强财务管理，按照在编在岗公务人员数量和行政级别核定公务交通补贴数额，不得擅自扩大补贴范围和提高补贴标准。

（七）健全公务用车管理制度

公务用车主管部门要会同有关部门制定公务用车管理制度，明确公务用车的配备、使用、管理、监督等措施。要提高车辆的使用效率，保留的执法执勤用车除用于保障各部门执法执勤外，还要保障综合性执法和重大突发事件等应急用车需要；保留的机要通信、应急等公务用车，在社会化交通方式提供不足或成本过高的情况下，还可用于保障各部门集体出行、跨区域出差、下基层调研等公务出行。

三、改革的组织实施

（一）**加强领导，明确责任**。县公务用车制度改革领导小组负责统筹指导和组织实施全县机关公务用车制度改革工作，各乡(镇)、各单位也要成立相关工作机构，主要负责人亲自挂帅，明确一名分管领导专门负责此项工作。各乡（镇）、各单位要根据本方案的要求，及时组织制订本地本单位的车改工作方案，按照规定的时间报送县车改工作领导小组审批，确保全县按时完成机关公务用车制度改革工作任务。

（二）**严肃纪律，加强监督**。把公务用车配备和运行维护费用、交通补贴发放、车辆处置情况等纳入各地各部门日常和专项审计监督及政务公开范围。党政机关不得以特殊用途等理由变相超编制、超标准配备公务用车，不得以任何方式换用、借用、占用下属单位或其他单位和个人的车辆，不得接受企事业单位和个人赠送的车辆，不得以公务交通补贴名义变相发放福利，不得违反规定用公费报销或者支付应由个人负担的私人用车费用。纪检监察机关、公务用车主管部门和各部门各单位要强化监督检查，及时受理群众举报，依法依纪严肃查处违反公务用车制度改革和公务用车管理的行为，严肃追究相关责任人的责任。

（三）**统一思想，提高认识**。公务用车制度改革，是控制和减少行政成本、切实转变机关作风、从源头上治理和防止腐败的重要举措。各乡（镇）、各单位要高度重视，深入细致地做好思想政治工作，加大宣传和教育力度，进一步统一思想，提高认识，形成全社会支持车改的良好氛围，积极支持和参与车改工作，推动车改有序开展。

附件：

1.宁化县机关公务用车制度改革涉改公务用车处置办法

2.宁化县机关执法执勤用车制度改革办法

3.宁化县机关公务用车制度改革单位司勤人员安置办法

中共宁化县委办公室

宁化县人民政府办公室

2016年12月15日

附件1

宁化县机关公务用车制度改革涉改公务用车处置办法

第一条 为积极稳妥地推进全县党政机关公务用车制度改革，规范公务用车改革涉及的车辆处置管理工作，遵循公平公正公开、集中统一、规范透明的原则，确保国有资产价值最大化，提高涉改公车处置的公信力，根据《宁化县公务用车制度改革实施方案》，制定本办法。

第二条 本办法所称涉改车辆是指实行公务用车制度改革的各单位公务用车。

第三条 车改单位应做好本单位公务用车的调查摸底和上报工作；负责清理涉改车辆的违章、各项费用缴交和补交、办齐补全车辆手续，确保涉改车辆交接时手续齐全、证件完整、违章记录处理干净，满足涉改车辆的过户要求。

第四条 车改单位要确保所有车辆的完好，严禁对车辆的配件、轮胎及附属设备进行拆卸、更换。车辆保险有效期必须在2017年3月31日以后。

第五条 车改单位应对本单位公务车辆进行清查登记，确保产权清晰，权属明确。属车改单位产权（含本单位出资购买并所有，但没过户到位）的所有车辆均应登记造册，借出的车辆应全部收回，借入的车辆全部退回原产权单位。

第六条 各级党政机关保留车辆的范围仅限于必要的机要通信、应急、调研接待、特种专业技术用车和符合规定的一线执法执勤车辆及其他车辆。经核准保留的车辆实行编制管理，车辆编制数由车改办按照有关规定确定。

第七条 除核准保留的车辆外，各单位的其他公务用车一律取消，由车改办负责处置。车改单位应按照"一车一档"的办法，收集好取消公务车辆的相关档案资料和证件（机动车登记证、行驶证、购置税证、保险单、组织机构代码证等），随同涉改车辆在规定的期限内一并移交给车改办（或指定地点存放），同时办理交接手续，由车改办出具车辆接收专用凭据，车改单位凭此接收凭据办理国有资产核销手续。

凡车辆手续不齐全、证件不完整及交通违法记录未作处理导致过户存在困难和问题的涉改车辆，以及擅自拆卸、更换车辆零件、附属设备的车辆，县车改办一律不予接收。对涉改车辆移交不彻底的车改单位，车改办一律不批准发放车改补贴，其车改补贴待移交涉改车辆完成之日起执行。

第八条 取消的公务用车实行统一公开拍卖，承担取消车辆公开拍卖的鉴定评估机构和拍卖机构，由县公共资源交易中心采取政府集中采购公开招标或竞争性谈判方式，从具有相应资质的社会中介机构中分别确定，并签订车辆鉴定评估、拍卖委托协议。

鉴定评估机构对需公开处置的车辆进行评估，并出具车辆鉴定评估报告，车辆鉴定评估结果需报车改办备案。

车辆拍卖机构按照《拍卖法》有关规定和拍卖委托协议的约定，对机关取消的公务用车分期分批向社会公开拍卖。公开拍卖的底价不得低于评估鉴定机构的评估价格，车辆实际成交价不得低于车辆评估价格。

第九条 车辆采取车、牌分离方式拍卖，车辆拍卖后，原车辆牌号由公安交通管理部门收回。每次拍卖车辆活动，车改办应指派不少于2人到拍卖现场进行监督。

第十条 车辆拍卖成交后，买受人必须与拍卖机构签订拍卖确认书。确认书签订后，买受人不能更名，并须及时付清购车款。

买受方凭拍卖确认书及车辆有关凭证在承办拍卖机构协助下于15日之内办理完相关过户手续。

第十一条 拍卖车辆收入由承办拍卖机构统一全额收取。拍卖机构在每次拍卖结束后7个工作日内，将拍卖款项扣除相关税费后全部上缴国库。同时，将拍卖结果明细及资金上缴清单报送车改办、财政局和公共资源交易中心。

第十二条 取消公务车辆的处置过程由车改办、监察局负责监督，对于各种违法违纪行为，责令限期改正，或按照有关规定追究相关责任人的责任。

第十三条 具体鉴定评估、拍卖和过户等工作细则和流程分别由承办的鉴定评估机构、拍卖机构另行制定。

第十四条 本办法仅适用于本次公车改革。

附件2

宁化县机关执法执勤用车制度改革办法

第一条 为稳妥推进全县机关执法执勤用车制度改革，规范执法执勤用车管理，根据《宁化县公务用车制度改革实施方案》制定本办法。

第二条 执法执勤用车改革的目的是在保障公务出行、降低行政成本的基础上，以节约、廉政为目标，以制度创新、统筹兼顾为手段，努力形成规范有序、运转高效的执法执勤用车新机制。

第三条 执法执勤用车制度改革应坚持满足执法执勤工作需要，从严配备范围、编制、标准，做到保障与改革兼顾。

第四条 执法执勤用车配备应当严格限制在一线执法执勤岗位，机关内部管理和后勤岗位及机关所属事业单位一律不得配备。

第五条 全县机关执法执勤用车纳入公务用车制度改革范围，特种专业技术用车（特种执法执勤用车）按有关规定经财政部门核准后予以保留。

第六条 中央核定的执法执勤用车部门，在核定的执法执勤用车编制基础上，根据职能、机构和一线执法执勤岗位等因素，结合工作实际，研究提出本部门保留和取消执法执勤车辆的数量，报财政部门核准。

第七条 财政部门根据核准的执法执勤用车保留数量（特种专业技术用车除外），确定各部门需扣减的公务交通补贴。驻县市直垂管单位保留执法执勤用车数不超过编制数70%的部门，不扣减部门公务交通补贴；县内保留执法执勤用车数不超过编制数70%的部门，不扣减部门公务交通补贴；超过上述保留编制的车辆，每多保留1辆车，每年按5万元扣减部门公务交通补贴。

第八条 取消的执法执勤用车，按照公开公平、规范高效的原则统一处置。

第九条 执法执勤用车部门应当加强执法执勤用车的使用管理，建立健全登记、公示等各项使用管理制度。除涉及国家安全、侦查办案等有保密要求的特殊工作用车外，执法执勤用车应当喷涂明显的统一标识，集中管理。

第十条 严格按规定使用执法执勤用车，严禁以任何理由挪用或固定给个人使用执法执勤用车，不得以任何方式换用、借用、占用其他单位或下属单位执法执勤用车，不得既领取公务交通补贴又违规乘坐执法执勤用车。

第十一条 纪检监察、审计、财政等部门应按照有关规定，对执法执勤用车配备、使用和交通补贴发放等改革情况进行监督检查，纠正和查处违规违纪行为。

第十二条 省垂管单位的执法执勤用车改革工作，按省有关规定执行。

第十三条 本办法由县财政局会同有关部门负责解释。

第十四条 本办法从发布之日起施行。

附件3

宁化县机关公务用车制度改革单位司勤人员安置办法

第一章　总　则

第一条 为妥善安置机关公务用车制度改革参改单位（以下简称参改单位）司勤人员，根据省委办公厅、省政府办公厅关于印发《福建省全面推进公务用车制度改革总体方案》（闽委办发〔2015〕53号）、市委办、市政府办关于印发《三明市公务用车制度改革实施方案》（明委办发〔2016〕27号）和《宁化县公务用车制度改革实施方案》，制定本办法。

第二条 本办法所称安置对象为车改基准日止各类车改单位的司勤人员，包括正式在编司勤人员和其他司勤人员（含单位自聘、劳务派遣和借用人员等）。

第三条 参改单位应认真贯彻落实公车制度改革有关精神，按照"谁使用、谁负责"的原则，细化工作措施，确保司勤人员安置平稳有序。

第二章　安置途径

第四条 本单位在编司勤人员的安置：

（一）择优留用：经批准保留公务用车的参改单位，可根据实际需要，在现有正式司勤人员中择优留用。留用的司勤人员应理顺其编制、人事劳动关系，实行服务单位、车辆与司勤人员编制、人事劳动关系相一致。

（二）内部转岗：对未留用的在编司勤人员，可根据本单位实际需要转岗从事其他工勤岗位工作，也可调入到其他机关或事业单位工作。

（三）提前离岗：对距法定退休年龄5年（含5年）以内的在编司勤人员，经本人书面申请，参改单位同意，并向县车改领导小组报备后，可以提前离岗（仅适用于本次车改）。

第五条 非在编其他司勤人员的安置。

（一）单位自聘的司勤人员。参改单位应根据《劳动合同法》等有关规定与其解除或终止劳动合同或聘用合同，在此基础上，根据其意见，自愿选择以下2种方式安置。

1.对于自谋职业的由参改单位按照相关规定和标准依法支付经济补偿金。

2.对接收安置的由县公务用车服务中心接收被分流的司勤人员，并依法建立劳动关系，司勤人员不领取经济补偿金。该经济补偿金依法计算并划转至县公务用车服务中心，供司勤人员解除或终止劳动关系时使用，司勤人员解除或终止劳动合同时，在原单位工作年限合并计算并依法支付经济补偿金。

（二）实行劳务派遣的司勤人员。参改单位依法与劳务派遣单位按照劳务派遣协议，将司勤人员退回劳务派遣单位。劳务派遣单位可以依法与其解除或终止劳动合同。

（三）对借用和退休返聘的司勤人员，参改单位应及时清退。

各参改单位非在编司勤人员的安置情况应在本单位公示后报县车改领导小组备案。

第三章 相关待遇

第六条 提前离岗的机关在编司勤人员，其每月工资按照列入工资基金手册管理的项目发放（加班误餐和通讯补贴、公务交通补贴、食堂伙食补助、未休年休假报酬等不再发放）。当年度无违法违纪行为，可视同年度考核合格，参加晋升工资档次，按规定发放年终一次性奖金；绩效管理奖、文明单位奖按所在单位考核等效、标准发放；不参加岗位技术等级考核晋级，单位和个人按规定缴纳各项社会保险费，达到法定退休年龄时，再办理退休手续。

第七条 非在编其他司勤人员安置的经济补偿金按其在本单位的工作年限，每满一年支付一个月的工资标准；六个月以上不满一年的，按一年计算；不满六个月的，支付半个月工资的经济补偿金。本条所称工资为解除或终止劳动关系前十二个月的平均工资，月工资按司勤人员应得工资计算，包括计时工资或计件工资、奖金、津贴和补贴等货币性收入（不含出差补贴）。参改单位应当在确定车改基准日前一个月向聘用的司勤人员出具解除或终止劳动关系证明，并在办理解除或终止劳动关系后十五日内为司勤人员办理档案和社会保险关系转移手续。

第八条 劳务派遣人员的相关权益保障由劳务派遣单位按《劳动合同法》《劳务派遣暂行规定》和双方签订的合同执行。

第九条 在参改单位工作期间发生工伤的，按《工伤保险条例》有关规定执行。

第十条 借用人员相关待遇，按参改单位与借出单位原协议办理。

第四章 附 则

第十一条 各参改单位应当按照公务用车制度改革总体方案要求，对改革涉及的相关人员加强政策宣传和解释，做好耐心细致的思想工作，并结合本单位实际，研究制定本单位司勤人员的具体安置办法，并认真组织实施。

第十二条 本办法由县人力资源和社会保障局承担具体解释工作。

中共宁化县委
关于成立县委巡察工作领导小组的通知

宁委〔2016〕104号

各乡(镇)党委，县委各部、委、办、局，县直各委、办、局党组（党委、总支、支部），各人民团体党组：

为加强对巡视联络和巡察工作的组织领导，经研究，决定成立县委巡察工作领导小组。现将组成人员名单和领导小组职责通知如下：

组　长：江向荣 县委常委、县纪委书记

副组长：钱　锋 县委常委、组织部部长

成　员：伊贤明 县纪委副书记、监察局局长

赖贤斌　县委组织部副部长

领导小组职责：（一）贯彻中央、省委、市委和县委有关决议、决定；（二）研究提出巡察工作规划、年度计划和阶段任务安排；（三）听取巡察情况汇报，审定巡察工作报告；（四）研究巡察成果的运用，分类处置，提出相关意见和建议；（五）向县委报告巡察工作情况；（六）对县委巡察组进行管理和监督，向县委提出对巡察干部的调配意见；（七）做好省委、市委巡视、巡察期间和日常有关巡视、巡察工作的联络、对接、协调工作，协助县委抓好巡视反馈问题和意见建议的整改落实；（八）督促指导各乡（镇）党委、县直各单位党委（党组），做好支持配合巡视、抓好巡视整改落实等工作；（九）研究处理巡察工作中的其他重要事项。

县委巡察工作领导小组办公室为县委巡察工作领导小组的日常办事机构。县委巡察办主任待县委正式任命后，自然成为领导小组成员。

中共宁化县委

2016年9月20日

中共宁化县委
关于印发《县委巡察工作制度》的通知

县委巡察工作制度

宁委〔2016〕121号

为切实加强党内监督，推动全面从严治党向基层延伸，根据中央和省委关于市县巡察制度的有关精神，借鉴周边县（市）巡察工作做法，结合我县实际，建立县委巡察制度。

一、建立县委巡察制度的重要意义和工作原则

建立县委巡察制度，是推动全面从严治党向基层延伸的重大举措，是实现巡视监督全覆盖的重要抓手，是实现纪律和作风建设常态化的创新之举。县委巡察工作坚持全面从严治党、依规治党，聚焦党风廉洁建设和反腐败斗争，以发现问题为导向，形成震慑，推动党的先进性和纯洁性建设；坚持县委统一领导、分级负责，坚持实事求是、依法依规，坚持群众路线、发扬民主的原则。

二、县委巡察工作的对象范围、主要任务和方式方法

1.巡察对象范围。巡察对象范围主要是：各乡镇和县直各单位领导班子及其成员，基层所站（学校）负责人；县属国有企事业单位领导班子及其成员；县委要求巡察的其他单位领导班子及其成员。

2.巡察主要任务。巡察工作着力发现以下问题：违反政治纪律和政治规矩问题；违反廉洁纪律，以权谋私、贪污贿赂、腐化堕落等问题；违反组织纪律，违规用人、拉票贿选、买官卖官，以及独断专行、软弱涣散、严重不团结等问题；违反群众纪律、工作纪律、生活纪律，搞形式主义、官僚主义、享乐主义和奢靡之风等问题；中央、省委巡视和市委巡察反馈意见整改和移交事项办理中存在的问题。

3.巡察方式方法。巡察工作要全覆盖，巡察对象在每届任期内要至少巡察一遍。巡察采取常专结合、以专为主的方式开展。对一个单位的常规巡察时间根据工作量大小，一般掌握在10-20天，最长不超过一个月。巡察方法上要充分借鉴运用中央、省委巡视和市委巡察工作方法，积极探索有效管用的新措施、新方法。

三、县委巡察工作的组织架构及职能

参照省委巡视机构和市委巡察机构及周边县（市）巡察工作的组织架构，建立县委巡察机构。

1. 成立县委巡察工作领导小组。领导小组组长由县纪委书记担任，副组长由县委组织部部长担任，纪委、组织部各1名主管领导和巡察工作领导小组办公室主任为成员。巡察工作领导小组对县委负责并报告工作，接受市委巡察工作领导小组领导和指导，同时履行上级巡视工作联络组职责。

2. 成立县委巡察工作领导小组办公室（简称巡察办）。巡察办是县委巡察工作领导小组日常办事机构，为县委工作部门，设在县纪委。巡察办规格为正科级，行政编制7名。设主任1名（正科长级），副主任1名（副科长级），设巡察专员4名(正科长级2名，副科长级2名)。主要承担综合协调、组织指导、制度建设、监督管理、服务保障等工作，同时履行上级巡视工作联络组办公室（简称联络办）职责。

3. 成立县委巡察组。根据实际需要，设立县委巡察一组、县委巡察二组，县委巡察组在巡察工作领导小组领导下承担巡察任务。巡察组实行组长负责制，巡察组人员采取专兼职结合方式配备，根据巡察任务确定并授权。巡察干部的选配，由县纪委商县委组织部共同提名，提交县委研究决定。

4. 建立巡察人才库。选拔原则性强、素质过硬、具有相应工作经历、善于发现和分析研究问题的领导干部组成巡察组长库。兼职的巡察组组长，组织关系和后勤保障保留在原单位。巡察人才库面向纪检、政法机关和组织、财税、审计等部门遴选优秀工作人员。

四、建立健全县委巡察工作的制度机制

1. 建立定期研究汇报巡察工作的制度机制。县委常委会原则上每半年专题研究一次巡察工作；县委五人小组要及时听取领导小组每轮巡察情况汇报；领导小组要在每批次集中巡察结束一周内，听取各巡察组巡察情况汇报。

2. 建立问题线索管理、移交、督办的制度机制。制定巡察机构办理领导干部问题线索办法，巡察组负责问题线索的受理、了解、研判、报告工作；巡察办建立问题线索清单台账，负责问题线索的备案、移交、协调、督办、归档工作；纪委、组织部和被巡察单位分别负责对移交问题线索的办理。对移交的问题线索和事项，巡察办要按照时限和办理要求跟踪督办。

3. 建立巡察成果运用的制度机制。巡察工作要与巡视、纪律审查、干部工作无缝对接。县纪委对正在接受集中巡察单位的领导班子成员实施立案审查时，应采取适当方式向巡察组组长或巡察办通报。县委组织部应把巡察成果运用到对干部的经常性教育管理、班子配备和干部调整、违规用人案件的查处追责，以及深化干部人事制度改革上。

4. 建立巡察干部管理监督的制度机制。巡察机构干部由县委巡察工作领导小组、县纪委和县委组织部共同管理，日常管理工作由巡察办负责。巡察工作人员应按照规定定期轮岗交流，并实行公务回避、任职回避和地域回避。

5. 建立巡察工作责任落实的制度机制。强化党委抓巡察工作的主体责任和纪委的监督责任，巡察工作领导小组组长是巡察工作的第一责任人，巡察组组长是巡察监督的第一责任人，被巡察单位党委书记是落实巡察整改工作的第一责任人，对主体责任缺失、监督责任缺位的问题，有重大问题应当发现而没有发现、发现问题没有如实报告的问题，要严格追究责任。

6. 建立巡察工作组织保障的制度机制。县纪委、县委组织部和县委编办等单位要认真研究解决巡察机构在组建运行中遇到的问题，做好人员编制核定、选配、调剂工作，为巡察工作提供组织保障。县财政部门负责做好巡察工作经费保障，人员经费参照县纪委机关人员工作经费核拨。

中共宁化县委

2016年12月12日

宁化县人民政府关于公布第五批县级文物保护单位名单和保护范围的通知

宁政〔2016〕8 号

各乡（镇）人民政府，县直各单位：

　　为进一步加强新时期文化遗产保护工作，巩固第三次全国文物普查成果，根据《中华人民共和国文物保护法》和《福建省文物保护条例》的有关规定，经县人民政府同意，现将湖村盆地史前遗址群等 8 处县第五批文物保护单位名单和保护范围予以公布。请各乡（镇）和有关部门按照相关法律、法规，切实做好保护、管理和利用工作。

　　附件：宁化县第五批县级文物保护单位名单和保护范围

宁化县人民政府

2016 年 12 月 19 日

附件

宁化县第五批县级文物保护单位名单和保护范围

序号	8 名称	年代	坐落地点	简介	保护范围
1	湖村盆地史前遗址群	晚更新世	无底洞遗址位于宁化县湖村镇政府东侧 1.45 公里，天地洞地遗址位于宁化县湖村镇石下村背后乌狮寨半山腰处，官家墩溶洞遗址位于湖村镇公路旁	湖村盆地内保存有丰富的史前考古遗址，年代跨度距今 5000 年至数十万年。最新的测年结果显示，无底洞遗址新石器时代文化层距今约 9000 年，天地洞遗址、官家墩溶洞遗址均存在与之同时代的文化层，距今 1 万年左右，是旧石器时代向新石器时代过渡的关键时期。湖村盆地内史前遗址分布的密集程度及年代跨度为福建全省之罕见，是宁化乃至福建的文化遗产宝库	天地洞遗址、无底洞遗址所处连续两座山头及周边台地；官家墩遗址整座山头及周边台地
2	巫坊彭湃县委县苏维埃政府旧址	近代	宁化县湖村镇巫坊村	属近代重要机构旧址，坐东北朝西南。为一进式砖木结构建筑，平面呈长方形，占地约 620 平方米，建筑面积 388 平方米。1933 年 8 月 4 日，福建省苏维埃第四次扩大会议决定建立彭湃县，苏维埃办公地点驻巫坊村陈氏祠堂内。该建筑集客家宗祠文化和苏区文化为一体，在开展爱国主义教育和对台工作方面具有现实意义	建筑四周向外延伸 5 米

续表

序号	8 名称	年代	坐落地点	简介	保护范围
3	泉上人贤公祠	清	宁化县泉上镇粉行街东面	建于清道光年间,至今已有 180 多年历史。该屋占地面积近 650 平方米,架构宏伟,制作精细。在 1933 年 7 月,彭德怀、滕代远带领东方军东征福建时,首战就是攻打泉上土堡,东方军指挥部设在该址。该建筑是研究客家宗祠文化、姓氏渊源、建筑工艺的珍贵资料,具有较高的历史价值,在研究宁化革命斗争历史和开展爱国主义教育方面有着现实的意义	建筑四周滴水及门前村道、畔池
4	闽赣省革命旧址群	近代	宁化县安远镇里坑村	1934 年 5 月 16 日,建宁失守后,闽赣省委书记邵式平率闽赣省委及省苏维埃政府机关及所部红军进驻里坑村。老一辈无产阶级革命家张闻天、项英、邵式平、方志纯曾经在这里战斗过。靠近闽赣省苏维埃政府旧址保存有较为完好的红军标语群,占地约 8 亩,谷仓、民房上有 20 余幅标语。这些标语不仅涉及的范围广泛,而且内容极为丰富,是研究党史、军史的可靠资料依据。该旧址群具有重要的历史、文化价值,在研究宁化革命斗争历史和开展爱国主义教育方面有着现实的意义	闽赣省委、省苏维埃政府旧址全部建筑外延 5 米;游家自然村全部建筑及出入古村道;闽赣省军区司令部遗址(1200 平方米)
5	凤凰山红军长征出发地旧址群	近代	宁化县淮土镇凤凰山	罗家边红军医院坐北朝南,占地面积 276 平方米,建筑面积 521 平方米,始建清朝末年;松竹居牌楼始建于清朝乾隆年间,高 12 米,宽 15 米;五通庙始建于明代中叶,占地面积 330 平方米。由于淮土一带严重缺水,凤凰山一带只有红军井一处饮水源,红军井见证了村民和红军共饮红军井的历史。1931 年至 1934 年期间,红十二军、红三军团第四师等多支部队驻扎在凤凰山五通庙、松竹居等处,不少红军伤病员在罗家边红军医院疗伤,直至红军长征为止。该旧址群具有重要的历史、文化价值,在研究宁化革命斗争历史和开展爱国主义教育方面有着现实的意义	凤山古街巷及沿街传统民居建筑;红军井、五通庙及松竹居牌楼;罗家边红军医院旧址全部建筑及前空坪

序号	8名称	年代	坐落地点	简介	保护范围
6	陈塘红军第四医院后勤部旧址	清	宁化县石壁镇陈塘村"新厝里"（陈塘村10号）	1933年春，红三军团与红九军团并出武夷山，直逼福建中西部，原设于江西瑞金的红军第四医院随军进驻石壁陈塘村，收治在东线战斗中的伤病员。陈塘村红军医院遗址也是目前发现设施最齐全、保存最完整、标的物最明显的红军战地医院旧址之一。医院按职能分为住院部、后勤部、行政管理部等几个部门，后勤部设于陈塘村"新厝里"。该旧址群具有重要的历史、文化价值，在研究宁化革命斗争历史和开展爱国主义教育方面有着现实的意义	旧址全部建筑及前空坪
7	大王上片王氏宗祠	清	宁化县淮土镇大王村上片	王氏宗祠属清代宗祠类建筑，平面呈长方形，坐西朝东，占地面积约507平方米。弧形影壁，坊式门楼，下廊三叠式马头墙，中天井，正厅抬梁穿斗混合式梁架，人字山墙，硬山顶。该建筑是研究客家宗祠文化、姓氏渊源和客家祠堂建筑工艺的佐证资料，具有较好的历史价值	东至宗祠外埕外村道，南至建筑外墙外扩15米，西至后山山顶，北至建筑外墙外扩15米
8	东华山三仙祠	清	宁化县石壁镇张家地	东华山三仙祠属明代坛庙类建筑，条石砌筑，平面呈方形，坐东向西，面阔三间，进深四柱，四角攒尖顶，生铁瓦庇。内供"三仙祖师"等道教神像。东华山三仙祠是福建省保存最完整的铁瓦顶寺庙，对研究客家佛道文化，具有较高的历史价值、科学价值和艺术价值	三仙祠整体建筑、台基、阶道及东华山寺遗址

机构简称与全称对照表

序号	简称	全称
1	人大	人民代表大会
2	政协	中国人民政治协商会议
3	纪委	中国共产党纪律检查委员会
4	省委	中国共产党福建省委员会
5	省人大	福建省人民代表大会
6	省政府	福建省人民政府

序号	简称	全称
7	省政协	中国人民政治协商会议福建省委员会
8	省文联	福建省文学艺术界联合会
9	省美协	福建美术家协会
10	省经信委	福建省经济和信息化委员会
11	省委统战部	中共福建省委统一战线工作部
12	国台办	国务院台湾事务办公室
13	中铁二院	中国中铁二院工程集团有限责任公司
14	市委	中国共产党三明市委员会
15	市人大	三明市人民代表大会
16	市政府	三明市人民政府
17	市政协	中国人民政治协商会议三明市委员会
18	县委	中国共产党宁化县委员会
19	县人大	宁化县人民代表大会
20	县政府	宁化县人民政府
21	县政协	中国人民政治协商会议宁化县委员会
22	县纪委	中国共产党宁化县纪律检查委员会
23	县监察局	宁化县监察局
24	县纪检监察机关	中国共产党宁化县纪律检查委员会和宁化县监察局
25	县委办	中国共产党宁化县委员会办公室
26	县委保密委	中国共产党宁化县委员会保密委员会办公室（国家保密局）
27	县台办	中国共产党宁化县委员会台湾工作办公室（宁化县人民政府台湾事务办公室）
28	县人大办	宁化县人民代表大会常务委员会办公室
29	县政府办	宁化县人民政府办公室
30	县政协办	中国人民政治协商会议宁化县委员会办公室
31	县委组织部	中国共产党宁化县委员会组织部
32	县委老干部局	中国共产党宁化县委员会老干部局
33	县委宣传部	中国共产党宁化县委员会宣传部
34	县委统战部	中国共产党宁化县委员会统一战线工作部
35	县政法委	中国共产党宁化县委员会政法委员会
36	县综治办	宁化县社会管理综合治理委员会办公室
37	县编办	中国共产党宁化县委员会机构编制委员会办公室（宁化县人民政府机构编制办公室）
38	县委农办	中国共产党宁化县委员会农村工作领导小组办公室
39	县直机关工委	中国共产党宁化县委员会县直机关工作委员会
40	县关工委	宁化县关心下一代工作委员会
41	县文明办	中国共产党宁化县委员会精神文明建设办公室（宁化县精神文明建设指导委员会办公室）
42	县委党史室	中国共产党宁化县委员会党史研究室
43	县档案馆	宁化县档案馆
44	县法院	宁化县人民法院
45	县检察院	宁化县人民检察院
46	县人武部	宁化县人民武装部
47	县武警中队	中国人民武装警察部队福建省宁化县中队
48	县消防大队	武警三明市消防支队宁化县消防大队
49	县人防办	宁化县人民防空办公室（县民防局）
50	县政府法制办	宁化县人民政府法制办公室
51	县外侨办	宁化县人民政府外事侨务办公室

续表

序号	简称	全称
52	县数字办	宁化县数字宁化建设办公室
53	县信访局	中国共产党宁化县委员会信访局(宁化县人民政府信访局)
54	县行政服务中心管委会	宁化县人民政府行政服务中心管理委员会
55	县发改局	宁化县发展和改革局
56	县科技局	宁化县科学技术局
57	县经贸局	宁化县经济贸易局
58	县食安办	宁化县食品安全工作办公室
59	县经济开区管委会	宁化县华侨经济开发区管理委员会
60	县民宗局	宁化县民族与宗教事务局
61	县公安局	宁化县公安局
62	县民政局	宁化县民政局
63	县老区办	宁化县革命老根据地建设办公室
64	县人社局	宁化县人力资源和社会保障局
65	县国土局	宁化县国土资源局
66	县环保局	宁化县环境保护局
67	县住建局	宁化县住房和城乡规划建设局
68	县城管大队	宁化县城市管理综合执法大队
69	县交通局	宁化县交通运输局
70	县食用菌办	宁化县食用菌生产开发办公室
71	县农机办	宁化县农业机械管理办公室
72	国有林场	福建省宁化县国有林场
73	县水土办	宁化县水土保持办公室
74	县移民局	宁化县移民开发局
75	县水务公司	福建省水务投资集团(宁化)水务有限公司
76	县城市经营公司	宁化县城市经营有限公司
77	县城建公司	宁化县城市建设有限公司
78	县文广局	宁化县文体广电出版局
79	县博物馆	福建省宁化县革命纪念馆
80	县广播电视台	宁化县广播电视台
81	县计生局	宁化县人口与计划生育局
82	县安监局	宁化县安全生产监督局
83	县外经局	宁化县对外贸易经济合作局
84	县方志办	宁化县地方志编纂委员会办公室
85	县供销社	宁化县供销合作社联合社
86	县客家办	宁化县客家工作办公室
87	县城镇集体工业联合社	宁化县城镇集体工业联合社
88	县商业总公司	宁化县商业总公司
89	县物质总公司	宁化县物资总公司
90	县客家小吃办	宁化县客家小吃工作领导小组办公室
91	县非公办	宁化县非公有制领导小组办公室
92	县总工会	宁化县总工会
93	团县委	共青团宁化县委员会
94	县妇联	宁化县妇女联合会
95	县科协	宁化县科学技术协会
96	县侨联	宁化县归国华侨联合会

序号	简称	全称
97	县台联	宁化县台胞台属联谊会
98	县工商联	宁化县工商业联合会（总商会）
99	县社科联	宁化县社会科学界联合会
100	县文联	宁化县文学艺术界联合会
101	县贸促会	宁化县国际贸易促进委员会（国际商会）
102	县残联	宁化县残疾人联合会
103	县红十字会	宁化县红十字会
104	县中华职教社	宁化县中华职业教育社
105	县计生协会	宁化县计划生育协会
106	县老科协	宁化县老科技工作者协会
107	县老促会	宁化县老区建设促进会
108	县个私协会	宁化县个体私营企业协会
109	县消委会	宁化县消费者权益保护委员会
110	宁化一中	福建省宁化第一中学
111	宁化二中	福建省宁化第二中学
112	宁化六中	福建省宁化第六中学
113	宁化七中	福建省宁化第七中学
114	宁师附小	宁化师范附属小学
115	县疾控中心	宁化县疾病预防控制中心
116	县工商局	宁化县工商行政管理局
117	县国税局	宁化县国家税务局
118	县地税局	宁化县地方税务局
119	县质监局	宁化县质量技术监督局
120	县食药监局	宁化县食品药品监督管理局
121	县电信局	中国电信股份有限公司宁化分公司
122	县移动公司	中国移动通讯集团福建有限公司宁化分公司
123	县联通公司	中国联合网络通信有限公司宁化县分公司
124	县人行	中国人民银行宁化县支行
125	县银监办	中国银行业监督管理委员会三明监督分局宁化办事处
126	县工行	中国工商银行股份有限公司宁化支行
127	县建行	中国建设银行股份有限公司宁化支行
128	县农行	中国农业银行股份有限公司宁化县支行
129	县农发行	中国农业发展银行宁化县支行
130	县农信社	宁化县农村信用合作联社
131	县邮储银行	中国邮政储蓄银行股份有限公司宁化县支行
132	县中行	中国银行股份有限公司三明宁化支行
133	县村镇银行	福建宁化成功村镇股份有限公司
134	县财保公司	中国人民财产保险股份有限公司宁化支公司
135	县国寿保险	中国人寿保险股份有限公司宁化县支公司
136	县气象局	宁化县气象局
137	县供电公司	国网福建宁化县供电公司
138	县国调队	国家统计局宁化调查队
139	县公路局	福建省三明市公路局宁化分局
140	广电网络宁化分公司	福建广电网络集团股份有限公司宁化分公司
141	公积金宁化管理部	三明市公积金管理中心宁化管理部

索　引

◆编辑：赖慧珍

说明

(1) 本索引为条目（含栏目、分目）索引。

(2) 为便于检索，对名录、光荣榜、附录下设的分目稍作提炼和改造，删除有关限制词。

(3) 索引按条目首字的汉语拼音字母顺序排列，首字相同按第二字的汉语拼音字母顺序排列，以此类推；首字为阿拉伯数字，按其读音置于相关字母之前。

(4) 条目后的数字为所在页码。

(5) 栏目标题用黑体字标明。

(6) 大事记不做索引。

D